2024
国家统一法律职业资格考试

民法刷题与背诵

❶ 试题

韩祥波 著

中国法制出版社
CHINA LEGAL PUBLISHING HOUSE

图书在版编目（CIP）数据

2024国家统一法律职业资格考试民法刷题与背诵.1，试题/韩祥波著.— 北京：中国法制出版社，2024.4

ISBN 978-7-5216-4308-4

Ⅰ.①2… Ⅱ.①韩… Ⅲ.①民法-中国-资格考试-习题集 Ⅳ.①D923.04

中国国家版本馆CIP数据核字（2024）第048670号

责任编辑：李连宇　　　　　　　　　　　　　　　　　　封面设计：拓　朴

2024国家统一法律职业资格考试民法刷题与背诵.1，试题
2024 GUOJIA TONGYI FALÜ ZHIYE ZIGE KAOSHI MINFA SHUATI YU BEISONG.1，SHITI

著者/韩祥波
经销/新华书店
印刷/三河市华润印刷有限公司
开本/787毫米×1092毫米　16开　　　　　　　　　　　印张/8　字数/200千
版次/2024年4月第1版　　　　　　　　　　　　　　　2024年4月第1次印刷

中国法制出版社出版
书号 ISBN 978-7-5216-4308-4　　　　　　　　　　　总定价：98.00元（全三册）

北京市西城区西便门西里甲16号西便门办公区
邮政编码100053　　　　　　　　　　　　　　　　　传真：010-63141600
网址：http：//www.zgfzs.com　　　　　　　　　　编辑部电话：010-63141811
市场营销部电话：010-63141612　　　　　　　　　　印务部电话：010-63141606

如有印装质量问题，请与本社印务部联系。

目 录 Contents

第一章　总则（含人格权编）　/ 1
　　一、民法的含义、调整对象与基本原则　/ 1
　　二、民事权利及其保护　/ 2
　　三、民事主体之自然人　/ 6
　　四、民事主体之法人及其他组织　/ 10
　　五、意思表示与法律行为　/ 12
　　六、法律行为的效力　/ 14
　　七、代理　/ 21
　　八、诉讼时效　/ 24

第二章　物权　/ 27
　　一、物权法概述　/ 27
　　二、物权变动　/ 28
　　三、所有权共有、相邻关系与建筑物区分所有　/ 36
　　四、用益物权　/ 39
　　五、抵押权　/ 40
　　六、质权　/ 45
　　七、留置权　/ 46
　　八、占有　/ 49

第三章　债权　/ 51
　　一、债之关系概述　/ 51
　　二、单方允诺、无因管理和不当得利　/ 52
　　三、债的债权性担保：保证与定金　/ 55
　　四、合同形式、条款与类型　/ 59
　　五、合同的成立　/ 61
　　六、合同的履行　/ 63
　　七、合同的保全　/ 66
　　八、合同的变更与转让　/ 69
　　九、合同的消灭　/ 72
　　十、违约责任　/ 73
　　十一、买卖合同　/ 80
　　十二、供用电、水、气、热力合同　/ 85
　　十三、借款合同　/ 85
　　十四、赠与合同　/ 86
　　十五、租赁合同　/ 88
　　十六、融资租赁合同　/ 91
　　十七、建设工程与承揽合同　/ 92
　　十八、技术合同　/ 94
　　十九、委托合同　/ 96
　　二十、行纪合同　/ 96
　　二十一、中介合同　/ 97
　　二十二、旅游合同　/ 97
　　二十三、保管与仓储合同　/ 97
　　二十四、运输合同　/ 98
　　二十五、侵权责任的构成、责任承担与免责事由　/ 98

二十六、多数人侵权　　/ 101
二十七、安保义务人侵权　　/ 102
二十八、网络侵权　　/ 103
二十九、监护人责任　　/ 103
三　十、教育机构侵权　　/ 104
三十一、用人单位工作人员
　　　　侵权　　/ 105
三十二、个人之间的用工关系
　　　　中接受劳务一方的责
　　　　任与承揽关系中的侵
　　　　权责任　　/ 106
三十三、帮工关系中的侵权　　/ 107

三十四、产品责任侵权　　/ 107
三十五、机动车交通事故
　　　　侵权　　/ 108
三十六、医疗事故侵权　　/ 108
三十七、物件致人损害责任　　/ 108
三十八、高空抛物侵权　　/ 109
三十九、地下设施侵权　　/ 110
四　十、饲养动物侵权　　/ 110
四十一、环境污染侵权　　/ 111

第四章　婚姻家庭　　/ 112
第五章　继承　　/ 119

PART 01
第一章　总则（含人格权编）

一、民法的含义、调整对象与基本原则

1. 绘画爱好者甲向画家乙购买一幅画，价款50万元。约定先付5万元定金，剩下的45万元，如甲对画满意再支付。下列选项错误的是：（仿真金题，多选，2021年回忆版）
   A. 违反自愿原则
   B. 违反诚信原则
   C. 显失公平
   D. 属附期限的约定

2. 某艺术大师甲制作了一个精美的五层陶瓷吊球作品，在接受某电视台采访时，说目前世界上绝无第二个人能够做出此吊球作品。主持人问，如果有人能做出来呢？甲说，如果有人能做出来，我将自己工作室里面的全部艺术品连同房子一起赠送给他，并与主持人击掌为誓。后来，一陶瓷作品爱好者乙，仿制了该作品，一般无二。乙主张甲履行承诺。对于甲的行为应如何定性？（仿真金题，单选，2019年回忆版）
   A. 戏谑行为，不构成法律关系
   B. 构成法律行为，但显失公平
   C. 赠与合同，但甲有撤销权
   D. 悬赏广告，甲应按承诺履行

3. 甲、乙二人同村，宅基地毗邻。甲的宅基地倚山、地势较低，乙的宅基地在上将其环绕。乙因琐事与甲多次争吵而郁闷难解，便沿二人宅基地的边界线靠己方一侧，建起高5米围墙，使甲在自家院内却有身处监牢之感。乙的行为违背民法的下列哪一基本原则？（2017-1，单选）
   A. 自愿原则
   B. 公平原则
   C. 平等原则
   D. 诚信原则

4. 甲乙是夫妻，后来感情不和离婚，约定孩子归甲方抚养，但是甲方不得再生育。关于不得再生育的约定，违反了民法中哪项基本原则？（仿真金题，单选，2019年回忆版）
   A. 平等原则
   B. 自愿原则
   C. 公平原则
   D. 公序良俗原则

5. 根据法律规定，下列哪一种社会关系应由民法调整？（2016-1，单选）
A. 甲请求税务机关退还其多缴的个人所得税
B. 乙手机丢失后发布寻物启事称："拾得者送还手机，本人当面酬谢"

1

C. 丙对女友书面承诺："如我在上海找到工作，则陪你去欧洲旅游"

D. 丁作为青年志愿者，定期去福利院做帮工

6. 薛某驾车撞死一行人，交警大队确定薛某负全责。鉴于找不到死者亲属，交警大队调处后代权利人向薛某预收了6万元赔偿费，商定待找到权利人后再行转交。因一直未找到权利人，薛某诉请交警大队返还6万元。根据社会主义法治理念公平正义要求和相关法律规定，下列哪一表述是正确的？（2014-1，单选）

A. 薛某是义务人，但无对应权利人，让薛某承担赔偿义务，违反了权利义务相一致的原则

B. 交警大队未受损失而保有6万元，形成不当得利，应予退还

C. 交警大队代收6万元，依法行使行政职权，与薛某形成合法有效的行政法律关系，无须退还

D. 如确实未找到权利人，交警大队代收的6万元为无主财产，应收归国库

7. 宗某患尿毒症，其所在单位甲公司组织员工捐款20万元用于救治宗某。此20万元存放于专门设立的账户中。宗某医治无效死亡，花了15万元医疗费。关于余下5万元，下列哪一表述是正确的？（2014-4，单选）

A. 应归甲公司所有　　　　　　B. 应归宗某继承人所有

C. 应按比例退还员工　　　　　D. 应用于同类公益事业

8. 下列哪一情形下，乙的请求依法应得到支持？（2010-1，单选）

A. 甲应允乙同看演出，但迟到半小时。乙要求甲赔偿损失

B. 甲听说某公司股票可能大涨，便告诉乙，乙信以为真大量购进，事后该只股票大跌。乙要求甲赔偿损失

C. 甲与其妻乙约定，如因甲出轨导致离婚，甲应补偿乙50万元，后二人果然因此离婚。乙要求甲依约补偿

D. 甲对乙承诺，如乙比赛夺冠，乙出国旅游时甲将陪同，后乙果然夺冠，甲失约。乙要求甲承担赔偿责任

9. 下列哪种情形成立民事法律关系？（2006-1，单选）

A. 甲与乙约定某日商谈合作开发房地产事宜

B. 甲对乙说：如果你考上研究生，我就嫁给你

C. 甲不知乙不胜酒力而极力劝酒，致乙酒精中毒住院治疗

D. 甲应同事乙之邀前往某水库游泳，因抽筋溺水身亡

二、民事权利及其保护

1. 原来住在A小区的甲，曾经因为醉酒后驾车造成严重后果，被依法追究刑事责任。刑满释放后，甲为重新开始生活，换了B小区居住。乙曾经因为工作原因与甲发过矛盾，恰好居住在B小区，一次偶遇甲后，在小区业主群里发消息说，小区里住进了一个罪犯，并明

确指明了甲的姓名。众人对此议论纷纷，给甲的生活带来了极大困扰。对此，下列说法正确的是：（仿真金题，多选，2022年回忆版）

A. 乙侵犯了甲的名誉权
B. 乙侵犯了甲的隐私权
C. 甲可请求乙承担赔礼道歉的责任，不受诉讼时效的限制
D. 乙的行为不构成侵权

2. 某法考培训机构，未经名师甲许可，使用甲的照片作为宣传资料的封皮照片。该市晚报记者看到该机构宣传后，以一线名师甲加盟某法考培训机构为题进行了报道，并配有甲的照片（面部做了马赛克处理）。对此，下列说法正确的是：（仿真金题，多选，2020年回忆版）

A. 法考培训机构侵犯了甲的肖像权
B. 晚报不侵犯甲的肖像权
C. 法考培训机构侵犯了甲的姓名权
D. 晚报侵犯了甲的肖像权

3. 某日，甲得知前不久某路桥工程公司在朱楼村公墓附近修路时，不慎挖到了其舅舅的墓地，将其舅舅的骨灰盒碰裂。甲恼羞成怒，向公司索赔，主张精神损害赔偿100万元。公司认为，修路是为公共利益，确有碰裂事实，但及时修复，不应支付高额赔偿费用。甲于是向法院起诉。对此，下列说法正确的是：（仿真金题，单选，2019年回忆版）

A. 支持甲的全部请求
B. 驳回甲的诉讼请求
C. 不予受理
D. 支持甲的部分诉讼请求

4. 张某因出售公民个人信息被判刑，孙某的姓名、身份证号码、家庭住址等信息也在其中，买方是某公司。下列哪一选项是正确的？（2017-20，单选）

A. 张某侵害了孙某的身份权
B. 张某侵害了孙某的名誉权
C. 张某侵害了孙某对其个人信息享有的民事权益
D. 某公司无须对孙某承担民事责任

5. 摄影爱好者李某为好友丁某拍摄了一组生活照，并经丁某同意上传于某社交媒体群中。蔡某在社交媒体群中看到后，擅自将该组照片上传于某营利性摄影网站，获得报酬若干。对蔡某的行为，下列哪一说法是正确的？（2017-21，单选）

A. 侵害了丁某的肖像权和身体权
B. 侵害了丁某的肖像权和李某的著作权
C. 侵害了丁某的身体权和李某的著作权
D. 不构成侵权

6. 下列哪一情形构成对生命权的侵犯？（2016-22，单选）

A. 甲女视其长发如生命，被情敌乙尽数剪去

B. 丙应丁要求，协助丁完成自杀行为

C. 戊为报复欲致己于死地，结果将己打成重伤

D. 庚医师因误诊致辛出生即残疾，辛认为庚应对自己的错误出生负责

7. 欣欣美容医院在为青年女演员欢欢实施隆鼻手术过程中，因未严格消毒导致欢欢面部感染，经治愈后面部仍留下较大疤痕。欢欢因此诉诸法院，要求欣欣医院赔偿医疗费并主张精神损害赔偿。该案受理后不久，欢欢因心脏病急性发作猝死。网络名人洋洋在其博客上杜撰欢欢吸毒过量致死。下列哪些表述是错误的？（2014-22，多选，根据新法调整）

A. 欣欣医院构成违约行为和侵权行为

B. 欢欢的继承人可继承欣欣医院对欢欢支付的精神损害赔偿金

C. 洋洋的行为侵犯了欢欢的名誉权

D. 欢欢的母亲可以欢欢的名义对洋洋提起侵权之诉

8. 甲用其拾得的乙的身份证在丙银行办理了信用卡，并恶意透支，致使乙的姓名被列入银行不良信用记录名单。经查，丙银行在办理发放信用卡之前，曾通过甲在该行留下的乙的电话（实为甲的电话）核实乙是否申请办理了信用卡。根据我国现行法律规定，下列哪些表述是正确的？（2013-22，依据《民法典》调整为多选）

A. 甲侵犯了乙的姓名权
B. 甲侵犯了乙的名誉权
C. 甲侵犯了乙的信用权
D. 丙银行不应承担责任

9. 张某从银行贷得 80 万元用于购买房屋，并以该房屋设定了抵押。在借款期间房屋被洪水冲毁。张某尽管生活艰难，仍想方设法还清了银行贷款。对此，周围多有议论。根据社会主义法治理念和民法有关规定，下列哪一观点可以成立？（2012-1，单选）

A. 甲认为，房屋被洪水冲毁属于不可抗力，张某无须履行还款义务。坚持还贷是多此一举

B. 乙认为，张某已不具备还贷能力，无须履行还款义务。坚持还贷是为难自己

C. 丙认为，张某对房屋的毁损没有过错，且此情况不止一家，银行应将贷款作坏账处理。坚持还贷是一厢情愿

D. 丁认为，张某与银行的贷款合同并未因房屋被冲毁而消灭。坚持还贷是严守合约、诚实信用

10. 甲女委托乙公司为其拍摄一套艺术照。不久，甲女发现丙网站有其多张半裸照片，受到众人嘲讽和指责。经查，乙公司未经甲女同意将其照片上传到公司网站做宣传，丁男下载后将甲女头部移植至他人半裸照片，上传到丙网站。下列哪些说法是正确的？（2011-66，多选）

A. 乙公司侵犯了甲女的肖像权
B. 丁男侵犯了乙公司的著作权
C. 丁男侵犯了甲女的名誉权
D. 甲女有权主张精神损害赔偿

11. 某"二人转"明星请某摄影爱好者为其拍摄个人写真,摄影爱好者未经该明星同意将其照片卖给崇拜该明星的广告商,广告商未经该明星、摄影爱好者同意将该明星照片刊印在广告单上。对此,下列哪一选项是正确的?(2010-22,单选)
  A. 照片的著作权属于该明星,但由摄影爱好者行使
  B. 广告商侵犯了该明星的肖像权
  C. 广告商侵犯了该明星的名誉权
  D. 摄影爱好者卖照片给广告商,不构成侵权

12. 女青年牛某因在一档电视相亲节目中言辞犀利而受到观众关注,一时应者如云。有网民对其发动"人肉搜索",在相关网站首次披露牛某的曾用名、儿时相片、家庭背景、恋爱史等信息,并有人在网站上捏造牛某曾与某明星有染的情节。关于网民的行为,下列哪些说法是正确的?(2010-68,多选)
  A. 侵害牛某的姓名权   B. 侵害牛某的肖像权
  C. 侵害牛某的隐私权   D. 侵害牛某的名誉权

13. 张某因病住院,医生手术时误将一肾脏摘除。张某向法院起诉,要求医院赔偿治疗费用和精神损害抚慰金。法院审理期间,张某术后感染医治无效死亡。关于此案,下列哪些说法是正确的?(2010-69,多选)
  A. 医院侵犯了张某的健康权和生命权
  B. 张某继承人有权继承张某的医疗费赔偿请求权
  C. 张某继承人有权继承张某的精神损害抚慰金请求权
  D. 张某死后其配偶、父母和子女有权另行起诉,请求医院赔偿自己的精神损害

14. 甲被乙家的狗咬伤,要求乙赔偿医药费,乙认为甲被狗咬与自己无关拒绝赔偿。下列哪一选项是正确的?(2009-1,单选)
  A. 甲乙之间的赔偿关系属于民法所调整的人身关系
  B. 甲请求乙赔偿的权利属于绝对权
  C. 甲请求乙赔偿的权利适用诉讼时效
  D. 乙拒绝赔偿是行使抗辩权

15. 关于民事法律关系,下列哪一选项是正确的?(2008-1,单选)
  A. 民事法律关系只能由当事人自主设立
  B. 民事法律关系的主体即自然人和法人
  C. 民事法律关系的客体包括不作为
  D. 民事法律关系的内容均由法律规定

16. 赵某系全国知名演员,张某经多次整容后外形酷似赵某,此后多次参加营利性模仿秀表演,承接并拍摄了一些商业广告。下列哪一选项是正确的?(2008-15,单选)
  A. 张某故意整容成赵某外形的行为侵害了赵某的肖像权
  B. 张某整容后参加营利性模仿秀表演侵害了赵某的肖像权

C. 张某整容后承接并拍摄商业广告的行为侵害了赵某的名誉权

D. 张某的行为不构成对赵某人格权的侵害

17. 关于民事权利，下列哪些选项是正确的？（2008-51，多选）

A. 甲公司与乙银行签订借款合同，乙对甲享有的要求其还款的权利不具有排他性

B. 丙公司与丁公司协议，丙不在丁建筑的某楼前建造高于该楼的建筑，丁对丙享有的此项权利具有支配性

C. 债权人要求保证人履行，保证人以债权人未对主债务人提起诉讼或申请仲裁为由拒绝履行，保证人的此项权利是抗辩权

D. 债权人撤销债务人与第三人的赠与合同的权利不受诉讼时效的限制

18. 李某与黄某未婚同居生子，取名黄小某。后李某和黄某分手，分别建立了家庭。黄小某长大后，进入演艺界，成为一名当红歌星。星星报社专职记者吴某（工作关系在报社）探知这一消息后，撰写文章将黄小某系私生子的事实公开报道，给黄小某造成极大痛苦。下列哪些选项是正确的？（2008-四川-66，多选）

A. 该报道侵害了黄小某的隐私权

B. 该报道侵害了黄小某的荣誉权

C. 吴某应对黄小某承担侵权责任

D. 星星报社应对黄小某承担侵权责任

19. 文某在倒车时操作失误，撞上冯某新买的轿车，致其严重受损。冯某因处理该事故而耽误了与女友的约会，并因此争吵分手。文某同意赔偿全部的修车费用，但冯某认为自己的爱车受损并失去了女友，内心十分痛苦，要求文某赔一部新车并赔偿精神损害。下列哪一选项是正确的？（2007-21，单选）

A. 文某应当赔偿冯某一部新车

B. 文某应向冯某支付精神损害抚慰金

C. 文某应向冯某赔礼道歉

D. 法院不应当支持冯某的精神损害赔偿请求

20. 甲因为车祸，双腿截肢，安装了科技含量高，只能由专业人员拆卸的假肢。一日与乙发生口角，乙一怒之下，将甲的假肢打碎。对此，下列说法正确的是：（仿真金题，多选，2019年回忆版）

A. 甲的生命健康权受到了侵害

B. 甲可就假肢向乙主张精神损害赔偿

C. 甲的身体权受到了侵害

D. 甲可主张所有权受到了侵害

三、民事主体之自然人

1. 朱某没有结婚，也没有子女。后来，其侄女甲过继给了朱某，办理了收养手续。甲

成年后，与朱某相处很差，经常争吵。后朱某因为一次交通事故留下了重度残疾，村委会指定甲作为朱某的监护人。但是，之前朱某与其妹妹乙签订了监护协议，约定在朱某丧失行为能力时由乙作为监护人。经查，朱某还有一个哥哥、一个弟弟，均已成家。对此，下列说法正确的是：（仿真金题，多选，2022年回忆版）

A. 村委会可以指定甲作为朱某的监护人
B. 如果近亲属中，对于谁作为朱某监护人有争议的，不能直接向法院申请指定监护人
C. 朱某与其妹妹之间约定的监护优先于村委会的指定监护
D. 在朱某丧失行为能力之后，其妹妹也可随时解除监护协议

2. 甲下落不明，已满五年。甲的妻子乙欲申请宣告甲失踪，甲的债权人丙欲申请宣告甲死亡。对此，下列说法正确的是：（仿真金题，多选，2022年回忆版）

A. 若不申请宣告死亡不足以保护丙的权利，则应当宣告死亡
B. 宣告失踪后，乙作为财产代管人愿意用甲的财产偿还债务的，则丙不能申请宣告死亡
C. 若法院判决宣告失踪，乙被指定为财产代管人，乙将与甲婚后购买的房屋出售是有权处分
D. 若法院判决宣告死亡，乙可继承甲的遗产，但应当在遗产的范围内偿还丙的债务

3. 孟某和胡某结婚育有一子，后来结识了秦某（22岁），迅速交好。秦某不要求孟某离婚，与孟某约定以后财产两人共同共有，如果其中一人先丧失了行为能力，另外一人作为其监护人。下列说法正确的是：（仿真金题，多选，2020年回忆版）

A. 该协议因违反公序良俗而无效
B. 孟某与秦某已构成事实上的重婚
C. 监护部分的约定属于监护协议
D. 财产部分的约定为无权处分

4. 2014年6月1日，家住北京的梁某乘坐马航飞机从马来西亚飞往北京，途中飞机失联，至今下落不明。梁某妻子言某欲将儿子小梁送养，梁某的父母不知如何是好，向律师咨询。关于律师的答复，下列说法正确的是：（仿真金题，单选，2018年回忆版）

A. 梁某的利害关系人申请宣告其死亡，有先后顺序的限制
B. 梁某的父母申请宣告死亡，妻子言某申请宣告失踪，法院应根据父母的申请作出死亡宣告的判决
C. 如果法院宣告梁某死亡，则判决作出之日为死亡日期
D. 如果法院宣告梁某死亡但实际并未死亡的，在被宣告死亡期间梁某实施的法律行为效力未定

5. 2016年3月，家住山西省H县的庞某（51周岁，有配偶），依法收养了孤小翠（11岁女孩）。后庞某多次性侵小翠，导致小翠先后产下两名女婴。2018年6月，知情群众向公安机关举报，媒体也进行了报道。经查，举报属实，法院于2018年11月判决庞某构成强奸罪。对此，下列说法错误的是：（仿真金题，多选，2020年回忆版）

A. H县民政部门可以直接撤销庞某监护人资格

B. 庞某被法院取消监护资格后可以不再给付抚养费

C. 庞某出狱后,确有悔改表现的,经申请,法院可恢复其监护人资格

D. 小翠对庞某损害赔偿请求权的诉讼时效期间自法定代理终止之日起计算

6. 甲乙婚后育有一子小甲,小甲9岁时,甲乙离婚,小甲由乙抚养。后乙经常殴打小甲,并将小甲祖父赠与小甲的一只价值10万元的玉佩用于赌博输掉。对此,下列说法正确的是:(仿真金题,多选,2019年回忆版)

A. 甲可向法院申请撤销乙的监护资格

B. 乙应当对小甲进行赔偿

C. 小甲向乙主张损害赔偿的诉讼时效自年满18周岁时起算

D. 小甲主张抚养费的权利不受诉讼时效限制

7. 老刘65岁时丧妻,独自生活,子女均已成年。后认识比其小30岁的秦某,迅速交好,相谈甚欢。于是老刘与秦某签订书面协议,在老刘丧失生活自理能力后,由秦某作为其监护人履行监护职责;若秦某履行义务的,老刘死后,其遗产的一半由秦某继承。对此,下列说法正确的是:(仿真金题,单选,2020年回忆版)

A. 该监护协议因为老刘有子女作为法定监护人而无效

B. 该协议在老刘丧失生活自理能力时生效

C. 约定财产继承部分无效

D. 老刘子女可申请撤销该协议

8. 小学生甲极具天赋,参加多部影视剧攒下存款若干。为让甲存款保值,甲父在某城市以甲的名义购买多套房屋,未料周边房价均上涨,唯独该城市房价下跌,导致严重亏损。下列哪些说法是正确的?(仿真金题,多选,2019年回忆版)

A. 房屋买卖合同无效,可追回本金加利息

B. 购房保值行为不属于监护人职责范围

C. 房屋买卖合同有效,但监护人应承担赔偿责任

D. 甲对甲父的赔偿请求权在其成年前不受3年诉讼时效的限制

9. 余某与其妻婚后不育,依法收养了孤儿小翠。不久后余某与妻子离婚,小翠由余某抚养。现余某身患重病,为自己和幼女小翠的未来担忧,欲作相应安排。下列哪些选项是正确的?(2017-51,多选)

A. 余某可通过遗嘱指定其父亲在其身故后担任小翠的监护人

B. 余某可与前妻协议确定由前妻担任小翠的监护人

C. 余某可与其堂兄事先协商以书面形式确定堂兄为自己的监护人

D. 如余某病故,应由余某父母担任小翠的监护人

10. 甲出境经商下落不明,2015年9月经其妻乙请求被K县法院宣告死亡,其后乙未再婚,乙是甲唯一的继承人。2016年3月,乙将家里的一辆轿车赠送给了弟弟丙,交付并办

理了过户登记。2016年10月，经商失败的甲返回K县，为还债将登记于自己名下的一套夫妻共有住房私自卖给知情的丁；同年12月，甲的死亡宣告被撤销。下列哪些选项是正确的？（2017-52，多选）

A. 甲、乙的婚姻关系自撤销死亡宣告之日起自行恢复
B. 乙有权赠与该轿车
C. 丙可不返还该轿车
D. 甲出卖房屋的行为无效

11. 甲、乙为夫妻，长期感情不和。2010年5月1日甲乘火车去外地出差，在火车上失踪，没有发现其被害尸体，也没有发现其在何处下车。2016年6月5日法院依照法定程序宣告甲死亡。之后，乙向法院起诉要求铁路公司对甲的死亡进行赔偿。关于甲被宣告死亡，下列哪些说法是正确的？（2016-51，多选）

A. 甲的继承人可以继承其财产
B. 甲、乙婚姻关系消灭，且不可能恢复
C. 2016年6月5日为甲的死亡日期
D. 铁路公司应当对甲的死亡进行赔偿

12. 甲8周岁，多次在国际钢琴大赛中获奖，并获得大量奖金。甲的父母乙、丙为了甲的利益，考虑到甲的奖金存放银行增值有限，遂将奖金全部购买了股票，但恰遇股市暴跌，甲的奖金损失过半。关于乙、丙的行为，下列哪些说法是正确的？（2016-52，多选）

A. 乙、丙应对投资股票给甲造成的损失承担责任
B. 乙、丙不能随意处分甲的财产
C. 乙、丙的行为构成无因管理，无须承担责任
D. 如主张赔偿，甲对父母的诉讼时效期间在进行中的最后6个月内因自己系无行为能力人而中止，待成年后继续计算

13. 关于监护，下列哪一表述是正确的？（2013-2，单选）

A. 甲委托医院照料其患精神病的配偶乙，医院是委托监护人
B. 甲的幼子乙在寄宿制幼儿园期间，甲的监护职责全部转移给幼儿园
C. 甲丧夫后携幼子乙改嫁，乙的爷爷有权要求法院确定自己为乙的法定监护人
D. 市民甲、乙之子丙5周岁，甲乙离婚后对谁担任丙的监护人发生争议，丙住所地的居民委员会有权指定

14. 甲十七岁，以个人积蓄1000元在慈善拍卖会拍得明星乙表演用的道具，市价约100元。事后，甲觉得道具价值与其价格很不相称，颇为后悔。关于这一买卖，下列哪一说法是正确的？（2010-2，单选）

A. 买卖显失公平，甲有权要求撤销
B. 买卖存在重大误解，甲有权要求撤销
C. 买卖无效，甲为限制行为能力人
D. 买卖有效

15. 甲十五岁，精神病人。关于其监护问题，下列哪些表述是正确的？（2010-3，根据新法为多选）

A. 监护人只能是甲的近亲属或关系密切的其他亲属、朋友
B. 监护人可是同一顺序中的数人
C. 对担任监护人有争议的，可直接请求法院裁决
D. 为甲设定监护人，适用关于精神病人监护的规定

16. 王东、李南、张西约定共同开办一家餐馆，王东出资20万元并负责日常经营，李南出资10万元，张西提供家传菜肴配方，但李南和张西均只参与盈余分配而不参与经营劳动。开业两年后，餐馆亏损严重，李南撤回了出资，并要求王东和张西出具了"餐馆经营亏损与李南无关"的字据。下列哪一选项是正确的？（2009-2，单选）

A. 王东、李南为合伙人，张西不是合伙人
B. 王东、张西为合伙人，李南不是合伙人
C. 王东、李南、张西均为合伙人
D. 王东和张西所出具的字据无效

17. 甲被法院宣告死亡，甲父乙、甲妻丙、甲子丁分割了其遗产。后乙病故，丁代位继承了乙的部分遗产。丙与戊再婚后因车祸遇难，丁、戊又分割了丙的遗产。现甲重新出现，法院撤销死亡宣告。下列哪种说法是正确的？（2006-2，单选）

A. 丁应将其从甲、乙、丙处继承的全部财产返还给甲
B. 丁只应将其从甲、乙处继承的全部财产返还给甲
C. 戊从丙处继承的全部财产都应返还给甲
D. 丁、戊应将从丙处继承的而丙从甲处继承的财产返还给甲

四、民事主体之法人及其他组织

1. 黄逢、黄现和金耘共同出资，拟设立名为"黄金黄研究会"的社会团体法人。设立过程中，黄逢等3人以黄金黄研究会名义与某科技园签署了为期3年的商铺租赁协议，月租金5万元，押3付1。此外，金耘为设立黄金黄研究会，以个人名义向某印刷厂租赁了一台高级印刷机。关于某科技园和某印刷厂的债权，下列哪些选项是正确的？（2017-53，多选）

A. 如黄金黄研究会未成立，则某科技园的租赁债权消灭
B. 即便黄金黄研究会未成立，某科技园就租赁债权，仍可向黄逢等3人主张
C. 如黄金黄研究会未成立，则就某科技园的租赁债务，由黄逢等3人承担连带责任
D. 黄金黄研究会成立后，某印刷厂就租赁债权，既可向黄金黄研究会主张，也可向金耘主张

2. 甲企业是由自然人安琚与乙企业（个人独资）各出资50%设立的普通合伙企业，欠丙企业货款50万元，由于经营不善，甲企业全部资产仅剩20万元。现所欠货款到期，相关各方因货款清偿发生纠纷。对此，下列哪一表述是正确的？（2016-2，单选）

A. 丙企业只能要求安琚与乙企业各自承担 15 万元的清偿责任
B. 丙企业只能要求甲企业承担清偿责任
C. 欠款应先以甲企业的财产偿还，不足部分由安琚与乙企业承担无限连带责任
D. 就乙企业对丙企业的应偿债务，乙企业投资人不承担责任

3. 甲以自己的名义，用家庭共有财产捐资设立以资助治疗麻风病为目的的基金会法人，由乙任理事长。后因对该病的防治工作卓有成效使其几乎绝迹，为实现基金会的公益性，现欲改变宗旨和目的。下列哪一选项是正确的？（2015-1，单选）

A. 甲作出决定即可，因甲是创始人和出资人
B. 乙作出决定即可，因乙是法定代表人
C. 应由甲的家庭成员共同决定，因甲是用家庭共有财产捐资的
D. 应由基金会法人按照程序申请，经过上级主管部门批准

4. 关于法人，下列哪一表述是正确的？（2012-2，单选）

A. 社团法人均属营利法人
B. 基金会法人均属公益法人
C. 社团法人均属公益法人
D. 民办非企业单位法人均属营利法人

5. 王某是甲公司的法定代表人，以甲公司名义向乙公司发出书面要约，愿以 10 万元价格出售甲公司的一块清代翡翠。王某在函件发出后 2 小时意外死亡，乙公司回函表示愿意以该价格购买。甲公司新任法定代表人以王某死亡，且未经董事会同意为由拒绝。关于该要约，下列哪一表述是正确的？（2011-3，单选）

A. 无效
B. 效力待定
C. 可撤销
D. 有效

6. 根据我国法律规定，关于法人，下列哪一表述是正确的？（2010-4，单选）

A. 成立社团法人均须登记
B. 银行均是企业法人
C. 法人之间可形成合伙型联营
D. 一人公司均不是法人

7. 甲公司分立为乙丙两公司，约定由乙公司承担甲公司全部债务的清偿责任，丙公司继受甲公司全部债权。关于该协议的效力，下列哪一选项是正确的？（2009-3，单选）

A. 该协议仅对乙丙两公司具有约束力，对甲公司的债权人并非当然有效
B. 该协议无效，应当由乙丙两公司对甲公司的债务承担连带清偿责任
C. 该协议有效，甲公司的债权人只能请求乙公司对甲公司的债务承担清偿责任
D. 该协议效力待定，应当由甲公司的债权人选择分立后的公司清偿债务

8. 德胜公司注册地在萨摩国并在该国设有总部和分支机构，但主要营业机构位于中国深圳，是一家由台湾地区凯旋集团公司全资设立的法人企业。由于决策失误，德胜公司在中国欠下 700 万元债务。对此，下列哪一选项是正确的？（2008-2，单选）

A. 该债务应以深圳主营机构的全部财产清偿
B. 该债务应以深圳主营机构和萨摩国总部及分支机构的全部财产清偿
C. 无论德胜公司的全部财产能否清偿，凯旋公司都应承担连带责任
D. 当德胜公司的全部财产不足清偿时，由凯旋公司承担补充责任

9. 关于事业单位法人，下列哪些选项是错误的？（2007-52，多选）
A. 所有事业单位法人的全部经费均来自国家财政拨款
B. 具备法人条件的事业单位从成立之日起取得法人资格
C. 国家举办的事业单位对其直接占有的动产享有所有权
D. 事业单位法人名誉权遭受侵害的，有权诉请精神损害赔偿

10. 关于企业法人对其法定代表人行为承担民事责任的下列哪一表述是正确的？（2006-3，单选）
A. 仅对其合法的经营行为承担民事责任
B. 仅对其符合法人章程的经营行为承担民事责任
C. 仅对其以法人名义从事的经营行为承担民事责任
D. 仅对其符合法人登记经营范围的经营行为承担民事责任

11. 住所地在长春的四海公司在北京设立了一家分公司。该分公司以自己的名义与北京实达公司签订了一份房屋租赁合同，租赁实达公司的楼房一层，年租金为30万元。现分公司因拖欠租金而与实达公司发生纠纷。下列判断哪一个是正确的？（2003-13，单选）
A. 房屋租赁合同有效，法律责任由合同的当事人独立承担
B. 该分公司不具有民事主体资格，又无四海公司的授权，租赁合同无效
C. 合同有效，依该合同产生的法律责任由四海公司承担
D. 合同有效，依该合同产生的法律责任由四海公司及其分公司承担连带责任

五、 意思表示与法律行为

1. 某宿舍六人在学期开始时约定，在学期结束时由获得奖学金的人请宿舍的人聚餐。在学期结束时甲、乙获得了一等奖学金，六人如约到酒店就餐，期间甲愤然离席，乙随后也离开了酒店。关于该案例，下列说法正确的是：（仿真金题，单选，2018年回忆版）
A. 甲、乙的行为构成戏谑行为不产生法律关系
B. 应由甲、乙按照约定平均分担餐费
C. 宿舍六人的协议产生了法律关系
D. 餐馆应找六人共同承担餐费

2. 甲单独邀请朋友乙到家中吃饭，乙爽快答应并表示一定赴约。甲为此精心准备，还因炒菜被热油烫伤。但当日乙因其他应酬而未赴约，也未及时告知甲，致使甲准备的饭菜浪费。关于乙对甲的责任，下列哪一说法是正确的？（2016-10，单选）
A. 无须承担法律责任　　　　　　　B. 应承担违约责任

C. 应承担侵权责任　　　　　　　　D. 应承担缔约过失责任

3. 兹有四个事例：①张某驾车违章发生交通事故致搭车的李某残疾；②唐某参加王某组织的自助登山活动因雪崩死亡；③吴某与人打赌举重物因用力过猛致残；④何某心情不好邀好友郑某喝酒，郑某畅饮后驾车撞树致死。根据公平正义的法治理念和民法有关规定，下列哪一观点可以成立？（2013-1，单选）

A. ①张某与李某未形成民事法律关系合意，如让张某承担赔偿责任，是惩善扬恶，显属不当

B. ②唐某应自担风险，如让王某承担赔偿责任，有违公平

C. ③吴某有完整意思能力，其自担损失，是非清楚

D. ④何某虽有召集但未劝酒，无需承担责任，方能兼顾法理与情理

4. 甲打算卖房，问乙是否愿买，乙一向迷信，就跟甲说："如果明天早上7点你家屋顶上来了喜鹊，我就出10万块钱买你的房子。"甲同意。乙回家后非常后悔。第二天早上7点差几分时，恰有一群喜鹊停在甲家的屋顶上，乙正要将喜鹊赶走，甲不知情的儿子拿起弹弓把喜鹊打跑了，至7点再无喜鹊飞来。关于甲乙之间的房屋买卖合同，下列哪一选项是正确的？（2008-6，单选）

A. 合同尚未成立　　　　　　　　　B. 合同无效
C. 乙有权拒绝履行该合同　　　　　D. 乙应当履行该合同

5. 关于民事法律行为，下列哪些选项是错误的？（2008-四川-51，多选）

A. 某演员将其演出收入捐赠给慈善机构的行为是单方行为

B. 陈某去世前设立遗嘱的行为是身份行为

C. 王某以自己的房屋为他人设立抵押权的行为是负担行为

D. 李某受领赵某错误交付标的物的行为是实践行为

6. 下列哪些情形构成意思表示？（2007-51，多选）

A. 甲对乙说：我儿子如果考上重点大学，我一定请你喝酒

B. 潘某在寻物启事中称，愿向送还失物者付酬金500元

C. 孙某临终前在日记中写道：若离人世，愿将个人藏书赠与好友汪某

D. 何某向一台自动售货机投币购买饮料

7. 教授甲举办学术讲座时，在礼堂外的张贴栏中公告其一部新著的书名及价格，告知有意购买者在门口的签字簿上签名。学生乙未留意该公告，以为签字簿是为签到而设，遂在上面签名。对乙的行为应如何认定？（2005-1，单选）

A. 乙的行为可推定为购买甲新著的意思表示

B. 乙的行为构成重大误解，在此基础上成立的买卖合同可撤销

C. 甲的行为属于要约，乙的行为属于附条件承诺，二者之间成立买卖合同，但需乙最后确认

D. 乙的行为并非意思表示，在甲乙之间并未成立买卖合同

8. 甲、乙在火车上相识，甲怕自己到站时未醒，请求乙在 A 站唤醒自己下车，乙欣然同意。火车到达 A 站时，甲沉睡，乙也未醒。甲未能在 A 站及时下车，为此支出了额外费用。甲要求乙赔偿损失。对此，应如何处理？（2005-22，单选）

  A. 由乙承担违约责任   B. 由乙承担侵权责任
  C. 由乙承担缔约过失责任   D. 由甲自己承担损失

六、 法律行为的效力

1. 知名作曲家王某在二手书店翻到了早年自己丢弃的笔记本，里面有自己在青年时写就的乐谱，遂提出要买回笔记本。书店店员报价 5000 元。王某认为要价太高。对此，下列说法正确的是：（仿真金题，单选，2023 年回忆版）

  A. 王某对乐谱仍享有著作权
  B. 王某对乐谱仍享有表演者权
  C. 王某在买下笔记本后可主张因受胁迫而撤销
  D. 王某在买下笔记本后可主张因显失公平而撤销

2. 甲到某地旅游，在乙开的路边店购买豆浆时，发现乙用来量盛豆浆的小碗花色古朴，遂提出购买留作纪念，双方约定以 20 元购买。甲的朋友丙是古董专家，一次到甲家做客时看到该小碗，疑是古董，后经鉴定为明代某官窑出土古董，乙欲请求撤销该交易。下列说法正确的是：（仿真金题，多选，2023 年回忆版）

  A. 属于重大误解   B. 属于显失公平
  C. 甲构成欺诈   D. 应通过向法院提起诉讼来撤销

3. 某日，古玩爱好者王某在当地经常光顾的古玩街花费数万元购买了一对青铜烛台，疑为明代真品。后经鉴定，该烛台为现代仿品，仅值数百元。对此，下列哪一说法是正确的？（仿真金题，单选，2022 年回忆版）

  A. 王某可主张存在重大误解，请求撤销合同
  B. 王某意思表示真实有效，无权请求撤销合同
  C. 王某可主张存在显失公平，请求撤销合同
  D. 王某可主张其被出卖人欺诈，请求撤销合同

4. 某公司看中某宾馆的一幅巨型山水画，以高于市场价 1 亿元的价格买下了宾馆的全部财产（包括山水画）。随后，公司委托拍卖行将该幅山水画拍卖，获利 1.5 亿元。对于公司与宾馆之间买卖合同的效力，下列说法正确的是：（仿真金题，单选，2022 年回忆版）

  A. 宾馆构成重大误解，可撤销
  B. 无效力瑕疵
  C. 因显失公平，宾馆可撤销
  D. 公司恶意欺诈，宾馆可撤销

5. 张某有一副齐白石的真迹，市价千万元。因张某要出国将该画委托李某保管。保管期间，李某死亡，李某之子李俊以为该画属于李某所有而继承，而后将该画以 3000 元卖给了王某。两年后张某回来，发现画被卖了，以下哪一选项说法正确？（仿真金题，单选，2021 年回忆版）

  A. 李俊构成无权处分，合同无效
  B. 李俊有重大误解，合同可撤销
  C. 李俊构成善意取得
  D. 王某构成善意取得

6. 甲家中有一块祖传玉佩，某大学教授乙颇为喜爱，几次欲向甲购买均被甲拒绝。2016 年 3 月 1 日，丙因为自己孩子上大学之事有求于乙，故暗中找到甲，称如果不将玉佩卖给乙，就将甲正在上高一的儿子的腿打断一条。甲心生恐惧，遂主动找到乙，将玉佩以 8 万元的价格卖给了不知情的乙。2018 年 3 月 1 日，甲的儿子顺利去英国留学，不再因丙的威胁而感到恐惧，故向法院起诉，欲撤销买卖合同。3 月 10 日，法院经查，甲祖传的玉佩为赝品，市价仅为 800 元，甲出卖时对此不知情，乙此时方获悉自己购买的玉佩为赝品。对此下列说法错误的是：（仿真金题，多选，2020 年回忆版）

  A. 因为乙对于胁迫不知情，故甲不能撤销与乙之间的买卖合同
  B. 乙可以欺诈为由撤销买卖合同
  C. 甲以受到胁迫为由撤销合同的权利因为超过了 1 年的除斥期间而消灭
  D. 乙以重大误解撤销合同的权利应在 2018 年 6 月 10 日前行使

7. 甲乙协议以 500 万元转让房屋，为避税签署了两份房屋的转让合同，第一份约定为 500 万元，交易价格以该份合同为准；第二份合同为网络备案合同，约定为 300 万元。以下说法正确的是：（仿真金题，单选，2019 年回忆版）

  A. 两份合同都无效
  B. 第一份合同有效，第二份合同部分无效
  C. 第一份合同部分无效，第二份合同有效
  D. 两份合同都有效

8. 甲公司董事长王某（法定代表人）在与乙公司洽谈时，被乙公司工作人员灌醉后，乙公司工作人员趁机让王某签订了一份明显不利于甲公司的合同。现甲公司欲撤销该协议，其理由应该是下列哪一种？（仿真金题，单选，2020 年回忆版）

  A. 乘人之危   B. 显失公平
  C. 重大误解   D. 无权代理

9. 2017 年某日，朱某接到某公司销售经理王某电话，请其代发公司的销售广告，报酬为每条短信 0.1 元。朱某为提高效率，花 1 万元购买了伪基站设备，并驾驶五菱宏光车载基站在全市范围内群发。5 日后，朱某尚未拿到约定报酬即被公安机关抓获。经查，此时，朱某已发送信息 10 万条，同时获取了 10 万个手机用户信息，并将信息出卖给了一家代理房地产销售的公司，获益 1 万元。对此，下列说法正确的是：（仿真金题，多选，2019 年回忆版）

A. 朱某和王某之间的约定无效

B. 朱某和王某之间的约定效力未定

C. 代理房地产销售的公司购买信息的行为不构成侵权

D. 朱某侵犯了他人的个人信息权益

10. 小琴从小天赋异禀，甚得其祖父喜爱。6岁时，祖父将其珍藏的一幅价值百万元的名画赠与小琴，其母亲表示拒绝。8岁时，祖父又将其价值8万元的名表一块赠与小琴，其母亲知道后也表示拒绝。对此下列说法正确的是：（仿真金题，单选，2018年回忆版）

A. 关于画的赠与，因纯获利而有效

B. 关于画的赠与，效力未定，因乙的拒绝而无效

C. 关于表的赠与，有效

D. 关于表的赠与，效力未定，因乙拒绝接受而无效

11. 肖特有音乐天赋，16岁便不再上学，以演出收入为主要生活来源。肖特成长过程中，多有长辈馈赠：7岁时受赠口琴1个，9岁时受赠钢琴1架，15岁时受赠名贵小提琴1把。对肖特行为能力及其受赠行为效力的判断，根据《民法典》相关规定，下列哪一选项是正确的？（2017-2，单选）

A. 肖特尚不具备完全的民事行为能力

B. 受赠口琴的行为无效，应由其法定代理人代理实施

C. 受赠钢琴的行为无效，因与其当时的年龄智力不相当

D. 受赠小提琴的行为无效，因与其当时的年龄智力不相当

12. 齐某扮成建筑工人模样，在工地旁摆放一尊廉价购得的旧蟾蜍石雕，冒充新挖出文物等待买主。甲曾以5000元从齐某处买过一尊同款石雕，发现被骗后正在和齐某交涉时，乙过来询问。甲有意让乙也上当，以便要回被骗款项，未等齐某开口便对乙说："我之前从他这买了一个貔貅，转手就赚了，这个你不要我就要了。"乙信以为真，以5000元买下石雕。关于所涉民事法律行为的效力，下列哪一说法是正确的？（2017-3，单选）

A. 乙可向甲主张撤销其购买行为

B. 乙可向齐某主张撤销其购买行为

C. 甲不得向齐某主张撤销其购买行为

D. 乙的撤销权自购买行为发生之日起2年内不行使则消灭

13. 陈老伯考察郊区某新楼盘时，听销售经理介绍周边有轨道交通19号线，出行方便，便与开发商订立了商品房预售合同。后经了解，轨道交通19号线属市域铁路，并非地铁，无法使用老年卡，出行成本较高；此外，铁路房的升值空间小于地铁房。陈老伯深感懊悔。关于陈老伯可否反悔，下列哪一说法是正确的？（2017-10，单选）

A. 属认识错误，可主张撤销该预售合同

B. 属重大误解，可主张撤销该预售合同

C. 该预售合同显失公平，陈老伯可主张撤销该合同

D. 开发商并未欺诈陈老伯，该预售合同不能被撤销

14. 潘某去某地旅游，当地玉石资源丰富，且盛行"赌石"活动，买者购买原石后自行剖切，损益自负。潘某花 5000 元向某商家买了两块原石，切开后发现其中一块为极品玉石，市场估价上百万元。商家深觉不公，要求潘某退还该玉石或补交价款。对此，下列哪一选项是正确的？（2016-3，单选）

　　A. 商家无权要求潘某退货
　　B. 商家可基于公平原则要求潘某适当补偿
　　C. 商家可基于重大误解而主张撤销交易
　　D. 商家可基于显失公平而主张撤销交易

15. 甲隐瞒了其所购别墅内曾发生恶性刑事案件的事实，以明显低于市场价的价格将其转卖给乙；乙在不知情的情况下，放弃他人以市场价出售的别墅，购买了甲的别墅。几个月后乙获悉实情，向法院申请撤销合同。关于本案，下列哪些说法是正确的？（2016-59，多选）

　　A. 乙须在得知实情后一年内申请法院撤销合同
　　B. 如合同被撤销，甲须赔偿乙在订立及履行合同过程当中支付的各种必要费用
　　C. 如合同被撤销，乙有权要求甲赔偿主张撤销时别墅价格与此前订立合同时别墅价格的差价损失
　　D. 合同撤销后乙须向甲支付合同撤销前别墅的使用费

16. 甲以 23 万元的价格将一辆机动车卖给乙。该车因里程表故障显示行驶里程为 4 万公里，但实际行驶了 8 万公里，市值为 16 万元。甲明知有误，却未向乙说明，乙误以为真。乙的下列哪一请求是错误的？（2015-2，单选）

　　A. 以甲欺诈为由请求法院变更合同，在此情况下法院不得判令撤销合同
　　B. 请求甲减少价款至 16 万元
　　C. 以重大误解为由，致函甲请求撤销合同，合同自该函到达甲时即被撤销
　　D. 请求甲承担缔约过失责任

17. 张某和李某设立的甲公司伪造房产证，以优惠价格与乙企业（国有）签订房屋买卖合同，以骗取钱财。乙企业交付房款后，因甲公司不能交房而始知被骗。关于乙企业可以采取的民事救济措施，下列哪一选项是正确的？（2015-3，单选）

　　A. 以甲公司实施欺诈损害国家利益为由主张合同无效
　　B. 只能请求撤销合同
　　C. 通过乙企业的主管部门主张合同无效
　　D. 可以请求撤销合同，也可以不请求撤销合同而要求甲公司承担违约责任

18. 某旅游地的纪念品商店出售秦始皇兵马俑的复制品，价签标名为"秦始皇兵马俑"，2800 元一个。王某购买了一个，次日，王某以其购买的"秦始皇兵马俑"为复制品而非真品属于欺诈为由，要求该商店退货并赔偿。下列哪些表述是错误的？（2015-52，多选）

　　A. 商店的行为不属于欺诈，真正的"秦始皇兵马俑"属于法律规定不能买卖的禁止流通物
　　B. 王某属于重大误解，可请求撤销买卖合同

C. 商店虽不构成积极欺诈，但构成消极欺诈，因其没有标明为复制品
D. 王某有权请求撤销合同，并可要求商店承担缔约过失责任

19. 下列哪一情形下，甲对乙不构成胁迫？（2013-3，单选）
A. 甲说，如不出借1万元，则举报乙犯罪。乙照办，后查实乙构成犯罪
B. 甲说，如不将藏獒卖给甲，则举报乙犯罪。乙照办，后查实乙不构成犯罪
C. 甲说，如不购甲即将报废的汽车，将公开乙的个人隐私。乙照办
D. 甲说，如不赔偿乙撞伤甲的医疗费，则举报乙醉酒驾车。乙照办，甲取得医疗费和慰问金

20. 甲、乙之间的下列哪些合同属于有效合同？（2013-53，多选）
A. 甲与丙离婚期间，用夫妻共同存款向乙公司购买保险，指定自己为受益人
B. 甲将其宅基地抵押给同村外嫁他村的乙用于借款
C. 甲将房屋卖给精神病人乙，合同履行后房价上涨
D. 甲驾车将流浪精神病人撞死，因查找不到死者亲属，乙民政部门代其与甲达成赔偿协议

21. 下列哪一情形构成重大误解，属于可撤销的民事法律行为？（2012-3，单选）
A. 甲立下遗嘱，误将乙的字画分配给继承人
B. 甲装修房屋，误以为乙的地砖为自家所有，并予以使用
C. 甲入住乙宾馆，误以为乙宾馆提供的茶叶是无偿的，并予以使用
D. 甲要购买电动车，误以为精神病人乙是完全民事行为能力人，并与之签订买卖合同

22. 甲与乙教育培训机构就课外辅导达成协议，约定甲交费5万元，乙保证甲在接受乙的辅导后，高考分数能达到二本线。若未达到该目标，全额退费。结果甲高考成绩仅达去年二本线，与今年高考二本线尚差20分。关于乙的承诺，下列哪一表述是正确的？（2012-11，单选）
A. 属于无效格式条款
B. 因显失公平而可变更
C. 因情势变更而可变更
D. 虽违背教育规律但属有效

23. 下列哪些情形属于无效合同？（2012-52，多选）
A. 甲医院以国产假肢冒充进口假肢，高价卖给乙
B. 甲乙双方为了在办理房屋过户登记时避税，将实际成交价为100万元的房屋买卖合同价格写为60万元
C. 有妇之夫甲委托未婚女乙代孕，约定事成后甲补偿乙50万元
D. 甲父患癌症急需用钱，乙趁机以低价收购甲收藏的1幅名画，甲无奈与乙签订了买卖合同

24. 甲公司在城市公园旁开发预售期房，乙、丙等近百人一次性支付了购房款，总额近8000万元。但甲公司迟迟未开工，按期交房无望。乙、丙等购房人多次集体去甲公司交涉无

果，险些引发群体性事件。面对疯涨房价，乙、丙等购房人为另行购房，无奈与甲公司签订《退款协议书》，承诺放弃数额巨大利息、违约金的支付要求，领回原购房款。经咨询，乙、丙等购房人起诉甲公司。下列哪一说法准确体现了公平正义的有关要求？（2011-1，单选）

A. 《退款协议书》虽是当事人真实意思表示，但为兼顾情理，法院应当依据购房人的要求变更该协议，由甲公司支付利息和违约金
B. 《退款协议书》是甲公司胁迫乙、丙等人订立的，为确保合法合理，法院应当依据购房人的要求宣告该协议无效，由甲公司支付利息和违约金
C. 《退款协议书》的订立显失公平，为保护购房人的利益，法院应当依据购房人的要求撤销该协议，由甲公司支付利息和违约金
D. 《退款协议书》损害社会公共利益，为确保利益均衡，法院应当依据购房人的要求撤销该协议，由甲公司支付利息和违约金

25. 关于意思表示法律效力的判断，下列哪些选项是正确的？（2011-53，多选）
A. 甲在商场购买了一台液晶电视机，回家后发现其妻乙已在另一商场以更低折扣订了一台液晶电视机。甲认为其构成重大误解，有权撤销买卖
B. 甲向乙承诺，以其外籍华人身份在婚后为乙办外国绿卡。婚后，乙发现甲是在逃通缉犯。乙有权以甲欺诈为由撤销婚姻
C. 甲向乙银行借款，乙银行要求甲提供担保。丙为帮助甲借款，以举报丁偷税漏税相要挟，迫使其为甲借款提供保证，乙银行对此不知情。丁有权以其受到胁迫为由撤销保证
D. 甲患癌症，其妻乙和医院均对甲隐瞒其病情。经与乙协商，甲投保人身保险，指定身故受益人为乙。保险公司有权以乙欺诈为由撤销合同

25. 下列甲与乙签订的哪些合同有效？（2011-58，多选）
A. 甲与乙签订商铺租赁合同，约定待办理公证后合同生效。双方未办理合同公证，甲交付商铺后，乙支付了第1个月的租金
B. 甲与乙签署股权转让协议，约定甲将其对丙公司享有的90%股权转让给乙，乙支付1亿元股权受让款。但此前甲已将该股权转让给丁
C. 甲与乙签订相机买卖合同，相机尚未交付，也未付款。后甲又就出卖该相机与丙签订买卖合同
D. 甲将商铺出租给丙后，将该商铺出卖给乙，但未通知丙

27. 乙公司以国产牛肉为样品，伪称某国进口牛肉，与甲公司签订了买卖合同，后甲公司得知这一事实。此时恰逢某国流行疯牛病，某国进口牛肉滞销，国产牛肉价格上涨。下列哪些说法是正确的？（2009-56，多选）
A. 甲公司有权自知道样品为国产牛肉之日起一年内主张撤销该合同
B. 乙公司有权自合同订立之日起一年内主张撤销该合同
C. 甲公司有权决定履行该合同，乙公司无权拒绝履行
D. 在甲公司决定撤销该合同前，乙公司有权按约定向甲公司要求支付货款

28. 某酒店客房内备有零食、酒水供房客选用，价格明显高于市场同类商品。房客关某缺乏住店经验，又未留意标价单，误认为系酒店免费提供而饮用了一瓶洋酒。结账时酒店欲按标价收费，关某拒付。下列哪一选项是正确的？（2007-1，单选）

　　A. 关某应按标价付款　　　　　　B. 关某应按市价付款
　　C. 关某不应付款　　　　　　　　D. 关某应按标价的一半付款

29. 钱某有一幅祖传名画，市值百万。高某欲低价购入，联合艺术品鉴定家李某欺骗钱某说是赝品，价值不超过10万元。钱某信以为真，但是未将画卖给高某，而是以15万元的价格卖给了不知情的陈某。对此，下列哪一个说法是正确的？（仿真金题，单选，2019年回忆版）

　　A. 因陈某乘人之危，故钱某可撤销与陈某的买卖合同
　　B. 因受高某欺诈，钱某可撤销与陈某的买卖合同
　　C. 属于重大误解，钱某可撤销与陈某的买卖合同
　　D. 属于显失公平，钱某可撤销与陈某的买卖合同

30. 13岁的甲是某中学学生，常去学校篮球场打篮球。一天，甲去篮球场打球路上买了一瓶可乐，打完球后，喝了一半，将剩有一半可乐的瓶子放在了篮球架边离去。后拾荒者乙捡走了可乐瓶。对此，下列说法正确的是：（仿真金题，单选，2020年回忆版）

　　A. 甲之间成立赠与合同关系
　　B. 甲的行为是单方抛弃
　　C. 甲的行为不需要意思表示
　　D. 可乐瓶属于遗失物

31. 某校长甲欲将一套住房以50万元出售。某报记者乙找到甲，出价40万元，甲拒绝。乙对甲说："我有你贪污的材料，不答应我就举报你。"甲信以为真，以40万元将该房卖与乙。乙实际并无甲贪污的材料。关于该房屋买卖合同的效力，下列哪一说法是正确的？（2010-5，单选，根据《民法典》改编）

　　A. 存在欺诈行为，属可撤销合同
　　B. 存在胁迫行为，属可撤销合同
　　C. 显失公平，属可撤销合同
　　D. 存在重大误解，属可撤销合同

32. 小刘从小就显示出很高的文学天赋，九岁时写了小说《隐形翅膀》，并将该小说的网络传播权转让给某网站。小刘的父母反对该转让行为。下列哪一说法是正确的？（2009-14，单选）

　　A. 小刘父母享有该小说的著作权，因为小刘是无民事行为能力人
　　B. 小刘及其父母均不享有著作权，因为该小说未发表
　　C. 小刘对该小说享有著作权，但网络传播权转让合同无效
　　D. 小刘对该小说享有著作权，网络传播权转让合同有效

七、代理

1. 丙受甲公司委托去郊区预订民宿，正值当地松茸成熟时节，丙想顺便购入一批松茸转卖赚取差价，遂以甲公司名义，以团购价与乙公司订购了一批松茸。丙用自己的钱付了款，却错把收货地址写成了甲公司地址，松茸被直接送到了甲公司。甲公司了解情况后，将这批松茸当作员工福利进行了发放。对此，下列说法正确的是：（仿真金题，单选，2022年回忆版）

A. 乙公司可以欺诈为由撤销合同　　B. 丙有权请求甲公司返还钱款
C. 丙为无权代理，合同效力待定　　D. 丙有权请求甲公司返还松茸

2. 甲公司委托小王和小刘去乙公司购置器械，明确购置合同必须小王和小刘共同签字才有效，并将此以传真的形式告知了乙公司。谈判过程中，小刘一直坐在小王旁边记笔记，乙公司以为小刘是小王的秘书。后来，资历较深的小王与乙公司商定好了购买协议，签字那天，正好小刘有事未在现场，只小王签了字。对于该协议，下列说法正确的是：（仿真金题，多选，2021年回忆版）

A. 若甲公司主张协议未生效，乙公司可以小王有代理权为由进行抗辩
B. 若甲公司对该协议进行追认，该协议有效
C. 小王构成无权代理
D. 甲公司可主张因小刘未签字，该协议无效

3. 甲有一块玉石，委托乙以50万元出售，丙、丁均乐意购买。丙出价60万元，丁出价40万元。乙准备跟丙达成协议时，丁找到乙，协商以35万元购买该玉石，其余5万元作为乙的好处费。乙答应后，便告知甲该玉石最近市场价波动较大，且未来有贬值的可能。甲信以为真，与丁达成购买协议同意以35万元出售该玉石。后甲了解到实情，要求撤销该协议。对此，下列说法正确的是：（仿真金题，单选，2021年回忆版）

A. 购买协议当然有效　　B. 购买协议当然无效
C. 乙、丁应赔偿甲的损失　　D. 购买协议属于重大误解

4. 张三偷了李四的车，让知情的王五进行出售，王五将该车以张三的名义出卖给不知情的赵六，交付后，赵六按照市价支付了价款。对此，下列说法正确的是：（仿真金题，单选，2021年回忆版）

A. 王五的行为构成无权处分
B. 王五的行为是无权代理
C. 赵六对该车构成善意取得
D. 对于李四的损失，张三与王五应承担连带责任

5. 王某是九联公司某地分公司的负责人，因个人事务欠李某1000万元。李某要求在欠条保证人一栏加盖九联分公司的公章。王某表示，自己没有被公司授权订立保证合同，且向李某出具了总公司的书面授权文件，李某依然坚持加盖，最终，王某同意加盖了分公司的公

21

章。对此，下列说法正确的是：(仿真金题，多选，2020年回忆版)

A. 王某构成表见代理 　　　　B. 九联公司应当承担保证责任
C. 王某构成无权代理 　　　　D. 九联公司不承担保证责任

6. 甲公司员工唐某受公司委托从乙公司订购一批空气净化机，甲公司对净化机单价未作明确限定。唐某与乙公司私下商定将净化机单价比正常售价提高200元，乙公司给唐某每台100元的回扣。商定后，唐某以甲公司名义与乙公司签订了买卖合同。对此，下列哪一选项是正确的？(2016-4，单选)

A. 该买卖合同以合法形式掩盖非法目的，因而无效
B. 唐某的行为属无权代理，买卖合同效力待定
C. 乙公司行为构成对甲公司的欺诈，买卖合同属可变更、可撤销合同
D. 唐某与乙公司恶意串通损害甲公司的利益，应对甲公司承担连带责任

7. 甲公司与15周岁的网络奇才陈某签订委托合同，授权陈某为甲公司购买价值不超过50万元的软件。陈某的父母知道后，明确表示反对。关于委托合同和代理权授予的效力，下列哪一表述是正确的？(2015-4，单选)

A. 均无效，因陈某的父母拒绝追认
B. 均有效，因委托合同仅需简单智力投入，不会损害陈某的利益，其父母是否追认并不重要
C. 是否有效，需确认陈某的真实意思，其父母拒绝追认，甲公司可向法院起诉请求确认委托合同的效力
D. 委托合同因陈某的父母不追认而无效，但代理权授予是单方法律行为，无需追认即有效

8. 吴某是甲公司员工，持有甲公司授权委托书。吴某与温某签订了借款合同，该合同由温某签字、吴某用甲公司合同专用章盖章。后温某要求甲公司还款。下列哪些情形有助于甲公司否定吴某的行为构成表见代理？(2014-52，多选)

A. 温某明知借款合同上的盖章是甲公司合同专用章而非甲公司公章，未表示反对
B. 温某未与甲公司核实，即将借款交给吴某
C. 吴某出示的甲公司授权委托书载明甲公司仅授权吴某参加投标活动
D. 吴某出示的甲公司空白授权委托书已届期

9. 甲用伪造的乙公司公章，以乙公司名义与不知情的丙公司签订食用油买卖合同，以次充好，将劣质食用油卖给丙公司。合同没有约定仲裁条款。关于该合同，下列哪一表述是正确的？(2013-4，单选)

A. 如乙公司追认，则丙公司有权通知乙公司撤销
B. 如乙公司追认，则丙公司有权请求法院撤销
C. 无论乙公司是否追认，丙公司均有权通知乙公司撤销
D. 无论乙公司是否追认，丙公司均有权要求乙公司履行

10. 下列哪些情形下，甲公司应承担民事责任？（2013-52，多选）
   A. 甲公司董事乙与丙公司签订保证合同，乙擅自在合同上加盖甲公司公章和法定代表人丁的印章
   B. 甲公司与乙公司签订借款合同，甲公司未盖公章，但乙公司已付款，且该款用于甲公司项目建设
   C. 甲公司法定代表人乙委托员工丙与丁签订合同，借用丁的存款单办理质押贷款用于经营
   D. 甲公司与乙约定，乙向甲公司交纳保证金，甲公司为乙贷款购买设备提供担保。甲公司法定代表人丙以个人名义收取该保证金并转交甲公司出纳员入账

11. 下列哪些情形属于代理？（2012-53，多选）
   A. 甲请乙从国外代购1套名牌饮具，乙自己要买2套，故乙共买3套一并结账
   B. 甲请乙代购茶叶，乙将甲写好茶叶名称的纸条交给销售员，告知其是为自己朋友买茶叶
   C. 甲律师接受法院指定担任被告人乙的辩护人
   D. 甲介绍歌星乙参加某演唱会，并与主办方签订了三方协议

12. 甲委托乙采购一批电脑，乙受丙诱骗高价采购了一批劣质手机。丙一直以销售劣质手机为业，甲对此知情。关于手机买卖合同，下列哪些表述是正确的？（2012-54，多选）
   A. 甲有权追认　　　　　　　　　　B. 甲有权撤销
   C. 乙有权以甲的名义撤销　　　　　D. 丙有权撤销

13. 甲委托乙销售一批首饰并交付，乙经甲同意转委托给丙。丙以其名义与丁签订买卖合同，约定将这批首饰以高于市场价10%的价格卖给丁，并赠其一批箱包。丙因此与戊签订箱包买卖合同。丙依约向丁交付首饰，但因戊不能向丙交付箱包，导致丙无法向丁交付箱包。丁拒绝向丙支付首饰款。下列哪一表述是正确的？（2011-4，单选）
   A. 乙的转委托行为无效
   B. 丙与丁签订的买卖合同直接约束甲和丁
   C. 丙应向甲披露丁，甲可以行使丙对丁的权利
   D. 丙应向丁披露戊，丁可以行使丙对戊的权利

14. 张某到王某家聊天，王某去厕所时张某帮其接听了刘某打来的电话。刘某欲向王某订购一批货物，请张某转告，张某应允。随后张某感到有利可图，没有向王某转告订购之事，而是自己低价购进了刘某所需货物，以王某名义交货并收取了刘某货款。关于张某将货物出卖给刘某的行为的性质，下列哪些说法是正确的？（2010-51，多选）
   A. 无权代理　　　　　　　　　　　B. 无因管理
   C. 不当得利　　　　　　　　　　　D. 效力待定

15. 关于复代理，下列哪些选项是正确的？（2008-四川-52，多选）
   A. 复代理人是代理人基于复任权而选任的

B. 复代理人的代理行为后果直接由本人承担

C. 委托代理人转托他人代理必须取得被代理人同意

D. 委托代理人转托不明给第三人造成损失的，转托代理人应负连带责任

16. 甲公司经常派业务员乙与丙公司订立合同。乙调离后，又持盖有甲公司公章的合同书与尚不知其已调离的丙公司订立一份合同，并按照通常做法提走货款，后逃匿。对此甲公司并不知情。丙公司要求甲公司履行合同，甲公司认为该合同与己无关，予以拒绝。下列选项哪一个是正确的？（2004-3，单选）

A. 甲公司不承担责任

B. 甲公司应与丙公司分担损失

C. 甲公司应负主要责任

D. 甲公司应当承担签约后果

八、诉讼时效

1. 甲公司开发的系列楼盘由乙公司负责安装电梯设备。乙公司完工并验收合格投入使用后，甲公司一直未支付工程款，乙公司也未催要。诉讼时效期间届满后，乙公司组织工人到甲公司讨要。因高级管理人员均不在，甲公司新录用的法务小王，擅自以公司名义签署了同意履行付款义务的承诺函，工人们才散去。其后，乙公司提起诉讼。关于本案的诉讼时效，下列哪一说法是正确的？（2017-4，单选）

A. 甲公司仍可主张诉讼时效抗辩

B. 因乙公司提起诉讼，诉讼时效中断

C. 法院可主动适用诉讼时效的规定

D. 因甲公司同意履行债务，其不能再主张诉讼时效抗辩

2. 甲公司向乙公司催讨一笔已过诉讼时效期限的10万元货款。乙公司书面答复称："该笔债务已过时效期限，本公司本无义务偿还，但鉴于双方的长期合作关系，可偿还3万元。"甲公司遂向法院起诉，要求偿还10万元。乙公司接到应诉通知后书面回函甲公司称："既然你公司起诉，则不再偿还任何货款。"下列哪一选项是正确的？（2014-5，单选）

A. 乙公司的书面答复意味着乙公司需偿还甲公司3万元

B. 乙公司的书面答复构成要约

C. 乙公司的书面回函对甲公司有效

D. 乙公司的书面答复表明其丧失了10万元的时效利益

3. 下列哪些请求不适用诉讼时效？（2014-53，多选）

A. 当事人请求撤销合同

B. 当事人请求确认合同无效

C. 业主大会请求业主缴付公共维修基金

D. 按份共有人请求分割共有物

4. 甲为自己的车向乙公司投保第三者责任险，保险期间内甲车与丙车追尾，甲负全责。丙在事故后不断索赔未果，直至事故后第 3 年，甲同意赔款，甲友丁为此提供保证。再过 1 年，因甲、丁拒绝履行，丙要求乙公司承担保险责任。关于诉讼时效的抗辩，下列哪些表述是错误的？（2013-54，多选）

    A. 甲有权以侵权之债诉讼时效已过为由不向丙支付赔款
    B. 丁有权以侵权之债诉讼时效已过为由不承担保证责任
    C. 乙公司有权以侵权之债诉讼时效已过为由不承担保险责任
    D. 乙公司有权以保险合同之债诉讼时效已过为由不承担保险责任

5. 关于诉讼时效，下列哪一选项是正确的？（2012-5，单选）

    A. 甲借乙 5 万元，向乙出具借条，约定 1 周之内归还。乙债权的诉讼时效期间从借条出具日起计算
    B. 甲对乙享有 10 万元货款债权，丙是连带保证人，甲对丙主张权利，会导致 10 万元货款债权诉讼时效中断
    C. 甲向银行借款 100 万元，乙提供价值 80 万元房产作抵押，银行实现对乙的抵押权后，会导致剩余的 20 万元主债务诉讼时效中断
    D. 甲为乙欠银行的 50 万元债务提供一般保证。甲不知 50 万元主债务诉讼时效期间届满，放弃先诉抗辩权，承担保证责任后不得向乙追偿

6. 关于诉讼时效中断的表述，下列哪一选项是正确的？（2011-5，单选）

    A. 甲欠乙 10 万元到期未还，乙要求甲先清偿 8 万元。乙的行为，仅导致 8 万元债务诉讼时效中断
    B. 甲和乙对丙因共同侵权而需承担连带赔偿责任计 10 万元，丙要求甲承担 8 万元。丙的行为，导致甲和乙对丙负担的连带债务诉讼时效均中断
    C. 乙欠甲 8 万元，丙欠乙 10 万元，甲对丙提起代位权诉讼。甲的行为，不会导致丙对乙的债务诉讼时效中断
    D. 乙欠甲 10 万元，甲将该债权转让给丙。自甲与丙签订债权转让协议之日起，乙的 10 万元债务诉讼时效中断

7. 某公司因合同纠纷的诉讼时效问题咨询律师。关于律师的答复，下列哪些选项是正确的？（2010-52，多选）

    A. 当事人不得违反法律规定，约定延长或者缩短诉讼时效期间、预先放弃诉讼时效利益
    B. 当事人约定同一债务分期履行的，诉讼时效期间从最后一期履行期限届满之日起计算
    C. 当事人在一审期间未提出诉讼时效抗辩的，二审期间不能提出该抗辩
    D. 诉讼时效届满，当事人一方向对方当事人作出同意履行义务意思表示的，不得再以时效届满为由进行抗辩

8. 关于诉讼时效的表述，下列哪些选项是正确的？（2009-52，多选）

    A. 当事人可以对债权请求权提出诉讼时效抗辩，但法律规定的有些债权请求权不适用

诉讼时效的规定

B. 当事人不能约定延长或缩短诉讼时效期间，也不能预先放弃诉讼时效利益

C. 当事人未提出诉讼时效抗辩的，法院不应对诉讼时效问题进行阐明及主动适用诉讼时效的规定进行裁判

D. 当事人在一审、二审期间都可以提出诉讼时效抗辩

9. 2000年4月，甲得知乙出版社非法出版发行甲的小说，但未予理会。由于乙一直未停止上述侵权行为，甲遂于2003年5月向法院提起诉讼。下列哪一选项是正确的？（2008-四川-3，单选）

A. 法院应当以超过诉讼时效为由不予受理

B. 法院应当以超过诉讼时效为由驳回诉讼请求

C. 法院应当判决乙停止侵害行为

D. 本案应适用特殊诉讼时效

PART 02
第二章 物　权

一、物权法概述

1. 甲遗失其为乙保管的迪亚手表，为偿还乙，甲窃取丙的美茄手表和4000元现金。甲将美茄手表交乙，因美茄手表比迪亚手表便宜1000元，甲又从4000元中补偿乙1000元。乙不知甲盗窃情节。乙将美茄手表赠与丁，又用该1000元的一半支付某自来水公司水费，另一半购得某商场一件衬衣。下列哪些说法是正确的？（2015-61，多选）

　　A. 丙可请求丁返还手表
　　B. 丙可请求甲返还3000元、请求自来水公司和商场各返还500元
　　C. 丙可请求乙返还1000元不当得利
　　D. 丙可请求甲返还4000元不当得利

2. 甲以20万元从乙公司购得某小区地下停车位。乙公司经规划部门批准在该小区以200万元建设观光电梯。该梯入梯口占用了甲的停车位，乙公司同意为甲置换更好的车位。甲则要求拆除电梯，并赔偿损失。下列哪些表述是错误的？（2013-51，多选）

　　A. 建电梯获得规划部门批准，符合小区业主利益，未侵犯甲的权利
　　B. 即使建电梯符合业主整体利益，也不能以损害个人权利为代价，故应将电梯拆除
　　C. 甲车位使用权固然应予保护，但置换车位更能兼顾个人利益与整体利益
　　D. 电梯建成后，小区尾房更加畅销，为平衡双方利益，乙公司应适当让利于甲

3. 叶某将自有房屋卖给沈某，在交房和过户之前，沈某擅自撬门装修，施工导致邻居赵某经常失眠。下列哪些表述是正确的？（2013-55，多选）

　　A. 赵某有权要求叶某排除妨碍
　　B. 赵某有权要求沈某排除妨碍
　　C. 赵某请求排除妨碍不受诉讼时效的限制
　　D. 赵某可主张精神损害赔偿

4. 物权人在其权利的实现上遇有某种妨害时，有权请求造成妨害事由发生的人排除此等妨害，称为物权请求权。关于物权请求权，下列哪一表述是错误的？（2011-8，单选）

　　A. 是独立于物权的一种行为请求权
　　B. 可以适用债权的有关规定

C. 不能与物权分离而单独存在

D. 须依诉讼的方式进行

5. 小贝购得一只世界杯指定用球后兴奋不已，一脚踢出，恰好落入邻居老马家门前的水井中，正在井边清洗花瓶的老马受到惊吓，手中花瓶落地摔碎。老马从井中捞出足球后，小贝央求老马归还，老马则要求小贝赔偿花瓶损失。对此，下列哪些选项是正确的？（2010-54，多选）

A. 小贝对老马享有物权请求权

B. 老马对小贝享有物权请求权

C. 老马对小贝享有债权请求权

D. 如小贝拒绝赔偿，老马可对足球行使留置权

二、物权变动

1. 甲把自己名下的一辆汽车卖给了乙，售价10万元，立即交付，但是一直未办理过户登记。后来甲的债权人丙向法院起诉要求甲偿还9万元及相应利息，法院扣押了该车。对此，下列说法不正确的是：（仿真题金，多选，2023年回忆版）

A. 乙自始未取得该车的所有权

B. 乙的所有权不可以对抗丙

C. 甲对该车仍享有完整的所有权

D. 丙可就该车主张优先受偿

2. 2020年3月1日，甲的父亲老甲去世，留下一套住房。遗嘱明确房屋由甲继承。甲一直没有办理过户登记，后去国外工作并定居，回国非常不便，决定将房子卖给丙。此房是老甲30年前购买，建造该房的土地是住宅建设用地，使用期限为70年。关于房屋的买卖及买受人丙的权利，下列说法正确的是：（仿真金题，多选，2022年回忆版）

A. 2020年3月1日，甲获得房屋的所有权

B. 甲需要将房屋登记在自己名下，方可将所有权过户给丙

C. 丙购买房屋后，可享有40年的建设用地使用权

D. 因甲继承获得房屋，故甲、丙签订合同后，即使不办理过户登记丙也可获得房屋所有权

3. 甲和妻子乙决定装修一套住了十几年的旧房，其后甲因公出差，乙将一件旧屏风卖给了邻居丙。丙在屏风里发现一个红包，里面有2000元钱，是甲在10年前藏的私房钱。对于2000元钱的归属，下列说法正确的是：（仿真金题，多选，2022年回忆版）

A. 因发现的是隐藏物，不属于丙

B. 是甲、乙夫妻共同财产

C. 丙构成善意取得

D. 货币占有即所有，应属于丙

4. 柳某有一块手表，谷某向其借用3个月。谷某的朋友翁某又向谷某借走该手表1周。其间，汤某要花10万元购买该手表，翁某说手表是谷某的。后经翁某撮合，谷某同意出卖，要求先付款，待翁某借期届满之后，由翁某将手表交给汤某。对比，下列说法正确的是：（仿真金题，多选，2021年回忆版）

A. 谷某构成无权处分
B. 翁某构成无权处分
C. 汤某构成善意取得
D. 侵害了柳某的物权

5. 白某将登记在自己名下的某公司的一辆汽车以市场价转让给不知情的洪某，并已经交付。后因欠黄某钱，白某又将该汽车抵押给不知情的黄某，并办理了抵押登记。后白某因非法集资被罚入狱并判没收全部财产。下列说法正确的是：（仿真金题，多选，2020年回忆版）

A. 洪某取得汽车的所有权
B. 黄某对汽车享有优先受偿权
C. 白某不再承担还款义务
D. 汽车不在没收范围

6. 古某的儿子小古喜欢鸽子，于是古某找到村民李某购买鸽子。古某付了钱，在李某向小古交付时，小古由于害怕未能接住，鸽子飞走了。下列说法正确的是：（仿真金题，单选，2020年回忆版）

A. 鸽子所有权已属于古某
B. 鸽子所有权仍属于李某
C. 鸽子所有权已属于小古
D. 该案与物权关系无关

7. 甲是雕刻家，乙是奇石古玩收藏家。某日，甲借用乙收藏的一块价值3万元的太湖石和一块价值1万元的汉白玉把玩。后来，甲在装修自家房屋时，将太湖石镶嵌在客厅摆放电视的背景墙中。装修完成两日后，突发创作欲望，将汉白玉雕刻成了精美的"老子骑牛"雕像（估价3万元）。对此，下列说法正确的是：（仿真金题，多选，2020年回忆版）

A. 太湖石已经与墙壁发生附合，应归甲所有
B. 甲应当就太湖石向乙进行补偿
C. 雕像应当归乙所有
D. 乙应向甲返还不当得利

8. 苏某为庆祝其喜得贵子，邀请胡某等到酒店聚餐。苏某从顾某处购得一超大海螺，将海螺带到酒店交给厨师时，从中剖得一颗硕大的橙黄色椭圆形珍珠（市值1万元），关于该珍珠的归属，下列哪一项说法是正确的？（仿真金题，单选，2018年回忆版）

A. 归苏某、胡某等共有
B. 归酒店所有
C. 归顾某所有
D. 归苏某所有

9. 金牛山一带天降陨石，不少村民将拾到的陨石卖给闻讯赶来的收藏者，获利颇丰，潘某路过肖某的菜园时拾取到一块陨石，肖某知道后向其索取，被潘某拒绝，以下说法正确的是？（仿真金题，单选，2018年回忆版）

A. 陨石归潘某所有
B. 陨石归肖某所有

C. 潘某拒绝归还肖某陨石的行为不受民法调整

D. 陨石归国家所有

10. 庞某有1辆名牌自行车，在借给黄某使用期间，达成转让协议，黄某以8000元的价格购买该自行车。次日，黄某又将该自行车以9000元的价格转卖给了洪某，但约定由黄某继续使用1个月。关于该自行车的归属，下列哪一选项是正确的？（2017-5，单选）

A. 庞某未完成交付，该自行车仍归庞某所有

B. 黄某构成无权处分，洪某不能取得自行车所有权

C. 洪某在黄某继续使用1个月后，取得该自行车所有权

D. 庞某既不能向黄某，也不能向洪某主张原物返还请求权

11. 甲遗失手链1条，被乙拾得。为找回手链，甲张贴了悬赏500元的寻物告示。后经人指证手链为乙拾得，甲要求乙返还，乙索要500元报酬，甲不同意，双方数次交涉无果。后乙在桥边玩耍时手链掉入河中被冲走。下列哪一选项是正确的？（2017-6，单选）

A. 乙应承担赔偿责任，但有权要求甲支付500元

B. 乙应承担赔偿责任，无权要求甲支付500元

C. 乙不应承担赔偿责任，也无权要求甲支付500元

D. 乙不应承担赔偿责任，有权要求甲支付500元

12. 蔡永父母在共同遗嘱中表示，二人共有的某处房产由蔡永继承。蔡永父母去世前，该房由蔡永之姐蔡花借用，借用期未明确。2012年上半年，蔡永父母先后去世，蔡永一直未办理该房屋所有权变更登记，也未要求蔡花腾退。2015年下半年，蔡永因结婚要求蔡花腾退，蔡花拒绝搬出。对此，下列哪一选项是正确的？（2016-5，单选）

A. 因未办理房屋所有权变更登记，蔡永无权要求蔡花搬出

B. 因诉讼时效期间届满，蔡永的房屋腾退请求不受法律保护

C. 蔡花系合法占有，蔡永无权要求其搬出

D. 蔡永对该房屋享有物权请求权

13. 甲被法院宣告失踪，其妻乙被指定为甲的财产代管人。3个月后，乙将登记在自己名下的夫妻共有房屋出售给丙，交付并办理了过户登记。在此过程中，乙向丙出示了甲被宣告失踪的判决书，并将房屋属于夫妻二人共有的事实告知丙。1年后，甲重新出现，并经法院撤销了失踪宣告。现甲要求丙返还房屋。对此，下列哪一说法是正确的？（2016-6，单选）

A. 丙善意取得房屋所有权，甲无权请求返还

B. 丙不能善意取得房屋所有权，甲有权请求返还

C. 乙出售夫妻共有房屋构成家事代理，丙继受取得房屋所有权

D. 乙出售夫妻共有房屋属于有权处分，丙继受取得房屋所有权

14. 刘某借用张某的名义购买房屋后，将房屋登记在张某名下。双方约定该房屋归刘某所有，房屋由刘某使用，产权证由刘某保存。后刘某、张某因房屋所有权归属发生争议。关于刘某的权利主张，下列哪些表述是正确的？（2014-55，多选）

A. 可直接向登记机构申请更正登记

B. 可向登记机构申请异议登记

C. 可向法院请求确认其为所有权人

D. 可依据法院确认其为所有权人的判决请求登记机关变更登记

15. 甲与乙签订《协议》，由乙以自己名义代甲购房，甲全权使用房屋并获取收益。乙与开发商和银行分别签订了房屋买卖合同和贷款合同。甲把首付款和月供款给乙，乙再给开发商和银行，房屋登记在乙名下。后甲要求乙过户，乙主张是自己借款购房。下列哪一选项是正确的？（2015-5，单选）

A. 甲有权提出更正登记

B. 房屋登记在乙名下，甲不得请求乙过户

C. 《协议》名为代购房关系，实为借款购房关系

D. 如乙将房屋过户给不知《协议》的丙，丙支付合理房款则构成善意取得

16. 甲将一套房屋转让给乙，乙再转让给丙，相继办理了房屋过户登记。丙翻建房屋时在地下挖出一瓷瓶，经查为甲的祖父埋藏，甲是其祖父唯一继承人。丙将该瓷瓶以市价卖给不知情的丁，双方钱物交割完毕。现甲、乙均向丙和丁主张权利。下列哪一选项是正确的？（2015-6，单选）

A. 甲有权向丙请求损害赔偿

B. 乙有权向丙请求损害赔偿

C. 甲、乙有权主张丙、丁买卖无效

D. 丁善意取得瓷瓶的所有权

17. 甲、乙和丙于2012年3月签订了散伙协议，约定登记在丙名下的合伙房屋归甲、乙共有。后丙未履行协议。同年8月，法院判决丙办理该房屋过户手续，丙仍未办理。9月，丙死亡，丁为其唯一继承人。12月，丁将房屋赠给女友戊，并对赠与合同作了公证。下列哪一表述是正确的？（2013-6，单选）

A. 2012年3月，甲、乙按份共有房屋

B. 2012年8月，甲、乙按份共有房屋

C. 2012年9月，丁为房屋所有人

D. 2012年12月，戊为房屋所有人

18. 甲将1套房屋出卖给乙，已经移转占有，没有办理房屋所有权移转登记。现甲死亡，该房屋由其子丙继承。丙在继承房屋后又将该房屋出卖给丁，并办理了房屋所有权移转登记。下列哪些表述是正确的？（2012-56，多选）

A. 乙虽然没有取得房屋所有权，但是基于甲的意思取得占有，乙为有权占有

B. 乙可以对甲的继承人丙主张有权占有

C. 在丁取得房屋所有权后，乙可以以占有有正当权利来源对丁主张有权占有

D. 在丁取得房屋所有权后，丁可以基于其所有权请求乙返还房屋

19. 潘某与刘某相约出游，潘某在长江边拾得一块奇石，爱不释手，拟带回家。刘某说，《民法典》规定河流属于国家所有，这一行为可能属于侵占国家财产。关于潘某能否取得奇石的所有权，下列哪一说法是正确的？（2011-9，单选）

A. 不能，因为石头是河流的成分，长江属于国家所有，石头从河流中分离后仍然属于国家财产

B. 可以，因为即使长江属于国家所有，但石头是独立物，经有关部门许可即可以取得其所有权

C. 不能，因为即使石头是独立物，但长江属于国家所有，石头也属于国家财产

D. 可以，因为即使长江属于国家所有，但石头是独立物、无主物，依先占的习惯可以取得其所有权

20. 吴某和李某共有一套房屋，所有权登记在吴某名下。2010年2月1日，法院判决吴某和李某离婚，并且判决房屋归李某所有，但是并未办理房屋所有权变更登记。3月1日，李某将该房屋出卖给张某，张某基于对判决书的信赖支付了50万元价款，并入住了该房屋。4月1日，吴某又就该房屋和王某签订了买卖合同，王某在查阅了房屋登记簿确认房屋仍归吴某所有后，支付了50万元价款，并于5月10日办理了所有权变更登记手续。下列哪些选项是正确的？（2011-55，多选）

A. 5月10日前，吴某是房屋所有权人

B. 2月1日至5月10日，李某是房屋所有权人

C. 3月1日至5月10日，张某是房屋所有权人

D. 5月10日后，王某是房屋所有权人

21. 某房屋登记簿上所有权人为甲，但乙认为该房屋应当归己所有，遂申请仲裁。仲裁裁决争议房屋归乙所有，但裁决书生效后甲、乙未办理变更登记手续。一月后，乙将该房屋抵押给丙银行，签订了书面合同，但未办理抵押登记。对此，下列哪些说法是正确的？（2010-53，多选）

A. 房屋应归甲所有

B. 房屋应归乙所有

C. 抵押合同有效

D. 抵押权未成立

22. 一日清晨，甲发现一头牛趴在自家门前，便将其拴在自家院内，打探失主未果。时值春耕，甲用该牛耕种自家田地。期间该牛因劳累过度得病，甲花费300元将其治好。两年后，牛的主人乙寻牛来到甲处，要求甲返还，甲拒绝返还。下列哪一说法是正确的？（2009-13，单选）

A. 甲应返还牛，但有权要求乙支付300元

B. 甲应返还牛，但无权要求乙支付300元

C. 甲不应返还牛，但乙有权要求甲赔偿损失

D. 甲不应返还牛，无权要求乙支付300元

23. 甲发现去年丢失的电动自行车被路人乙推行，便上前询问，乙称从朋友丙处购买，并出示了丙出具的付款收条。如甲想追回该自行车，可以提出下列哪些理由支持请求？（2009-53，多选）

A. 甲丢失该自行车被丙拾得
B. 丙从甲处偷了该自行车
C. 乙明知道该自行车是丙从甲处偷来的仍然购买
D. 乙向丙支付的价格远远低于市场价

24. 甲有一块价值一万元的玉石。甲与乙订立了买卖该玉石的合同，约定价金11000元。由于乙没有带钱，甲未将该玉石交付与乙，约定三日后乙到甲的住处付钱取玉石。随后甲又向乙提出，再借用玉石把玩几天，乙表示同意。隔天，知情的丙找到甲，提出愿以12000元购买该玉石，甲同意并当场将玉石交给丙。丙在回家路上遇到债主丁，向丙催要9000元欠款甚急，丙无奈，将玉石交付与丁抵偿债务。后丁将玉石丢失被戊拾得，戊将其转卖给己。

请回答第（1）~（3）题。（2009-91~93，不定项）

(1) 关于乙对该玉石所有权的取得和交付的表述，下列选项正确的是？
A. 甲、乙的买卖合同生效时，乙直接取得该玉石的所有权
B. 甲、乙的借用约定生效时，乙取得该玉石的所有权
C. 由于甲未将玉石交付给乙，所以乙一直未取得该玉石的所有权
D. 甲通过占有改定的方式将玉石交付给了乙

(2) 关于丙、丁对该玉石所有权的取得问题，下列说法正确的是？
A. 甲将玉石交付给丙时，丙取得该玉石的所有权
B. 甲、丙的买卖合同成立时，丙取得该玉石的所有权
C. 丙将玉石交给丁时，丁取得该玉石的所有权
D. 丁不能取得该玉石的所有权

(3) 关于该玉石的返还问题，下列说法正确的是？
A. 戊已取得了该玉石的所有权，原所有权人无权请求返还该玉石
B. 该玉石的真正所有权人请求己返还该玉石不受时间限制
C. 该玉石的真正所有权人可以在戊与己的转让行为生效之日起两年内请求己返还该玉石
D. 该玉石的真正所有权人可以在知道或者应当知道该玉石的受让人己之日起两年内请求己返还该玉石

25. 甲将自己收藏的一幅名画卖给乙，乙当场付款，约定5天后取画。丙听说后，表示愿出比乙高的价格购买此画，甲当即决定卖给丙，约定第二天交货。乙得知此事，诱使甲8岁的儿子从家中取出此画给自己。该画在由乙占有期间，被丁盗走。此时该名画的所有权属于下列哪个人？（2008-9，单选）

A. 甲 　　　　　　　　B. 乙
C. 丙 　　　　　　　　D. 丁

26. 下列哪一选项属于所有权的继受取得？（2008-10，单选）

A. 甲通过遗嘱继承其兄房屋一间

B. 乙的3万元存款得利息1000元

C. 丙购来木材后制成椅子一把

D. 丁拾得他人搬家时丢弃的旧电扇一台

27. 甲、乙结婚后购得房屋一套，仅以甲的名义进行了登记。后甲、乙感情不和，甲擅自将房屋以市价出售给不知情的丙，并办理了房屋所有权变更登记手续。对此，下列哪一选项是正确的？（2008-13，单选）

A. 买卖合同有效，房屋所有权未转移

B. 买卖合同无效，房屋所有权已转移

C. 买卖合同有效，房屋所有权已转移

D. 买卖合同无效，房屋所有权未转移

28. 甲继承了一套房屋，在办理产权登记前将房屋出卖并交付给乙，办理产权登记后又将该房屋出卖给丙并办理了所有权移转登记。丙受丁胁迫将房屋出卖给丁，并完成了移转登记。丁旋即将房屋出卖并移转登记于戊。

请回答第（1）~（3）题。（2008-94~96，不定项）

（1）在办理继承登记前，关于甲对房屋的权利状态，下列选项正确的是：

A. 甲已经取得了该房屋的所有权

B. 甲对该房屋的所有权不能对抗善意第三人

C. 甲出卖该房屋未经登记不发生物权效力

D. 甲可以出租该房屋

（2）关于甲、乙、丙三方的关系，下列选项正确的是：

A. 甲与乙之间的房屋买卖合同因未办理登记而无效

B. 乙对房屋的占有是合法占有

C. 乙可以诉请法院宣告甲与丙之间的房屋买卖合同无效

D. 丙已取得该房屋的所有权

（3）关于戊的权利状态，下列选项正确的是：

A. 戊享有该房屋的所有权   B. 戊不享有该房屋的所有权

C. 戊原始取得该房屋的所有权   D. 戊继受取得该房屋的所有权

29. 甲、乙外出游玩，向丙借相机一部，用毕甲将相机带回家。丁到甲家见此相机，执意要以3000元买下，甲见此价高于市价，便隐瞒实情表示同意并将相机交付与丁。不久，丁因手头拮据又向乙以2000元兜售该相机。乙见此相机眼熟，便向丁询问，丁如实相告，乙遂将之买下。此时，谁拥有该相机的所有权？（2008-四川-12，单选）

A. 甲   B. 乙

C. 丙   D. 丁

30. 某房屋登记的所有人为甲，乙认为自己是共有人，于是向登记机构申请更正登记。甲不同意，乙又于3月15日进行了异议登记。3月20日，丙打算买甲的房屋，但是到登记机构查询发现甲的房屋存有异议登记，遂放弃购买。乙申请异议登记后，发现自己的证据不足，遂对此事置之不理。下列哪些选项是正确的？（2008-四川-59，多选）

   A. 异议登记后，未经乙同意，处分该房屋的，不发生物权效力
   B. 异议登记于3月31日失效
   C. 甲有权向乙请求赔偿损失
   D. 甲有权向登记机构请求赔偿损失

31. 2007年4月2日，王某与丁某约定：王某将一栋房屋出售给丁某，房价20万元。丁某支付房屋价款后，王某交付了房屋，但没有办理产权移转登记。丁某接收房屋作了装修，于2007年5月20日出租给叶某，租期为2年。2007年5月29日，王某因病去世，全部遗产由其子小王继承。小王于2007年6月将该房屋卖给杜某，并办理了所有权移转登记。
   请回答第（1）~（3）题。（2007-94~96，不定项）

   （1）如王某生前或王某死后其继承人小王欲出卖房屋前向丁某请求返还房屋，下列选项正确的是：
   A. 王某无权请求丁某返还房屋
   B. 王某有权请求丁某返还房屋
   C. 小王无权请求丁某返还房屋
   D. 小王有权请求丁某返还房屋

   （2）如杜某向丁某、叶某请求返还房屋，下列选项正确的是：
   A. 杜某无权请求丁某返还房屋
   B. 杜某有权请求丁某返还房屋
   C. 杜某无权请求叶某返还房屋
   D. 杜某有权请求叶某返还房屋

   （3）关于小王和杜某间的房屋买卖，下列选项正确的是：
   A. 交付标的物是房屋买卖合同的有效要件
   B. 小王须将所继承的房屋登记在自己的名下，才能将其所有权转移给杜某
   C. 房屋所有权转移自记载于不动产登记簿时发生效力
   D. 该房屋的利害关系人可以申请查询该房屋登记资料

32. 甲丢弃其所有的旧衣服时，由于用力过猛手表滑落，与衣服一起掉进垃圾桶，甲没有发现。乙捡到衣服和手表，卖给了丙。对此，说法正确的是：（仿真金题，单选，2020年回忆版）

   A. 无论甲是否撤销，丙均可取得衣服与手表的所有权
   B. 甲无须经过任何形式的撤销行为，可直接请求丙返还手表
   C. 甲有权撤销其抛弃手表的行为，但须向丙做出意思表示
   D. 甲有权撤销其抛弃手表的行为，但其撤销无须向相对人为之

三、所有权共有、相邻关系与建筑物区分所有

1. 乙公司是某小区业主选聘的物业公司，到期后业主未更换该物业公司。未经许可，乙公司分别将物业专用房和绿化地租用给外人。下列说法正确的是：（仿真金题，多选，2022 年回忆版）

A. 租用物业专用房的行为侵害了业主的建筑物区分所有权

B. 租用绿化地的行为侵害了业主的建筑物区分所有权

C. 除去合理成本，剩余租金应归全体业主共有

D. 业主若找了新物业公司签订物业服务合同，则该小区业主与乙公司的合同终止

2. 甲、乙、丙三人合资买狗，约定轮流饲养。甲养狗期间将其份额转让给乙，轮到丙饲养时丙才知道转让发生。下列说法正确的是：（仿真金题，单选，2021 年回忆版）

A. 甲有权转让其份额　　　　B. 乙有优先购买权

C. 丙有优先购买权　　　　　D. 甲是无权处分

3. 某小区底层商铺开了家川菜馆，租住在商铺楼上的唐某对辣椒过敏，不堪其扰。经相关机关检测，该川菜馆的排烟等标准都符合有关规定。对此，唐某可采取的措施有：（仿真金题，多选，2021 年回忆版）

A. 有权请求川菜馆采取更好的排风过滤措施

B. 有权就其过敏请求川菜馆赔偿

C. 无权基于建筑物区分所有权起诉

D. 有权请求川菜馆停止使用辣椒

4. 甲、乙是夫妻，婚后购买一套房屋登记在甲名下。2019 年 3 月，甲伙同其老相好丙，以夫妻名义做了一张假结婚证，与丙一起将房屋过户给了不知情的丁，丁按市价支付了价款。乙发现后，要求撤销合同。对此，下列说法正确的是：（仿真金题，多选，2020 年回忆版）

A. 房屋虽然登记在甲名下，但依然是甲乙共同共有的财产

B. 乙有权撤销买卖合同

C. 丁可主张善意取得房屋所有权

D. 乙有权主张丙赔偿损失

5. 甲依法取得某块建设用地使用权，办理报建手续后，2017 年 6 月建造完毕并完成了装修，但一直没有办理房屋的初始登记。2017 年 9 月，甲将房屋出租给乙医院，租期十年，每年租金 50 万元，五年支付一次，按照约定医院一次性支付了前五年的租金。2018 年 9 月 1 日，甲将房屋所有权的三分之二赠与小甲，并就赠与合同办理了公证。9 月 3 日，甲又到房屋登记机关，根据赠与合同的约定办理了房屋所有权的变更登记。关于后面五年的租赁归属，下列说法正确的是：（仿真金题，单选，2019 年回忆版）

A. 归甲

B. 归小甲

C. 甲与小甲对医院形成按份债权

D. 甲与小甲对医院形成连带债权

6. 甲、乙、丙、丁按份共有某商铺，各自份额均为25%。因经营理念发生分歧，甲与丙商定将其份额以100万元转让给丙，通知了乙、丁；乙与第三人戊约定将其份额以120万元转让给戊，未通知甲、丙、丁。下列哪些选项是正确的？（2017-54，多选）

A. 乙、丁对甲的份额享有优先购买权

B. 甲、丙、丁对乙的份额享有优先购买权

C. 如甲、丙均对乙的份额主张优先购买权，双方可协商确定各自购买的份额

D. 丙、丁可仅请求认定乙与戊之间的份额转让合同无效

7. 蒋某是C市某住宅小区6栋3单元502号房业主，入住后面临下列法律问题，请根据相关事实予以解答。

请回答第（1）~（3）题。（2017-86~88，不定项）

（1）小区地下停车场设有车位500个，开发商销售了300个，另200个用于出租。蒋某购房时未买车位，现因购车需使用车位。下列选项正确的是：

A. 蒋某等业主对地下停车场享有业主共有权

B. 如小区其他业主出售车位，蒋某等无车位业主在同等条件下享有优先购买权

C. 开发商出租车位，应优先满足蒋某等无车位业主的需要

D. 小区业主如出售房屋，其所购车位应一同转让

（2）该小区业主田某将其位于一楼的住宅用于开办茶馆，蒋某认为此举不妥，交涉无果后向法院起诉，要求田某停止开办。下列选项正确的是：

A. 如蒋某是同一栋住宅楼的业主，法院应支持其请求

B. 如蒋某能证明因田某开办茶馆而影响其房屋价值，法院应支持其请求

C. 如蒋某能证明因田某开办茶馆而影响其生活质量，法院应支持其请求

D. 如田某能证明其开办茶馆得到多数有利害关系业主的同意，法院应驳回蒋某的请求

（3）对小区其他业主的下列行为，蒋某有权提起诉讼的是：

A. 5栋某业主任意弃置垃圾

B. 7栋某业主违反规定饲养动物

C. 8栋顶楼某业主违章搭建楼顶花房

D. 楼上邻居因不当装修损坏蒋某家天花板

8. 甲、乙、丙、丁按份共有一艘货船，份额分别为10%、20%、30%、40%。甲欲将其共有份额转让，戊愿意以50万元的价格购买，价款一次付清。关于甲的共有份额转让，下列哪些选项是错误的？（2016-53，多选）

A. 甲向戊转让其共有份额，须经乙、丙、丁同意

B. 如乙、丙、丁均以同等条件主张优先购买权，则丁的主张应得到支持

C. 如丙在法定期限内以50万元分期付款的方式要求购买该共有份额，应予支持

D. 如甲改由向乙转让其共有份额，丙、丁在同等条件下享有优先购买权

9. 甲、乙、丙、丁共有1套房屋，各占1/4，对共有房屋的管理没有进行约定。甲、乙、丙未经丁同意，以全体共有人的名义将该房屋出租给戊。关于甲、乙、丙上述行为对丁的效力的依据，下列哪一表述是正确的？（2012-6，单选）

A. 有效，出租属于对共有物的管理，各共有人都有管理的权利

B. 有效，对共有物的处分应当经占共有份额2/3以上的共有人的同意，出租行为较处分为轻，当然可以为之

C. 无效，对共有物的出租属于处分，应当经全体共有人的同意

D. 有效，出租是以利用的方法增加物的收益，可以视为改良行为，经占共有份额2/3以上的共有人的同意即可

10. 根据公平正义理念的内涵，关于《民法典》第243条就"征收集体土地和单位、个人房屋及其他不动产"所作的规定，下列哪些说法可以成立？（2012-51，多选）

A. 有公共利益的需要，方可进行征收，实现国家、集体和个人利益的统一

B. 征收须依照法定权限和程序进行，保证程序公正

C. 对失地农民须全面补偿，对失房市民可予拆迁补偿，合理考虑不同诉求

D. 明确保障住宅被征收人的居住条件，保护正当利益和民生

11. 红光、金辉、绿叶和彩虹公司分别出资50万、20万、20万、10万元建造一栋楼房，约定建成后按投资比例使用，但对楼房管理和所有权归属未作约定。对此，下列哪一说法是错误的？（2010-7，单选）

A. 该楼发生的管理费用应按投资比例承担

B. 该楼所有权为按份共有

C. 红光公司投资占50%，有权决定该楼的重大修缮事宜

D. 彩虹公司对其享有的份额有权转让

12. 王某有一栋两层楼房，在楼顶上设置了一个商业广告牌。后王某将该楼房的第二层出售给了张某。下列哪些选项是正确的？（2008-58，多选）

A. 张某无权要求王某拆除广告牌

B. 张某与王某间形成了建筑物区分所有权关系

C. 张某对楼顶享有共有和共同管理的权利

D. 张某有权要求与王某分享其购房后的广告收益

13. 甲、乙共同继承平房两间，一直由甲居住。甲未经乙同意，接该房右墙加盖一间房，并将三间房屋登记于自己名下，不久又将其一并卖给了丙。下列哪种说法是正确的？（2006-7，单选）

A. 甲、乙是继承房屋的按份共有人

B. 加盖的房屋应归甲所有

C. 加盖的房屋应归甲、乙共有

D. 乙有权请求丙返还所购三间房屋

四、用益物权

1. 张某承包土地 50 亩，用其中的 20 亩和同村牛某的 15 亩土地进行了交换，但没有登记。其后，张某又将 45 亩土地中的 30 亩租给了一家公司，租期 6 年，也没有登记。下列选项正确的是：（仿真金题，单选，2021 年回忆版）

  A. 换地前，张某对 50 亩土地不享有经营权

  B. 换地后，张某对 45 亩土地享有经营权

  C. 换地后，由于未登记，张某对 15 亩土地不享有承包经营权

  D. 公司未取得这 30 亩土地的经营权

2. 李老头准备转让自己的房子，但转让后无处居住，遂在将房子转让给王某时约定，在办理房子过户时一并为李某设立居住权登记直到李某去世。后李某和王某办理了房子的过户登记，但因故居住权登记未能办理。后来李某要求王某办理居住权登记，王某拒绝。下列哪些说法是正确的？（仿真金题，多选，2020 年回忆版）

  A. 李某可以主张王某继续履行办理居住权登记的义务

  B. 居住权因未登记没有设立

  C. 李某对该约定享有的为债权

  D. 李某可向王某主张迟延履行的违约责任

3. 村民胡某承包了一块农民集体所有的耕地，订立了土地承包经营权合同，未办理确权登记。胡某因常年在外，便与同村村民周某订立土地承包经营权转让合同，将地交周某耕种，未办理变更登记。关于该土地承包经营权，下列哪一说法是正确的？（2017-7，单选）

  A. 未经登记不得处分

  B. 自土地承包经营权合同生效时设立

  C. 其转让合同自完成变更登记时起生效

  D. 其转让未经登记不发生效力

4. 河西村在第二轮承包过程中将本村耕地全部发包，但仍留有部分荒山，此时本村集体经济组织以外的 Z 企业欲承包该荒山。对此，下列哪些说法是正确的？（2016-54，多选）

  A. 集体土地只能以家庭承包的方式进行承包

  B. 河西村集体之外的人只能通过招标、拍卖、公开协商等方式承包

  C. 河西村将荒山发包给 Z 企业，经 2/3 以上村民代表同意即可

  D. 如河西村村民黄某也要承包该荒山，则黄某享有优先承包权

5. 季大与季小兄弟二人，成年后各自立户，季大一直未婚。季大从所在村集体经济组织承包耕地若干。关于季大的土地承包经营权，下列哪些表述是正确的？（2014-56，多选）

  A. 自土地承包经营权合同生效时设立

  B. 如季大转让其土地承包经营权，则未经变更登记不发生转让的效力

  C. 如季大死亡，则季小可以继承该土地承包经营权

39

D. 如季大死亡，则季小可以继承该耕地上未收割的农作物

6. 2013 年 2 月，A 地块使用权人甲公司与 B 地块使用权人乙公司约定，由乙公司在 B 地块上修路。同年 4 月，甲公司将 A 地块过户给丙公司，6 月，乙公司将 B 地块过户给不知上述情形的丁公司。下列哪些表述是正确的？（2013-56，多选）

A. 2013 年 2 月，甲公司对乙公司的 B 地块享有地役权
B. 2013 年 4 月，丙公司对乙公司的 B 地块享有地役权
C. 2013 年 6 月，甲公司对丁公司的 B 地块享有地役权
D. 2013 年 6 月，丙公司对丁公司的 B 地块享有地役权

7. 甲为了能在自己房中欣赏远处风景，便与相邻的乙约定：乙不在自己的土地上建造高层建筑，作为补偿，甲一次性支付给乙 4 万元。两年后，甲将该房屋转让给丙，乙将该土地使用权转让给丁。下列哪些判断是错误的？（2006-56，多选）

A. 甲、乙之间的约定为有关相邻关系的约定
B. 丙可禁止丁建高楼，且无须另对丁进行补偿
C. 若丁建高楼，丙只能要求甲承担违约责任
D. 甲、乙之间约定因房屋和土地使用权转让而失去效力

五、抵押权

1. 甲公司因为借款需要提供担保，将现有的及将有生产设备、原材料、成品、半成品抵押给乙银行，办理了抵押登记。后来，甲公司把其中一台生产设备卖给了丙，丙支付了合理价款。借款到期后，甲公司未向乙银行还款，乙银行欲实现抵押权。对此，下列说法正确的是：（仿真金题，多选，2022 年回忆版）

A. 在生产设备交付后，丙获得该设备的所有权
B. 由于办理了抵押登记，乙银行可就丙获得的生产设备行使优先受偿权
C. 乙银行不能就丙获得的生产设备主张优先受偿，因为丙是正常经营活动中的买受人
D. 乙银行行使抵押权时，若主债权诉讼时效已过，则不应支持其主张

2. 甲借给乙 100 万元，为提供担保，甲与丙签订了不动产抵押合同，由丙以其一套住房为借款提供担保。其后，丙经甲多次催告恶意不办理抵押登记。借款合同到期后，乙没有按时还款。对此，下列说法正确的是：（仿真金题，单选，2022 年回忆版）

A. 丙恶意延期不办理抵押登记，视为抵押权已经设立
B. 抵押合同成立后抵押权已经设立
C. 丙应在抵押物的价值范围内承担违约责任
D. 抵押合同效力待定

3. 2021 年 5 月 30 日，甲造船厂向乙农商行借款 500 万元，以本厂现有及将有的生产设备、原材料、半成品、产品为债务提供浮动抵押担保，办理了抵押登记。2021 年 6 月 6 日，洪某与甲造船厂约定，洪某以 80 万元购买甲造船厂的一条渔船，同时以该渔船作为洪某支

付购船款的抵押物，洪某先支付了购船款 20 万元。6 月 15 日，甲造船厂向洪某交付了渔船。6 月 20 日，甲造船厂为该渔船办理了抵押登记，后洪某一直未支付剩余款项。下列说法正确的是：（仿真金题，多选，2021 年回忆版）

　　A. 乙农商行的抵押权优于甲造船厂的抵押权
　　B. 甲造船厂的抵押权优于乙农商行的抵押权
　　C. 乙农商行的抵押权可以对抗洪某
　　D. 洪某已取得渔船的所有权

4. 甲向乙借款，以自己的房屋设定了抵押权。后甲又向丙借款，又以该房屋设定了抵押权。两次抵押均办理了抵押登记。后来甲乙之间签订了关于该房屋的买卖合同，并办理了过户登记。对此，下列说法正确的是：（仿真金题，单选，2020 年回忆版）

　　A. 乙的抵押权消灭
　　B. 丙的抵押权消灭
　　C. 乙丙的抵押权均未消灭
　　D. 甲乙之间的房屋买卖合同无效

5. 东海公司与长期向其供货的西埔公司订立书面协议，约定东海公司以其价值 3000 万元的厂房作为协议生效后 3 年内东海公司对西埔公司所负债务的抵押物，设立最高额抵押权，担保债权最高金额为 2500 万元。下列哪些说法是正确的？（仿真金题，多选，2019 年回忆版）

　　A. 如西埔公司对东海公司的厂房实现抵押权时其债权余额为 3500 万元，则西埔公司只能就 2500 万元债权优先受偿
　　B. 该最高额抵押权设立前成立的西埔公司对东海公司的债权，不得纳入最高额抵押担保的债权范围
　　C. 3 年期限届满前，东海公司可与西埔公司通过协议将抵押担保债权最高金额变为 3000 万元
　　D. 在债权确定前，经当事人约定，西埔公司转让其部分债权时，最高额抵押权可随之转让

6. 甲以某商铺作抵押向乙银行借款，抵押权已登记，借款到期后甲未偿还。甲提前得知乙银行将起诉自己，在乙银行起诉前将该商铺出租给不知情的丙，预收了 1 年租金。半年后经乙银行请求，该商铺被法院委托拍卖，由丁竞买取得。下列哪一选项是正确的？（2017-8，单选）

　　A. 甲与丙之间的租赁合同无效
　　B. 丁有权请求丙腾退商铺，丙有权要求丁退还剩余租金
　　C. 丁有权请求丙腾退商铺，丙无权要求丁退还剩余租金
　　D. 丙有权要求丁继续履行租赁合同

7. 甲服装公司与乙银行订立合同，约定甲公司向乙银行借款 300 万元，用于购买进口面料。同时，双方订立抵押合同，约定甲公司以其现有的以及将有的生产设备、原材料、产

品为前述借款设立抵押。借款合同和抵押合同订立后，乙银行向甲公司发放了贷款，但未办理抵押登记。之后，根据乙银行要求，丙为此项贷款提供连带责任保证，丁以一台大型挖掘机作质押并交付。关于甲公司的抵押，下列选项正确的是？（2017-89，不定项）

A. 该抵押合同为最高额抵押合同
B. 乙银行自抵押合同生效时取得抵押权
C. 乙银行自抵押登记完成时取得抵押权
D. 乙银行的抵押权不得对抗在正常经营活动中已支付合理价款并取得抵押财产的买受人

8. 甲、乙二人按照3∶7的份额共有一辆货车，为担保丙的债务，甲、乙将货车抵押给债权人丁，但未办理抵押登记。后该货车在运输过程中将戊撞伤。对此，下列哪一选项是正确的？（2016-8，单选）

A. 如戊免除了甲的损害赔偿责任，则应由乙承担损害赔偿责任
B. 因抵押权未登记，戊应优先于丁受偿
C. 如丁对丙的债权超过诉讼时效，仍可在2年内要求甲、乙承担担保责任
D. 如甲对丁承担了全部担保责任，则有权向乙追偿

9. 甲对乙享有债权500万元，先后在丙和丁的房屋上设定了抵押权，均办理了登记，且均未限定抵押物的担保金额。其后，甲将其中200万元债权转让给戊，并通知了乙。乙到期清偿了对甲的300万元债务，但未能清偿对戊的200万元债务。对此，下列哪些选项是错误的？（2016-55，多选）

A. 戊可同时就丙和丁的房屋行使抵押权，但对每个房屋价款优先受偿权的金额不得超过100万元
B. 戊可同时就丙和丁的房屋行使抵押权，对每个房屋价款优先受偿权的金额依房屋价值的比例确定
C. 戊必须先后就丙和丁的房屋行使抵押权，对每个房屋价款优先受偿权的金额由戊自主决定
D. 戊只能在丙的房屋价款不足以使其债权得到全部清偿时就丁的房屋行使抵押权

10. 甲乙为夫妻，共有一套房屋登记在甲名下。乙瞒着甲向丙借款100万元供个人使用，并将房屋抵押给丙。在签订抵押合同和办理抵押登记时乙冒用甲的名字签字。现甲主张借款和抵押均无效。下列哪一表述是正确的？（2015-7，单选）

A. 抵押合同无效
B. 借款合同无效
C. 甲对100万元借款应负连带还款义务
D. 甲可请求撤销丙的抵押权

11. 甲向某银行贷款，甲、乙和银行三方签订抵押协议，由乙提供房产抵押担保。乙把房本交给银行，因登记部门原因导致银行无法办理抵押物登记。乙向登记部门申请挂失房本后换得新房本，将房屋卖给知情的丙并办理了过户手续。甲届期未还款，关于贷款、房屋抵

押和买卖，下列哪些说法是正确的？（2015-53，多选）

  A. 乙应向银行承担违约责任

  B. 丙应代为向银行还款

  C. 如丙代为向银行还款，可向甲主张相应款项

  D. 因登记部门原因未办理抵押登记，但银行占有房本，故取得抵押权

  12. 2014年7月1日，甲公司、乙公司和张某签订了《个人最高额抵押协议》，张某将其房屋抵押给乙公司，担保甲公司在一周前所欠乙公司货款300万元，最高债权额400万元，并办理了最高额抵押登记，债权确定期间为2014年7月2日到2015年7月1日。债权确定期间内，甲公司因从乙公司分批次进货，又欠乙公司100万元。甲公司未还款。关于有抵押担保的债权额和抵押权期间，下列哪些选项是正确的？（2015-54，多选）

  A. 债权额为100万元

  B. 债权额为400万元

  C. 抵押权期间为1年

  D. 抵押权期间为主债权诉讼时效期间

  13. 2013年2月1日，王某以一套房屋为张某设定了抵押，办理了抵押登记。同年3月1日，王某将该房屋无偿租给李某1年，以此抵王某欠李某的借款。房屋交付后，李某向王某出具了借款还清的收据。同年4月1日，李某得知房屋上设有抵押后，与王某修订租赁合同，把起租日改为2013年1月1日。张某实现抵押权时，要求李某搬离房屋。下列哪些表述是正确的？（2014-57，多选）

  A. 王某、李某的借款之债消灭

  B. 李某的租赁权可对抗张某的抵押权

  C. 王某、李某修订租赁合同行为无效

  D. 李某可向王某主张违约责任

  14. 甲向乙借款，丙与乙约定以自有房屋担保该笔借款。丙仅将房本交给乙，未按约定办理抵押登记。借款到期后甲无力清偿，丙的房屋被法院另行查封。下列哪些表述是正确的？（2013-57，多选）

  A. 乙有权要求丙继续履行担保合同，办理房屋抵押登记

  B. 乙有权要求丙以自身全部财产承担担保义务

  C. 乙有权要求丙以房屋价值为限承担担保义务

  D. 乙有权要求丙承担损害赔偿责任

  15. 甲以自有房屋向乙银行抵押借款，办理了抵押登记。丙因甲欠钱不还，强行进入该房屋居住。借款到期后，甲无力偿还债务。该房屋由于丙的非法居住，难以拍卖，甲怠于行使对丙的返还请求权。乙银行可以行使下列哪些权利？（2012-57，多选）

  A. 请求甲行使对丙的返还请求权，防止抵押财产价值的减少

  B. 请求甲将对丙的返还请求权转让给自己

  C. 可以代位行使对丙的返还请求权

D. 可以依据抵押权直接对丙行使返还请求权

16. 某农村养殖户为扩大规模向银行借款，欲以其财产设立浮动抵押。对此，下列哪些表述是正确的？（2010-56，多选）
A. 该养殖户可将存栏的养殖物作为抵押财产
B. 抵押登记机关为抵押财产所在地的工商部门
C. 抵押登记可对抗任何善意第三人
D. 如借款到期未还，抵押财产自借款到期时确定

17. 甲公司向某银行贷款 100 万元，乙公司以其所有的一栋房屋作抵押担保，并完成了抵押登记。现乙公司拟将房屋出售给丙公司，通知了银行并向丙公司告知了该房屋已经抵押的事实。乙、丙订立书面买卖合同后到房屋管理部门办理过户手续。下列哪些说法是正确的？（2009-55，多选，根据民法典改编）
A. 不论银行是否同意转让，房屋管理部门应当准予过户，但银行仍然对该房屋享有抵押权
B. 如丙公司代为清偿了甲公司的银行债务，则抵押权消灭
C. 如果银行能够证明，乙将房屋转让的行为可能损害其抵押权，则可请求乙将转让所得的价款向其提前清偿债务或者提存
D. 乙转让房屋得价款 80 万元，乙应当按照抵押合同再补充剩余的 20 万元

18. 黄河公司以其房屋作抵押，先后向甲银行借款 100 万元，乙银行借款 300 万元，丙银行借款 500 万元，并依次办理了抵押登记。后丙银行与甲银行商定交换各自抵押权的顺位，并办理了变更登记，但乙银行并不知情。因黄河公司无力偿还三家银行的到期债务，银行拍卖其房屋，仅得价款 600 万元。关于三家银行对该价款的分配，下列哪一选项是正确的？（2008-11，单选）
A. 甲银行 100 万元、乙银行 300 万元、丙银行 200 万元
B. 甲银行得不到清偿、乙银行 100 万元、丙银行 500 万元
C. 甲银行得不到清偿、乙银行 300 万元、丙银行 300 万元
D. 甲银行 100 万元、乙银行 200 万元、丙银行 300 万元

19. 陈某向贺某借款 20 万元，借期 2 年。张某为该借款合同提供保证担保，担保条款约定，张某在陈某不能履行债务时承担保证责任，但未约定保证期间。陈某同时以自己的房屋提供抵押担保并办理了登记。
请回答第（1）~（3）题。（2008-91~93，不定项）
（1）抵押期间，谢某向陈某表示愿意以 50 万元购买陈某的房屋。下列选项不正确的是：
A. 陈某将该房屋卖给谢某应得到贺某的同意
B. 如陈某将该房屋卖给了谢某，则应将转让所得价款提前清偿债务或者提存
C. 如陈某另行提供担保，则陈某的转让行为无须得到贺某同意
D. 如谢某代为偿还 20 万元借款，则陈某的转让行为无须得到贺某同意

（2）如果贺某打算放弃对陈某的抵押权，并将这一情况通知了张某，张某表示反对，下列选项正确的是：

A. 贺某不得放弃抵押权，因为张某不同意

B. 若贺某放弃抵押权，张某仍应对全部债务承担保证责任

C. 若贺某放弃抵押权，则张某对全部债务免除保证责任

D. 若贺某放弃抵押权，则张某在贺某放弃权利的范围内免除保证责任

（3）关于贺某的抵押权存续期间及张某的保证期间的说法，下列选项正确的是：

A. 贺某应当在主债权诉讼时效期间行使抵押权

B. 贺某在主债权诉讼时效结束后的两年内仍可行使抵押权

C. 张某的保证期间为主债务履行期届满之日起六个月

D. 张某的保证期间为主债务履行期届满之日起二年

六、质权

1. 王某将自己的名牌包抵押给石某，已交付，双方约定石某借给王某10万元，约定3个月后王某返还本金10万元及利息。王某到期未赎回，石某随即称名牌包归自己所有。下列说法中，哪一项是正确的？（仿真金题，单选，2023年回忆版）

A. 石某对名牌包享有质权

B. 石某取得名牌包所有权

C. 石某对名牌包享有留置权

D. 石某对名牌包享有抵押权

2. 2016年3月3日，甲向乙借款10万元，约定还款日期为2017年3月3日。借款当日，甲将自己饲养的市值5万元的名贵宠物鹦鹉质押交付给乙，作为债务到期不履行的担保；另外，第三人丙提供了连带责任保证。关于乙的质权，下列哪些说法是正确的？（2017-56，多选）

A. 2016年5月5日，鹦鹉产蛋一枚，市值2000元，应交由甲处置

B. 因乙照管不善，2016年10月1日鹦鹉死亡，乙需承担赔偿责任

C. 2017年4月4日，甲未偿还借款，乙未实现质权，则甲可请求乙及时行使质权

D. 乙可放弃该质权，丙可在乙丧失质权的范围内免除相应的保证责任

3. 乙欠甲货款，二人商定由乙将一块红木出质并签订质权合同。甲与丙签订委托合同授权丙代自己占有红木。乙将红木交付与丙。下列哪一说法是正确的？（2015-8，单选）

A. 甲乙之间的担保合同无效

B. 红木已交付，丙取得质权

C. 丙经甲的授权而占有，甲取得质权

D. 丙不能代理甲占有红木，因而甲未取得质权

4. 甲向乙借款，欲以轿车作担保。关于担保，下列哪些选项是正确的？（2013-58，多选）

A. 甲可就该轿车设立质权

B. 甲可就该轿车设立抵押权

C. 就该轿车的质权自登记时设立

D. 就该轿车的抵押权自登记时设立

5. 甲对乙享有 10 万元的债权，甲将该债权向丙出质，借款 5 万元。下列哪一表述是错误的？（2012-7，单选）

A. 将债权出质的事实通知乙不是债权质权生效的要件

B. 如未将债权出质的事实通知乙，丙即不得向乙主张权利

C. 如将债权出质的事实通知了乙，即使乙向甲履行了债务，乙不得对丙主张债已消灭

D. 乙在得到债权出质的通知后，向甲还款 3 万元，因还有 7 万元的债权额作为担保，乙的部分履行行为对丙有效

6. 甲为乙的债权人，乙将其电动车出质于甲。现甲为了向丙借款，未经乙同意将电动车出质于丙，丙不知此车为乙所有。下列哪些选项是正确的？（2008-59，多选）

A. 丙因善意取得而享有质权

B. 因未经乙的同意丙不能取得质权

C. 甲对电动车的毁损、灭失应向乙承担赔偿责任

D. 对电动车毁损、灭失，乙可向丙索赔

7. 甲公司向乙银行借款 500 万元，以其闲置的一处办公用房作担保。乙银行正好缺乏办公场所，于是与甲公司商定，由甲公司以此办公用房为乙银行设立担保物权。随后，甲公司向乙银行交付了办公用房。借款到期后，甲公司未能偿还，乙银行主张对办公用房行使优先受偿的权利。下列哪一选项是正确的？（2008-四川-13，单选）

A. 乙银行有权这样做，因其对标的物享有抵押权

B. 乙银行有权这样做，因其对标的物享有质权

C. 乙银行有权这样做，因其对标的物享有同时履行抗辩权

D. 乙银行无权这样做，因其与甲公司之间的约定不能设定担保物权

七、留置权

1. 肖某驾车越野死亡。继承人侯某将车送至高某的修理店维修，高某修理后让侯某付款领车，侯某因忙于丧事没来，高某遂将车停在店外面的公路旁，后车被盗。对此，下列说法正确的是：（仿真金题，多选，2022 年回忆版）

A. 高某丧失留置权　　　　　B. 高某未尽到保管义务

C. 侯某丧失所有权　　　　　D. 高某丧失占有

2. 段某为公司副总，为方便工作，公司为其安排一辆轿车使用，后公司将段某辞退并要求还车遭段某拒绝。段某主张公司解除劳动关系时欠其工资及补偿金，其有权对该轿车行使留置权。公司遂诉请段某返还轿车。关于段某的权利义务，下列说法正确的是：（仿真金题，多选，2019 年回忆版）

A. 对轿车可行使留置权，以保障自己劳动债权的实现

B. 可通过劳动争议仲裁及诉讼方式追讨被欠工资和补偿金
C. 与公司解除劳动关系时已丧失对轿车的合法占有，应予返还
D. 段某无权留置，应予返还

3. 甲借用乙的山地自行车，刚出门就因莽撞骑行造成自行车链条断裂，甲将自行车交给丙修理，约定修理费100元。乙得知后立刻通知甲解除借用关系并告知丙，同时要求丙不得将自行车交给甲。丙向甲核实，甲承认。自行车修好后，甲、乙均请求丙返还。对此，下列哪一选项是正确的？（2016-7，单选）
A. 甲有权请求丙返还自行车
B. 丙如将自行车返还给乙，必须经过甲当场同意
C. 乙有权要求丙返还自行车，但在修理费未支付前，丙就自行车享有留置权
D. 如乙要求丙返还自行车，即使修理费未付，丙也不得对乙主张留置权

4. 下列哪一情形下权利人可以行使留置权？（2015-55，根据新司法解释调整为单选）
A. 张某为王某送货，约定货物送到后一周内支付运费。张某在货物运到后立刻要求王某支付运费被拒绝，张某可留置部分货物
B. 刘某把房屋租给方某，方某退租搬离时尚有部分租金未付，刘某可留置方某部分家具
C. 何某将丁某的行李存放在火车站小件寄存处，后丁某取行李时认为寄存费过高而拒绝支付，寄存处可留置该行李
D. 甲公司加工乙公司的机器零件，约定先付费后加工。付费和加工均已完成，但乙公司尚欠甲公司借款，甲公司可留置机器零件

5. 顺风电器租赁公司将一台电脑出租给张某，租期为2年。在租赁期间内，张某谎称电脑是自己的，分别以市价与甲、乙、丙签订了三份电脑买卖合同并收取了三份价款，但张某把电脑实际交付给了乙。后乙的这台电脑被李某拾得，因暂时找不到失主，李某将电脑出租给王某获得很高收益。王某租用该电脑时出了故障，遂将电脑交给康成电脑维修公司维修。王某和李某就维修费的承担发生争执。康成公司因未收到修理费而将电脑留置，并告知王某如7天内不交费，将变卖电脑抵债。李某听闻后，于当日潜入康成公司偷回电脑。
请回答第（1）~（3）题。（2015-89~91，不定项）
（1）关于张某与甲、乙、丙的合同效力，下列选项正确的是：
A. 张某非电脑所有权人，其出卖为无权处分，与甲、乙、丙签订的合同无效
B. 张某是合法占有人，其与甲、乙、丙签订的合同有效
C. 乙接受了张某的交付，取得电脑所有权
D. 张某不能履行对甲、丙的合同义务，应分别承担违约责任

（2）如乙请求李某返还电脑和所获利益，下列说法正确的是：
A. 李某向乙返还所获利益时，应以乙所受损失为限
B. 李某应将所获利益作为不当得利返还给乙，但可以扣除支出的必要费用
C. 乙应以所有权人身份而非不当得利债权人身份请求李某返还电脑
D. 如李某拒绝返还电脑，需向乙承担侵权责任

(3) 关于康成公司的民事权利，下列说法正确的是：
A. 王某在 7 日内未交费，康成公司可变卖电脑并自己买下电脑
B. 康成公司曾享有留置权，但当电脑被偷走后，丧失留置权
C. 康成公司可请求李某返还电脑
D. 康成公司可请求李某支付电脑维修费

6. 甲公司以其机器设备为乙公司设立了质权。10 日后，丙公司向银行贷款 100 万元，甲公司将机器设备又抵押给银行，担保其中 40 万元贷款，但未办理抵押登记。同时，丙公司将自有房产抵押给银行，担保其余 60 万元贷款，办理了抵押登记。20 日后，甲将机器设备再抵押给丁公司，办理了抵押登记。丙公司届期不能清偿银行贷款。下列哪一表述是正确的？（2013-8，单选）
A. 如银行主张全部债权，应先拍卖房产实现抵押权
B. 如银行主张全部债权，可选择拍卖房产或者机器设备实现抵押权
C. 乙公司的质权优先于银行对机器设备的抵押权
D. 丁公司对机器设备的抵押权优先于乙公司的质权

7. 张某遗失的名表被李某拾得。1 年后，李某将该表卖给了王某。再过 1 年，王某将该表卖给了郑某。郑某将该表交给不知情的朱某维修，因郑某不付维修费与朱某发生争执，张某方知原委。下列哪一表述是正确的？（2013-9，单选）
A. 张某可请求李某返还手表
B. 张某可请求王某返还手表
C. 张某可请求郑某返还手表
D. 张某可请求朱某返还手表

8. 同升公司以一套价值 100 万元的设备作为抵押，向甲借款 10 万元，未办理抵押登记手续。同升公司又向乙借款 80 万元，以该套设备作为抵押，并办理了抵押登记手续。同升公司欠丙货款 20 万元，将该套设备出质给丙。丙不小心损坏了该套设备送丁修理，因欠丁 5 万元修理费，该套设备被丁留置。关于甲、乙、丙、丁对该套设备享有的担保物权的清偿顺序，下列哪一排列是正确的？（2011-7，单选）
A. 甲乙丙丁　　　　　　　　B. 乙丙丁甲
C. 丙丁甲乙　　　　　　　　D. 丁乙丙甲

9. 辽东公司欠辽西公司货款 200 万元，辽西公司与辽中公司签订了一份价款为 150 万元的电脑买卖合同，合同签订后，辽中公司指示辽西公司将该合同项下的电脑交付给辽东公司。因辽东公司届期未清偿所欠货款，故辽西公司将该批电脑扣留。关于辽西公司的行为，下列哪一选项是正确的？（2010-10，单选）
A. 属于行使抵押权　　　　　B. 属于行使动产质权
C. 属于行使留置权　　　　　D. 属于自助行为

八、占有

1. 学生甲看了一会儿复习参考书,将资料书放在教室自己的桌子上后吃饭去了,打算回来接着看。学生乙路过甲的桌子看到有本资料书,坐下来翻了翻,越看越觉得好,决定占为己有,将之拿出教室。学生甲回来时发现资料书不在了。下列说法正确的是:(仿真金题,单选,2019年回忆版)

A. 学生甲离开课桌时就失去了对资料书的占有
B. 学生乙开始翻看资料书时就取得了对书的占有
C. 学生乙将资料书带出教室时取得了对书的占有
D. 学生甲回来发现书不在了时失去了对书的占有

2. 甲、乙就乙手中的一枚宝石戒指的归属发生争议。甲称该戒指是其在2015年10月1日外出旅游时让乙保管,属甲所有,现要求乙返还。乙称该戒指为自己所有,拒绝返还。甲无法证明对该戒指拥有所有权,但能够证明在2015年10月1日前一直合法占有该戒指,乙则拒绝提供自2015年10月1日后从甲处合法取得戒指的任何证据。对此,下列哪一说法是正确的?(2016-9,单选)

A. 应推定乙对戒指享有合法权利,因占有具有权利公示性
B. 应当认定甲对戒指享有合法权利,因其证明了自己的先前占有
C. 应当由甲、乙证明自己拥有所有权,否则应判决归国家所有
D. 应当认定由甲、乙共同共有

3. 甲拾得乙的手机,以市价卖给不知情的丙并交付。丙把手机交给丁维修。修好后丙拒付部分维修费,丁将手机扣下。关于手机的占有状态,下列哪些选项是正确的?(2015-56,多选)

A. 乙丢失手机后,由直接占有变为间接占有
B. 甲为无权占有、自主占有
C. 丙为无权占有、善意占有
D. 丁为有权占有、他主占有

4. 张某拾得王某的一只小羊拒不归还,李某将小羊从张某羊圈中抱走交给王某。下列哪一表述是正确的?(2014-9,单选)

A. 张某拾得小羊后因占有而取得所有权
B. 张某有权要求王某返还占有
C. 张某有权要求李某返还占有
D. 李某侵犯了张某的占有

5. 某小区徐某未获得规划许可证和施工许可证便在自住房前扩建一个门面房,挤占小区人行通道。小区其他业主多次要求徐某拆除未果后,将该门面房强行拆除,毁坏了徐某自住房屋的墙砖。关于拆除行为,下列哪些表述是正确的?(2014-58,多选)

49

A. 侵犯了徐某门面房的所有权

B. 侵犯了徐某的占有

C. 其他业主应恢复原状

D. 其他业主应赔偿徐某自住房屋墙砖毁坏的损失

6. 甲、乙是邻居。乙出国2年，甲将乙的停车位占为己用。期间，甲将该停车位出租给丙，租期1年。期满后丙表示不再续租，但仍继续使用该停车位。下列哪一表述是错误的？（2012-8，单选）

A. 甲将乙的停车位占为己用，甲属于恶意、无权占有人

B. 丙的租期届满前，甲不能对丙主张占有返还请求权

C. 乙可以请求甲返还原物。在甲为间接占有人时，可以对甲请求让与其对丙的占有返还请求权

D. 无论丙是善意或恶意的占有人，乙都可以对其行使占有返还请求权

7. 丙找甲借自行车，甲的自行车与乙的很相像，均放于楼下车棚。丙错认乙车为甲车，遂把乙车骑走。甲告知丙骑错车，丙未理睬。某日，丙骑车购物，将车放在商店楼下，因墙体倒塌将车砸坏。下列哪些表述是正确的？（2012-58，多选）

A. 丙错认乙车为甲车而占有，属于无权占有人

B. 甲告知丙骑错车前，丙修车的必要费用，乙应当偿还

C. 无论丙是否知道骑错车，乙均有权对其行使占有返还请求权

D. 对于乙车的毁损，丙应当承担赔偿责任

8. 高某向周某借用一头耕牛，在借用期间高某意外死亡，其子小高不知耕牛非属高某所有而继承。不久耕牛产下一头小牛。期满后周某要求小高归还耕牛及小牛，但此时小牛已因小高管理不善而死亡。下列哪一选项是正确的？（2008-四川-14，单选）

A. 周某有权请求小高归还其耕牛，但无权请求返还小牛

B. 周某有权请求小高归还其耕牛及小牛

C. 周某有权请求小高返还其耕牛及小牛，但应向小高支付必要费用

D. 周某可以请求小高赔偿小牛死亡的损失

9. 甲向乙借款5000元，并将自己的一台笔记本电脑出质给乙。乙在出质期间将电脑无偿借给丙使用。丁因丙欠钱不还，趁丙不注意时拿走电脑并向丙声称要以其抵债。下列哪些选项是正确的？（2007-57，多选）

A. 甲有权基于其所有权请求丁返还电脑

B. 乙有权基于其质权请求丁返还电脑

C. 丙有权基于其占有被侵害请求丁返还电脑

D. 丁有权主张以电脑抵偿丙对自己的债务

PART 03
第三章 债 权

一、债之关系概述

1. 甲、乙与丙就交通事故在交管部门的主持下达成《调解协议书》,由甲、乙分别赔偿丙5万元,甲当即履行。乙赔了1万元,余下4万元给丙打了欠条。乙到期后未履行,丙多次催讨未果,遂持《调解协议书》与欠条向法院起诉。下列哪一表述是正确的?(2013-12,单选)

A. 本案属侵权之债
B. 本案属合同之债
C. 如丙获得工伤补偿,乙可主张相应免责
D. 丙可要求甲继续赔偿4万元

2. 甲公司向银行贷款1000万元,乙公司和丙公司向银行分别出具担保函:"在甲公司不按时偿还1000万元本息时,本公司承担保证责任。"关于乙公司和丙公司对银行的保证债务,下列哪些表述是不正确的?(2011-10,根据新法改为多选)

A. 属于选择之债
B. 属于连带之债
C. 属于按份之债
D. 属于多数人之债

3. 婷婷满一周岁,其父母将某影楼摄影师请到家中为其拍摄纪念照,并要求影楼不得保留底片用作他途。相片洗出后,影楼违反约定将婷婷相片制成挂历出售,获利颇丰。本案中存在哪些债的关系?(2008-56,多选)

A. 承揽合同之债
B. 委托合同之债
C. 侵权行为之债
D. 不当得利之债

4. 甲、乙与丙签订了一份购销合同,约定丙供给甲、乙原油3000吨,每吨价格为2500元,原油运到甲、乙所在地车站后,甲和乙按4∶6比例分配并按该比例付款。关于该合同之债的种类,下列哪些选项是正确的?(2008-四川-54,多选)

A. 多数人之债
B. 按份之债
C. 简单之债
D. 特定之债

5. 某演出公司与"黑胡子"四人演唱组合订立演出合同,约定由该组合在某晚会上演

51

唱自创歌曲 2-3 首，每首酬金 2 万元。由此成立的债的关系属何种类型？（2005-8，单选）

    A. 特定之债   B. 单一之债

    C. 选择之债   D. 法定之债

二、单方允诺、无因管理和不当得利

1. 外卖员张某在送外卖的时候遇到李某跳江自杀，将手机交给路人王某后，奋不顾身从 10 米高的桥上跳入江里，致背部受伤。在救助过程中，李某因盲目对抗致手臂拉伤。王某围观时太过紧张，不慎将手机屏幕摔坏。对此，下列说法正确的是：（仿真金题，多选，2023 年回忆版）

    A. 李某可就手臂受伤请求张某赔偿

    B. 张某可因手机屏幕摔坏向王某主张赔偿

    C. 张某可就背部受伤向李某主张补偿

    D. 张某可就手机屏幕摔坏向李某主张补偿

2. 王某有王甲、王乙两个儿子，王某立下遗嘱写明全部财产归王乙所有。王某死后，王乙把一幅名画以市价卖给了丙，所获 100 万元赠送给王甲。几天后，王某的朋友李某向王乙索要该画，称该画属于李某所有，寄存在王某处保管。关于李某如何救济自己的权利，下列说法正确的是：（仿真金题，单选，2023 年回忆版）

    A. 李某可以向王甲主张返还 100 万元

    B. 李某可以向王乙主张返还 100 万元

    C. 李某可以向丙主张返还原物

    D. 李某可主张王乙承担侵权责任

3. 陈某丢失一台高精微型设备，被周某捡到并交到派出所，派出所及时发布招领公告。同时，陈某在报纸上发布悬赏公告，承诺捡到并送回者给 1 万元奖励金。后陈某通过招领公告领回该设备。下列哪一说法是正确的？（仿真金题，单选，2019 年回忆版）

    A. 因周某已将设备交派出所，派出所有权获得 1 万元

    B. 基于悬赏公告，陈某应向周某支付 1 万元

    C. 基于招领公告，陈某无需向派出所支付任何费用

    D. 基于招领公告，陈某无需向周某支付任何费用

4. 张某和李某达成收养协议，约定由李某收养张某 6 岁的孩子小张；任何一方违反约定，应承担违约责任。双方办理了登记手续，张某依约向李某支付了 10 万元。李某收养小张 1 年后，因小张殴打他人赔偿了 1 万元，李某要求解除收养协议并要求张某赔偿该 1 万元。张某同意解除但要求李某返还 10 万元。下列哪一表述是正确的？（2014-2，单选）

    A. 李某、张某不得解除收养关系

    B. 李某应对张某承担违约责任

    C. 张某应赔偿李某 1 万元

D. 李某应返还不当得利

5. 甲的房屋与乙的房屋相邻。乙把房屋出租给丙居住，并为该房屋在 A 公司买了火灾保险。某日甲见乙的房屋起火，唯恐大火蔓延自家受损，遂率家人救火，火势得到及时控制，但甲被烧伤住院治疗。下列哪一表述是正确的？（2014-20，单选）
   A. 甲主观上为避免自家房屋受损，不构成无因管理，应自行承担医疗费用
   B. 甲依据无因管理只能向乙主张医疗费赔偿，因乙是房屋所有人
   C. 甲依据无因管理只能向丙主张医疗费赔偿，因丙是房屋实际使用人
   D. 甲依据无因管理不能向 A 公司主张医疗费赔偿，因甲欠缺为 A 公司的利益实施管理的主观意思

6. 方某将一行李遗忘在出租车上，立即发布寻物启事，言明愿以 2000 元现金酬谢返还行李者。出租车司机李某发现该行李及获悉寻物启事后即与方某联系。现方某拒绝支付 2000 元给李某。下列哪一表述是正确的？（2013-13，单选）
   A. 方某享有所有物返还请求权，李某有义务返还该行李，故方某可不支付 2000 元酬金
   B. 如果方某不支付 2000 元酬金，李某可行使留置权拒绝返还该行李
   C. 如果方某未曾发布寻物启事，则其可不支付任何报酬或费用
   D. 既然方某发布了寻物启事，则其必须支付酬金

7. 下列哪一情形产生了不当得利之债？（2013-20，单选）
   A. 甲欠乙款超过诉讼时效后，甲向乙还款
   B. 甲欠乙款，提前支付全部利息后又在借期届满前提前还款
   C. 甲向乙支付因前晚打麻将输掉的 2000 元现金
   D. 甲在乙银行的存款账户因银行电脑故障多出 1 万元

8. 下列哪一情形会引起无因管理之债？（2013-21，单选）
   A. 甲向乙借款，丙在明知诉讼时效已过后擅自代甲向乙还本付息
   B. 甲在自家门口扫雪，顺便将邻居乙的小轿车上的积雪清扫干净
   C. 甲与乙结婚后，乙生育一子丙，甲抚养丙 5 年后才得知丙是乙和丁所生
   D. 甲拾得乙遗失的牛，寻找失主未果后牵回暂养。因地震致屋塌牛死，甲出卖牛皮、牛肉获价款若干

9. 甲与同学打赌，故意将一台旧电脑遗留在某出租车上，看是否有人送还。与此同时，甲通过电台广播悬赏，称捡到电脑并归还者，付给奖金 500 元。该出租汽车司机乙很快将该电脑送回，主张奖金时遭拒。下列哪一表述是正确的？（2012-4，单选）
   A. 甲的悬赏属于要约
   B. 甲的悬赏属于单方允诺
   C. 乙归还电脑的行为是承诺
   D. 乙送还电脑是义务，不能获得奖金

53

10. 甲将某物出售于乙，乙转售于丙，甲应乙的要求，将该物直接交付于丙。下列哪一说法是错误的？（2012-20，单选）

   A. 如仅甲、乙间买卖合同无效，则甲有权向乙主张不当得利返还请求权
   B. 如仅乙、丙间买卖合同无效，则乙有权向丙主张不当得利返还请求权
   C. 如甲、乙间以及乙、丙间买卖合同均无效，甲无权向丙主张不当得利返还请求权
   D. 如甲、乙间以及乙、丙间买卖合同均无效，甲有权向乙、乙有权向丙主张不当得利返还请求权

11. 甲聘请乙负责照看小孩，丙聘请丁做家务。甲和丙为邻居，乙和丁为好友。一日，甲突生急病昏迷不醒，乙联系不上甲的亲属，急将甲送往医院，并将甲的小孩委托给丁临时照看。丁疏于照看，致甲的小孩在玩耍中受伤。下列哪一说法是正确的？（2012-21，单选）

   A. 乙将甲送往医院的行为属于无因管理
   B. 丁照看小孩的行为属于无因管理，不构成侵权行为
   C. 丙应当承担甲小孩的医疗费
   D. 乙和丁对甲小孩的医疗费承担连带责任

12. 下列哪一情形不产生不当得利之债？（2011-19，单选）

   A. 甲向乙借款10万元，1年后根据约定偿还本息15万元
   B. 甲不知诉讼时效已过，向债权人乙清偿债务
   C. 甲久别归家，误把乙的鸡当成自家的吃掉
   D. 甲雇用的装修工人，误把邻居乙的装修材料用于甲的房屋装修

13. 刘某承包西瓜园，收获季节突然病故。好友刁某因联系不上刘某家人，便主动为刘某办理后事和照看西瓜园，并将西瓜卖出，获益5万元。其中，办理后事花费1万元、摘卖西瓜雇工费以及其他必要费用共5000元。刁某认为自己应得劳务费5000元。关于刁某的行为，下列哪一说法是正确的？（2011-20，单选）

   A. 5万元属于不当得利
   B. 应向刘某家人给付3万元
   C. 应向刘某家人给付4万元
   D. 应向刘某家人给付3.5万元

14. 张某外出，台风将至。邻居李某担心张某年久失修的房子被风刮倒，祸及自家，就雇人用几根木料支撑住张某的房子，但张某的房子仍然不敌台风，倒塌之际压死了李某养的数只鸡。下列哪一说法是正确的？（2009-12，单选）

   A. 李某初衷是为自己，故不构成无因管理
   B. 房屋最终倒塌，未达管理效果，故无因管理不成立
   C. 李某的行为构成无因管理
   D. 张某不需支付李某加固房费用，但应赔偿房屋倒塌给李某造成的损失

15. 张某发现自己的工资卡上多出2万元，便将其中1万元借给郭某，约定利息500

元；另外 1 万元投入股市。张某单位查账发现此事，原因在于财务人员工作失误，遂要求张某返还。经查，张某借给郭某的 1 万元到期未还，投入股市的 1 万元已获利 2000 元。下列哪一选项是正确的？（2007-7，单选）

A. 张某应返还给单位 2 万元
B. 张某应返还给单位 2.2 万元
C. 张某应返还给单位 2.25 万元
D. 张某应返还给单位 2 万元及其孳息

16. 甲正在市场卖鱼，突闻其父病危，急忙离去，邻摊菜贩乙见状遂自作主张代为叫卖，以比甲原每斤 10 元高出 5 元的价格卖出鲜鱼 200 斤，并将多卖的 1000 元收入自己囊中，后乙因急赴喜宴将余下的 100 斤鱼以每斤 3 元卖出。下列哪些选项是正确的？（2007-53，多选）

A. 乙的行为构成无因管理
B. 乙收取多卖 1000 元构成不当得利
C. 乙低价销售 100 斤鱼构成不当管理，应承担赔偿责任
D. 乙可以要求甲支付一定报酬

17. 王先生驾车前往某酒店就餐，将轿车停在酒店停车场内。饭后驾车离去时，停车场工作人员称："已经给你洗了车，请付洗车费 5 元。"王先生表示"我并未让你们帮我洗车"，双方发生争执。本案应如何处理？（2004-11，单选）

A. 基于不当得利，王先生须返还 5 元
B. 基于无因管理，王先生须支付 5 元
C. 基于合同关系，王先生须支付 5 元
D. 无法律依据，王先生无须支付 5 元

三、债的债权性担保：保证与定金

1. 甲向乙借款，丁作为保证人，约定丁在不超过 2000 万元的范围内承担担保责任。在约定期限内，甲一共向乙借款 2022 万元。核算完毕后，乙表示，免去其中的零头 22 万元，甲未作任何表示。经查，甲将借款中的 500 万元送给了丙，用来资助丙的一个科技项目，未通知丁。对此，下列说法正确的是：（仿真金题，单选，2022 年回忆版）

A. 丁对 2000 万元承担保证责任
B. 丁对 2022 万元承担保证责任
C. 丁对 1500 万元承担保证责任
D. 甲将 500 万元送给丙未经过丁的同意，无效

2. 乙有一鼻烟壶，欲出售。甲得知丙想要以 10 万元求购该鼻烟壶，于是，甲抢先找到乙购买，双方以 1 万元成交，约定 3 日后交付，甲向乙支付了 5000 元定金。其后，甲与丙达成协议，甲将鼻烟壶以 10 万元出售给丙，丙先行支付了 2 万元定金。3 日后，交付鼻烟壶之

55

时，乙不小心把鼻烟壶摔坏了。对此，下列说法正确的是：（仿真金题，单选，2022 年回忆版）

A. 甲应向丙就 2 万元的定金双倍返还
B. 乙应该就甲 5000 元的定金双倍返还
C. 甲可以请求法院减少双倍赔偿金额
D. 乙不需要就甲支付的定金承担双倍返还的责任

3. 乙公司向甲公司供货，双方签订了供货协议，其中一项特殊条款约定，甲公司董事长张某以其全部个人财产（房、车、股、债等）担保甲公司付款，若甲公司未履行或未能全部履行付款义务，张某将承担连带责任。协议签订后，张某签字并盖章。后甲公司逾期未向乙公司付款。对此，下列说法正确的是：（仿真金题，多选，2021 年回忆版）

A. 乙公司有权请求甲公司和张某承担连带责任
B. 该特殊条款违反物权客体特定，绝对无效
C. 该特殊条款已生效，但不设立抵押权
D. 乙公司可请求对张某全部个人财产优先受偿

4. 李某因公司资金周转需要向银行借款 50 万元，林某是连带保证人。两个月后，又追加借款 20 万元，告知林某，林某未置可否。下列关于保证人责任的说法正确的是：（仿真金题，多选，2020 年回忆版）

A. 林某享有先诉抗辩权
B. 李某对于银行享有的抗辩权，林某也可以对银行主张
C. 林某应承担 70 万元的保证责任
D. 林某应承担 50 万元的保证责任

5. 甲向乙借款 1000 万元，丙在借款合同中的保证栏签字，但没有约定保证方式，丁以自有的房屋对甲的借款向乙进行了抵押。下列说法正确的是：（仿真金题，多选，2019 年回忆版）

A. 丙承担责任后可以向甲追偿
B. 丙以一般保证承担保证责任
C. 丁承担责任后可以向甲追偿
D. 丁承担责任后可以向丙追偿

6. 甲服装公司与乙银行订立合同，约定甲公司向乙银行借款 300 万元，用于购买进口面料。同时，双方订立抵押合同，约定甲公司以其现有的以及将有的生产设备、原材料、产品为前述借款设立抵押。借款合同和抵押合同订立后，乙银行向甲公司发放了贷款，但未办理抵押登记。之后，根据乙银行要求，丙为此项贷款提供连带责任保证，丁以一台大型挖掘机作质押并交付。如甲公司未按期还款，乙银行欲行使担保权利，当事人未约定行使担保权利顺序，下列选项正确的是：（2017-91，不定项）

A. 乙银行应先就甲公司的抵押实现债权
B. 乙银行应先就丁的质押实现债权

C. 乙银行可选择就甲公司的抵押或丙的保证实现债权

D. 乙银行可选择就甲公司的抵押或丁的质押实现债权

7. 甲、乙双方于2013年5月6日签订水泥供应合同，乙以自己的土地使用权为其价款支付提供了最高额抵押，约定2014年5月5日为债权确定日，并办理了登记。丙为担保乙的债务，也于2013年5月6日与甲订立最高额保证合同，保证期间为一年，自债权确定日开始计算。

请回答第（1）~（3）题。（2016-89~91，不定项）

（1）水泥供应合同约定，将2013年5月6日前乙欠甲的货款纳入了最高额抵押的担保范围。下列说法正确的是：

A. 该约定无效

B. 该约定合法有效

C. 如最高额保证合同未约定将2013年5月6日前乙欠甲的货款纳入最高额保证的担保范围，则丙对此不承担责任

D. 丙有权主张减轻其保证责任

（2）甲在2013年11月将自己对乙已取得的债权全部转让给丁。下列说法正确的是：

A. 甲的行为将导致其最高额抵押权消灭

B. 甲将上述债权转让给丁后，丁取得最高额抵押权

C. 甲将上述债权转让给丁后，最高额抵押权不随之转让

D. 2014年5月5日前，甲对乙的任何债权均不得转让

（3）乙于2014年1月被法院宣告破产，下列说法正确的是：

A. 甲的债权确定期届至

B. 甲应先就抵押物优先受偿，不足部分再要求丙承担保证责任

C. 甲可先要求丙承担保证责任

D. 如甲未申报债权，丙可参加破产财产分配，预先行使追偿权

8. 方某、李某、刘某和张某签订借款合同，约定："方某向李某借款100万元，刘某提供房屋抵押，张某提供保证。"除李某外其他人都签了字。刘某先把房本交给了李某，承诺过几天再作抵押登记。李某交付100万元后，方某到期未还款。下列哪一选项是正确的？（2015-13，单选）

A. 借款合同不成立

B. 方某应返还不当得利

C. 张某应承担保证责任

D. 刘某无义务办理房屋抵押登记

9. 根据甲公司的下列哪些《承诺（保证）函》，如乙公司未履行义务，甲公司应承担保证责任？（2015-57，多选）

A. 承诺："积极督促乙公司还款，努力将丙公司的损失降到最低"

B. 承诺："乙公司向丙公司还款，如乙公司无力还款，甲公司愿代为清偿"

C. 保证："乙公司实际投资与注册资金相符"。实际上乙公司实际投资与注册资金不符

D. 承诺："指定乙公司与丙公司签订保证合同"。乙公司签订了保证合同但拒不承担保证责任

10. 甲公司欠乙公司货款 100 万元，先由甲公司提供机器设备设定抵押权、丙公司担任保证人，后由丁公司提供房屋设定抵押权并办理了抵押登记。甲公司届期不支付货款，下列哪一表述是正确的？（2014-8，单选）

A. 乙公司应先行使机器设备抵押权
B. 乙公司应先行使房屋抵押权
C. 乙公司应先行请求丙公司承担保证责任
D. 丙公司和丁公司可相互追偿

11. 甲公司与乙公司达成还款计划书，约定在 2012 年 7 月 30 日归还 100 万元，8 月 30 日归还 200 万元，9 月 30 日归还 300 万元。丙公司对三笔还款提供保证，均约定为连带保证，但未约定保证期间。后甲公司同意乙公司将三笔还款均顺延 3 个月，丙公司对此不知情。乙公司一直未还款，甲公司仅于 2013 年 3 月 15 日要求丙公司承担保证责任。关于丙公司保证责任，下列哪一表述是正确的？（2014-10，单选，有改编）

A. 丙公司保证担保的主债权为 300 万元
B. 丙公司保证担保的主债权为 500 万元
C. 丙公司保证担保的主债权为 600 万元
D. 因延长还款期限未经保证人同意，丙公司不再承担保证责任

12. 张某从甲银行分支机构乙支行借款 20 万元，李某提供保证担保。李某和甲银行又特别约定，如保证人不履行保证责任，债权人有权直接从保证人在甲银行及其支行处开立的任何账户内扣收。届期，张某、李某均未还款，甲银行直接从李某在甲银行下属的丙支行账户内扣划了 18 万元存款用于偿还张某的借款。下列哪一表述是正确的？（2014-15，单选）

A. 李某与甲银行关于直接在账户内扣划款项的约定无效
B. 李某无须承担保证责任
C. 乙支行收回 20 万元全部借款本金和利息之前，李某不得向张某追偿
D. 乙支行应以自己的名义向张某行使追索权

13. 甲公司为乙公司向银行贷款 100 万元提供保证，乙公司将其基于与丙公司签订的供货合同而对丙公司享有的 100 万元债权出质给甲公司作反担保。下列哪一表述是正确的？（2013-7，单选）

A. 如乙公司依约向银行清偿了贷款，甲公司的债权质权仍未消灭
B. 如甲公司、乙公司将出质债权转让给丁公司但未通知丙公司，则丁公司可向丙公司主张该债权
C. 甲公司在设立债权质权时可与乙公司约定，如乙公司届期不清偿银行贷款，则出质债权归甲公司所有
D. 如乙公司将债权出质的事实通知了丙公司，则丙公司可向甲公司主张其基于供货合同而对乙公司享有的抗辩

14. 甲公司向乙银行借款 100 万元，丙、丁以各自房产分别向乙银行设定抵押，戊、己分别向乙银行出具承担全部责任的担保函，承担保证责任。下列哪些表述是正确的？（2012-55，多选）

　　A. 乙银行可以就丙或者丁的房产行使抵押权

　　B. 丙承担担保责任后，可向甲公司追偿，也可要求丁清偿其应承担的份额

　　C. 乙银行可以要求戊或者己承担全部保证责任

　　D. 戊承担保证责任后，可向甲公司追偿，也可要求己清偿其应承担的份额

15. 甲乙双方拟订的借款合同约定：甲向乙借款 11 万元，借款期限为 1 年。乙在签字之前，要求甲为借款合同提供担保。丙应甲要求同意担保，并在借款合同保证人一栏签字，保证期间为 1 年。甲将有担保签字的借款合同交给乙。乙要求从 11 万元中预先扣除 1 万元利息，同时将借款期限和保证期间均延长为 2 年。甲应允，双方签字，乙依约将 10 万元交付给甲。下列哪一表述是正确的？（2011-11，单选）

　　A. 丙的保证期间为 1 年

　　B. 丙无须承担保证责任

　　C. 丙应承担连带保证责任

　　D. 丙应对 10 万元本息承担保证责任

16. 甲、乙约定：甲将 100 吨汽油卖给乙，合同签订后三天交货，交货后十天内付货款。还约定，合同签订后乙应向甲支付十万元定金，合同在支付定金时生效。合同订立后，乙未交付定金，甲按期向乙交付了货物，乙到期未付款。对此，下列哪一表述是正确的？（2010-14，单选）

　　A. 甲可请求乙支付定金

　　B. 乙未支付定金不影响买卖合同的效力

　　C. 甲交付汽油使得定金合同生效

　　D. 甲无权请求乙支付价款

17. 甲向乙借款 5 万元，乙要求甲提供担保，甲分别找到友人丙、丁、戊、己，他们各自作出以下表示，其中哪些构成保证？（2008-53，多选）

　　A. 丙在甲向乙出具的借据上签署"保证人丙"

　　B. 丁向乙出具字据称"如甲到期不向乙还款，本人愿代还 3 万元"

　　C. 戊向乙出具字据称"如甲到期不向乙还款，由本人负责"

　　D. 己向乙出具字据称"如甲到期不向乙还款，由本人以某处私房抵债"

四、合同形式、条款与类型

1. 甲与乙公司订立美容服务协议，约定服务期为半年，服务费预收后逐次计扣，乙公司提供的协议格式条款中载明"如甲单方放弃服务，余款不退"（并注明该条款不得更改）。协议订立后，甲依约支付 5 万元服务费。在接受服务 1 个月并发生费用 8000 元后，甲感觉美容效果不明显，单方放弃服务并要求退款，乙公司不同意。甲起诉乙公司要求返还余款。下

列哪一选项是正确的？（2017-11，单选）

　　A. 美容服务协议无效

　　B. "如甲单方放弃服务，余款不退"的条款无效

　　C. 甲单方放弃服务无须承担违约责任

　　D. 甲单方放弃服务应承担继续履行的违约责任

　　2. 甲公司和乙公司在前者印制的标准格式《货运代理合同》上盖章。《货运代理合同》第四条约定："乙公司法定代表人对乙公司支付货运代理费承担连带责任。"乙公司法定代表人李红在合同尾部签字。后双方发生纠纷，甲公司起诉乙公司，并要求此时乙公司的法定代表人李蓝承担连带责任。关于李蓝拒绝承担连带责任的抗辩事由，下列哪一表述能够成立？（2014-3，单选）

　　A. 第四条为无效格式条款

　　B. 乙公司法定代表人未在第四条处签字

　　C. 乙公司法定代表人的签字仅代表乙公司的行为

　　D. 李蓝并未在合同上签字

　　3. 郭某意外死亡，其妻甲怀孕两个月。郭某父亲乙与甲签订协议："如把孩子顺利生下来，就送十根金条给孩子。"当日乙把八根金条交给了甲。孩子顺利出生后，甲不同意由乙抚养孩子，乙拒绝交付剩余的两根金条，并要求甲退回八根金条。下列哪些选项是正确的？（2015-60，多选）

　　A. 孩子为胎儿，不具备权利能力，故协议无效

　　B. 孩子已出生，故乙不得拒绝赠与

　　C. 八根金条已交付，故乙不得要求退回

　　D. 两根金条未交付，故乙有权不交付

　　4. 刘某提前两周以600元订购了海鸥航空公司全价1000元的六折机票，后因临时改变行程，刘某于航班起飞前一小时前往售票处办理退票手续，海鸥航空公司规定起飞前两小时内退票按机票价格收取30%手续费。下列哪一选项是正确的？（2008-四川-7，单选）

　　A. 退票手续费的规定是无效格式条款

　　B. 刘某应当支付300元的退票手续费

　　C. 刘某应当支付180元的退票手续费

　　D. 航空公司只能收取退票的成本费而不能收取手续费

　　5. 甲、乙双方达成协议，约定甲将房屋无偿提供给乙居住，乙则无偿教甲的女儿学钢琴。对于该协议，下列哪些说法是正确的？（2005-56，多选，根据《民法典》改编）

　　A. 属于无名合同

　　B. 属于实践合同

　　C. 应适用合同编总则的规定

　　D. 可以参照适用合同编关于租赁合同的规定

五、合同的成立

1. 甲在校内的二手平台上发布信息出售自己的自行车，要价 1000 元，附上了发票照片和自行车照片，并附言"诚心出售，先到先得"。乙看到这条消息后，就在微信上联系了甲，出价 900 元，但甲不同意。过了几天，乙给甲发微信说："就按你说的价来，1100 元。"二人线下见面后，乙转账 1000 元给甲，甲主张还差 100 元，并出示了微信聊天记录，乙表示那是自己打错了。对此，下列哪一说法是正确的？（仿真金题，单选，2023 年回忆版）

A. 两人间成立了 1100 元的合同
B. 甲在二手平台上发布的信息属于要约邀请
C. 两人未达成合意
D. 两人间成立了 1000 元的合同

2. 甲看中了乙公司的产品，打算购买，乙公司明确告知了甲该产品的销售价格。7 月 2 日，甲告知乙公司将于 7 月 15 日之前回复是否决定购买。后甲经过研究，认为乙公司的产品符合自己的要求，打算购买，将写好承诺的文件和其他待发文件放在了一起，但尚未决定是否发出。7 月 13 日，甲的秘书照常将甲的待发文件发出，其中包括甲写好承诺的文件。因为有了更好的产品选择，甲发现承诺文件被发走后，立即告知秘书撤回。关于合同成立问题，下列说法正确的是：（仿真金题，单选，2022 年回忆版）

A. 承诺到达时合同成立，但是若撤回通知先于承诺到达或与承诺同时到达则合同不成立
B. 撤回承诺的通知晚于承诺到达的，构成承诺的撤销，合同不成立
C. 由于秘书失误，承诺即使到达，合同也不成立
D. 甲写好承诺文件时，甲、乙之间的合同已成立

3. 德凯公司拟为新三板上市造势，在无真实交易意图的情况下，短期内以业务合作为由邀请多家公司来其主要办公地点洽谈。其中，真诚公司安排授权代表往返十余次，每次都准备了详尽可操作的合作方案，德凯公司佯装感兴趣并屡次表达将签署合同的意愿，但均在最后一刻推脱拒签。其间，德凯公司还将知悉的真诚公司的部分商业秘密不当泄露。对此，下列哪一说法是正确的？（2017-12，单选）

A. 未缔结合同，则德凯公司就磋商事宜无需承担责任
B. 虽未缔结合同，但德凯公司构成恶意磋商，应赔偿损失
C. 未缔结合同，则商业秘密属于真诚公司自愿披露，不应禁止外泄
D. 德凯公司也付出了大量的工作成本，如被对方主张赔偿，则据此可主张抵销

4. 甲、乙同为儿童玩具生产商。六一节前夕，丙与甲商谈进货事宜。乙知道后向丙提出更优惠条件，并指使丁假借订货与甲接洽，报价高于丙以阻止甲与丙签约。丙经比较与乙签约，丁随即终止与甲的谈判，甲因此遭受损失。对此，下列哪一说法是正确的？（2010-12，单选）

A. 乙应对甲承担缔约过失责任

B. 丙应对甲承担缔约过失责任

C. 丁应对甲承担缔约过失责任

D. 乙、丙、丁无须对甲承担缔约过失责任

5. 甲公司于6月10日向乙公司发出要约订购一批红木，要求乙公司于6月15日前答复。6月12日，甲公司欲改向丙公司订购红木，遂向乙公司发出撤销要约的信件，于6月14日到达乙公司。而6月13日，甲公司收到乙公司的回复，乙公司表示红木缺货，问甲公司能否用杉木代替。甲公司的要约于何时失效？（2008-四川-6，单选）

A. 6月12日
B. 6月13日
C. 6月14日
D. 6月15日

6. 甲公司在与乙公司协商购买某种零件时提出，由于该零件的工艺要求高，只有乙公司先行制造出符合要求的样品后，才能考虑批量购买。乙公司完成样品后，甲公司因经营战略发生重大调整，遂通知乙公司：本公司已不需此种零件，终止谈判。下列哪一选项是正确的？（2007-4，单选）

A. 甲公司构成违约，应当赔偿乙公司的损失

B. 甲公司的行为构成缔约过失，应当赔偿乙公司的损失

C. 甲公司的行为构成侵权行为，应当赔偿乙公司的损失

D. 甲公司不应赔偿乙公司的任何损失

7. 甲公司通过电视发布广告，称其有100辆某型号汽车，每辆价格15万元，广告有效期10天。乙公司于该则广告发布后第5天自带汇票去甲公司买车，但此时车已全部售完，无货可供。下列哪一选项是正确的？（2007-8，单选）

A. 甲构成违约
B. 甲应承担缔约过失责任
C. 甲应承担侵权责任
D. 甲不应承担民事责任

8. 甲欲购买乙的汽车。经协商，甲同意3天后签订正式的买卖合同，并先交1000元给乙，乙出具的收条上写明为"收到甲订金1000元"。3天后，甲了解到乙故意隐瞒了该车证照不齐的情况，故拒绝签订合同。下列哪一个说法是正确的？（2003-5，单选）

A. 甲有权要求乙返还2000元并赔偿在买车过程中受到的损失

B. 甲有权要求乙返还1000元并赔偿在买车过程中受到的损失

C. 甲只能要求乙赔偿在磋商买车过程中受到的损失

D. 甲有权要求乙承担违约责任

9. 张某和李某采用书面形式签订一份买卖合同，双方在甲地谈妥合同的主要条款，张某于乙地在合同上签字，李某于丙地在合同上摁了手印，合同在丁地履行。关于该合同签订地，下列哪一选项是正确的？（2010-11，单选）

A. 甲地
B. 乙地
C. 丙地
D. 丁地

10. 甲公司于 6 月 5 日以传真方式向乙公司求购一台机床，要求"立即回复"。乙公司当日回复"收到传真"。6 月 10 日，甲公司电话催问，乙公司表示同意按甲公司报价出售，要其于 6 月 15 日来人签订合同书。6 月 15 日，甲公司前往签约，乙公司要求加价，未获同意，乙公司遂拒绝签约。对此，下列哪一种说法是正确的？（2005-11，单选）

    A. 买卖合同于 6 月 5 日成立

    B. 买卖合同于 6 月 10 日成立

    C. 买卖合同于 6 月 15 日成立

    D. 甲公司有权要求乙公司承担缔约过失责任

六、合同的履行

1. 甲置业公司将一建设工程发包给乙建筑公司，约定包工包料，甲按固定单价向乙支付工程款，不可变更。乙施工期间，受洪水影响，原材料市价暴涨 150%，若不相应调整工程款，乙将面临巨额亏损。乙请求甲调整工程款，甲拒绝。乙于是诉至法院。下列表述中，哪一选项是正确的？（仿真金题，单选，2023 年回忆版）

    A. 约定符合自愿原则，对工程款应不予调整

    B. 约定违背公序良俗，应重新确定工程款

    C. 成立情势变更，乙可向法院起诉调整工程款

    D. 属于商业风险，对工程款应不予调整

2. 甲公司解雇潘某，还欠潘某 3 万元工资未给。潘某多次索要无果，一气之下将甲公司面包车开走。乙公司是甲公司的母公司，知道此事后帮甲公司向潘某支付了 2 万元工资。对此，下列说法正确的是：（仿真金题，多选，2023 年回忆版）

    A. 潘某的行为是自助行为

    B. 乙公司的行为构成无因管理

    C. 甲公司还欠潘某 1 万元

    D. 案中事实说明甲、乙公司人格混同，甲公司欠债无力清偿时，乙公司应负连带责任

3. 甲公司把 A 市的物流业务承包给乙公司。乙公司雇用丙拉货，未向丙支付运费，丙遂扣下了该批货物。甲公司担心货物迟延送达给其带来不利影响，于是甲公司向丙支付了运费。对此，下列说法正确的是：（仿真金题，多选，2022 年回忆版）

    A. 甲公司有权支付运费

    B. 丙有权留置货物

    C. 对于运费，甲公司有权向乙公司追偿

    D. 丙有权向甲公司主张运费

4. 王某向丁某借款 100 万元，后无力清偿，遂提出以自己所有的一幅古画抵债，双方约定第二天交付。对此，下列哪些说法是正确的？（2016-56，多选）

    A. 双方约定以古画抵债，等同于签订了另一份买卖合同，原借款合同失效，王某只能

以交付古画履行债务

B. 双方交付古画的行为属于履行借款合同义务

C. 王某有权在交付古画前反悔，提出继续以现金偿付借款本息方式履行债务

D. 古画交付后，如果被鉴定为赝品，则王某应承担瑕疵担保责任

5. 甲与乙公司签订的房屋买卖合同约定："乙公司收到首期房款后，向甲交付房屋和房屋使用说明书；收到二期房款后，将房屋过户给甲。"甲交纳首期房款后，乙公司交付房屋但未立即交付房屋使用说明书。甲以此为由行使先履行抗辩权而拒不支付二期房款。下列哪一表述是正确的？（2015-10，单选）

A. 甲的做法正确，因乙公司未完全履行义务

B. 甲不应行使先履行抗辩权，而应行使不安抗辩权，因乙公司有不能交付房屋使用说明书的可能性

C. 甲可主张解除合同，因乙公司未履行义务

D. 甲不能行使先履行抗辩权，因甲的付款义务与乙公司交付房屋使用说明书不形成主给付义务对应关系

6. 甲公司向乙公司购买小轿车，约定7月1日预付10万元，10月1日预付20万元，12月1日乙公司交车时付清尾款。甲公司按时预付第一笔款。乙公司于9月30日发函称因原材料价格上涨，需提高小轿车价格。甲公司于10月1日拒绝，等待乙公司答复未果后于10月3日向乙公司汇去20万元。乙公司当即拒收，并称甲公司迟延付款构成违约，要求解除合同，甲公司则要求乙公司继续履行。下列哪一表述是正确的？（2014-12，单选）

A. 甲公司不构成违约

B. 乙公司有权解除合同

C. 乙公司可行使先履行抗辩权

D. 乙公司可要求提高合同价格

7. 胡某于2006年3月10日向李某借款100万元，期限3年。2009年3月30日，双方商议再借100万元，期限3年。两笔借款均先后由王某保证，未约定保证方式和保证期间。李某未向胡某和王某催讨。胡某仅于2010年2月归还借款100万元。关于胡某归还的100万元，下列哪一表述是正确的？（2014-13，单选）

A. 因2006年的借款已到期，故归还的是该笔借款

B. 因2006年的借款无担保，故归还的是该笔借款

C. 因2006年和2009年的借款数额相同，故按比例归还该两笔借款

D. 因2006年和2009年的借款均有担保，故按比例归还该两笔借款

8. 甲公司对乙公司负有交付葡萄酒的合同义务。丙公司和乙公司约定，由丙公司代甲公司履行，甲公司对此全不知情。下列哪一表述是正确的？（2012-12，单选）

A. 虽然甲公司不知情，丙公司的履行仍然有法律效力

B. 因甲公司不知情，故丙公司代为履行后对甲公司不得追偿代为履行的必要费用

C. 虽然甲公司不知情，但如丙公司履行有瑕疵的，甲公司需就此对乙公司承担违约责任

D. 虽然甲公司不知情，但如丙公司履行有瑕疵从而承担违约责任的，丙公司可就该违约赔偿金向甲公司追偿

9. 2011年5月6日，甲公司与乙公司签约，约定甲公司于6月1日付款，乙公司6月15日交付"连升"牌自动扶梯。合同签订后10日，乙公司销售他人的"连升"牌自动扶梯发生重大安全事故，质监局介入调查。合同签订后20日，甲、乙、丙公司三方合意，由丙公司承担付款义务。丙公司6月1日未付款。下列哪一表述是正确的？（2011-14，单选）

A. 甲公司有权要求乙公司交付自动扶梯
B. 丙公司有权要求乙公司交付自动扶梯
C. 丙公司有权行使不安抗辩权
D. 乙公司有权要求甲公司和丙公司承担连带债务

10. 甲公司从乙公司采购10袋菊花茶，约定："在乙公司交付菊花茶后，甲公司应付货款10万元。"丙公司提供担保函："若甲公司不依约付款，则由丙公司代为支付。"乙公司交付的菊花茶中有2袋经过硫黄熏蒸，无法饮用，价值2万元。乙公司要求甲公司付款未果，便要求丙公司付款10万元。下列哪些表述是正确的？（2011-54，多选）

A. 如丙公司知情并向乙公司付款10万元，则丙公司只能向甲公司追偿8万元
B. 如丙公司不知情并向乙公司付款10万元，则乙公司会构成不当得利
C. 如甲公司付款债务诉讼时效已过，丙公司仍向乙公司付款8万元，则丙公司不得向甲公司追偿
D. 如丙公司放弃对乙公司享有的先诉抗辩权，仍向乙公司付款8万元，则丙公司不得向甲公司追偿

11. 甲、乙订立一份价款为十万元的图书买卖合同，约定甲先支付书款，乙两个月后交付图书。甲由于资金周转困难只交付五万元，答应余款尽快支付，但乙不同意。两个月后甲要求乙交付图书，遭乙拒绝。对此，下列哪一表述是正确的？（2010-13，单选）

A. 乙对甲享有同时履行抗辩权
B. 乙对甲享有不安抗辩权
C. 乙有权拒绝交付全部图书
D. 乙有权拒绝交付与五万元书款价值相当的部分图书

12. 甲把化妆品店与存货，均转让给了乙。甲的老顾客丙不知情，打电话向甲订货，甲答应送货。甲转告乙为丙送货，乙派人送货到丙处，丙签收货物。月底，乙将账单寄给丙，要求付款，但丙已经将款汇到甲的账户，拒绝再付款。对此，下列说法正确的是：（仿真金题，多选，2020年回忆版）

A. 乙可以向丙主张不当得利
B. 丙可拒绝付款给乙
C. 乙可向甲主张不当得利
D. 丙已经取得货物的所有权

13. 甲向朋友乙借款。第一笔借款 30 万元，2018 年 4 月 1 日到期，年利率为 20%，有足额担保。第二笔借款 30 万元，2018 年 5 月 1 日到期，年利率 6%，没有担保。甲一直未还钱。2018 年 5 月 6 日，甲委托丙代其向乙还第一笔借款，丙随即向乙转账 30 万元，转账时注明偿还第一笔借款。乙不同意，收到后表示这是还的第二笔借款。对于丙偿还的是哪一笔借款甲乙之间发生了争执，若不考虑产生的利息，下列说法正确的是：（仿真金题，多选，2019 年回忆版）

A. 甲乙可以事后协商偿还的是哪一笔借款
B. 若甲乙事后不能达成协议，应认定为偿还的是第一笔
C. 若甲乙事后不能达成协议，应认定为偿还的是第二笔
D. 若甲乙事后不能达成协议，应认定为偿还的是两笔借款各还 15 万元

14. 甲、乙双方约定，由丙每月代乙向甲偿还债务 500 元，期限 2 年。丙履行 5 个月后，以自己并不对甲负有债务为由拒绝继续履行。甲遂向法院起诉，要求乙、丙承担违约责任。法院应如何处理？（2004-12，单选）

A. 判决乙承担违约责任
B. 判决丙承担违约责任
C. 判决乙、丙连带承担违约责任
D. 判决乙、丙分担违约责任

七、合同的保全

1. 甲公司为乙医院提供医疗设备，乙医院欠甲公司设备费用 300 万元未付，已满一年，甲公司发现，丙公司欠乙医院医疗服务费 500 万元，丙公司逾期支付满两年，乙医院一直未催促丙公司履行，现甲公司欲向丙公司行使代位权向法院起诉，下列说法正确的是：（仿真金题，单选，2023 年回忆版）

A. 甲公司对丙公司行使代位权，甲公司对乙医院的诉讼时效中止
B. 甲公司对丙公司行使代位权，乙医院对丙公司的诉讼时效中止
C. 甲公司的代位权以 300 万元为限
D. 甲公司的代位权以 500 万元为限

2. 甲公司欠乙公司和丙公司的债务均无法全部偿还。经查，甲公司名下有一辆汽车和一套房屋。乙公司派公关人员到甲公司，找到甲公司负责人，说干脆就将房屋与汽车都抵押给乙公司，正好还乙公司的债务，不然也是要被丙公司拿去。甲公司同意，并与乙公司签订了抵押合同。后来，甲公司无法清偿债务，乙公司主张实现抵押权。对此，下列说法正确的是：（仿真金题，多选，2020 年回忆版）

A. 甲、乙公司之间的抵押合同因未办理登记而不生效
B. 甲、乙公司之间的抵押合同无效
C. 丙公司可撤销甲、乙公司之间的行为
D. 汽车和房屋的所有权依然属于甲公司

3. 甲欠乙 30 万元到期后，乙多次催要未果。甲与丙结婚数日后即办理离婚手续，在《离婚协议书》中约定将甲婚前的一处住房赠与知悉甲欠乙债务的丙，并办理了所有权变更登记。乙认为甲侵害了自己的权益，聘请律师向法院起诉，请求撤销甲的赠与行为，为此向律师支付代理费 2 万元。下列哪些选项是正确的？（2017-58，多选）

   A. 《离婚协议书》因恶意串通损害第三人利益而无效
   B. 如甲证明自己有稳定工资收入及汽车等财产可供还债，法院应驳回乙的诉讼请求
   C. 如乙仅以甲为被告，法院应追加丙为被告
   D. 如法院认定乙的撤销权成立，应一并支持乙提出的由甲承担律师代理费的请求

4. 乙向甲借款 20 万元，借款到期后，乙的下列哪些行为导致无力偿还甲的借款时，甲可申请法院予以撤销？（2016-58，多选）

   A. 乙将自己所有的财产用于偿还对他人的未到期债务
   B. 乙与其债务人约定放弃对债务人财产的抵押权
   C. 乙在离婚协议中放弃对家庭共有财产的分割
   D. 乙父去世，乙放弃对父亲遗产的继承权

5. 杜某拖欠谢某 100 万元。谢某请求杜某以登记在其名下的房屋抵债时，杜某称其已把房屋作价 90 万元卖给赖某，房屋钥匙已交，但产权尚未过户。该房屋市值为 120 万元。关于谢某权利的保护，下列哪些表述是错误的？（2014-54，多选）

   A. 谢某可请求法院撤销杜某、赖某的买卖合同
   B. 因房屋尚未过户，杜某、赖某买卖合同无效
   C. 如谢某能举证杜某、赖某构成恶意串通，则杜某、赖某买卖合同无效
   D. 因房屋尚未过户，房屋仍属杜某所有，谢某有权直接取得房屋的所有权以实现其债权

6. 甲公司在 2011 年 6 月 1 日欠乙公司货款 500 万元，届期无力清偿。2010 年 12 月 1 日，甲公司向丙公司赠送一套价值 50 万元的机器设备。2011 年 3 月 1 日，甲公司向丁基金会捐赠 50 万元现金。2011 年 12 月 1 日，甲公司向戊希望学校捐赠价值 100 万元的电脑。甲公司的 3 项赠与行为均尚未履行。下列哪一选项是正确的？（2012-15，单选）

   A. 乙公司有权撤销甲公司对丙公司的赠与
   B. 乙公司有权撤销甲公司对丁基金会的捐赠
   C. 乙公司有权撤销甲公司对戊学校的捐赠
   D. 甲公司有权撤销对戊学校的捐赠

7. 甲公司对乙公司享有 5 万元债权，乙公司对丙公司享有 10 万元债权。如甲公司对丙公司提起代位权诉讼，则针对甲公司，丙公司的下列哪些主张具有法律依据？（2012-59，多选）

   A. 有权主张乙公司对甲公司的抗辩
   B. 有权主张丙公司对乙公司的抗辩
   C. 有权主张代位权行使中对甲公司的抗辩
   D. 有权要求法院追加乙公司为共同被告

8. 甲公司与乙公司签订 10 万元建材买卖合同后，乙交付建材，甲公司未付建材款。甲公司将该建材用于丙公司办公楼装修，丙公司需向甲公司支付 15 万元装修款，其中 5 万元已经支付完毕。丙公司给乙公司出具《担保函》："本公司同意以欠甲公司的 10 万元装修款担保甲公司欠乙公司的 10 万元建材款。"乙公司对此并无异议。后，甲公司对乙公司的债务、丙公司对甲公司的债务均届期未偿，且甲公司怠于向丙公司主张债权。下列哪些表述是正确的？（2011-59，多选）

　　A. 乙公司对丙公司享有应收账款质权
　　B. 丙公司应对乙公司承担保证责任
　　C. 乙公司可以对丙公司提起代位权诉讼
　　D. 乙公司可以要求并存债务承担人丙公司清偿债务

9. 甲对乙享有 2006 年 8 月 10 日到期的六万元债权，到期后乙无力清偿。乙对丙享有五万元债权，清偿期已届满七个月，但乙未对丙采取法律措施。乙对丁还享有五万元人身损害赔偿请求权。后乙去世，无其他遗产，遗嘱中将上述十万元的债权赠与戊。对此，下列哪些选项是正确的？（2010-58，多选）

　　A. 甲可向法院请求撤销乙的遗赠
　　B. 在乙去世前，甲可直接向法院请求丙向自己清偿
　　C. 在乙去世前，甲可直接向法院请求丁向自己清偿
　　D. 如甲行使代位权胜诉，行使代位权的诉讼费用和其他费用都应该从乙财产中支付

10. 甲公司欠乙公司货款 20 万元已有 10 个月，其资产已不足偿债。乙公司在追债过程中发现，甲公司在一年半之前作为保证人向某银行清偿了丙公司的贷款后一直没有向其追偿，同时还将自己对丁公司享有的 30% 的股权无偿转让给了丙公司。下列哪些选项是错误的？（2007-54，多选）

　　A. 乙公司可以对丙公司行使代位权
　　B. 若乙公司对丙公司提起代位权诉讼，法院应当追加甲公司为第三人
　　C. 乙公司可以请求法院确认甲、丙之间无偿转让股权的合同无效
　　D. 乙公司有权请求法院撤销甲、丙之间无偿转让股权的合同

11. 甲企业借给乙企业 20 万元，期满未还。丙欠乙 20 万元货款也已到期，乙曾向丙发出催收通知书。乙、丙之间的供货合同约定，若因合同履行发生争议，由 Y 仲裁委员会仲裁。下列哪些选项是错误的？（2006-54，多选）

　　A. 甲对乙的 20 万元债权不合法，故甲不能行使债权人代位权
　　B. 乙曾向丙发出债务催收通知书，故甲不能行使债权人代位权
　　C. 甲应以乙为被告、丙为第三人提起代位权诉讼
　　D. 乙、丙约定的仲裁条款不影响甲对丙提起代位权诉讼

12. 周某与林某协议离婚时约定，孩子归女方林某抚养，周某每年给付 1000 元抚养费。离婚后，因林某将孩子由姓周改姓林，周某就停止给付抚养费。因这一年年景不好，周某就将卖粮仅得的 1000 元捐献给了希望工程，自己出去打工了。林某能请求法院撤销该赠与吗？

（2003-7，单选）

A. 不能，因为赠与物已经交付
B. 不能，因为是公益性捐赠
C. 不能，因为周某处分的是自己的合法财产
D. 能，因为周某逃避法定义务进行赠与

八、合同的变更与转让

1. 甲经乙公司股东丙介绍购买乙公司矿粉，甲依约预付了100万元货款，乙公司仅交付部分矿粉，经结算欠甲50万元货款。乙公司与丙商议，由乙公司和丙以欠款人的身份向甲出具欠条。其后，乙公司未按期支付。关于丙在欠条上签名的行为，下列哪一选项是正确的？（2017-9，单选）

A. 构成第三人代为清偿
B. 构成免责的债务承担
C. 构成并存的债务承担
D. 构成无因管理

2. 甲、乙两公司签订协议，约定甲公司向乙公司采购面包券。双方交割完毕，面包券上载明"不记名、不挂失、凭券提货"。甲公司将面包券转让给张某，后张某因未付款等原因被判处合同诈骗罪。面包券全部流入市场。关于协议和面包券的法律性质，下列哪一表述是正确的？（2015-12，单选）

A. 面包券是一种物权凭证
B. 甲公司有权解除与乙公司的协议
C. 如甲公司通知乙公司停止兑付面包券，乙公司应停止兑付
D. 如某顾客以合理价格从张某处受让面包券，该顾客有权请求乙公司兑付

3. 甲公司通知乙公司将其对乙公司的10万元债权出质给了丙银行，担保其9万元贷款。出质前，乙公司对甲公司享有2万元到期债权。如乙公司提出抗辩，关于丙银行可向乙公司行使质权的最大数额，下列哪一选项是正确的？（2014-7，单选）

A. 10万元
B. 9万元
C. 8万元
D. 7万元

4. 债的法定移转指依法使债权债务由原债权债务人转移给新的债权债务人。下列哪些选项属于债的法定移转的情形？（2013-59，多选）

A. 保险人对第三人的代位求偿权
B. 企业发生合并或者分立时对原债权债务的承担
C. 继承人在继承遗产范围内对被继承人生前债务的清偿
D. 根据买卖不破租赁规则，租赁物的受让人对原租赁合同的承受

5. 甲公司与乙银行签订借款合同，约定借款期限自2010年3月25日起至2011年3月24日止。乙银行未向甲公司主张过债权，直至2014年4月15日，乙银行将该笔债权转让给丙公司并通知了甲公司。2014年5月16日，丁公司通过公开竞拍购买并接管了甲公司。下

列哪一选项是正确的？（2013-5，单选，据新法改编）

  A. 因乙银行转让债权通知了甲公司，故甲公司不得对丙公司主张诉讼时效的抗辩

  B. 甲公司债务的诉讼时效从 2014 年 4 月 15 日起中断

  C. 丁公司债务的诉讼时效从 2014 年 5 月 16 日起中断

  D. 丁公司有权向丙公司主张诉讼时效的抗辩

6. 材料①：2012 年 2 月，甲公司与其全资子公司乙公司签订了《协议一》，约定甲公司将其建设用地使用权用于抵偿其欠乙公司的 2000 万元债务，并约定了仲裁条款。但甲公司未依约将该用地使用权过户到乙公司名下，而是将之抵押给不知情的银行以获贷款，办理了抵押登记。

材料②：同年 4 月，甲公司、丙公司与丁公司签订了《协议二》，约定甲公司欠丁公司的 5000 万元债务由丙公司承担，且甲公司法定代表人张某为该笔债务提供保证，但未约定保证方式和期间。曾为该 5000 万元负债提供房产抵押担保的李某对《协议二》并不知情。同年 5 月，丁公司债权到期。

材料③：同年 6 月，丙公司丧失偿债能力。丁公司查知乙公司作为丙公司的股东（非发起人），对丙公司出资不实，尚有 3000 万元未注入丙公司。同年 8 月，乙公司既不承担出资不实的赔偿责任，又怠于向甲公司主张权利。

材料④：同年 10 月，甲公司股东戊公司与己公司签订了《协议三》，约定戊公司将其对甲公司享有的 60%股权低价转让给己公司，戊公司承担甲公司此前的所有负债。

请回答第（1）~（6）题。（2013-86~91，不定项）

（1）根据材料①，关于甲公司、乙公司与银行的法律关系，下列表述正确的是：

  A. 甲公司欠乙公司 2000 万元债务没有消灭

  B. 甲公司抵押建设用地使用权的行为属于无权处分

  C. 银行因善意取得而享有抵押权

  D. 甲公司用建设用地使用权抵偿债务的行为属于代为清偿

（2）根据材料②，如丁公司主张债权，下列表述正确的是：

  A. 丁公司有权向张某主张

  B. 丁公司有权向李某主张

  C. 丁公司有权向甲公司主张

  D. 丁公司有权向丙公司主张

（3）关于《协议二》中张某的保证期间和保证债务诉讼时效，下列表述正确的是：

  A. 保证期间为 2012 年 5 月起 6 个月

  B. 保证期间为 2012 年 5 月起 2 年

  C. 保证债务诉讼时效从 2012 年 5 月起算

  D. 保证债务诉讼时效从 2012 年 11 月起算

（4）根据材料②和材料③，关于乙公司、丙公司与丁公司的法律关系，下列表述正确的是：

  A. 乙公司应对丙公司对丁公司的债务承担无限责任

B. 乙公司应对丙公司对丁公司的债务承担连带责任

C. 乙公司应对丙公司对丁公司的债务承担全部责任

D. 乙公司应对丙公司对丁公司的债务在未出资本息范围内承担补充责任

（5）根据材料①、材料②和材料③，如丁公司向甲公司提起3000万元代位权诉讼，甲公司认为丁公司不能提起代位权之诉的下列抗辩理由中不能成立的是：

A. 甲公司对乙公司的债务是过户建设用地使用权，而非金钱债务

B. 《协议一》有仲裁条款

C. 乙公司多次发函给甲公司要求清偿债务

D. 《协议一》的2000万元数额低于乙公司出资不实的3000万元

（6）根据材料④，关于《协议三》中债务承担的法律效力，下列表述正确的是：

A. 如未通知甲公司债权人，对甲公司债权人不发生效力

B. 如未经甲公司债权人同意，对甲公司债权人不发生效力

C. 因戊公司、己公司恶意串通而无效

D. 对戊公司、己公司有效

7. 甲将其对乙享有的10万元货款债权转让给丙，丙再转让给丁，乙均不知情。乙将债务转让给戊，得到了甲的同意。丁要求乙履行债务，乙以其不知情为由抗辩。下列哪一表述是正确的？（2012-13，单选）

A. 甲将债权转让给丙的行为无效

B. 丙将债权转让给丁的行为无效

C. 乙将债务转让给戊的行为无效

D. 如乙清偿10万元债务，则享有对戊的求偿权

8. 甲公司对乙公司享有10万元债权，乙公司对丙公司享有20万元债权。甲公司将其债权转让给丁公司并通知了乙公司，丙公司未经乙公司同意，将其债务转移给戊公司。如丁公司对戊公司提起代位权诉讼，戊公司下列哪一抗辩理由能够成立？（2011-12，单选）

A. 甲公司转让债权未获乙公司同意

B. 丙公司转移债务未经乙公司同意

C. 乙公司已经要求戊公司偿还债务

D. 乙公司、丙公司之间的债务纠纷有仲裁条款约束

9. 甲向乙借款300万元于2008年12月30日到期，丁提供保证担保，丁仅对乙承担保证责任。后乙从甲处购买价值50万元的货物，双方约定2009年1月1日付款。2008年10月1日，乙将债权让与丙，并于同月15日通知甲，但未告知丁。对此，下列哪些选项是正确的？（2010-57，多选）

A. 2008年10月1日债权让与在乙丙之间生效

B. 2008年10月15日债权让与对甲生效

C. 2008年10月15日甲可向丙主张抵销50万元

D. 2008年10月15日后丁的保证债务继续有效

10. 乙公司欠甲公司 30 万元，于 2000 年 10 月 1 日到期。同时甲公司须在 2000 年 9 月 20 日清偿对乙公司的 20 万元货款。甲公司在同年 9 月 18 日与丙公司签订书面协议，转让其对乙公司的 30 万元债权。同年 9 月 24 日，乙公司接到甲公司关于转让债权的通知后，便主张 20 万元的抵销权。下列说法哪些是正确的？（2004-55，多选）

  A. 甲公司与丙公司之间的债权转让合同于 9 月 24 日生效
  B. 乙公司接到债权转让通知后，即负有向丙公司清偿 30 万元的义务
  C. 乙公司于 9 月 24 日取得可向丙主张 20 万元的抵销权
  D. 丙公司可以就 30 万元债务的清偿，要求甲公司和乙公司承担连带责任

九、合同的消灭

1. 甲乙公司签订了买卖合同，约定甲公司向乙公司采购设备 10 台，先交货后付款。交货后，甲公司没有如约付款。2023 年 8 月，乙公司以甲公司为被告向法院提起诉讼，要求解除与甲公司的合同，并要求甲公司承担相应的责任。法院受理后向甲公司送达了起诉状副本，甲公司应诉答辩，表示反对解除合同。审理过程中，乙公司发现甲公司财产不足，胜诉也并没有实质意义，于是申请撤诉，法院裁定准许。对此，下列说法正确的是：（仿真金题，多选，2023 年回忆版）

  A. 甲乙公司之间的合同已经解除，因为起诉状副本已经送达了甲公司
  B. 乙公司享有解除权
  C. 因为甲公司在答辩中拒绝，故乙公司解除合同不发生效力
  D. 乙公司可再次提起诉讼主张解除合同

2. 甲将有证房和无证房各一套以总共 500 万元的价格出卖给乙，约定若甲未按期交房或办理过户登记，按房价 5% 支付违约金。乙一次性向甲付清 500 万元房款后，甲的房屋被政府征收，对于有证房甲获得 200 万元拆迁补偿款，对于无证房甲获得 100 万元拆迁补偿款。甲因此未按约向乙交付房屋，亦未按约给乙办理过户登记，乙因此诉至法院。乙的下列诉讼请求，能够得到法院支持的是：（仿真金题，多选，2023 年回忆版）

  A. 主张解除与甲的房屋买卖合同
  B. 请求甲按约支付违约金
  C. 请求甲返还已支付的 500 万元房款
  D. 请求法院判决 300 万元拆迁补偿款归乙所有

3. 甲房产开发公司在交给购房人张某的某小区平面图和项目说明书中都标明有一个健身馆。张某看中小区健身方便，决定购买一套商品房并与甲公司签订了购房合同。张某收房时发现小区没有健身馆。下列哪些表述是正确的？（2014-51，多选）

  A. 甲公司不守诚信，构成根本违约，张某有权退房
  B. 甲公司构成欺诈，张某有权请求甲公司承担缔约过失责任
  C. 甲公司恶意误导，张某有权请求甲公司双倍返还购房款
  D. 张某不能滥用权利，在退房和要求甲公司承担违约责任之间只能选择一种

4. 乙在甲提存机构办好提存手续并通知债权人丙后,将2台专业相机、2台天文望远镜交甲提存。后乙另行向丙履行了提存之债,要求取回提存物。但甲机构工作人员在检修自来水管道时因操作不当引起大水,致乙交存的物品严重毁损。下列哪一选项是错误的?(2012-14,单选)

　　A. 甲机构构成违约行为　　　　B. 甲机构应承担赔偿责任
　　C. 乙有权主张赔偿财产损失　　D. 丙有权主张赔偿财产损失

5. 甲公司与乙公司签订并购协议:"甲公司以1亿元收购乙公司在丙公司中51%的股权。若股权过户后,甲公司未支付收购款,则乙公司有权解除并购协议。"后乙公司依约履行,甲公司却分文未付。乙公司向甲公司发送一份经过公证的《通知》:"鉴于你公司严重违约,建议双方终止协议,贵方向我方支付违约金;或者由贵方提出解决方案。"3日后,乙公司又向甲公司发送《通报》:"鉴于你公司严重违约,我方现终止协议,要求你方依约支付违约金。"下列哪一选项是正确的?(2011-13,单选)

　　A.《通知》送达后,并购协议解除
　　B.《通报》送达后,并购协议解除
　　C. 甲公司对乙公司解除并购协议的权利不得提出异议
　　D. 乙公司不能既要求终止协议,又要求甲公司支付违约金

6. 某热电厂从某煤矿购煤200吨,约定交货期限为2007年9月30日,付款期限为2007年10月31日。9月底,煤矿交付200吨煤,热电厂经检验发现煤的含硫量远远超过约定标准,根据政府规定不能在该厂区燃烧。基于上述情况,热电厂的哪些主张有法律依据?(2008-57,多选)

　　A. 行使顺序履行抗辩权　　　　B. 要求煤矿承担违约责任
　　C. 行使不安抗辩权　　　　　　D. 解除合同

7. 甲乙之间有借贷关系,后二人结婚,此时,甲乙之间的债权债务关系可因下列哪种事由而消灭?(2008-四川-8,单选)

　　A. 混同　　　　　　　　　　　B. 混合
　　C. 结婚　　　　　　　　　　　D. 免除

8. 甲于2月3日向乙借用一台彩电,乙于2月6日向甲借用了一部手机。到期后,甲未向乙归还彩电,乙因此也拒绝向甲归还手机。关于乙的行为,下列哪些说法是错误的?(2005-55,单选)

　　A. 是行使同时履行抗辩权　　　B. 是行使不安抗辩权
　　C. 是行使留置权　　　　　　　D. 是行使抵销权

十、违约责任

1. 房东张某将房屋出租给某音乐学院的研究生李某,约定:"李某每晚辅导张某儿子钢

琴1小时，用课酬3000元抵房租。"如此履行了几个月后，李某将房屋上锁，1个月未回，张某只好另请音乐学院本科生秦某辅导儿子钢琴课1个月，按市价支付课酬2000元。1个月后李某归来，告诉张某自己随导师去国外演出了1个月。张某欲请求李某承担违约损害赔偿责任。除张某实际支出的2000元费用外，关于李某还应向张某赔偿的数额，下列表述正确的是：（仿真金题，单选，2023年回忆版）

A. 李某课酬与秦某课酬的差价1000元

B. 张某支付给秦某的课酬2000元

C. 当地研究生的平均课酬3000元

D. 该房屋在当地的正常房租价格4000元

2. 甲公司将其开发的商业大楼"时代广场"的一楼和二楼设计成数百个非独立商铺。甲公司自己保留了大部分商铺，将另外的150个商铺分别出卖给150名业主，其中一个商铺出卖给乙。按照商铺出让合同的约定，一楼和二楼的商铺由甲公司统一规划、设计、装修后，命名为"时代购物中心"，由甲公司与全体业主共同经营。开业不到一年，因生意冷清，被迫歇业。部分购买商铺的业主要求退还商铺。甲公司拟对一、二楼的商场重新规划布局后独立经营，为此陆续与149名业主协议解除了商铺买卖合同，并依照新的方案开始施工。因甲公司不同意乙提出的高额赔偿请求，乙不同意协议解除商铺买卖合同，并坚持请求甲公司履行商铺买卖合同，并拒绝甲公司以其他方式承担违约责任，导致甲公司不能继续施工，6万平方米的商铺闲置。甲公司找乙协商数次无果后，欲向法院起诉。对此，下列表述正确的是：（仿真金题，多选，2023年回忆版）

A. 若乙诉请甲公司履行商铺买卖合同，法院应当驳回其诉讼请求

B. 本案中，甲公司不享有解除权

C. 若甲公司诉请法院判决解除与乙的商铺买卖合同，法院可判决解除

D. 乙拒绝解除合同，有违诚信原则

3. 甲（男）和乙（女）结婚，请喜福公司做婚庆摄影，约定价格20000元，交定金1000元。在婚礼过程中，甲、乙要求喜福公司增加了一名摄影师摄影，价格相应增加了10000元。后来喜福公司不慎将存有甲的婚礼影像的摄像机丢失，甲因此而抑郁，给乙也造成沉重打击。下列说法正确的是：（仿真金题，多选，2021年回忆版）

A. 甲可请求精神损害赔偿

B. 甲可请求侵权损害赔偿

C. 甲、乙不可同时请求定金双倍返还和精神损害赔偿

D. 甲、乙在婚礼过程中增加的服务不在合同的约定之内

4. 宠物狗主人张某与甲公司订立了宠物托运合同，甲公司又与乙快递公司订立了运输合同，乙公司的员工李某为了节省成本擅自改变了运输方式导致宠物狗死亡，张某因过于伤心致心脏病复发住院两个星期。关于张某可采取的救济方式，下列哪些说法是正确的？（仿真金题，多选，2021年回忆版）

A. 要求甲公司承担违约责任

B. 要求乙公司承担违约责任

C. 向李某主张赔偿

D. 请求违约赔偿，也可同时主张精神损害赔偿

5. 某超市经常向郊区农场收购散养的老母鸡，价格每只100元，然后以250元每只向外销售，形成了稳定交易习惯。某日，超市与农民甲签订了每月供应老母鸡20只的合同，甲对于价格没有异议。结果第二个月，超市只从甲处购得10只老母鸡。对于甲不能供应另外10只老母鸡，超市可以主张的赔偿数额是：（仿真金题，单选，2020年回忆版）

  A. 生产利润1500元   B. 转售利润1500元

  C. 采购价格100元   D. 零售价格2500元

6. 甲、乙两公司约定：甲公司向乙公司支付5万元研发费用，乙公司完成某专用设备的研发生产后双方订立买卖合同，将该设备出售给甲公司，价格暂定为100万元，具体条款另行商定。乙公司完成研发生产后，却将该设备以120万元卖给丙公司，甲公司得知后提出异议。下列哪一选项是正确的？（2017-13，单选）

  A. 甲、乙两公司之间的协议系承揽合同

  B. 甲、乙两公司之间的协议系附条件的买卖合同

  C. 乙、丙两公司之间的买卖合同无效

  D. 甲公司可请求乙公司承担违约责任

7. 清风艺术馆将其收藏的一批古代名家绘画扫描成高仿品，举办了"古代名画精品展"，并在入场券上以醒目方式提示"不得拍照、摄影"。唐某购票观展时乘人不备拍摄了展品，郑某则购买了该批绘画的纸质高仿版，扫描后将其中"清风艺术馆珍藏、复制必究"的标记清除。事后，唐某、郑某均在某电商网站出售各自制作的该批绘画的高仿品，也均未注明来源于艺术馆。艺术馆发现后，向电商发出通知，要求立即将两人销售的高仿品下架。对此，下列哪一说法是正确的？（2016-11，单选）

  A. 唐某、郑某侵犯了艺术馆的署名权

  B. 郑某实施了删除权利管理信息的违法行为

  C. 唐某未经许可拍摄的行为构成违约

  D. 电商网站收到通知后如不采取措施阻止唐某、郑某销售该高仿品，应向艺术馆承担赔偿责任

8. 赵某从商店购买了一台甲公司生产的家用洗衣机，洗涤衣物时，该洗衣机因技术缺陷发生爆裂，叶轮飞出造成赵某严重人身损害并毁坏衣物。赵某的下列哪些诉求是正确的？（2015-58，多选）

  A. 商店应承担更换洗衣机或退货、赔偿衣物损失和赔偿人身损害的违约责任

  B. 商店应按违约责任更换洗衣机或者退货，也可请求甲公司按侵权责任赔偿衣物损失和人身损害

  C. 商店或者甲公司应赔偿因洗衣机缺陷造成的损害

  D. 商店或者甲公司应赔偿物质损害和精神损害

9. 甲公司、乙公司签订的《合作开发协议》约定，合作开发的 A 区房屋归甲公司、B 区房屋归乙公司。乙公司与丙公司签订《委托书》，委托丙公司对外销售房屋。《委托书》中委托人签字盖章处有乙公司盖章和法定代表人王某签字，王某同时也是甲公司法定代表人。张某查看《合作开发协议》和《委托书》后，与丙公司签订《房屋预订合同》，约定："张某向丙公司预付房款 30 万元，购买 A 区房屋一套。待取得房屋预售许可证后，双方签订正式合同。"丙公司将房款用于项目投资，全部亏损。后王某向张某出具《承诺函》：如张某不闹事，将协调甲公司卖房给张某。但甲公司取得房屋预售许可后，将 A 区房屋全部卖与他人。张某要求甲公司、乙公司和丙公司退回房款。张某与李某签订《债权转让协议》，将该债权转让给李某，通知了甲、乙、丙三公司。因李某未按时支付债权转让款，张某又将债权转让给方某，也通知了甲、乙、丙三公司。

请回答第（1）~（3）题。（2015-86~88，不定项）

(1) 关于《委托书》和《承诺函》，下列说法正确的是：
A. 乙公司是委托人
B. 乙公司和王某是共同委托人
C. 甲公司、乙公司和王某是共同委托人
D. 《承诺函》不产生法律行为上的效果

(2) 关于《房屋预订合同》，下列说法正确的是：
A. 无效
B. 对于甲公司而言，丙公司构成无权处分
C. 对于乙公司而言，丙公司构成有效代理
D. 对于张某而言，丙公司构成表见代理

(3) 关于 30 万元预付房款，下列表述正确的是：
A. 由丙公司退给李某
B. 由乙公司和丙公司退给李某
C. 由丙公司退给方某
D. 由乙公司和丙公司退给方某

10. 张某与李某共有一台机器，各占 50% 份额。双方共同将机器转卖获得 10 万元，约定张某和李某分别享有 6 万元和 4 万元。同时约定该 10 万元暂存李某账户，由其在 3 个月后返还给张某 6 万元。后该账户全部款项均被李某债权人王某申请法院查封并执行，致李某不能按期返还张某款项。下列哪一表述是正确的？（2014-6，单选）
A. 李某构成违约，张某可请求李某返还 5 万元
B. 李某构成违约，张某可请求李某返还 6 万元
C. 李某构成侵权，张某可请求李某返还 5 万元
D. 李某构成侵权，张某可请求李某返还 6 万元

11. 方某为送汤某生日礼物，特向余某定做一件玉器。订货单上，方某指示余某将玉器交给汤某，并将订货情况告知汤某。玉器制好后，余某委托朱某将玉器交给汤某，朱某不慎将玉器碰坏。下列哪一表述是正确的？（2014-11，单选）
A. 汤某有权要求余某承担违约责任

B. 汤某有权要求朱某承担侵权责任
C. 方某有权要求朱某承担侵权责任
D. 方某有权要求余某承担违约责任

12. 张某、方某共同出资，分别设立甲公司和丙公司。2013年3月1日，甲公司与乙公司签订了开发某房地产项目的《合作协议一》，约定如下："甲公司将丙公司10%的股权转让给乙公司，乙公司在协议签订之日起三日内向甲公司支付首付款4000万元，尾款1000万元在次年3月1日之前付清。首付款用于支付丙公司从某国土部门购买A地块土地使用权。如协议签订之日起三个月内丙公司未能获得A地块土地使用权致双方合作失败，乙公司有权终止协议。"

《合作协议一》签订后，乙公司经甲公司指示向张某、方某支付了4000万元首付款。张某、方某配合甲公司将丙公司的10%的股权过户给了乙公司。

2013年5月1日，因张某、方某未将前述4000万元支付给丙公司致其未能向某国土部门及时付款，A地块土地使用权被收回挂牌卖掉。

2013年6月4日，乙公司向甲公司发函："鉴于土地使用权已被国土部门收回，故我公司终止协议，请贵公司返还4000万元。"甲公司当即回函："我公司已把股权过户到贵公司名下，贵公司无权终止协议，请贵公司依约支付1000万元尾款。"

2013年6月8日，张某、方某与乙公司签订了《合作协议二》，对继续合作开发房地产项目做了新的安排，并约定："本协议签订之日，《合作协议一》自动作废。"丁公司经甲公司指示，向乙公司送达了《承诺函》："本公司代替甲公司承担4000万元的返还义务。"乙公司对此未置可否。

请回答第（1）~（6）题。（2014-86~91，不定项）
（1）关于《合作协议一》，下列表述正确的是：
A. 是无名合同　　　　　　　　B. 对股权转让的约定构成无权处分
C. 效力待定　　　　　　　　　D. 有效

（2）关于2013年6月4日乙公司向甲公司发函，下列表述正确的是：
A. 行使的是约定解除权　　　　B. 行使的是法定解除权
C. 有权要求返还4000万元　　　D. 无权要求返还4000万元

（3）关于2013年5月1日张某、方某未将4000万元支付给丙公司，应承担的责任，下列表述错误的是：
A. 向乙公司承担违约责任
B. 与甲公司一起向乙公司承担连带责任
C. 向丙公司承担违约责任
D. 向某国土部门承担违约责任

（4）关于甲公司的回函，下列表述正确的是：
A. 甲公司对乙公司解除合同提出了异议
B. 甲公司对乙公司提出的异议理由成立
C. 乙公司不向甲公司支付尾款构成违约

D. 乙公司可向甲公司主张不安抗辩权拒不向甲公司支付尾款

（5）关于张某、方某与乙公司签订的《合作协议二》，下列表述正确的是：

A. 有效

B. 无效

C. 可变更

D. 《合作协议一》被《合作协议二》取代

（6）关于丁公司的《承诺函》，下列表述正确的是：

A. 构成单方允诺　　　　　　　　B. 构成保证

C. 构成并存的债务承担　　　　　D. 构成免责的债务承担

13. 甲乙签订一份买卖合同，约定违约方应向对方支付18万元违约金。后甲违约，给乙造成损失15万元。下列哪一表述是正确的？（2013-14，单选）

A. 甲应向乙支付违约金18万元，不再支付其他费用或者赔偿损失

B. 甲应向乙赔偿损失15万元，不再支付其他费用或者赔偿损失

C. 甲应向乙赔偿损失15万元并支付违约金18万元，共计33万元

D. 甲应向乙赔偿损失15万元及其利息

14. 甲公司与乙公司约定，由甲公司向乙公司交付1吨药材，乙公司付款100万元。乙公司将药材转卖给丙公司，并约定由甲公司向丙公司交付，丙公司收货后3日内应向乙支付价款120万元。

张某以自有汽车为乙公司的债权提供抵押担保，未办理抵押登记。抵押合同约定："在丙公司不付款时，乙公司有权就出卖该汽车的价款清偿自己的债权。"李某为这笔货款出具担保函："在丙公司不付款时，由李某承担保证责任。"丙公司收到药材后未依约向乙公司支付120万元，乙公司向张某主张实现抵押权，同时要求李某承担保证责任。

张某见状，便将其汽车赠与刘某。刘某将该汽车作为出资，与钱某设立丁酒店有限责任公司，并办理完出资手续。

丁公司员工方某驾驶该车接送酒店客人时，为躲避一辆逆行摩托车，将行人赵某撞伤。方某自行决定以丁公司名义将该车放在戊公司维修，为获得维修费的八折优惠，方某以其名义在与戊公司相关的庚公司为该车购买一套全新坐垫。汽车修好后，方某将车取走交丁公司投入运营。戊公司要求丁公司支付维修费，否则对汽车行使留置权，丁公司回函请宽限一周。庚公司要求丁公司支付坐垫费，丁公司拒绝。

请回答第（1）～（6）题。（2011-86~91，不定项）

（1）关于乙公司与丙公司签订合同的效力，下列表述正确的是：

A. 效力待定

B. 为甲公司设定义务的约定无效

C. 有效

D. 无效

（2）关于乙公司要求担保人承担责任，下列表述正确的是：

A. 乙公司不得向丙公司和李某一并提起诉讼
B. 李某对乙公司享有先诉抗辩权
C. 乙公司应先向张某主张实现抵押权
D. 乙公司可以选择向张某主张实现抵押权或者向李某主张保证责任

（3）在刘某办理出资手续后，关于汽车所有权人，下列选项正确的是：
A. 乙公司　　　　　　　　　　B. 张某
C. 刘某　　　　　　　　　　　D. 丁公司

（4）关于对赵某的损害应承担侵权责任的主体，下列选项正确的是：
A. 方某　　　　　　　　　　　B. 钱某和刘某
C. 丁公司　　　　　　　　　　D. 摩托车主

（5）关于汽车维修合同，下列表述正确的是：
A. 方某构成无因管理　　　　　B. 方某构成无权代理
C. 方某构成无权处分　　　　　D. 方某构成表见代理

（6）关于坐垫费和维修费，下列表述正确的是：
A. 方某应向庚公司支付坐垫费
B. 丁公司应向庚公司支付坐垫费
C. 丁公司应向戊公司支付维修费
D. 戊公司有权将汽车留置

15. 甲公司与乙公司签订了一份手机买卖合同，约定：甲公司供给乙公司某型号手机1000部，每部单价1000元，乙公司支付定金30万元，任何一方违约应向对方支付合同总价款30%的违约金。合同签订后，乙公司向甲公司支付了30万元定金，并将该批手机转售给丙公司，每部单价1100元，指明由甲公司直接交付给丙公司。但甲公司未按约定期间交货。
请回答第（1）～（3）题。（2010-91~93，不定项）

（1）关于返还定金和支付违约金，乙公司向甲公司提出请求，下列表述正确的是：
A. 请求甲公司双倍返还定金60万元并支付违约金30万元
B. 请求甲公司双倍返还定金40万元并支付违约金30万元
C. 请求甲公司双倍返还定金60万元或者支付违约金30万元
D. 请求甲公司双倍返还定金40万元或者支付违约金30万元

（2）关于甲公司违约时继续履行债务，下列表述错误的是：
A. 乙公司在请求甲公司支付违约金以后，就不能请求其继续履行债务
B. 乙公司在请求甲公司支付违约金的同时，还可请求其继续履行债务
C. 乙公司在请求甲公司继续履行债务以后，就不能请求其支付违约金
D. 乙公司可选择请求甲公司支付违约金，或请求其继续履行债务

（3）关于甲、乙、丙公司间违约责任的承担，下列表述正确的是：
A. 如乙公司未向丙公司承担违约责任，则丙公司有权请求甲公司向自己承担违约责任
B. 如乙公司未向丙公司承担违约责任，则丙公司无权请求甲公司向自己承担违约责任

C. 如甲公司迟延向丙公司交货，则丙公司有权请求乙公司承担迟延交货的违约责任
D. 如甲公司迟延向丙公司交货，则丙公司无权请求乙公司承担迟延交货的违约责任

16. 甲公司与乙公司签订服装加工合同，约定乙公司支付预付款一万元，甲公司加工服装1000套，3月10日交货，乙公司3月15日支付余款九万元。3月10日，甲公司仅加工服装900套，乙公司此时因濒临破产致函甲公司表示无力履行合同。下列哪一说法是正确的？（2009-10，单选）

A. 因乙公司已支付预付款，甲公司无权中止履行合同
B. 乙公司有权以甲公司仅交付900套服装为由，拒绝支付任何货款
C. 甲公司有权以乙公司已不可能履行合同为由，请求乙公司承担违约责任
D. 因乙公司丧失履行能力，甲公司可行使顺序履行抗辩权

十一、买卖合同

1. 甲公司向乙公司购买一批货物，约定6月30日交货，甲公司支付货款500万元。同时还约定，任何一方履行迟延，需要向对方支付10万元的违约金，货物由乙公司负责办理托运。后乙公司未能在6月30日交货，甲公司也未支付货款。7月30日，乙公司将该批货物交给承运人丙公司承运，运输途中，遭遇了山体滑坡，货物全部损毁。对此，下列说法正确的是：（仿真金题，多选，2022年回忆版）

A. 乙公司有权要求甲公司支付10万元迟延履行的违约金
B. 乙公司没有如约交货，故甲公司不需要承担迟延履行的违约责任
C. 货交承运人丙公司之后，视为交付完成，对于货物损毁甲公司无权请求乙公司承担赔偿责任
D. 承运人丙公司不得收取运费，已经收取的，应当退还

2. 2016年8月8日，玄武公司向朱雀公司订购了一辆小型客用汽车。2016年8月28日，玄武公司按照当地政策取得本市小客车更新指标，有效期至2017年2月28日。2016年底，朱雀公司依约向玄武公司交付了该小客车，但未同时交付机动车销售统一发票、合格证等有关单证资料，致使玄武公司无法办理车辆所有权登记和牌照。关于上述购车行为，下列哪些说法是正确的？（2017-57，多选）

A. 玄武公司已取得该小客车的所有权
B. 玄武公司有权要求朱雀公司交付有关单证资料
C. 如朱雀公司一直拒绝交付有关单证资料，玄武公司可主张购车合同解除
D. 朱雀公司未交付有关单证资料，属于从给付义务的违反，玄武公司可主张违约责任，但不得主张合同解除

3. 冯某与丹桂公司订立商品房买卖合同，购买了该公司开发的住宅楼中的一套住房。合同订立后，冯某发现该房屋存在问题，要求解除合同。就冯某提出的解除合同的理由，下列哪些选项是正确的？（2017-59，多选）

A. 房屋套内建筑面积与合同约定面积误差比绝对值超过5%的
B. 商品房买卖合同订立后，丹桂公司未告知冯某又将该住宅楼整体抵押给第三人的
C. 房屋交付使用后，房屋主体结构质量经核验确属不合格的
D. 房屋存在质量问题，在保修期内丹桂公司拒绝修复的

4. 甲为出售一台挖掘机分别与乙、丙、丁、戊签订买卖合同，具体情形如下：2016年3月1日，甲胁迫乙订立合同，约定货到付款；4月1日，甲与丙签订合同，丙支付20%的货款；5月1日，甲与丁签订合同，丁支付全部货款；6月1日，甲与戊签订合同，甲将挖掘机交付给戊。上述买受人均要求实际履行合同，就履行顺序产生争议。关于履行顺序，下列哪一选项是正确的？（2016-12，单选）

A. 戊、丙、丁、乙
B. 戊、丁、丙、乙
C. 乙、丁、丙、戊
D. 丁、戊、乙、丙

5. 2013年甲购买乙公司开发的商品房一套，合同约定面积为135平米。2015年交房时，住建部门的测绘报告显示，该房的实际面积为150平米。对此，下列哪一说法是正确的？（2016-13，单选）

A. 房屋买卖合同存在重大误解，乙公司有权请求予以撤销
B. 甲如在法定期限内起诉请求解除房屋买卖合同，法院应予支持
C. 如双方同意房屋买卖合同继续履行，甲应按实际面积支付房款
D. 如双方同意房屋买卖合同继续履行，甲仍按约定面积支付房款

6. 甲公司借用乙公司的一套设备，在使用过程中不慎损坏一关键部件，于是甲公司提出买下该套设备，乙公司同意出售。双方还口头约定在甲公司支付价款前，乙公司保留该套设备的所有权。不料在支付价款前，甲公司生产车间失火，造成包括该套设备在内的车间所有财物被烧毁。对此，下列哪些选项是正确的？（2016-57，多选）

A. 乙公司已经履行了交付义务，风险责任应由甲公司负担
B. 在设备被烧毁时，所有权属于乙公司，风险责任应由乙公司承担
C. 设备虽然已经被烧毁，但甲公司仍然需要支付原定价款
D. 双方关于该套设备所有权保留的约定应采用书面形式

7. 周某以6000元的价格向吴某出售一台电脑，双方约定五个月内付清货款，每月支付1200元，在全部价款付清前电脑所有权不转移。合同生效后，周某将电脑交给吴某使用。期间，电脑出现故障，吴某将电脑交周某修理，但周某修好后以6200元的价格将该电脑出售并交付给不知情的王某。对此，下列哪些说法是正确的？（2016-61，多选，根据《民法典》改编）

A. 王某可以取得该电脑所有权
B. 在吴某无力支付最后一个月的价款时，经催告后，吴某在合理期限内不履行的，周某可行使取回权
C. 如吴某未支付到期货款达1800元，经催告后在合理期限内不履行的，周某可要求其一次性支付剩余货款

D. 如吴某未支付到期货款达 1800 元，经催告后在合理期限内不履行的，周某可要求解除合同，并要求吴某支付一定的电脑使用费

8. 甲有件玉器，欲转让，与乙签订合同，约好 10 日后交货付款；第二天，丙见该玉器，愿以更高的价格购买，甲遂与丙签订合同，丙当即支付了 80% 的价款，约好 3 天后交货；第三天，甲又与丁订立合同，将该玉器卖给丁，并当场交付，但丁仅支付了 30% 的价款。后乙、丙均要求甲履行合同，诉至法院。下列哪一表述是正确的？（2013-11，单选）

A. 应认定丁取得了玉器的所有权
B. 应支持丙要求甲交付玉器的请求
C. 应支持乙要求甲交付玉器的请求
D. 第一份合同有效，第二、三份合同均无效

9. 甲乙约定卖方甲负责将所卖货物运送至买方乙指定的仓库。甲如约交货，乙验收收货，但甲未将产品合格证和原产地证明文件交给乙。乙已经支付 80% 的货款。交货当晚，因山洪暴发，乙仓库内的货物全部毁损。下列哪些表述是正确的？（2013-61，多选）

A. 乙应当支付剩余 20% 的货款
B. 甲未交付产品合格证与原产地证明，构成违约，但货物损失由乙承担
C. 乙有权要求解除合同，并要求甲返还已支付的 80% 货款
D. 甲有权要求乙支付剩余的 20% 货款，但应补交已经毁损的货物

10. 甲将其 1 辆汽车出卖给乙，约定价款 30 万元。乙先付了 20 万元，余款在 6 个月内分期支付。在分期付款期间，甲先将汽车交付给乙，但明确约定付清全款后甲才将汽车的所有权移转给乙。嗣后，甲又将该汽车以 20 万元的价格卖给不知情的丙，并以指示交付的方式完成交付。下列哪一表述是正确的？（2012-9，单选）

A. 在乙分期付款期间，汽车已经交付给乙，乙即取得汽车的所有权
B. 在乙分期付款期间，汽车虽然已经交付给乙，但甲保留了汽车的所有权，故乙不能取得汽车的所有权
C. 丙对甲、乙之间的交易不知情，可以依据善意取得制度取得汽车所有权
D. 丙不能依甲的指示交付取得汽车所有权

11. 甲公司未取得商铺预售许可证，便与李某签订了《商铺认购书》，约定李某支付认购金即可取得商铺优先认购权，商铺正式认购时甲公司应优先通知李某选购。双方还约定了认购面积和房价，但对楼号、房型未作约定。李某依约支付了认购金。甲公司取得预售许可后，未通知李某前来认购，将商铺售罄。关于《商铺认购书》，下列哪一表述是正确的？（2012-10，单选）

A. 无效，因甲公司未取得预售许可证即对外销售
B. 不成立，因合同内容不完整
C. 甲公司未履行通知义务，构成根本违约
D. 甲公司须承担继续履行的违约责任

82

12. 甲公司与乙公司签订商品房包销合同，约定甲公司将其开发的 10 套房屋交由乙公司包销。甲公司将其中 1 套房屋卖给丙，丙向甲公司支付了首付款 20 万元。后因国家出台房地产调控政策，丙不具备购房资格，甲公司与丙之间的房屋买卖合同不能继续履行。下列哪些表述是正确的？（2012-60，多选）

　　A. 甲公司将房屋出卖给丙的行为属于无权处分
　　B. 乙公司有权请求甲公司承担违约责任
　　C. 丙有权请求解除合同
　　D. 甲公司只需将 20 万元本金返还给丙

13. 甲公司将 1 台挖掘机出租给乙公司，为担保乙公司依约支付租金，丙公司担任保证人，丁公司以机器设备设置抵押。乙公司欠付 10 万元租金时，经甲公司、丙公司和丁公司口头同意，将 6 万元租金债务转让给戊公司。之后，乙公司为现金周转将挖掘机分别以 45 万元和 50 万元的价格先后出卖给丙公司和丁公司，丙公司和丁公司均已付款，但乙公司没有依约交付挖掘机。

　　因乙公司一直未向甲公司支付租金，甲公司便将挖掘机以 48 万元的价格出卖给王某，约定由乙公司直接将挖掘机交付给王某，王某首期付款 20 万元，尾款 28 万元待收到挖掘机后支付。此事，甲公司通知了乙公司。

　　王某未及取得挖掘机便死亡。王某临终立遗嘱，其遗产由其子大王和小王继承，遗嘱还指定小王为遗嘱执行人。因大王一直在外地工作，同意王某遗产由小王保管，没有进行遗产分割。在此期间，小王将挖掘机出卖给方某，没有征得大王的同意。

　　请回答第（1）~（6）题。（2012-86~91，不定项）

(1) 关于乙公司与丙公司、丁公司签订挖掘机买卖合同的效力，下列表述错误的是：
A. 乙公司可以主张其与丙公司的买卖合同无效
B. 丙公司可以主张其与乙公司的买卖合同无效
C. 乙公司可以主张其与丁公司的买卖合同无效
D. 丁公司可以主张其与乙公司的买卖合同无效

(2) 在乙公司将 6 万元租金债务转让给戊公司之前，关于丙公司和丁公司的担保责任，甲公司下列做法正确的是：
A. 可以要求丙公司承担保证责任
B. 可以要求丁公司承担抵押担保责任
C. 须先要求丙公司承担保证责任，后要求丁公司承担抵押担保责任
D. 须先要求丁公司承担抵押担保责任，后要求丙公司承担保证责任

(3) 在乙公司将 6 万元租金债务转让给戊公司之后，关于丙公司和丁公司的担保责任，下列表述正确的是：
A. 丙公司仅需对乙公司剩余租金债务承担担保责任
B. 丁公司仅需对乙公司剩余租金债务承担担保责任
C. 丙公司仍应承担全部担保责任
D. 丁公司仍应承担全部担保责任

(4) 甲公司与王某签订买卖合同之后，王某死亡之前，关于挖掘机所有权人，下列选项正确的是：

A. 甲公司
B. 丙公司
C. 丁公司
D. 王某

(5) 王某死后，关于甲公司与王某的买卖合同，下列表述错误的是：

A. 甲公司有权解除该买卖合同
B. 大王和小王有权解除该买卖合同
C. 大王和小王对该买卖合同原王某承担的债务负连带责任
D. 大王和小王对该买卖合同原王某承担的债务按其继承份额负按份责任

(6) 关于小王将挖掘机卖给方某的行为，下列表述正确的是：

A. 小王尚未取得对挖掘机的占有，不得将其出卖给方某
B. 小王出卖挖掘机应当取得大王的同意
C. 大王对小王出卖挖掘机的行为可以追认
D. 小王是王某遗嘱的执行人，出卖挖掘机不需要大王的同意

14. 曾某购买某汽车销售公司的轿车一辆，总价款20万元，约定分10次付清，每次两万元，每月的第一天支付。曾某按期支付六次共计12万元后，因该款汽车大幅降价，曾某遂停止付款，经催告后，依然不履行。下列哪些表述是正确的？（2009-59，多选，根据《民法典》改编）

A. 汽车销售公司有权要求曾某一次性付清余下的八万元价款
B. 汽车销售公司有权通知曾某解除合同
C. 汽车销售公司有权收回汽车，并且收取曾某汽车使用费
D. 汽车销售公司有权收回汽车，但不退还曾某已经支付的12万元价款

15. 2000年1月甲以分期付款的方式向乙公司购买潜水设备一套，价值10万元。约定首付2万，余款分三期付清，分别为2万、3万、3万，全部付清前乙公司保留所有权。甲收货后付了首付和第一期款，第二期款迟迟未付。2000年8月甲以2万元将该设备卖给职业潜水员丙。下列哪些选项是正确的？（2007-56，多选）

A. 乙可以解除合同，要求甲承担违约责任
B. 乙解除合同后可以要求甲支付设备的使用费
C. 乙可以请求丙返还原物，但须支付丙2万元购买费用
D. 丙返还潜水设备后可以要求甲承担违约责任

16. 乙有一台高配电脑A，由于使用不习惯，决定转让。甲知晓后，出于工作需要，表示愿意出原价购买，乙同意，但表示必须在甲付款后才能交付电脑。甲依约定向乙支付了约定的价款，但乙在交付时却将另一台低配的电脑B交付给了甲。甲使用时发现，根本无法处理工作中需要的大型软件，检查后发现乙交付的电脑有问题。三天后，甲家突然意外失火，导致电脑被焚毁。关于电脑的损失承担，下列说法正确的是：（仿真金题，多选，2019年回忆版）

A. 甲通知乙要求解除合同后，电脑损失的风险由乙承担
B. 甲通知乙要求解除合同前，电脑损失的风险由乙承担
C. 甲通知乙要求解除合同前，电脑损失的风险由甲承担
D. 甲通知乙要求解除合同后，电脑损失的风险由甲承担

17. 甲将一套房屋以 200 万元的价格卖给了乙，双方约定："全部价款分 10 次付清，每期 20 万元，在乙支付完毕价款前，甲保留房屋的所有权。"甲向乙交付了房屋。乙支付第 4 期价款后，甲为乙办理了过户登记，但乙一直没有支付第 5 期与第 6 期价款，经催告后依然不履行。对此，下列说法正确的是：（仿真金题，多选，2020 年回忆版）

A. 房屋所有权人依然是甲
B. 乙已经取得房屋的所有权
C. 甲有权请求乙一次支付剩余的全部价款
D. 甲有权解除房屋买卖合同，并请求乙返还房屋

十二、供用电、水、气、热力合同

1. 甲公司与小区业主吴某订立了供热合同。因吴某要出国进修半年，向甲公司申请暂停供热未果，遂拒交上一期供热费。下列哪些表述是正确的？（2014-60，多选）

A. 甲公司可以直接解除供热合同
B. 经催告吴某在合理期限内未交费，甲公司可以解除供热合同
C. 经催告吴某在合理期限内未交费，甲公司可以中止供热
D. 甲公司可以要求吴某承担违约责任

2. 九华公司在未接到任何事先通知的情况下突然被断电，遭受重大经济损失。下列哪些情况下供电公司应承担赔偿责任？（2007-55，多选）

A. 因供电设施检修中断供电　　B. 为保证居民生活用电而拉闸限电
C. 因九华公司违法用电而中断供电　　D. 因电线被超高车辆挂断而断电

十三、借款合同

1. 甲服装公司与乙银行订立合同，约定甲公司向乙银行借款 300 万元，用于购买进口面料。同时，双方订立抵押合同，约定甲公司以其现有的以及将有的生产设备、原材料、产品为前述借款设立抵押。借款合同和抵押合同订立后，乙银行向甲公司发放了贷款，但未办理抵押登记。之后，根据乙银行要求，丙为此项贷款提供连带责任保证，丁以一台大型挖掘机作质押并交付。如甲公司违反合同约定将借款用于购买办公用房，则乙银行享有的权利有：（2017-90，不定项）

A. 提前收回借款
B. 解除借款合同
C. 请求甲公司按合同约定支付违约金

D. 对甲公司所购办公用房享有优先受偿权

2. 自然人甲与乙签订了年利率为30%、为期1年的1000万元借款合同。后双方又签订了房屋买卖合同，约定："甲把房屋卖给乙，房款为甲的借款本息之和。甲须在一年内以该房款分6期回购房屋。如甲不回购，乙有权直接取得房屋所有权。"乙交付借款时，甲出具收到全部房款的收据。后甲未按约定回购房屋，也未把房屋过户给乙。因房屋价格上涨至3000万元，甲主张偿还借款本息。下列哪些选项是正确的？（2015-51，多选）

A. 甲乙之间是借贷合同关系，不是房屋买卖合同关系
B. 应在不超过银行同期贷款利率的四倍以内承认借款利息
C. 乙不能获得房屋所有权
D. 因甲未按约定偿还借款，应承担违约责任

3. 甲、乙因合伙经商向丙借款3万元，甲于约定时间携带3万元现金前往丙家还款，丙因忘却此事而外出，甲还款未果。甲返回途中，将装有现金的布袋夹放在自行车后座，路经闹市时被人抢夺，不知所踪。下列哪一选项是正确的？（2008-4，单选）

A. 丙仍有权请求甲、乙偿还3万元借款
B. 丙丧失请求甲、乙偿还3万元借款的权利
C. 丙无权请求乙偿还3万元借款
D. 甲、乙有权要求丙承担此款被抢夺的损失

十四、赠与合同

1. 甲而立之年，事业有成，决定做一些公益。后甲与乙学校达成协议，每年捐赠10万元。履行3年之后，甲事业遇到重创，且生重病导致资金匮乏，难以再继续履行赠与合同约定的义务。对此，下列说法正确的是：（仿真金题，单选，2022年回忆版）

A. 甲可随时撤销赠与合同
B. 甲可请求终止履行与乙学校的赠与合同
C. 对于已经支付的款项，甲可请求返还
D. 甲是否应履行赠与合同约定义务，应由乙学校决定

2. 成功人士甲离开中国前在聚会上答应赠与怀孕的乙一套房屋，赠与胎儿一架钢琴，后甲反悔。对此，下列说法正确的是：（仿真金题，多选，2021年回忆版）

A. 乙有权要求甲履行赠与胎儿的承诺
B. 胎儿出生时是活体的，赠与钢琴的合同有效
C. 胎儿出生时是死体的，赠与钢琴的合同无效
D. 乙无权要求甲履行赠与房屋的合同

3. 甲、乙是大学同窗好友。一日甲到乙家拜访，发现乙妻身怀六甲，便表示："如果孩子顺利出生，就送8.8万元给孩子。"乙与妻均表示感谢。后来，孩子顺利出生，甲未履行诺言，发生纠纷。对此，下列说法正确的是：（仿真金题，多选，2020年回忆版）

A. 本案中赠与合同的受赠人是胎儿,不是甲

B. 孩子出生前,赠与合同成立但未生效

C. 孩子出生后,赠与合同生效

D. 在赠与财产权利转移之前,甲可任意撤销

4. 甲公司员工魏某在公司年会抽奖活动中中奖,依据活动规则,公司资助中奖员工子女次年的教育费用,如员工离职,则资助失效。下列哪些表述是正确的?(2014-61,多选)

A. 甲公司与魏某成立附条件赠与

B. 甲公司与魏某成立附义务赠与

C. 如魏某次年离职,甲公司无给付义务

D. 如魏某次年未离职,甲公司在给付前可撤销资助

5. 甲将300册藏书送给乙,并约定乙不得转让给第三人,否则甲有权收回藏书。其后甲向乙交付了300册藏书。下列哪一说法是正确的?(2009-6,单选)

A. 甲与乙的赠与合同无效,乙不能取得藏书的所有权

B. 甲与乙的赠与合同无效,乙取得了藏书的所有权

C. 甲与乙的赠与合同为附条件的合同,乙不能取得藏书的所有权

D. 甲与乙的赠与合同有效,乙取得了藏书的所有权

6. 赵某将一匹易受惊吓的马赠给李某,但未告知此马的习性。李某在用该马拉货的过程中,雷雨大作,马受惊狂奔,将行人王某撞伤。下列哪一选项是正确的?(2007-9,单选)

A. 应由赵某承担全部责任

B. 应由李某承担责任

C. 应由赵某与李某承担连带责任

D. 应由李某承担主要责任,赵某也应承担一定的责任

7. 甲与乙签订协议,约定甲将其房屋赠与乙,乙承担甲生养死葬的义务。后乙拒绝扶养甲,并将房屋擅自用作经营活动,甲遂诉至法院要求乙返还房屋。下列哪一选项是正确的?(2007-23,单选)

A. 该协议是附条件的赠与合同　　B. 该协议在甲死亡后发生法律效力

C. 法院应判决乙向甲返还房屋　　D. 法院应判决乙取得房屋所有权

8. 甲欠丙800元到期无力偿还,乙替甲还款,并对甲说:"这800元就算给你了。"甲称将来一定奉还。事后甲还了乙500元。后二人交恶,乙要求甲偿还余款300元,甲则以乙已送自己800元为由要求乙退回500元。下列哪种说法是正确的?(2006-4,单选)

A. 甲应再还300元

B. 乙应退回500元

C. 乙不必退回甲500元,甲也不必再还乙300元

D. 乙应退还甲500元及银行存款同期利息

十五、租赁合同

1. 甲是临街商铺101室的业主，乙为其楼上201室的业主。2020年5月，甲将101室出租给丙，双方约定此房用于餐饮经营，租期自2020年7月1日至2023年6月30日，租金为每年12万元。房屋交付后，丙花费10余万元对房屋进行装修，之后开业经营。2022年1月乙重新装修201室，破坏了防水层，造成101室房顶漏水，天花板和墙面受损严重，丙不得不暂停营业。丙将上述情况告知甲，甲遂出面要求乙维修，乙则提出丙的餐馆自营业以来排出的油烟和产生的噪音严重影响其生活，要求先解决油烟和噪音问题，否则不予维修。双方争执不下，漏水问题始终未能解决，致使丙长期无法正常经营。对此，下列说法正确的是：（仿真金题，多选，2023年回忆版）

A. 丙可解除租赁合同
B. 丙可主张甲进行维修
C. 丙可向乙主张损害赔偿
D. 乙提出先解决油烟和噪音问题的抗辩理由，可以对抗甲主张其履行维修义务的请求

2. 甲、乙签订租房合同，甲将一套房屋租给乙。租赁期限内，甲将房屋卖给丙，办理了过户登记。对此，下列说法正确是：（仿真金题，多选，2022年回忆版）

A. 租赁期限内，乙有权继续承租该房屋
B. 乙可以优先购买权被侵害为由向甲主张赔偿
C. 乙可以优先购买权被侵害为由向丙主张赔偿
D. 租赁期满后，若丙要继续出租房屋的，乙在同等条件下享有优先承租权

3. 甲为孩子上学方便承租了乙的房屋一套，约定租期两年，不得转租。不久，甲在学校附近购买了房屋，未经乙同意将房屋转租给了丙，约定租期三年。后乙发现此事，但未置可否。一年后乙将房屋卖给了丁，已过户。对此，下列说法错误的是：（仿真金题，多选，2020年回忆版）

A. 丁受让房屋后，可请求丙搬离房屋
B. 甲丙之间的转租合同无效
C. 甲丙的转租合同因超出原合同租赁期限而无效
D. 丁可主张甲承担违约责任

4. 居民甲经主管部门批准修建了一排临时门面房，核准使用期限为2年，甲将其中一间租给乙开餐馆，租期2年。期满后未办理延长使用期限手续，甲又将该房出租给了丙，并签订了1年的租赁合同。因租金问题，发生争议。下列哪些选项是正确的？（2017-60，多选）

A. 甲与乙的租赁合同无效
B. 甲与丙的租赁合同无效
C. 甲无权将该房继续出租给丙

D. 甲无权向丙收取该年租金

5. 居民甲将房屋出租给乙，乙经甲同意对承租房进行了装修并转租给丙。丙擅自更改房屋承重结构，导致房屋受损。对此，下列哪些选项是正确的？（2016-60，多选）

A. 无论有无约定，乙均有权于租赁期满时请求甲补偿装修费用

B. 甲可请求丙承担违约责任

C. 甲可请求丙承担侵权责任

D. 甲可请求乙承担违约责任

6. 甲将房屋租给乙，在租赁期内未通知乙就把房屋出卖并过户给不知情的丙。乙得知后劝丙退出该交易，丙拒绝。关于乙可以采取的民事救济措施，下列哪一选项是正确的？（2015-11，单选）

A. 请求解除租赁合同，因甲出卖房屋未通知乙，构成重大违约

B. 请求法院确认买卖合同无效

C. 主张由丙承担侵权责任，因丙侵犯了乙的优先购买权

D. 主张由甲承担赔偿责任，因甲出卖房屋未通知乙而侵犯了乙的优先购买权

7. 甲将其临街房屋和院子出租给乙作为汽车修理场所。经甲同意，乙先后两次自费扩建多间房屋作为烤漆车间。乙在又一次扩建报批过程中发现，甲出租的全部房屋均未经过城市规划部门批准，属于违章建筑。下列哪些选项是正确的？（2015-59，多选）

A. 租赁合同无效

B. 因甲、乙对于扩建房屋都有过错，应分担扩建房屋的费用

C. 因甲未告知乙租赁物为违章建筑，乙可解除租赁合同

D. 乙可继续履行合同，待违章建筑被有关部门确认并影响租赁物使用时，再向甲主张违约责任

8. 孙某与李某签订房屋租赁合同，李某承租后与陈某签订了转租合同，孙某表示同意。但是，孙某在与李某签订租赁合同之前，已经把该房租给了王某并已交付。李某、陈某、王某均要求继续租赁该房屋。下列哪一表述是正确的？（2014-14，单选）

A. 李某有权要求王某搬离房屋

B. 陈某有权要求王某搬离房屋

C. 李某有权解除合同，要求孙某承担赔偿责任

D. 陈某有权解除合同，要求孙某承担赔偿责任

9. 刘某欠何某100万元货款届期未还且刘某不知所踪。刘某之子小刘为替父还债，与何某签订书面房屋租赁合同，未约定租期，仅约定："月租金1万元，用租金抵货款，如刘某出现并还清货款，本合同终止，双方再行结算。"下列哪些表述是错误的？（2014-59，多选）

A. 小刘有权随时解除合同

B. 何某有权随时解除合同

C. 房屋租赁合同是附条件的合同

D. 房屋租赁合同是附期限的合同

89

10. 甲与乙订立房屋租赁合同，约定租期5年。半年后，甲将该出租房屋出售给丙，但未通知乙。不久，乙以其房屋优先购买权受侵害为由，请求法院判决甲丙之间的房屋买卖合同无效。下列哪一表述是正确的？（2013-10，单选）

　　A. 甲出售房屋无须通知乙

　　B. 丙有权根据善意取得规则取得房屋所有权

　　C. 甲侵害了乙的优先购买权，但甲丙之间的合同有效

　　D. 甲出售房屋应当征得乙的同意

11. 丁某将其所有的房屋出租给方某，方某将该房屋转租给唐某。下列哪一表述是正确的？（2011-57，单选，有改编）

　　A. 丁某在租期内基于房屋所有权可以对方某主张返还请求权，方某可以基于其与丁某的合法的租赁关系主张抗辩权

　　B. 方某未经丁某同意将房屋转租，并已实际交付给唐某租用，则丁某无权请求唐某返还房屋

　　C. 如丁某与方某的租赁合同约定，方某未经丁某同意将房屋转租，丁某有权解除租赁合同，则在合同解除后，其有权请求唐某返还房屋

　　D. 如丁某与方某的租赁合同约定，方某未经丁某同意将房屋转租，丁某有权解除租赁合同，则在合同解除后，在丁某向唐某请求返还房屋时，唐某可以基于与方某的租赁关系进行有效的抗辩

12. 甲有一套房屋，愿意出租给好友乙。两人订立了租赁合同，并在合同中约定，"合同自房管机关备案后生效"。合同签订后，因二人均工作繁忙，没有备案。甲未向乙交付房屋，乙也未向甲支付租金。关于合同效力，下列说法正确的是：（仿真金题，单选，2020年回忆版）

　　A. 合同已生效

　　B. 合同因为未备案而未生效

　　C. 合同即使未备案，乙仍然有权请求甲交付租赁房屋

　　D. 合同违反《城市房地产管理法》，即使备案也无效

13. 冯某与张某口头约定将一处门面房租给张某，租期2年，租金每月1000元。合同履行1年后，张某向冯某提出能否转租给翁某，冯某表示同意。张某遂与翁某达成租期1年、月租金1200元的口头协议。翁某接手后，擅自拆除了门面房隔墙，冯某得知后欲收回房屋。下列选项正确的是：（2004-59，单选）

　　A. 冯某与张某间的租赁合同为不定期租赁

　　B. 张某将房屋转租后，冯某有权按每月1200元向张某收取租金

　　C. 冯某有权要求张某恢复原状或赔偿损失

　　D. 冯某有权要求翁某承担违约责任

14. 甲将自己的一套房屋租给乙住，乙又擅自将房屋租给丙住。丙是个飞镖爱好者，因练飞镖将房屋的墙面损坏。下列哪些选项是正确的？（2009-60，多选）

A. 甲有权要求解除与乙的租赁合同
B. 甲有权要求乙赔偿墙面损坏造成的损失
C. 甲有权要求丙搬出房屋
D. 甲有权要求丙支付租金

十六、融资租赁合同

1. 甲融资租赁公司与乙公司签订融资租赁合同，约定乙公司向甲公司转让一套生产设备，转让价为评估机构评估的市场价 200 万元，再租给乙公司使用 2 年，乙公司向甲公司支付租金 300 万元。合同履行过程中，因乙公司拖欠租金，甲公司诉至法院。下列哪些选项是正确的？（2017-61，多选）

A. 甲公司与乙公司之间为资金拆借关系
B. 甲公司与乙公司之间为融资租赁合同关系
C. 甲公司与乙公司约定的年利率超过 24% 的部分无效
D. 甲公司已取得生产设备的所有权

2. 甲、乙、丙三人签订合伙协议并开始经营，但未取字号，未登记，也未推举负责人。其间，合伙人与顺利融资租赁公司签订融资租赁合同，租赁淀粉加工设备一台，约定租赁期限届满后设备归承租人所有。合同签订后，出租人按照承租人的选择和要求向设备生产商丁公司支付了价款。

请回答第（1）~（3）题。（2016-86~88，不定项）

（1）如果承租人不履行支付价款的义务，出租人起诉，适格被告是：
A. 合伙企业　　　　　　　　B. 甲、乙、丙全体
C. 甲、乙、丙中的任何人　　　D. 丁公司

（2）乙在经营期间发现风险太大，提出退伙，甲、丙表示同意，并通知了出租人，但出租人表示反对，认为乙退出后会加大合同不履行的风险。下列说法正确的是：
A. 经出租人同意，乙可以退出
B. 乙可以退出，无需出租人同意
C. 乙必须向出租人提供有效担保后才能退出
D. 乙退出后对合伙债务不承担责任

（3）如租赁期间因设备自身原因停机，造成承租人损失。下列说法正确的是：
A. 出租人应减少租金
B. 应由丁公司修理并赔偿损失
C. 承租人向丁公司请求承担责任时，出租人有协助义务
D. 出租人与丁公司承担连带责任

十七、建设工程与承揽合同

1. 东海公司将工程发包给西山公司，约定工程款额1000万元。西山公司将工程全部包给北川公司，约定工程款800万元。东海公司已经给西山公司支付500万元，西山公司给北川公司支付200万元。工程完工后，经验收合格，西山公司未给北川公司支付剩余600万元，北川公司起诉东海公司支付600万元，将西山公司列为第三人。关于责任的承担，下列说法正确的是哪一项？（仿真金题，单选，2023年回忆版）

A. 东海公司支付北川公司500万元

B. 东海公司支付北川公司500万元，西山公司支付北川公司100万元

C. 西山公司支付北川公司600万元

D. 西山公司支付北川公司500万元，东海公司支付北川公司100万元

2. 甲得到一匹名贵布料，交给乙为女友量身定制旗袍。因材质复杂，乙需要额外购入机器，花费5000元。甲与乙约定6月15日完工，甲预付了20000元工钱（包含5000元机器款项）。6月13日，甲跟女友分手，通知乙停止制作旗袍，此时旗袍已经接近完工。对此，下列说法正确的是：（仿真金题，多选，2022年回忆版）

A. 甲需支付大部分费用

B. 甲有权解除合同

C. 机器所有权归乙

D. 未完工旗袍所有权由甲、乙共有

3. 2019年1月2日，甲公司（无资质）与乙公司签订了一份建设工程施工合同，承包乙公司发包的一项工程。工程验收合格后，乙公司以甲公司无资质为由拒绝支付相应工程款。甲公司起诉主张工程价款优先权。对此，下列说法正确的是：（仿真金题，多选，2020年回忆版）

A. 甲公司应在6个月内主张工程价款优先权

B. 甲公司有权主张工程价款优先权

C. 甲公司的工程价款优先权不包括违约金

D. 乙公司应参照合同支付价款

4. 甲公司以一地块的建设用地使用权作抵押向乙银行借款3000万元，办理了抵押登记。其后，甲公司在该地块上开发建设住宅楼，由丙公司承建。甲公司在取得预售许可后与丁订立了商品房买卖合同，丁交付了80%的购房款。现住宅楼已竣工验收，但甲公司未能按期偿还乙银行借款，并欠付丙公司工程款1500万元，乙银行和丙公司同时主张权利，法院拍卖了该住宅楼。下列哪些选项是正确的？（2017-55，多选）

A. 乙银行对建设用地使用权拍卖所得价款享有优先受偿权

B. 乙银行对该住宅楼拍卖所得价款享有优先受偿权

C. 丙公司对该住宅楼及其建设用地使用权的优先受偿权优先于乙银行的抵押权

D. 丙公司对该住宅楼及其建设用地使用权的优先受偿权不得对抗丁对其所购商品房的权利

5. 甲房地产开发公司开发一个较大的花园公寓项目，作为发包人，甲公司将该项目的主体工程发包给了乙企业，签署了建设工程施工合同。乙企业一直未取得建筑施工企业资质。现该项目主体工程已封顶完工。就相关合同效力及工程价款，下列哪些说法是正确的？（2017-62，多选）

A. 该建设工程施工合同无效
B. 因该项目主体工程已封顶完工，故该建设工程施工合同不应认定为无效
C. 该项目主体工程经竣工验收合格，则乙企业可参照合同约定请求甲公司支付工程价款
D. 该项目主体工程经竣工验收不合格，经修复后仍不合格的，乙企业不能主张工程价款

6. 甲公司与没有建筑施工资质的某施工队签订合作施工协议，由甲公司投标乙公司的办公楼建筑工程，施工队承建并向甲公司交纳管理费。中标后，甲公司与乙公司签订建筑施工合同。工程由施工队负责施工。办公楼竣工验收合格交付给乙公司。乙公司尚有部分剩余工程款未支付。下列哪一选项是正确的？（2015-14，单选）

A. 合作施工协议有效
B. 建筑施工合同属于效力待定
C. 施工队有权向甲公司主张工程款
D. 甲公司有权拒绝支付剩余工程款

7. 甲公司与乙公司签订建设工程施工合同，将工程发包给乙公司施工，约定乙公司垫资1000万元，未约定垫资利息。甲公司、乙公司经备案的中标合同中工程造价为1亿元，但双方私下约定的工程造价为8000万元，均未约定工程价款的支付时间。7月1日，乙公司将经竣工验收合格的建设工程实际交付给甲公司，甲公司一直拖欠工程款。关于乙公司，下列哪些表述是正确的？（2012-61，多选）

A. 1000万元垫资应按工程欠款处理
B. 有权要求甲公司支付1000万元垫资自7月1日起的利息
C. 有权要求甲公司支付1亿元
D. 有权要求甲公司支付1亿元自7月1日起的利息

8. 甲公司将一工程发包给乙建筑公司，经甲公司同意，乙公司将部分非主体工程分包给丙建筑公司，丙公司又将其中一部分分包给丁建筑公司。后丁公司因工作失误致使工程不合格，甲公司欲索赔。对此，下列哪些说法是正确的？（2010-59，多选）

A. 上述工程承包合同均无效
B. 丙公司在向乙公司赔偿损失后，有权向丁公司追偿
C. 甲公司有权要求丁公司承担民事责任
D. 法院可收缴丙公司由于分包已经取得的非法所得

9. 育才中学委托利达服装厂加工 500 套校服，约定材料由服装厂采购，学校提供样品，取货时付款。为赶时间，利达服装厂私自委托恒发服装厂加工 100 套。育才中学按时前来取货，发现恒发服装厂加工的 100 套校服不符合样品要求，遂拒绝付款。利达服装厂则拒绝交货。下列哪些说法是正确的？（2006-53，多选）

A. 育才中学可以利达服装厂擅自外包为由解除合同

B. 如育才中学不支付酬金，利达服装厂可拒绝交付校服

C. 如育才中学不支付酬金，利达服装厂可对样品行使留置权

D. 育才中学有权要求恒发服装厂承担违约责任

10. 何女士提供三块木料给某家具厂订制一个衣柜，开工不久何女士觉得衣柜样式不够新潮，遂要求家具厂停止制作。家具厂认为这是个无理要求，便继续使用剩下两块木料，按原定式样做好了衣柜。下列说法哪些是正确的？（2004-56，多选）

A. 家具厂应赔偿因此给何女士造成的损失

B. 何女士应支付全部约定报酬

C. 何女士应支付部分报酬

D. 何女士应支付全部约定报酬和违约金

十八、技术合同

1. 甲公司与乙公司约定：甲公司委托乙公司制造一个特定的冶炼炉，高 20 米，宽 30 米，甲公司提供明确的参数，乙公司准备材料，利用乙公司的技术完成后，按照甲公司指定地点交付安装好，乙公司按照协议提供后期维修、保养。该合同属于：（仿真金题，单选，2021 年回忆版）

A. 提供劳务合同　　　　　　　B. 建设工程合同

C. 技术服务合同　　　　　　　D. 买卖合同

2. 甲公司向乙公司转让了一项技术秘密。技术转让合同履行完毕后，经查该技术秘密是甲公司通过不正当手段从丙公司获得的，但乙公司对此并不知情，且支付了合理对价。下列哪一表述是正确的？（2013-16，单选）

A. 技术转让合同有效，但甲公司应向丙公司承担侵权责任

B. 技术转让合同无效，甲公司和乙公司应向丙公司承担连带责任

C. 乙公司可在其取得时的范围内继续使用该技术秘密，但应向丙公司支付合理的使用费

D. 乙公司有权要求甲公司返还其支付的对价，但不能要求甲公司赔偿其因此受到的损失

3. 甲公司与乙公司签订一份专利实施许可合同，约定乙公司在专利有效期限内独占实施甲公司的专利技术，并特别约定乙公司不得擅自改进该专利技术。后乙公司根据消费者的反馈意见，在未经甲公司许可的情形下对专利技术做了改进，并对改进技术采取了保密措施。下列哪一说法是正确的？（2012-16，单选）

A. 甲公司有权自己实施该专利技术
B. 甲公司无权要求分享改进技术
C. 乙公司改进技术侵犯了甲公司的专利权
D. 乙公司改进技术属于违约行为

4. 甲公司与乙公司签订一份技术开发合同,未约定技术秘密成果的归属。甲公司按约支付了研究开发经费和报酬后,乙公司交付了全部技术成果资料。后甲公司在未告知乙公司的情况下,以普通使用许可的方式许可丙公司使用该技术,乙公司在未告知甲公司的情况下,以独占使用许可的方式许可丁公司使用该技术。下列哪一说法是正确的?(2011-15,单选)
A. 该技术成果的使用权仅属于甲公司
B. 该技术成果的转让权仅属于乙公司
C. 甲公司与丙公司签订的许可使用合同无效
D. 乙公司与丁公司签订的许可使用合同无效

5. 甲乙丙三人合作开发一项技术,合同中未约定权利归属。该项技术开发完成后,甲、丙想要申请专利,而乙主张通过商业秘密来保护。对此,下列哪些选项是错误的?(2010-62,多选)
A. 甲、丙不得申请专利
B. 甲、丙可申请专利,申请批准后专利权归甲、乙、丙共有
C. 甲、丙可申请专利,申请批准后专利权归甲、丙所有,乙有免费实施的权利
D. 甲、丙不得申请专利,但乙应向甲、丙支付补偿费

6. 甲公司非法窃取竞争对手乙公司最新开发的一项技术秘密成果,与丙公司签订转让合同,约定丙公司向甲公司支付一笔转让费后拥有并使用该技术秘密。乙公司得知后,主张甲丙间的合同无效,并要求赔偿损失。下列哪些说法是正确的?(2009-62,多选)
A. 如丙公司不知道或不应当知道甲公司窃取技术秘密的事实,则甲丙间的合同有效
B. 如丙公司为善意,有权继续使用该技术秘密,乙公司不得要求丙公司支付费用,只能要求甲公司承担责任
C. 如丙公司明知甲公司窃取技术秘密的事实仍与其订立合同,不得继续使用该技术秘密,并应当与甲公司承担连带赔偿责任
D. 不论丙公司取得该技术秘密权时是否为善意,该技术转让合同均无效

7. 中国的龙腾公司从美国的虎跃公司引进一套鱼苗育种技术。在两公司所签技术引进合同的条款中,下列哪些是不合法的?(2008-四川-62,多选)
A. 虎跃公司提供与该技术相关的指导说明
B. 龙腾公司不得从欧盟获得类似技术
C. 龙腾公司不得将引进技术泄露给任何第三方
D. 龙腾公司应在引进技术的同时购进虎跃公司的部分库存汽车配件

8. 甲公司委托乙公司开发一种浓缩茶汁的技术秘密成果,未约定成果使用权、转让权

以及利益分配办法。甲公司按约定支付了研究开发费用。乙公司按约定时间开发出该技术秘密成果后，在没有向甲公司交付之前，将其转让给丙公司。下列哪种说法是正确的？（2006-16，单选）

A. 该技术秘密成果的使用权只能属于甲公司
B. 该技术秘密成果的转让权只能属于乙公司
C. 甲公司和乙公司均有该技术秘密成果的使用权和转让权
D. 乙公司与丙公司的转让合同无效

十九、委托合同

1. 甲去购买彩票，其友乙给甲 10 元钱让其顺便代购彩票，同时告知购买号码，并一再嘱咐甲不要改变。甲预测乙提供的号码不能中奖，便擅自更换号码为乙购买了彩票并替乙保管。开奖时，甲为乙购买的彩票中了奖，二人为奖项归属发生纠纷。下列哪一分析是正确的？（2015-9，单选）

A. 甲应获得该奖项，因按乙的号码无法中奖，甲、乙之间应类推适用借贷关系，由甲偿还乙 10 元
B. 甲、乙应平分该奖项，因乙出了钱，而甲更换了号码
C. 甲的贡献大，应获得该奖项之大部，同时按比例承担彩票购买款
D. 乙应获得该奖项，因乙是委托人

2. 某律师事务所指派吴律师担任某案件的一、二审委托代理人。第一次开庭后，吴律师感觉案件复杂，本人和该事务所均难以胜任，建议不再继续代理。但该事务所坚持代理。一审判决委托人败诉。下列哪些表述是正确的？（2013-60，多选）

A. 律师事务所有权单方解除委托合同，但须承担赔偿责任
B. 律师事务所在委托人一审败诉后不能单方解除合同
C. 即使一审胜诉，委托人也可解除委托合同，但须承担赔偿责任
D. 只有存在故意或者重大过失时，该律师事务所才对败诉承担赔偿责任

3. 甲委托乙代销电视机，乙分别与丙、丁签订了买卖合同，但没有说明是代甲销售。后乙将与丙、丁签订合同的事实告知甲。甲分别以自己的名义向丙和丁送交了约定数量的电视机。丙接收了电视机，丁拒收电视机并要求乙履行合同。后丁反悔，直接向甲履行了付款义务。下列哪些选项是正确的？（2008-四川-55，多选）

A. 如丙迟延履行付款义务，甲可以要求乙承担连带责任
B. 乙可以自己是受托人为由拒绝对丁履行交货义务
C. 丁拒收电视机并要求乙履行合同意味着选择乙作为相对人
D. 丁拒收电视机后又向甲付款的行为不发生合同履行的效力

二十、行纪合同

1. 甲委托乙寄售行以该行名义将甲的一台仪器以 3000 元出售，除酬金外双方对其他事

项未作约定。其后，乙将该仪器以 3500 元卖给了丙，为此乙多支付费用 100 元。对此，下列哪些选项是正确的？（2010-60，多选）

A. 甲与乙订立的是中介合同
B. 高于约定价格卖得的 500 元属于甲
C. 如仪器出现质量问题，丙应向乙主张违约责任
D. 乙无权要求甲承担 100 元费用

2. 甲将 10 吨大米委托乙商行出售。双方只约定，乙商行以自己名义对外销售，每公斤售价两元，乙商行的报酬为价款的 5%。下列哪些说法是正确的？（2009-61，多选）

A. 甲与乙商行之间成立行纪合同关系
B. 乙商行为销售大米支出的费用应由自己负担
C. 如乙商行以每公斤 2.5 元的价格将大米售出，双方对多出价款的分配无法达成协议，则应平均分配
D. 如乙商行与丙食品厂订立买卖大米的合同，则乙商行对该合同直接享有权利、承担义务

二十一、中介合同

刘某与甲房屋中介公司签订合同，委托甲公司帮助出售房屋一套。关于甲公司的权利义务，下列哪一说法是错误的？（2015-15，单选）

A. 如有顾客要求上门看房时，甲公司应及时通知刘某
B. 甲公司可代刘某签订房屋买卖合同
C. 如促成房屋买卖合同成立，甲公司可向刘某收取报酬
D. 如促成房屋买卖合同成立，甲公司自行承担中介活动费用

二十二、旅游合同

梁某与甲旅游公司签订合同，约定梁某参加甲公司组织的旅游团赴某地旅游。旅游出发前 15 日，梁某因出差通知甲公司，由韩某替代跟团旅游。旅游行程一半，甲公司不顾韩某反对，将其旅游业务转给乙公司。乙公司组织游客参观某森林公园，该公园所属观光小火车司机操作失误致火车脱轨，韩某遭受重大损害。下列哪些表述是正确的？（2011-60，多选）

A. 即使甲公司不同意，梁某仍有权将旅游合同转让给韩某
B. 韩某有权请求甲公司和乙公司承担连带责任
C. 韩某有权请求某森林公园承担赔偿责任
D. 韩某有权请求小火车司机承担赔偿责任

二十三、保管与仓储合同

贾某因装修房屋，把一批古书交朋友王某代为保管，王某将古书置于床下。一日，王某楼上住户家水管被冻裂，水流至王某家，致贾某的古书严重受损。对此，下列说法哪一个是

正确的？（2004-14，单选）

A. 王某具有过失，应负全部赔偿责任
B. 王某具有过失，应给予适当赔偿
C. 此事对王某而言属不可抗力，王某不应赔偿
D. 王某系无偿保管且无重大过失，不应赔偿

二十四、运输合同

1. 甲带 3 岁孩子（按规定免票）乘坐长途客车，途中客车与乙驾驶的轿车相撞发生交通事故。甲身体受轻伤，随身携带的电脑摔坏，就医花费 1000 元，修理电脑花费 2000 元。孩子造成脑震荡，就医花费 5 万元。对此，下列说法正确的是：（仿真金题，多选，2020 年回忆版）

A. 若客车司机无过错，则对于电脑损失客运公司不需要承担责任
B. 孩子的损失，可请求客运公司承担责任
C. 孩子免票，公司不承担责任
D. 甲有权请求客运公司与乙承担连带责任

2. 承运人对运输过程中发生的下列哪些旅客伤亡事件不承担赔偿责任？（2004-57，多选）

A. 一旅客因制止扒窃行为被歹徒刺伤
B. 一旅客在客车正常行驶过程中突发心脏病身亡
C. 一失恋旅客在行车途中吞服安眠药过量致死
D. 一免票乘车婴儿在行车途中因急刹车受伤

二十五、侵权责任的构成、责任承担与免责事由

1. 甲自知属于易醉型体质，沾酒就醉。乙过生日，邀请甲参加生日宴会，甲饮酒后大醉，将酒店一瓶价值 5000 元的名酒打翻摔碎。对于赔偿责任的承担，下列说法正确的是：（仿真金题，单选，2022 年回忆版）

A. 甲应承担全部责任
B. 甲因为醉酒没有自控能力造成侵权，应与酒店公平分担损失
C. 乙应承担赔偿责任
D. 甲、乙应共同赔偿酒店的损失

2. 某学校未设围栏的露天操场正在举办篮球赛，拾荒者王某为抄近道从篮球场穿过，篮球队员马某专心比赛快速奔跑不慎撞倒王某，致王某头部重伤。下列哪一选项是正确的？（仿真金题，单选，2022 年回忆版）

A. 拾荒者王某自己担责
B. 马某承担部分责任
C. 学校承担全部责任
D. 马某承担全部责任

3. 某村甲、乙、丙三人享有承包经营权的耕地界限不明，丙向行政主管机关申请确认。有关机关经过走访村干部及实地勘察，认定甲、乙占有的耕地中有 10 亩应属于丙。后丙将该 10 亩耕地用铁丝网围起来种树，给周围甲、乙的耕地带来重大不利影响。甲、乙诉至法院请求丙消除影响。对此，下列说法正确的是：（仿真金题，单选，2022 年回忆版）

   A. 法院应判决驳回甲、乙的诉讼请求
   B. 本案实质是土地权属纠纷案件
   C. 法院应判决甲、乙胜诉
   D. 应由行政主管机关解决此纠纷

4. 某大学组织篮球比赛，A 队的李某被 B 队的赵某撞伤，李某的队友吴某非常愤怒，见 B 队的王某在篮下，扣篮时故意向王某的头砸去，将王某砸伤。下列选项正确的是：（仿真金题，多选，2021 年回忆版）

   A. 李某系自甘风险，赵某无需对李某承担责任
   B. 吴某和李某应该对王某承担连带赔偿责任
   C. 吴某应该对王某承担侵权责任
   D. 王某系自甘风险，吴某无需对其赔偿

5. 某村免费出场地用于发展旅游业，管某和于某各自把自家的马牵出来供游客骑乘。单某没有骑马经验，来此旅游，初次骑马，第一圈管某负责牵马保护，第二圈单某执意要求独自骑马，管某无奈应允。在第三圈时，单某因骑马技术生疏，撞到了进场管理马的于某。于某可以向谁主张赔偿？（仿真金题，单选，2021 年回忆版）

   A. 管某   B. 单某
   C. 于某自己分担部分损失   D. 某村

6. 小黄去某饭店吃饭，感觉饭菜非常可口，认为该饭店一定生意红火，遂私下制作了一张向自己付款的二维码贴在餐桌上，覆盖住餐桌上原有的二维码。小乙到这家饭店用餐后，扫描了小黄粘贴的二维码支付了 1000 元餐费。对于本案，下列说法错误的是：（仿真金题，多选，2021 年回忆版）

   A. 小黄应对饭店承担赔偿责任
   B. 小乙的意思表示未生效
   C. 小乙因重大误解可主张撤销
   D. 小黄构成无权代理

7. 15 岁的甲到理发店当学徒，晚上老板徐某请甲到 KTV 唱歌喝酒，随行的还有 19 岁的郑某，后甲因喝酒过量死亡。对此，下列哪些主体应负责任？（仿真金题，多选，2021 年回忆版）

   A. 徐某   B. 甲的父母
   C. 郑某   D. KTV 店

8. 关羽、张飞与刘备，均为骑马资深爱好者。某日相约内蒙古科尔沁大草原骑马。刘

备提供了三匹马,结果骑马游玩过程中,关羽所骑之马受到野兔惊吓突然跳起,关羽坠地受伤。对于关羽的损失,下列说法正确到的是:(仿真金题,单选,2019年回忆版)

  A. 刘备承担全部责任   B. 关羽责任自负

  C. 三人平均分担责任   D. 刘备承担补充责任

9. 某日晚11点,甲重型卡车拉着超高货物,将公路上方一根线缆挂断。5分钟后,乙重型卡车路过此地,轮胎搅起线缆,伤到了路人。经查,此路段没有路灯。下列哪一选项是正确的?(仿真金题,单选,2020年回忆版)

  A. 甲乙承担连带赔偿责任

  B. 甲乙按各自责任划分承担侵权赔偿责任

  C. 甲承担完全赔偿责任

  D. 乙承担完全赔偿责任

10. 姚某旅游途中,前往某玉石市场参观,在唐某经营的摊位上拿起一只翡翠手镯,经唐某同意后试戴,并问价。唐某报价18万元(实际进货价8万元,市价9万元),姚某感觉价格太高,急忙取下,不慎将手镯摔断。关于姚某的赔偿责任,下列哪一选项是正确的?(2017-22,单选)

  A. 应承担违约责任   B. 应赔偿唐某8万元损失

  C. 应赔偿唐某9万元损失   D. 应赔偿唐某18万元损失

11. 刘婆婆回家途中,看见邻居肖婆婆带着外孙小勇和另一家邻居的孩子小囡(均为4岁多)在小区花园中玩耍,便上前拿出几根香蕉递给小勇,随后离去。小勇接过香蕉后,递给小囡一根,小囡吞食时误入气管导致休克,经抢救无效死亡。对此,下列哪一选项是正确的?(2017-23,单选)

  A. 刘婆婆应对小囡的死亡承担民事责任

  B. 肖婆婆应对小囡的死亡承担民事责任

  C. 小勇的父母应对小囡的死亡承担民事责任

  D. 属意外事件,不产生相关人员的过错责任

12. 甲遭到恶狗追咬,路人乙上前相救,情急之下,乙拿了路人丙的雨伞与恶狗搏斗。后乙被狗咬伤,造成医疗费若干,雨伞也被打坏。经查,狗为丁所有,丁无赔偿能力。下列哪一选项是正确的?(仿真金题,单选,2020年回忆版)

  A. 乙有权请求甲予以适当补偿

  B. 乙有权请求甲赔偿损失

  C. 丙有权请求乙给予适当补偿

  D. 丙有权请求甲给予适当补偿

13. 某市国土局一名前局长、两名前副局长和一名干部因贪污终审被判有罪。薛某在当地晚报上发表一篇报道,题为"市国土局成了贪污局",内容为上述四人已被法院查明的主要犯罪事实。该国土局、一名未涉案的副局长、被判缓刑的前局长均以自己名誉权被侵害为

由起诉薛某，要求赔偿精神损害。下列哪种说法是正确的？（2006-13，单选）

A. 三原告的诉讼主张均能够成立

B. 国土局的诉讼主张成立，副局长及前局长的诉讼主张不能成立

C. 国土局及副局长的诉讼主张成立，前局长的诉讼主张不能成立

D. 三原告的诉讼主张均不能成立

二十六、多数人侵权

1. 甲一天下班回家，通过叮咚网约车平台订了一辆属于叮咚公司自营的网约车。到达目的地后，为图方便，应甲的要求，司机乙在道路禁停路段停车。甲一边接听电话，一边开车门。丙骑电动自行车正常行驶，躲闪不及，撞上车门受伤。对于丙的责任承担，下列说法正确的是：（仿真金题，单选，2023年回忆版）

A. 叮咚公司与甲共同承担责任

B. 乙与甲承担连带责任

C. 由于甲要求违停，故甲独自承担全部责任

D. 乙与甲承担按份责任

2. 甲公司的运输员张某驾驶一辆装有化学用品的汽车，不小心与停在路边的乙公司油罐车（非机动车停放处）相撞，引发爆炸，爆炸物污染了丙的鱼塘。对此，下列说法正确的是：（仿真金题，多选，2021年回忆版）

A. 丙有权请求甲公司赔偿

B. 丙需对污染与损害之间存在因果关系举证证明

C. 丙有权请求甲公司和张某承担连带责任

D. 丙有权请求乙公司赔偿

3. 甲、乙、丙三家毗邻而居，甲、乙分别饲养山羊各一只。某日二羊走脱，将丙辛苦栽培的珍稀药材悉数啃光。关于甲、乙的责任，下列哪些选项是正确的？（2017-67，多选）

A. 甲、乙可各自通过证明已尽到管理职责而免责

B. 基于共同致害行为，甲、乙应承担连带责任

C. 如能确定二羊各自啃食的数量，则甲、乙各自承担相应赔偿责任

D. 如不能确定二羊各自啃食的数量，则甲、乙平均承担赔偿责任

4. 甲参加乙旅行社组织的旅游活动。未经甲和其他旅游者同意，乙旅行社将本次业务转让给当地的丙旅行社。丙旅行社聘请丁公司提供大巴运输服务。途中，由于丁公司司机黄某酒后驾驶与迎面违章变道的个体运输户刘某货车相撞，造成甲受伤。甲的下列哪些请求能够获得法院的支持？（2014-67，多选）

A. 请求丁公司和黄某承担连带赔偿责任

B. 请求黄某与刘某承担连带赔偿责任

C. 请求乙旅行社和丙旅行社承担连带赔偿责任

D. 请求刘某承担赔偿责任

5. 甲晚 10 点 30 分酒后驾车回家，车速每小时 80 公里，该路段限速 60 公里。为躲避乙逆向行驶的摩托车，将行人丙撞伤，丙因住院治疗花去 10 万元。关于丙的损害责任承担，下列哪一说法是正确的？（2010-20，单选）

　　A. 甲应承担全部责任　　　　　　B. 乙应承担全部责任
　　C. 甲、乙应承担按份责任　　　　D. 甲、乙应承担连带责任

二十七、安保义务人侵权

1. 桃源村为旅游景点，有很多杨梅树，在旅游景点游览内容中，未提供杨梅采摘的旅游项目，也没有设置禁止采摘的指示牌。游客张某路过位于景区内的李某家，发现院子里有杨梅树，问路过的吴某是否可以采摘，吴某说没人管。张某就爬到树上采摘杨梅，不慎跌伤。下列说法正确的是：（仿真金题，多选，2021 年回忆版）

　　A. 桃源村不承担张某的损失
　　B. 吴某应承担部分赔偿责任
　　C. 张某应自行承担后果
　　D. 李某不是游客的安保义务人

2. 某校研究生甲下课后，发现电梯人多，便选择走楼梯。在下楼过程中，由于甲专注玩手机失足摔倒，造成中度脑震荡。对此，下列说法正确的是：（仿真金题，单选，2020 年回忆版）

　　A. 学校电梯设置不合理导致甲去走楼梯，学校应负全部责任
　　B. 学校未尽到安全保障义务，负全部责任
　　C. 学校和甲均有过错，责任各负 50%
　　D. 甲因玩手机疏忽导致损害，应责任自负

3. 某洗浴中心大堂处有醒目提示语：到店洗浴客人的贵重物品，请放前台保管。甲在更衣时因地滑摔成重伤，并摔碎了手上价值 20 万元的定情信物玉镯。经查明：因该中心雇用的清洁工乙清洁不彻底，地面湿滑导致甲摔倒。下列哪一选项是正确的？（2015-23，单选）

　　A. 甲应自行承担玉镯损失
　　B. 洗浴中心应承担玉镯的全部损失
　　C. 甲有权请求洗浴中心赔偿精神损害
　　D. 洗浴中心和乙对甲的损害承担连带责任

4. 小偷甲在某商场窃得乙的钱包后逃跑，乙发现后急追。甲逃跑中撞上欲借用商场厕所的丙，因商场地板湿滑，丙摔成重伤。下列哪些说法是错误的？（2012-67，多选）

　　A. 小偷甲应当赔偿丙的损失
　　B. 商场须对丙的损失承担补充赔偿责任

C. 乙应适当补偿丙的损失
D. 甲和商场对丙的损失承担连带责任

二十八、网络侵权

1. 丙公司系某搜索引擎运营商，旗下拥有搜索广告业务。甲公司为宣传企业购买了上述服务，并在3年内使用同行业乙公司的名称为关键词对甲公司进行商业推广。通过案涉搜索引擎搜索乙公司关键词，结果页面前两条词条均指向甲公司，而乙公司的官网词条却相对靠后。乙公司认为甲公司在网络推广时，擅自使用乙公司名称进行客户引流，侵犯了其名称权，丙公司明知上述行为构成侵权仍施以帮助，欲通过诉讼主张权利保护。对此，下列说法正确的是：（仿真金题，多选，2022年回忆版）

A. 丙公司接到乙公司被侵权的通知后，若立刻采取了删除措施，则不构成侵权
B. 丙公司对于甲公司的侵权行为应当知情，与甲公司构成共同侵权，应对乙公司承担连带责任
C. 乙公司的名称权受到了侵害，可请求停止侵害，且此权利不受时效限制
D. 甲公司的行为属于不正当竞争行为

2. 甲到乙医院做隆鼻手术效果很好。乙为了宣传，分别在美容前后对甲的鼻子进行拍照（仅见鼻子和嘴部），未经甲同意将照片发布到丙网站的广告中，介绍该照片时使用甲的真实姓名。丙网站在收到甲的异议后立即作了删除。下列哪一说法是正确的？（2011-24，单选）

A. 乙医院和丙网站侵犯了甲的姓名权，应承担连带赔偿责任
B. 乙医院和丙网站侵犯了甲的姓名权，应承担按份赔偿责任
C. 乙医院侵犯了甲的姓名权
D. 乙医院和丙网站侵犯了甲的姓名权和肖像权，但丙网站可免于承担赔偿责任

二十九、监护人责任

1. 一名5岁男孩拿着玩具棒玩耍，将三楼阳台的一个花瓶打倒掉落，砸伤了从楼下经过的快递员韩某。对此，下列说法正确的是：（仿真金题，多选，2021年回忆版）

A. 由男孩承担赔偿责任
B. 由男孩父母承担赔偿责任
C. 若快递公司承担了赔偿责任，可向男孩的父母追偿
D. 应由快递公司和男孩父母共同承担赔偿责任

2. 小甲6岁，父母离异，由其母抚养并与之共同生活。某日，小甲在幼儿园午餐时与小朋友小乙发生打斗，在场的带班老师丙未及时制止。小甲将小乙推倒在地，造成骨折，花去医药费3000元。小乙的父母欲以小甲的父母、幼儿园及丙为被告，要求赔偿。下列表述哪些是正确的？（2004-60，多选）

A. 小甲之母应承担赔偿责任　　B. 小甲之父应承担连带赔偿责任
C. 幼儿园应给予适当赔偿　　　D. 丙应承担连带责任

3. 中学生小刘邀请同学小崔、小冯等（均为14-15岁）在王某新开的饭店聚餐庆祝生日。用餐中，小崔和小冯因琐事发生争吵和扭打，饭店服务员既未劝阻也未报警。后小冯去厕所时，小崔趁其不备用汽水瓶猛击其头部，造成小冯颅脑严重损伤。关于本案民事责任的承担，下列哪些选项是正确的？（仿真金题，多选，2020年回忆版）

A. 王某应对小冯的人身损害承担连带责任
B. 小崔的监护人应对小冯的人身损害承担赔偿责任
C. 小刘的监护人应对小冯的人身损害承担赔偿责任
D. 王某应对小冯的人身损害承担补充赔偿责任

4. 甲的儿子乙（8岁）因遗嘱继承了祖父遗产10万元。某日，乙玩耍时将另一小朋友丙的眼睛划伤。丙的监护人要求甲承担赔偿责任2万元。后法院查明，甲已尽到监护职责。下列哪一说法是正确的？（2015-24，单选）

A. 因乙的财产足以赔偿丙，故不需用甲的财产赔偿
B. 甲已尽到监护职责，无需承担侵权责任
C. 用乙的财产向丙赔偿，乙赔偿后可在甲应承担的份额内向甲追偿
D. 应由甲直接赔偿，否则会损害被监护人乙的利益

5. 小牛在从甲小学放学回家的路上，将石块扔向路上正常行驶的出租车，致使乘客张某受伤，张某经治疗后脸上仍留下一块大伤疤。出租车为乙公司所有。下列哪些选项是错误的？（2008-64，多选）

A. 张某有权要求乙公司赔偿医药费及精神损害
B. 甲小学和乙公司应向张某承担连带赔偿责任
C. 张某有权要求甲小学赔偿医疗费及精神损害
D. 张某有权要求小牛的监护人赔偿医疗费及精神损害

6. 丁某在自家后院种植了葡萄，并垒起围墙。谭某（12岁）和马某（10岁）爬上围墙攀摘葡萄，在争抢中谭某将马某挤下围墙，围墙上松动的石头将马某砸伤。下列哪些选项是正确的？（2007-64，多选）

A. 丁某应当承担赔偿责任
B. 谭某的监护人应当承担民事责任
C. 马某自己有过失，应当减轻赔偿人的赔偿责任
D. 本案应适用特殊侵权规则

三十、教育机构侵权

某小学组织春游，队伍行进中某班班主任张某和其他教师闲谈，未跟进照顾本班学生。该班学生李某私自离队购买食物，与小贩刘某发生争执被打伤。对李某的人身损害，下列哪

一说法是正确的?（2009-23，单选）

A. 刘某应承担赔偿责任

B. 某小学应承担赔偿责任

C. 某小学应与刘某承担连带赔偿责任

D. 刘某应承担赔偿责任，某小学应承担相应的补充赔偿责任

三十一、用人单位工作人员侵权

1. 顾客甲逛超市，看到顾客乙的手机遗忘在商品橱柜上。因为乙的行为粗鲁，甲不愿与之交谈，于是将拾得的手机转交超市的失物招领处。超市工作人员丙正在看管顾客丁的鱼缸，不慎把鱼缸水倒泄在外，造成顾客乙的手机损坏。对此，下列说法正确的是：（仿真金题，单选，2021年回忆版）

A. 甲构成无因管理

B. 丙应承担侵权赔偿责任

C. 丙、丁应承担侵权赔偿责任

D. 甲构成拾得遗失物，转交失物招领处的行为并无不当

2. 甲是快递公司员工。2019年2月2日，甲在送快递过程中，不慎剐倒人行道上的老人王某，导致王某骨折。交警经调查认定甲负全责。后经鉴定，老人王某患有骨质疏松症，对损害发生的参与度为70%。关于本案，下列说法正确的是：（仿真金题，多选，2020年回忆版）

A. 不能减轻快递公司的责任

B. 甲应当承担部分责任

C. 甲应当承担全部责任

D. 王某不承担责任

3. 张某毕业要去外地工作，将自己贴身生活用品、私密照片及平板电脑等装箱交给甲快递公司运送。张某在箱外贴了"私人物品，严禁打开"的字条。张某到外地收到快递后察觉有异，经查实，甲公司工作人员李某曾翻看箱内物品，并损坏了平板电脑。下列哪些选项是正确的？（2015-66，多选）

A. 甲公司侵犯了张某的隐私权

B. 张某可请求甲公司承担精神损害赔偿责任

C. 张某可请求甲公司赔偿平板电脑的损失

D. 张某可请求甲公司和李某承担连带赔偿责任

4. 甲电器销售公司的安装工人李某在为消费者黄某安装空调的过程中，不慎从高处掉落安装工具，将路人王某砸成重伤。李某是乙公司的劳务派遣人员，此前曾多次发生类似小事故，甲公司曾要求乙公司另派他人，但乙公司未予换人。下列哪一选项是正确的？（2014-21，单选，根据新法改编）

A. 对王某的赔偿责任应由李某承担，黄某承担补充责任
B. 对王某的赔偿责任应由甲公司承担，乙公司承担相应责任
C. 甲公司与乙公司应对王某承担连带赔偿责任
D. 对王某的赔偿责任承担应采用过错责任原则

5. 甲赴宴饮酒，遂由有驾照的乙代驾其车，乙违章撞伤丙。交管部门认定乙负全责。以下假定情形中对丙的赔偿责任，哪些表述是正确的？（2013-67，多选）

A. 如乙是与甲一同赴宴的好友，乙不承担赔偿责任
B. 如乙是代驾公司派出的驾驶员，该公司应承担赔偿责任
C. 如乙是酒店雇佣的为饮酒客人提供代驾服务的驾驶员，乙不承担赔偿责任
D. 如乙是出租车公司驾驶员，公司明文禁止代驾，乙为获高额报酬而代驾，乙应承担赔偿责任

6. 甲是乙运输公司的雇员，乙派甲承担一批货物的长途运输任务。由于途经甲的老家，甲便想顺路回家看看。在回家途中，因车速过快与丙驾驶的轿车相撞，造成丙车毁人伤。丙的损失应由谁承担？（2008-四川-17，单选）

A. 甲
B. 乙
C. 甲、乙承担连带责任，乙赔偿后向甲追偿
D. 乙承担主要责任，甲承担补充责任

三十二、个人之间的用工关系中接受劳务一方的责任与承揽关系中的侵权责任

1. 甲委托乙看管房屋。乙因自家空调故障，委托格美公司维修，格美公司派丙前往。乙让丙顺便把甲房屋的空调一并进行维修。丙说单位不让接私活，于是喊来老乡丁维修甲的空调，不料丁在修理空调外机时不慎摔成重伤。对此，下列说法正确的是：（仿真金题，多选，2022年回忆版）

A. 甲、丁之间构成承揽合同，故甲需要对丁的损害承担全部赔偿责任
B. 乙维修甲的空调构成无因管理
C. 乙、丁之间构成承揽关系
D. 对丁的损害，乙应承担全部责任

2. 甲公司经营空调买卖业务，并负责售后免费为客户安装。乙为专门从事空调安装服务的个体户。甲公司因安装人员不足，临时叫乙自备工具为其客户丙安装空调，并约定了报酬。乙在安装中因操作不慎坠楼身亡。下列哪些说法是正确的？（2005-62，多选）

A. 甲公司和乙之间是临时雇佣合同法律关系
B. 甲公司和乙之间是承揽合同法律关系
C. 甲公司应承担适当赔偿责任

D. 甲公司不应承担赔偿责任

3. 甲在乙承包的水库游泳，乙的雇工丙、丁误以为甲在偷鱼苗将甲打伤。下列哪一说法是正确的？（2009-22，单选）

A. 乙、丙、丁应承担连带责任

B. 丙、丁应先赔偿甲的损失，再向乙追偿

C. 只能由丙、丁承担连带责任

D. 只能由乙承担赔偿责任

三十三、 帮工关系中的侵权

1. 甲家盖房，邻居乙、丙前来帮忙。施工中，丙因失误从高处摔下受伤，乙不小心撞伤小孩丁。下列哪些表述是正确的？（2014-66，多选）

A. 对丙的损害，甲应承担赔偿责任，但可减轻其责任

B. 对丙的损害，甲不承担赔偿责任，但可在受益范围内予以适当补偿

C. 对丁的损害，甲应承担赔偿责任

D. 对丁的损害，甲应承担补充赔偿责任

2. 甲为父亲祝寿宴请亲友，请乙帮忙买酒，乙骑摩托车回村途中被货车撞成重伤，公安部门认定货车司机丙承担全部责任。经查：丙无赔偿能力。丁为货车车主，该货车一年前被盗，未买任何保险。关于乙人身损害的赔偿责任承担，下列哪一选项是正确的？（2010-24，单选）

A. 甲承担全部赔偿责任　　　　B. 甲予以补偿

C. 丁承担全部赔偿责任　　　　D. 丁予以适当补偿

三十四、 产品责任侵权

1. 大学生甲在寝室复习功课，隔壁寝室的学生乙、丙到甲寝室强烈要求甲打开电视观看足球比赛，甲只好照办。由于质量问题，电视机突然爆炸，甲乙丙三人均受重伤。关于三人遭受的损害，下列哪一选项是正确的？（2010-21，单选）

A. 甲可要求电视机的销售者承担赔偿责任

B. 甲可要求乙、丙承担损害赔偿责任

C. 乙、丙无权要求电视机的销售者承担赔偿责任

D. 乙、丙有权要求甲承担损害赔偿责任

2. 李某用100元从甲商场购买一只电热壶，使用时因漏电致李某手臂灼伤，花去医药费500元。经查该电热壶是乙厂生产的。下列哪一表述是正确的？（2013-15，单选）

A. 李某可直接起诉乙厂要求其赔偿500元损失

B. 根据合同相对性原理，李某只能要求甲商场赔偿500元损失

C. 如李某起诉甲商场，则甲商场的赔偿范围以 100 元为限

D. 李某只能要求甲商场更换电热壶，500 元损失则只能要求乙厂承担

3. 甲系某品牌汽车制造商，发现已投入流通的某款车型刹车系统存在技术缺陷，即通过媒体和销售商发布召回该款车进行技术处理的通知。乙购买该车，看到通知后立即驱车前往丙销售公司，途中因刹车系统失灵撞上大树，造成伤害。下列哪些说法是正确的？（2011-67，多选）

A. 乙有权请求甲承担赔偿责任

B. 乙有权请求丙承担赔偿责任

C. 乙有权请求惩罚性赔偿

D. 甲的责任是无过错责任

三十五、 机动车交通事故侵权

周某从迅达汽车贸易公司购买了 1 辆车，约定周某试用 10 天，试用期满后 3 天内办理登记过户手续。试用期间，周某违反交通规则将李某撞成重伤。现周某困难，无力赔偿。关于李某受到的损害，下列哪一表述是正确的？（2011-6，单选）

A. 因在试用期间该车未交付，李某有权请求迅达公司赔偿

B. 因该汽车未过户，不知该汽车已经出卖，李某有权请求迅达公司赔偿

C. 李某有权请求周某赔偿，因周某是该汽车的使用人

D. 李某有权请求周某和迅达公司承担连带赔偿责任，因周某和迅达公司是共同侵权人

三十六、 医疗事故侵权

田某突发重病神志不清，田父将其送至医院，医院使用进口医疗器械实施手术，手术失败，田某死亡。田父认为医院在诊疗过程中存在一系列违规操作，应对田某的死亡承担赔偿责任。关于本案，下列哪一选项是正确的？（2016-23，单选）

A. 医疗损害适用过错责任原则，由患方承担举证责任

B. 医院实施该手术，无法取得田某的同意，可自主决定

C. 如因医疗器械缺陷致损，患方只能向生产者主张赔偿

D. 医院有权拒绝提供相关病历，且不会因此承担不利后果

三十七、 物件致人损害责任

1. 甲去乙家玩，在阳台打开窗户抽烟。关窗户时，甲不慎将阳台上的花瓶碰落，砸伤了楼下的行人丙。关于本案的损害赔偿责任，下列说法正确的是：（仿真金题，多选，2022 年回忆版）

A. 乙应当承担赔偿责任

B. 丙主张乙承担赔偿责任，应当证明乙有过错

C. 乙承担赔偿责任后，可向甲追偿
D. 由于甲的原因导致侵权，故应由甲直接承担赔偿责任

2. 金某回家需经过小区一内部道路，因有辆皮卡在路上违规停放多日，物业未做处理，金某只好绕道而行，不料大风吹落 19 楼史某家阳台上的木质晾衣杆，正好砸中金某，致金某重伤。关于金某的人身损害赔偿，下列说法正确的是：（仿真金题，多选，2021 年回忆版）

A. 史某应承担赔偿责任
B. 史某与物业公司应承担连带责任
C. 物业公司应承担补充责任
D. 应按照高空抛物处理

3. 甲在外地务工。一日，暴雨导致甲家的一面院墙倒塌了一半，砸到了邻居乙的摩托车。乙修理了摩托车，并雇人清理倒在自家院子里的砖石，但是并未清理完成。由于年久失修，甲另外半截院墙也有倒塌危险。对此，下列说法正确的是：（仿真金题，多选，2021 年回忆版）

A. 乙可以请求甲赔偿摩托车修理费
B. 乙可以请求甲修补另外半截未倒塌的院墙
C. 乙可以请求甲赔偿清理砖石的费用
D. 乙可以请求甲赔偿清理剩余砖石的可能费用

4. 甲、乙、丙按不同的比例共有一套房屋，约定轮流使用。在甲居住期间，房屋廊檐脱落砸伤行人丁。下列哪些选项是正确的？（2009-54，多选）

A. 甲、乙、丙如不能证明自己没有过错，应对丁承担连带赔偿责任
B. 丁有权请求甲承担侵权责任
C. 如甲承担了侵权责任，则乙、丙应按各自份额分担损失
D. 本案侵权责任适用过错责任原则

三十八、高空抛物侵权

1. 甲路过一栋楼时被高空坠落的一个晾衣架砸伤，花费医药费 2 万元。下列说法正确的是：（仿真金题，单选，2020 年回忆版）

A. 派出所、物业公司、二楼以上业主承担连带责任
B. 派出所有义务调查
C. 物业公司承担全部赔偿责任
D. 二楼以上住户承担补充责任，除非能证明自己不是侵权人

2. 张小飞邀请关小羽来家中做客，关小羽进入张小飞所住小区后，突然从小区的高楼内抛出一块砚台，将关小羽砸伤。关于砸伤关小羽的责任承担，下列哪一选项是正确的？（2016-24，单选）

A. 张小飞违反安全保障义务，应承担侵权责任

B. 顶层业主通过证明当日家中无人，可以免责
C. 小区物业违反安全保障义务，应承担侵权责任
D. 如查明砚台系从 10 层抛出，10 层以上业主仍应承担补充责任

三十九、 地下设施侵权

1. 4 名行人正常经过北方牧场时跌入粪坑，1 人获救 3 人死亡。据查，当地牧民为养草放牧，储存牛羊粪便用于施肥，一家牧场往往挖有三四个粪坑，深者达三四米，之前也发生过同类事故。关于牧场的责任，下列哪些选项是正确的？（2016-67，多选）

A. 应当适用无过错责任原则
B. 应当适用过错推定责任原则
C. 本案情形已经构成不可抗力
D. 牧场管理人可通过证明自己尽到管理职责而免责

2. 甲公司铺设管道，在路中挖一深坑，设置了路障和警示标志。乙驾车撞倒全部标志，致丙骑摩托车路经该地时避让不及而驶向人行道，造成丁轻伤。对丁的损失，下列哪一选项是正确的？（2007-18，单选）

A. 应由乙承担赔偿责任
B. 应由甲和乙共同承担赔偿责任
C. 应由乙和丙共同承担赔偿责任
D. 应由甲、乙和丙共同承担赔偿责任

四十、 饲养动物侵权

1. 甲将数箱蜜蜂放在自家院中槐树下采蜜。在乙家帮忙筹办婚宴的丙在帮乙喂猪时忘关猪圈，猪冲入甲家院内，撞翻蜂箱，使来甲家串门的丁被蜇伤，经住院治疗后痊愈。下列哪一种说法是正确的？（2005-2，单选）

A. 甲应对丁的医疗费用承担全部民事责任
B. 乙应对丁的医疗费用承担全部民事责任
C. 丙应对丁的医疗费用承担全部民事责任
D. 乙和丙应对丁的医疗费用承担连带责任

2. 赵某受钱某邀请，带着于某的宠物狗去住在三楼的钱某家玩儿，并将狗放在钱某家阳台晒太阳。钱某提醒赵某，狗有摔下的危险。果然，狗在阳台上玩耍时摔下，砸伤了正常行走的路人杨某。关于杨某的主张，下列哪些说法是正确的？（仿真金题，多选，2019 年回忆版）

A. 可请求钱某承担动物饲养人或管理人员的侵权责任
B. 可请求钱某承担建筑物管理人的侵权责任
C. 可请求赵某承担动物饲养人或管理人员的侵权责任

D. 可请求于某承担动物饲养人或管理人的侵权责任

3. 王某因全家外出旅游，请邻居戴某代为看管其饲养的宠物狗。戴某看管期间，张某偷狗，被狗咬伤。关于张某被咬伤的损害，下列哪一选项是正确的？（2017-24，单选）
   A. 王某应对张某所受损害承担全部责任
   B. 戴某应对张某所受损害承担全部责任
   C. 王某和戴某对张某损害共同承担全部责任
   D. 王某或戴某不应对张某损害承担全部责任

4. 关于动物致害侵权责任的说法，下列哪些选项是正确的？（2015-67，多选）
   A. 甲8周岁的儿子翻墙进入邻居院中玩耍，被院内藏獒咬伤，邻居应承担侵权责任
   B. 小学生乙和丙放学途经养狗的王平家，丙故意逗狗，狗被激怒咬伤乙，只能由丙的监护人对乙承担侵权责任
   C. 丁下夜班回家途经邻居家门时，未看到邻居饲养的小猪趴在路上而绊倒摔伤，邻居应承担侵权责任
   D. 戊带女儿到动物园游玩时，动物园饲养的老虎从破损的虎笼蹿出将戊女儿咬伤，动物园应承担侵权责任

5. 李某赶着马车运货，某食品店开业燃放爆竹（该地并不禁止燃放爆竹），马受惊，带车向前狂奔，李某拉扯不住，眼看惊马向刚放学的小学生冲去，张某见状拦住惊马，但是被惊马踢伤。关于张某的损害，下列哪些选项是正确的？（2008-四川-67，多选）
   A. 李某应承担赔偿责任
   B. 李某和食品店应承担连带赔偿责任
   C. 如李某无力赔偿，张某有权要求小学生的监护人适当补偿
   D. 李某承担赔偿责任，食品店承担补充赔偿责任

四十一、环境污染侵权

甲、乙、丙三家公司生产三种不同的化工产品，生产场地的排污口相邻。某年，当地大旱导致河水水位大幅下降，三家公司排放的污水混合发生化学反应，产生有毒物质致使河流下游丁养殖场的鱼类大量死亡。经查明，三家公司排放的污水均分别经过处理且符合国家排放标准。后丁养殖场向三家公司索赔。下列哪一选项是正确的？（2015-22，单选）
   A. 三家公司均无过错，不承担赔偿责任
   B. 三家公司对丁养殖场的损害承担连带责任
   C. 本案的诉讼时效是2年
   D. 三家公司应按照污染物的种类、排放量等因素承担责任

PART 04
第四章　婚姻家庭

1. 单身的甲（男）和乙（女）因一次偶遇，互有好感。一周后，二人登记结婚。婚后，甲、乙经常吵架。2022 年 3 月 1 日，二人去民政局申请离婚登记。几天后，甲反悔。对此，下列说法正确的是：（仿真金题，多选，2022 年回忆版）

A. 自申请离婚之日起 30 日之内，任何一方反悔，可撤回申请
B. 申请离婚之日起满 30 日后的 30 日内，任何一方均可向登记机关申请发给离婚证
C. 申请离婚之日起满 30 日后的 30 日内，若不申请发给离婚证的视为撤回离婚申请
D. 申请离婚之日起满 30 日后的 30 日内，双方可委托他人代为申请发给离婚证

2. 2022 年 3 月 28 日，甲（女）被其姑姑的儿子乙强逼结婚登记，甲内心不同意，欲通过法律维护自己的权益，乙于是将甲拘禁在家中。2022 年 6 月 1 日，甲成功逃离。对于本案婚姻的效力问题，下列说法正确的是：（仿真金题，多选，2022 年回忆版）

A. 由于被胁迫结婚，甲可主张撤销婚姻
B. 甲主张撤销婚姻的权利因被拘禁而发生中止
C. 主张婚姻无效的主体只能是甲
D. 甲提起撤销婚姻之诉，法院审理中发现婚姻无效事由，应判决婚姻无效

3. 下列属于夫妻共同财产的是：（仿真金题，多选，2022 年回忆版）

A. 结婚登记后一方收到的礼金
B. 婚前获得著作权，婚后获得的稿酬
C. 婚后一方取得的企业破产安置费
D. 男方给女方的父母支付的彩礼，婚后女方父母将彩礼交还女方

4. 20 岁的甲（男）与 21 岁的乙（女）经相亲认识，后来结婚。婚后一年二人经常吵架，乙才知道甲的真实年龄。根据我国《民法典》的规定，对二人的婚姻乙可主张：（仿真金题，单选，2022 年回忆版）

A. 因欺诈可撤销　　　　　　　B. 因瑕疵可撤销
C. 婚姻有效　　　　　　　　　D. 婚姻无效

5. 甲（男，29 岁）和乙（女，31 岁）再婚。甲与前妻育有一子 3 岁、一女 5 岁，乙与前夫育有一女 5 岁、一女 7 岁。经甲的前妻和乙的前夫同意，甲、乙决定收养所有子女，组成 6 人家庭。对此，下列哪一说法是正确的？（仿真金题，单选，2022 年回忆版）

112

A. 即使甲的前妻或乙的前夫没有无力抚养子女的特殊困难，甲、乙也能收养全部子女
B. 甲只能收养乙的女儿中的一个
C. 乙已满30岁，可以收养甲的子女
D. 甲未满30岁，不能收养乙的女儿

6. 张某和齐某为夫妻，育有一子张甲。二人离婚后，张甲随母亲齐某生活，后齐某与赵某结婚。暑假期间，张某把张甲接到家中居住几日，发现张甲的姓名变为了赵甲。后赵甲入学于私立学校，学费大增。下列选项正确的是：（仿真金题，多选，2021年回忆版）
A. 张某有权因齐某私自为张甲改名而不支付抚养费
B. 张甲改名为赵甲，张某的监护义务终止
C. 齐某应为张某探望儿子提供便利
D. 赵甲有权起诉要求张某增加抚养费

7. 甲、乙结婚后，乙在家照顾幼女，甲外出打工。丙向法院起诉甲欠其巨额负债，乙知道后经多方打听，才知道甲嗜赌成性，打工期间欠下丙大额赌债。后乙多次对甲进行劝阻，甲依旧不听，无奈，乙向法院申请离婚。对此，下列说法正确的是：（仿真金题，单选，2021年回忆版）
A. 甲在婚后所欠赌债，乙需负偿还责任
B. 法院可不予调解，直接判决甲、乙离婚
C. 因甲嗜赌成性，法院应判决乙获得女儿的抚养权
D. 甲在婚前不知乙嗜赌成性，可基于被欺诈申请撤销婚姻

8. 王某与顾某婚后育有一子，后经法院判决两人离婚，儿子由王某抚养，顾某每月可探望两次。后顾某因多次探望儿子被拒，向法院申请强制执行。关于法院采取的措施，下列哪些选项是正确的？（仿真金题，多选，2021年回忆版）
A. 可对王某采取罚款措施
B. 可将孩子带到指定场所由顾某探望
C. 可将顾某带到王某住处探望孩子
D. 可对王某采取拘留措施

9. 陈某和李某结婚，生育儿子李小航。三年后二人离婚，李小航跟随陈某生活，李某一次性给付了抚养费。后陈某将李小航改名为陈小航，陈小航的同学刁某嘲笑他，陈小航殴打了刁某。对于刁某损害的责任承担问题，下列说法正确的是：（仿真金题，多选，2021年回忆版）
A. 应由陈某承担责任
B. 应由李某承担责任
C. 一次性给付抚养费违法
D. 李小航改名为陈小航合法

10. 59岁的甲男与25岁的乙女约定，若乙好好照顾甲，婚后甲就将自己名下的唯一一套住房赠与乙，乙表示同意。婚后，甲如约将房屋过户给了乙，乙对甲冷漠至极，并将甲赶出家门。对此，下列说法正确的是：（仿真金题，单选，2020年回忆版）

A. 甲可向法院主张撤销该婚姻　　B. 甲可主张与乙之间的婚姻无效
C. 甲可撤销对于乙的赠与　　　　D. 赠与是真实意思，甲不能撤销

11. 老谭和妻子郭某一起居住在单位公租房，后来郭某去世，老谭雇佣保姆赵某照顾自己。后二人结婚，婚后老谭领取退休金10万元，购买了此房产并登记在自己名下。下列选项正确的是：（仿真金题，单选，2019年回忆版）

A. 该房产属于老谭个人财产
B. 退休金属于老谭个人财产
C. 房产属于老谭和赵某的共同房产
D. 房产属于老谭和郭某的共同房产

12. 高甲患有精神病，其父高乙为监护人。2009年高甲与陈小美经人介绍认识，同年12月陈小美以其双胞胎妹妹陈小丽的名义与高甲登记结婚，2011年生育一子高小甲。2012年高乙得知儿媳的真实姓名为陈小美，遂向法院起诉。诉讼期间，陈小美将一直由其抚养的高小甲户口迁往自己原籍，并将高小甲改名为陈龙，高乙对此提出异议。下列哪一选项是正确的？（2017-17，单选）

A. 高甲与陈小美的婚姻属无效婚姻
B. 高甲与陈小美的婚姻属可撤销婚姻
C. 陈小美为高小甲改名的行为侵害了高小甲的合法权益
D. 陈小美为高小甲改名的行为未侵害高甲的合法权益

13. 刘男按当地习俗向戴女支付了结婚彩礼现金10万元及金银首饰数件，婚后不久刘男即主张离婚并要求返还彩礼。关于该彩礼的返还，下列哪些选项是正确的？（2017-18，根据新司法解释改为多选）

A. 因双方已办理结婚登记，故不能主张返还
B. 刘男主张彩礼返还，不以双方离婚为条件
C. 已办理结婚登记，未共同生活的，可主张返还
D. 已办理结婚登记，并已共同生活的，仍可主张返还

14. 小强现年9周岁，生父谭某已故，生母徐某虽有抚养能力，但因准备再婚决定将其送养。徐某的姐姐要求收养，其系华侨富商，除已育有一子外符合收养人的其他条件；谭某父母为退休教师，也要求抚养。下列哪一选项是正确的？（2017-19，单选）

A. 徐某因有抚养能力不能将小强送其姐姐收养
B. 徐某的姐姐因有子女不能收养小强
C. 谭某父母有优先抚养的权利
D. 收养应征得小强同意

15. 乙女与甲男婚后多年未生育，后甲男发现乙女因不愿生育曾数次擅自中止妊娠，为此甲男多次殴打乙女。乙女在被打住院后诉至法院要求离婚并请求损害赔偿，甲男以生育权被侵害为由提起反诉，请求乙女赔偿其精神损害。法院经调解无效，拟判决双方离婚。下列

哪些选项是正确的？（2017-65，多选）

  A. 法院应支持乙女的赔偿请求
  B. 乙女侵害了甲男的生育权
  C. 乙女侵害了甲男的人格尊严
  D. 法院不应支持甲男的赔偿请求

16. 乙起诉离婚时，才得知丈夫甲此前已着手隐匿并转移财产。关于甲、乙离婚的财产分割，下列哪一选项是错误的？（2016-18，单选）

  A. 甲隐匿转移财产，分割财产时可少分或不分
  B. 就履行离婚财产分割协议事宜发生纠纷，乙可再起诉
  C. 离婚后发现甲还隐匿其他共同财产，乙可另诉再次分割财产
  D. 离婚后因发现甲还隐匿其他共同财产，乙再行起诉不受诉讼时效限制

17. 钟某性情暴躁，常殴打妻子柳某，柳某经常找同村未婚男青年杜某诉苦排遣，日久生情。现柳某起诉离婚，关于钟、柳二人的离婚财产处理事宜，下列哪一选项是正确的？（2016-19，单选）

  A. 针对钟某家庭暴力，柳某不能向其主张损害赔偿
  B. 针对钟某家庭暴力，柳某不能向其主张精神损害赔偿
  C. 如柳某婚内与杜某同居，则柳某不能向钟某主张损害赔偿
  D. 如柳某婚内与杜某同居，则钟某可以向柳某主张损害赔偿

18. 刘山峰、王翠花系老夫少妻，刘山峰婚前个人名下拥有别墅一栋。关于婚后该别墅的归属，下列哪一选项是正确的？（2016-20，单选）

  A. 该别墅不可能转化为夫妻共同财产
  B. 婚后该别墅自动转化为夫妻共同财产
  C. 婚姻持续满八年后该别墅即依法转化为夫妻共同财产
  D. 刘、王可约定婚姻持续八年后该别墅转化为夫妻共同财产

19. 屈赞与曲玲协议离婚并约定婚生子屈曲由屈赞抚养，另口头约定曲玲按其能力给付抚养费并可随时探望屈曲。对此，下列哪些选项是正确的？（2016-65，多选）

  A. 曲玲有探望权，屈赞应履行必要的协助义务
  B. 曲玲连续几年对屈曲不闻不问，违背了法定的探望义务
  C. 屈赞拒不履行协助曲玲探望的义务，经由裁判可依法对屈赞采取拘留、罚款等强制措施
  D. 屈赞拒不履行协助曲玲探望的义务，经由裁判可依法强制从屈赞处接领屈曲与曲玲会面

20. 胡某与黄某长期保持不正当关系，胡某以二人生活为蓝本创作小说并发表。后胡某迫于父母压力娶陈某为妻，结婚时陈某父母赠与一套房屋，登记在陈某和胡某名下。婚后，胡某收到出版社支付的小说版税10万元。此后，陈某得知胡某在婚前和婚后一直与黄某保持不正当关系，非常痛苦。下列哪一说法是正确的？（2015-20，单选，有改编）

  A. 胡某隐瞒重大事实，导致陈某结婚的意思表示不真实，陈某可请求撤销该婚姻

B. 陈某受欺诈而登记结婚，导致陈某父母赠与房屋意思表示不真实，陈某父母可撤销赠与

C. 该房屋不属于夫妻共同财产

D. 10 万元版税属于夫妻共同财产

21. 大伟与小伟是双胞胎。大伟与小芳打算在情人节当天结婚登记，但是，大伟前两天意外遭遇车祸，为不耽搁情人节当天领证，让弟弟小伟顶替自己去民政局领取了结婚证。后大伟在住院期间与一护士产生情愫，大伟遂以非本人登记结婚为由申请法院判决宣告其与小芳的婚姻无效。对此，下列说法正确的是：（仿真金题，单选，2018 年回忆版）

A. 法院应判决大伟与小芳的婚姻无效

B. 法院应判决撤销大伟与小芳的婚姻

C. 法院应准予大伟与小芳离婚

D. 法院应判决驳回大伟的申请

22. 董楠（男）和申蓓（女）是美术学院同学，共同创作一幅油画作品《爱你一千年》。毕业后二人结婚育有一女。董楠染上吸毒恶习，未经申蓓同意变卖了《爱你一千年》，所得款项用于吸毒。因董楠恶习不改，申蓓在女儿不满 1 周岁时提起离婚诉讼。下列哪些说法是正确的？（2015-65，多选）

A. 申蓓虽在分娩后 1 年内提出离婚，法院应予受理

B. 如调解无效，应准予离婚

C. 董楠出售《爱你一千年》侵犯了申蓓的物权和著作权

D. 对董楠吸毒恶习，申蓓有权请求离婚损害赔偿

23. 甲（男）、乙（女）结婚后，甲承诺，在子女出生后，将其婚前所有的一间门面房，变更登记为夫妻共同财产。后女儿丙出生，但甲不愿兑现承诺，导致夫妻感情破裂离婚，女儿丙随乙一起生活。后甲又与丁（女）结婚。未成年的丙因生重病住院急需医疗费 20 万元，甲与丁签订借款协议从夫妻共同财产中支取该 20 万元。下列哪一表述是错误的？（2014-23，单选）

A. 甲与乙离婚时，乙无权请求将门面房作为夫妻共同财产分割

B. 甲与丁的协议应视为双方约定处分共同财产

C. 如甲、丁离婚，有关医疗费按借款协议约定处理

D. 如丁不同意甲支付医疗费，甲无权要求分割共有财产

24. 甲乙夫妻的下列哪一项婚后增值或所得，属于夫妻共同财产？（2013-23，单选）

A. 甲婚前承包果园，婚后果树上结的果实

B. 乙婚前购买的 1 套房屋升值了 50 万元

C. 甲用婚前的 10 万元婚后投资股市，得利 5 万元

D. 乙婚前收藏的玉石升值了 10 万元

25. 甲与乙结婚多年后，乙患重大疾病需要医治，甲保管夫妻共同财产但拒绝向乙提供

治疗费，致乙疾病得不到及时治疗而恶化。下列哪一说法是错误的？（2012-23，单选）

A. 乙在婚姻关系存续期间，有权起诉请求分割夫妻共同财产
B. 乙有权提出离婚诉讼并请求甲损害赔偿
C. 乙在离婚诉讼中有权请求多分夫妻共同财产
D. 乙有权请求公安机关依照《治安管理处罚法》对甲予以行政处罚

26. 黄某与唐某自愿达成离婚协议并约定财产平均分配，婚姻关系存续期间的债务全部由唐某偿还。经查，黄某以个人名义在婚姻存续期间向刘某借款 10 万元用于购买婚房。下列哪一表述是正确的？（2011-21，单选）

A. 刘某只能要求唐某偿还 10 万元
B. 刘某只能要求黄某偿还 10 万元
C. 如黄某偿还了 10 万元，则有权向唐某追偿 10 万元
D. 如唐某偿还了 10 万元，则有权向黄某追偿 5 万元

27. 甲与乙登记结婚 3 年后，乙向法院请求确认该婚姻无效。乙提出的下列哪一理由可以成立？（2011-22，单选）

A. 乙登记结婚的实际年龄离法定婚龄相差 2 年
B. 甲婚前谎称是海归博士且有车有房，乙婚后发现上当受骗
C. 甲与乙是表兄妹关系
D. 甲以揭发乙父受贿为由胁迫乙结婚

28. 甲与乙离婚，甲乙的子女均已成年，与乙一起生活。甲与丙再婚后购买了一套房屋，登记在甲的名下。后甲因中风不能自理，常年卧床。丙见状离家出走达 3 年之久。甲乙的子女和乙想要回房屋，进行法律咨询。下列哪些意见是错误的？（2011-52，多选）

A. 因房屋登记在甲的名下，故属于甲个人房产
B. 丙在甲中风后未尽妻子责任和义务，不能主张房产份额
C. 甲乙的子女可以申请宣告丙失踪
D. 甲本人向法院提交书面意见后，甲乙的子女可代理甲参与甲与丙的离婚诉讼

29. 2003 年 5 月王某（男）与赵某结婚，双方书面约定婚后各自收入归个人所有。2005 年 10 月王某用自己的收入购置一套房屋。2005 年 11 月赵某下岗，负责照料女儿及王某的生活。2008 年 8 月王某提出离婚，赵某得知王某与张某已同居多年。法院应支持赵某的下列哪些主张？（2009-66，多选）

A. 赵某因抚育女儿、照顾王某生活付出较多义务，王某应予以补偿
B. 离婚后赵某没有住房，应根据公平原则判决王某购买的住房属于夫妻共同财产
C. 王某与张某同居导致离婚，应对赵某进行赔偿
D. 张某与王某同居破坏其家庭，应向赵某赔礼道歉

30. 吴某（女）16 岁，父母去世后无其他近亲，吴某的舅舅孙某（50 岁，离异，有一个 19 岁的儿子）提出愿将吴某收养。孙某咨询律师收养是否合法，律师的下列哪一项答复

是正确的？（2008-18，单选）

　　A. 吴某已满 16 岁，不能再被收养

　　B. 孙某与吴某年龄相差未超过 40 岁，不能收养吴某

　　C. 孙某已有子女，不能收养吴某

　　D. 孙某可以收养吴某

31. 甲、乙结婚多年，因甲沉迷于网络游戏，双方协议离婚，甲同意家庭的主要财产由乙取得。离婚后不久，乙发现甲曾在婚姻存续期间私自购买了两处房产并登记在自己名下，于是起诉甲，要求再次分割房产并要求甲承担损害赔偿责任。下列哪些选项是正确的？（2008-68，多选）

　　A. 乙无权要求甲承担损害赔偿责任

　　B. 法院应当将两处房产都判给乙

　　C. 请求分割房产的诉讼时效，为乙发现或者应当发现甲的隐藏财产行为之日起两年

　　D. 若法院判决乙分得房产，则乙在判决生效之日即取得房屋所有权

32. 甲乙是夫妻，甲在婚前发表小说《昨天》，婚后获得稿费。乙在婚姻存续期间发表了小说《今天》，离婚后第二天获得稿费。甲在婚姻存续期间创作小说《明天》，离婚后发表并获得稿费。下列哪一选项是正确的？（2007-16，单选）

　　A.《昨天》的稿费属于甲婚前个人财产

　　B.《今天》的稿费属于夫妻共同财产

　　C.《明天》的稿费属于夫妻共同财产

　　D.《昨天》《今天》和《明天》的稿费都属于夫妻共同财产

33. 张某和柳某婚后开了一家美发店，由柳某经营。二人自 2005 年 6 月起分居，张某于 2005 年 12 月向当地法院起诉离婚。审理中查明，柳某曾于 2005 年 9 月向他人借款 2 万元用于美发店的经营。下列哪些选项是正确的？（2007-67，多选）

　　A. 该美发店属于夫妻共同财产

　　B. 该债务是夫妻共同债务，应以共同财产清偿

　　C. 该债务是夫妻共同债务，张某应承担一半的清偿责任

　　D. 该债务系二人分居之后所负，不是用于夫妻共同生活，应由柳某独自承担清偿责任

PART 05
第五章 继 承

1. 甲与乙系好友。2023年1月15日，甲亲笔书写遗嘱一份，签名并注明日期。后甲觉得自己手写的遗嘱字迹潦草，遂找两位同事帮忙将该遗嘱内容打印出来并进行见证。两位同事分别在打印遗嘱上签名并注明日期。打印遗嘱共三页，第一页载明将汽车遗赠给乙，第二页载明以唯一住房为乙设定居住权，第三页载明住房由儿子丙继承。立遗嘱后，甲将两份遗嘱都交给乙保管。2023年5月15日，甲去世，丙系甲的唯一继承人，但不知道甲立有遗嘱。5月30日，丙将甲的汽车和房屋过户登记到自己名下。6月15日，乙得知甲去世，遂向丙表示接受遗赠，要求丙配合申请居住权登记。此时，丙发现打印遗嘱的第二页没有甲的签名，主张打印遗嘱无效，乙没有居住权。对此，下列说法正确的是：（仿真金题，多选，2023年回忆版）

A. 打印遗嘱只有未签名的第二页无效，其他两页有效
B. 由于第二页打印遗嘱无效，故丙不能获得居住权
C. 5月30日丙获得房屋和汽车的所有权
D. 5月15日甲去世时，乙即可获得居住权，丙应配合办理居住权登记

2. 王某2014年丧偶，其子女甲、乙二人均已工作。2015年5月，王某在邻居张律师的见证下，当着甲、乙的面书写了遗嘱：本人去世后，名下两套房产由甲、乙分别继承。同年6月，王某因在报纸上读到有关遗产税的新闻，便找来甲、乙二人，与其虚构了房屋买卖文书。2015年7月，王某将房产分别过户至甲、乙名下。此后，王某与甲共同生活。2022年10月，王某因遭受甲的虐待，向甲表示撤回遗嘱，并要求甲返还房屋。甲声称王某将房产过户给自己已经超过了3年，过了诉讼时效，拒绝归还房屋。经查，甲已经在2020年将房屋以市价卖给了不知情的丙，王某对此不知情。对此，下列说法正确的是：（仿真金题，多选，2023年回忆版）

A. 王某撤回遗嘱的行为无效，因为没有见证人
B. 王某与甲、乙签订的房屋买卖合同无效
C. 王某撤回遗嘱后，不能请求甲返还房屋，但可主张房屋价款范围内的赔偿
D. 丙可构成善意取得，对王某没有返还的义务

3. 张甲父母双亡，与其妹妹张乙及张乙的孩子张丙去旅游，途中遭车祸，张乙先死亡，张甲当晚死亡，张丙次日死亡。经查，张甲一直单身，张乙另有一子张丁，张丙育有一子张戊。下列选项正确的是：（仿真金题，多选，2022年回忆版）

A. 死亡赔偿金不是张甲的遗产范围

B. 张甲的遗产无人继承，应归国家或集体所有

C. 张丁可以代位继承张甲的遗产

D. 张戊可以转继承由张丙代位继承的张甲的遗产

4. 张某和李某系夫妻，育有一子张甲，一女张乙。张甲于2017年意外去世，留有一女小丽。张某于2020年死亡，生前拥有个人房产一套，遗嘱中写明由李某继承。关于张某房产的继承，下列表述正确的是：（仿真金题，多选，2021年回忆版）

A. 继承人自该房产变更登记后取得所有权

B. 继承人自张某死亡时取得该房产的所有权

C. 李某可通过张某的遗嘱继承该房产

D. 小丽可通过代位继承，要求对该房产进行遗产分割

5. 甲致乙重伤残疾。乙立自书遗嘱，房屋、存款均由女儿丙继承，儿子丁不继承。后丁以杀害丙相威胁，虽未遂，但乙还是更改了遗嘱，改为所有财产均由丁继承。不久，乙病重送到医院抢救未成功，死前由两名护士见证，口头设立遗嘱：房屋归丙，存款丙、丁一人一半。下列选项正确的是：（仿真金题，单选，2021年回忆版）

A. 丁可以继承残疾赔偿金　　　　B. 丁可以继承精神损害赔偿金

C. 房屋由丙继承　　　　　　　　D. 存款由丙、丁按一人一半继承

6. 黄某育有一子黄伟和一女黄美。黄美和前夫赵某育有一女赵小乐，和黄美一起生活。后黄美和卢某再婚。卢某和前妻育有一子卢小乐，和卢某一起生活。2020年1月，黄美死亡。其后不久，黄某去世，留下3套房产。对此3套房产，谁有资格继承？（仿真金题，多选，2021年回忆版）

A. 黄伟　　　　　　　　　　　　B. 赵小乐

C. 卢某　　　　　　　　　　　　D. 卢小乐

7. 老王有一独生子王一，婚后未生育即去世。儿媳一直照顾老王生活。后来儿媳与田某再婚，三年前生下儿子小田。一年前儿媳去世，半年前田某去世。若老王去世，则关于小田的继承问题，下列说法正确的是：（仿真金题，单选，2018年回忆版）

A. 代位继承　　　　　　　　　　B. 转继承

C. 无继承权　　　　　　　　　　D. 分得适当财产

8. 周男与吴女婚姻关系存续期间，又与郑女形成非法同居关系。周男病故前立有遗嘱：一半遗产归郑女。周男生前与吴女育有一子小周，与郑女育有一女小郑。下列哪些人可继承遗产？（仿真金题，多选，2018年回忆版）

A. 吴女　　　　　　　　　　　　B. 小周

C. 郑女　　　　　　　　　　　　D. 小郑

9. 韩某于2017年3月病故，留有住房1套、存款50万元、名人字画10余幅及某有限责任公司股权等遗产。韩某在2014年所立第一份自书遗嘱中表示全部遗产由其长子韩大继

承。在2015年所立第二份自书遗嘱中,韩某表示其死后公司股权和名人字画留给7岁的外孙女婷婷。2017年6月,韩大在未办理韩某遗留房屋所有权变更登记的情况下以自己的名义与陈卫订立了商品房买卖合同。下列哪些选项是错误的?(2017-66,多选)

  A. 韩某的第一份遗嘱失效

  B. 韩某的第二份遗嘱无效

  C. 韩大与陈卫订立的商品房买卖合同无效

  D. 婷婷不能取得某有限责任公司股东资格

10. 贡某立公证遗嘱:死后财产全部归长子贡文所有。贡文知悉后,自书遗嘱:贡某全部遗产归弟弟贡武,自己全部遗产归儿子贡小文。贡某随后在贡文遗嘱上书写:同意,但还是留10万元给贡小文。其后,贡文先于贡某死亡。关于遗嘱的效力,下列哪些选项是正确的?(2016-21,根据新法为多选)

  A. 贡某遗嘱已被其通过书面方式变更

  B. 贡某遗嘱因贡文先死亡而不生效力

  C. 贡文遗嘱被贡某修改的部分合法有效

  D. 贡文遗嘱涉及处分贡某财产的部分有效

11. 熊某与杨某结婚后,杨某与前夫所生之子小强由二人一直抚养,熊某死亡,未立遗嘱。熊某去世前杨某孕有一对龙凤胎,于熊某死后生产,产出时男婴为死体,女婴为活体但旋即死亡。关于对熊某遗产的继承,下列哪些选项是正确的?(2016-66,多选)

  A. 杨某、小强均是第一顺位的法定继承人

  B. 女婴死亡后,应当发生法定的代位继承

  C. 为男婴保留的遗产份额由杨某、小强继承

  D. 为女婴保留的遗产份额由杨某继承

12. 老夫妇王冬与张霞有一子王希、一女王楠,王希婚后育有一子王小力。王冬和张霞曾约定,自家的门面房和住房属于王冬所有。2012年8月9日,王冬办理了公证遗嘱,确定门面房由张霞和王希共同继承。2013年7月10日,王冬将门面房卖给他人并办理了过户手续。2013年12月,王冬去世,不久王希也去世。关于住房和出售门面房价款的继承,下列哪一说法是错误的?(2015-21,单选)

  A. 张霞有部分继承权

  B. 王楠有部分继承权

  C. 王小力有部分继承权

  D. 王小力对住房有部分继承权、对出售门面房的价款有全部继承权

13. 甲有乙、丙和丁三个女儿。甲于2013年1月1日亲笔书写一份遗嘱,写明其全部遗产由乙继承,并签名和注明年月日。同年3月2日,甲又请张律师代书一份遗嘱,写明其全部遗产由丙继承。同年5月3日,甲因病被丁送至医院急救,甲又立口头遗嘱一份,内容是其全部遗产由丁继承,在场的赵医生和李护士见证。甲病好转后出院休养,未立新遗嘱。如甲死亡,下列哪一选项是甲遗产的继承权人?(2014-24,单选)

121

A. 乙 B. 丙
C. 丁 D. 乙、丙、丁

14. 叶某与妻子郝某育有子女叶风和叶云，其中叶云有一个女儿叶童。2015 年，叶某订立自书遗嘱，将遗产留给外孙女叶童。2016 年将自书遗嘱更改为叶云与叶童各继承二分之一。2017 年，叶某又将自书遗嘱更改为全部由妻子郝某继承。2018 年，在邻居董某的见证下，叶某又通过口头遗嘱，将遗嘱变更为郝某得遗产二分之一，叶云与叶童各得四分之一。叶某 2018 年去世。对于叶某遗产的分割，应按照哪一个遗嘱为准？（仿真金题，单选，2019年回忆版）

A. 2015 年 B. 2016 年
C. 2017 年 D. 2018 年

15. 甲（男）与乙（女）结婚，其子小明 20 周岁时，甲与乙离婚。后甲与丙（女）再婚，丙子小亮 8 周岁，随甲、丙共同生活。小亮成年成家后，甲与丙甚感孤寂，收养孤儿小光为养子，视同己出，未办理收养手续。丙去世，其遗产的第一顺序继承人有哪些？（2014-65，多选）

A. 小明 B. 小亮
C. 甲   D. 小光

16. 甲与乙结婚，女儿丙三岁时，甲因医疗事故死亡，获得 60 万元赔款。甲生前留有遗书，载明其死亡后的全部财产由其母丁继承。经查，甲与乙婚后除共同购买了一套住房外，另有 20 万元存款。下列哪一说法是正确的？（2013-24，单选）

A. 60 万元赔款属于遗产
B. 甲的遗嘱未保留丙的遗产份额，遗嘱全部无效
C. 住房和存款的各一半属于遗产
D. 乙有权继承甲的遗产

17. 甲自书遗嘱将所有遗产全部留给长子乙，并明确次子丙不能继承。乙与丁婚后育有一女戊、一子己。后乙、丁遇车祸，死亡先后时间不能确定。甲悲痛成疾，不久去世。丁母健在。下列哪些表述是正确的？（2013-66，多选）

A. 甲、戊、己有权继承乙的遗产
B. 丁母有权转继承乙的遗产
C. 戊、己、丁母有权继承丁的遗产
D. 丙有权继承、戊和己有权代位继承甲的遗产

18. 甲在乙寺院出家修行，立下遗嘱，将下列财产分配给女儿丙：乙寺院出资购买并登记在甲名下的房产；甲以僧人身份注册的微博账号；甲撰写《金刚经解说》的发表权；甲的个人存款。甲死后，在遗产分割上乙寺院与丙之间发生争议。下列哪一说法是正确的？（2012-22，单选）

A. 房产虽然登记在甲名下，但甲并非事实上所有权人，其房产应归寺院所有

B. 甲以僧人身份注册的微博账号，目的是为推广佛法理念，其微博账号应归寺院所有

C. 甲撰写的《金刚经解说》属于职务作品，为保护寺院的利益，其发表权应归寺院所有

D. 甲既已出家，四大皆空，个人存款应属寺院财产，为维护宗教事业发展，其个人存款应归寺院所有

19. 甲与保姆乙约定：甲生前由乙照料，死后遗产全部归乙。乙一直细心照料甲。后甲女儿丙回国，与乙一起照料甲，半年后甲去世。丙认为自己是第一顺序继承人，且尽了义务，主张甲、乙约定无效。下列哪一表述是正确的？（2012-24，单选）

　　A. 遗赠扶养协议有效

　　B. 协议部分无效，丙可以继承甲的一半遗产

　　C. 协议无效，应按法定继承处理

　　D. 协议有效，应按遗嘱继承处理

20. 甲育有二子乙和丙。甲生前立下遗嘱，其个人所有的房屋死后由乙继承。乙与丁结婚，并有一女戊。乙因病先于甲死亡后，丁接替乙赡养甲。丙未婚。甲死亡后遗有房屋和现金。下列哪些表述是正确的？（2012-66，多选）

　　A. 戊可代位继承　　　　　　　　B. 戊、丁无权继承现金

　　C. 丙、丁为第一顺序继承人　　　D. 丙无权继承房屋

21. 下列哪些行为不能引起放弃继承权的后果？（2011-23，根据新法改为多选）

　　A. 张某口头放弃继承权，本人承认

　　B. 王某在遗产分割后放弃继承权

　　C. 李某以不再赡养父母为前提，书面表示放弃其对父母的继承权

　　D. 赵某与父亲共同发表书面声明断绝父子关系

22. 张某李某系夫妻，生有一子张甲和一女张乙。张甲于2007年意外去世，有一女丙。张某在2010年死亡，生前拥有个人房产一套，遗嘱将该房产处分给李某。关于该房产的继承，下列哪些表述是正确的？（2011-65，多选）

　　A. 李某可以通过张某的遗嘱继承该房产

　　B. 丙可以通过代位继承要求对该房产进行遗产分割

　　C. 继承人自张某死亡时取得该房产所有权

　　D. 继承人自该房产变更登记后取得所有权

23. 郭大爷女儿五年前病故，留下一子甲。女婿乙一直与郭大爷共同生活，尽了主要赡养义务。郭大爷继子丙虽然与其无扶养关系，但也不时从外地回来探望。郭大爷还有一丧失劳动能力的养子丁。郭大爷病故，关于其遗产的继承，下列哪些选项是正确的？（2010-67，多选）

　　A. 甲为第一顺序继承人　　　　　B. 乙在分配财产时，可多分

　　C. 丙无权继承遗产　　　　　　　D. 分配遗产时应该对丁予以照顾

24. 何某死后留下一间价值六万元的房屋和四万元现金。何某立有遗嘱，四万元现金由四个子女平分，房屋的归属未作处理。何某女儿主动提出放弃对房屋的继承权，于是三个儿子将房屋变卖，每人分得两万元。现债权人主张何某生前曾向其借款 12 万元，并有借据为证。下列哪些说法是错误的？（2009-67，多选）

   A. 何某已死，债权债务关系消灭

   B. 四个子女平均分担，每人偿还三万元

   C. 四个子女各自以继承所得用于清偿债务，剩下两万元由四人平均分担

   D. 四个子女各自以继承所得用于清偿债务，剩下两万元四人可以不予清偿

25. 钱某与胡某婚后生有子女甲和乙，后钱某与胡某离婚，甲、乙归胡某抚养。胡某与吴某结婚，当时甲已参加工作而乙尚未成年，乙跟随胡某与吴某居住，后胡某与吴某生下一女丙，吴某与前妻生有一子丁。钱某和吴某先后去世，下列哪些说法是正确的？（2009-68，多选）

   A. 胡某、甲、乙可以继承钱某的遗产　　B. 甲和乙可以继承吴某的遗产
   C. 胡某和丙可以继承吴某的遗产　　　　D. 乙和丁可以继承吴某的遗产

26. 王某立有遗嘱，表示将遗产 50 万元留给妹妹甲，但此款须全部用于资助贫困大学生。王某死后，甲取得王某的 50 万元遗产，但并未履行资助义务且无正当理由。王某有一子一女。下列哪些选项是正确的？（2008-四川-60，多选）

   A. 王某的儿子或女儿可以请求法院取消甲取得遗产的权利

   B. 甲的继承权被取消后，按照法定继承原则分配王某的遗产

   C. 甲的继承权被取消后，王某的儿子和女儿继承甲的遗产

   D. 王某的儿子或女儿必须按照王某的要求履行义务，才能取得王某的遗产

27. 李某死后留下一套房屋和数十万存款，生前未立遗嘱。李某有三个女儿，并收养了一子。大女儿中年病故，留下一子。养子收入丰厚，却拒绝赡养李某。在两个女儿办理丧事期间，小女儿因交通事故意外身亡，留下一女。下列哪些选项是正确的？（2007-68，多选）

   A. 二女儿和小女儿之女均是第一顺序继承人

   B. 大女儿之子对李某遗产的继承属于代位继承

   C. 小女儿之女属于转继承人

   D. 分配遗产时，养子应当不分或少分

28. 唐某有甲、乙、丙成年子女三人，于 2002 年收养了孤儿丁，但未办理收养登记。甲生活条件较好但未对唐某尽赡养义务，乙丧失劳动能力又无其他生活来源，丙长期和唐某共同生活。2004 年 5 月唐某死亡，因分配遗产发生纠纷。下列哪些说法是正确的？（2006-4，多选）

   A. 甲应当不分或者少分遗产　　　　B. 乙应当多分遗产
   C. 丙可以多分遗产　　　　　　　　D. 丁可以分得适当的遗产

2024 国家统一法律职业资格考试

民法刷题与背诵

❷ 解析

韩祥波 著

中国法制出版社

图书在版编目（CIP）数据

2024 国家统一法律职业资格考试民法刷题与背诵 .2，解析 / 韩祥波著 . — 北京：中国法制出版社，2024.4

ISBN 978-7-5216-4308-4

Ⅰ.①2… Ⅱ.①韩… Ⅲ.①民法－中国－资格考试－题解 Ⅳ.①D923-44

中国国家版本馆 CIP 数据核字（2024）第 048282 号

责任编辑：李连宇　　　　　　　　　　　　　　　　封面设计：拓　朴

2024 国家统一法律职业资格考试民法刷题与背诵 .2，解析
2024 GUOJIA TONGYI FALÜ ZHIYE ZIGE KAOSHI MINFA SHUATI YU BEISONG.2, JIEXI

著者 / 韩祥波
经销 / 新华书店
印刷 / 三河市华润印刷有限公司
开本 / 787 毫米 ×1092 毫米　16 开　　　　　　　印张 /10.75　字数 /300 千
版次 /2024 年 4 月第 1 版　　　　　　　　　　　　2024 年 4 月第 1 次印刷

中国法制出版社出版
书号 ISBN 978-7-5216-4308-4　　　　　　　　　　总定价：98.00 元（全三册）

北京市西城区西便门西里甲 16 号西便门办公区
邮政编码 100053　　　　　　　　　　　　　　　　传真：010-63141600
网址：http：//www.zgfzs.com　　　　　　　　　编辑部电话：010-63141811
市场营销部电话：010-63141612　　　　　　　　　印务部电话：010-63141606

如有印装质量问题，请与本社印务部联系。

目 录
Contents

第一章　总则（含人格权编）　/ 1
　　一、民法的含义、调整对象
　　　　与基本原则　/ 1
　　二、民事权利及其保护　/ 3
　　三、民事主体之自然人　/ 9
　　四、民事主体之法人及其他组织　/ 15
　　五、意思表示与法律行为　/ 17
　　六、法律行为的效力　/ 19
　　七、代理　/ 29
　　八、诉讼时效　/ 34

第二章　物权　/ 38
　　一、物权法概述　/ 38
　　二、物权变动　/ 39
　　三、所有权共有、相邻关系
　　　　与建筑物区分所有　/ 50
　　四、用益物权　/ 54
　　五、抵押权　/ 56
　　六、质权　/ 63
　　七、留置权　/ 65
　　八、占有　/ 68

第三章　债权　/ 72
　　一、债之关系概述　/ 72
　　二、单方允诺、无因管理和
　　　　不当得利　/ 74
　　三、债的债权性担保：保证与定金　/ 79
　　四、合同形式、条款与类型　/ 84
　　五、合同的成立　/ 86
　　六、合同的履行　/ 88

　　七、合同的保全　/ 93
　　八、合同的变更与转让　/ 97
　　九、合同的消灭　/ 102
　　十、违约责任　/ 104
　　十一、买卖合同　/ 112
　　十二、供用电、水、气、热力合同　/ 119
　　十三、借款合同　/ 119
　　十四、赠与合同　/ 120
　　十五、租赁合同　/ 122
　　十六、融资租赁合同　/ 125
　　十七、建设工程与承揽合同　/ 126
　　十八、技术合同　/ 130
　　十九、委托合同　/ 132
　　二十、行纪合同　/ 133
　　二十一、中介合同　/ 133
　　二十二、旅游合同　/ 134
　　二十三、保管与仓储合同　/ 134
　　二十四、运输合同　/ 134
　　二十五、侵权责任的构成、责任
　　　　　　承担与免责事由　/ 135
　　二十六、多数人侵权　/ 138
　　二十七、安保义务人侵权　/ 140
　　二十八、网络侵权　/ 140
　　二十九、监护人责任　/ 141
　　三十、教育机构侵权　/ 143
　　三十一、用人单位工作人员侵权　/ 143
　　三十二、个人之间的用工关系中接
　　　　　　受劳务一方的责任与承揽
　　　　　　关系中的侵权责任　/ 144
　　三十三、帮工关系中的侵权　/ 145
　　三十四、产品责任侵权　/ 146
　　三十五、机动车交通事故侵权　/ 146

三十六、医疗事故侵权	/147	四十一、环境污染侵权	/151
三十七、物件致人损害责任	/147	第四章 婚姻家庭	/152
三十八、高空抛物侵权	/148	第五章 继承	/161
三十九、地下设施侵权	/149		
四十、饲养动物侵权	/149		

法律文件简称对照表

简称	全称
《民法典总则编解释》	《最高人民法院关于适用〈中华人民共和国民法典〉总则编若干问题的解释》（2022.2.24）
《诉讼时效规定》	《最高人民法院关于审理民事案件适用诉讼时效制度若干问题的规定》（2020.12.23）
《民法典物权编解释（一）》	《最高人民法院关于适用〈中华人民共和国民法典〉物权编的解释（一）》（2020.12.29）
《建筑物区分所有权解释》	《最高人民法院关于审理建筑物区分所有权纠纷案件适用法律若干问题的解释》（2020.12.23）
《民法典担保制度解释》	《最高人民法院关于适用〈中华人民共和国民法典〉有关担保制度的解释》（2020.12.31）
《九民纪要》	《全国法院民商事审判工作会议纪要》（2019.11.8）
《民法典合同编通则解释》	《最高人民法院关于适用〈中华人民共和国民法典〉合同编通则若干问题的解释》（2023.12.4）
《买卖合同解释》	《最高人民法院关于审理买卖合同纠纷案件适用法律问题的解释》（2020.12.23）
《商品房买卖合同解释》	《最高人民法院关于审理商品房买卖合同纠纷案件适用法律若干问题的解释》（2020.12.23）
《建设工程施工合同解释（一）》	《最高人民法院关于审理建设工程施工合同纠纷案件适用法律问题的解释（一）》（2020.12.29）
《房屋租赁合同解释》	《最高人民法院关于审理城镇房屋租赁合同纠纷案件具体应用法律若干问题的解释》（2020.12.23）
《民间借贷规定》	《最高人民法院关于审理民间借贷案件适用法律若干问题的规定》（2020.12.23）
《人身损害赔偿解释》	《最高人民法院关于审理人身损害赔偿案件适用法律若干问题的解释》（2022.2.15）
《道路交通事故损害赔偿解释》	《最高人民法院关于审理道路交通事故损害赔偿案件适用法律若干问题的解释》（2020.12.23）
《民法典婚姻家庭编解释（一）》	《最高人民法院关于适用〈中华人民共和国民法典〉婚姻家庭编的解释（一）》（2020.12.29）
《民法典继承编解释（一）》	《最高人民法院关于适用〈中华人民共和国民法典〉继承编的解释（一）》（2020.12.29）

PART 01
第一章 总则（含人格权编）

一、民法的含义、调整对象与基本原则

1. [考点] 基本原则、显失公平

[解析] 本案中，买卖协议由双方自愿达成，不存在权利滥用，也不存在对任何一方当事人的不公。余款支付的前提为买方对画满意，本质是附条件，不是附期限。故 ABCD 选项均错误。（ABCD）

[知识点还原] 图表 2；图表 21①

2. [考点] 民事法律关系

[解析] 构成法律行为，则当事人在表示时，具有承担民事责任的意图。赠与合同，是一方表示赠与，另一方表示接受的合同，本题中没有这样的合意，C 选项错误。显失公平的发生，以一方利用另一方处于危困状态或缺乏判断能力为前提，本题不存在这样的前提，B 选项错误。悬赏广告，是法律行为的一种，公告发布时发生效力。要构成民法上的悬赏广告，需要有承担法律责任意图的意思表示。本案中，甲参加电视采访，本无意发布悬赏广告，只是出于对自己技术的自信，做了一次夸张表达而已，当时其真实的意图应理解为，让主持人相信他当时真的如此认为而已，故 D 选项错误。此行为当解读为戏谑表示，没有发生私法上效果的意思，不构成民事法律关系，故 A 选项正确。（A）

[知识点还原] 图表 17；图表 21；图表 73；图表 118

3. [考点] 民法基本原则，偶尔考查

[解析] 这是第一次以选择题的形式考查基本原则。对于自愿原则、公平原则、平等原则和诚信原则，《民法典》均有明确规定，解析此题，关键在于对基本原则的理解。《民法典》第 5 条规定："民事主体从事民事活动，应当遵循自愿原则，按照自己的意思设立、变更、终止民事法律关系。"据此，自愿原则是民法意思自治理念的集中体现，唯有在自愿的基础上，方可能实现真正的平等。自愿原则在民法制度中的体现在于，通过自己的意思设立、变更和终止民事法律关系的民事活动，即主要是法律行为，如合同自由、婚姻自由、遗嘱自由等均是此原则的具体体现。同时，侵权中的过错责任、个人责任等，是自愿原则的反向体现。本案中涉及的行为并非通过自己意思去设立法律关系，而是因为自己建墙的事实行为直接导致的侵权关系，而且，本案例中法律事实，乙之所以需要承担责任，不是因为过错，而是因为对于权利的滥用，故不是对于自愿原则的违反，A 选项错误。《民法典》第 6 条规定："民事主体从事民事活动，应当遵循公平原则，合理确定各方的权利和义务。"从体系上看，公平原则是对于自愿原则下进行民事活动时所产生结果的监督，其目的是，在自愿原则下可能导致结果不公平时，矫正当事人之间利益的失衡。因此，公平原则是对于自愿原则的补充，主要是针对当事人之间的合同关系而提出的要求，本案显然并非合同关系，不存在违反公平原则的前提，B 选项错误。《民法典》第 4 条规定："民事主体在民事活动中的法律地位一律平等。"据此，平等原则旨在强调民事主体地位的平等性、人格的平等性。主体之间是否具有平等性是民事法律关系区别于其他法律关系的标志。本题案例发生在邻居之间，显然是平等主体之间的关系。从更深层意义上看，平等原则是民法对于民事主体之间发生关系时的规范设定，不是对于民事主体具体行为的要求，故不存在个人行为违反平等原则的问题，C 选项错误。《民法典》第 7 条规定："民事主体从事民事活动，应当遵循诚信原则，秉持诚实，恪守承诺。"据此，民事主体从事民事活动不能违背诚实信用原则。该原则是君临所有法域的帝王原则。在民法上，主要指民事主体进行民事活动必须意图诚实、善意，行使权利不得侵害他人与社会利益，履行义务应信守承诺和法律规定，最终目的

---

① 对应"图解"分册中的图表，方便对照学习，下同。

1

在于使当事人之间的利益得到平衡，也使当事人与社会之间的利益得到平衡。据此，禁止权利滥用，是诚信原则一个方面的表现。本案中，在靠近自己享有权利的土地上建设5米的高墙，使得邻居深感处于牢狱之中，故乙的行为违反了诚信原则，故D选项正确。（D）

[知识点还原] 图表2

4. [考点] 民法基本原则，偶尔考查

[解析] 平等原则确立了民事主体的法律地位平等，当事人均有平等的机会参与民事法律关系，权利受到损害均受平等的保护，故普通主体之间建立合同关系时，不会违反平等原则。本案中，甲乙为夫妻，签订离婚协议是平等协商的结果，不违反平等原则，故A选项错误。自愿原则，在进行法律行为时，体现为当事人的意思真实自由，本案中，甲乙达成离婚协议时，不存在欺诈、胁迫等导致当事人意思不真实的情形，属于自愿签署，不违反自愿原则，故B选项错误。在体系上，公平原则是自愿原则的补充，只有当体现自愿原则精神的制度被滥用的情形下，为矫正利益的失衡，考虑到公平的价值，恢复失衡的利益。若应当对于失衡利益进行矫正却不矫正，则违反公平原则。本题中，甲乙协议达成的过程，未违反自愿原则，不存在违反自愿原则导致的利益失衡，故没有公平原则适用的空间，更谈不上违反公平原则，故C选项错误。本题中虽达成协议时为自愿，但由于内容本身不当限制了甲方的人身自由，为当前社会公序良俗所不许，故该协议中关于不得再生育的约定，违反了公序良俗原则而无效，故D选项正确。（D）

[知识点还原] 图表2

5. [考点] 民法的调整对象，属于常考点

[解析] A选项错误，因为纳税、退税问题是税务机关与纳税主体之间的关系，此关系非属平等主体之间的关系，而是行政法律关系。B选项正确，因为乙之行为构成民法上的悬赏广告，通说认为，悬赏广告是指以广告的方式公开表示对于完成一定行为的人给予报酬的意思表示，一旦做出悬赏广告，对于完成悬赏广告要求的行为人就应当支付相应的报酬，属于民法调整的、平等主体之间的债的关系，故正确。CD两项均错误，C选项之内容属于生活中的友谊关系，没有法律意义，D选项是道德行为，也不产生法律上的权利和义务，此选项很可能被考生判断为帮工关系，但是，帮工关系，若构成法律事实，以帮工过程中发生侵权为前提，如果没有侵权之事实发生，只是说定期去帮工，此种行为不构成法律事实，因此，此种关系不是民事法律关系，不由民法调整。（B）

[知识点还原] 图表1

6. [考点] 此题在民法上缺少明确的依据，需要借助价值权衡的观念进行评判。本题涉及的价值集中体现在公序良俗原则、诚信原则中。

[解析] 当薛某因侵权而造成损失的时候，根据侵权法原理，机动车对于行人或者非机动车造成侵权，应当承担赔偿责任，确定无疑。但此时，如果没有权利人，向谁赔偿是个值得思考的理论问题。本题中，交管部门代收了6万元的赔偿金，如果一直没有发现权利人，此时赔偿金应当归属于哪一个主体呢？两种观点比较有代表性，一种认为交管部门占有赔偿金缺少正当理由，构成不当得利，应当返还。《道路交通事故损害赔偿解释》第23条第1款规定："被侵权人因道路交通事故死亡，无近亲属或者近亲属不明，未经法律授权的机关或者有关组织向人民法院起诉主张死亡赔偿金的，人民法院不予受理。"交管部门收取赔偿金并没有明确的法律授权，因此主张不当得利返还有一定道理。另一种观点认为，造成了他人利益的侵犯，就应当承担责任，如果没有具体的权利人，由国家有关机关代位行使权利，将收取的赔偿金上交国库。这样更有利于对义务主体责任的落实，进而强化人们在日常生活中对他人的注意义务，对于社会公共利益的实现是有促进作用的，故上交国库的主张也有充分的合理性。就我国的传统而言，一方面是应当承担责任的义务主体利益的保护，另一方面是公共利益实现的需求，通常公共利益的考虑是优先的，因此公布的答案D选项正确，是符合我国的传统的。另外，代收赔偿费根本就不是行使行政职权，故C选项是错误的。所谓权利义务一致的原则，是说对于一个主体而言，享有权利一般要履行义务，履行义务一般要享有权利，而薛某履行义务没有具体确定的权利主体，不属于对权利义务相一致原则的违反，A选项明显错误。（D）

[知识点还原] 图表2

7. [解析] 此题没有考纲列举的考点，可参照公益目的非营利法人终止来处理。没有直接的立法依据，这种现象在实践中多有发生，而且学界充满争议，但是将余款用于同类公益事业，具有较强的合理性。根据民法原理并参照相关立法分析如下：捐赠属于赠与范围，但是关于赠与，法律

有很多事项没有规定得这么细，比如没有规定受益人的权利和义务。对受益人的问题，就要参照其他相同的、相似的法律关系来进行分析，《公益事业捐赠法》第5条规定："捐赠财产的使用应当尊重捐赠人的意愿，符合公益目的，不得将捐赠财产挪作他用。"即捐赠财产必须用于公益事业。又根据该法第3条规定："本法所称公益事业是指非营利的下列事项：（一）救助灾害、救济贫困、扶助残疾人等困难的社会群体和个人的活动；（二）教育、科学、文化、卫生、体育事业；（三）环境保护、社会公共设施建设；（四）促进社会发展和进步的其他社会公共和福利事业。"救助个人的募捐，也可以算作公益事业，因此，剩余的钱不应该作为遗产继承，而应该用于同类的公益事业。为医疗目的的捐款，受捐助人病愈或死亡后，余款的处理不得违反国家法律，不得违背善良风俗，不得违背捐助行为发起时的宗旨，不得违背捐助人的意愿。捐助余款由受捐助人的父母作为受捐助人的遗产继承，显然缺乏法律依据。参照这一规定及法理，当年公布的答案是有道理的。解析本题还可以参照《民法典》关于非营利法人终止的规定进行理解。《民法典》第95条规定："为公益目的成立的非营利法人终止时，不得向出资人、设立人或者会员分配剩余财产。剩余财产应当按照法人章程的规定或者权力机构的决议用于公益目的；无法按照法人章程的规定或者权力机构的决议处理的，由主管机关主持转给宗旨相同或者相近的法人，并向社会公告。"虽然本题中不是非营利法人的终止，但是从目的角度看，也是为公益目的进行的捐赠，未使用的财产，用于同类公益事业，与公益法人终止时将剩余财产用于公益目的，具有相同的价值追求。故D选项正确，ABC选项错误。（D）

[知识点还原] 图表12

8. [考点] 民事法律关系

[解析] 乙的请求权要得到支持必须甲乙之间产生了民事法律关系，民法调整平等主体之间的关系，但并不是所有平等的社会关系都受民法调整。本题A选项甲应允同看演出而爽约、D选项承诺陪同旅游都属于道德范畴，因此不能产生有法律意义的请求权。B选项转述听闻的消息产生的损失，乙作为成年人应自己承担该风险，也不能产生相应的请求权。只有C选项夫妻之间对出轨导致离婚的补偿，符合民法意思自治的要求，虽限制了人身自由，但此种限制非但不违反公序良俗，而且有利于促进公序良俗的实现，乙的请求权能得到支持，故C选项当选。（C）

[知识点还原] 图表1

9. [考点] 民事法律关系

[解析] A选项尚未开始商谈，未产生法律权利与义务；B选项属于道德范畴，非民法调整的对象；C选项中，极力劝酒的行为，虽无故意，但对于乙的损害发生具有过失，构成侵权，成立侵权法律关系；D选项中，甲乙均为成年人，属于自甘风险行为，责任应自负，乙对于甲的损害没有过错，不构成侵权法律关系。故C选项当选。（C）

[知识点还原] 图表1

二、民事权利及其保护

1. [考点] 名誉权、隐私权、诉讼时效适用范围

[解析]《民法典》第1024条第2款规定："名誉是对民事主体的品德、声望、才能、信用等的社会评价。"个人即使曾经因为刑事犯罪被判刑，但在承担过刑事责任后，就不再是罪犯，乙在小区业主群中发布消息，称甲为罪犯，属于虚假信息，且按照人们的一般思维习惯，必然会带来对于甲的不良评价，进而给甲的正常生活带来极大困扰，故乙的行为对甲构成名誉权的侵害，A选项正确。《民法典》第1032条第2款规定："隐私是自然人的私人生活安宁和不愿为他人知晓的私密空间、私密活动、私密信息。"关于个人的信息是否构成私密信息，通说认为，应当按照主客观统一的思维加以判定。首先，要构成隐私，客观上是一种私密信息，不为他人所知；其次，主观方面，权利主体不愿为他人所知。就本题涉及的曾经犯罪且承担刑事责任的事实，符合主客观两方面的要求，故乙擅自在小区业主群中公开的行为构成对甲隐私权的侵犯，B选项正确。《民法典》第995条规定："人格权受到侵害的，受害人有权依照本法和其他法律的规定请求行为人承担民事责任。受害人的停止侵害、排除妨碍、消除危险、消除影响、恢复名誉、赔礼道歉请求权，不适用诉讼时效的规定。"据此，甲主张乙承担赔礼道歉责任，不受诉讼时效的限制，故C选项正确。根据上述分析，D选项错误。（ABC）

[知识点还原] 图表176；图表177

2. [考点] 肖像权、姓名权

[解析]《民法典》第1019条规定："任何组织或者个人不得以丑化、污损，或者利用信息技术手段伪造等方式侵害他人的肖像权。未经肖像

权人同意，不得制作、使用、公开肖像权人的肖像，但是法律另有规定的除外。未经肖像权人同意，肖像作品权利人不得以发表、复制、发行、出租、展览等方式使用或者公开肖像权人的肖像。"据此，未经许可的使用，无论是否营利，均可构成对当事人肖像权的侵犯。但是，根据《民法典》第1020条第2项规定，"为实施新闻报道，不可避免地制作、使用、公开肖像权人的肖像"的，属于合理使用的范围，不侵权。故法考培训机构的行为构成侵权；晚报报道新闻，构成合理使用，不侵权。故AB选项正确，D选项错误。培训机构并未使用甲的姓名，故不侵犯姓名权，C选项错误。（AB）

[知识点还原] 图表176

3. [考点] 死者人格利益保护

[解析] 本题考查的知识点具有一定综合性，除了考查民法典中关于死者人格利益保护的规定外，还需要民诉法的常识。《民法典》第994条规定："死者的姓名、肖像、名誉、荣誉、隐私、遗体等受到侵害的，其配偶、子女、父母有权依法请求行为人承担民事责任；死者没有配偶、子女且父母已经死亡的，其他近亲属有权依法请求行为人承担民事责任。"据此，当死者相关利益受到侵害时，只有其近亲属范围内的主体才是具有利害关系的人，才可以向法院起诉。本题中，甲与其舅舅之间，并非《民法典》中规定的近亲属关系，故甲不具备法律上的利害关系，不能作为原告起诉。对于甲的起诉，法院应不予受理，已经受理的应当驳回起诉。故C选项正确，ABD选项错误。（C）

[知识点还原] 图表177

4. [考点] 人格权，属于必考点

[解析] 身份权是指基于婚姻、家庭等关系而产生的人身权利，包括配偶权、亲权和亲属权。本题不涉及上述权利的侵犯，故A选项错误。名誉权的侵犯，是指捏造虚假的信息，进而导致他人外在社会评价降低的情形。本题不具备此种法律事实，不侵犯名誉权，故B选项错误。《民法典》第111条规定："自然人的个人信息受法律保护。任何组织或者个人需要获取他人个人信息的，应当依法取得并确保信息安全，不得非法收集、使用、加工、传输他人个人信息，不得非法买卖、提供或者公开他人个人信息。"据此，自然人享有个人信息权益，非法收集、使用、买卖、提供他人个人信息的，均属于侵权行为，侵权人应当承担相应的法律责任，故本题中，张某的行为侵犯

了孙某的个人信息权益，C选项正确。作为买方的公司，通过购买获得他人信息，属于非法获取信息的行为，也具有过错，构成侵权，应当承担责任，故D选项错误。（C）

[知识点还原] 图表176

5. [考点] 人格权、著作权，属于必考点

[解析] 李某为丁某拍摄生活照，照片作为摄影作品，李某享有著作权。李某经丁某同意上传到社交媒体，李某不构成对丁某权利的侵犯。蔡某将照片上传于营利性网站并获得报酬的行为，构成双重侵权。一方面，侵犯了丁某的肖像权，因为未经肖像权人许可，营利性使用他人肖像的行为，是侵犯肖像权最典型的形态。另一方面，蔡某也侵犯了李某的著作权，具体来说，这种通过网络进行的传播，是侵犯了著作财产权中的作品使用权，故B选项正确，D选项错误。身体权，是指自然人保持其身体组织完整并支配其肢体、器官和其他身体组织并保护自己的身体不受他人违法侵犯的权利。据此，身体权的客体是人的身体本身。本题中，不存在对于身体侵犯的情形，故AC选项错误。（B）

[知识点还原] 图表176

6. [考点] 人格权，属于常考点

[解析] 《民法典》第110条第1款规定："自然人享有生命权、身体权、健康权、姓名权、肖像权、名誉权、荣誉权、隐私权、婚姻自主等权利。"生命权，是以自然人的性命维持和安全利益为内容的人格权。健康权，通常指人健康利益的支配、劳动能力的保持。身体权，通常指身体完整性的维护和身体的自由支配。本题中，A选项是对于身体完整性的侵害，侵害了身体权，错误。B选项侵害了生命权，尽管是应丁的要求而采取的措施，但是依然构成对于生命权的侵犯，正确。C选项自民法角度而言，由于没有剥夺被侵权人的生命，造成重伤是对于健康权的侵犯，故错误。D选项是属于错误出生的侵权类型，至于这种侵权到底是侵犯了什么权利，我国法律当前没有规定，理论上和实践中，有人认为是侵犯了父母的生育选择权，有人认为是侵犯了父母的知情权等，不一而足，但是，肯定不是对于生命权的侵犯，故D选项错误。（B）

[知识点还原] 图表176

7. [考点] 人格权、精神损害赔偿，属于常考点

[解析] 欢欢和欣欣医院之间有医疗合同关

系，在履约过程中，医院非但没有如约履行自己的义务，而且造成了欢欢既有利益的伤害，构成加害给付，此时医院的行为既构成违约也构成侵权，故 A 选项正确，不当选。原《人身损害赔偿解释》第 18 条第 2 款规定："精神损害抚慰金的请求权，不得让与或者继承。但赔偿义务人已经以书面方式承诺给予金钱赔偿，或者赔偿权利人已经向人民法院起诉的除外。"但是，《民法典》生效后，新修正的《人身损害赔偿解释》删除了原第 18 条的规定，故继承精神损害赔偿请求权失去了规范依据。因此，虽然欢欢已经向法院提起诉讼，对于其精神损害赔偿请求权，欢欢的继承人继承缺乏规范依据，故 B 选项错误，当选。《民法典》第 110 条第 1 款规定："自然人享有生命权、身体权、健康权、姓名权、肖像权、名誉权、荣誉权、隐私权、婚姻自主权等权利。"《民法典》第 1024 条规定："民事主体享有名誉权。任何组织或者个人不得以侮辱、诽谤等方式侵害他人的名誉权。"本题中洋洋杜撰欢欢吸毒过量致死，构成编造虚假信息，属于诽谤行为，根据人们通常的道德观念，显然会造成外在社会道德评价的降低，构成名誉权的侵犯，但是，由于该侵害的发生，在欢欢死亡之后，欢欢此时已经没有权利能力，故不再享有民事权利，对于因为洋洋的行为带来的损害，欢欢的近亲属可主张洋洋承担责任，但不构成对于欢欢名誉权的侵害，故 C 选项错误，当选。《民法典》第 994 条规定："死者的姓名、肖像、名誉、荣誉、隐私、遗体等受到侵害的，其配偶、子女、父母有权依法请求行为人承担民事责任；死者没有配偶、子女且父母已经死亡的，其他近亲属有权依法请求行为人承担民事责任。"此时，欢欢的母亲可以以自己的名义提出精神损害赔偿，由于欢欢已经死亡，不再是权利主体，因此，不能再以欢欢的名义提起诉讼，故 D 选项错误，当选。[BCD（原答案为 D）]

[知识点还原] 图表 3；图表 108；图表 176；图表 177

8. [考点] 人格权，属于常考点

[解析]《民法典》第 110 条第 1 款规定："自然人享有生命权、身体权、健康权、姓名权、肖像权、名誉权、荣誉权、隐私权、婚姻自主权等权利。"通常认为，侵害姓名权典型情形有三：干涉他人命名之自由、盗用他人姓名、冒用他人姓名。本题中，显然是属于盗用之情形，构成姓名权的侵害，A 选项正确。《民法典》第 1024 条规

定："民事主体享有名誉权。任何组织或者个人不得以侮辱、诽谤等方式侵害他人的名誉权。名誉是对民事主体的品德、声望、才能、信用等的社会评价。"据此规定，名誉权所保护的范围，不仅仅限于社会品德与声望，还包括才能、信用等。《民法典》第 1029 条规定："民事主体可以依法查询自己的信用评价；发现信用评价不当的，有权提出异议并请求采取更正、删除等必要措施。信用评价人应当及时核查，经核查属实的，应当及时采取必要措施。"据此，信用评价是民法典界定名誉的重要内容，若因他人过错行为，导致不良信用评价的，由于我国立法没有将信用权作为一种独立的权利，本案情形，应当认定甲侵犯乙的名誉权成立，故 B 选项正确。信用权，在大陆法系的民事立法中没有这种权利类型，通说认为，信用权是指经济上的评价，是以经济活动上的可信赖性为内容的权利，往往和名誉权密切相关，是一种兼具财产和人身双重性质的权利。本题中，甲的行为导致乙被列入不良信用记录的名单，因此，对于乙的金融信用确有影响，但由于目前我国立法尚未将信用权作为一种独立的权利类型，C 选项不当选。银行在办理和发放信用卡的过程中，由于甲用的身份证并不属于其本人，没有尽到合理的审查义务，对于乙损害的发生，存在过错，应当承担责任，故 D 选项错误。[AB（原答案为 A）]

[知识点还原] 图表 176

9. [考点] 主从权利的关系、诚信原则、金钱债务不存在履行不能，属于常考点

[解析] 首先，自民法原理看，张某因借款和抵押分别与银行发生的法律关系中，银行分别获得了债权和抵押权，债权是主权利，抵押权是从权利，依据民法原理，主权利和从权利的关系中，当主权利消灭时，从权利也随之而消灭，反之，当从权利消灭时，不影响主权利的存在。本题中，房屋被冲毁，抵押物彻底灭失而且没有代位物，因此，抵押权随着客体的灭失而直接消灭，但是，主债权不受影响。其次，从相关规定看，《民法典》第 579 条规定："当事人一方未支付价款、报酬、租金、利息，或者不履行其他金钱债务的，对方可以请求其支付。"据此，金钱债务不发生履行不能。债务人对债权人负有金钱债务的，除非债务人死亡没有遗产（或者债务人破产）或者金钱债务的诉讼时效期间经过，否则债权人均有权要求债务人履行该支付金钱的债务。《民法典》第

5

590 条规定:"当事人一方因不可抗力不能履行合同的,根据不可抗力的影响,部分或者全部免除责任,但是法律另有规定的除外。因不可抗力不能履行合同的,应当及时通知对方,以减轻可能给对方造成的损失,并应当在合理期限内提供证明。当事人迟延履行后发生不可抗力的,不免除其违约责任。"能够冲毁商品房的洪水应认定为不可抗力。但是,该不可抗力对于张某与银行间的借款合同不产生影响。综上,张某对银行负有支付金钱的义务,张某虽生活困难,但金钱债务不发生履行不能,依据诚信原则,张某应继续向银行履行支付金钱的义务。故 A 选项错误;B 选项错误;C 选项错误;D 选项正确。(D)

[知识点还原] 图表 2;图表 4;图表 108

10. [考点] 人格权,每年必考

[解析]《民法典》第 110 条第 1 款规定:"自然人享有生命权、身体权、健康权、姓名权、肖像权、名誉权、荣誉权、隐私权、婚姻自主权等权利。"据此,肖像权和名誉权均是受民法保护的重要人格权。肖像权的主要内容包括:肖像制作权、肖像使用权和肖像利益的维护权。乙公司未经允许,擅自使用甲女的肖像做广告,侵犯了其肖像权,故 A 选项正确。照片作为摄影作品,著作权属于作者,本题中该照片的著作权属于乙公司。丁男将照片中甲女头部移植至他人半裸照片的行为,属于对照片的歪曲和篡改,侵犯了乙公司的保护作品完整权,故 B 选项正确。通常认为,捏造事实公然丑化他人人格,以及用侮辱、诽谤等方式损害他人名誉,造成一定影响的,应当认定为侵害公民名誉权的行为。本题中,丁男的行为,造成了甲女受到众人嘲讽和指责的后果,而且属于严重的后果,侵犯了甲女的名誉权,故 C 选项正确。《民法典》第 1183 条第 1 款规定:"侵害自然人人身权益造成严重精神损害的,被侵权人有权请求精神损害赔偿。"如上所述,本题中丁男的行为造成了严重后果,故 D 选项正确。(ABCD)

[知识点还原] 图表 3;图表 176

11. [考点] 人格权,每年必考

[解析] 明星的个人写真属于摄影作品,无特别约定时,著作权属于摄影师,故 A 选项错误。《民法典》第 110 条第 1 款规定:"自然人享有生命权、身体权、健康权、姓名权、肖像权、名誉权、荣誉权、隐私权、婚姻自主权等权利。"据此,肖像权与名誉权均是民法保护的重要人格权。肖像权的主要内容包括:肖像制作权、肖像使用权和肖像利益的维护权。本题中,广告商的行为属于未经允许,使用他人的肖像做广告,侵犯了肖像权,故 B 选项正确。根据民法理论,侵犯名誉权的构成要件有四:第一,加害人实施了侮辱或者诽谤行为;第二,侮辱或者诽谤指向特定的人;第三,侮辱或者诽谤已经向第三人公开;第四,造成了被侮辱、诽谤者的社会评价降低。本题中,广告商没有实施侮辱或者诽谤行为,不可能造成该明星的社会评价降低,不构成名誉权的侵权,故 C 选项错误。摄影爱好者卖照片给广告商的行为构成帮助侵权,属于共同侵权,应当依照《民法典》第 1169 条第 1 款的规定承担连带责任,故 D 选项错误。(B)

[知识点还原] 图表 176

12. [考点] 人格权,属于每年必考点

[解析]《民法典》第 110 条第 1 款规定:"自然人享有生命权、身体权、健康权、姓名权、肖像权、名誉权、荣誉权、隐私权、婚姻自主权等权利。"据此,肖像权、姓名权、名誉权和隐私权均是民法保护的重要人格权。网民的行为不属于干涉、盗用、假冒牛某的姓名,仅有公开行为不侵犯姓名权,曾用名只是披露的隐私信息的组成部分,因此未侵犯牛某的姓名权,A 选项错误。《民法典》第 1018 条规定:"自然人享有肖像权,有权依法制作、使用、公开或者许可他人使用自己的肖像。肖像是通过影像、雕塑、绘画等方式在一定载体上所反映的特定自然人可以被识别的外部形象。"据此,未经许可公开他人肖像的行为,构成对肖像权的侵犯,故 B 选项正确。牛某的家庭背景、恋爱史、曾用名、儿时相片等均属牛某的隐私,网民未经牛某允许擅自公开的行为构成对其隐私权的侵犯,故 C 选项正确。有网民在网站上捏造牛某曾与某明星有染的情节,构成诽谤,且向第三人公开,会降低牛某的社会评价,构成对牛某名誉权的侵犯,故 D 选项正确。[BCD(原答案为 CD)]

[知识点还原] 图表 176

13. [考点] 人格权,属于必考点

[解析]《民法典》第 110 条第 1 款规定:"自然人享有生命权、身体权、健康权、姓名权、肖像权、名誉权、荣誉权、隐私权、婚姻自主权等权利。"据此,生命权和健康权均是民法保护的重要人格权。生命权,指自然人享有的以生命安全、生命维持为内容的人格权。健康权,指自然人以

其身体生理机能、心理机能的健全正常运作和功能正常发挥，进而维持人体生命活动为内容的人格权。医院误将张某的肾脏摘除，同时侵犯了张某的身体权、健康权；张某术后感染医治无效死亡，医院还侵犯了张某的生命权，故 A 选项正确。《民法典》第 1179 条规定："侵害他人造成人身损害的，应当赔偿医疗费、护理费、交通费、营养费、住院伙食补助费等为治疗和康复支出的合理费用，以及因误工减少的收入。造成残疾的，还应当赔偿辅助器具费和残疾赔偿金；造成死亡的，还应当赔偿丧葬费和死亡赔偿金。"据此，张某对医疗机构享有赔偿医疗费的损害赔偿请求权，同时，该权利不具有专属性，张某死亡后，其继承人有权继承张某的医疗费赔偿请求权，故 B 选项正确。因生命权、健康权、身体权遭受非法侵害的，权利人享有请求精神损害赔偿的权利。同时，该权利在行使上具有专属性，故原《人身损害赔偿解释》第 18 条第 2 款规定："精神损害抚慰金的请求权，不得让与或者继承。但赔偿义务人已经以书面方式承诺给予金钱赔偿，或者赔偿权利人已经向人民法院起诉的除外。"但是，《民法典》生效后，新修正的《人身损害赔偿解释》删除了原第 18 条的规定，继承精神抚慰金请求权失去了规范依据，故 C 选项错误。《民法典》第 112 条规定："自然人因婚姻家庭关系等产生的人身权利受法律保护。"据此，自然人享有亲属权。被侵权人因侵权而死亡的，构成对其近亲属之亲属权的侵害，近亲属有权就亲属权（身份权的一种）遭受的损害主张精神损害赔偿。《民法典》第 1181 条规定："被侵权人死亡的，其近亲属有权请求侵权人承担侵权责任。被侵权人为组织，该组织分立、合并的，承继权利的组织有权请求侵权人承担侵权责任。被侵权人死亡的，支付被侵权人医疗费、丧葬费等合理费用的人有权请求侵权人赔偿费用，但是侵权人已经支付该费用的除外。"据此，被侵权人死亡后，近亲属可独立诉讼，主张其精神损害赔偿，D 选项正确。（ABD）

[知识点还原] 图表 3；图表 176；图表 177

14. [考点] 民法调整对象、权利的类型，属于常考点

[解析] 人身关系是"人格关系"和"身份关系"的合称。民法调整的人身关系即自然人的人格权关系和身份权关系。本题甲乙之间的纠纷是因侵权而导致的损害赔偿法律关系，损害赔偿关系是典型的财产关系，不属于人身关系的范围，故 A 选项错误。甲请求乙承担赔偿责任是在行使债权，是相对权，而非绝对权，故 B 选项错误。民法中，除了例外的特别规定，债权请求权均受时效限制，本题中请求损害赔偿是普通的债权请求权，适用时效限制，故 C 选项正确。抗辩权是能够阻止请求权效力的权利，行使抗辩权的前提是先承认对方享有请求权利，然后再提出阻止对方请求权利的事由以此对抗对方权利的行使。本题中，乙提出甲被狗咬伤与自己没有任何关系，是对甲请求权利的否认，而非行使抗辩权。故 D 选项错误。值得说明的是，民法理论中，直接否认对方的权利，也被称为不需要主张的抗辩，既然不需要主张，当然也就不存在行使抗辩权的问题。（C）

[知识点还原] 图表 1；图表 4；图表 26

15. [考点] 民事法律关系的含义、要素，属于常考点

[解析] 很多情况下，民事法律关系是由当事人根据其意思自主设定的，法律只对意思表示规定严格的条件。但是这并不是说民事法律关系只能由当事人自主设立，有些民事法律关系并非当事人自主设立，如不当得利关系、无因管理关系、留置权关系等，所以 A 选项错误。《民法典》第 2 条规定："民法调整平等主体的自然人、法人和非法人组织之间的人身关系和财产关系。"据此，民事法律关系的主体包括自然人、法人和非法人组织，B 选项错误。民事法律关系的内容是民事主体之间基于客体所形成的具体联系，即民事权利和民事义务，其权利义务可以是当事人的自主设定，也可以是由法律直接规定，所以 D 选项错误。民事法律关系的客体主要包括物、行为、智力成果等，其中行为包括作为与不作为，C 选项正确。（C）

[知识点还原] 图表 1

16. [考点] 人格权，是必考点

[解析] 肖像权与名誉权均是民法保护的重要人格权。侵犯肖像权的情形是未经许可擅自制作他人肖像、使用他人肖像、丑化他人肖像等行为。本题中，张某无论是整容还是表演都是使用的自己的肖像，而没有直接或间接地使用赵某的肖像，因此，不构成对赵某肖像权的侵害，因此，AB 选项错误，不选。名誉，从字义上解释，就是指公民、法人的名望声誉。也就是说，一个公民、一个法人的品德、才干、信誉等于社会中所获得的社会评价。名誉权是指公民或法人对自己在社会生活中所获得的社会评价即自己的名誉，依法所

享有的不可侵犯的权利。侵犯名誉权，通常是指捏造虚假信息，造成权利人社会评价降低的行为。本案中，张某在承接并拍摄商业广告时，并未使用赵某的名义，也并未对赵某在品德、才干、信誉等在社会中所获得的社会评价造成侵害，因此，也不构成侵犯赵某名誉权，C 选项错误，不选。因此，本题选 D 选项。（D）

[知识点还原] 图表 176

17. [考点] 权利的分类，属于常考点

[解析] 民事权利根据作用划分，可以分为：支配权、请求权、抗辩权和形成权。所谓的支配权是指权利人可以直接支配其权利客体而具有的排他性的权利，物权、知识产权是典型的支配权；请求权是指权利人要求他人为或不为特定行为的权利，债权是典型的请求权，A 选项中要求还款的权利就是债权请求权，具有相容性不具有排他性，说法正确，当选。B 选项中丁公司享有的权利是地役权，是物权的一种，具有支配性，说法正确，当选。抗辩权是指对抗他人行使权利的权利，抗辩权分为永久性抗辩权和延期性抗辩权，C 选项中一般保证人以债权人未对主债务人提起诉讼或申请仲裁为由拒绝履行，行使的是先诉抗辩权，C 选项正确，当选。形成权是指权利人依自己的单方意思，使民事法律关系发生、变更或者消灭的权利，D 选项中撤销权是债权人撤销权，此权利具有形成权和请求权的双重性质。由于其具有形成权的性质，故适用的是除斥期间，而不是诉讼时效，所以 D 选项的说法正确，当选。本题正确答案是 ABCD 选项。（ABCD）

[知识点还原] 图表 4；图表 29

18. [考点] 人格权，是必考点

[解析]《民法典》第 110 条第 1 款规定："自然人享有生命权、身体权、健康权、姓名权、肖像权、名誉权、荣誉权、隐私权、婚姻自主权等权利。"据此，隐私权和荣誉权均是民法保护的重要人格权。隐私权是指自然人享有的对其与社会公共利益无关的个人信息、私人生活和私有领域进行支配的一种人格权。本题中，星星报社专职记者吴某（工作关系在报社）撰写文章将黄小某系私生子的事实公开报道，给黄小某造成极大痛苦，侵害了黄小某的隐私权。因此，A 选项正确。荣誉权，是指公民、法人所享有的，因自己的突出贡献或特殊劳动成果而获得光荣称号或其他荣誉，并保持因荣誉带来利益的权利。本题中，吴某撰写文章公开报道黄小某是私生子的事实，并

未导致黄小某的某种荣誉称号被非法剥夺。因此，该报道并未侵害黄小某的荣誉权，故 B 选项错误。《民法典》第 1191 条第 1 款规定："用人单位的工作人员因执行工作任务造成他人损害的，由用人单位承担侵权责任。用人单位承担侵权责任后，可以向有故意或者重大过失的工作人员追偿。"本题中，吴某作为星星报社的专职记者，撰写文章报道黄小某是私生子属于执行工作任务造成他人损害的行为，应由其用人单位即星星报社承担侵权责任，吴某不承担侵权责任。因此，C 选项错误，D 选项正确。（AD）

[知识点还原] 图表 155；图表 176

19. [考点] 人身权与财产权的区分、精神损害赔偿，属于常考点

[解析] 侵权损害责任承担方式中最有效、也最理想的就是使受侵害的民事权利恢复到未受侵害前的状态，因此，在侵权民事责任承担上，如果能够恢复原状的尽量恢复原状。本题中，文某倒车时撞坏了冯某新买的轿车，致其严重受损。文某同意赔偿全部的修车费用，也就意味着该车是可以经修理而恢复原状，因此，文某无须赔偿冯某一部新车，只要将冯某汽车修好即可。故 A 选项不当选。本题中，冯某内心的痛苦是显然的。但是，并非任何内心痛苦都可以请求精神损害赔偿。冯某如提出精神损害赔偿可能基于以下两个理由：第一，由于文某的肇事，致使冯某耽误了与女友的约会从而导致分手，使其精神受到打击。但是，文某的肇事侵犯冯某财产权的行为与冯某失去女友之间并无直接因果关系，因此，文某不应承担这一损失；第二，文某撞坏了冯某的爱车，致使其精神受到打击。我国所支持的精神损害赔偿的对象一般是自然人的人身权，而对于财产受损一般不支持精神损害赔偿，只有属于《民法典》第 1183 条所规定的"具有人身意义的特定物"的，才能够主张精神损害赔偿。而本题中冯某的轿车既非具有人格象征意义的特定纪念物品，也没有因文某的侵权行为而永久性灭失或者毁损，因此，文某不应向冯某支付精神损害抚慰金，故 B 选项错误，D 选项正确。赔礼道歉作为一种民事责任的承担方式，主要适用于对人身权的侵害，本题中文某侵害的是冯某的财产权，因此，不适用赔礼道歉，故 C 选项错误。（D）

[知识点还原] 图表 3；图表 146

20. [考点] 人格权、精神损害赔偿，属于常考点

[解析] 本题中涉及的生命权、健康权与身体

权均是《民法典》第110条中规定的重要的人格权。生命权被侵害，无论侵权人主观上是故意还是过失，必须产生死亡的结果，方可构成对生命权的侵犯。健康权是指自然人身体、心理机能方面的健康状态的维持；身体权是对于身体完整性的维护，并支配其肢体、器官和其他人体组织的人格权。本案中假肢的性质认定也是问题的关键。假肢作为一种产品被制造出来，是民法上的物。但是，当假肢装在人的身上，尤其是在通常情况下，不能随意拆卸的状态存在，作为人身体的有机组成部分时，应当视为人身权保护的对象。本案中，乙将甲的假肢打碎的行为，构成了对甲身体完整性的破坏，损害了甲的身体权，故C选项正确。乙打碎甲假肢的行为，也导致甲不能正常行走，身体机能不能正常发挥，侵犯了甲的健康权，但没有造成死亡的结果，故没有侵犯生命权，A选项错误。既然假肢作为身体有机组成部分时，是身体权保护的对象，就不再视为民法上的物，所有权的客体是民法上的物，故甲不能主张所有权受到了侵害，D选项错误。《民法典》第1183条第1款规定："侵害自然人人身权益造成严重精神损害的，被侵权人有权请求精神损害赔偿。"本案中，乙打碎假肢的行为，侵害了甲的身体权、健康权，对于一个截肢的人而言，此时，失去行动自由，甚至只能以手代脚，进行活动，这会极大损害甲的人格尊严，故甲可向乙主张精神损害赔偿，故B选项正确。（BC）

[知识点还原] **图表176**

三、民事主体之自然人

1. [考点] 监护人的确定

[解析]《民法典》第31条第1款规定："对监护人的确定有争议的，由被监护人住所地的居民委员会、村民委员会或者民政部门指定监护人，有关当事人对指定不服的，可以向人民法院申请指定监护人；有关当事人也可以直接向人民法院申请指定监护人。"据此，村委会可以指定甲作为监护人，有关当事人也可以直接向法院申请指定监护，故A选项正确，B选项错误。《民法典》第33条规定："具有完全民事行为能力的成年人，可以与其近亲属、其他愿意担任监护人的个人或者组织事先协商，以书面形式确定自己的监护人，在自己丧失或者部分丧失民事行为能力时，由该监护人履行监护职责。"这是完全行为能力人意思自治的体现，以这种方式确立的监护人，优先于按照法定方式确定的监护人，其法理与遗嘱继承优先于法定继承一致，可以更好地体现当事人的意思自治，故C选项正确。《民法典总则编解释》第11条第1款规定："具有完全民事行为能力的成年人与他人依据民法典第三十三条的规定订立书面协议事先确定自己的监护人后，协议的任何一方在该成年人丧失或者部分丧失民事行为能力前请求解除协议的，人民法院依法予以支持。该成年人丧失或者部分丧失民事行为能力后，协议确定的监护人无正当理由请求解除协议的，人民法院不予支持。"据此，具有完全行为能力的人与其选定的人签订协议之后，在丧失行为能力之前，双方均可任意解除，但是当丧失行为能力之后，解除协议必须有正当理由，故D选项错误。（AC）

[知识点还原] **图表7**

2. [考点] 宣告失踪与宣告死亡

[解析]《民法典》第47条规定："对同一自然人，有的利害关系人申请宣告死亡，有的利害关系人申请宣告失踪，符合本法规定的宣告死亡条件的，人民法院应当宣告死亡。"据此，当利害关系人的申请均符合法定条件时，宣告死亡优先。《民法典总则编解释》第16条第3款规定："被申请人的债权人、债务人、合伙人等民事主体不能认定为民法典第四十六条规定的利害关系人，但是不申请宣告死亡不能保护其相应合法权益的除外。"据此，债权人、债务人等与失踪人仅仅具有财产关系的主体，原则上不认定为利害关系人，不能申请宣告死亡，除非证明不申请宣告死亡不足以保护其合法权益，故AB选项正确。被宣告失踪后，甲的主体资格并不消灭，对于共同财产，除非构成日常生活所需，若乙擅自处分的，属于无权处分，故C选项错误。《民法典》第1161条规定："继承人以所得遗产实际价值为限清偿被继承人依法应当缴纳的税款和债务。超过遗产实际价值部分，继承人自愿偿还的不在此限。继承人放弃继承的，对被继承人依法应当缴纳的税款和债务可以不负清偿责任。"宣告死亡后，发生继承，乙继承甲的遗产，应当在遗产的范围内偿还债务，超出遗产价值的部分或放弃继承的，不需要承担，故D选项正确。（ABD）

[知识点还原] **图表9**

3. [考点] 公序良俗、委托监护协议、夫妻共有财产

[解析]《民法典》第153条第2款规定："违背公序良俗的民事法律行为无效。"但是，必须是

法律行为本身的内容违背公序良俗方为无效。本题中，孟某虽然已婚，但与他人约定委托监护并不违反公序良俗，故这部分协议应为有效。涉及财产共有部分的约定，由于孟某已婚，在没有约定财产分别所有的情况下，其婚后获得的财产属于夫妻共同共有财产，因此与秦某的约定属于无权处分行为。故A选项错误，CD选项正确。重婚是有配偶又结婚的或明知他人有配偶又与之结婚的情形，本题中不存在，故B选项错误。（CD）

[知识点还原] 图表7；图表22；图表161

4. [考点] 宣告死亡

[解析] 根据《民法典》及《民法典总则编解释》第16条之规定，申请宣告死亡在配偶、父母与子女之间没有先后顺序的限制。因此，本题中涉及的利害关系人没有顺序先后，故A选项错误。《民法典》第47条规定："对同一自然人，有的利害关系人申请宣告死亡，有的利害关系人申请宣告失踪，符合本法规定的宣告死亡条件的，人民法院应当宣告死亡。"据此，同时符合宣告死亡和宣告失踪条件的，宣告死亡优先，故B选项正确。《民法典》第48条规定："被宣告死亡的人，人民法院宣告死亡的判决作出之日视为其死亡的日期；因意外事件下落不明宣告死亡的，意外事件发生之日视为其死亡的日期。"据此，因意外事件下落不明，法院作出宣告死亡判决的，意外事件发生之日为死亡日期，故C选项错误。《民法典》第49条规定："自然人被宣告死亡但是并未死亡的，不影响该自然人在被宣告死亡期间实施的民事法律行为的效力。"据此，宣告死亡后，事实未死的，在行为地进行的法律行为有效，故D选项错误。（B）

[知识点还原] 图表9

5. [考点] 监护人的撤销、诉讼时效

[解析]《民法典》第36条规定："监护人有下列情形之一的，人民法院根据有关个人或者组织的申请，撤销其监护人资格，安排必要的临时监护措施，并按照最有利于被监护人的原则依法指定监护人：（一）实施严重损害被监护人身心健康的行为；（二）怠于履行监护职责，或者无法履行监护职责且拒绝将监护职责部分或者全部委托给他人，导致被监护人处于危困状态；（三）实施严重侵害被监护人合法权益的其他行为。本条规定的有关个人、组织包括：其他依法具有监护资格的人，居民委员会、村民委员会、学校、医疗机构、妇女联合会、残疾人联合会、未成年人保

护组织、依法设立的老年人组织、民政部门等。前款规定的个人和民政部门以外的组织未及时向人民法院申请撤销监护人资格的，民政部门应当向人民法院申请。"据此，当监护人侵害被监护人利益时，人民法院有权根据有关个人或者组织的申请，撤销其监护人资格，故民政部门只是可以申请，不能直接撤销，应由法院最终决定是否撤销，故A选项错误。《民法典》第37条规定："依法负担被监护人抚养费、赡养费、扶养费的父母、子女、配偶等，被人民法院撤销监护人资格后，应当继续履行负担的义务。"据此，B选项错误。《民法典》第38条规定："被监护人的父母或者子女被人民法院撤销监护人资格后，除对被监护人实施故意犯罪的外，确有悔改表现的，经其申请，人民法院可以在尊重被监护人真实意愿的前提下，视情况恢复其监护人资格，人民法院指定的监护人与被监护人的监护关系同时终止。"据此，虽然父母或子女被撤销监护资格后，有恢复的可能，但是实施故意犯罪的除外。本题中，存在故意犯罪行为，不能恢复，C选项错误。《民法典》第191条规定："未成年人遭受性侵害的损害赔偿请求权的诉讼时效期间，自受害人年满十八周岁之日起计算。"据此，未成年人遭性侵的，时效期间是受害人年满18周岁之日起算，不是法定代理终止之日起算，故D选项错误。（ABCD）

[知识点还原] 图表8；图表27

6. [考点] 监护人撤销、时效

[解析]《民法典》第36条第1、2款规定："监护人有下列情形之一的，人民法院根据有关个人或者组织的申请，撤销其监护人资格，安排必要的临时监护措施，并按照最有利于被监护人的原则依法指定监护人：（一）实施严重损害被监护人身心健康的行为；（二）怠于履行监护职责，或者无法履行监护职责且拒绝将监护职责部分或者全部委托给他人，导致被监护人处于危困状态；（三）实施严重侵害被监护人合法权益的其他行为。本条规定的有关个人、组织包括：其他依法具有监护资格的人，居民委员会、村民委员会、学校、医疗机构、妇女联合会、残疾人联合会、未成年人保护组织、依法设立的老年人组织、民政部门等。"据此，当履行监护职责的人严重侵害被监护人利益时，其他具有监护资格的人或有关组织可以申请撤销其监护资格。本题中，由于履行监护资格的乙经常殴打小甲，属于严重损害被监护人健康的行为，甲作为利害关系人可向法院

申请撤销乙的监护资格,故 A 选项正确。《民法典》第 34 条第 3 款规定:"监护人不履行监护职责或者侵害被监护人合法权益的,应当承担法律责任。"第 35 条第 1 款规定:"监护人应当按照最有利于被监护人的原则履行监护职责。监护人除为维护被监护人利益外,不得处分被监护人的财产。"据此规定,监护人不履行监护职责,侵害监护人利益的,应当承担赔偿责任。本案中,乙将小甲的玉佩输掉,侵害了小甲的财产权,应承担赔偿责任,故 B 选项正确。《民法典》第 190 条规定:"无民事行为能力人或者限制民事行为能力人对其法定代理人的请求权的诉讼时效期间,自该法定代理终止之日起计算。"据此,法定代理人侵害被监护人利益的,时效从法定代理终止之日起算;终止后,新的法定代理人可代被监护人主张赔偿。故 C 选项错误。需要补充的是,根据《民法典总则编解释》第 37 条规定,若新法定代理人开始不知道权利被侵害,则从新法定代理人知道或应当知道损害事实及义务人之时起算。《民法典》第 196 条规定:"下列请求权不适用诉讼时效的规定:(一)请求停止侵害、排除妨碍、消除危险;(二)不动产物权和登记的动产物权的权利人请求返还财产;(三)请求支付抚养费、赡养费或者扶养费;(四)依法不适用诉讼时效的其他请求权。"据此,抚养费、赡养费、扶养费请求权属于身份权请求权,不受时效限制,故 D 选项正确。(ABD)

[知识点还原] 图表 8;图表 26;图表 27

7. [考点] 委托监护协议的效力、遗赠

[解析]《民法典》第 33 条规定:"具有完全民事行为能力的成年人,可以与其近亲属、其他愿意担任监护人的个人或者组织事先协商,以书面形式确定自己的监护人,在自己丧失或者部分丧失民事行为能力时,由该监护人履行监护职责。"据此,成年人在具有完全行为能力时,可与愿意担任监护人的个人和组织事先协商,通过书面协议确定自己的监护人。本题中老刘与秦某签订协议之时,具有完全行为能力,因此该协议不会因为其有法定监护人而无效,故 A 选项错误。此种协议,达成协议即为成立;由于老刘何时丧失生活自理能力是未来不确定的事实,故为附条件的委托监护,当老刘丧失生活自理能力时即生效,故 B 选项正确。《民法典》第 1144 条规定:"遗嘱继承或者遗赠附有义务的,继承人或者受遗赠人应当履行义务。没有正当理由不履行义务的,

经利害关系人或者有关组织请求,人民法院可以取消其接受附义务部分遗产的权利。"据此,遗嘱或遗赠可以附义务,当继承人或者受遗赠人履行了义务后,可以获得遗产。本题中,秦某履行了监护义务后,可获得遗产,老刘子女无权撤销该协议。故 CD 选项错误。(B)

[知识点还原] 图表 7;图表 173

8. [考点] 监护人的职责、诉讼时效的起算与适用,属于常考点

[解析]《民法典》第 34 条第 1、2 款规定:"监护人的职责是代理被监护人实施民事法律行为,保护被监护人的人身权利、财产权利以及其他合法权益等。监护人依法履行监护职责产生的权利,受法律保护。"据此,首先,监护人可以代理被监护人实施民事法律行为,监护人是被监护人的法定代理人,故甲父作为甲的监护人,以甲的名义购买房屋而签订的买卖合同,主体适格,意思表示真实,内容合法,当属有效,A 选项错误。其次,监护人应保护被监护人的人身、财产权利以及其他合法权益。财产权利与其他合法权益的保护,是指保护被监护人的财产权益不受非法侵害。通过有效投资手段为被监护人的财产保值、增值不属于监护人法定职责的范围,也不能有这样的期待,因为经济环境变化,出现通货膨胀等因素导致贬值是当今社会每个人都不得不承受的代价,而且,退一步讲,即使认为是监护人的法定职责,根本无法通过法律义务与责任的方式,促使其实现,从法律层面上讲,没有意义,故 B 选项正确。《民法典》第 34 条第 3 款规定:"监护人不履行监护职责或者侵害被监护人合法权益的,应当承担法律责任。"第 35 条第 1 款规定:"监护人应当按照最有利于被监护人的原则履行监护职责。监护人除为维护被监护人利益外,不得处分被监护人的财产。"据此,为保护被监护人利益,监护人如处分被监护人财产,需要出于维护被监护人的利益。是否是为了被监护人的利益,应主要从结果角度评价,不能只看动机,如此,方可促使监护人慎重选择其行为,如果给被监护人带来损害,应承担赔偿责任,故 C 选项正确。D 选项关于时效的考查颇有些难度。《民法典》第 190 条规定:"无民事行为能力人或者限制民事行为能力人对其法定代理人的请求权的诉讼时效期间,自该法定代理终止之日起计算。"据此,本题中甲没有完全行为能力,对其父主张赔偿的时效应从两者之间的法定代理关系终止之日起算。关

于法定代理的终止,《民法典》第175条规定:"有下列情形之一的,法定代理终止:(一)被代理人取得或者恢复完全民事行为能力;(二)代理人丧失民事行为能力;(三)代理人或者被代理人死亡;(四)法律规定的其他情形。"本题中,没有代理人丧失行为能力的情形,也没有代理人或被代理人死亡的情形,只可能是被代理人取得或恢复完全民事行为能力之情形。甲是未成年人,题目没有涉及其精神状况,故正常判断,应该是甲因为成年取得完全民事行为能力而终止法定代理关系。由于甲与甲父之间法定代理关系终止之前,时效不起算,故在甲成年之前,甲的请求权不受3年诉讼时效的限制,D选项正确。(BCD)

[知识点还原] 图表8;图表19;图表27

9. [考点] 自然人监护,属于常考点

[解析] 在民法中,养父母与养子女的关系,完全适用亲生父母与子女的关系。《民法典》第29条规定:"被监护人的父母担任监护人的,可以通过遗嘱指定监护人。"余某作为养父,可以通过遗嘱为小翠指定监护人,故A选项正确。B选项,理解时容易陷入的误区是,把夫妻离婚时关于由谁履行监护职责的协议与变更,直接当作"协议监护"来理解。对于未成年人来说,《民法典》第30条规定的协议监护,仅仅是指父母之外的其他有监护资格的人之间的协议,父母是当然监护人,即使离婚,双方依然是监护人,此时所谓的协议,规范含义是,由谁履行监护职责的问题,而且,双方离婚达成的协议,当情形发生变化之时,可以协商变更。本题中,在收养小翠以后,余某与妻子离婚,两人离婚时关于监护问题的协议是由余某抚养,余某病重之际,可以通过与其前妻协议由前妻担任监护人,这种协议可以视为余某与其前妻变更了离婚时关于小翠监护的协议,B选项正确。《民法典》第33条规定:"具有完全民事行为能力的成年人,可以与其近亲属、其他愿意担任监护人的个人或者组织事先协商,以书面形式确定自己的监护人,在自己丧失或者部分丧失民事行为能力时,由该监护人履行监护职责。"这是成年人在自己尚未丧失行为能力时,确定自己未来监护人的制度。据此,C选项正确。《民法典》第27条第1款规定:"父母是未成年子女的监护人。"据此,父母是未成年人的当然监护人,只有未成年人的父母已经死亡或者没有监护能力的情况下,才可能由祖父母、外祖父母、兄弟姐妹等担任监护人。本题中,余某死亡,余某的前妻尚在,如果余某生前没有与其前妻达成变更监护的协议,余某的前妻作为当然监护人,也应当履行监护职责,不是应当由余某的父母担任监护人,D选项错误。(ABC)

[知识点还原] 图表7

10. [考点] 宣告死亡、无权处分,属于常考点

[解析]《民法典》第51条规定:"被宣告死亡的人的婚姻关系,自死亡宣告之日起消除。死亡宣告被撤销的,婚姻关系自撤销死亡宣告之日起自行恢复。但是,其配偶再婚或者向婚姻登记机关书面声明不愿意恢复的除外。"据此,如果宣告死亡后,被宣告死亡人的配偶没有再婚的,婚姻关系自撤销死亡宣告之日恢复。本题中,甲被宣告死亡之后,其妻乙没有再婚,也没有向婚姻登记机关书面声明不愿意恢复,故A选项正确。死亡宣告之后,乙是甲唯一的继承人,此时,乙将家里的轿车赠送给丙的行为是有权处分,完全有效,B选项正确。《民法典》第53条第1款规定:"被撤销死亡宣告的人有权请求依照本法第六编取得其财产的民事主体返还财产;无法返还的,应当给予适当补偿。"所谓的无法返还,是指继承财产已经消耗掉或已经转让给第三人的情形,只要第三人取得财产有正当理由,就没有返还的义务。本题中,甲被宣告死亡之后,轿车作为共同财产,乙作为唯一继承人,通过继承获得轿车的全部权利,是有权处分,丙可因此而合法获得轿车的所有权,没有返还的义务,C选项正确。甲将登记在自己名下的夫妻共同财产卖给丁,是无权处分。《民法典》第597条第1款规定:"因出卖人未取得处分权致使标的物所有权不能转移的,买受人可以解除合同并请求出卖人承担违约责任。"据此,当无权处分订立买卖合同之时,无论受让人是否知情,买卖合同本身作为负担行为,都是有效的,只不过受让人知情时,不能构成善意取得而已,故D选项错误。(ABC)

[知识点还原] 图表9;图表20

11. [考点] 宣告死亡,属于常考点

[解析]《民法典》第46条规定:"自然人有下列情形之一的,利害关系人可以向人民法院申请宣告该自然人死亡:(一)下落不明满四年;(二)因意外事件,下落不明满二年。因意外事件下落不明,经有关机关证明该自然人不可能生存的,申请宣告死亡不受二年时间的限制。"《民法典》第48条规定:"被宣告死亡的人,人民法院宣告死亡的判决作出之日视为其死亡的日期;因

意外事件下落不明宣告死亡的，意外事件发生之日视为其死亡的日期。"《民法典》第53条规定："被撤销死亡宣告的人有权请求依照本法第六编取得其财产的民事主体返还财产；无法返还的，应当给予适当补偿。利害关系人隐瞒真实情况，致使他人被宣告死亡而取得其财产的，除应当返还财产外，还应当对由此造成的损失承担赔偿责任。"《民法典》第1121条第1款规定："继承从被继承人死亡时开始。"本条中，死亡作为规范概念，包括自然死亡、宣告死亡、推定死亡。据此，宣告死亡之后，可以发生继承，而且开始继承的日期是判决死亡宣告之日，题目没有区分判决宣告之日和作出之日，应理解为同一日，故AC选项正确。《民法典》第51条规定："被宣告死亡的人的婚姻关系，自死亡宣告之日起消除。死亡宣告被撤销的，婚姻关系自撤销死亡宣告之日起自行恢复。但是，其配偶再婚或者向婚姻登记机关书面声明不愿意恢复的除外。"据此，被宣告死亡的人一旦回来，只要申请人没有结婚，并且没有向登记机关书面声明不愿意恢复的，婚姻关系就可以自行恢复，故B选项错误。D选项是容易引起困惑的一个选项，因为很可能有考生基于运输合同的规定引起错误之判断。《民法典》第823条第1款规定："承运人应当对运输过程中旅客的伤亡承担赔偿责任；但是，伤亡是旅客自身健康原因造成的或者承运人证明伤亡是旅客故意、重大过失造成的除外。"据此，承运人对于乘客承担的是无过错责任。但是，适用该制度的前提是造成了损害后果，本题中，并不存在损害后果，因此，承运人不需要承担赔偿责任，故D选项错误。（AC）

[知识点还原] 图表9；图表108

12. [考点] 监护人的职责与责任、无因管理、诉讼时效中止，均属于常考点

[解析]《民法典》第34条第3款规定："监护人不履行监护职责或者侵害被监护人合法权益的，应当承担法律责任。"第35条第1款规定："监护人应当按照最有利于被监护人的原则履行监护职责。监护人除为维护被监护人利益外，不得处分被监护人的财产。"据此，AB选项正确。关于无因管理，《民法典》第121条规定："没有法定的或者约定的义务，为避免他人利益受损失而进行管理的人，有权请求受益人偿还由此支出的必要费用。"这意味着无因管理之构成要以没有法定或约定义务为前提，父母是当然监护人，作为监护人管理被监护人的财产是有法定依据的，因此，不可能是无因管理，故C选项错误。对于被监护利益被侵害的，若起诉其法定代理人的时效问题，《民法典》第190条作了特别规定："无民事行为能力人或者限制民事行为能力人对其法定代理人的请求权的诉讼时效期间，自该法定代理终止之日起计算。"据此，甲要起诉乙、丙，时效不再发生中止，而应当适用特殊起算的规定，依据新规定，D项是错误的。[AB（原答案为ABD）]

[知识点还原] 图表8；图表27；图表74

13. [考点] 监护的类型、监护人的确定，属于常考点

[解析] 对于一般的委托监护问题，《民法典》总则编监护制度中没有规定，由于是委托关系，故适用委托合同的规定。关于委托监护中被监护人侵权的责任承担问题，《民法典》第1189条规定："无民事行为能力人、限制民事行为能力人造成他人损害，监护人将监护职责委托给他人的，监护人应当承担侵权责任；受托人有过错的，承担相应的责任。"因此，A选项中甲委托医院照料其患有精神病的配偶乙，医院此时为委托监护人，正确。值得说明的是，此处的委托监护人，规范含义为由受托人暂时代为履行监护职责。未成年人到学校上学，在学校生活学习期间，监护人并没有发生变化，依然是原来的监护人，学校等教育机构承担的过错责任，即只是在过错的范围内承担责任，监护责任并没有完全转移给学校，故B选项错误。《民法典》第27条规定："父母是未成年子女的监护人。未成年人的父母已经死亡或者没有监护能力的，由下列有监护能力的人按顺序担任监护人：（一）祖父母、外祖父母；（二）兄、姐；（三）其他愿意担任监护人的个人或者组织，但是须经未成年人住所地的居民委员会、村民委员会或民政部门同意。"据此，父母是当然监护人，这意味着只要父母尚在，又没有不适合做监护人的情况，就不存在祖父母作监护人的可能，故C选项错误。《民法典》第30条规定："依法具有监护资格的人之间可以协议确定监护人。协议确定监护人应当尊重被监护人的真实意愿。"第31条第1款规定："对监护人的确定有争议的，由被监护人住所地的居民委员会、村民委员会或者民政部门指定监护人，有关当事人对指定不服的，可以向人民法院申请指定监护人；有关当事人也可以直接向人民法院申请指定监护人。"据此，只有当父母之外的人对于监护权的确定存在争议时，

才有可能经过基层组织指定，夫妻离婚时，监护权的争议直接由法院判决，不存在指定的问题，故 D 选项错误。（A）

[知识点还原] 图表7

14.［考点］自然人民事行为能力、限制民事行为能力人的行为效力判断，偶尔考查

[解析] 在拍卖会上购买商品是价高者得，购买价格与商品的实际价值不相符是很平常的事，也是众所周知的事。因此，不存在显失公平或重大误解的情况，故 AB 选项错误。《民法典》第 19 条规定："八周岁以上的未成年人为限制民事行为能力人，实施民事法律行为由其法定代理人代理或者经其法定代理人同意、追认；但是，可以独立实施纯获利益的民事法律行为或者与其年龄、智力相适应的民事法律行为。"其中，"与其年龄、智力相适应"，是从行为与本人生活相关联的程度、本人的智力水平能否理解其行为，并能预见相应的行为后果，以及行为标的数额等方面认定。17 岁的甲是限制民事行为能力人，但是其懂得并且能够独立参加拍卖会，并在慈善拍卖会上以 1000 元的个人积蓄拍得价值 100 元的表演道具，应当认定为是与其年龄、智力相适应的行为，因此该行为有效，故 C 选项错误，D 选项正确。（D）

[知识点还原] 图表6；图表19；图表21

15.［考点］监护人的确定，属于常考点

[解析]《民法典》第 27 条规定："父母是未成年子女的监护人。未成年人的父母已经死亡或者没有监护能力的，由下列有监护能力的人按顺序担任监护人：（一）祖父母、外祖父母；（二）兄、姐；（三）其他愿意担任监护人的个人或者组织，但是须经未成年人住所地的居民委员会、村民委员会或者民政部门同意。"据此，监护人还可能是居委会、村委会等，A 选项错误。《民法典总则编解释》第 8 条第 2 款规定："依法具有监护资格的人之间依据民法典第三十条的规定，约定由民法典第二十七条第二款、第二十八条规定的不同顺序的人共同担任监护人，或者由顺序在后的人担任监护人的，人民法院依法予以支持。"第 9 条第 2 款规定："人民法院依法指定的监护人一般应当是一人，由数人共同担任监护人更有利于保护被监护人利益的，也可以是数人。"据此，无论协议监护，还是法院指定监护，监护人既可以是一人，也可以是同一顺序中的数人共同担任，B 选项正确。《民法典》第 31 条第 1 款规定："对监护人的确定有争议的，由被监护人住所地的居民委员会、村民委员会或者民政部门指定监护人，有关当事人对指定不服的，可以向人民法院申请指定监护人；有关当事人也可以直接向人民法院申请指定监护人。"故 C 选项正确，这是民法典带来的新变化。由于甲未成年，确定监护人应当适用未成年人监护的规定，应依照未成年人监护人的确定规范予以处理，因为《民法典》第 28 条规定的确定监护人的规则，仅仅适用于无或限制民事行为能力的成年人，故 D 选项错误。[BC（原答案为B）]

[知识点还原] 图表7

16.［考点］个人合伙中合伙人的确定及其合伙人内部协议的效力，属于常考点

[解析] 此考点，《民法典》中没有规定，对于合伙人之间的关系，可适用《民法典》关于合伙合同的规定。《民法典》第 967 条规定："合伙合同是两个以上合伙人为了共同的事业目的，订立的共享利益、共担风险的协议。"第 970 条规定："合伙人就合伙事务作出决定的，除合伙合同另有约定外，应当经全体合伙人一致同意。合伙事务由全体合伙人共同执行。按照合伙合同的约定或者全体合伙人的决定，可以委托一个或者数个合伙人执行合伙事务；其他合伙人不再执行合伙事务，但是有权监督执行情况。合伙人分别执行合伙事务的，执行事务合伙人可以对其他合伙人执行的事务提出异议；提出异议后，其他合伙人应当暂停该项事务的执行。"据此，无论是否参与事务的执行，只要为共同事业目的，签订合伙协议的均可为合伙人，故本题中，AB 选项错误，C 选项正确。《民法典》第 973 条规定："合伙人对合伙债务承担连带责任。清偿合伙债务超过自己应当承担份额的合伙人，有权向其他合伙人追偿。"据此，合伙人在合伙期间欠下的债务为连带债务。连带债务的内部份额可以约定。王东和张西出具的"餐馆经营亏损与李南无关"的字据属于合伙人之间的内部约定，该约定是有效的，但是仅在其内部有效，对外不产生约束力。故 D 选项错误。（C）

[知识点还原] 图表138

17.［考点］宣告死亡撤销的后果

[解析]《民法典》第 53 条规定："被撤销死亡宣告的人有权请求依照本法第六编取得其财产的民事主体返还财产；无法返还的，应当给予适当补偿。利害关系人隐瞒真实情况，致使他人被宣告死亡而取得其财产的，除应当返还财产外，

还应当对由此造成的损失承担赔偿责任。"第六编为继承的有关规定。据此，只要通过继承获得的财产，无论是法定继承、代位继承、转继承、遗嘱继承等，继承人在死亡宣告被撤销后，均应当返还；无法返还的，进行适当补偿。A选项中，乙死后，其遗产包括两部分，一部分本就是乙的财产，另一部分是甲被宣告死亡后，乙从甲处继承的财产，这些财产本应该都由甲继承，由于甲被宣告死亡，丁代位继承了该部分财产，故丁从乙处继承的财产均应返还给甲。另外丁从丙处继承的财产中，有一部分是丙从甲处继承而来，需要返还，但是丙还有本就是自己的财产，这部分丁从丙处继承后不需要返还，故A选项错误。B选项中，虽然丁从甲乙处继承的财产均应返还，但是除了这些之外，丁从丙处继承的、而丙从甲处继承的，也应当返还，故"只应"的限定是错误的，B选项错误。戊从丙处继承的财产中，也有丙自己的财产，故不需要全部返还，C选项错误。丁、戊从丙处继承的、而丙从甲处继承而来的财产，均是来自甲的财产，故应返还给甲，D选项正确。（D）

[知识点还原] 图表9

四、民事主体之法人及其他组织

1. [考点] 法人设立中的责任，属于常考点

[解析]《民法典》第75条第1款规定："设立人为设立法人从事的民事活动，其法律后果由法人承受；法人未成立，其法律后果由设立人承受，设立人为二人以上的，享有连带债权，承担连带债务。"据此，在法人设立过程中，以法人名义欠下的债务，如果法人设立成功，由设立之后的法人承担，如果设立失败，由设立人承担连带责任，故A选项错误，BC选项正确。第75条第2款规定："设立人为设立法人以自己的名义从事民事活动产生的民事责任，第三人有权选择请求法人或者设立人承担。"据此，如果设立人在法人设立过程中，以自己的名义为设立法人从事民事活动产生的民事责任，债权人在法人设立后，可以选择设立人或法人承担，故D选项正确。（BCD）

[知识点还原] 图表11

2. [考点] 合伙债务的清偿，属于常考点

[解析]《合伙企业法》第38条规定，合伙企业对其债务，应先以其全部财产进行清偿。第39条规定："合伙企业不能清偿到期债务的，合伙人承担无限连带责任。"本题中，自然人安琚与乙企业（个人独资）是甲合伙企业的合伙人。根据上述规定，甲合伙企业的50万元债务，应当首先由甲企业剩余的20万元财产清偿，其余的30万元债务由两个合伙人承担无限连带责任。故C选项正确。值得提醒注意的是，如果考查个人合伙，在债务清偿方面与合伙企业原理相同，各合伙人之间也是连带责任，即便内部有约定清偿份额，只要没有经过债权人同意，依然是连带责任。（C）

[知识点还原] 图表15

3. [考点] 基金会法人

[解析] 法人的类型是常考的要点，但是，本题命题角度实为奇葩，非考试常态命题，也不在考试大纲要求掌握的范围之内，了解即可。《基金会管理条例》第10条规定："基金会章程必须明确基金会的公益性质，不得规定使特定自然人、法人或者其他组织受益的内容。基金会章程应当载明下列事项：（一）名称及住所；（二）设立宗旨和公益活动的业务范围；（三）原始基金数额；（四）理事会的组成、职权和议事规则，理事的资格、产生程序和任期；（五）法定代表人的职责；（六）监事的职责、资格、产生程序和任期；（七）财务会计报告的编制、审定制度；（八）财产的管理、使用制度；（九）基金会的终止条件、程序和终止后财产的处理。"第15条规定："基金会、基金会分支机构、基金会代表机构和境外基金会代表机构的登记事项需要变更的，应当向登记管理机关申请变更登记。基金会修改章程，应当征得其业务主管单位的同意，并报登记管理机关核准。"本题中，要改变基金会法人的宗旨和目的，应当经过主管单位同意，并经登记机关核准。据此，D选项正确。《基金会管理条例》并不在考试大纲要求的范围之内，此题显然属于超纲命题。（D）

[知识点还原] 图表12

4. [考点] 法人的分类，属于常考点

[解析] 按照成立的基础，私法人分为社团法人与财团法人。以人的结合为基础成立的法人为社团法人（如企业、公司、学校）；以目的财产为基础成立的法人为财团法人（如基金会法人）。按照成立的目的，社团法人分为营利法人、公益法人与中间法人。以将法人经营所得分配给成员为目的而成立的法人为营利法人（如公司）；不以将法人经营所得分配给成员为目的，而是以从事公益为目的的法人为公益法人；介乎于二者之间的为中间法人（如商会）。财团法人均为公益法人。

在我国，基金会法人属于财团法人。据此，AC选项错误，B选项正确。《民法典》将法人分为特别法人、营利法人和非营利法人，非营利法人又包括：捐助法人、事业单位法人、社会团体法人。营利法人以营利性的企业为典型代表。民办非企业法人有的属于事业单位，应为公益法人；有的属于社会团体法人，因此，不一定均为营利法人，故D选项错误。（B）

[知识点还原] 图表12；图表13

5. [考点] 法人的代表机关，属于常考点

[解析] 法定代表人是法人的代表机关，其权限来自公司的章程，而非董事会。因此，法人的法定代表人所作的意思表示不需要经过董事会的同意，其法律效力直接归于法人，即使法定代表人变更也不影响该意思表示的效力。本题中，王某是甲公司的法定代表人，其对乙公司发出书面要约的行为不需要经过董事会的同意。根据《民法典》第137条第2款之规定，书面要约作为一种非对话的意思表示，到达受要约人时生效。根据题意，该要约已经到达相对人乙公司，故要约已经生效。该要约的法律效力直接归于甲公司，之后虽然王某去世，但该要约依然有效。后乙公司针对该要约作出了有效承诺，买卖合同成立。故D选项正确，ABC选项错误。（D）

[知识点还原] 图表11；图表17

6. [考点] 法人的类型，属于常考点

[解析] 根据成立的依据，法人分为公法人与私法人；根据成立的基础，私法人分为社团法人与财团法人。在我国，社团法人大致包括：营利法人中的企业法人、非营利法人中的（不履行行政职能的）事业单位法人和部分社会团体法人（如协会、学会等）。这三种社团法人的成立要件各不相同，仅就是否需要登记来说，企业法人均需登记始能成立；而事业单位法人和社会团体法人的成立有的依法须经登记程序，有的则无须经过登记程序（仅须批准程序），其法律依据如下：《民法典》第88条规定："具备法人条件，为适应经济社会发展需要，提供公益服务设立的事业单位，经依法登记成立，取得事业单位法人资格；依法不需要办理法人登记的，从成立之日起，具有事业单位法人资格。"第90条规定："具备法人条件，基于会员共同意愿，为公益目的或者会员共同利益等非营利目的设立的社会团体，经依法登记成立，取得社会团体法人资格；依法不需要办理法人登记的，从成立之日起，具有社会团体

法人资格。"据此，A选项错误。在我国，商业银行属于营利法人中的企业法人（社团法人、私法人），但中国人民银行属于公法人，故B选项错误。关于法人之间的合伙型联营，《民法典》没有规定，可适用关于合伙合同的规定。《民法典》第967条规定："合伙合同是两个以上合伙人为了共同的事业目的，订立的共享利益、共担风险的协议。"据此，法人之间也可以通过签订合伙合同组成合伙性质的联营，故C选项正确。公司属于社团法人，为人合组织。一人公司虽然不太符合人合组织的特征，但作为例外，《公司法》承认一人公司为公司法人，仅在一人公司与出资人发生人格混同时才刺破公司面纱，故D选项错误。（C）

[知识点还原] 图表12；图表138

7. [考点] 法人分立后的责任承担

[解析]《民法典》第67条规定："法人合并的，其权利和义务由合并后的法人享有和承担。法人分立的，其权利和义务由分立后的法人享有连带债权，承担连带债务，但是债权人和债务人另有约定的除外。"据此，法人分立应该由分立后的法人对原债务承担连带责任。如果分立后的法人之间有约定的，该约定的分配方案对分立后的法人企业是有约束力的，即对内有效。但是，不能以此对抗债权人，除非该债权人对上述约定知情且同意。针对本题来说，乙丙公司之间的约定对乙丙公司是有效的，但是不能当然地对债权人发生效力，除非债权人知情同意。故A选项正确。（A）

[知识点还原] 图表11

8. [考点] 法人的责任能力、法人与分支机构的关系，属于常考点

[解析] 法人作为民事主体，不仅享有权利，而且还要负担义务。所谓的法人独立承担民事责任，就是法人要以自己的全部财产对外清偿债务，而不是以设立人或其成员的财产去承担这份责任。本题中，德胜公司是一家法人企业，虽然其总部、分支机构以及主营业机构所在的地方不同，但是这不影响德胜公司以其全部资产清偿债务。因此，只要是德胜公司的财产，都要用来清偿公司债务，而德胜公司的财产包括深圳主营机构和萨摩国总部及分支机构的全部财产。本题A选项错误，B选项正确。凯旋公司与德胜公司之间是母子公司的关系，凯旋公司不过是德胜公司的股东，不需要对于德胜公司的债务负责，只在自己出资的范

围内承担有限责任。故 CD 选项均错误。（B）

[知识点还原] 图表 11

9. [考点] 法人的类型，属于常考点

[解析] 并非所有的事业单位其经费均来自国家财政拨款；况且某些事业单位，除了接受国家财政拨款外，也可自筹经费。所以 A 选项的说法太绝对，当选。《民法典》第 88 条规定："具备法人条件，为适应经济社会发展需要，提供公益服务设立的事业单位，经依法登记成立，取得事业单位法人资格；依法不需要办理法人登记的，从成立之日起，具有事业单位法人资格。"据此，B 选项错误。另外，根据《民法典》第 256 条规定："国家举办的事业单位对其直接支配的不动产和动产，享有占有、使用以及依照法律和国务院的有关规定收益、处分的权利。"至于是否享有所有权，一般认为国家举办的事业单位对其直接支配的财产不享有所有权，所有权仍然归属于国家，单位只是国有财产的管理人。所以 C 选项错误。《民法典》第 1183 条第 1 款规定："侵害自然人人身权益造成严重精神损害的，被侵权人有权请求精神损害赔偿。"据此，只有自然人才可以主张精神损害赔偿，所以 D 选项错误。（ABCD）

[知识点还原] 图表 11；图表 12

10. [考点] 法定代表人的责任

[解析] 法定代表人，是代表法人进行行为的机关，只要法定代表人以法人的名义从事的行为，后果一律由法人承担，此时，具体担任法定代表人的自然人的人格完全被法人吸收。无论法定代表人的行为是否合法，也无论是否超出经营范围，均应由法人承担责任。故 C 选项正确。（C）

[知识点还原] 图表 11

11. [考点] 法人分支机构

[解析] 本题中，该分公司能够以自己名义对外从事活动，意味着领取了营业执照，此时，视为非法人组织。《民法典》第 102 条第 1 款规定："非法人组织是不具有法人资格，但是能够依法以自己的名义从事民事活动的组织。"据此，作为非法人组织的法人分支机构可以自己名义对外从事民事活动，故题中分公司以自己名义订立合同有效。《民法典》第 74 条规定："法人可以依法设立分支机构。法律、行政法规规定分支机构应当登记的，依照其规定。分支机构以自己的名义从事民事活动，产生的民事责任由法人承担；也可以先以该分支机构管理的财产承担，不足以承担的，

由法人承担。"据此，分支机构签订合同，不能承担的责任，应由法人承担。分公司是法人的组成部分，不存在法人与其分支机构承担连带责任的可能。故 C 选项正确。（C）

[知识点还原] 图表 15

五、意思表示与法律行为

1. [考点] 好意施惠、戏谑行为、无名合同，属于常考点

[解析] 此题应分阶段进行分析。首先，六人关于学期结束获得奖学金者请客的约定，当属道德调整的范围，不产生民事法律关系。因为，自正常人的角度视之，六人作出此约定时的表示，不具有承担法律责任的意图，不构成民法上的意思表示，属于好意施惠性质的表达，故 C 选项错误。其次，基于六人的约定，自身不产生法律关系，如果学期结束后，获得奖学金的甲、乙不请客聚餐，其他同学不得要求甲、乙承担违约责任。但是，甲、乙获得奖学金后，六人已经如约去酒店就餐，此时，对于其他同学而言，已经产生了对于甲、乙请客利益的合理期待，故甲、乙应对此聚餐费用承担法律上的义务，甲、乙中间离开，未支付餐费，不是戏谑行为，A 选项错误。六人去餐馆消费，与餐馆之间形成合同关系。我国没有关于消费合同的专门规定，故可参照适用《民法典》总则编、合同编通则及最相类似合同之规定，处理此合同关系。六人作为合同的一方，餐馆为合同的另一方，属于多数人之债。由于六人的消费行为，并没有与餐馆约定各自承担的份额，《民法典》第 178 条第 3 款规定："连带责任，由法律规定或者当事人约定。"据此，若当事人在合同中约定连带责任的，应当明确约定，否则应当认定为按份责任。但六人之间无论是按份还是连带关系，对于餐费均应共同承担责任，故 D 选项正确。如上分析，六人如约去餐馆聚餐的行为，使得甲、乙之外的其他四人产生了合理的利益期待，甲、乙应当对于此次聚餐费承担法律上的责任，故餐费的最终责任应当由甲、乙承担，两者若不能达成协议，最终应平分餐费。但平分餐费的根据，不是根据约定，而是共同承担法定责任后，内部没有约定时通常的分担规则。值得补充说明的是，本案中甲、乙最终应承担餐费的原因不是履行合同关系中的义务，因为约定请客吃饭属于好意施惠，不构成法律行为；而是事实上去吃饭的行为自身作为独立的法律事实，导致了其他

损失,进而应当承担赔偿责任,故 B 选项错误。(D)

[知识点还原] 图表 1;图表 17;图表 83;图表 143

2. [考点] 意思表示与好意施惠之区分,属于常考点

[解析] 本题情形是典型的好意施惠关系,在生活中多为常见。请人吃饭、喝酒等如果未能赴约,通常均视为情谊行为,不存在发生法律效果的意图,不构成民法中的意思表示,不产生民事法律关系,BCD 选项均错误,A 选项正确。题中强调的"表示一定赴约""精心准备""被油烫伤""未及时告知"等信息,均是干扰考生正常思维的诡计。但是,值得进一步提醒的是,尽管好意施惠的行为不构成意思表示,不能产生法律关系,但是,如果再出现新的法律事实,有可能构成其他的法律关系,比如请人喝酒不请或被请者不赴约,均没有违约责任,但是,如果真的请了,但在饮酒过程中一方强行劝酒造成另一方的伤害的,则产生侵权法律关系。(A)

[知识点还原] 图表 1;图表 17

3. [考点] 好意施惠、意思表示、民事法律关系,属于常考点

[解析] 三者的关系可以简单概括如下:好意施惠不是意思表示,不构成法律行为,因此,不能因法律行为而导致法律关系的产生,但是,如果在好意施惠中,又出现了新的法律事实时,如侵权,则可以产生其他的法律关系。事例①中,尽管李某搭车的行为与张某之间并没有形成民法上合同之法律关系,属于好意施惠,但是,张某在李某搭车后,应尽到正常人之注意,否则造成李某损害就存在过错,应当承担侵权责任,构成侵权之法律关系,张某违章驾驶,明显有过错,因此应承担侵权责任,故 A 选项错误。对于参与某项活动产生的因不可抗力造成自己的伤害,应当责任自负,故 B 选项正确。事例③中打赌举重物的事件,正常人应当想到可能有损害的发生,尽管吴某意思能力完整,对方对于吴某的伤害也存在一定过错,应当承担与过错相应的责任,故 C 选项错误。事例④中,尽管何某召集后没有强行劝酒的行为,但在郑某畅饮后,依然让其驾车,何某存在一定的过错,应当承担与过错相应的责任,故 D 选项错误。(B)

[知识点还原] 图表 1;图表 141;图表 143;图表 145

4. [考点] 附条件法律行为,属于常考点

[解析] 首先,本题属于附条件的合同,虽然乙有主观阻止条件成就的故意,但是,乙还没有实施行为的时候,甲不知情的儿子把喜鹊吓跑了,促使条件没有成就,因此,甲乙之间的买卖合同成立了,但是因为条件没有成就而未生效。一个没有生效的合同,当然不能请求对方履行,所以 AD 选项错误,C 选项正确。附条件、附期限或者需要审批的合同,成立后如果因为期限没有到来、条件没有成就或者未经审批之前,只是合同未生效,不能主张合同无效,因为,作为规范概念,直接的合同无效通常指内容涉嫌违法的情形,故 B 选项错误。(C)

[知识点还原] 图表 23

5. [考点] 法律行为的分类,属于常考点

[解析] 以是否由当事人一方的意思表示即可成立为标准,民事法律行为可以分为单方行为和双方行为。单方行为是指仅由一方意思表示就能成立的民事法律行为,例如遗嘱、代理权授予、无权代理的追认、抛弃所有权等。双方行为是当事人双方意思表示一致才能成立的民事法律行为。根据"恩惠不能滥施于人"的理论,赠与实际上需要赠与方和受赠方意思表示一致才能成立,A 选项中的捐赠行为应属于双方行为,故 A 选项说法错误。根据发生的效果是身份关系还是财产关系,民事法律行为分为身份行为和财产行为。身份行为是指发生身份变动效果的民事法律行为,如辞去委托监护、收养等。财产行为是发生财产变动效果的民事法律行为,包括物权行为,如抛弃、交付;也有债权行为,如买卖、承揽合同等。B 选项中陈某设立遗嘱的行为并没有发生身份变动的效果,而是发生了财产变动的效果,因此属于财产行为,故 B 选项说法错误。根据效力区分,民事法律行为分为处分行为和负担行为。处分行为是直接发生财产权转移或者消灭的行为,处分行为的结果是权利的转移、权利内容的缩小或改变、权利上设定负担以及权利消灭等。负担行为是发生给付义务效果的行为,负担行为的结果是权利不能直接实现,须经义务人的履行才能实现。C 选项王某的行为为自己的所有权设立了限制,因此属于处分行为,故 C 选项说法错误。在意思表示之外是否以标的物的交付为成立要件,可以把民事法律行为分为诺成性行为和实践性行为。实践性民事法律行为,仅有意思表示还不算成立,只有按照该意思表示完成标的物的交付

行为才告成立，才能发生设定民事权利义务的效果。D 选项中，李某受领赵某错误交付的标的物，虽然实际发生了交付，却没有产生意思表示所要追求的法律效果，因此不成立民事法律行为，更谈不上实践行为，故 D 选项说法错误。（ABCD）
[知识点还原] 图表 18

6. [考点] 意思表示与好意施惠，属于常考点
[解析] 所谓意思表示是指行为能力适格者将意欲实现的私法效果发表的行为，意思表示所发表的意思，不是寻常的意思，而是体现为民法效果的意思，亦即关于权利义务取得、丧失及变更的意思；本题中 A 选项请人喝酒的行为属于情谊行为，不构成意思表示，不能选。悬赏广告是指通过广告形式声明对完成广告中规定的特定行为的任何人给付广告中表明的报酬的行为，它是一种针对不特定人而发出的要约，属于意思表示，因此 B 选项是正确的。公民在遗书中涉及死后个人财产处分的内容，确为死者真实意思的表示，有本人签名并注明了年、月、日，又无相反证据的，可按自书遗嘱对待。而遗嘱本身就是遗嘱人本身的意思表示，C 选项是正确的。另外，自动售货机的设置本身是一种要约，也属于意思表示，D 选项是正确的。（BCD）
[知识点还原] 图表 17

7. [考点] 合同成立、重大误解
[解析] 意思表示作为民事法律行为的要素，只是行为人欲设立、变更、终止民事权利和民事义务的内在意思的外在表现，包括意思与表示两方面的要件或内容。意思，是行为人实施行为的内在意思，是行为人要设立、变更、终止民事权利义务即发生民事法律后果的意思，又称效果意思。意思表示中的表示，是指行为人以一定形式表达出其意思，包括明示与默示两种表达方式。《民法典》第 140 条规定："行为人可以明示或者默示作出意思表示。沉默只有在有法律规定、当事人约定或者符合当事人之间的交易习惯时，才可以视为意思表示。"题中，乙同学以为本子是为签到而设，未看到公告，故不存在与甲订立合同的内在效果意思，仅有外在行为，此时不构成意思表示，故甲乙之间不成立合同，故 C 选项错误，D 选项正确。乙不具备《民法典》第 140 条规定的情形，故不能推定乙的行为构成意思表示，A 选项错误。通常认为，行为人因对行为的性质、对方当事人、标的物的品种、质量、规格和数量等的错误认识，使行为的后果与自己的意思相悖，可以认定为重大误解。但构成重大误解需合同已经成立，本题中，因乙的行为并不是意思表示，合同未成立，故 B 选项错误。需要补充说明的是，本题误签到与错误签单有根本区别，后者是具有订立合同的意图，但是出现了表示错误，故可认定为重大误解，而本题中乙同学的签到，不存在订立合同的意图，不应认定重大误解，应按照合同不成立处理。（D）
[知识点还原] 图表 17

8. [考点] 民事法律关系
[解析] 本题情形属于到站叫醒的好意施惠行为，乙在答应甲时，并无承担法律责任的意图，故不构成民法上的合同关系，不存在违约责任之可能，故 A 选项错误。缔约过失责任需有缔约的意图为前提，如前所述，本题中乙不存在缔约的意图，故 C 选项错误。乙未醒，对于甲造成的损害，虽有过失，但对于好意施惠关系中的当事人不应提出过于苛刻的要求，通说认为，具有故意或重大过失时，造成损害的，方可能构成侵权责任，故 B 选项错误。综上，D 选项正确。（D）
[知识点还原] 图表 1；图表 17

六、法律行为的效力

1. [考点] 著作权、胁迫、显失公平，属于常考点
[解析] 乐谱的创作，属于音乐作品，作者自完成时获得著作权。王某虽然丢弃了写有乐谱的笔记本，但其对乐谱享有的著作权并不因此而受影响，只是丧失了笔记本的所有权，故 A 选项正确。

表演者权，是表演者对于自己的表演活动享有的权利，此权利是作品传播者权，不属于作者，故 B 选项错误。

《民法典》第 150 条规定："一方或者第三人以胁迫手段，使对方在违背真实意思的情况下实施的民事法律行为，受胁迫方有权请求人民法院或者仲裁机构予以撤销。"所谓胁迫是指以给自然人及其近亲属等的人身权利、财产权利以及其他合法权益造成损害或者以给法人、非法人组织的名誉、荣誉、财产权益等造成损害为要挟，迫使其基于恐惧心理作出意思表示的情形。本题中，对于具有收藏价值的物品的报价，并不存在胁迫，故 C 选项错误。

《民法典》第 151 条规定："一方利用对方处于危困状态、缺乏判断能力等情形，致使民事法律行为成立时显失公平的，受损害方有权请求人

19

民法院或者仲裁机构予以撤销。"据此，要构成显失公平，必须具备一方利用另一方处于危困状态或缺乏判断能力这一前提，没有此前提，则不构成显失公平，故 D 选项错误。（A）

[知识点还原] 图表16；图表21

2. [考点] 可撤销的法律行为，属于必考点

[解析]《民法典》第 147 条规定："基于重大误解实施的民事法律行为，行为人有权请求人民法院或者仲裁机构予以撤销。"所谓重大误解，是指行为人对行为的性质、对方当事人或者标的物的品种、质量、规格、价格、数量等产生错误认识，按照通常理解如果不发生该错误认识，行为人就不会作出相应意思表示的情形。本案中，甲乙之间达成买卖交易之时，乙将本是古董的标的物错认为普通用具，属于重大误解的情形，故 A 选项正确。

《民法典》第 151 条规定："一方利用对方处于危困状态、缺乏判断能力等情形，致使民事法律行为成立时显失公平的，受损害方有权请求人民法院或者仲裁机构予以撤销。"据此，要构成显失公平，需要甲在与乙达成交易之时，利用乙处于危困状态或缺乏判断能力的情形，本案中，不存在此种情形，故 B 选项错误。

《民法典》第 148 条规定："一方以欺诈手段，使对方在违背真实意思的情况下实施的民事法律行为，受欺诈方有权请求人民法院或者仲裁机构予以撤销。"《民法典总则编解释》第 21 条规定："故意告知虚假情况，或者负有告知义务的人故意隐瞒真实情况，致使当事人基于错误认识作出意思表示的，人民法院可以认定为民法典第一百四十八条、第一百四十九条规定的欺诈。"本案中，在达成交易之时，甲既没有故意告知虚假情况，也没有故意隐瞒真实情况，故不构成欺诈，C 选项错误。

根据我国《民法典》，基于欺诈、胁迫、重大误解或显失公平产生的撤销权，不能通过单方通知行使权利，必须通过提起诉讼或仲裁的方式进行，由于甲乙之间没有约定仲裁条款，应当以诉讼的方式来行使撤销权，故 D 选项正确。（AD）

[知识点还原] 图表21

3. [考点] 法律行为效力瑕疵

[解析] 关于古画或古玩的买卖由于交易对象价值的不确定性，根据具体情形不同，可能构成三种案型：第一种，在交易达成时，若明确一方或双方存在对客体的认识错误时，构成重大误解，可撤销；第二种，若明确卖方通过明示（编造虚假消息）或默示（隐瞒应披露的重要信息）的方式对买方进行欺诈的，判定为欺诈，可撤销；第三种，如果买卖合同达成时，没有明确任何一方存在认识错误，也没有明确卖方存在欺诈行为，而是根据自己的判断，抱着赌一把的心态，认为物有所值，自愿购买的，即使事后发现并非真品，价值悬殊，由于不存在意思表示的不真实，故应认定为完全有效。

从本题设定的情形看，达成合同时，没有当事人对标的物存在认识错误的信息，卖方与买方均是认为疑似真品，并不能确定，此时达成合同，应认定为是当事人的真实意思表示，故不构成重大误解，A 选项错误。本题设定的情形中，也不存在卖方对于买方的欺诈行为，卖方也未利用买方缺乏判断能力或处于危困状态订立合同，故不构成欺诈与显失公平，CD 选项错误，B 选项正确。（B）

[知识点还原] 图表19；图表21

4. [考点] 法律行为的效力瑕疵

[解析]《民法典》第 147 条规定："基于重大误解实施的民事法律行为，行为人有权请求人民法院或者仲裁机构予以撤销。"《民法典总则编解释》第 19 条第 1 款规定："行为人对行为的性质、对方当事人或者标的物的品种、质量、规格、价格、数量等产生错误认识，按照通常理解如果不发生该错误认识行为人就不会作出相应意思表示的，人民法院可以认定为民法典第一百四十七条规定的重大误解。"本题中，宾馆与公司之间签订合同之时，不存在对于上述内容的认识错误。可能有疑问的是，关于价格问题是否存在重大误解。题中明确交代，双方成交的价格是高于市场价的，公司获得山水画之后，是通过拍卖的方式完成的交易，此种方式，成交的价格并不取决于商品的市场价，而取决于竞买者对于画的需求竞争，因此公司与宾馆之间买卖的价格虽然与后来公司拍卖的价格差异巨大，但不能认定宾馆与公司之间签订合同时存在重大误解，故 A 选项错误。《民法典》第 151 条规定："一方利用对方处于危困状态、缺乏判断能力等情形，致使民事法律行为成立时显失公平的，受损害方有权请求人民法院或者仲裁机构予以撤销。"据此，构成显失公平必须具备的前提是，一方利用另一方处于危困状态、缺乏判断能力等情形，不能仅仅以结果作为判断标准。本题中，缺少公司利用宾馆危困

状态或缺乏判断能力等情形的前提条件，不存在显失公平，故 C 选项错误。《民法典》第 148 条规定："一方以欺诈手段，使对方在违背真实意思的情况下实施的民事法律行为，受欺诈方有权请求人民法院或者仲裁机构予以撤销。"欺诈，包括明示和默示两种情形。本题中，双方就全部财产达成买卖合同之时，公司不存在对于宾馆的欺诈行为，故 D 选项错误。公司与宾馆之间的合同，是典型的双方法律行为，双方当事人意思表示真实，不违反法律、行政法规的强制性规定，不违背公序良俗，依法成立时生效，没有效力瑕疵，故 B 选项正确。（B）

[知识点还原] 图表 19；图表 21

5. [考点] 无权处分的合同效力、重大误解、善意取得

[解析]《民法典》第 597 条第 1 款规定："因出卖人未取得处分权致使标的物所有权不能转移的，买受人可以解除合同并请求出卖人承担违约责任。"据此，无权处分时订立买卖合同，合同并不会因为无权处分而当然无效。本题中，李某保管张某财产，被李俊继承后出卖，构成无权处分，但买卖合同不因无权处分而无效，故 A 选项错误。《民法典》第 147 条规定："基于重大误解实施的民事法律行为，行为人有权请求人民法院或者仲裁机构予以撤销。"本题中，李俊出卖画的行为系误将真迹当作赝品低价出售，属于对于买卖标的物性质的认识错误，构成重大误解，B 选项正确。对于古画或古玩的买卖，只有双方对于真假均不确定，抱着赌一把的心态达成的合意，才是真实的意思表示，可评价为完全有效，本题不属于此种情况。《民法典》第 311 条规定，构成动产的善意取得，要求在无权处分的前提下，相对人不知情，支付了合理价格且完成了交付。李俊通过继承获得对画的占有，不发生物权变动，不存在善意取得，故 C 选项错误。王某对于价值千万元的动产，仅仅支付了 3000 元，显然不属于合理价格，不能构成善意取得，故 D 选项错误。（B）

[知识点还原] 图表 20；图表 21；图表 40

6. [考点] 可撤销法律行为

[解析]《民法典》第 150 条规定："一方或者第三人以胁迫手段，使对方在违背真实意思的情况下实施的民事法律行为，受胁迫方有权请求人民法院或者仲裁机构予以撤销。"据此，法律行为中出现胁迫的，不论来自相对人还是第三人，均可撤销，故 A 选项错误。甲卖给乙玉佩时，不存在欺诈行为，故 B 选项错误。《民法典》第 152 条规定："有下列情形之一的，撤销权消灭：（一）当事人自知道或者应当知道撤销事由之日起一年内、重大误解的当事人自知道或者应当知道撤销事由之日起九十日内没有行使撤销权；（二）当事人受胁迫，自胁迫行为终止之日起一年内没有行使撤销权；（三）当事人知道撤销事由后明确表示或者以自己的行为表明放弃撤销权。当事人自民事法律行为发生之日起五年内没有行使撤销权的，撤销权消灭。"据此，胁迫撤销的除斥期间为 1 年，但是从胁迫行为终止之日起计算。本题中，应从 2018 年 3 月 1 日开始计算 1 年的期间，故尚未超过 1 年期间，C 选项错误。构成重大误解的，撤销权的期间是当事人自知道或者应当知道撤销事由之日起 90 日。本题中，乙在购买玉佩时存在重大误解，自 2018 年 3 月 10 日知情，90 日届满应该是 6 月 8 日，故应该在 6 月 8 日前行使权利，D 选项错误。值得说明的是，在《民法典》颁布之前，法律规定的重大误解撤销权的期间为 3 个月，计算月时，每月通常按 30 日计算，照此本题中 D 选项表述为 6 月 10 日前正确；但是，《民法典》将 3 个月改为 90 日，计算日期时应考虑不同月份的天数，方可准确计算。（ABCD）

[知识点还原] 图表 21

7. [考点] 法律行为效力瑕疵

[解析]《民法典》第 146 条规定："行为人与相对人以虚假的意思表示实施的民事法律行为无效。以虚假的意思表示隐藏的民事法律行为的效力，依照有关法律规定处理。"本题中，第一份 500 万元的合同是当事人的真实意思，有效。300 万元的合同是当事人虚假的意思表示，而且双方对此均知情，构成通谋虚伪，无效。故 B 选项正确，ACD 选项错误。（B）

[知识点还原] 图表 19；图表 22

8. [考点] 可撤销法律行为

[解析] 王某是甲公司的法定代表人，故其以公司名义从事的所有行为后果均由公司承担，不存在无权代理的可能，D 选项错误。《民法典》第 147 条规定："基于重大误解实施的民事法律行为，行为人有权请求人民法院或者仲裁机构予以撤销。"构成重大误解，前提是行为人具有订约的主观意图，但是出现了外在表达与内在意思不一致的情形。本题中，王某被灌醉后，缺乏主观上明确的缔约意图，故不应认定为重大误解，C 选项错误。《民法典》第 151 条规定："一方利用对方处于

危困状态、缺乏判断能力等情形，致使民事法律行为成立时显失公平的，受损害方有权请求人民法院或者仲裁机构予以撤销。"本题中，乙公司工作人员趁王某被灌醉，缺乏判断能力之时，让王某签订合同，且结果对甲公司明显不利，构成显失公平，故 B 选项正确。乘人之危在《民法典》中不再是独立的法律行为可撤销事由，与显失公平合并作为一种撤销事由，故 A 选项错误。（B）

[知识点还原] 图表 21

9. [考点] 法律行为无效、个人信息权益

[解析]《民法典》第 153 条规定："违反法律、行政法规的强制性规定的民事法律行为无效。但是，该强制性规定不导致该民事法律行为无效的除外。违背公序良俗的民事法律行为无效。"据此，违反法律、行政法规效力性强制性规定和公序良俗的法律行为无效。本题中，朱某与王某约定，向不特定对象发送广告，损害了不特定公众的利益，有违公序良俗，合同无效，故 A 选项正确，B 选项错误。关于个人信息权益侵权，《民法典》第 111 条规定："自然人的个人信息受法律保护。任何组织或者个人需要获取他人个人信息的，应当依法取得并确保信息安全，不得非法收集、使用、加工、传输他人个人信息，不得非法买卖、提供或者公开他人个人信息。"据此，"非法收集、使用、加工、传输他人个人信息""非法买卖、提供或者公开他人个人信息"的行为均构成侵权，就买卖而言，无论买方还是卖方均构成侵权，故 C 选项错误，D 选项正确。（AD）

[知识点还原] 图表 22；图表 176

10. [考点] 行为能力与法律行为的效力

[解析]《民法典》第 19 条规定："八周岁以上的未成年人为限制民事行为能力人，实施民事法律行为由其法定代理人代理或者经其法定代理人同意、追认；但是，可以独立实施纯获利益的民事法律行为或者与其年龄、智力相适应的民事法律行为。"第 20 条规定："不满八周岁的未成年人为无民事行为能力人，由其法定代理人代理实施民事法律行为。"本题中的两次赠与分别发生在小琴为无行为能力人和限制行为能力时。对于无行为能力人实施的法律行为的效力，《民法典》第 144 条规定："无民事行为能力人实施的民事法律行为无效。"故无行为能力人不能单独实施任何法律行为，否则，均为无效。本题中，赠与画的行为，由于小琴为无行为能力人，必须由法定代理人代为进行，由于其母亲表示拒绝，故赠与无效，

AB 选项错误。对于限制行为能力人实施的法律行为的效力，《民法典》第 145 条第 1 款规定："限制民事行为能力人实施的纯获利益的民事法律行为或者与其年龄、智力、精神健康状况相适应的民事法律行为有效；实施的其他民事法律行为经法定代理人同意或者追认后有效。"据此，纯获利益的法律行为有效，本题中关于表的赠与属于纯获利益，不需要法定代理人追认即为有效，故 C 选项正确、D 选项错误。（C）

[知识点还原] 图表 6；图表 22

11. [考点] 自然人的行为能力、法律行为效力瑕疵，属于常考点

[解析]《民法典》第 17 条规定："十八周岁以上的自然人为成年人。不满十八周岁的自然人为未成年人。"第 18 条规定："成年人为完全民事行为能力人，可以独立实施民事法律行为。十六周岁以上的未成年人，以自己的劳动收入为主要生活来源的，视为完全民事行为能力人。"本题中，肖特 16 岁时以演出收入作为主要生活来源，故视为完全民事行为能力人，A 选项错误。《民法典》第 20 条规定："不满八周岁的未成年人为无民事行为能力人，由其法定代理人代理实施民事法律行为。"第 21 条第 1 款规定："不能辨认自己行为的成年人为无民事行为能力人，由其法定代理人代理实施民事法律行为。"第 144 条规定："无民事行为能力人实施的民事法律行为无效。"由于肖特接受口琴的赠与时为无民事行为能力人，故 B 选项正确。《民法典》第 19 条规定："八周岁以上的未成年人为限制民事行为能力人，实施民事法律行为由其法定代理人代理或者经其法定代理人同意、追认；但是，可以独立实施纯获利益的民事法律行为或者与其年龄、智力相适应的民事法律行为。"肖特接受小提琴和钢琴时为限制民事行为能力人，此时，作为纯获利益的法律行为肖特可以独立实施，故为有效，CD 选项错误。（B）

[知识点还原] 图表 6；图表 22

12. [考点] 可撤销法律行为，属于必考点

[解析]《民法典》第 148 条规定："一方以欺诈手段，使对方在违背真实意思的情况下实施的民事法律行为，受欺诈方有权请求人民法院或者仲裁机构予以撤销。"第 149 条规定："第三人实施欺诈行为，使一方在违背真实意思的情况下实施的民事法律行为，对方知道或者应当知道该欺诈行为的，受欺诈方有权请求人民法院或者仲裁机构予以撤销。"据此，如果进行法律行为的双

第一章 总则（含人格权编）

方中，一方当事人对于另一方进行欺诈时，受欺诈方可以撤销。如果一方当事人受到第三人欺诈，通常在另一方当事人对于欺诈知情时，被欺诈人才可以撤销，除非欺诈的第三人是通过该法律行为所设立的法律关系中的直接受益人。本题中，乙受到甲的欺诈与齐某发生了法律行为，但是，在发生法律行为之时，齐某对于甲的欺诈行为是知情的，故乙可以主张撤销。基于合同的相对性，乙应当向齐某主张撤销，故 A 选项错误、B 选项正确。甲在向齐某购买时，齐某冒充文物出卖，对于甲构成欺诈，甲可以欺诈为由主张撤销购买的法律行为，故 C 选项错误。《民法典》第 152 条第 1 款第 1 项规定，当事人自知道或者应当知道撤销事由之日起 1 年内、重大误解的当事人自知道或者应当知道撤销事由之日起 90 日内没有行使撤销权的，撤销权消灭。第 2 款规定，当事人自民事法律行为发生之日起 5 年内没有行使撤销权的，撤销权消灭。据此，因欺诈而行使撤销权的，所受时间限制为知道撤销事由之日起 1 年，发生之日起 5 年，不是 2 年，故 D 选项错误。（B）

[知识点还原] 图表 21

13. [考点] 法律行为的效力瑕疵，属于必考点

[解析] 民法中，欺诈行为，是指一方当事人故意告知对方虚假情况，或者故意隐瞒真实情况，诱使对方当事人作出错误意思表示的行为。《民法典》第 148 条规定："一方以欺诈手段，使对方在违背真实意思的情况下实施的民事法律行为，受欺诈方有权请求人民法院或者仲裁机构予以撤销。"本题中的预售合同中，销售经理向陈老伯提供的信息均为真实信息，确实是有轨道交通，出行方便，故不存在欺诈行为，陈老伯不能因欺诈而撤销合同，D 选项正确。根据《民法典总则编解释》第 19 条第 1 款规定，重大误解，是指行为人对行为的性质、对方当事人或者标的物的品种、质量、规格、价格、数量等产生错误认识，按照通常理解如果不发生该错误认识行为人就不会作出相应意思表示的情形。《民法典》第 147 条规定："基于重大误解实施的民事法律行为，行为人有权请求人民法院或者仲裁机构予以撤销。"据此，一旦构成重大误解，误解人可请求撤销合同。本题中，房屋预售合同中，陈老伯对于合同的标的物，即房子并没有认识错误，只是自己混淆了轨道交通与地铁的差异，这并不是房屋预售合同的内容，故不构成重大误解。法律行为进行中，我国立法中的重大误解和在订约中对客体、数量等认识错误（因为认识导致的动机错误除外）具有同样的含义，故 AB 选项错误。《民法典》第 151 条规定："一方利用对方处于危困状态、缺乏判断能力等情形，致使民事法律行为成立时显失公平的，受损害方有权请求人民法院或者仲裁机构予以撤销。"本题中，合同内容本身不存在不公平之处，轨道交通出行方便也是事实，而且在法律行为成立之时，陈老伯没有处于危困状态，对于房屋的购买本身也不缺乏判断能力，不构成民法上的显失公平，故 C 选项错误。（D）

[知识点还原] 图表 21

14. [考点] 法律行为的效力及其瑕疵，属于必考点

[解析] 根据题目之情形，"赌石"活动，即买者购买原石、自行剖切、损益自负，是众所周知的交易习惯。通常认为，下列情形，不违反法律、行政法规强制性规定的，可以认定为交易习惯：（1）在交易行为当地或者某一领域、某一行业通常采用并为交易对方订立合同时所知道或者应当知道的做法；（2）当事人双方经常使用的习惯做法。因此，潘某与商家在达成原石交易之时，都是完全真实的意思表示，尽管结果出人意料，但不影响法律行为的效力，商家无任何理由要求潘某退货。A 选项正确。民法基本原则在具体案例中适用的前提是没有具体的法律规范，本题中的情形依据民法关于交易习惯的规定完全可以解决，不需要用公平原则的精神加以处理，故 B 选项错误。《民法典》第 147 条规定："基于重大误解实施的民事法律行为，行为人有权请求人民法院或者仲裁机构予以撤销。"《民法典总则编解释》第 19 条第 1 款规定："行为人对行为的性质、对方当事人或者标的物的品种、质量、规格、价格、数量等产生错误认识，按照通常理解如果不发生该错误认识行为人就不会作出相应意思表示的，人民法院可以认定为民法典第一百四十七条规定的重大误解。"据此，只有当对于法律行为中涉及的重要因素存在认识错误进而导致意思表示不真实时，方可构成重大误解。本题之情形，确实存在对于原石性质的认识错误，但是，由于有"赌石"之交易习惯的存在，并且买卖双方知道并且接受这样的交易习惯，故不存在意思表示的不真实，因为双方都有赌一把的真实意思。如古画或者古玩市场中的买卖，如果买卖双方均误将赝品当作真品，显然属于对于标的物性质理解错误的重大误解；如果卖方知道是赝品，冒充真品卖给

23

买方，则是欺诈；如果买卖双方均对于真假不能确定，在卖方确定的价格之下，买方表示赌一把，愿意购买，此时，就应当理解为完全真实的意思表示，不存在重大误解。本题中的情形恰恰与这最后一种情形类似。故 C 选项错误。《民法典》第 151 条规定："一方利用对方处于危困状态、缺乏判断能力等情形，致使民事法律行为成立时显失公平的，受损害方有权请求人民法院或者仲裁机构予以撤销。"通常认为，一方当事人利用优势或者利用对方没有经验，致使双方的权利与义务明显违反公平、等价有偿原则的，可以认定为显失公平。本题中，由于"赌石"之交易习惯的存在，没有哪一方利用自己的优势或者经验的情况，故，显失公平的前提是不具备的。故 D 选项错误。（A）

[知识点还原] 图表 21

15. [考点] 合同的效力瑕疵，属于必考点

[解析]《民法典》第 148 条规定："一方以欺诈手段，使对方在违背真实意思的情况下实施的民事法律行为，受欺诈方有权请求人民法院或者仲裁机构予以撤销。"《民法典》第 152 条第 1 款规定："有下列情形之一的，撤销权消灭：（一）当事人自知道或者应当知道撤销事由之日起一年内、重大误解的当事人自知道或者应当知道撤销事由之日起九十日内没有行使撤销权；（二）当事人受胁迫，自胁迫行为终止之日起一年内没有行使撤销权；（三）当事人知道撤销事由后明确表示或者以自己的行为表明放弃撤销权。"本题中甲在订立合同之时，隐瞒了正常人都非常重视的信息，构成欺诈，因此，属可撤销合同，乙应当在知悉情况后，1 年内主张撤销，故 A 选项正确。如果合同被撤销，根据《民法典》第 500 条规定："当事人在订立合同过程中有下列情形之一，造成对方损失的，应当承担赔偿责任：（一）假借订立合同，恶意进行磋商；（二）故意隐瞒与订立合同有关的重要事实或者提供虚假情况；（三）有其他违背诚信原则的行为。"甲应当向乙承担缔约过失责任。民法通说认为，缔约过失责任的赔偿范围是信赖利益，具体包括因订立合同支出的成本费用和因订立此合同而付出的机会成本。B 选项是成本费用，C 选项是因甲的行为给乙带来的机会损失，故 BC 选项均正确。在合同被撤销之前，乙居住了甲的房屋，在合同被撤销之后，根据《民法典》第 157 条规定："民事法律行为无效、被撤销或者确定不发生效力后，行为人因该行为取得的财产，应当予以返还；不能返还或者没有必要

返还的，应当折价补偿。有过错的一方应当赔偿对方由此所受到的损失；各方都有过错的，应当各自承担相应的责任。法律另有规定的，依照其规定。"据此，首先，房屋和已经支付的价款应当相互返还；其次，对于乙在返还房屋之前居住甲房屋的利益也应当返还，否则，乙构成不当得利，因为一旦合同被撤销，乙居住甲房屋就失去了正当性。《民法典》第 122 条规定："因他人没有法律根据，取得不当利益，受损失的人有权请求其返还不当利益。"据此，D 选项正确。（ABCD）

[知识点还原] 图表 21；图表 75；图表 88

16. [考点] 合同的效力瑕疵——可撤销合同，此点每年必考

[解析]《民法典》第 148 条规定："一方以欺诈手段，使对方在违背真实意思的情况下实施的民事法律行为，受欺诈方有权请求人民法院或者仲裁机构予以撤销。"本题中，甲明知里程表有误，没有向乙说明，甲构成明示的欺诈，此时，受欺诈人乙可以受到欺诈为由，请求法院撤销合同。根据《民法典》的规定，受欺诈人没有变更权，故 A 选项错误，当选。由于履行不合约定，根据《民法典》第 582 条规定："履行不符合约定的，应当按照当事人的约定承担违约责任。对违约责任没有约定或者约定不明确，依据本法第五百一十条的规定仍不能确定的，受损害方根据标的的性质以及损失的大小，可以合理选择请求对方承担修理、重作、更换、退货、减少价款或者报酬等违约责任。"乙可以主张以市价 16 万元履行合同，因此，可请求甲将价款减少至 16 万元，故 B 选项正确，不当选。《民法典》第 500 条规定："当事人在订立合同过程中有下列情形之一，造成对方损失的，应当承担赔偿责任：（一）假借订立合同，恶意进行磋商；（二）故意隐瞒与订立合同有关的重要事实或者提供虚假情况；（三）有其他违背诚信原则的行为。"本题中，甲的行为违背了诚信原则的要求，基于此给乙带来的信赖利益的损失，乙可主张缔约过失的赔偿，故 D 选项正确，不当选。如前所述，甲明知有误却没有告诉乙，对于乙而言，对机动车里程表的理解确实存在错误，因此，乙也可以认定为构成重大误解，故可以从欺诈与重大误解两个角度理解此合同之效力瑕疵。但是，在具有了可撤销的原因时，应当通过提起诉讼或者仲裁来进行撤销，而不能通过单方通知来撤销，故 C 选项错误，当选。[AC（原答案为 C）]

[知识点还原] 图表 21；图表 88

17. [考点] 合同的效力瑕疵——可撤销与无效，此点每年必考

[解析]《民法典》第153条规定："违反法律、行政法规的强制性规定的民事法律行为无效。但是，该强制性规定不导致该民事法律行为无效的除外。违背公序良俗的民事法律行为无效。"本题中，甲公司与乙企业订立的合同中存在明显的欺诈。乙企业是国有企业，但是，国有企业的利益并不能直接等同于国家利益，国有企业作为一个市场主体，在市场交易的过程中，与交易的相对方均为平等的主体，当国有企业在签订合同的过程中受到欺诈的，是可撤销合同，而不是无效。国家利益的侵犯主要指国家安全、国家的基本社会经济秩序等受到侵害，属于对于公序良俗中公共秩序的侵犯。故本题中，AC选项错误。可撤销的合同，有权撤销的一方当事人可以选择撤销也可以选择不撤销，不是只能撤销，故B选项错误。可撤销的合同，在撤销之前是有效的，撤销权人只要没有行使撤销权，合同就应当按照原来的内容来履行，如果不能履行的，则应当依据合同约定承担违约责任。据此，D选项正确。（D）

[知识点还原] 图表21；图表22

18. [考点] 合同的效力瑕疵——可撤销合同，此点每年必考

[解析] 纪念品商店出售的纪念品尽管标明为"秦始皇兵马俑"，但是，其不是真实的兵马俑，这是不用言说的事实，正常人均可作出判断。因为真实的兵马俑，作为历史文物，是不能被出卖的。因此，商店的行为不存在欺诈。王某在购买时，也不存在重大误解，没有可撤销的理由，也不存在请求商店承担缔约过失责任的可能。故A选项正确，BCD选项错误。（BCD）

[知识点还原] 图表21

19. [考点] 合同的效力瑕疵之胁迫，属于常考点

[解析]《民法典》第150条规定："一方或者第三人以胁迫手段，使对方在违背真实意思的情况下实施的民事法律行为，受胁迫方有权请求人民法院或者仲裁机构予以撤销。"所谓胁迫是指通过预告危害，使他人陷入恐惧，进而在违背真实意思的情况下签订合同。理解胁迫，重点应把握两个方面，一是手段非法，二是目的非法。两者有任何一个为非法，则构成胁迫，同时，如果两者皆为合法，但是如果两者的结合为非法，也构成胁迫。A选项中，举报犯罪，手段合法，一般的自然人之间的借款也合法，但是，通过举报犯罪强制他人借款，则两者结合出现了不合法，构成胁迫，故不当选。B选项与A选项原理相同，构成胁迫，不当选。C选项，公开他人隐私，手段非法，目的也不合法，构成胁迫，不当选。D选项，举报醉驾之违法行为，手段合法，是为了实现自己的合法权益，目的合法，而且，两者的结合，也没有不合法之处，故不成立胁迫，当选。（D）

[知识点还原] 图表21；图表88

20. [考点] 合同效力，其中涉及行为能力、夫妻财产、抵押物的范围、监护之内容，均是常考点

[解析] A选项中，甲、丙夫妻存款属于夫妻共同共有财产。虽然购买保险不属于夫妻任何一方有权独立处分夫妻共同财产的情形，但是，货币适用占有即所有规则，甲用夫妻共同存款向乙公司购买保险的行为，应理解为有权处分，甲、乙间的保险合同有效。故A选项正确。根据《民法典》第399条之规定，宅基地、自留地、自留山等集体所有土地的使用权，除法律有特别规定的以外，不得抵押。因此，宅基地使用权是属于禁止抵押的范围，甲将宅基地使用权抵押的行为，因为违反法律的禁止性规定而导致抵押合同无效，故B选项错误。值得说明的是，本选项明显是在考查抵押合同的效力，当然，抵押合同的无效，并不会导致借款合同的无效。C选项中，甲与精神病人达成合意，既然是精神病人，在没有特别说明的情况下，应当指无行为能力人。《民法典》第144条规定："无民事行为能力人实施的民事法律行为无效。"据此，无行为能力人不能独立进行法律行为，其签订的合同，一律无效，故C选项错误。D选项旨在考查精神病人没有亲属朋友时，监护人的确定问题。《民法典》第28条规定："无民事行为能力或者限制民事行为能力的成年人，由下列有监护能力的人按顺序担任监护人：（一）配偶；（二）父母、子女；（三）其他近亲属；（四）其他愿意担任监护人的个人或者组织，但是须经被监护人住所地的居民委员会、村民委员会或者民政部门同意。"流浪的精神病人，属于无行为能力的成年人，没有其他亲属，此时，精神病人所在之单位或住所地的居委会、村委会或者民政部门可作为监护人，此项中，民政部门可以作为监护人代被监护人与甲达成赔偿协议，是有效的，故D选项正确。（AD）

[知识点还原] 图表17；图表19；图表22；图表57

21. [考点] 法律行为的效力瑕疵，每年必考

[解析] 遗嘱只能处分属于被继承人的合法财产，若遗嘱人以遗嘱处分了属于国家、集体或他人所有的财产，遗嘱的这部分，应认定无效。甲遗嘱的这部分，属于无效，而非可撤销的民事法律行为，故 A 选项错误。重大误解的发生，以进行法律行为为前提，即是有关法律行为的制度，B 选项中，甲误取乙所有的地砖用于装修时，乙对于自己的地砖没有任何进行法律行为的意思，甲属于无权使用他人之物，构成不当得利或者侵权，不是重大误解。故 B 选项错误。《民法典总则编解释》第 19 条第 1 款规定："行为人对行为的性质、对方当事人或者标的物的品种、质量、规格、价格、数量等产生错误认识，按照通常理解如果不发生该错误认识行为人就不会作出相应意思表示的，人民法院可以认定为民法典第一百四十七条规定的重大误解。"C 选项中，乙宾馆发出出卖的要约，甲当作赠与的要约予以承诺，对行为的性质发生错误认识，构成重大误解。故 C 选项正确。D 选项中，乙作为精神病人，是无行为能力人。《民法典》第 144 条规定："无民事行为能力人实施的民事法律行为无效。"据此，无民事行为能力人进行的法律行为，为了保护无行为能力人的利益，均为无效，故 D 选项错误。（C）

[知识点还原] 图表 21；图表 22；图表 75；图表 173

22. [考点] 合同的效力瑕疵，每年必考

[解析]《民法典》第 497 条规定："有下列情形之一的，该格式条款无效：（一）具有本法第一编第六章第三节和本法第五百零六条规定的无效情形；（二）提供格式条款一方不合理地免除或者减轻其责任、加重对方责任、限制对方主要权利；（三）提供格式条款一方排除对方主要权利。"《民法典》第一编第六章第三节规定的主要是内容涉嫌违法无效的情形，比如，违背公序良俗、违反法律行政法规的强制性规定、恶意串通损害第三人的利益等。第 506 条规定的无效情形是两种无效的免责条款：（1）造成对方人身损害的；（2）因故意或者重大过失造成对方财产损失的。本题不具有其中的任何一种情形，故 A 选项错误。显失公平有三个要件：（1）双务合同双方的权利义务明显不对等，有违等价有偿原则；（2）显失公平发生在合同成立之时；（3）主观要件：一方利用了自己的优势或者利用对方处于危难、急迫、轻率、无经验的窘迫境况。本题不符合显失公平的构成

要件，故 B 选项错误。根据《民法典》第 533 条的规定，情势变更的构成要件有五：（1）发生了不属于商业风险的情势异常变动；（2）情势变动发生在合同成立后，合同消灭之前的这个时间段；（3）情势变动是不可归责于一方当事人的；（4）情势变动系受有不利一方订立合同时不能预见的；（5）继续按照原来的合同履行，将显失公平，有违诚实信用原则。本题中的情况属于乙教育机构未适当履行合同义务，其合同的客观情势并未发生变动，每年的高考分数线不同，这是常识，不属于不能预见的客观情势的变化，因此，本题与情势变更无关，属于违约的问题，机构应当承担违约责任。故 C 选项错误。违背教育规律并不会导致合同的无效，据此，D 选项正确。（D）

[知识点还原] 图表 19；图表 21；图表 84；图表 102

23. [考点] 合同的效力瑕疵，每年必考

[解析] 甲医院的行为构成欺诈（但尚未损害国家利益），根据《民法典》第 148 条，甲、乙间的买卖合同属于可撤销的合同。故 A 选项错误。《民法典》第 146 条规定："行为人与相对人以虚假的意思表示实施的民事法律行为无效。以虚假的意思表示隐藏的民事法律行为的效力，依照有关法律规定处理。"据此，甲乙将标的额为 100 万元的交易写成 60 万元，是双方虚假的意思表示，属于通谋虚假，合同无效，故 B 选项正确，但被掩盖的真实交易有效，即 100 万元的买卖合同有效。代孕合同有违公序良俗，属于损害公共秩序的合同，无效，故 C 选项正确。《民法典》第 151 条规定："一方利用对方处于危困状态、缺乏判断能力等情形，致使民事法律行为成立时显失公平的，受损害方有权请求人民法院或者仲裁机构予以撤销。"D 选项中乙的行为属于显失公平，甲、乙间的买卖合同属于可撤销的合同，故 D 选项错误。（BC）

[知识点还原] 图表 21；图表 22

24. [考点] 合同效力瑕疵——胁迫、显失公平等，属于必考点

[解析] 本题中的《退款协议书》从订立的情形角度分析，可以认定为显失公平或乘人之危的合同，这两种情形，理论上本来没必要区分，但是我国立法将其列为两种，本题中的情形，显然无论从哪种角度看，均可成立。《民法典》第 151 条规定："一方利用对方处于危困状态、缺乏判断能力等情形，致使民事法律行为成立时显失公平的，受损害方有权请求人民法院或者仲裁机

构予以撤销。"故 C 选项正确。鉴于上述分析，《退款协议书》显然不是当事人真实的意思表示，故 A 选项错误。甲公司的行为并不符合胁迫行为的定义。通常认为，以给自然人及其亲友的生命健康、荣誉、名誉、财产等造成损害或者以给法人的荣誉、名誉、财产等造成损害为要挟，迫使对方作出违背真实的意思表示的，才可以认定为胁迫行为。故 B 选项错误。根据《民法典》第 153 条第 2 款，损害社会公共利益属于违背公序良俗，合同应为无效。所谓"公共利益"，指不特定多数人的利益，包括损害公共秩序与善良风俗两项。《退款协议书》虽侵害了乙、丙等近百人的利益，且险些引发群体性事件，但仅侵害了特定多数人的利益，尚不构成对公共利益的侵害，故 D 选项错误。（C）

[知识点还原] 图表 21

25. [考点] 法律行为效力瑕疵之重大误解、胁迫、欺诈、可撤销的婚姻，属于每年必考之内容

[解析] A 选项考查重大误解。《民法典》第 147 条规定："基于重大误解实施的民事法律行为，行为人有权请求人民法院或者仲裁机构予以撤销。"《民法典总则编解释》第 19 条第 1 款规定："行为人对行为的性质、对方当事人或者标的物的品种、质量、规格、价格、数量等产生错误认识，按照通常理解如果不发生该错误认识行为人就不会作出相应意思表示的，人民法院可以认定为民法典第一百四十七条规定的重大误解。"据此规定，理论上通常认为，重大误解中的误解，均为表意人对于合同要素的误解，若表意人的错误与合同要素无关，仅对作出意思表示的内心起因发生错误，则属于"狭义的动机错误"，狭义的动机错误不属于重大误解。A 选项中，甲购买液晶电视机时，不知妻子已经以更优的价格订购了一台，家中已经不需要再购买电视机了，甲的错误与买卖合同的要素无关，属于狭义的动机错误，不构成重大误解，甲不享有撤销该买卖合同的权利，故 A 选项错误。B 选项考查可撤销的婚姻。根据《民法典》婚姻家庭编的规定，胁迫可以撤销婚姻；一方向另一方隐瞒重大疾病的，也可以撤销婚姻，具体规定是：一方患有重大疾病的，应当在结婚登记前如实告知另一方；不如实告知的，另一方可以向人民法院请求撤销婚姻。B 选项中属于因欺诈而结婚，但并非隐瞒重大疾病的欺诈，不可以撤销，故 B 选项错误。C 选项考查胁迫，而且涉及的是第三人胁迫（即并非合同当

事人实施胁迫行为）。《民法典》第 150 条规定："一方或者第三人以胁迫手段，使对方在违背真实意思的情况下实施的民事法律行为，受胁迫方有权请求人民法院或者仲裁机构予以撤销。"据此，无论胁迫来自相对人还是第三人，被胁迫人均可撤销，故 C 选项正确。D 选项考查欺诈，而且是第三人欺诈。《民法典》第 149 条规定："第三人实施欺诈行为，使一方在违背真实意思的情况下实施的民事法律行为，对方知道或者应当知道该欺诈行为的，受欺诈方有权请求人民法院或者仲裁机构予以撤销。"据此，如果是第三人欺诈，通常要求受益人知情时方可撤销。比如，甲受到乙的欺诈，与丙订立了合同即为第三人欺诈，如果要撤销，则通常是在丙知道或者应当知道欺诈之情形，甲方可撤销。但是，这种通说也有例外，那就是，尽管合同是因第三人欺诈而订立，但是，合同履行后，直接的受益人就是第三人时，直接订立合同的人是否知情则在所不问，均可撤销。D 选项中，甲作为投保人，具有告知义务，但乙故意隐瞒真实情况，让甲投保，甲对此不知情，尽管甲是合同的当事人，但是合同一旦得以履行，乙是直接的受益人，此时，甲不过是乙获得利益的手段罢了，保险公司当然享有撤销保险合同的权利，D 选项正确。（CD）

[知识点还原] 图表 21；图表 161

26. [考点] 合同的效力，属于必考点

[解析]《民法典》第 543 条规定："当事人协商一致，可以变更合同。"A 选项中，甲、乙约定租赁合同自办理公证后生效，双方虽尚未办理合同公证，但是，甲交付了租赁的房屋，乙支付了租金且甲予以接受，甲、乙已经通过推定的意思表示达成了新的合意，即租赁合同无须经过公证即可生效，这就变更了原来的约定，故 A 选项正确。《民法典》第 597 条第 1 款规定："因出卖人未取得处分权致使标的物所有权不能转移的，买受人可以解除合同并请求出卖人承担违约责任。"据此，无权处分的买卖合同应当是有效的，故 B 选项中的转让合同有效，正确。根据区分原则，未发生物权变动的，不因此影响法律行为的效力。甲将相机出卖给乙，相机尚未交付，所以相机的所有权并未移转，但只要甲、乙就相机出卖的主要条款意思表示一致，甲、乙间的相机买卖合同就已经成立并生效。此外，甲此后的一物二卖的行为，对甲、乙间买卖合同的效力无任何影响（债权的平等性），故 C 选项正确。《民法

典》第 728 条规定："出租人未通知承租人或者有其他妨害承租人行使优先购买权情形的，承租人可以请求出租人承担赔偿责任。但是，出租人与第三人订立的房屋买卖合同的效力不受影响。"D 选项中，甲虽侵害了房屋承租人丙的优先购买权，但甲乙间的房屋买卖合同并不因此而无效，故 D 选项正确。［ABCD（原答案为 ACD）］
［知识点还原］图表 19；图表 20；图表 21；图表 123

27.［考点］合同效力瑕疵之欺诈，属于必考点
［解析］《民法典》第 148 条规定："一方以欺诈手段，使对方在违背真实意思的情况下实施的民事法律行为，受欺诈方有权请求人民法院或者仲裁机构予以撤销。"本题中，乙公司将国产牛肉伪称进口牛肉，带有明显的欺诈，作为受欺诈者的甲公司享有撤销权，只有甲才有撤销权，故 B 选项错误。《民法典》第 152 条第 1 款规定："有下列情形之一的，撤销权消灭：（一）当事人自知道或者应当知道撤销事由之日起一年内、重大误解的当事人自知道或者应当知道撤销事由之日起九十日内没有行使撤销权；（二）当事人受胁迫，自胁迫行为终止之日起一年内没有行使撤销权；（三）当事人知道撤销事由后明确表示或者以自己的行为表明放弃撤销权。"据此，欺诈自知道后 1 年内不撤销的，撤销权消灭，A 选项正确。另外，可撤销合同在被撤销前为有效合同，因此，乙公司有权按约定向甲公司要求支付货款，故 D 选项正确。同时，具有撤销权的当事人甲公司有权撤销该合同，也有权通过语言或者行为放弃撤销权，一旦甲公司决定履行该合同，则欺诈一方的乙公司不得拒绝，因此，C 选项正确。（ACD）
［知识点还原］图表 21

28.［考点］合同效力瑕疵之重大误解，属于常考点
［解析］《民法典》第 147 条规定："基于重大误解实施的民事法律行为，行为人有权请求人民法院或者仲裁机构予以撤销。"《民法典总则编解释》第 19 条第 1 款规定："行为人对行为的性质、对方当事人或者标的物的品种、质量、规格、价格、数量等产生错误认识，按照通常理解如果不发生该错误认识行为人就不会作出相应意思表示的，人民法院可以认定为民法典第一百四十七条规定的重大误解。"本题中，关某把酒店用于出售的洋酒误以为赠与，属于对行为性质的误解，构成重大误解，关某有权撤销。但是若行使撤销权，应通过诉讼或者仲裁的方式作出，如果没有提出诉讼或仲裁，就不可能撤销合同。本题中，关某只是拒付，并没有提起撤销之诉，既然可撤销的合同没有撤销，则应当按照原来的内容来履行，合同原来的内容，当然是标价，故 A 选项正确。当年公布的答案就是 A 选项，但是有传闻，答案是按市价付款，这明显是混淆了两种不同的情形。如果合同被撤销后，根据《民法典》第 157 条规定："民事法律行为无效、被撤销或者确定不发生效力后，行为人因该行为取得的财产，应当予以返还；不能返还或者没有必要返还的，应当折价补偿。有过错的一方应当赔偿对方由此所受到的损失；各方都有过错的，应当各自承担相应的责任。法律另有规定的，依照其规定。"据此，基于不当得利，关某应当按照市价进行补偿。本题的关键在于，权利人没有通过诉讼或仲裁撤销合同。（A）
［知识点还原］图表 21

29.［考点］法律行为效力瑕疵，属于必考点
［解析］《民法典》第 151 条规定："一方利用对方处于危困状态、缺乏判断能力等情形，致使民事法律行为成立时显失公平的，受损害方有权请求人民法院或者仲裁机构予以撤销。"乘人之危是指一方当事人利用另一方处于危困之际，使得另一方当事人在违背真实意思的情况下，进行的法律行为，结果显失公平的情形，本题中不存在当事人处于危困状态，故不存乘人之危，故 A 选项错误。同时，钱某与陈某签订合同之时，陈某也没有利用钱某缺乏判断能力的事实，故也不构成上述第 151 条规定的显失公平，故 D 选项错误。《民法典》第 149 条规定："第三人实施欺诈行为，使一方在违背真实意思的情况下实施的民事法律行为，对方知道或者应当知道该欺诈行为的，受欺诈方有权请求人民法院或者仲裁机构予以撤销。"据此，当第三人欺诈时，只有当被欺诈人与知情的相对人签订合同时，才可撤销。本案中，高某与李某作为第三人，虽然对钱某进行了欺骗，构成欺诈，但是，被欺诈的钱某与陈某签订合同之时，相对人陈某并不知情，故钱某不能以欺诈为由撤销与陈某的买卖合同，故 B 选项错误。《民法典》第 147 条规定："基于重大误解实施的民事法律行为，行为人有权请求人民法院或者仲裁机构予以撤销。"《民法典总则编解释》第 19 条第 1 款规定："行为人对行为的性质、对方当事人或者标的物的品种、质量、规格、价格、数量等产生错误认识，按照通常理解如果不发生

该错误认识行为人就不会作出相应意思表示的,人民法院可以认定为民法典第一百四十七条规定的重大误解。"本案中,钱某由于受到高某与李某的欺骗,对于画的性质理解错误,将真品当作了赝品,在与陈某进行法律行为时存在认识错误,故钱某可基于重大误解,撤销与陈某的买卖合同,故 C 选项正确。(C)

[知识点还原] 图表 21

30. [考点] 法律行为与事实行为的区分、单方抛弃

[解析]《民法典》第 657 条规定:"赠与合同是赠与人将自己的财产无偿给予受赠人,受赠人表示接受赠与的合同。"本题中,甲不具备赠与的意思,与乙之间也没有达成赠与合意,故 A 选项错误。甲将可乐瓶置于操场的行为,具有抛弃的意思,是单方抛弃行为,基于甲单方的意思表示而发生效力,其后果为甲的所有权消灭,可乐瓶在抛弃后变成无主物,而不是遗失物。故 B 选项正确,CD 选项错误。(B)

[知识点还原] 图表 17;图表 39;图表 118

31. [考点] 可撤销法律行为

[解析] 本题当事人没有故意隐瞒真实情况,诱使或误导对方基于此作出错误的意思表示,所以不是欺诈行为,A 选项错误。《民法典》第 150 条规定:"一方或者第三人以胁迫手段,使对方在违背真实意思的情况下实施的民事法律行为,受胁迫方有权请求人民法院或者仲裁机构予以撤销。"本题中乙以检举揭发甲贪污为由对甲进行威胁,应认定为存在胁迫行为,该房屋买卖合同属于可撤销法律行为,B 选项正确。《民法典》第 151 条规定:"一方利用对方处于危困状态、缺乏判断能力等情形,致使民事法律行为成立时显失公平的,受损害方有权请求人民法院或者仲裁机构予以撤销。"本题中,甲虽然是不得已而将自己的房屋卖与乙,但其是因为受到了乙的胁迫,而不存在危困状态、缺乏判断能力等情形,不属于显失公平的情况,C 选项错误。重大误解是基于重大错误认识而实施的意思表示。本题中甲不存在重大错误认识,不属于重大误解,D 选项错误。(B)

[知识点还原] 图表 21

32. [考点] 法律行为与事实行为、法律行为效力瑕疵

[解析] 除法律另有规定外,著作权属于作者。创作行为是事实行为,一旦创作完成,无论是否发表,作为中国公民的作者均可获得著作权。

本题中,小刘是小说《隐形翅膀》的创作者,因此小刘是该作品的著作权人,不因其行为能力受到影响,故 AB 选项错误。

《民法典》第 145 条规定:"限制民事行为能力人实施的纯获利益的民事法律行为或者与其年龄、智力、精神健康状况相适应的民事法律行为有效;实施的其他民事法律行为经法定代理人同意或者追认后有效。相对人可以催告法定代理人自收到通知之日起三十日内予以追认。法定代理人未作表示的,视为拒绝追认。民事法律行为被追认前,善意相对人有撤销的权利。撤销应当以通知的方式作出。"据此,限制行为能力人所为法律行为,超出能力范围的,未经法定代理人追认的归于无效。本题中,小刘是 9 岁的限制民事行为能力人,他签订的网络传播权转让合同效力未定,但因为其父母明确表示反对,归于无效,故 C 选项正确、D 选项错误。(C)

[知识点还原] 图表 17;图表 20

七、代理

1. [考点] 无权代理

[解析]《民法典》第 148 条规定:"一方以欺诈手段,使对方在违背真实意思的情况下实施的民事法律行为,受欺诈方有权请求人民法院或者仲裁机构予以撤销。"据此,因欺诈撤销是因为一方的欺诈行为使得对方进行法律行为时意思表示不真实,且所有可撤销的法律行为均以法律行为有效为前提。本题中,虽然丙在未经授权的情形下与乙公司签订了合同,但乙公司对于法律行为的发生,存在真实的意思表示,并非在违背真实意思的情况下发生的法律行为。同时,由于丙的行为构成无权代理,根据《民法典》第 171 条第 1、2 款规定,行为人没有代理权、超越代理权或者代理权终止后,仍然实施代理行为,未经被代理人追认的,对被代理人不发生效力。相对人可以催告被代理人自收到通知之日起 30 日内予以追认。被代理人未作表示的,视为拒绝追认。因此,在被代理人甲公司追认之前,此合同效力未定,故乙公司不可以欺诈为由撤销合同,A 选项错误。根据上述第 171 条第 1、2 款之规定,无权代理的合同效力未定,但是《民法典》第 503 条规定:"无权代理人以被代理人的名义订立合同,被代理人已经开始履行合同义务或者接受相对人履行的,视为对合同的追认。"本题中,甲公司作为被代理人,接受了货物,且在了解情况后,当

作员工福利进行了发放，此种行为说明甲公司完全接受了相对人的履行，获得了货物的所有权，构成了对于合同的追认，合同归于有效，应当向支付了价款的丙返还该笔货物的钱款，否则就构成不当得利。故 B 选项正确，CD 选项错误。（B）

[知识点还原] 图表25

2. [考点] 共同代理

[解析]《民法典总则编解释》第 25 条规定："数个委托代理人共同行使代理权，其中一人或者数人未与其他委托代理人协商，擅自行使代理权的，依据民法典第一百七十一条、第一百七十二条等规定处理。"据此，共同代理中，部分代理人擅自行使权利，构成无权代理，符合《民法典》第 172 条规定的，构成表见代理。本题中，小王与小刘是甲公司的共同代理人，小王未与小刘协商擅自签订合同构成无权代理。既然甲公司在授权中明确，共同代理人同时签字合同方可有效，并将此明确告知了乙公司，乙公司没有合理理由认为小王有单独的代理权，因此本案不构成表见代理，故 C 选项正确。甲公司给共同代理人授权时，乙公司对此知情，只有小王一方签字的，构成无权代理，此时合同效力未定，乙公司不能以小王有代理权而主张合同生效，故 A 选项错误。效力未定的合同，被代理人拒绝追认的，归于无效。若甲公司拒绝追认，可主张合同无效，D 选项正确；当然，若甲公司表示追认的，则归于有效，B 选项正确。（BCD）

[知识点还原] 图表24

3. [考点] 通谋代理、重大误解、合同效力

[解析]《民法典》第 164 条规定："代理人不履行或者不完全履行职责，造成被代理人损害的，应当承担民事责任。代理人和相对人恶意串通，损害被代理人合法权益的，代理人和相对人应当承担连带责任。"本题中，代理人乙与相对人丁存在恶意串通行为，构成通谋代理，对于因此给被代理人甲造成的损失，应承担连带责任，故 C 选项正确。《民法典》第 149 条规定："第三人实施欺诈行为，使一方在违背真实意思的情况下实施的民事法律行为，对方知道或者应当知道该欺诈行为的，受欺诈方有权请求人民法院或者仲裁机构予以撤销。"本题中，甲、丁达成协议时受到了代理人乙的欺诈，且对于该欺诈行为丁知情，甲可以欺诈为由主张撤销该协议。因此，该协议并非当然有效或当然无效，是否有效取决于甲是否撤销该协议，一旦撤销，协议将归于无效，若

不撤销，则归于有效，AB 选项表述绝对化，故错误。需要说明的是，由于合同本就是甲、丁之间的合同，不宜直接适用恶意串通则法律行为无效之规定，因为恶意串通导致无效，适用的情形是合同双方主体恶意串通，损害第三人的利益。D 选项，甲、丁达成协议之时，虽然受到了乙的诱导，但由于玉石价值的不确定性，甲决定卖出不宜认定构成重大误解，此种情形下，立刻卖出的动机在于避免贬值，而动机的错误，通常不认定构成重大误解，若产生动机错误的原因是被欺诈，可以欺诈为由主张撤销。故 D 选项错误。（C）

[知识点还原] 图表21；图表24

4. [考点] 无权代理与无权处分区分、善意取得与违法代理

[解析] 本题中，车的性质为盗赃物。无权处分通常是未经授权，以自己的名义处分他人的财产，而本题中，王五是以张三名义进行法律行为，不是无权处分，故 A 选项错误。王五在得到张三授权后，以张三的名义进行法律行为，是有代理权，不是无权代理，故 B 选项错误。由于是盗赃物，即使支付了合理价款，也不能构成善意取得，故 C 选项错误。《民法典》第 167 条规定："代理人知道或者应当知道代理事项违法仍然实施代理行为，或者被代理人知道或者应当知道代理人的代理行为违法未作反对表示的，被代理人和代理人应当承担连带责任。"本题中，王五作为代理人，明知代理事项违法，仍然代理，因此造成权利人损失的，应与被代理人张三一起承担连带责任，故 D 选项正确。（D）

[知识点还原] 图表24；图表25；图表40

5. [考点] 无权代理

[解析]《民法典》第 171 条第 1 款规定："行为人没有代理权、超越代理权或者代理权终止后，仍然实施代理行为，未经被代理人追认的，对被代理人不发生效力。"第 172 条规定："行为人没有代理权、超越代理权或者代理权终止后，仍然实施代理行为，相对人有理由相信行为人有代理权的，代理行为有效。"据此，能够构成表见代理，关键在于相对人是否有合理的理由相信行为人有代理权。本题中，分公司负责人王某没有被授权代理公司签订保证合同，是无权代理。同时，王某向相对人李某出示了授权书证明自己没有权限，故此时，李某非但不能主张构成表见代理，连狭义无权代理人的善意第三人也不构成。故九联公司不需要承担保证责任，AB 选项错误、CD

第一章 总则（含人格权编）

选项正确。（CD）

[知识点还原] 图表25

6. [考点] 代理、合同的效力瑕疵，属于常考点

[解析]《民法典》第162条规定："代理人在代理权限内，以被代理人名义实施的民事法律行为，对被代理人发生效力。"本题中的情形就是甲公司授权员工以公司名义订立合同的代理行为。合法形式掩盖非法目的，是以表面上虚假的意思表示掩盖自己真实意图的情形，根据《民法典》第146条规定，通谋虚伪的法律行为无效。但是，要符合此种无效之构成，需要以形式上的合法行为（虚伪的表示）掩盖实质上的非法目的（真实意思）。本题中，买卖净化机的合同本身是合法的，不需要另外一种形式来掩盖，至于约定价格提高200元并个人收取回扣的行为，只是作为买卖合同一部分内容存在，不能导致买卖净化机的合同无效，故A选项错误。关于无权代理，《民法典》第171条第1款规定："行为人没有代理权、超越代理权或者代理权终止后，仍然实施代理行为，未经被代理人追认的，对被代理人不发生效力。"据此，无权代理主要指没有代理权、超越代理权和代理权终止以后的情况。本题中，唐某的行为不构成无权代理，因为公司对于唐某有授权，只是没有限定购买的单价，故B选项错误。欺诈，在民法中，是指以使他人陷于错误并因而为意思表示为目的，故意陈述虚伪事实或隐瞒真实情况的行为。本题中，唐某作为甲公司的代理人，其行为后果直接由甲公司承担，只有当订立合同时，唐某受到欺诈，才产生被代理人甲公司被欺诈的后果。由于提高价格是唐某为自己获得不当利益而与乙公司约定的，因此，不存在欺诈的问题，故C选项错误。《民法典》第164条第2款规定："代理人和相对人恶意串通，损害被代理人合法权益的，代理人和相对人应当承担连带责任。"本题中，关于价格提高并且乙公司向唐某个人支付提成的问题，显然属于代理人与第三人串通的行为，对因此而给被代理人甲公司带来的损失，应当由唐某和乙公司承担连带赔偿责任，故D选项正确。（D）

[知识点还原] 图表21；图表22；图表24

7. [考点] 委托代理、法律行为效力瑕疵，此点常考

[解析] 委托代理包括两重法律关系：一是委托人与代理人之间的委托合同关系；二是委托人作为被代理人对代理人的单方授权关系。《民法典》第145条规定："限制民事行为能力人实施的纯获利益的民事法律行为或者与其年龄、智力、精神健康状况相适应的民事法律行为有效；实施的其他民事法律行为经法定代理人同意或者追认后有效。相对人可以催告法定代理人自收到通知之日起三十日内予以追认。法定代理人未作表示的，视为拒绝追认。民事法律行为被追认前，善意相对人有撤销的权利。撤销应当以通知的方式作出。"就委托合同而言，是双方法律行为，陈某只有15周岁，是限制民事行为能力人。购买价值50万元的软件，自正常人标准分析，显然超出了与年龄、智力相应的范围，因此，委托合同需要陈某的法定代理人追认，如果不追认则委托合同归于无效。代理权授予则是委托人甲公司的单方行为，甲授权给陈某以甲的名义签订合同，后果直接由甲公司承担，既然甲公司愿意选择15岁的陈某作为代理人，而且陈某并不承担购买软件的法律后果，因此，授权行为有效。据以上分析，ABC选项错误，D选项正确。（D）

[知识点还原] 图表20；图表24

8. [考点] 表见代理，属于常考点

[解析]《民法典》第172条规定："行为人没有代理权、超越代理权或者代理权终止后，仍然实施代理行为，相对人有理由相信行为人有代理权的，代理行为有效。"正常情况下，当公司员工持有公司的授权委托书的时候，交易相对人均可主张自己有合理的理由相信对方有代理权，构成表见代理。A选项中，盖有合同专用章，正是有权签订合同的表见事实，因此，不能否定表见代理，故错误。当有授权委托书的时候，相对人相信其有代理权就具有了合理的理由，没有找公司核查的义务和必要，B选项的主张也不能否定构成表见代理，错误。如果授权书明确载明授权的范围是参加投标而没有授权借款，此时温某不能主张自己有合理的理由相信吴某有代理权，可以否定表见代理，C选项正确。如果在授权书明确了期限，并且已经过期的情况下，相对人也不能主张自己有合理理由相信对方有代理权，可否定表见代理，故D选项正确。（CD）

[知识点还原] 图表25

9. [考点] 无权代理、可撤销合同，属于常考点

[解析]《民法典》第171条第1、2款规定："行为人没有代理权、超越代理权或者代理权终止后，仍然实施代理行为，未经被代理人追认的，对被代理人不发生效力。相对人可以催告被代理人自收到通知之日起三十日内予以追认。被代理

31

人未作表示的，视为拒绝追认。行为人实施的行为被追认前，善意相对人有撤销的权利。撤销应当以通知的方式作出。"《民法典》第148条规定："一方以欺诈手段，使对方在违背真实意思的情况下实施的民事法律行为，受欺诈方有权请求人民法院或者仲裁机构予以撤销。"本题中，甲在没有经过授权的情况下，以乙公司的名义与丙公司签订合同，构成无权代理，根据上述《民法典》第171条之规定，如果乙公司追认了甲之行为，则合同在乙丙之间生效，如果不予追认，则合同最终归于无效，此时，既不存在履行的问题，也不存在撤销的问题，故CD选项错误。在乙公司追认之前，由于丙是不知情的善意第三人，因此，丙可以通知的方式进行撤销，但此撤销权的行使，以被代理人没有追认为前提，一旦追认之后，不存在撤销的问题，故A选项错误。由于甲在签订合同之时，以次充好，存在欺诈，根据上述第148条之规定，在追认之后，合同在乙丙之间生效，但属于可撤销的合同，此时，没有约定仲裁条款，丙作为被欺诈人，有权请求法院进行撤销，故B选项正确。（B）

[知识点还原] 图表21；图表25

10. [考点] 表见代理、法人责任，属于常考点

[解析]《民法典》第172条规定："行为人没有代理权、超越代理权或者代理权终止后，仍然实施代理行为，相对人有理由相信行为人有代理权的，代理行为有效。"A选项中，乙作为董事，其行为构成无权代理，同时，由于该董事乙在合同上加盖了公司的公章和法定代表人丁的印章，丙可以据此认为丙有合理的理由相信其有代理权，故可以构成表见代理，甲公司应当承担责任，故A选项正确。《民法典》第490条规定："当事人采用合同书形式订立合同的，自当事人均签名、盖章或者按指印时合同成立。在签名、盖章或者按指印之前，当事人一方已经履行主要义务，对方接受时，该合同成立。法律、行政法规规定或者当事人约定合同应当采用书面形式订立，当事人未采用书面形式但是一方已经履行主要义务，对方接受时，该合同成立。"据此，甲、乙间借款合同已经成立。甲公司与乙公司之间的借款合同尽管没有甲公司的盖章，但乙公司实际上已经履行了合同，借款合同有效，甲公司应当承担责任，故B选项正确。C选项中，丙是甲公司的委托代理人。丙借用丁的存款单以甲公司的名义设立质权，甲公司应当对丁承担相应的责任，故

C选项正确。D选项中，甲公司的法定代表人虽以个人名义收取保证金，但仍以甲公司名义入账，甲公司应当承担责任，故D选项正确。（ABCD）

[知识点还原] 图表11；图表25；图表87

11. [考点] 代理的类型，属于常考点

[解析] 根据代理产生的原因不同，可以分为法定代理、委托代理与指定代理。法定代理基于法律规定的特定关系而发生，如父母与子女之间、夫妻之间日常事务的代理等。委托代理是基于委托授权而产生的代理，代理人以被代理人的名义订立合同的，为直接代理，代理人以自己的名义订立合同的为间接代理。A选项中，乙为了甲的请求，以自己的名义购买的那一套饮具构成间接代理，故A选项正确。B选项中，乙的行为可以认定构成直接代理，故B选项正确。不过，AB两项中的代理均隐去了被代理人的名字，均是隐名代理。C选项是诉讼中的指定代理，正确。D选项中，甲的行为构成居间，不属于代理，故D选项错误。（ABC）

[知识点还原] 图表24

12. [考点] 无权代理、代理中的欺诈，属于常考点，本题综合了效力待定与可撤销两种效力瑕疵，有一定的难度

[解析] 甲授予了乙委托代理权的内容系采购电脑，乙却签订了购买手机的买卖合同。故乙的代理行为属于无权代理。根据《民法典》第171条，因无权代理订立的合同属于效力待定的合同，被代理人甲享有追认权。若甲追认，该合同自始有效。故A选项正确。丙的行为构成欺诈，因此，乙、丙间的手机买卖合同又属于可撤销的合同。根据民法理论，因代理人遭受欺诈而订立的合同，视为被代理人遭受欺诈，受欺诈的代理人的被代理人享有撤销权。故B选项正确。根据民法理论，在代理中，撤销原因事实的有无，虽应就代理人的情形判断，但因法律效果归属的原因，代理人不能享有撤销权，撤销权只能由被代理人行使，代理人本身并不享有撤销权（法律效果归属）。在因代理人遭受欺诈而订立的合同中，虽然代理人并不享有撤销权，但若被代理人授权代理人行使该撤销权，则代理人可基于授权行使被代理人的撤销权。所谓"乙有权以甲的名义撤销"，是指代理人乙基于甲的授权，可以代理人身份行使撤销权。故C选项正确。因欺诈订立的合同，仅受欺诈人享有撤销权，欺诈人不享有撤销权，故D选项错误。（ABC）

[知识点还原] 图表20；图表21；图表25

13. [考点] 复代理、间接代理、无权代理

[解析]《民法典》第 169 条规定:"代理人需要转委托第三人代理的,应当取得被代理人的同意或者追认。转委托代理经被代理人同意或者追认的,被代理人可以就代理事务直接指示转委托的第三人,代理人仅就第三人的选任以及对第三人的指示承担责任。转委托代理未经被代理人同意或者追认的,代理人应当对转委托的第三人的行为承担责任;但是,在紧急情况下代理人为了维护被代理人的利益需要转委托第三人代理的除外。"据此,在委托代理中,代理人在三种情况下享有复任权,有权以自己的名义选任第三人作为被代理人的委托代理人:第一,事先取得被代理人同意;第二,事后取得被代理人的追认;第三,紧急复任权。因乙已经事先取得甲的同意,故乙的转委托行为有效,丙为甲的代理人(复代理人),故 A 选项错误。丙的行为构成间接代理,即丙以自己的名义而不是以被代理人甲的名义与第三人丁签订买卖合同,丙丁间因间接代理订立的首饰买卖合同原则上应直接约束丙与丁,仅在例外情况下(甲行使介入权或者丁行使选择权选择甲作为合同相对人时),该首饰买卖合同才能直接约束甲和丁。丙的间接代理中一部分属于无权代理,丙赠与丁一批箱包的约定超出了甲的授权,属于无权代理,即使丁行使选择权选定甲作为合同的相对人,若甲对丙赠与丁一批箱包的约定不予追认,则丁亦不得要求甲向自己履行赠与箱包的义务,故 B 选项错误。《民法典》第 926 条第 1 款规定:"受托人以自己的名义与第三人订立合同时,第三人不知道受托人与委托人之间的代理关系的,受托人因第三人的原因对委托人不履行义务,受托人应当向委托人披露第三人,委托人因此可以行使受托人对第三人的权利。但是,第三人与受托人订立合同时如果知道该委托人就不会订立合同的除外。"据此,本题中,代理人丙应向被代理人甲披露第三人丁,甲可以行使介入权,行使丙对丁的权利,故 C 选项正确。在丙、戊间的箱包买卖合同中,丙根本不是丁的代理人,丁不具备行使介入权的前提,故 D 选项错误。(C)

[知识点还原] 图表 24;图表 25;图表 134

14. [考点] 无权代理,属于常考点

[解析] 这是一道饱受争议的题目,试分析如下:首先,刘某给王某打电话的行为属于订立买卖合同的要约,请张某转告,张某于是成为刘某的传达人,由于张某没有向王某转告,故刘某的要约未到达受要约人王某,因此,刘某与王某之间未成立有效的买卖合同。张某以王某名义交货的行为应定性为实物要约,且属于无权代理,刘某收货的行为可以解释为对实物要约的承诺,张某没有代理权,却以王某的名义作出要约,构成无权代理,故 A 选项正确。《民法典》第 171 条第 1、2 款规定:"行为人没有代理权、超越代理权或者代理权终止后,仍然实施代理行为,未经被代理人追认的,对被代理人不发生效力。相对人可以催告被代理人自收到通知之日起三十日内予以追认。被代理人未作表示的,视为拒绝追认。行为人实施的行为被追认前,善意相对人有撤销的权利。撤销应当以通知的方式作出。"据此,在被代理人王某追认之前,王某与刘某之间的买卖合同属于效力待定的合同,故 D 选项正确。虽然无权代理并不排斥无因管理的成立,但是,由于张某缺乏为本人王某管理的意思,欠缺管理意思,因此,张某的行为不符合无因管理的构成要件,故 B 选项错误。此题最大的争议在于张某的行为是否构成不当得利。根据本题提供的信息,就张某和刘某之间的效力待定合同而言,如果被代理人王某拒绝追认,则王某与刘某之间的买卖合同自始无效,张某取得的价款欠缺法律上的原因,显然符合不当得利的要件,已经履行的,应当依据不当得利彼此返还;如果王某追认,则合同有效,张某作为王某的代理人,收取货款有正当理由,不构成不当得利。但就本题的情形而言,根本看不出被代理人王某是否追认,因此,张某的行为有可能构成不当得利。对于此题,有论者解释道,即便不追认,张某自己提供了货物,收取刘某价款的行为也没有不当得利,尽管表面上是以王某的名义而实质上是张某与刘某之间订立的合同。此种解释显然是排斥 AD 两个选项的判断的。即便张某提供了货物后收取价款是有对价的,但是,张某毕竟抢走了本来属于王某的交易机会,这种获利的行为,明显违背诚信原则的基本要求,张某通过此次交易机会获得的利益本身就缺少正当性,而且直接使得王某失去了交易机会进而带来损失,张某的得利与王某的这种损失之间有显然的因果关系,因此依然有构成不当得利的可能。当年公布的答案没有选择不当得利,显然是不恰当的。(AD)

[知识点还原] 图表 25;图表 74;图表 75

15. [考点] 复代理,偶尔考查

[解析] 由代理人基于复任权选任代理人的代

理，称为复代理。复代理的要件之一是代理人有复任权，故 A 选项说法正确。《民法典》第 169 条规定："代理人需要转委托第三人代理的，应当取得被代理人的同意或者追认。转委托代理经被代理人同意或者追认的，被代理人可以就代理事务直接指示转委托的第三人，代理人仅就第三人的选任以及对第三人的指示承担责任。转委托代理未经被代理人同意或者追认的，代理人应当对转委托的第三人的行为承担责任；但是，在紧急情况下代理人为了维护被代理人的利益需要转委托第三人代理的除外。"《民法典总则编解释》第 26 条规定："由于急病、通讯联络中断、疫情防控等特殊原因，委托代理人自己不能办理代理事项，又不能与被代理人及时取得联系，如不及时转委托第三人代理，会给被代理人的利益造成损失或者扩大损失的，人民法院应当认定为民法典第一百六十九条规定的紧急情况。"因委托代理人转托不明，给第三人造成损失的，第三人可以直接要求被代理人赔偿损失；被代理人承担民事责任后，可以要求委托代理人赔偿损失，转托代理人有过错，才负连带责任。据此分析，B 选项说法正确，D 选项说法错误。紧急情况下，选择复代理人不需要被代理人同意，C 选项错误。（AB）

[知识点还原] 图表 24

16. [考点] 表见代理

[解析]《民法典》第 172 条规定："行为人没有代理权、超越代理权或者代理权终止后，仍然实施代理行为，相对人有理由相信行为人有代理权的，代理行为有效。"据此，构成表见代理的，被代理人应直接对无权代理人的行为承担后果。构成表见代理的常见情形是：（1）因表见授权表示而产生的表见代理；（2）因代理关系终止后未采取必要的措施而产生的表见代理，主要有：①如果没有书面授权，但长期以来形成了交易习惯，在代理人离职后，被代理人应将此事实以适当的方式，有效地通知相对人；②如果有书面授权但尚未到期，在提前结束授权时，应当收回授权书；③如果有交给代理人介绍信、盖有公司合同专用章的空白合同书的，授权结束后均应及时收回。上述情况下，均是因为被代理人的原因，使相对人相信代理人有代理权而进行的行为，故被代理人应当直接负责。本题中，业务员乙长期以来一直做甲公司的代理人，形成了交易习惯，且持有盖有甲公司公章的合同书，此时，丙有合理理由相信乙有代理权，因此构成表见代理。故

D 选项正确，ABC 选项错误。（D）

[知识点还原] 图表 25

八、诉讼时效

1. [考点] 时效的中断、职务代理，属于常考点

[解析] 本题命题的角度是，以时效为背景知识，考查对于职务代理的理解。《民法典》第 192 条第 2 款规定："诉讼时效期间届满后，义务人同意履行的，不得以诉讼时效期间届满为由抗辩；义务人已经自愿履行的，不得请求返还。"据此，若义务人在时效届满后又同意履行债务，意味着放弃时效抗辩，权利人行权，义务人将不能再主张诉讼时效的抗辩。值得注意的是，此处不发生时效中断，时效中断一定要发生在诉讼时效届满之前，若时效已届满，时效中断不再发生。本题的关键是，法务小王以公司名义做出同意付款的承诺，是否能够构成对于债务的承认。《民法典》第 170 条规定："执行法人或者非法人组织工作任务的人员，就其职权范围内的事项，以法人或者非法人组织的名义实施的民事法律行为，对法人或者非法人组织发生效力。法人或者非法人组织对执行其工作任务的人员职权范围的限制，不得对抗善意相对人。"据此，法人或其他组织的工作人员，执行职务过程中，以法人名义从事的行为，后果均由法人承担，即便对于工作人员，有内部职权范围的限制，也不得对抗不知情的第三人。工作人员职权范围内的事项，有时是对外公开的，有时则没有公开，此时应当按照交易习惯来判断。依据一般习惯，法人的法务部门，正常的职权范围是为保护法人的合法权益，就法人从事的业务可能存在的法律风险进行防范、就是否合规合法提供意见等，没有权利决定对外债务的清偿。故法务小王的行为，并不能构成对于法人的职务代理，法人不需要承担小王承诺的后果，故当乙公司主张权利之时，甲公司依然可以主张时效抗辩，故 A 选项正确，D 选项错误。既然时效已过，不存在中断的可能，故 B 选项错误。《民法典》第 193 条规定："人民法院不得主动适用诉讼时效的规定。"时效抗辩是债务人的私权利，法院不得主动适用，故 C 选项错误。（A）

[知识点还原] 图表 24；图表 26；图表 28

2. [考点] 时效放弃，属于常考点

[解析] 甲乙之间的合同之债已经超过了诉讼时效，但是，由于乙公司在书面答复中承诺对于过了时效的 10 万元债务偿还 3 万元，构成对于 3

万元部分时效利益的放弃，因此，应当再偿还承认的 3 万元，故 A 选项正确，D 选项错误。要约是希望和他人订立合同的意思表示，乙的书面答复，显然缺少订立合同意图，不构成要约，故 B 选项错误。既然乙公司已经通过书面答复承认了 3 万元的债务，这 3 万元的时效利益已经放弃，因此，回函对甲公司不发生效力，故 C 选项错误。（A）

[知识点还原] 图表 26

3. [考点] 诉讼时效的适用范围，属于常考点

[解析] 诉讼时效主要适用于债权请求权。《民法典》第 196 条规定："下列请求权不适用诉讼时效的规定：（一）请求停止侵害、排除妨碍、消除危险；（二）不动产物权和登记的动产物权的权利人请求返还财产；（三）请求支付抚养费、赡养费或者扶养费；（四）依法不适用诉讼时效的其他请求权。"据此，物权请求权中，除了没有登记的动产物权人请求返还财产外，均不受时效限制；人身性请求权不受时效限制。第 199 条规定："法律规定或者当事人约定的撤销权、解除权等权利的存续期间，除法律另有规定外，自权利人知道或者应当知道权利产生之日起计算，不适用有关诉讼时效中止、中断和延长的规定。存续期间届满，撤销权、解除权等权利消灭。"据此，撤销权、解除权等形成权不受时效限制。本题中，撤销合同的撤销权是形成权，不受诉讼时效限制，一般受除斥期间限制，故 A 选项正确。请求确认无效的权利是间接形成权，也不适用时效规定，B 选项正确。业主大会是业主集体行使权利和维护全体业主在物业管理活动中合法权益的组织，代表业主行使管理权，这是建筑物区分所有权的内容之一，涉及维修基金的主张属于物权的相关权利，故不适用诉讼时效的规定，C 选项正确。值得提醒的是，若将此选项的内容，误认为是物业公司请求业主交纳物业费，必然会陷入错误的认识。共有人请求分割共有物，也属于物权性质的权利，是共有权的权能之一，不适用诉讼时效，故 D 选项正确。（ABCD）

[知识点还原] 图表 26

4. [考点] 时效的起算与中断，属于常考点

[解析] 甲给丙造成的主要是财产损害，丙对甲享有的侵权债权的诉讼时效期间为 3 年，自丙知道或者应当知道权利被侵害且知道加害人之日起开始计算。此后，因丙不断向甲索赔，将导致丙对甲的侵权债权的诉讼时效数次中断的法律效果，自中断的事由消除后，重新起算 3 年。甲同意赔款（债务人同意履行债务），又将导致该债权诉讼时效中断，重新起算 3 年。因此，丙对甲享有的侵权债权的诉讼时效期间未经过，故 A 选项错误，当选。甲同意赔款后，丁为甲的债务提供担保。因为甲对丙的债务诉讼时效期间未经过，故保证人丁不得以主债务诉讼时效期间经过为由不承担保证责任，故 B 选项错误，当选。值得特别说明的是，如果主债务已过诉讼时效，此时保证人应当主张主债务人的抗辩，否则，承担责任后不得向债务人追偿。保险责任的诉讼时效是保险法特别规定的，与侵权责任诉讼时效没有必然关系，故 C 选项错误，当选。《保险法》第 26 条规定："人寿保险以外的其他保险的被保险人或者受益人，向保险人请求赔偿或者给付保险金的诉讼时效期间为二年，自其知道或者应当知道保险事故发生之日起计算。人寿保险的被保险人或者受益人向保险人请求给付保险金的诉讼时效期间为五年，自其知道或者应当知道保险事故发生之日起计算。"对保险事故发生之日的认定，目前没有法律规定，理论与实务界主要有以下四种观点：第一种观点为侵权之日说，被保险人对受害人实施侵权之日即为保险事故发生之日；第二种观点为赔偿请求说，责任保险的保险事故发生之日是指第三者或者第三者的相关权利人请求被保险人承担民事赔偿责任之日；第三种观点为责任确定说，责任保险的保险事故发生之日是指保险人的责任确定之日，对责任的确定，又有两种不同的主张：一是主管部门的责任认定书（如交通事故责任认定书）作出之日即为保险事故发生之日，二是被保险人的民事责任经过生效判决确定之日为保险事故发生之日；第四种观点为实际赔偿说，被保险人向受害人实际承担民事赔偿义务之日为保险事故发生之日。

在上述观点之中，曾见于相应规范的有两种学说。原中国保监会曾经在《关于索赔期限有关问题的批复》（保监复〔1999〕256 号）第 1 条中规定，对于责任保险而言，保险事故发生之日，应指第三人请求被保险人承担法律责任之日。这显然采取的是第二种观点，即赔偿请求说。上海市高级人民法院 2010 年 12 月 17 日出台的《关于审理保险合同纠纷案件若干问题的解答（一）》中的第三个解答为商业责任保险的"被保险人向保险人请求赔偿保险金的，诉讼时效期间从被保险人向受害人履行民事赔偿义务之日起计算"。这里采取的显然是第四种观点，即实际赔偿说。自

法理角度言之，实际赔偿说更具可取性，因为，对于保险公司来说，只有当被保险人实际承担了赔偿责任后，才明确知道了自己的损失，而时效的起算通常是知道或者应当知道遭受损失之时起算。第三者责任险，属于财产险，故丙对乙请求支付保险金的合同之债的诉讼时效期间为2年，保险事故发生后，自实际赔偿确定之日起算，此时，时效并没有经过，故D选项也错误，当选。最后，值得提醒的是，《保险法》此处规定的时效2年，是参照当年《民法通则》规定的普通时效2年，未来修订也可能会参照《民法典》将此时效修订为3年。（ABCD）

[知识点还原] 图表27

5. [考点] 诉讼时效起算、中断与抗辩，属于常考点

[解析]《民法典》第188条第2款规定："诉讼时效期间自权利人知道或者应当知道权利受到损害以及义务人之日起计算。法律另有规定的，依照其规定。但是，自权利受到损害之日起超过二十年的，人民法院不予保护，有特殊情况的，人民法院可以根据权利人的申请决定延长。"据此，普通诉讼时效期间与特殊诉讼时效期间均从债权人能够行使权利之日起开始计算。约定了履行期限的债务，其诉讼时效期间自履行期限届满之日起开始计算。故A选项错误。《诉讼时效规定》第15条第2款规定："对于连带债务人中的一人发生诉讼时效中断效力的事由，应当认定对其他连带债务人也发生诉讼时效中断的效力。"然而，这一规定并不适用于连带责任保证场合（连带保证只是法律规定的连带责任，在理论本质上债务人与保证人之间是不真正连带关系，因为，最终责任是由一个人即债务人承担的）。在债权人行使权利之时，可选择向债务人主张，也可选择向保证人主张，根据时效中断的原理，在连带保证债务时效起算后，向保证人主张则保证债务时效中断，向债务人主张则主债务时效中断，两者相互独立，互不影响。故B选项错误。《诉讼时效规定》第9条规定："权利人对同一债权中的部分债权主张权利，诉讼时效中断的效力及于剩余债权，但权利人明确表示放弃剩余债权的情形除外。"在C选项中，银行对乙的房产行使抵押权属于对部分债权主张权利，该行为对剩余的20万元债权发生诉讼时效中断的效果。故C选项正确。《诉讼时效规定》第19条第1款规定："诉讼时效期间届满，当事人一方向对方当事人作出同意履行义务的意思表示或者自愿履行义务后，又以诉讼时效期间届满为由进行抗辩的，人民法院不予支持。"据此，诉讼时效期间经过后，债务人同意履行债务的行为构成明示抛弃时效利益，应重新起算诉讼时效期间。在D选项中，乙对银行的50万元债务已过诉讼时效期间，但乙提供保证的行为属于同意履行债务的行为，发生明示抛弃时效利益的效果，应重新起算乙对银行50万元债务的诉讼时效期间。在保证中，若债务人对债权人享有（并行使）抗辩权，则保证人应援用债务人的抗辩权，保证人若不援用债务人的抗辩权，保证人承担保证责任后丧失对债务人的追偿权。但是，若债务人对债权人不享有抗辩权（或者债务人放弃自己对债权人的抗辩权），保证人放弃自己对债权人享有的抗辩权并承担保证责任的，保证人对债务人的追偿权不受影响。在D选项中，存在着双重错误。首先，乙对银行不享有抗辩权，保证人也不存在主张乙抗辩权的可能，承担保证责任后，当然可以追偿。其次，即便乙存在对于债权人的抗辩，要得出保证人承担保证责任后不得向债务人追偿的结论，也得是保证人放弃了主债务人的抗辩，承担保证责任后，才不能向债务人追偿，保证人放弃先诉抗辩与否，对于追偿权都没有任何影响。故D选项错误。（C）

[知识点还原] 图表27；图表28；图表77

6. [考点] 诉讼时效的中断，属于常考点

[解析]《诉讼时效规定》第9条规定："权利人对同一债权中的部分债权主张权利，诉讼时效中断的效力及于剩余债权，但权利人明确表示放弃剩余债权的情形除外。"故A选项错误。《诉讼时效规定》第15条规定："对于连带债权人中的一人发生诉讼时效中断效力的事由，应当认定对其他连带债权人也发生诉讼时效中断的效力。对于连带债务人中的一人发生诉讼时效中断效力的事由，应当认定对其他连带债务人也发生诉讼时效中断的效力。"故B选项正确。《诉讼时效规定》第16条规定："债权人提起代位权诉讼的，应当认定对债权人的债权和债务人的债权均发生诉讼时效中断的效力。"故C选项错误。《诉讼时效规定》第17条规定："债权转让的，应当认定诉讼时效从债权转让通知到达债务人之日起中断。债务承担情形下，构成原债务人对债务承认的，应当认定诉讼时效从债务承担意思表示到达债权人之日起中断。"故D选项错误。（B）

[知识点还原] 图表28

7. [考点] 诉讼时效的性质及其适用，属于常考点

[解析]《民法典》第 197 条规定："诉讼时效的期间、计算方法以及中止、中断的事由由法律规定，当事人约定无效。当事人对诉讼时效利益的预先放弃无效。"故 A 选项正确。《民法典》第 189 条规定："当事人约定同一债务分期履行的，诉讼时效期间自最后一期履行期限届满之日起计算。"故 B 选项表述正确。《诉讼时效规定》第 3 条第 1 款规定："当事人在一审期间未提出诉讼时效抗辩，在二审期间提出的，人民法院不予支持，但其基于新的证据能够证明对方当事人的请求权已过诉讼时效期间的情形除外。"可见，当事人在二审期间可以基于新的证据提出诉讼时效抗辩，故 C 选项表述错误。《诉讼时效规定》第 19 条第 1 款规定："诉讼时效期间届满，当事人一方向对方当事人作出同意履行义务的意思表示或者自愿履行义务后，又以诉讼时效期间届满为由进行抗辩的，人民法院不予支持。"如果债务人明示或者默示抛弃了时效利益，不得反悔，故 D 选项正确。（ABD）

[知识点还原] 图表 26

8. [考点] 诉讼时效的适用，属于常考点

[解析]《诉讼时效规定》第 1 条规定："当事人可以对债权请求权提出诉讼时效抗辩，但对下列债权请求权提出诉讼时效抗辩的，人民法院不予支持：（一）支付存款本金及利息请求权；（二）兑付国债、金融债券以及向不特定对象发行的企业债券本息请求权；（三）基于投资关系产生的缴付出资请求权；（四）其他依法不适用诉讼时效规定的债权请求权。"据此，A 选项正确。《民法典》第 197 条规定："诉讼时效的期间、计算方法以及中止、中断的事由由法律规定，当事人约定无效。当事人对诉讼时效利益的预先放弃无效。"据此，B 选项正确。《诉讼时效规定》第 2 条规定："当事人未提出诉讼时效抗辩，人民法院不应对诉讼时效问题进行释明。"据此，法院在诉讼过程中，不能对时效问题进行释明。按照举轻以明重的当然解释方法，更不可直接适用时效进行裁判，故 C 选项正确。《诉讼时效规定》第 3 条第 1 款规定："当事人在一审期间未提出诉讼时效抗辩，在二审期间提出的，人民法院不予支持，但其基于新的证据能够证明对方当事人的请求权已过诉讼时效期间的情形除外。"据此规定，D 选项的表述，在理解上存在争议，正常理解有两种可能。"当事人在一审、二审期间都可以提出诉讼时效抗辩"一方面可以理解为，当事人在一审和二审期间"都有可能"提出时效抗辩，另一方面可以理解为，当事人在一审期间"都可以"提时效抗辩，当事人在二审期间"都可以"提时效抗辩。若是按照第一个方面的理解，D 选项就应该是正确的，若是按照第二个方面来理解，D 选项就是错误的，因为二审期间不是都可以，只有在有新证据的情形下才能提起。公布的答案没有选择 D 选项，命题者明显是采取的第二个方面的理解，但显然不合正常逻辑，至少逻辑上有重大争议，以后应该不会再这样命题。（ABCD）

[知识点还原] 图表 26

9. [考点] 知识产权侵权的时效，偶尔考查

[解析]《著作权法》第 23 条第 1 款规定："自然人的作品，其发表权、本法第十条第一款第五项至第十七项规定的权利的保护期为作者终生及其死亡后五十年，截止于作者死亡后第五十年的 12 月 31 日；如果是合作作品，截止于最后死亡的作者死亡后第五十年的 12 月 31 日。"《关于审理著作权民事纠纷案件适用法律若干问题的解释》第 27 条规定："侵害著作权的诉讼时效为三年，自著作权人知道或者应当知道权利受到损害以及义务人之日起计算。权利人超过三年起诉的，如果侵权行为在起诉时仍在持续，在该著作权保护期内，人民法院应当判决被告停止侵权行为；侵权损害赔偿数额应当自权利人向人民法院起诉之日起向前推算三年计算。"本题中乙的侵权行为一直持续，而且仍然在著作权的保护期限内，甲有权向法院提起诉讼，根据上述规定，法院应当判决被告停止侵权行为。因此，C 选项说法正确。依据《民法典》关于诉讼时效的规定，诉讼时效应该适用普通时效 3 年。（C）

[知识点还原] 图表 27

PART 02
第二章 物权

一、物权法概述

1. [考点] 所有权返还请求权、不当得利、货币占有即所有，属于常考点

[解析] 本题中，甲窃取丙的美茄手表，还给乙，后来乙又赠与丁，其中，表为盗赃物，乙和丁均不能获得表的所有权，此时丙基于自己享有的所有权可请求丁返还原物，故 A 选项正确。对于甲从丙处盗窃的 4000 元现金，丙可基于不当得利，请求甲返还 4000 元，由于现金作为货币是典型的流通物与消费物，占有即所有，对于已经补偿给乙的 1000 元，乙没有返还的义务，乙用 1000 元分别支付水费和购买衬衣后，商场与自来水公司均无返还的义务。故 AD 选项正确，BC 选项错误。（AD）

[知识点还原] 图表 1；图表 35；图表 76

2. [考点] 民事主体权利的保护与限制、民事责任性质，此点偶尔考查

[解析]《民法典》第 207 条规定："国家、集体、私人的物权和其他权利人的物权受法律平等保护，任何组织或者个人不得侵犯。"乙公司建造的电梯占用了甲的停车位，侵犯了甲对停车位享有的物权，故 A 选项错误。根据诚信原则，权利行使需要考虑个体之间以及个体与社会利益的平衡。甲的权利固然应当受到保护，但受保护是有限度的，受到社会公德和社会公共利益的限制。乙公司的确侵犯了甲对停车位的权利，考虑到乙公司建造电梯花费 200 万元，较甲的车位价值明显更大，且电梯已经修成，并符合更多人的利益。如果甲坚持对乙主张恢复原状、排除妨害等责任，则构成权利滥用，超出了受保护的限度。换言之，甲对乙不再享有这些权利，故 B 选项错误。然而，乙的行为毕竟侵犯了甲之物权，考虑到禁止权利滥用，甲虽不能对乙主张恢复原状、排除妨害等责任，但甲仍可对乙主张损害赔偿之责任。置换车位属于代物清偿的一种，甲有权请求乙置换车位，并赔偿因此遭受的其他损失。故 C 选项正确。民事责任从性质上说，通常是一种补偿性的责任。乙公司为甲置换车位并赔偿甲因此遭受的损失后，甲的损失已经得到了弥补，没有权利再获得额外的收益，所以，对于乙公司销售尾房获得的利益，甲无权主张，故 D 选项错误。（ABD）

[知识点还原] 图表 2

3. [考点] 排除妨害请求权、物权保护、精神损害赔偿，属于常考点

[解析] 排除妨害请求权，是指物权人在物权遭受不法妨害时请求除去妨害的权利。《民法典》第 288 条规定："不动产的相邻权利人应当按照有利生产、方便生活、团结互助、公平合理的原则，正确处理相邻关系。"本题中，由于赵某的邻居叶某房屋的施工对赵某的生活带来重大妨碍，因此，赵某基于相邻关系的规定，可以请求排除妨碍。首先，房屋尚未过户给沈某，此时，所有权人依然是叶某，赵某可以请求所有权人叶某排除妨碍；如果叶某不履行，此时，由于直接造成的妨碍是沈某擅自施工所致，沈某是直接的妨害人，因此，赵某也可直接请求沈某排除妨碍，故 AB 选项正确。通说观点认为，排除妨害请求权不适用诉讼时效，只要提出请求之时，妨害仍在持续中，即可主张排除妨害请求权，故 C 选项正确。《民法典》第 1183 条第 1 款规定："侵害自然人人身权益造成严重精神损害的，被侵权人有权请求精神损害赔偿。"题中，装修造成了赵某失眠，尚未造成严重后果，因此，不得主张精神损害赔偿，故 D 选项错误。（ABC）

[知识点还原] 图表 3；图表 26；图表 35

4. [考点] 物权请求权，偶尔考查

[解析] 物权请求权，指物权人在其物权受到侵害或有遭受侵害的危险时，基于物权而请求侵害人为一定行为或者不为一定行为，使物权恢复到原有状态或侵害危险产生之前的状态的权利。包括返还原物请求权、排除妨害请求权和消除危

险请求权。物权请求权不是物权，二者的作用与功能不同。物权为支配权，而物权请求权为请求权。若物权没有遭受侵害，物权人对物的排他性支配处于圆满状态，则物权人并不享有物权请求权。仅在物权遭受侵害，同时，物权人请求对方为一定行为或不为一定行为可以恢复物权人对物支配的圆满状态时，才会产生物权请求权。此时，物权请求权，独立于物权之外，是一种行为请求权，物权人通过行使物权请求权，要求对方作出一定行为或者不作出一定行为，以达到恢复物权人对物支配的圆满状态的目的，所以，物权请求权不是物权本身，不体现为对于物的支配，是独立于支配内容的一种行为，据此，A 选项正确，不当选。物权请求权虽依存于物权而发生，但其内容为请求特定人为一定行为或不为一定行为，与债权请求权具有类似的结构。所以，物权请求权虽非债权，在法律无特别规定时，物权请求权可以类推适用法律关于债权的规定，如给付不能、给付迟延等，据此，B 选项正确，不当选。物权请求权，系为恢复物权人对物支配的圆满状态，而基于物权发生的一项请求权，故物权请求权不能与物权分离而单独存在，一旦离开了物权，物权请求权也就失去了存在的基础。简言之，物权请求权不是物权本身，行使时具有一定的独立性，但是，不能完全脱离物权单独存在。据此，C 选项正确，不当选。物权请求权既可以在诉讼之外行使，亦可通过诉讼行使，故 D 选项明显错误，当选。（D）

[知识点还原] 图表31

5. [考点] 物权请求权、债权请求权、留置权的成立，属于常考点

[解析] 返还原物请求权的构成要件有三：（1）请求人为物权人；（2）被请求人为无权占有人；（3）请求时被请求返还的标的物依然存在。本题中，小贝是足球的所有权人，老马对足球的占有属于无权占有，所以，小贝对老马享有返还原物请求权，故 A 选项正确。小贝既没有无权占有老马的花瓶，也没有对花瓶的所有权构成妨害或者妨害的危险，因此，老马对小贝没有物权请求权，故 B 选项错误。小贝的行为侵犯了老马的权利，构成侵权，据此，老马可以对小贝主张侵权损害赔偿，自民法理论观之，侵权损害赔偿请求权，明显是债权请求权，故 C 选项正确。留置权的成立，通常以合法占有债务人的财产为基础，如果没有合法占有的前提，则留置权不能成立。

本题中，老马占有足球，缺少正当理由，故不构成合法占有，不能留置，故 D 选项错误。（AC）

[知识点还原] 图表32；图表63

二、物权变动

1. [考点] 特殊动产的转让，属于常考点

[解析]《民法典》第224条规定："动产物权的设立和转让，自交付时发生效力，但是法律另有规定的除外。"本题中，汽车属于动产，交付即发生物权变动效力，因此交付后乙就获得了该汽车的所有权，故 AC 选项错误，当选。《民法典》第225条规定："船舶、航空器和机动车等的物权的设立、变更、转让和消灭，未经登记，不得对抗善意第三人。"据此，汽车属于特殊动产，未办理登记的不具有对抗善意第三人的效力。《民法典物权编解释（一）》第6条规定："转让人转让船舶、航空器和机动车等所有权，受让人已经支付合理价款并取得占有，虽未经登记，但转让人的债权人主张其为民法典第二百二十五条所称的'善意第三人'的，不予支持，法律另有规定的除外。"据此，本题中，善意第三人不包括转让人甲的普通债权人丙。丙虽然已经起诉，但丙对于该汽车享有的权利，不能对抗已经获得所有权的乙，故 B 选项错误，当选。同时，由于丙对该车不享有任何担保物权，因此没有优先受偿权，故 D 选项错误，当选。（ABCD）

[知识点还原] 图表38

2. [考点] 继承房屋的物权变动、住宅用地的使用权期限

[解析]《民法典》第230条规定："因继承取得物权的，自继承开始时发生效力。"本题中，老甲死亡，继承开始，故自 2020 年 3 月 1 日起甲获得房屋的所有权，A 选项正确。根据《民法典》第232条规定，处分根据继承享有的不动产物权，依照法律规定需要先登记在自己名下，未经登记，不发生物权效力。虽然继承开始时，甲即可获得所有权，但是要通过法律行为处分该房屋，需要首先登记在甲的名下，否则甲不可能完成对丙的过户登记。此时，按照区分原则，虽然合同有效，但是不发生物权变动效力。故 B 选项正确，D 选项错误。根据房地一体处分的基本规则，甲将房屋转让给丙，相应的建设用地使用权随之转让。《城镇国有土地使用权出让和转让暂行条例》第22条规定："土地使用者通过转让方式取得的土地使用权，其使用年限为土地使用权出让合同规

39

定的使用年限减去原土地使用者已使用年限后的剩余年限。"在没有补交建设用地使用权出让金的情形下，丙对于土地使用权享有权利的期限，应减去30年，即可享有40年期限的权利，C选项正确。需要补充的是，如果丙买房时，补交土地使用权出让金，可获得70年的土地使用权期限。（ABC）

[知识点还原] 图表39；图表47

3. [考点] 隐藏物归属、善意取得与货币

[解析] 本题中，藏在屏风中的红包属于隐藏物。《民法典》第319条规定："拾得漂流物、发现埋藏物或者隐藏物的，参照适用拾得遗失物的有关规定。法律另有规定的，依照其规定。"《民法典》第314条规定："拾得遗失物，应当返还权利人。拾得人应当及时通知权利人领取，或者送交公安等有关部门。"据此，本题中，丙购买屏风后发现了装有2000元钱的红包，有返还的义务。乙卖屏风给丙之时，对于红包不存在处分行为，丙不具有善意取得的基本前提条件，故不成立善意取得，C选项错误。本题的难点在于这2000元钱权属的判定。货币，作为一种特殊的动产，是典型的种类物、消费物，具有超级流通性的特征，因此民法上形成了关于货币的特殊认知，即"占有即所有"，主张对于货币而言，不存在占有主体与享有所有权主体的分离。这主要是为了保护交易秩序之所需，即使是拾得货币，甚至是盗窃、抢劫而来的货币，当占有货币者用该货币去支付价款、偿还债务时，其交易相对人认为其就是所有权人的期待是受法律保护的。但不能极端地认为，只要占有货币，就获得了具有绝对效力的所有权，排除一切人的干预，甚至认为，通过不当手段获得货币占有后，即使货币依然存在于占有人处，且未失去特定化之时，原权利人也没有返还请求权。此种主张显然难以获得充分的正当性。就本题而言，由于丙发现红包后，并未将该红包里面的2000元钱用来支付交易的价款，与交易秩序保护的价值无关，此时，应认定丙虽然发现后占有了2000元的货币，但是按照拾得遗失物的规则，丙并不能获得所有权，此时这2000元依然属于甲、乙的共同财产。故AB选项正确，D选项错误。另有考生回忆说，D的表述不是占有即所有，而是"丙构成先占，故获得所有权"，此种表达同样是错误的，因为先占获得所有权的前提是无主物，红包里面的2000元并非无主物，性质上是隐藏物，适用遗失物的规则，故不能先占取得。（AB）

[知识点还原] 图表1；图表39；图表40

4. [考点] 善意取得、指示交付

[解析] 根据《民法典》第311条之规定，无权处分他人动产，相对人不知情，支付合理价款，完成交付的，可构成善意取得。《民法典》第227条该规定："动产物权设立和转让前，第三人占有该动产的，负有交付义务的人可以通过转让请求第三人返还原物的权利代替交付。"《民法典物权编解释（一）》第17条第2款规定："当事人以民法典第二百二十六条规定的方式交付动产的，转让动产民事法律行为生效时为动产交付之时；当事人以民法典第二百二十七条规定的方式交付动产的，转让人与受让人之间有关转让返还原物请求权的协议生效时为动产交付之时。"据此，无权处分时，若动产为第三人占有，转让人与受让人达成转让"请求返还原物权利"的协议时，视为交付完成，善意取得成立。

本题中，柳某是手表所有权人，谷某借用期间又借给了翁某，不知情的汤某购买时，翁某明确告知汤某自己没有所有权，因此翁某没有处分的意思，谷某具有处分的意思，进行了无权处分行为的是谷某而非翁某。故A选项正确，B选项错误。汤某不知情且支付了合理价款，此时，手表由第三人翁某占有，谷某与汤某达成了让翁某在借期届满后直接将手表交给汤某的协议，实际上就是将谷某请求翁某返还手表的权利转让给了汤某，故协议达成时，交付完成，汤某构成善意取得，C选项正确。谷某无权处分的行为使原所有权人柳某丧失了所有权，因此侵害了柳某的物权，D选项正确。（ACD）

[知识点还原] 图表38；图表40

5. [考点] 特殊动产物权变动

[解析] 《民法典》第225条规定："船舶、航空器和机动车等的物权的设立、变更、转让和消灭，未经登记，不得对抗善意第三人。"善意第三人不能是转让人的债权人，通常应当是不知情的物权人。本题中，白某将汽车转让给洪某，已经交付，所有权已经变动，洪某已经取得所有权，但由于未登记，后来白某又将该车抵押给不知情的黄某，且办理了抵押登记，黄某是不知情的善意第三人，洪某的所有权不能对抗黄某的抵押权，黄某对于汽车享有优先受偿权，故AB选项正确。白某承担刑事责任不影响民事责任的承担，故C选项错误。由于汽车所有权已经变动，故汽车已经不属于白某的财产，D选项正确。（ABD）

[知识点还原] 图表38

6. [考点] 物权变动

[解析]《民法典》第224条规定:"动产物权的设立和转让,自交付时发生效力,但是法律另有规定的除外。"交付,包括现实交付与观念交付。从题目描述的信息看,本题应属于现实交付。现实交付,需转移占有方为完成交付,可以是买受人占有,也可以是辅助人占有,还可以是委托第三人代为占有。题中,李某向小古交付时,小古害怕未接住(有版本描述为:手一缩没接住,于是飞了),此种情形,并未完成交付,所有权并没有转移。故B选项正确,ACD选项错误。值得补充说明的问题有二:其一,鸽子虽依然属于李某,但是对于鸽子飞走造成的损失并不都应由李某承担,因为这并非由于不可归责于当事人的原因造成的标的物灭失,双方应根据过错程度分担损失;其二,有分析认为,此时虽然鸽子没有被小古实际控制,但李某有转移占有之意思,小古有受领占有之意思,且鸽子飞走只是暂时离开,还会回来,占有已经转移完成,故交付已完成,所有权已转移。此分析附加了过多信息,关于鸽子飞走是否会一定回来,作为事实是存疑的。(B)

[知识点还原] 图表38

7. [考点] 添附

[解析]《民法典》第322条规定:"因加工、附合、混合而产生的物的归属,有约定的,按照约定;没有约定或者约定不明确的,依照法律规定;法律没有规定的,按照充分发挥物的效用以及保护无过错当事人的原则确定。因一方当事人的过错或者确定物的归属造成另一方当事人损害的,应当给予赔偿或者补偿。"据此,因为加工、附合、混合获得他人财产权利的应当向受损害的当事人进行赔偿或补偿,何时为赔偿何时为补偿,法条并未明示。

对于附合,如果是不动产与动产的附合,通说认为,应当适用动产归属于不动产权利人之规则,不动产权利人,是否恶意在所不问。此时,若不动产权利人有明显过错,如知情,则动产权利人可基于侵权,请求损害赔偿,也可以选择请求不动产权利人返还不当得利,以获得对于损失的补偿。不动产与不动产的附合,通常是指在别人享有土地使用权的土地上建造建筑物或构筑物,如无特别约定,则通常优先保护土地的权利人。

如果是动产与动产附合、动产与动产的混合,对他人动产进行加工的,通常要考虑添附人的主观状态。既然上述《民法典》第322条规定,无约定且无法律规定的,考虑优先保护无过错当事人,则可以理解为,此时恶意的添附人,如行为时知情,不管价值如何,均不可获得添附后的财产权利,且不能主张被添附人进行补偿。若没有恶意,则可认定按照价值成立共有,或认定归属于使得财产价值发生重大变化的添附人,此时,添附人应当向被添附人返还原财产价值的价款,性质为补偿。

本题中,甲借用乙的太湖石和汉白玉,当然应该属于知情的当事人。由于太湖石与甲的不动产发生了附合,故此时,不管主观状态如何,太湖石应当归属于不动产的权利人甲。此时,甲应当对乙赔偿或补偿。具体而言,若乙主张甲侵权,则为赔偿;若乙主张返还不当得利,则为补偿。故AB选项正确。

甲对汉白玉进行加工的行为,虽然导致物品价值发生了重大变化,但具有明显的恶意,不能获得加工后雕像的所有权,雕像依然应当归乙所有。此时,虽然价值有明显增长,甲亦不可主张乙构成不当得利。故C选项正确,D选项错误。当然,如果甲乙达成约定,雕像归甲,则甲应当对乙进行赔偿或补偿,但本题中没有约定的假设条件。(ABC)

[知识点还原] 图表39

8. [考点] 孳息归属、重大误解,属于常考点

[解析] 分析本题,需要分两步。首先,就顾某与苏某的买卖而言,对买卖的双方来说,买卖法律行为发生时,由于双方均不知海螺内有价值万元之珍珠,对于交易标的物的性质都存在认识错误。《民法典》第147条规定:"基于重大误解实施的民事法律行为,行为人有权请求人民法院或者仲裁机构予以撤销。"据此,顾某作为因为此误解而遭受损失的一方,可以通过诉讼的方式撤销买卖合同,如果撤销之诉成功,则苏某应返还标的物,珍珠归属于顾某所有。然而,由于因重大误解而可撤销的民事法律行为,在没有约定仲裁条款的情况下,需要通过诉讼方式来行使撤销权,且只有行使撤销权之后,才会产生利益返还的后果。本题中没有提及顾某通过诉讼来撤销买卖合同,故应当理解为合同没有被撤销。可撤销的合同如果未被撤销则为有效,故在交付后,海螺及其内含珍珠应归苏某所有。其次,苏某购得海螺后,交给酒店厨师进行烹调,并不发生所有权的变动,苏某依然是所有权人。当厨师发现海

螺内珍珠并将其与海螺分离后，该珍珠可视为天然孳息。《民法典》第321条第1款规定："天然孳息，由所有权人取得；既有所有权人又有用益物权人的，由用益物权人取得。当事人另有约定的，按照其约定。"据此，海螺内生出的珍珠应归苏某所有。故D选项正确。（D）

[知识点还原] 图表21；图表39

9. [考点] 先占无主物，属于常考点

[解析] 陨石，具有重大经济或科研价值的，属于国家所有，但并不意味着所有的陨石均属于国家所有。本题中，虽然不少村民捡到了陨石，还将其卖给收藏者且获利颇丰，但题中并没有言明陨石具有重大经济或科研价值，也没有提供这种陨石交易违法之信息。由此，命题者意图明确，陨石当属无主物，即捡到小块陨石者，可以通过先占获得所有权，因为这是村民与收藏者之间进行正常交易的前提。我国民法典虽然没有规定先占获得所有权的方式，但是，实践中认可先占获得所有权的习惯。据上述分析，潘某拾得陨石，应认定可以通过先占获得陨石的所有权。陨石落到肖某的菜地里，作为天外来物，非肖某菜地产生的孳息，肖某既没有占有的意思，也没有占有的行为，不能获得陨石的所有权。同时，肖某与潘某关于陨石所有权之争，属于关于物权归属的争议，是物权法调整的对象。综上，A选项正确，BCD选项错误。（A）

[知识点还原] 图表39

10. [考点] 简易交付、占有改定，属于常考点

[解析]《民法典》第226条规定："动产物权设立和转让前，权利人已经占有该动产的，物权自民事法律行为生效时发生效力。"据此，如果买受人已经占有了标的物，自买卖双方达成买卖协议之时视为交付，此为简易交付。本题中，庞某将自行车借给黄某，在借用期间，两人达成了转让协议，自协议达成之时，视为交付，黄某获得自行车的所有权。《民法典》第228条规定："动产物权转让时，当事人又约定由出让人继续占有该动产的，物权自该约定生效时发生效力。"据此，如果买卖双方达成转让协议后，又约定由出让人继续占有该动产，自该约定生效时视为交付，此为占有改定的交付方式。题中，黄某既然已经获得了自行车的所有权，完全有权处分之，黄某与洪某达成了转让协议，同时又约定，由黄某继续使用1个月，当使用协议达成之时，占有改定的交付方式即为完成。洪某从使用协议达成

之时获得自行车的所有权。基于上述分析，ABC均为错误选项。既然本题中，自行车的所有权从庞某转移给了黄某，又由黄某转移给了洪某，庞某当然无权主张黄某或洪某返还原物。因为基于物权主张返还原物，通常有两个要求，首先，请求人享有物权；其次，被请求人是无权占有人。本题中，两方面均不具备，故D选项正确。（D）

[知识点还原] 图表38

11. [考点] 拾得遗失物的后果，属于常考点

[解析]《民法典》第314条规定："拾得遗失物，应当返还权利人。拾得人应当及时通知权利人领取，或者送交公安等有关部门。"据此，乙拾得甲的手链，有返还的法律义务。《民法典》第316条规定："拾得人在遗失物送交有关部门前，有关部门在遗失物被领取前，应当妥善保管遗失物。因故意或者重大过失致使遗失物毁损、灭失的，应当承担民事责任。"据此，乙在返还之前应当妥善保管手链，但是，乙在知道权利人甲后，非但没有返还，而且自己带出玩耍并将手链掉入河中，对此，乙虽无故意，但应认定乙对于损害的发生具有重大过失，应当对甲承担赔偿责任。《民法典》第317条第2款规定："权利人悬赏寻找遗失物的，领取遗失物时应当按照承诺履行义务。"据此，如果遗失人发布了悬赏广告，正常情况下，对于完成悬赏广告要求的人，应当支付承诺的报酬。但是《民法典》第317条第3款规定："拾得人侵占遗失物的，无权请求保管遗失物等支出的费用，也无权请求权利人按照承诺履行义务。"据此，一旦拾得人侵占遗失物的，丧失主张悬赏广告中承诺报酬的权利，同时，对于占有期间发生的费用，一律自负。本题中，甲知道乙为拾得人之后，向乙主张返还，乙拒绝，故乙无权主张甲履行承诺的义务。综合上述分析，B选项正确，ACD选项错误。（B）

[知识点还原] 图表39

12. [考点] 通过继承的不动产物权变动，属于常考点

[解析]《民法典》第230条规定："因继承取得物权的，自继承开始时发生效力。"据此，蔡永通过遗嘱获得房屋的所有权不需要登记，立遗嘱人一旦死亡，即继承开始之时，蔡永立即获得房屋的所有权。根据继承享有不动产物权的，处分该物权时，依照法律规定需要办理登记的，未经登记，不发生物权效力。蔡永获得所有权尽管不需要登记，但是，如果欲通过法律行为处分该

房屋的，需要先登记在自己的名下，否则不能发生物权变动的效力。又根据《民法典物权编解释（一）》第 8 条规定，依照继承、房屋建造及法院判决等享有物权，但尚未完成动产交付或者不动产登记的物权人，根据《民法典》物权编的规定，请求保护其物权的，应予支持。据此，尽管没有办理登记，蔡永通过继承获得物权后，当自己的所有权受到侵害之时，可以通过行使物权请求权保护自己的合法权益。《民法典》第 235 条规定："无权占有不动产或者动产的，权利人可以请求返还原物。"本题中，父母去世之前，房屋由蔡花借用，尽管有合法理由，但是，继承发生后，相对于遗嘱继承人蔡永而言，蔡花的占有缺少正当理由，蔡花的借用合同没有约定期限，根据《民法典》第 511 条关于履行期限的规定，履行期限不明确的，债务人可以随时履行，债权人也可以随时请求履行，但是应当给对方必要的准备时间。据此，蔡永可以随时请求蔡花返还房屋，但需要给蔡花必要的准备时间。当蔡永主张返还之时，蔡花再占有房屋即为无权占有了。故 AC 选项错误，D 选项正确。由于蔡永享有的是不动产物权请求权，根据我国当前的法律规定，没有时效限制的问题，故 B 选项错误。（D）

[知识点还原] 图表 26；图表 35；图表 39

13. [考点] 宣告失踪的效力、夫妻财产关系、善意取得、继受取得，属于常考点

[解析] 本题具有相当强的综合性，同时考查了《民法典》总则编、物权编及婚姻家庭编的基本知识。

本题中，丙是知情的第三人，不符合善意的构成要件，因为乙向丙出示了甲被宣告失踪的判决书，并将房屋属于夫妻二人共有的事实告知了丙，故丙不构成善意取得，甲撤销宣告失踪后可以请求丙返还房屋。故 A 选项错误，B 选项正确。《民法典》第 42 条规定："失踪人的财产由其配偶、成年子女、父母或者其他愿意担任财产代管人的人代管。代管有争议，没有前款规定的人，或者前款规定的人无代管能力的，由人民法院指定的人代管。"第 43 条规定："财产代管人应当妥善管理失踪人的财产，维护其财产权益。失踪人所欠税款、债务和应付的其他费用，由财产代管人从失踪人的财产中支付。财产代管人因故意或者重大过失造成失踪人财产损失的，应当承担赔偿责任。"据此，宣告失踪以后，财产代管人，只能管理被宣告失踪人的财产，从财产中支付税款、债务等法定费用，而不能擅自处分被宣告人的财产。本题中，乙处分共有房屋的行为显然不符合对于财产代管人的要求。所谓夫妻之间的家事代理权，主要是指日常事务。《民法典》第 1060 条规定："夫妻一方因家庭日常生活需要而实施的民事法律行为，对夫妻双方发生效力，但是夫妻一方与相对人另有约定的除外。夫妻之间对一方可以实施的民事法律行为范围的限制，不得对抗善意相对人。"处分共有的房屋，不是日常事务的范围。关于处分共有的动产或者不动产，《民法典》第 301 条规定："处分共有的不动产或者动产以及对共有的不动产或者动产作重大修缮、变更性质或者用途的，应当经占份额三分之二以上的按份共有人或者全体共同共有人同意，但是共有人之间另有约定的除外。"甲乙之间没有约定，对于共同共有的房屋，乙如果要处分，需要经甲同意，否则，即构成无权处分。据此，本题中，乙对于房屋的处分是无权处分，故丙不可能继受取得，CD 两选项均为错误。（B）

[知识点还原] 图表 9；图表 40；图表 162

14. [考点] 更正登记、异议登记，属于常考点

[解析] 根据《民法典》第 220 条规定："权利人、利害关系人认为不动产登记簿记载的事项错误的，可以申请更正登记。不动产登记簿记载的权利人书面同意更正或者有证据证明登记确有错误的，登记机构应当予以更正。不动产登记簿记载的权利人不同意更正的，利害关系人可以申请异议登记。登记机构予以异议登记，申请人自异议登记之日起十五日内不提起诉讼的，异议登记失效。异议登记不当，造成权利人损害的，权利人可以向申请人请求损害赔偿。"要申请更正登记，需要名义登记人书面同意或者证明登记事项错误，故 A 选项错误。刘某应该在申请异议登记之后，向法院请求确认自己为房屋的权利人。《民法典》第 229 条规定："因人民法院、仲裁机构的法律文书或者人民政府的征收决定等，导致物权设立、变更、转让或者消灭的，自法律文书或者征收决定等生效时发生效力。"如果确权之诉成功，立即获得房屋的所有权，同时，可以依据法院判决，请求房管部门将房屋变更登记到自己的名下，故 BCD 选项正确。（BCD）

[知识点还原] 图表 37

15. [考点] 更正登记、善意取得，此点常考

[解析] 本题中，《协议》的内容本身是明确的，就是房屋代购协议，不是借款购房关系，C

选项错误。根据甲乙之间房屋代购协议的内容，甲有权请求乙进行过户登记，如乙不办理过户登记，构成违约，故 B 选项错误。由于现在房屋登记在乙的名下，尽管甲乙之间有代购房屋的协议，但对于登记在乙名下的房屋，乙此时若将房屋出卖，应当认定为是有权处分，因为此房屋是通过买卖的法律行为获得，由此获得房屋的所有权必须办理登记。甲乙之间的协议只有债权的效力，对外不具有任何公示性，此时，如果乙丙之间签订了买卖合同并办理了过户登记，乙的处分应为有权处分，丙的取得应当是继受取得，因此 D 选项错误。《民法典》第 220 条规定："权利人、利害关系人认为不动产登记簿记载的事项错误的，可以申请更正登记。不动产登记簿记载的权利人书面同意更正或者有证据证明登记确有错误的，登记机构应当予以更正。不动产登记簿记载的权利人不同意更正的，利害关系人可以申请异议登记。登记机构予以异议登记，申请人自异议登记之日起十五日内不提起诉讼的，异议登记失效。异议登记不当，造成权利人损害的，权利人可以向申请人请求损害赔偿。"据此，如果甲要完成更正登记，需要经过书面记载的登记权利人书面同意或者有证据证明登记确有错误。在没有经过名义登记人同意的情况下，也没有证据证明登记确有错误的情况下，甲是不能进行更正登记的。A 选项的表述认为，甲有权提出更正登记，而不是像上述 2014 年第 55 题的 A 选项那样表述为"可直接向登记机构申请更正登记"，值得认真琢磨。自实体法的角度而言，说一个主体有权做什么或者可以做什么，一般的含义就是说该主体的主张是应当获得支持的。正是基于这样的理解，2014 年第 55 题 A 选项的表达是确定错误的。本题中，A 选项的表述是，实际权利人甲可以提出更正登记，依据《民法典》第 220 条的规定，权利人或者利害关系人只要认为登记有错误，确实可以提出来，但在本题设定案例的情形下，如果没有经过名义登记人乙书面同意的情况下，是不能进行更正登记的，但是甲作为实际权利人有权提出更正登记，可以说是正确的。故 A 选项正确。最后值得说明的是，《不动产登记暂行条例》第 14 条规定："因买卖、设定抵押权等申请不动产登记的，应当由当事人双方共同申请。属于下列情形之一的，可以由当事人单方申请：（一）尚未登记的不动产首次申请登记的；（二）继承、接受遗赠取得不动产权利的；（三）人民法院、仲裁委员会

生效的法律文书或者人民政府生效的决定等设立、变更、转让、消灭不动产权利的；（四）权利人姓名、名称或者自然状况发生变化，申请变更登记的；（五）不动产灭失或者权利人放弃不动产权利，申请注销登记的；（六）申请更正登记或者异议登记的；（七）法律、行政法规规定可以由当事人单方申请的其他情形。"其中说更正登记、异议登记可以单方申请，这主要是指办理登记的程序而言，基于此，并不能得出在名义登记人和实际权利人不一致的情况下，权利人可以直接申请更正登记的结论。从实体法的角度理解，可以直接申请更正登记的含义，是基于一方的申请就可以办理更正登记。（A）

[知识点还原] 图表 37

16. [考点] 埋藏物、无权处分、善意取得，此点常考

[解析] 埋藏物被发现后，有明确权利人的归权利人，没有权利人的归国家所有。本题中，明确说明权利属于甲，因此，瓷瓶应当归甲所有。丙将瓷瓶卖给丁的行为是无权处分行为。《民法典》第 319 条规定："拾得漂流物、发现埋藏物或者隐藏物的，参照适用拾得遗失物的有关规定。法律另有规定的，依照其规定。"《民法典》第 312 条规定："所有权人或者其他权利人有权追回遗失物。该遗失物通过转让被他人占有的，权利人有权向无处分权人请求损害赔偿，或者自知道或者应当知道受让人之日起二年内向受让人请求返还原物；但是，受让人通过拍卖或者向具有经营资格的经营者购得该遗失物的，权利人请求返还原物时应当支付受让人所付的费用。权利人向受让人支付所付费用后，有权向无处分权人追偿。"埋藏物的权利人参照遗失物的权利人，也有向受让人主张追回埋藏物的权利，也可以不主张追回，而向无权处分人主张损害赔偿。本题中，甲是权利人，乙不是权利人，因此，甲可以向丙主张损害赔偿或者在知道或者应当知道受让人是丁之后 2 年之内向丁主张返还原物，乙没有此种权利，故 A 选项正确，B 选项错误。买卖合同作为负担行为，依法成立之时即为生效。本题中，丙丁之间的买卖合同内容没有涉嫌违法，尽管丙在卖瓷瓶之时是无权处分，可是根据《民法典》第 597 条第 1 款规定："因出卖人未取得处分权致使标的物所有权不能转移的，买受人可以解除合同并请求出卖人承担违约责任。"据此，丙丁之间的买卖合同本身是有效的，故 C 选项错误。通常

而言，占有他人的委托物进行无权处分的，第三人善意并支付合理对价的情况下，才能构成善意取得，丙占有的是埋藏物，根据上述第 319 条规定，参照适用遗失物的规则，不是占有他人的委托物，因此，此时不能善意取得，故 D 选项错误。（A）

[知识点还原] 图表 39；图表 41

17.[考点] 不动产物权变动、负担行为与处分行为之区分，属于常考点

[解析] 首先丙与甲、乙约定，登记在丙名下的房屋归甲、乙共有，约定有效，但是，此行为只意味着负担行为的完成，达成协议后，丙负有向甲、乙过户的义务，但在过户登记之前，房屋的所有权并没有转移。后来，丙没有履行协议，应当向甲、乙承担违约责任，但房屋所有权并没有转移，因此，A 选项错误。同年 8 月，法院判决丙履行协议，办理过户登记手续，丙仍未办理，此时，房屋所有权并没有转移，依然归丙享有。此处，尤其值得注意的是，《民法典》第 229 条规定："因人民法院、仲裁机构的法律文书或者人民政府的征收决定等，导致物权设立、变更、转让或者消灭的，自法律文书或者征收决定等生效时发生效力。"《民法典物权编解释（一）》第 7 条规定："人民法院、仲裁机构在分割共有不动产或者动产等案件中作出并依法生效的改变原有物权关系的判决书、裁决书、调解书，以及人民法院在执行程序中作出的拍卖成交裁定书、变卖成交裁定书、以物抵债裁定书，应当认定为民法典第二百二十九条所称导致物权设立、变更、转让或者消灭的人民法院、仲裁机构的法律文书。"因此，并不是所有的法院判决均可直接导致物权变动，能够直接导致物权变动的判决所指的情形是，当事人对于物的权属有争议时，如果法院判决归属于一方的，如果是不动产，可依法院判决直接获得所有权，如果要处分该不动产，应当首先登记在自己的名下，否则，不产生物权变动之效力。本题中的情形，当事人有明确的约定，权属并不存在争议，法院的判决不是直接确定争议房屋的权属，而是判决丙履行已经达成的协议，即去办理过户登记，在过户登记之前房屋所有权依然属于丙，故 B 选项错误。既然丙一直没有过户，丙依然享有房屋的所有权，此时丙死亡，丁作为继承人，根据《民法典》第 230 条规定："因继承取得物权的，自继承开始时发生效力。"丁可以直接取得房屋的所有权。故 C 选项正确。根据《民法典》第 232 条规定，根据法院判决、继承、房屋建造等享有不动产物权的，处分该物权时，依照法律规定需要办理登记的，未经登记，不发生物权效力。丁作为继承人，自己获得房屋所有权不需要登记，但是，要处分该房屋的，应当首先登记到自己的名下才能处分。丁将房屋赠与女友戊，尽管对于赠与合同作了公证，这只是意味着，赠与人不能任意撤销该赠与合同，由于丁并没有办理过户登记，此时，所有权人依然是丁，故 D 选项错误。（C）

[知识点还原] 图表 39

18.[考点] 一房多卖、物权效力与债权效力的区分原则、概括继承、返还原物请求权，属于常考点

[解析]《民法典》第 215 条规定："当事人之间订立有关设立、变更、转让和消灭不动产物权的合同，除法律另有规定或者当事人另有约定外，自合同成立时生效；未办理物权登记的，不影响合同效力。"这是关于不动产通过法律行为产生物权变动中区分原则的规定。本题中，甲将房屋出卖给乙，交付了房屋，但没有办理过户登记，乙不能取得房屋的所有权，但不影响甲、乙间买卖合同的成立与生效。甲、乙就房屋买卖的主要条款达成一致，又无效力瑕疵，故甲、乙间的房屋买卖合同有效。乙虽非房屋所有权人，但系基于买卖合同的债权而占有房屋，具有占有的权源，属于有权占有，故 A 选项正确。根据概括继承规则，甲死亡后，若甲的继承人丙不放弃继承，则甲生前签订的合同由继承人丙法定承受。换言之，若丙未放弃继承，丙替换了甲的位置，成为甲、乙间买卖合同的当事人。如此一来，则乙相对于丙为基于有效的买卖合同（合同债权）占有房屋，属于有权占有人，故 B 选项正确。债权具有相对性，基于债权取得的有权占有也具有相对性。乙就是基于债权而取得的有权占有，仅对债的当事人构成有权占有，乙对甲或者丙构成有权占有，但在丙将房屋卖给丁，并办理过户登记之后，丁是房屋的新所有权人，相对于丁而言，乙构成无权占有，故 C 选项错误。当年公布的答案认为 C 选项正确。但是 C 选项与 D 选项相互矛盾，如果 D 选项正确，C 选项就一定是错误的。返还原物请求权的构成要件有二：（1）请求人为物权人；（2）被请求人为现实的无权占有人。本题中，丁已经取得房屋所有权，乙相对于丁为无权占有人，丁可对乙行使返还原物请求权。故 D 选项正确。（ABD）

[知识点还原] 图表35；图表37；图表68

19. [考点] 通过事实行为的物权变动之先占，偶尔考查

[解析] 先占，是指以所有的意思，先于他人占有无主的动产，从而取得其所有权的法律事实。我国在立法上没有规定先占制度，但是国家法律职业资格考试辅导用书的观点认为：在我国，不能一概排斥先占原则。从我国现有的法律规定看，埋藏的文物、受国家法律保护的野生动物、渔业资源等重要财产依法都属于国家财产，埋藏物、遗失物、无人继承的遗产有特殊的法律规定，要依照特殊规定来处理。对于特殊规定之外的无主财产，从我国现实生活来讲，实际上是存在着先占的习惯。本题中提到石头虽然是在长江中发现的，但是并不属于长江整体的一部分，且不属于法律特殊规定中属于国家所有的财产，而是独立物、无主物，因此，依先占的习惯，潘某可以取得其所有权。故 D 选项正确。借助此题，值得提醒注意的是，物权法中所谓河流属于国家所有，只是一种观念中的所有权，国家是一个抽象的主体，其不可能像个人一样，对于其所有的财产进行占有、使用、收益、处分，这种所有的正当性，恰恰在于更好地满足不同个体的需求。（D）

[知识点还原] 图表39

20. [考点] 非基于法律行为的不动产物权变动、善意取得，属于常考点

[解析]《民法典》第 229 条规定："因人民法院、仲裁机构的法律文书或者人民政府的征收决定等，导致物权设立、变更、转让或者消灭的，自法律文书或者征收决定等生效时发生效力。"据此，基于法院的生效判决产生的不动产所有权变动，自判决书生效时发生物权变动，物权变动的发生不以过户登记为生效要件。需要特别提醒的是，第 229 条规定的生效判决书仅限于形成判决，而不包括给付判决和确认判决。准予离婚的生效判决书直接判决房屋归李某所有，这是关于房屋归属的形成判决，直接改变了原物权关系。对此，《民法典物权编解释（一）》第 7 条规定："人民法院、仲裁机构在分割共有不动产或者动产等案件中作出并依法生效的改变原有物权关系的判决书、裁决书、调解书，以及人民法院在执行程序中作出的拍卖成交裁定书、变卖成交裁定书、以物抵债裁定书，应当认定为民法典第二百二十九条所称导致物权设立、变更、转让或者消灭的人民法院、仲裁机构的法律文书。"据此，2010 年 2 月 1 日，法院判决吴某和李某离婚，并且判决房屋归李某所有时，李某就取得了该房屋的所有权，李某与吴某对房屋的共有权消灭，A 选项错误。根据《民法典》第 232 条规定，根据法院判决、继承、房屋建造等享有不动产物权的，处分该物权时，依照法律规定需要办理登记的，未经登记，不发生物权效力。李某虽于 2 月 1 日即依照生效的判决取得了房屋的所有权，但未进行登记，所以李某于 3 月 1 日将该房屋出卖给张某时，不发生物权变动的效力，张某不能取得房屋的所有权，此时房屋的所有权仍归李某所有，故 B 选项正确，C 选项错误。4 月 1 日吴某将房屋出卖给不知情的王某，并于 5 月 10 日给王某办理了过户登记，根据《民法典》第 311 条的规定，王某符合善意取得房屋所有权的构成要件，王某自 5 月 10 日善意取得该房屋的所有权，李某对房屋的所有权同时消灭，D 选项正确。（BD）

[知识点还原] 图表39；图表40

21. [考点] 非基于法律行为的物权变动，属于常考点

[解析]《民法典》第 229 条规定："因人民法院、仲裁机构的法律文书或者人民政府的征收决定等，导致物权设立、变更、转让或者消灭的，自法律文书或者征收决定等生效时发生效力。"因生效的法律文书发生的不动产物权变动属于非基于法律行为的物权变动，不以登记为物权变动的生效要件，自法律文书生效时发生不动产物权的变动。本题中，关于房屋所有权归属的裁决，直接改变了原来的物权关系，因此，裁决一生效，会立即引起物权变动，故乙自仲裁裁决书生效时即取得房屋所有权，乙未办理过户登记，但对乙取得房屋所有权不产生影响，因此甲不享有房屋的所有权。故 A 选项错误，B 选项正确。根据《民法典》第 232 条规定，根据法院判决、继承、房屋建造等享有不动产物权的，处分该物权时，依照法律规定需要办理登记的，未经登记，不发生物权效力。乙虽为房屋的所有权人，但由于未经宣示登记即将房屋抵押给丙，不发生物权效力，丙的抵押权未设立，故 D 选项正确。根据区分原则，未经宣示登记设定抵押，虽抵押权不能设立，但不因此影响抵押合同的效力，故 C 选项正确。（BCD）

[知识点还原] 图表39

22. [考点] 拾得遗失物的后果、侵占遗失物，偶尔考查

[解析]《民法典》第 314 条规定："拾得遗

46

失物,应当返还权利人。拾得人应当及时通知权利人领取,或者送交公安等有关部门。"本题中,甲拾得乙的牛属于不当得利,应当返还给失主,故 CD 选项错误。《民法典》第 317 条第 3 款规定:"拾得人侵占遗失物的,无权请求保管遗失物等支出的费用,也无权请求权利人按照承诺履行义务。"本题中,甲花费的 300 元是因为甲使用该牛,致其劳累过度而生病所花费的费用,即是因为甲的过错而产生的费用,而且,甲最后拒绝返还的行为说明甲有侵占遗失物的意思,根据上述规定也无权请求乙支付 300 元的费用,故 A 选项错误,B 选项正确。(B)

[知识点还原] 图表 39

23. [考点] 物权的追及效力、善意取得的例外,属于常考点

[解析] 物权具有追及效力,即物权的标的物不管辗转流入什么人的手中,物权人都可以依法向物的不法占有人索取,请求返还原物。但是,在善意取得的情况下,为了保护交易安全,物权的追及效力将被切断,物权人丧失返还原物请求权。本题中,如果乙获得甲丢失的自行车是基于善意取得,那么甲就丧失返还自行车的请求权,反之,甲就可以向乙主张返还自行车。BC 两选项涉及盗赃物的买卖,转让合同因内容违法直接无效,原所有权人当然可以主张返还,当选。《民法典》第 312 条规定:"所有权人或者其他权利人有权追回遗失物。该遗失物通过转让被他人占有的,权利人有权向无处分权人请求损害赔偿,或者自知道或者应当知道受让人之日起二年内向受让人请求返还原物;但是,受让人通过拍卖或者向具有经营资格的经营者购得该遗失物的,权利人请求返还原物时应当支付受让人所付的费用。权利人向受让人支付所付费用后,有权向无处分权人追偿。"据此,由于自行车是遗失物,故甲可以请求返还,A 选项正确。D 选项中乙没有以合理价格获得自行车,即便不是遗失物,也不符合善意取得的构成要件,甲有权追回自行车,故 D 选项正确,当选。(ABCD)

[知识点还原] 图表 31;图表 41

24. 请回答第(1)~(3)题。(2009-91~93,不定项)

(1)[考点] 占有改定,属于常考点

[解析] 交付是动产所有权移转的公示方式,交付包括现实交付和观念交付,而占有改定是《民法典》承认的观念交付的一种。本题中,甲与乙先签订了买卖合同,随后又签订了借用合同,约定由出卖人甲继续占有该玉石,因此,是典型的占有改定的交付方式。甲通过这一形式实现了所有权的移转,故 D 选项正确。问题是,甲与乙之间订立了两个合同,玉石的所有权何时发生移转?是第一个买卖合同还是第二个借用合同?《民法典》第 228 条规定:"动产物权转让时,当事人又约定由出让人继续占有该动产的,物权自该约定生效时发生效力。"从该条的"又约定"和"该约定"来看,在占有改定中,所有权应自第二个合同而非第一个合同生效时发生移转,故 B 选项正确、AC 选项错误。(BD)

[知识点还原] 图表 38

(2)[考点] 无权处分中买卖合同的效力、善意取得的构成要件,属常考点

[解析] 本题中,甲通过占有改定方式将玉石所有权移转给了乙,现在甲虽然占有该玉石,但已非所有权人而是借用人之占有,因此,甲对该玉石已经丧失了处分权。现在甲将该玉石卖给丙,甲与丙之间的买卖合同属于典型的无权处分下订立的合同,根据《民法典》第 597 条第 1 款规定:"因出卖人未取得处分权致使标的物所有权不能转移的,买受人可以解除合同并请求出卖人承担违约责任。"据此,买卖合同是有效的。但是,甲构成无权处分,丙若想取得该玉石的所有权,只能基于善意取得。《民法典》第 311 条所规定的善意取得的构成要件要求买受人必须是善意方能取得所有权。本题中丙是知道甲没有处分权的,因此,不构成善意取得,不能取得该玉石的所有权。故 AB 选项错误。既然丙没有取得该玉石的所有权,那么,丙将玉石交付与丁抵债行为也属于无权处分行为。在这一无权处分行为中,相对人丁是善意的,交易价格为 9000 元,与甲乙之间约定的 11000 元价金相仿,可以认定为合理的价格,丙也完成了玉石的交付,因此,符合动产所有权善意取得的构成要件,故 C 选项正确、D 选项错误。值得补充说明的是,丙将玉石交付给丁抵债,也是无权处分了占有他人的委托物而不是脱离物,符合善意取得的前提。此时玉石归乙所有,甲乙之间订立了占有改定协议,甲基于乙的意志而占有,当甲无权处分玉石交付给丙时,由于丙知情不能构成善意取得,但是,获得对玉石的占有是基于甲丙之间的合同。简单说,丙是通过甲,间接地获得了对于权利人乙委托物的占有。(C)

[知识点还原] 图表 20;图表 40

47

(3)[考点] 遗失物情况下原权利人的返还请求权，属于常考点

[解析] 本题中，丁基于善意取得已经取得了该玉石的所有权，原所有权人乙则丧失了所有权，因此，丁是该玉石真正的所有权人。现丁将玉石丢失被戊拾得，戊是该玉石的拾得人。《民法典》第 314 条规定："拾得遗失物，应当返还权利人。拾得人应当及时通知权利人领取，或者送交公安等有关部门。"据此，戊不能基于拾得玉石而取得所有权，丁有权要求其返还该玉石，故 A 选项错误。本题中戊将拾得的玉石转卖给己，涉及遗失物能否直接适用善意取得的问题。《民法典》第 312 条规定："所有权人或者其他权利人有权追回遗失物。该遗失物通过转让被他人占有的，权利人有权向无处分权人请求损害赔偿，或者自知道或者应当知道受让人之日起二年内向受让人请求返还原物；但是，受让人通过拍卖或者向具有经营资格的经营者购得该遗失物的，权利人请求返还原物时应当支付受让人所付的费用。权利人向受让人支付所付费用后，有权向无处分权人追偿。"该条确定了以下两个与本题有关的规则：第一，拾得人不能取得遗失物的所有权，权利人有权追回该遗失物，据此也可知 A 选项错误。第二，遗失物被转让给他人占有的，权利人必须自知道或者应当知道受让人之日起 2 年内向受让人请求返还原物，而不是不受时间限制，故 D 选项正确、BC 选项错误。（D）

[知识点还原] 图表 41

25.[考点] 动产物权变动，属于常考点

[解析]《民法典》第 224 条规定："动产物权的设立和转让，自交付时发生效力，但是法律另有规定的除外。"据此，无论现实交付，还是观念交付，都必须有交付的行为，方可发生动产物权变动，按照民法理论，交付完成，需要买卖双方具有交付的合意。本题中，该名画尚未交付给乙，也未交付给丙，因为出卖人既没有交付的意思，也没有交付的行为，所以乙和丙不享有所有权。该画最后被甲的儿子取出给了乙，乙也不能因此而取得该画的所有权。因为甲的儿子不是适格的合同履行主体，不可能代甲与受让人乙达成交付的合意。根据履行合同中全面履行原则，合同履行原则上应当由合同中约定的主体履行，但是，经过授权的代理人，或者符合法律规定的履行辅助人也可以代替原合同主体履行合同。本题中，甲的儿子不具有履行合同的主体资格，被诱使从家中拿出画来交给乙的行为，不是有效的交付行为，不能完成所有权的转移。丁作为盗窃者，窃得画后，不可能获得画的所有权。因此，本题的正确答案是 A 选项。（A）

[知识点还原] 图表 38

26.[考点] 原始取得与继受取得之区分，属于常考点

[解析] 所有权的取得分为原始取得和继受取得。所谓原始取得是指非基于原权利人的意志而取得，例如先占、善意取得等。继受取得是指基于原权利人的意志而取得，包括继承和转让。本题 A 选项中，"甲通过遗嘱继承其兄房屋一间"，继承属于继受取得。因此，A 选项正确。"乙的 3 万元存款得利息 1000 元"，这是通过收取孳息取得标的物的所有权，属于原始取得。因此，B 选项不正确。"丙购来木材后制成椅子一把"，打造椅子的行为是一种生产劳作行为，因此对椅子所有权的取得属于原始取得，C 选项错误。"丁拾得他人搬家时丢弃的旧电扇一台"，丁是通过先占的方式取得无主物电扇的所有权，属于原始取得。因此，D 选项错误。值得注意的是，D 选项中是丢弃而不是丢失，如果是丢失，作为遗失物，拾得人不能直接原始取得，而是需要交公或返还给原来的权利人。（A）

[知识点还原] 图表 36

27.[考点] 共同共有财产的处分与善意取得，属于常考点

[解析] 根据《民法典》关于夫妻共同财产的规定，婚后购买的房屋，属于夫妻共同共有，处分此房屋，应经全体共同共有人同意。本题中，因为房屋是在夫妻关系存续期间购买的，虽然只是登记在甲的名义下，但是实际上也是夫妻共同共有的财产，处分共同共有财产的时候，根据《民法典》第 301 条规定："处分共有的不动产或者动产以及对共有的不动产或者动产作重大修缮、变更性质或者用途的，应当经占份额三分之二以上的按份共有人或者全体共同共有人同意，但是共有人之间另有约定的除外。"应当经过其妻子同意，未经其妻子同意，处分房屋为无权处分。《民法典》第 597 条第 1 款规定："因出卖人未取得处分权致使标的物所有权不能转移的，买受人可以解除合同并请求出卖人承担违约责任。"据此，无权处分时，若无其他效力瑕疵则买卖合同有效。但是甲的行为依然构成无权处分，根据《民法典》关于善意取得制度的规定，甲和丙之间的行为完全符合善意取得的条件，房屋

所有权已经发生转移,所以本题中 C 选项的说法是正确的。[C(原答案为 B)]

　　[知识点还原] 图表20;图表40

28. 请回答第(1)~(3)题。(2008-94~96,不定项)

(1) [考点] 通过继承的物权变动,属于常考点

　　[解析]《民法典》第230条规定:"因继承取得物权的,自继承开始时发生效力。"据此,A选项正确。甲基于法律规定取得房屋的所有权具有物权效力,可以对抗善意第三人,不管是否知道通过继承获得,均可以对抗之。因此,B选项错误。本选项容易引起的误会是,如果这里的善意第三人构成了善意取得,则应优先保护善意第三人,故可以得出不得对抗善意第三人的结论。但这种可能在案例设计的情形中是不可能出现的,因为要构成善意取得,前提必须是无权处分,通过继承获得房屋时,常态下,是不可能出现无权处分的,因为名义登记人是被继承人,其已经死亡,所以不可能出现名义登记人的无权处分。根据《民法典》第232条规定,根据法院判决、继承、房屋建造等享有不动产物权的,处分该物权时,依照法律规定需要办理登记的,未经登记,不发生物权效力。由此,C 选项的说法正确。因为房屋所有权已经属于甲,甲当然可以将房屋出租行使收益权,D 选项正确。(ACD)

　　[知识点还原] 图表39

(2) [考点] 不动产物权变动,属于常考点

　　[解析]《民法典》第215条规定:"当事人之间订立有关设立、变更、转让和消灭不动产物权的合同,除法律另有规定或者当事人另有约定外,自合同成立时生效;未办理物权登记的,不影响合同效力。"所以 A 选项的说法错误。乙是基于甲的意思表示而占有该房屋的,其占有是合法占有,B 选项的说法正确。债是具有相容性的,因此,一个标的物上可以同时存在几个债权债务关系,甲享有继承房屋的所有权,且已经办理了产权过户手续的情况下,甲有权与丙签订买卖合同,虽然,甲存在一房二卖的情况,但是,每个买卖合同都是有效的,故 C 选项错误。甲是房屋的所有权人,其和丙签订合同出卖自己的房屋并办理了过户登记手续,丙因此取得房屋的所有权,D 选项的说法正确。(BD)

　　[知识点还原] 图表37;图表110

(3) [考点] 合同效力与物权变动,属于常考点

　　[解析]《民法典》第150条规定:"一方或者第三人以胁迫手段,使对方在违背真实意思的情况下实施的民事法律行为,受胁迫方有权请求人民法院或者仲裁机构予以撤销。"在受胁迫情况下订立的合同为可撤销合同,即在受胁迫人为撤销前,该合同为有效合同。本题中,丙受丁胁迫将房屋出卖给丁,并完成了移转登记,在丙撤销丙、丁之间的买卖合同前,买卖合同有效,丁基于登记取得房屋的所有权。丁旋即将房屋出卖并移转登记于戊,"旋即"意味着在丙尚未撤销丙、丁之间的买卖合同情况下已经将房屋卖与戊并完成了登记,由于此时丁为房屋的所有权人,丁将房屋出售给戊并非无权处分而是有权处分,戊取得房屋所有权是基于有效的买卖合同而非善意取得,因此,不是原始取得而是继受取得房屋所有权,故 AD 选项正确、BC 选项错误。(AD)

　　[知识点还原] 图表21;图表36

29. [考点] 善意取得,属于必考点

　　[解析]《民法典》第311条第1款规定:"无处分权人将不动产或者动产转让给受让人的,所有权人有权追回;除法律另有规定外,符合下列情形的,受让人取得该不动产或者动产的所有权:(一)受让人受让该不动产或者动产时是善意;(二)以合理的价格转让;(三)转让的不动产或者动产依照法律规定应当登记的已经登记,不需要登记的已经交付给受让人。"本题中,甲将不属于自己所有的相机卖给善意第三人丁且已经交付,虽然甲是无权处分人,但丁对该相机的取得符合善意取得的构成要件,因此该相机的所有权人就是丁。丁再将相机卖给乙的行为,是对相机的有权处分,乙虽然询问并得知了实际情况,但并不妨碍乙通过买卖获得相机的所有权,故乙取得该相机的所有权。故 B 选项正确。(B)

　　[知识点还原] 图表40

30. [考点] 异议登记,属于常考点

　　[解析]《民法典》第220条规定:"权利人、利害关系人认为不动产登记簿记载的事项错误的,可以申请更正登记。不动产登记簿记载的权利人书面同意更正的或者有证据证明登记确有错误的,登记机构应当予以更正。不动产登记簿记载的权利人不同意更正的,利害关系人可以申请异议登记。登记机构予以异议登记,申请人自异议登记之日起十五日内不提起诉讼的,异议登记失效。异议登记不当,造成权利人损害的,权利人可以向申请人请求损害赔偿。"根据法律规定可知 BC 选项说法正确,D 选项错误。异议登记,不同于

预告登记，并不能阻碍权利人行使其对于不动产的处分权，而且在处分之后，有可能发生物权变动的后果，故 A 选项错误。（BC）

[知识点还原] 图表 37

31. 请回答第（1）~（3）题。（2007-94~96，不定项）

（1）[考点] 买卖合同的效力，属于常考点

[解析]《民法典》第 598 条规定："出卖人应当履行向买受人交付标的物或者交付提取标的物的单证，并转移标的物所有权的义务。"《民法典》第 235 条规定："无权占有不动产或者动产的，权利人可以请求返还原物。"在本案中，王某与丁某达成了房屋买卖的协议，王某应承担将房屋交付给丁某以及将房屋所有权转移给丁某的义务，丁构成有权占有，合同有效且履行有可能，应当履行合同，因此王某无权请求丁某返还房屋，故 A 选项正确、B 选项错误。小王作为王某的继承人，应承受王某的权利及义务，小王同样无权请求丁某返还房屋，故 C 选项正确、D 选项错误。（AC）

[知识点还原] 图表 35；图表 110

（2）[考点] 一物多卖、买卖不破租赁，属于必考点

[解析] 我国法律并未一概禁止"一物二卖"，从本题提供的信息来看，小王与杜某之间不存在恶意串通，二者之间的房屋买卖合同应为有效，加之双方业已办理了房屋所有权移转登记，可以认为杜某已合法有效取得房屋的所有权。杜某可以基于所有物返还请求权要求王某返还房屋。因此，A 选项错误，B 选项正确。王某依据买卖合同将房屋交付给丁某后，丁某将其出租给叶某，丁某与叶某之间的房屋租赁合同有效。《民法典》第 725 条规定："租赁物在承租人按照租赁合同占有期限内发生所有权变动的，不影响租赁合同的效力。"尽管小王通过继承取得房屋的所有权，继而杜某通过买卖取得房屋的所有权，均不影响叶某的租赁权，杜某无权请求叶某返还房屋。因此，C 选项正确，D 选项错误。（BC）

[知识点还原] 图表 110；图表 122

（3）[考点] 房屋买卖合同、登记相关问题，属于常考点

[解析]《民法典》第 598 条规定："出卖人应当履行向买受人交付标的物或者交付提取标的物的单证，并转移标的物所有权的义务。"可见，交付标的物并非房屋买卖合同的有效要件，而是

合同有效成立后，出卖人小王应当履行的一项合同义务。因此 A 选项错误。《民法典》第 230 条规定："因继承取得物权的，自继承开始时发生效力。"可见，小王于 2007 年 5 月 29 日成为房屋的所有权人。根据《民法典》第 232 条规定，根据法院判决、继承、房屋建造等享有不动产物权的，处分该物权时，依照法律规定需要办理登记的，未经登记，不发生物权效力。因此 B 选项正确。《民法典》第 214 条规定："不动产物权的设立、变更、转让和消灭，依照法律规定应当登记的，自记载于不动产登记簿时发生效力。"因此 C 选项正确。《民法典》第 218 条规定："权利人、利害关系人可以申请查询、复制不动产登记资料，登记机构应当提供。"可见 D 选项正确。（BCD）

[知识点还原] 图表 37；图表 39

32. [考点] 单方抛弃、单方法律行为撤销，属于常考点

[解析] 甲的行为，对于衣服而言，有抛弃的行为，也有抛弃的内在意思，故抛弃行为完成后，衣服变成无主物，乙捡到后，可以先占获得所有权，卖给丙，交付后，丙获得所有权。但对于手表而言，抛弃虽有外在的行为，但没有抛弃的意思，故手表的性质应为遗失物。乙捡到后，卖给丙，乙构成无权处分，即使丙不知情，根据《民法典》第 311 条规定，丙也不能直接构成善意取得，此时，权利人甲在知道或应当知道受让人丙之日起 2 年内向丙请求返还。故 A 选项错误，B 选项正确。本题中，对于手表而言，甲不存在意思表示，而不是意思表示存在错误，故不存在撤销权适用的必要，故 CD 选项错误。值得补充的是，若甲抛弃时存在意思错误或被欺诈、被胁迫等情形，例如，本欲抛弃西装，即错误地抛弃了风衣，此时甲可撤销。但若此时，拾得人将风衣出卖，在甲撤销后，拾得人属于无权处分，由于甲对于风衣有抛弃的行为，乙占有风衣，不再是脱离物，若受让人此时不知情且支付了合理对价的，可构成善意取得。（B）

[知识点还原] 图表 17；图表 41

三、所有权共有、相邻关系与建筑物区分所有

1. [考点] 建筑物区分所有权、物业服务合同

[解析]《民法典》第 271 条规定："业主对建筑物内的住宅、经营性用房等专有部分享有所有权，对专有部分以外的共有部分享有共有和共同管理的权利。"第 273 条第 1 款规定："业主对

建筑物专有部分以外的共有部分,享有权利,承担义务;不得以放弃权利为由不履行义务。"据此,除了业主专有部分之外的建筑,无论是题中的物业用房还是绿化用地,均属于业主共有,基于该部分获得的收益,应当归业主共有,因此,物业公司擅自出租的行为,侵害了业主建筑物区分所有权中的共有权,ABC 选项正确。《民法典》第 940 条规定:"建设单位依法与物业服务人订立的前期物业服务合同约定的服务期限届满前,业主委员会或者业主与新物业服务人订立的物业服务合同生效的,前期物业服务合同终止。"据此,只有对于建设单位选聘的物业公司,在服务期限届满前,业主与新物业公司签订合同的,原物业服务合同才会终止。本题中,乙公司是业主选聘的物业公司,并非建设单位选聘,故不适用该规定,D 选项错误。(ABC)

[知识点还原] 图表 45;图表 140

2. [考点] 按份共有人权利、优先购买权

[解析] 共同出资买狗,属于按份共有。《民法典》第 305 条规定:"按份共有人可以转让其享有的共有的不动产或者动产份额。其他共有人在同等条件下享有优先购买的权利。"据此,甲有权转让自己的份额,故 A 选项正确、D 选项错误。《民法典物权编解释(一)》第 13 条规定:"按份共有人之间转让共有份额,其他按份共有人主张依据民法典第三百零五条规定优先购买的,不予支持,但按份共有人之间另有约定的除外。"据此,在无特别约定的情形下,共有人之间转让时,其他共有人不能主张优先购买权,故 BC 选项错误。(A)

[知识点还原] 图表 44

3. [考点] 相邻关系、建筑物区分所有

[解析] 解析本题,需要运用利益平衡思维。本案是相邻关系纠纷,《民法典》第 288 条规定:"不动产的相邻权利人应当按照有利生产、方便生活、团结互助、公平合理的原则,正确处理相邻关系。"第 296 条规定:"不动产权利人因用水、排水、通行、铺设管线等利用相邻不动产的,应当尽量避免对相邻的不动产权利人造成损害。"本题中,由于唐某对辣椒过敏受到了楼下川菜馆的影响,可以请求菜馆采取进一步措施,减少对其带来的干扰,但不可要求对方停止使用辣椒。虽然川菜馆给对辣椒过敏的唐某带来了干扰,但并未造成实际损害的发生,唐某不可请求损害赔偿。故 A 选项正确,BD 选项错误。作为租户,唐某并非业主,不享有建筑物区分所有权,因此无权基于建筑物区分所有权起诉,故 C 选项正确。(AC)

[知识点还原] 图表 45;图表 46

4. [考点] 共同共有、无权处分与善意取得、共同侵权

[解析] 在没有约定财产分别所有的情形下,夫妻婚后购买的房屋,无论登记在双方还是单个人名下,均为共同共有财产,故 A 选项正确。《民法典》第 597 条第 1 款规定:"因出卖人未取得处分权致使标的物所有权不能转移的,买受人可以解除合同并请求出卖人承担违约责任。"据此,无权处分情形下签订的合同有效,不存在意思不真实的可撤销原因,故 B 选项错误。《民法典》第 311 条第 1 款规定:"无处分权人将不动产或者动产转让给受让人的,所有权人有权追回;除法律另有规定外,符合下列情形的,受让人取得该不动产或者动产的所有权:(一)受让人受让该不动产或者动产时是善意;(二)以合理的价格转让;(三)转让的不动产或者动产依照法律规定应当登记的已经登记,不需要登记的已经交付给受让人。"本题中,丁不知情且支付了合理价格,房屋已经办理了登记,故丁善意取得房屋所有权的主张成立,C 选项正确。丙伙同甲处分甲乙共同共有房屋的行为,构成共同侵权,故乙可向丙主张侵权责任,D 选项正确。(ACD)

[知识点还原] 图表 40;图表 43;图表 148

5. [考点] 因房屋建造行为的物权设立、买卖不破租赁、按份共有人的外部关系,属于常考点

[解析]《民法典》第 231 条规定:"因合法建造、拆除房屋等事实行为设立或者消灭物权的,自事实行为成就时发生效力。"据此,甲房屋建造完成后,不需办理登记即可立即获得所有权。《民法典》第 209 条第 1 款规定:"不动产物权的设立、变更、转让和消灭,经依法登记,发生效力;未经登记,不发生效力,但是法律另有规定的除外。"据此,本题中,甲房屋的三分之二赠给小甲,自办理登记之日起发生物权变动,甲与小甲对房屋按份享有所有权。《民法典》第 725 条规定:"租赁物在承租人按照租赁合同占有期限内发生所有权变动的,不影响租赁合同的效力。"据此,虽然房屋的所有权归属发生了变化,但是,不影响租赁关系的存在,甲与小甲共同享有租赁合同中收取租金的权利。《民法典》第 307 条规定:"因共有的不动产或者动产产生的债权债务,

51

在对外关系上,共有人享有连带债权、承担连带债务,但是法律另有规定或者第三人知道共有人不具有连带债权债务关系的除外;在共有人内部关系上,除共有人另有约定外,按份共有人按照份额享有债权、承担债务,共同共有人共同享有债权、承担债务。偿还债务超过自己应当承担份额的按份共有人,有权向其他共有人追偿。"据此,在对外关系上,本题中没有信息表明医院知道甲与小甲对于房屋的按份共有关系,故甲与小甲对于租赁合同的债权享有连带债权。因此 D 选项正确,ABC 选项错误。(D)

[知识点还原] 图表 39;图表 43;图表 122

6. [考点] 按份共有人的优先购买权,属于常考点

[解析]《民法典》第 305 条规定:"按份共有人可以转让其享有的共有的不动产或者动产份额。其他共有人在同等条件下享有优先购买的权利。"《民法典物权编解释(一)》第 12 条规定:"按份共有人向共有人之外的人转让其份额,其他按份共有人根据法律、司法解释规定,请求按照同等条件优先购买该共有份额的,应予支持。其他按份共有人的请求具有下列情形之一的,不予支持:(一)未在本解释第十一条规定的期间内主张优先购买,或者虽主张优先购买,但提出减少转让价款、增加转让人负担等实质性变更要求;(二)以其优先购买权受到侵害为由,仅请求撤销共有份额转让合同或者认定该合同无效。"第 13 条规定:"按份共有人之间转让共有份额,其他按份共有人主张依据民法典第三百零五条规定优先购买的,不予支持,但按份共有人之间另有约定的除外。"据此,只有当按份共有人向共有人之外的人转让份额时,在没有特别约定的情况下,其他共有人才享有优先购买权。本题中,甲丙之间的转让是共有人之间的转让,因此,没有特别约定时,其他共有人不能享有优先购买权,A 选项错误。乙将份额转让给戊,是转让给共有人之外的人,故甲、丙、丁对乙的份额享有优先购买的权利,B 选项正确。《民法典》第 306 条第 2 款规定:"两个以上其他共有人主张行使优先购买权的,协商确定各自的购买比例;协商不成的,按照转让时各自的共有份额比例行使优先购买权。"据此,两个以上共有人均主张优先购买,如果能够协商一致,则按照约定行权,如果不能协商一致,则按照比例行使优先购买权,C 选项正确。根据上述《民法典物权编解释(一)》第 12 条规定,其他按份共有人,如果自己行使优先购买权,则可以否定转让份额的共有人与第三人之间合同的效力,如果仅主张转让合同无效或撤销合同的,不予支持,D 选项错误。(BC)

[知识点还原] 图表 44

7. 请回答第(1)~(3)题。(2017-86~88,不定项)

(1) [考点] 建筑物区分所有权之车位归属,偶尔考查

[解析]《民法典》第 276 条规定:"建筑区划内,规划用于停放汽车的车位、车库应当首先满足业主的需要。"第 275 条规定:"建筑区划内,规划用于停放汽车的车位、车库的归属,由当事人通过出售、附赠或者出租等方式约定。占用业主共有的道路或者其他场地用于停放汽车的车位,属于业主共有。"据此,只有占有业主共有的道路或其他场地用于停放汽车的车位才属于业主共有,地下开发的停车位,不属于业主共有,具有独立的价值,故 A 选项错误。不过,建筑规划内用于停放汽车的车位,应当首先满足业主的需要。根据《建筑物区分所有权解释》第 5 条规定,"应当首先满足业主的需要"是指建设单位按照配置比例将车位、车库,以出售、附赠或者出租等方式处分给业主。所谓配置比例是指规划确定的建筑区划内规划用于停放汽车的车位、车库与房屋套数的比例。据此,C 选项正确。小区业主出售车位,其他业主不存在优先购买权,B 选项错误。小区地下车位与小区房屋分别出售,意味着业主拥有的房屋和车位,不同于自己建房时在房屋旁边所建车库,不能直接认定为主物与从物的关系,故小区业主出售房屋,没有将地下车位一并转让的义务,故 D 选项错误。(C)

[知识点还原] 图表 45

(2) [考点] 建筑物区分所有权之居民住宅商用,偶尔考查

[解析]《民法典》第 279 条规定:"业主不得违反法律、法规以及管理规约,将住宅改变为经营性用房。业主将住宅改变为经营性用房的,除遵守法律、法规以及管理规约外,应当经有利害关系的业主一致同意。"据此,住宅改为商用的,除了要遵守法律、法规及管理规约外,还应当经利害关系业主同意。何谓"利害关系人"?《建筑物区分所有权解释》第 11 条规定:"业主将住宅改变为经营性用房,本栋建筑物内的其他业主,应当认定为民法典第二百七十九条所称'有

利害关系的业主'。建筑区划内，本栋建筑物之外的业主，主张与自己有利害关系的，应证明其房屋价值、生活质量受到或者可能受到不利影响。"据此，ABC 选项正确。《建筑物区分所有权解释》第 10 条规定："业主将住宅改变为经营性用房，未依据民法典第二百七十九条的规定经有利害关系的业主一致同意，有利害关系的业主请求排除妨害、消除危险、恢复原状或者赔偿损失的，人民法院应予支持。将住宅改变为经营性用房的业主以多数有利害关系的业主同意其行为进行抗辩的，人民法院不予支持。"据此，D 选项错误。（ABC）

[知识点还原] 图表 45

（3）[考点] 业主诉权

[解析]《民法典》第 286 条第 2 款规定："业主大会或者业主委员会，对任意弃置垃圾、排放污染物或者噪声、违反规定饲养动物、违章搭建、侵占通道、拒付物业费等损害他人合法权益的行为，有权依照法律、法规以及管理规约，请求行为人停止侵害、排除妨碍、消除危险、恢复原状、赔偿损失。"第 287 条规定："业主对建设单位、物业服务企业或者其他管理人以及其他业主侵害自己合法权益的行为，有权请求其承担民事责任。"据此，本题中，ABC 选项是业主大会或业主委员会的权利，业主只对侵害自己合法权益的行为可以向法院起诉，故 D 选项正确、ABC 选项错误。（D）

[知识点还原] 图表 45

8. [考点] 按份共有人之优先购买权，属于常考点

[解析] 在按份共有中，共有人自己的份额可以自由转让，不需要经过其他共有人同意。《民法典》第 305 条规定："按份共有人可以转让其享有的共有的不动产或者动产份额。其他共有人在同等条件下享有优先购买的权利。"据此，A 选项错误，当选。《民法典》第 306 条第 2 款规定："两个以上其他共有人主张行使优先购买权的，协商确定各自的购买比例；协商不成的，按照转让时各自的共有份额比例行使优先购买权。"据此，当两个以上的共有人均主张优先购买时，如果没有约定，应当按照比例来行使优先购买权，故 B 选项错误，当选。《民法典物权编解释（一）》第 10 条规定："民法典第三百零五条所称的'同等条件'，应当综合共有份额的转让价格、价款履行方式及期限等因素确定。"据此，戊一次付清，而

丙分期付款，则意味着不是同等条件，因此丙不能优先购买，故 C 选项错误，当选。《民法典物权编解释（一）》第 13 条规定："按份共有人之间转让共有份额，其他按份共有人主张依据民法典第三百零五条规定优先购买的，不予支持，但按份共有人之间另有约定的除外。"据此，如果是共有人之间转让份额的，如果没有特别约定的情况下，则其他共有人均不得享有优先购买权，故 D 选项错误，当选。（ABCD）

[知识点还原] 图表 44

9. [考点] 按份共有之内部关系，属于常考点

[解析]《民法典》第 300 条规定："共有人按照约定管理共有的不动产或者动产；没有约定或者约定不明确的，各共有人都有管理的权利和义务。"在对共有物的管理缺少约定时，每个共有人均享有管理的权利。但是，此处所谓"各共有人都有管理的权利和义务"，指各共有人依照法定规则享有管理的权利，出租行为不是对于共有物的管理，而是使用收益的行为。故 A 选项错误。《民法典》第 301 条规定："处分共有的不动产或者动产以及对共有的不动产或者动产作重大修缮、变更性质或者用途的，应当经占份额三分之二以上的按份共有人或者全体共同共有人同意，但是共有人之间另有约定的除外。"根据题意，甲、乙、丙、丁对房屋系按份共有，其应有份均为 1/4。第 301 条规定的"处分"包括法律上的处分与事实上的处分。前者指直接导致权利变动的法律行为，如出卖、抵押、抛弃所有权；后者指导致其物质形态变化的事实行为，如重大修缮、改建、消费、毁损。依据我国当前的民法规定，出租属于负担行为，不属于处分行为。同时，自法律解释角度言之，举重以明轻，既然在按份共有中，（在对共有物的处分无约定时）占份额 2/3 以上的按份共有人对共有物实施的处分行为有效，那么 2/3 以上的按份共有人对共有物实施的出租行为也有效，对全体共有人发生效力。故 B 选项正确，C 选项错误。所谓"改良行为"，指不改变共有物的性质，通过事实行为，而增加其效用或者价值的行为，如对房屋重大修缮、重大装修、铺木地板等皆是，如前所述，出租属使用受益的利用行为，而非改良行为。故 D 选项错误。（B）

[知识点还原] 图表 43

10. [考点] 国家征收，偶尔考查

[解析]《民法典》第 243 条第 1 款规定："为了公共利益的需要，依照法律规定的权限和程序

可以征收集体所有的土地和组织、个人的房屋以及其他不动产。"故 AB 选项正确。第 243 条第 2 款规定："征收集体所有的土地，应当依法及时足额支付土地补偿费、安置补助费以及农村村民住宅、其他地上附着物和青苗等的补偿费用，并安排被征地农民的社会保障费用，保障被征地农民的生活，维护被征地农民的合法权益。"第 243 条第 3 款规定："征收组织、个人的房屋以及其他不动产，应当依法给予征收补偿，维护被征收人的合法权益；征收个人住宅的，还应当保障被征收人的居住条件。"据此，对失房市民，应当给予拆迁补偿，而不是可以给予拆迁补偿。故 C 选项错误，D 选项正确。（ABD）

[知识点还原] 图表 42

11. [考点] 按份共有

[解析]《民法典》第 302 条规定："共有人对共有物的管理费用以及其他负担，有约定的，按照其约定；没有约定或者约定不明确的，按份共有人按照其份额负担，共同共有人共同负担。"据此，本题中没有对楼房管理作出约定，管理费用应按照份额比例承担，故 A 选项正确。《民法典》第 308 条规定："共有人对共有的不动产或者动产没有约定为按份共有或者共同共有，或者约定不明确的，除共有人具有家庭关系等外，视为按份共有。"据此，本题中对于共有权属没有明确约定，为按份共有，故 B 选项正确。《民法典》第 301 条规定："处分共有的不动产或者动产以及对共有的不动产或者动产作重大修缮、变更性质或者用途的，应当经占份额三分之二以上的按份共有人或者全体共同共有人同意，但是共有人之间另有约定的除外。"据此，没有约定时，重大修缮或整体处分共有物的，需三分之二以上共有人同意，故 C 选项错误。《民法典》第 305 条规定："按份共有人可以转让其享有的共有的不动产或者动产份额。其他共有人在同等条件下享有优先购买的权利。"据此，按份共有人享有转让其份额的权利，故 D 选项正确。（C）

[知识点还原] 图表 43

12. [考点] 建筑物区分所有权中管理权的行使，偶尔考查

[解析]《民法典》第 271 条规定："业主对建筑物内的住宅、经营性用房等专有部分享有所有权，对专有部分以外的共有部分享有共有和共同管理的权利。"由此，本题中王某与张某形成了建筑物区分所有权的关系，二人对楼顶享有共

和共同管理的权利，B 选项和 C 选项的说法正确，当选。《民法典》第 278 条规定："下列事项由业主共同决定：……（七）改建、重建建筑物及其附属设施；……业主共同决定事项，应当由专有部分面积占比三分之二以上的业主且人数占比三分之二以上的业主参与表决。决定前款第六项至第八项规定的事项，应当经参与表决专有部分面积四分之三以上的业主且参与表决人数四分之三以上的业主同意。决定前款其他事项，应当经参与表决专有部分面积过半数的业主且参与表决人数过半数的业主同意。"由此，作出广告牌拆装的决定是特殊事项，本题中张某无权要求王某拆除广告牌，A 选项正确，当选。《民法典》第 283 条规定："建筑物及其附属设施的费用分摊、收益分配等事项，有约定的，按照约定；没有约定或者约定不明确的，按照业主专有部分面积所占比例确定。"由此，D 选项正确，张某有权要求与王某分享收益。（ABCD）

[知识点还原] 图表 45

13. [考点] 共同共有、事实行为（房屋建造）、善意取得

[解析] 甲、乙共同继承的房屋在遗产分割之前属于其共同共有，故 A 选项错误。甲加盖的房屋接在该房屋右墙以外，与甲乙共同共有的房屋相互独立，甲原始取得其加盖房屋的所有权，故 B 选项正确、C 选项错误。甲将房屋登记在自己名下后，卖给丙的行为应分两部分分析。其一，对于新盖的房屋，甲享有所有权，是有权处分，丙可继受取得此间房屋的所有权；其二，对于另外两间共有的房屋，甲登记在自己名下，处分虽是无权处分，但是丙是不知情的善意第三人，通过买卖获得支付对价，可构成善意取得。综上，丙可获得三间房屋的所有权，因此，乙无权请求丙返还三间房屋，但可向甲主张损害赔偿，故 D 选项错误。（B）

[知识点还原] 图表 39；图表 40；图表 43

四、用益物权

1. [考点] 土地承包经营权、经营权

[解析] 在设立土地承包经营权之后，作为集体组织成员的承包人之间可以通过互换转让的方式，流转土地承包经营权。土地承包经营权包括承包权、经营权，在承包人将土地承包经营权转让给他人之前，承包人仍然享有该权利。本题中，换地前 50 亩土地的承包权与经营权均由张某享

第二章　物权

有，故 A 选项错误。《民法典》第 335 条规定：
"土地承包经营权互换、转让的，当事人可以向登
记机构申请登记；未经登记，不得对抗善意第三
人。"据此，同为集体成员的承包人之间互换、转
让土地承包经营权的，合同生效时承包经营权即
发生转移，登记只是对抗要件。本题中，张某与
牛某交换土地后虽未办理登记，但是 15 亩土地的
承包经营权已经属于张某，张某对于换得后的 45
亩土地均享有承包经营权，既有承包权，也有经
营权。故 B 选项正确，C 选项错误。《民法典》第
339 条规定："土地承包经营权人可以自主决定依
法采取出租、入股或者其他方式向他人流转土地
经营权。"第 341 条规定："流转期限为五年以上
的土地经营权，自流转合同生效时设立。当事人
可以向登记机构申请土地经营权登记；未经登记，
不得对抗善意第三人。"据此，土地承包经营权人
可向他人流转经营权，超过 5 年未登记不能对抗
善意第三人，但不影响该公司取得 30 亩土地的经
营权，故 D 选项错误。（B）
　　[知识点还原]　图表 48

2. [考点]　居住权、违约责任
　　[解析]《民法典》第 366 条规定："居住权
人有权按照合同约定，对他人的住宅享有占有、
使用的用益物权，以满足生活居住的需要。"第
368 条规定："居住权无偿设立，但是当事人另有
约定的除外。设立居住权的，应当向登记机构申
请居住权登记。居住权自登记时设立。"据此，根
据区分原则，签订设立居住权的合同后，若未办
理居住权登记的，居住权本身不成立，但不影响
居住权合同的效力。本题中，未办理居住权登记，
居住权未设立，但合同有效，李某享有合同债权，
可请求王某继续履行。王某履行迟延，应承担迟
延履行的违约责任，故选项 ABCD 均正确。（AB-CD）
　　[知识点还原]　图表 51

3. [考点]　土地承包经营权的设立和转让，属于
常考点
　　[解析]《民法典》第 333 条规定："土地承
包经营权自土地承包经营权合同生效时设立。登
记机构应当向土地承包经营权人发放土地承包经
营权证、林权证等证书，并登记造册，确认土地
承包经营权。"据此，土地承包经营权的设立，自
承包合同生效时设立，是否办理确权登记，不影
响权利的设立。权利人获得权利后，是否登记，
都不影响权利人对于承包经营权的处分，故 A 选

项错误，B 选项正确。《民法典》第 335 条规定：
"土地承包经营权互换、转让的，当事人可以向登
记机构申请登记；未经登记，不得对抗善意第三
人。"据此，土地承包经营权的转让、互换，自转
让合同生效时发生效力，未经登记不得对抗善意
第三人，故 CD 选项错误。（B）
　　[知识点还原]　图表 48

4. [考点]　土地承包经营权，本题没有考查物权
法中关于土地承包经营权的重点内容，而是考查
了《土地承包法》中关于集体之外的人要承包荒
地的程序，考试中非属重点，了解即可
　　[解析]　在集体土地中，耕地通常是由本集体
内部的家庭进行承包；对于荒地可以对外承包，
可以是个人，也可以是企业。《农村土地承包法》
第 3 条规定："国家实行农村土地承包经营制度。
农村土地承包采取农村集体经济组织内部的家庭
承包方式，不宜采取家庭承包方式的荒山、荒沟、
荒丘、荒滩等农村土地，可以采取招标、拍卖、
公开协商等方式承包。"据此，A 选项错误。《农
村土地承包法》第 48 条规定："不宜采取家庭承
包方式的荒山、荒沟、荒丘、荒滩等农村土地，
通过招标、拍卖、公开协商等方式承包的，适用
本章规定。"第 50 条规定："荒山、荒沟、荒丘、
荒滩等可以直接通过招标、拍卖、公开协商等方
式实行承包经营，也可以将土地经营权折股分给
本集体经济组织成员后，再实行承包经营或者股
份合作经营……"据此，对于荒地，对外只能招
标、拍卖、公开协商的方式进行承包，对内可以
通过折股处理，故 B 选项正确。《农村土地承包
法》第 52 条规定："发包方将农村土地发包给本
集体经济组织以外的单位或者个人承包，应当事
先经本集体经济组织成员的村民会议三分之二以
上成员或者三分之二以上村民代表的同意，并报
乡（镇）人民政府批准。由本集体经济组织以外
的单位或者个人承包的，应当对承包方的资信情
况和经营能力进行审查后，再签订承包合同。"据
此，C 选项错误。《农村土地承包法》第 51 条规
定："以其他方式承包农村土地，在同等条件下，
本集体经济组织成员有权优先承包。"据此，D 选
项正确。（BD）
　　[知识点还原]　图表 48

5. [考点]　土地承包经营权，属于常考点
　　[解析]《民法典》第 333 条规定："土地承
包经营权自土地承包经营权合同生效时设立。登
记机构应当向土地承包经营权人发放土地承包经

55

营权证、林权证等证书，并登记造册，确认土地承包经营权。"故 A 选项正确。《民法典》第 335 条规定："土地承包经营权互换、转让的，当事人可以向登记机构申请登记；未经登记，不得对抗善意第三人。"过户登记仅为对抗要件而非生效要件，故 B 选项错误。值得注意的是，上述两个条文所规定的制度根本不同，第 333 条规定的是设立，即承包人与集体组织签订合同，第 335 条规定的是转让，即承包人之间签订合同。只有在承包人之间互换和转让时，才存在登记对抗的问题。根据《农村土地承包法》第 16 条第 1 款规定："家庭承包的承包方是本集体经济组织的农户。"季大和季小已经分别立户，因此，都是独立的承包经营权人。《农村土地承包法》第 32 条规定："承包人应得的承包收益，依照继承法的规定继承。林地承包的承包人死亡，其继承人可以在承包期内继续承包。"季大没有其他继承人，季小作为兄弟姐妹可以作为法定继承人，但是只能继承农作物，只有林地才能在承包期限内继续承包，故 C 选项错误、D 选项正确。（AD）

[知识点还原] 图表 48

6. [考点] 地役权的设立、转让，属于常考点

[解析]《民法典》第 374 条规定："地役权自地役权合同生效时设立。当事人要求登记的，可以向登记机构申请地役权登记；未经登记，不得对抗善意第三人。"理解这一条文的内容，关键是掌握未经登记不得对抗善意第三人规则适用的情形。2013 年 2 月，甲乙达成约定，在乙享有使用权的土地上修路，随着地役权合同的生效，甲获得地役权，故 A 选项正确。根据《民法典》第 380 条规定："地役权不得单独转让。土地承包经营权、建设用地使用权等转让的，地役权一并转让，但是合同另有约定的除外。"这意味着，地役权在权利性质上为从权利，必须随着土地使用权的转让而转让。4 月，甲将自己的土地使用权转让给了丙，地役权也随之转让给了丙，尽管地役权没有登记，但在权利人发生变动的情形下，地役权存在与实现不受任何影响，受让人享有并且可以向义务人主张实现地役权，因为此时义务人没有发生变动，不存在承担义务的善意第三人，故 B 选项错误。6 月，乙将自己的土地使用权过户给不知情的丁，此时义务人发生了变动，并且受让人不知情，这意味着丙所享有的地役权不得对抗善意第三人丁。但是，丙此时依然是享有地役权的，因为，地役权是基于地役权合同而设立的，并不会因为权利主体的变化而失效，因此，从地役权依然还存在的意义上说，丙有地役权，D 选项应该是正确的。但是，本题公布的答案没有 D 选项，显然命题者此处所谓的"享有地役权"的含义，旨在表达此时丙的权利不能向丁主张，自此角度言之，不选 D 选项也是有道理的。D 选项表述容易引起歧义，命题者在以后命题时应避免这种歧义。甲已经将土地使用权转让给了丙，此时，甲不可能再享有地役权，故 C 选项错误。（AB）

[知识点还原] 图表 49；图表 50

7. [考点] 地役权

[解析] 地役权，是指为增加自己土地上的利益而利用他人土地的权利。享有地役权的土地为需役地，供他人土地使用的土地是供役地。相邻关系是法定的，无需约定，故 A 选项错误。《民法典》第 374 条规定："地役权自地役权合同生效时设立。当事人要求登记的，可以向登记机构申请地役权登记；未经登记，不得对抗善意第三人。"据此，地役权不登记不能对抗善意第三人，当义务人发生变动时，新的义务人若不知道有地役权的存在，则权利人不能向新的义务人主张享有地役权。本题中，地役权没有登记，权利人甲和义务人乙均发生了变化，因此丙不能禁止丁建高楼，故 B 选项错误。丙在受让甲房屋的同时，获得甲在地役权合同中的权利，丁建楼后，丙的权利不能实现，此时，由于甲并没有向丙承诺其地役权已经登记，丙不能向甲主张违约责任，而是应该向基于地役权合同获得利益的乙主张返还相应的价款，故 C 选项错误。本题中，甲乙约定的地役权，虽然在义务人变动后，权利人不能向丁主张享有地役权，但是地役权并不会随着房屋和土地使用权的转让而失效，依然可以基于合同的约定主张相应权利，故 D 选项错误。（ABCD）

[知识点还原] 图表 49；图表 50

五、抵押权

1. [考点] 浮动抵押、抵押人转让权、动产抵押登记的效力、抵押权期间

[解析] 设定抵押后，当事人没有特别约定的，抵押人可转让抵押物。《民法典》第 406 条规定："抵押期间，抵押人可以转让抵押财产。当事人另有约定的，按照其约定。抵押财产转让的，抵押权不受影响。抵押人转让抵押财产的，应当及时通知抵押权人。抵押权人能够证明抵押财产

第二章　物权

转让可能损害抵押权的，可以请求抵押人将转让所得的价款向抵押权人提前清偿债务或者提存。转让的价款超过债权数额的部分归抵押人所有，不足部分由债务人清偿。"据此，设定抵押后，抵押人甲公司可以转让生产设备，由于生产设备是动产，故在交付之后转移所有权，A 选项正确。《民法典》第 403 条规定："以动产抵押的，抵押权自抵押合同生效时设立；未经登记，不得对抗善意第三人。"第 404 条规定："以动产抵押的，不得对抗正常经营活动中已经支付合理价款并取得抵押财产的买受人。"而所谓正常经营活动，根据《民法典担保制度解释》第 56 条第 2 款的规定，是指"出卖人的经营活动属于其营业执照明确记载的经营范围，且出卖人持续销售同类商品"。本题中，银行的抵押权办理了登记，可以对抗第三人，而生产设备本身不是正常经营活动中抵押人持续销售的商品，故银行的抵押权可以追及，就丙获得所有权的生产设备主张优先受偿权。因此，B 选项正确，C 选项错误。《民法典》第 419 条规定："抵押权人应当在主债权诉讼时效期间行使抵押权；未行使的，人民法院不予保护。"据此，抵押权期间是主债权诉讼时效，一旦过了时效，再主张行使抵押权，不能获得支持，D 选项正确。（ABD）

[知识点还原] 图表 57；图表 59；图表 60

2. [考点] 不动产设定抵押未登记时的违约责任

[解析] 不动产及不动产相关权利设定抵押，登记是生效要件，未完成抵押登记的，抵押权不能设立，但抵押合同有效，故选项 ABD 错误。对于抵押人何时需要承担债权性的担保责任，《民法典担保制度解释》第 46 条规定："不动产抵押合同生效后未办理抵押登记手续，债权人请求抵押人办理抵押登记手续的，人民法院应予支持。抵押财产因不可归责于抵押人自身的原因灭失或者被征收等导致不能办理抵押登记，债权人请求抵押人在约定的担保范围内承担责任的，人民法院不予支持；但是抵押人已经获得保险金、赔偿金或者补偿金等，债权人请求抵押人在其所获金额范围内承担赔偿责任的，人民法院依法予以支持。因抵押人转让抵押财产或者其他可归责于抵押人自身的原因导致不能办理抵押登记，债权人请求抵押人在约定的担保范围内承担责任的，人民法院依法予以支持，但是不得超过抵押权能够设立时抵押人应当承担的责任范围。"本题中，签订抵押合同后，抵押人丙恶意不办理抵押登记，明显属于可归责于抵押人的原因导致抵押权未能设立，丙需要在抵押合同约定的抵押物价值范围内承担违约责任，故 C 选项正确。（C）

[知识点还原] 图表 57

3. [考点] 浮动抵押、价款优先权、动产抵押效力

[解析]《民法典》第 416 条规定："动产抵押担保的主债权是抵押物的价款，标的物交付后十日内办理抵押登记的，该抵押权人优先于抵押物买受人的其他担保物权人受偿，但是留置权人除外。"据此，出卖人对于出卖的财产上设定的抵押权，只要在交付后 10 日内办理了登记的，对于该财产享有的抵押权优先于买受人在该财产上设定的其他抵押权或质权。本题中，甲造船厂对于洪某享有的抵押权正是具有优先性的抵押权。但是，乙农商行对于该渔船享有的抵押权，并非财产买受人设定的抵押权，因此甲造船厂对于该渔船享有的具有优先性的抵押权，不应优先于乙农商行，应当按照登记的先后顺序优先受偿。因为乙农商行的抵押登记在前，故应优先于甲造船厂的抵押权。因此，A 选项正确，B 选项错误。《民法典》第 404 条规定："以动产抵押的，不得对抗正常经营活动中已经支付合理价款并取得抵押财产的买受人。"本题中，为乙农商行设定的浮动抵押，办理了抵押登记。洪某购买渔船，虽然属于甲造船厂正常经营中的买受人，但由于其并未如约支付价款，此时，办理了浮动抵押登记的乙农商行可以对抗洪某，故 C 选项正确。甲造船厂与洪某之间签订买卖合同后，交付了标的物。根据《民法典》第 225 条规定："船舶、航空器和机动车等的物权的设立、变更、转让和消灭，未经登记，不得对抗善意第三人。"可知，对于机动车、船舶等特殊动产，不登记只是不能对抗善意第三人，交付后所有权即已经转移，故洪某已经获得渔船的所有权，D 选项正确。（ACD）

[知识点还原] 图表 57；图表 60；图表 64

4. [考点] 抵押权的顺位、抵押物的处分

[解析]《民法典》第 406 条规定："抵押期间，抵押人可以转让抵押财产。当事人另有约定的，按照其约定。抵押财产转让的，抵押权不受影响。抵押人转让抵押财产的，应当及时通知抵押权人。抵押权人能够证明抵押财产转让可能损害抵押权的，可以请求抵押人将转让所得的价款向抵押权人提前清偿债务或者提存。转让的价款超过债权数额的部分归抵押人所有，不足部分由

债务人清偿。"据此，设定抵押期间，抵押人可以转让抵押财产，但不影响抵押权的实现。因此，本题中，设定抵押后，转让抵押财产，是有权处分，订立合同为当事人的真实意思，故合同有效，且在无当事人约定不能转让时，不影响物权变动。故 D 选项错误。同一财产上设立两个以上抵押权且均办理了登记的，按照登记的先后顺序优先受偿。如果只有一个抵押权人，当抵押权人变为抵押财产的所有人时，根据混同的原理，此时，抵押权消灭，但是，当有两个以上的抵押权人时，顺位在前的抵押权人成为抵押财产的所有人的，抵押权不消灭，因为要保留顺位在前的抵押权人的抵押权对抗顺位在后的抵押权。本题中，顺位在前的抵押权人乙变成了抵押财产的所有人，故乙的抵押权不消灭，丙的抵押权顺位在后，也不会消灭。因此，AB 选项错误，C 选项正确。（C）

[知识点还原] 图表 58；图表 59

5. [考点] 最高额抵押，属于常考点

[解析] 最高额抵押，是指为担保债务的履行，债务人或者第三人对一定期间内将要连续发生的债权提供担保财产，债务人不履行到期债务或者发生当事人约定的实现抵押权的情形，抵押权人有权在最高债权额限度内就该担保财产优先受偿的抵押担保制度。此种担保制度的特点在于，先设定抵押且在抵押合同中预定最高额，当债权确定之时，在预定最高额的限度内债权人可就抵押物的价值优先受偿。如果实际发生的债权余额低于预定最高额，以实际发生的债权余额为限优先受偿；如果实际发生的债权余额高于预定最高额，则以预定最高额为限优先受偿，据此，A 选项正确。《民法典》第 420 条第 2 款规定："最高额抵押权设立前已经存在的债权，经当事人同意，可以转入最高额抵押担保的债权范围。"据此，如果当事人同意，可以将最高额抵押设定之前的债务转入最高额抵押担保的范围，这种行为的实质是，债权人用自己未来的担保额度换取了对过去债权的担保，B 选项错误。《民法典》第 422 条规定："最高额抵押担保的债权确定前，抵押权人与抵押人可以通过协议变更债权确定的期间、债权范围以及最高债权额。但是，变更的内容不得对其他抵押权人产生不利影响。"据此，只要没有给利害关系人带来不利影响，在抵押物价值范围内，可以变更预定最高额，C 选项正确。《民法典》第 421 条规定："最高额抵押担保的债权确定前，部分债权转让的，最高额抵押权不得转让，但是当事人另有约定的除外。"据此，在债权确定前，原则上，债权部分转让的，最高额抵押不随之转让，但是，如果当事人另有约定，可依照约定转让，据此，D 选项正确。（ACD）

[知识点还原] 图表 60

6. [考点] 抵押权与租赁权的关系，属于常考点

[解析] 《民法典》第 405 条规定："抵押权设立前，抵押财产已经出租并转移占有的，原租赁关系不受该抵押权的影响。"据此，如果租赁在前，且转移给承租人占有的，抵押权设定在后，则抵押权实现时，不能打破租赁关系；反之，如果不动产抵押权设定在前，一旦实现抵押权，则直接打破租赁，新的所有权人可以直接解除租赁合同，且不用承担赔偿责任。本题中，对于商铺，乙银行享有的抵押权在前，而后甲又将商铺租给了丙，在实现抵押权后，可以直接打破租赁，新所有权人丁可以请求承租人丙腾退商铺，且丁无义务退还租金，故 BD 选项错误、C 选项正确。甲丙之间的租赁合同因为只是负担行为，内容没有涉嫌违法之情形，故应为有效，故 A 选项错误。（C）

[知识点还原] 图表 59

7. [考点] 动产浮动抵押，属于常考点

[解析] 动产浮动抵押，指抵押人在其现在和将来所有的全部或者部分动产上设定担保，在抵押权人行使抵押权之前，抵押人对抵押财产保留在正常经营过程中的处分权。《民法典》第 396 条对浮动抵押作出了规定："企业、个体工商户、农业生产经营者可以将现有的以及将有的生产设备、原材料、半成品、产品抵押，债务人不履行到期债务或者发生当事人约定的实现抵押权的情形，债权人有权就抵押财产确定时的动产优先受偿。"最高额抵押，是指抵押人与抵押权人协议，在最高债权限额内，以抵押物对一定期间内连续发生的债权作担保的情形。本题中，甲乙约定，甲公司以其现有的以及将有的生产设备、原材料、产品为借款设立抵押，属于浮动抵押，不是最高额抵押，故 A 选项错误。《民法典》第 403 条规定："以动产抵押的，抵押权自抵押合同生效时设立；未经登记，不得对抗善意第三人。"第 404 条规定："以动产抵押的，不得对抗正常经营活动中已经支付合理价款并取得抵押财产的买受人。"据此，所有的动产抵押，抵押合同生效，抵押权即为设立，不登记只是不能对抗善意第三人。同时，动产抵押，无论是否登记，均不能对抗正常经营过程中已经支付合理价款并取得抵押财产的买受

人。故 BD 选项正确，C 选项错误。（BD）

[知识点还原] 图表 57；图表 60

8. [考点] 按份共有、连带责任、动产抵押与抵押权行使期间

[解析]《民法典》第 307 条规定："因共有的不动产或者动产产生的债权债务，在对外关系上，共有人享有连带债权、承担连带债务，但是法律另有规定或者第三人知道共有人不具有连带债权债务关系的除外；在共有人内部关系上，除共有人另有约定外，按份共有人按照份额享有债权、承担债务，共同共有人共同享有债权、承担债务。偿还债务超过自己应当承担份额的按份共有人，有权向其他共有人追偿。"据此，甲乙对于按份共有的汽车对外发生侵权之时，应当向受害人承担连带责任。戊被撞伤，产生的是人身损害赔偿请求权。《民法典》第 520 条第 2 款规定："部分连带债务人的债务被债权人免除的，在该连带债务人应当承担的份额范围内，其他债务人对债权人的债务消灭。"据此，如果债权人对于连带债务人中的部分债务人表示放弃债权的，其他债务人也在债权人放弃的范围内免责。本题中，戊如果免除了甲的损害赔偿责任，乙只在剩余的范围内承担赔偿责任，故 A 选项错误。汽车属于动产，根据《民法典》规定，以动产设定抵押的，抵押权自抵押合同生效时设立；未经登记，不得对抗善意第三人。据此，本题中用汽车抵押，不登记不影响抵押权的设立，因此对于该汽车丁享有抵押权。戊作为被侵权人，享有的只是一般债权，一般而言，甲乙应当以自己所有的财产对戊承担无限连带责任，但是，由于甲乙共有的汽车为丁设定了抵押，无论是否登记，对于该汽车丁都享有优先受偿权，故 B 选项错误。需要补充的是，由于动产抵押没有登记，根据《民法典担保制度解释》第 54 条第 3 项规定，抵押人的其他债权人向人民法院申请保全或者执行抵押财产，人民法院已经作出财产保全裁定或者采取执行措施，抵押权人主张对抵押财产优先受偿的，人民法院不予支持。据此，如果戊对于该汽车采取了保全措施或诉讼后申请采取了执行措施，则抵押权人丙对于该车不再享有相对于戊的优先受偿权。本题中没有涉及此种考查角度，是未来应该关注的重点。根据《民法典》第 419 条规定："抵押权人应当在主债权诉讼时效期间行使抵押权；未行使的，人民法院不予保护。"据此，丁应当在主债权的诉讼时效内行使抵押权，否则不予保护，故 C

选项错误。甲乙共有的汽车，虽然甲只占其中 30%的份额，但无论是承担侵权赔偿责任还是承担因该汽车产生的担保责任，甲乙对外均应当是连带责任，甲有义务清偿全部，但清偿之后，对内可以按照份额进行追偿，故 D 选项正确。（D）

[知识点还原] 图表 43；图表 57；图表 58

9. [考点] 共同抵押、债权让与，属于常考点

[解析] 关于共同担保，在没有特别约定时，基本规则是，当债务人提供的物保与第三人提供的担保并存的，债权人应当先执行债务人的物保；若两个以上的担保均为第三人担保，则债权人向担保人行使权利时没有顺序的先后。本题设定的情形是两个第三人抵押，即均为第三人担保，债权人向担保人行使权利没有顺序的先后。本题中，债权人原本是甲，可是当甲将其中的 200 万元转让给戊，并通知乙之后，对于这 200 万元的债务乙就应当向戊履行。《民法典》第 407 条规定："抵押权不得与债权分离而单独转让或者作为其他债权的担保。债权转让的，担保该债权的抵押权一并转让，但是法律另有规定或者当事人另有约定的除外。"据此，当债权被部分转让的，受让人可以享有抵押权。根据上述基本规则，甲和戊均可就任何一个抵押人的财产实现全部权利，而且，在找丙和丁主张权利之时，没有顺序先后的限制。基于上述分析，ABCD 选项均是错误的，故都当选。（ABCD）

[知识点还原] 图表 55；图表 99

10. [考点] 抵押、夫妻债务，抵押属于每年必考的要点，本题是以抵押为中心的综合命题

[解析] 乙丙之间是个人之间的借款关系，《民法典》第 679 条规定："自然人之间的借款合同，自贷款人提供借款时成立。"乙丙之间自实际交付借款时合同成立，而依法成立的合同，成立时即生效，既然乙已经瞒着甲向丙借了 100 万元供个人使用，则借款合同自借款交付之时生效，故 B 选项错误。根据《民法典》第 1064 条的规定，夫妻关系存续期间个人借债用于个人事务，非共同生活的日常需要，应为个人债务，用个人财产清偿，故 C 选项错误。房子是夫妻共同财产，乙擅自将房屋抵押的行为是无权处分。根据《民法典》第 215 条规定："当事人之间订立有关设立、变更、转让和消灭不动产物权的合同，除法律另有规定或者当事人另有约定外，自合同成立时生效；未办理物权登记的，不影响合同效力。"据此，不动产物权变动，只要没有法律特别规定

或当事人特别约定,在不动产物权变动中,确立债权效力与物权效力的区分原则,设定抵押时订立的合同,作为具有债权效力的行为,自成立时生效。本题中,乙用共同财产做抵押,签订抵押合同的行为与办理抵押登记的行为应分开评价。设定抵押的乙冒用甲的名义签字,因此,抵押合同的签订与抵押权的设立均不能认定是甲真实的意思表示。对于这种情形,抵押合同的效力与抵押权的效力应分开理解。首先,签订抵押合同的行为,并不能直接产生抵押权,抵押合同由乙丙签订,不过鉴于用来抵押的是甲乙的共同共有的财产,乙冒用了甲的签名,此时,就合同订立来说,乙冒甲之名,类推适用无权代理规则。题目中没有明确合同相对人有合理的理由相信乙有代理权,不构成表见代理。在没有明确信息表明甲追认的情况下,合同对于甲来说没有约束力。就本题的情形而言,乙在冒甲之名,签订抵押合同时,作为房屋共有人,具有将房屋进行抵押的真实意思,因此,该合同对于乙具有约束力,即抵押合同在乙丙之间是有效的,据此,A 选项错误。申请不动产登记,申请人应当提供真实的登记资料。《不动产登记暂行条例》第 16 条第 1 款规定:"申请人应当提交下列材料,并对申请材料的真实性负责:(一)登记申请书;(二)申请人、代理人身份证明材料、授权委托书;(三)相关的不动产权属来源证明材料、登记原因证明文件、不动产权属证书;(四)不动产界址、空间界限、面积等材料;(五)与他人利害关系的说明材料;(六)法律、行政法规以及本条例实施细则规定的其他材料。"本题中,申请登记的材料中由于乙冒用了甲的签名,因此,申请登记的材料不具有客观真实性。尽管登记机关在形式审查后作出了抵押登记,但是,由于乙设立抵押权的行为构成无权处分,处分行为不经甲的追认是无效的。根据《民法典》关于善意取得的规定,要善意取得不动产物权,需名义登记的非真实权利人进行了无权处分行为,本题中,由于乙不是名义登记人,故丙不符合善意的要求,不能构成善意取得抵押权。当甲证明了申请材料中甲的签名是被人伪造的,登记机关对于已经作出的抵押登记应当予以撤销,由于抵押登记的申请人乙提供了不真实的申请材料,由此给相关当事人带来的损失,应当由乙承担赔偿责任,故 D 选项正确。最后,值得指出的是,本题 D 选项表述有些不恰当,应当是撤销抵押登记,而不是撤销抵押权。(D)

[知识点还原] 图表 40;图表 57;图表 166

11. [考点] 抵押权的设立、违约责任,属于常考点

[解析] 对于甲和银行之间的借款协议,乙与银行约定,由乙用房产提供抵押担保,但由于只是交付了房本,没有登记,故抵押权并未设立。《民法典》第 402 条规定,用不动产及法定的不动产权利设定抵押的,应当办理登记,未办理登记的,抵押权不能设立。据此,抵押合同已经生效,但是抵押权没有设立,故 D 选项错误。乙后来没有去办理抵押登记,而是将房本挂失,并将房屋卖给了知情的第三人丙,乙的行为构成违约,故 A 选项正确。丙作为房屋的买受人,在办理过户登记之后,继受取得该房屋所有权,不存在还款的义务,故 B 选项错误。如果丙偿还了债务,则构成代为清偿,清偿后,可以向债务人甲追偿,故 C 选项正确。值得补充的是,对于签订抵押合同后,未办理登记造成的损失赔偿问题,《民法典担保制度解释》区分情形作了规定,未来考试中,是值得关注的重点,主要内容包括:(1)抵押财产因不可归责于抵押人自身的原因灭失或者被征收等导致不能办理抵押登记,债权人请求抵押人在约定的担保范围内承担责任的,人民法院不予支持;但是抵押人已经获得保险金、赔偿金或者补偿金等,债权人请求抵押人在其所获金额范围内承担赔偿责任的,人民法院依法予以支持;(2)因抵押人转让抵押财产或者其他可归责于抵押人自身的原因导致不能办理抵押登记,债权人请求抵押人在约定的担保范围内承担责任的,人民法院依法予以支持,但是不得超过抵押权能够设立时抵押人应当承担的责任范围;(3)当事人申请办理抵押登记手续时,因登记机构的过错致使其不能办理抵押登记,当事人请求登记机构承担赔偿责任的,人民法院依法予以支持。(AC)

[知识点还原] 图表 57;图表 93

12. [考点] 最高额抵押,此点属于常考点

[解析]《民法典》第 420 条规定:"为担保债务的履行,债务人或者第三人对一定期间内将要连续发生的债权提供担保财产的,债务人不履行到期债务或者发生当事人约定的实现抵押权的情形,抵押权人有权在最高债权额限度内就该担保财产优先受偿。最高额抵押权设立前已经存在的债权,经当事人同意,可以转入最高额抵押担保的债权范围。"本题中,设定最高额抵押之前有 300 万元的债务,预定最高额为 400 万元,既然当

事人有约定将设定之前的 300 万元转入最高额抵押，加上设定之后发生的 100 万元，债权额为 400 万元。故 A 选项错误，B 选项正确。《民法典》第 424 条规定："最高额抵押权除适用本节规定外，适用本章第一节的有关规定。"第 419 条规定："抵押权人应当在主债权诉讼时效期间行使抵押权；未行使的，人民法院不予保护。"据此，抵押权的实现期间为主债权的诉讼时效期间。故 C 选项错误，D 选项正确。在此，值得特别说明的是，本题中，明确约定了债权确定期间为 1 年，但是，选项中设定的问题却是抵押权的期间，这一点特别容易疏忽。（BD）

[知识点还原] 图表 58；图表 60

13. [考点] 抵押权与租赁权的关系、代物清偿，属于常考点

[解析]《民法典》第 405 条规定："抵押权设立前，抵押财产已经出租并转移占有的，原租赁关系不受该抵押权的影响。"据此，只有租赁在前且已经转移占有的，实现抵押权时才不能打破租赁关系。若租赁在前，但没有转移占有，或者抵押权设定在前的，实现抵押权均可打破租赁。本题中，王某先将房屋抵押给张某，并办理了登记，然后又将房屋出租给李某，因此，此时承租人不得对抗抵押权，一旦实现抵押权，立即打破租赁关系，故 B 选项错误。当李某知道房屋之上设有抵押权之后，与王某协商将起租日改为 2013 年 1 月 1 日，构成恶意串通损害第三人利益，因此，根据《民法典》第 154 条规定，该协议无效，故 C 选项正确。3 月 1 日，王某将该房屋无偿租给李某 1 年，以此抵王某欠李某的借款，房屋交付后，李某向王某出具了借款还清的收据。此行为构成代物清偿。所谓代物清偿，是指债权人受领他种给付以代原定给付而使合同关系消灭的现象。构成要件有四：（1）须原有债的关系存在；（2）须以他种给付代替原定给付；（3）须有当事人的合意；（4）须清偿受领人现实受领他种给付。据此，只有当实际履行之后，才发生效力，产生债务消灭的效果。本题中，王某与李某的约定达成之后，王某实际交付了房屋，并且出具了借款还清的收据，此时，原债的关系已经消灭，故 A 选项正确。值得说明的是，按照最新观念，代物清偿协议，若没有特别约定为实践合同，则达成协议之时，合同即成立生效，在履行之前，新债与旧债并存，新债履行完毕后，原债务消灭。若新债不履行，原债务不消灭。同时，在达成租赁协

议的时候，承租人并不知道标的物之上有抵押权，由于抵押权实现后，直接打破了租赁，租赁合同的目的落空，因此李某可以主张王某承担违约责任，故 D 选项正确。（ACD）

[知识点还原] 图表 59；图表 90

14. [考点] 不动产抵押的设立，属于常考点

[解析] 根据《民法典》第 402 条的规定，用不动产及法定的不动产权利设定抵押的，应当办理登记，未办理登记的，抵押权不能设立。《民法典》第 399 条规定："下列财产不得抵押：……（五）依法被查封、扣押、监管的财产；……"《民法典担保制度解释》第 37 条第 2 款和第 3 款规定："当事人以依法被查封或者扣押的财产抵押，抵押权人请求行使抵押权，经审查查封或者扣押措施已经解除的，人民法院应予支持。抵押人以抵押权设立时财产被查封或者扣押为由主张抵押合同无效的，人民法院不予支持。以依法被监管的财产抵押的，适用前款规定。"据此，房屋作为建筑物，丙要设立抵押，首先需要和乙签订书面抵押合同，然后办理抵押登记，如果没有办理抵押登记，则抵押权没有设立，但依据负担行为与处分行为区分的原则，此时抵押合同的效力并不会因为抵押权的不设立而受到影响。本题中在乙丙达成担保的合同后，丙只是向乙交付了房本，而没有办理抵押登记，因此，抵押权并没有设立，但抵押合同依然有效。此时，由于房屋已经被法院查封，依据上述《民法典》第 399 条之规定，依法被查封、扣押、监管的财产原则上不得抵押，但是，根据上述《民法典担保制度解释》的规定，被查封、扣押或监管的财产，并不是不能设定抵押权，实践中，如果设定抵押后，申请查封的债权人债权数额小于抵押物价值的，依然有可能再次设定抵押办理登记，但要实现抵押权，以查封、扣押或监管措施已经解除为前提条件。本题是《民法典担保制度解释》出台之前的旧题，按照新解释分析，虽然用来设定抵押的房屋办理抵押登记之前被查封，但是依然可能办理抵押登记，故 A 选项正确。由于乙、丙之间存在有效的抵押合同，乙有权要求丙按照担保合同约定的担保范围承担担保义务，即按照担保合同约定，在房屋价值范围内请求丙承担担保责任。故 C 选项正确。值得提醒注意的是，如果丙还有其他的债权人，此时，乙对于此房屋没有优先受偿权。题目中乙、丙之间的行为，虽然没有设立担保物权，但约定了丙以房屋为基础承担责任，尽管乙对于

61

房屋没有优先受偿权，但是，此约定是有效的，丙应当按照约定以房屋价值为限承担责任，不能以全部财产为基础承担责任，故 B 选项错误。在交付房本后，由于丙没有按照约定去办理抵押登记，违反了抵押合同约定的义务，因此，给乙带来损失的，乙有权请求丙进行损害赔偿，D 选项正确。[ACD（原答案为CD）]

[知识点还原] 图表 57

15. [考点] 抵押权保全请求权、代位权、返还原物请求权，属于常考点

[解析] 丙强行进入甲的房屋居住，属于侵夺甲对房屋的占有，甲对丙享有《民法典》第 462 条规定的占有返还请求权。同时，丙对甲的房屋的占有属于无权占有，甲对丙享有《民法典》第 235 条规定的返还原物请求权。根据《民法典》第 408 条，抵押权人乙享有保全请求权。如果乙怠于对丙行使前述权利，则甲的不作为，会导致抵押财产价值的降低。因此，抵押权人乙可以行使保全请求权，请求甲停止不作为的行为，对丙行使返还请求权，故 A 选项正确。题目交代，甲对乙的欠款已经到期，抵押权人乙可行使其抵押权。抵押权行使的方式之一就是甲与乙约定由乙取得抵押物的所有权，以折抵甲的欠款。达成这个协议后，除需要办理房屋过户登记外，还需要交付房屋。而交付的方式可以采用指示交付的方式完成。甲向乙让与对丙的返还请求权，以代替现实交付，就是指示交付的适用，故 B 选项正确。按照《民法典》第 535 条的规定，债权人可以代为行使的权利仅限于债务人对次债务人享有的债权。本题中，甲对丙享有的是物权请求权，不是债权请求权，因此，不符合代位权行使的要件。故 C 选项错误。抵押权人是否享有返还原物请求权，有争议：（1）一种观点认为，抵押权不以占有为内容，故抵押权人不享有返还原物请求权；（2）另一观点认为，抵押权虽不以占有为内容，但第三人无权占有抵押物的，极有可能导致抵押财产价值减损，因此抵押权人对无权占有人享有返还原物请求权，但抵押权人对无权占有人行使返还原物请求权时，不能请求无权占有人将标的物返还给自己，只能请求无权占有人将标的物返还给抵押人。从官方公布的答案看，命题者显然采纳的是第一种观点，D 选项错误。（AB）

[知识点还原] 图表 58

16. [考点] 浮动抵押，属于常考点

[解析]《民法典》第 396 条规定："企业、个体工商户、农业生产经营者可以将现有的以及将有的生产设备、原材料、半成品、产品抵押，债务人不履行到期债务或者发生当事人约定的实现抵押权的情形，债权人有权就抵押财产确定时的动产优先受偿。"据此，A 选项正确。《民法典》中对于担保登记均未规定具体的担保机关，根据实践中改革的情况看，担保未来将实现统一登记，故应不再由工商部门登记，故 B 选项错误。《民法典》第 404 条规定："以动产抵押的，不得对抗正常经营活动中已经支付合理价款并取得抵押财产的买受人。"据此可知，动产抵押，抵押登记并非可以对抗任何善意第三人，故 C 选项错误。《民法典》第 411 条规定："依据本法第三百九十六条规定设定抵押的，抵押财产自下列情形之一发生时确定：（一）债务履行期限届满，债权未实现；（二）抵押人被宣告破产或者解散；（三）当事人约定的实现抵押权的情形；（四）严重影响债权实现的其他情形。"据此，债务履行期限届满，债权未实现的，抵押财产确定。故 D 选项正确。（AD）

[知识点还原] 图表 60

17. [考点] 设定抵押后的财产转让，属于常考点（由于《民法典》中此制度发生重大变化，故对题目进行了改编）

[解析]《民法典》第 406 条规定："抵押期间，抵押人可以转让抵押财产。当事人另有约定的，按照其约定。抵押财产转让的，抵押权不受影响。抵押人转让抵押财产的，应当及时通知抵押权人。抵押权人能够证明抵押财产转让可能损害抵押权的，可以请求抵押人将转让所得的价款向抵押权人提前清偿债务或者提存。转让的价款超过债权数额的部分归抵押人所有，不足部分由债务人清偿。"据此，抵押人转让抵押物，不需要经过抵押权人同意，且不影响抵押权的实现，只有当抵押权人证明了转让可能危及抵押权时，方可请求将转让的价款提前清偿或提存，故 AC 选项正确。由于抵押权是从权利，故当丙代为清偿主债务后，随着主债权的消灭，抵押权自然也会消灭，故 B 选项正确。本题中，抵押合同中并没有约定抵押人对于全部债权额承担担保责任，故拍卖抵押物后，若不能满足债权人需要，抵押人不再承担责任，不足部分应由债务人清偿，故 D 选项错误。（ABC）

[知识点还原] 图表 59

18. [考点] 抵押权的顺位问题，属于常考点

[解析]《民法典》第 409 条第 1 款规定："抵

押权人可以放弃抵押权或者抵押权的顺位。抵押权人与抵押人可以协议变更抵押权顺位以及被担保的债权数额等内容。但是,抵押权的变更未经其他抵押权人书面同意的,不得对其他抵押权人产生不利影响。"本题中,甲银行和丙银行协议变更抵押权的顺位,未经抵押权人乙银行的书面同意,不得对其产生不利影响。因此,虽然排在第一位的抵押权人丙银行有 500 万元的债权,但是其中只有 100 万元可以先于乙银行受偿,否则就对乙银行造成了不利影响,这是法律所不允许的。至于丙银行的其余 400 万元债权,只有乙银行受偿 300 万元之后,才可以受偿,所以最终受偿顺序如下:丙银行的 100 万元债权——乙银行的 300 万元债权——丙银行的 400 万元债权——甲银行的 100 万元债权。因为黄河公司的房产只有 600 万元,所以最终实际上甲银行的 100 万元债权无法得到清偿,C 选项是正确的。(C)

[知识点还原] 图表 58

19. 请回答第 (1)~(3) 题。(2008-91~93,不定项)

(1) [考点] 设定抵押之后的转让,属于常考点

[解析]《民法典》第 406 条规定:"抵押期间,抵押人可以转让抵押财产。当事人另有约定的,按照其约定。抵押财产转让的,抵押权不受影响。抵押人转让抵押财产的,应当及时通知抵押权人。抵押权人能够证明抵押财产转让可能损害抵押权的,可以请求抵押人将转让所得的价款向抵押权人提前清偿债务或者提存。转让的价款超过债权数额的部分归抵押人所有,不足部分由债务人清偿。"据此,转让抵押物,不需要经过抵押权人的同意;只有在抵押权人能够证明转让对于抵押权可能造成损害的,才需要将转让所获得的价款提前清偿或提存。故,根据《民法典》的新规定,ABCD 选项均错误。(ABCD)

[知识点还原] 图表 59

(2) [考点] 债务人物保与保证的关系,属于常考点

[解析]《民法典》第 409 条第 2 款规定:"债务人以自己的财产设定抵押,抵押权人放弃该抵押权、抵押权顺位或者变更抵押权的,其他担保人在抵押权人丧失优先受偿权益的范围内免除担保责任,但是其他担保人承诺仍然提供担保的除外。"本题中,债权人放弃陈某的抵押,即是放弃债务人自己提供的抵押,张某作为保证人,可在放弃的范围内免责。由此,D 选项的说法正确。(D)

[知识点还原] 图表 55

(3) [考点] 抵押权与保证的时间限制,属于常考点

[解析]《民法典》第 419 条规定:"抵押权人应当在主债权诉讼时效期间行使抵押权;未行使的,人民法院不予保护。"由此 A 选项正确,B 选项错误。《民法典》第 692 条第 2、3 款规定:"债权人与保证人可以约定保证期间,但是约定的保证期间早于主债务履行期限或者与主债务履行期限同时届满的,视为没有约定;没有约定或者约定不明确的,保证期间为主债务履行期限届满之日起六个月。债权人与债务人对主债务履行期限没有约定或者约定不明确的,保证期间自债权人请求债务人履行债务的宽限期届满之日起计算。"据此,C 选项正确,D 选项错误。(AC)

[知识点还原] 图表 58;图表 80

六、质权

1. [考点] 质权的设立,属于常考点

[解析] 本题中,王某与石某之间是借款及担保关系。《民法典》第 429 条规定:"质权自出质人交付质押财产时设立。"据此,虽然本案中描述的是王某将包抵押给石某,但却将包交给了王某占有,故构成质押担保,石某获得占有后,对于包的质权设立,而不是设立了抵押权,因为动产设定抵押,不需要转移占有。故 A 选项正确,D 选项错误。

留置权以合法占有为前提,且当债务人对于相关费用不支付时才可产生。此权利在符合法定条件时直接产生,不需要约定。故石某不享有留置权,C 选项错误。设定质权后,只有在届期债务人不履行时,通过协商折价的方式,将质物折价归债权人所有的,债权人方可获得所有权。本题中,没有折价协议,故石某不能获得所有权,故 B 选项错误。(A)

[知识点还原] 图表 61

2. [考点] 出质人和质权人的权利义务、债务人物保与保证的关系,属于常考点

[解析]《民法典》第 430 条规定:"质权人有权收取质押财产的孳息,但是合同另有约定的除外。前款规定的孳息应当先充抵收取孳息的费用。"据此,在质权存续期间,质权人有权收取孳息,在充抵收取孳息的费用后,可占有孳息,并在债务人不按期清偿债务时请求将孳息与原物一并拍卖以获得的价款优先受偿,故 A 选项错误。《民法典》第 432 条第 1 款规定:"质权人负有妥善保管质押财产的义务;因保管不善致使质押财

产毁损、灭失的，应当承担赔偿责任。"据此，乙作为质权人，对于质物保管不善而造成鹦鹉的死亡，乙应当向甲进行赔偿，B 选项正确。《民法典》第 437 条规定："出质人可以请求质权人在债务履行期限届满后及时行使质权；质权人不行使的，出质人可以请求人民法院拍卖、变卖质押财产。出质人请求质权人及时行使质权，因质权人怠于行使权利造成出质人损害的，由质权人承担赔偿责任。"据此，出质人甲有权请求乙及时行使质权，C 选项正确。《民法典》第 435 条规定："质权人可以放弃质权。债务人以自己的财产出质，质权人放弃该质权的，其他担保人在质权人丧失优先受偿权益的范围内免除担保责任，但是其他担保人承诺仍然提供担保的除外。"本题中，甲以自己的财产出质设定的质权和第三人丙提供的保证并存，如果债权人乙放弃该质权的，保证人丙作为第三担保人，可以在乙放弃质权的范围内免除担保责任，D 选项正确。另外，根据《民法典》第 392 条的规定，如果债务人自己提供的物保和保证并存，在没有特别约定时，债权人应当先执行债务人提供的物保，本题未涉及此知识点的考查。（BCD）

[知识点还原] 图表 55；图表 61

3. [考点] 质权的设立，此点常考

[解析]《民法典》第 427 条第 1 款规定："设立质权，当事人应当采用书面形式订立质押合同。"第 429 条规定："质权自出质人交付质押财产时设立。"本题中，甲乙之间签订了质押合同。质权的设定过程中，严格区分负担行为与处分行为，质押合同作为负担行为，达成协议之时即为有效，故 A 选项错误。本题中，签订质押合同的是乙与甲，是乙将自己的一块红木出质于甲，因此，丙不可能获得质权，故 B 选项错误。在签订质权合同之后，甲丙签订了委托合同，甲委托丙代自己占有红木，丙占有红木是基于甲的委托，尽管甲没有直接、亲自占有红木，但是，丙实际上是根据甲的指示进行的占有。丙占有红木后，基于甲丙的委托合同，丙占有所产生的法律效果直接归于甲。因此，乙将红木交给丙后，构成了对甲的交付，交付后，甲获得质权。故 C 选项正确，D 选项错误。（C）

[知识点还原] 图表 61

4. [考点] 动产抵押与动产质权，属于常考点

[解析] 根据《民法典》第 395 条规定，动产、不动产及法律规定的不动产用益物权均可设定抵押，汽车作为交通运输工具，是动产，可以设定抵押。动产抵押，根据《民法典》第 403 条规定："以动产抵押的，抵押权自抵押合同生效时设立；未经登记，不得对抗善意第三人。"抵押权随合同生效而设立，不登记只是不能对抗善意第三人，故 B 选项正确，D 选项错误。《民法典》第 425 条第 1 款规定："为担保债务的履行，债务人或者第三人将其动产出质给债权人占有的，债务人不履行到期债务或者发生当事人约定的实现质权的情形，债权人有权就该动产优先受偿。"因此，甲之轿车作为动产，可以设定质权，A 选项正确。《民法典》第 429 条规定："质权自出质人交付质押财产时设立。"可见设立质权，交付即可，不需要登记，故 C 选项错误。（AB）

[知识点还原] 图表 57；图表 61

5. [考点] 债权权利质权，权利质权属于常考点，但是，本题的命题视角属于典型的超纲命题

[解析] 本题涉及债权质权的设立及设立后的效力，对于设立后的效力问题，我国现行法尚无明文规定。根据民法理论，以债权为标的设立权利质权，还须适用关于债权转让的法律规则。即债权权利质权的设立，应当通知债务人，未通知债务人的，该权利质权的设立不得对抗债务人。具体而言，以债权为标的设立权利质权时，出质人或者质权人应通知债务人，该通知的效力在于：（1）通知债务人并非权利质权的设立要件，未通知债务人的，不影响质权的设立；（2）未通知债务人的，该权利质权不具有对抗债务人效力，如果债务人不知该债权已经设立质权的事实，则债务人向债权人清偿的，将发生清偿的法律效果。据此，A 选项正确，不当选；B 选项正确，不当选；C 选项正确，不当选，因为债务人接到通知后，即不应当向甲履行。根据民法理论，债权权利质权设立并通知债务人后，该权利质权的效力之一是：债权人受领债务人清偿的权限即被冻结，债务人对债权人履行债务（包括部分履行）的，不发生清偿的法律效果。故 D 选项错误，当选。关于 D 选项，可能的疑问是，既然还剩下 7 万元，似乎足以担保 5 万元的债权，为何 3 万元的清偿不发生清偿的效果呢？为何债权一旦出质，要全部冻结呢？此处的法理基础在于，与一般具有确定价值的动产不同，这 10 万元的债权，到底能否实现其实是不确定的，因此，全部冻结，可以更好地保障质权人的利益。（D）

[知识点还原] 图表 62

6. [考点] 质权人处分质物，属于常考点

[解析] 出质人以其不具有所有权的动产出质，是无权处分，若符合善意取得的构成要件，则第三人可善意取得质权，由此，给标的物原权利人带来损害的，应承担赔偿责任。《民法典》第 434 条规定："质权人在质权存续期间，未经出质人同意转质，造成质押财产毁损、灭失的，应当承担赔偿责任。"第 431 条第 1 款规定："质权人在质权存续期间，未经出质人同意，擅自使用、处分质押财产，造成出质人损害的，应当承担赔偿责任。"本题中，甲将电动车出质于丙的时候，实际上甲就是出质人，其不具有所有权但是合法占有动产，因此丙基于善意取得享有质权，故 AC 选项正确，B 选项错误。丙是该电动车的实际占有人，在丙占有期间电动车毁损、灭失的，丙是实际侵权人，因此，乙作为所有人可以向丙主张侵权责任，赔偿损失，故 D 选项正确。(ACD)

[知识点还原] 图表 61

7. [考点] 担保物权的成立，属于常考点

[解析]《民法典》第 402 条规定，不动产及法律规定可以抵押的不动产权利进行抵押必须办理登记，不登记抵押权不能设立。依据法律规定，设立担保物权要符合法定的形式，在不动产上设立的担保物权只能为抵押权，本题中并没有信息表明，甲、乙之间签订了关于办公用房的抵押合同并办理了抵押登记，所以抵押权并没有设立，乙银行对办公用房并不享有抵押权，故 A 选项错误。甲公司向乙银行交付办公楼并不是设立质权的行为，因为对不动产不能设立质权，故 B 选项错误。同时履行抗辩权是在未约定先后履行顺序的双务合同中，当事人应当同时履行，一方在对方未为对待给付之前，有权拒绝其履行要求。本题中，甲乙之间的主合同是商业借贷性质的借款合同，需要贷款人先转让货币所有权，借款人再于一定期限内返还同种类数额的货币，是有先后履行顺序的，并且借款合同的标的物是金钱，而甲公司的办公用房为该同一法律关系的标的物，因此，乙银行不能基于主合同中甲公司未如期偿还借款而主张对该办公用房的同时履行抗辩权，故 C 选项说法错误。乙银行与甲公司之间的约定不符合法律规定，担保物权并不成立，乙银行不能主张对办公用房优先受偿的权利，故 D 选项说法正确。(D)

[知识点还原] 图表 57；图表 61

七、留置权

1. [考点] 留置权的取得与丧失、留置权人的义务

[解析]《民法典》第 230 条规定："因继承取得物权的，自继承开始时发生效力。"肖某死亡，侯某作为继承人，自继承开始时即肖某死亡时获得该车的所有权，其所有权不会因为车辆被留置或被盗而消灭，故 C 选项错误。《民法典》第 447 条第 1 款规定："债务人不履行到期债务，债权人可以留置已经合法占有的债务人的动产，并有权就该动产优先受偿。"第 448 条规定："债权人留置的动产，应当与债权属于同一法律关系，但是企业之间留置的除外。"据此，对于非双方均为商事主体的情形，需要属于同一法律关系方可留置。本题中，侯某是自然人，非商事主体，但因为该车辆在修理店维修，未支付修理费，基于该法律关系，高某可留置其已经合法占有的车辆，在占有车辆期间，对该车辆享有留置权。《民法典》第 451 条规定："留置权人负有妥善保管留置财产的义务；因保管不善致使留置财产毁损、灭失的，应当承担赔偿责任。"据此，留置权人对于留置财产负有妥善保管义务。所谓妥善保管，民法通说认为，是指留置权人应当以善良管理人的注意保管留置物。本题中，留置权人高某将留置的车辆停在店外的公路旁，此种场所，不属于高某享有权利的空间范围，且没有采取任何看管措施，高某对于车辆失窃的发生具有一定过错，未尽到妥善保管义务，故 B 选项正确。《民法典》第 457 条规定："留置权人对留置财产丧失占有或者留置权人接受债务人另行提供担保的，留置权消灭。"车辆被盗之后，高某失去了对该车辆的实际支配控制的可能，占有丧失，留置权消灭，故 AD 选项正确。(ABD)

[知识点还原] 图表 63

2. [考点] 留置权成立、劳动争议的解决与占有，属于常考点

[解析]《民法典》第 448 条规定："债权人留置的动产，应当与债权属于同一法律关系，但是企业之间留置的除外。"据此，除了商事主体之间的留置外，一般民事主体成立留置权，要求债权人占有的动产与主债权之间有牵连关系。本题中，段某的债权与公司的轿车之间不存在牵连关系，不能成立留置权，故 A 选项错误、D 选项正确。对于段某与公司之间的劳动争议，根据《劳

动法》第79条的规定："劳动争议发生后，当事人可以向本单位劳动争议调解委员会申请调解；调解不成，当事人一方要求仲裁的，可以向劳动争议仲裁委员会申请仲裁。当事人一方也可以直接向劳动争议仲裁委员会申请仲裁。对仲裁裁决不服的，可以向人民法院提起诉讼。"故B选项正确。段某占有公司的轿车，是基于劳动关系，目的在于方便工作，此为段某占有汽车的合法性基础，当解除劳动关系后，段某失去了占有汽车的合法性，故应予返还，C选项正确。（BCD）

[知识点还原] 图表63

3. [考点] 物权请求权、占有返还请求权、留置权、借用合同

[解析] 本题中当乙通知甲解除借用关系并告知丙之后，甲对于自行车的占有失去正当性，不再构成有权占有。丙对于自行车的占有不构成对于甲占有的侵夺，因此甲对丙没有占有返还请求权。乙作为所有权人，且已经解除了其与甲之间的借用关系并告知丙，丙同时得到了甲的确认，因此乙作为物权人要求返还原物。不需要甲同意。故AB两选项均错误。根据《民法典》第447条第1款规定："债务人不履行到期债务，债权人可以留置已经合法占有的债务人的动产，并有权就该动产优先受偿。"此处，所谓债务人的财产，根据留置权可以设立的具体情形分析，不应当限于债务人享有所有权的动产，而是应理解为债务人交给债权人占有的财产。因此，尽管自行车不是甲的，但是，在交给丙维修后，如果不支付维修费，丙可以对该车行使留置权，乙作为所有人，在支付维修费之前，也不能请求丙返还，故C选项正确，D选项错误。（C）

[知识点还原] 图表35；图表63；图表68

4. [考点] 留置权，此点每年必考

[解析]《民法典》第447条规定："债务人不履行到期债务，债权人可以留置已经合法占有的债务人的动产，并有权就该动产优先受偿。前款规定的债权人为留置权人，占有的动产为留置财产。"A选项中，王某支付运费的债务尚未到清偿期，因此，还不能留置，故错误。《民法典》第448条规定："债权人留置的动产，应当与债权属于同一法律关系，但是企业之间留置的除外。"B选项中，刘某与张某均是普通的民事主体，不是企业，因此，可以留置的动产应当与债权属于同一法律关系，即具有牵连关系。B选项中的家具与租金之间没有牵连关系，不能留置，错误。C

选项中，寄存处与丁某之间是保管合同关系，当丁某不支付保管费时，寄存处可以留置该行李，正确。D选项中，甲乙公司之间是加工承揽合同关系，在完成以后，由于乙公司欠甲公司借款，此借款关系与机器零件之间没有牵连关系，虽然甲乙均是企业，不需要牵连关系，但是，《民法典担保制度解释》第62条第2款规定："企业之间留置的动产与债权并非同一法律关系，债务人以该债权不属于企业持续经营中发生的债权为由请求债权人返还留置财产的，人民法院应予支持。"据此，若不属于同一法律关系，则需要属于企业持续经营中发生的债权方可留置。D选项表述的关系中，甲公司的借款不属于持续经营中发生的债权，故D选项错误。[C（原答案为CD）]

[知识点还原] 图表63

5. 请回答第（1）~（3）题。（2015-89~91，不定项）

(1) [考点] 无权处分买卖合同的效力、善意取得，此点每年必考

[解析]《民法典》第597条第1款规定："因出卖人未取得处分权致使标的物所有权不能转移的，买受人可以解除合同并请求出卖人承担违约责任。"据此，张某作为合法占有人，尽管不是电脑的所有权人，但是，其所订立的三份买卖合同均为有效，当张某不能履行合同义务的时候，张某均应当承担违约责任。故A选项错误，BD选项正确。张某是无权处分，但是均是以市价进行的买卖，不知情的乙在获得交付之后，可以善意取得电脑的所有权，故C选项正确。[BCD（原答案为ABCD）]

[知识点还原] 图表20；图表40

(2) [考点] 不当得利、物权返还原物请求权，此点常考

[解析]《民法典》第122条规定："因他人没有法律根据，取得不当利益，受损失的人有权请求其返还不当利益。"关于不当得利，通说认为有四个构成要件，即：（1）一方得利；（2）一方受损；（3）得利和受损之间存在因果关系；（4）得利没有法定或约定的原因。依据民法通说，当得利与受损范围不一致时，若损失小于得利，以损失为准返还，因为多出的部分，得利与损失之间没有因果关系；若得利大于利益，则以利益为准返还；如果得利人有恶意，可以另外通过侵权主张损害赔偿。据此，损失不是返还的限度，故A选项错误。对于费用扣除问题，我国《民法典》

不当得利制度中没有规定,可参照无权占有人返还制度理解,《民法典》第460条规定:"不动产或者动产被占有人占有的,权利人可以请求返还原物及其孳息;但是,应当支付善意占有人因维护该不动产或者动产支出的必要费用。"由于本题中,李某是恶意占有人,不得主张扣除必要费用,故B选项错误。李某拾得电脑,构成无权占有人,乙是电脑的所有权人,相对于李某又是不当得利的债权人。作为权利人,虽然当存在所有权为基础的返还原物请求权与不当得利请求权并存时,通常会选择行使前者,但是这不应理解为是权利人的强制义务,故可选择两种之一来行使,而不是应当选择以所有权身份来行使权利,据此,C选项错误,如果改为"可选择以所有权身份行使权利"则是正确的。拾得人李某如果拒绝返还电脑,则构成侵占。《民法典》第179条规定:"承担民事责任的方式主要有:(一)停止侵害;(二)排除妨碍;(三)消除危险;(四)返还财产;(五)恢复原状;(六)修理、重作、更换;(七)继续履行;(八)赔偿损失;(九)支付违约金;(十)消除影响、恢复名誉;(十一)赔礼道歉。法律规定惩罚性赔偿的,依照其规定。本条规定的承担民事责任的方式,可以单独适用,也可以合并适用。"乙基于民事责任的规定,可以请求李某承担返还财产、赔偿损失等侵权责任,故D选项正确。(D)

[知识点还原] 图表35;图表75

(3) [考点] 留置权、占有返还原物请求权、合同相对性

[解析]《民法典》第453条规定:"留置权人与债务人应当约定留置财产后的债务履行期限;没有约定或者约定不明确的,留置权人应当给债务人六十日以上履行债务的期限,但是鲜活易腐等不易保管的动产除外。债务人逾期未履行的,留置权人可以与债务人协议以留置财产折价,也可以就拍卖、变卖留置财产所得的价款优先受偿。留置财产折价或者变卖的,应当参照市场价格。"本题中没有约定留置权的行使期间,因此,至少要给对方60日的时间,A选项错误。《民法典》第457条规定:"留置权人对留置财产丧失占有或者留置权人接受债务人另行提供担保的,留置权消灭。"当李某将电脑偷回以后,留置权人丧失了对于留置物的占有,则丧失留置权,故B选项正确。李某将电脑偷回的行为,侵犯了康成公司作为留置权人的占有。《民法典》第462条规定:"占有的不动产或者动产被侵占的,占有人有权请求返还原物;对妨害占有的行为,占有人有权请求排除妨害或者消除危险;因侵占或者妨害造成损害的,占有人有权依法请求损害赔偿。占有人返还原物的请求权,自侵占发生之日起一年内未行使的,该请求权消灭。"因此,康成公司可基于占有返还原物请求权请求李某返还电脑。故C选项正确。本题中,王某将电脑交给康成公司进行维修,维修合同的主体是王某和康成公司,基于合同的相对性,康成公司只能主张王某支付维修费,而不能主张李某支付维修费,故D选项错误。(BC)

[知识点还原] 图表63;图表68;图表85

6. [考点] 担保物权的并存、动产抵押与质权的关系,属于常考点

[解析] 当债务人提供的物保与第三人的物保并存时,如果没有约定责任的承担方式,应当先执行债务人自己的物保,故A选项主张先拍卖债务人自己的房产正确,B选项错误。但由于两个抵押合同约定了担保数额,故无论选择哪一个均实现不了全部债权,AB选项表述均不准确,不当选。当未登记的动产抵押权和质权并存时,通说认为,由于动产抵押未登记,没有公示,相对于质权而言,质权人应优先于动产抵押权人受偿,且本题中质权设立在先,抵押权设立在后,无论登记与否质权人均应优先于动产抵押权人受偿,故C选项正确。《民法典》第415条规定:"同一财产既设立抵押权又设立质权的,拍卖、变卖该财产所得的价款按照登记、交付的时间先后确定清偿顺序。"据此,丁公司对于机器设备,享有登记的动产抵押,相对于乙公司质权而言,两者应当按照发生的时间先后来优先受偿,乙的权利应当优先于丁,故D选项错误。(C)

[知识点还原] 图表64

7. [考点] 留置权、物权的追及效力

[解析] 所谓物权的追及效力是指,当物权的标的物被他人不法占有时,无论该物辗转于何人之手,物权人并不因为失去物的占有而丧失物权,而是物权跟着标的物走,物权人有权要求不法占有人返还原物。当然,物权的追及力止于善意取得,如果遇到了依法可以善意取得的善意第三人,则不能再追及。本题中,表的性质为遗失物,李某捡到后卖给了王某,王某又卖给了郑某,根据《民法典》第312条规定:"所有权人或者其他权利人有权追回遗失物。该遗失物通过转让被他

67

占有的，权利人有权向无处分权人请求损害赔偿，或者自知道或者应当知道受让人之日起二年内向受让人请求返还原物；但是，受让人通过拍卖或者向具有经营资格的经营者购得该遗失物的，权利人请求返还原物时应当支付受让人所付的费用。权利人向受让人支付所付费用后，有权向无处分权人追偿。"据此，不管是王某还是郑某，都不能直接善意取得，不管名表在谁的手里，所有权人张某在知道受让人后，均可在2年内向受让人主张返还原物。但此时郑某已将手表交给朱某修理，朱某属于合法占有，尽管遗失物被卖给第三人时，第三人不能善意取得物权，但通说认为，遗失物交给他人维修不给修理费时，维修人可以依法取得留置权，此时留置权的取得在有些教材中，也被称为善意取得。但是，要注意留置权的善意取得与其他物权的善意取得有重要不同，因为留置权的善意取得无须以无权处分为前提，同时，留置权取得的适用范围可以覆盖到委托物和脱离物，正如本题，遗失物如果被无权处分卖给第三人，则第三人不能善意取得。本题中，主张返还原物，通常向现实的无权占有人主张，此时，朱某作为留置权人是直接占有人，郑某为间接占有人，两者均为现实占有人。张某可以向无权占有人郑某请求返还原物，C选项正确。由于朱某享有留置权，在没有支付维修费之前，不得请求朱某返还原物，故D选项错误。而王某和李某已不占有该名表，张某无法请求二人返还名表，故AB选项错误。[C（原答案为D）]

[知识点还原] 图表31；图表41；图表63

8. [考点] 担保物权的竞合，属于常考点

[解析] 同一动产上同时并存抵押权、质权、留置权，且分别担保不同的债权的，称为动产担保物权的竞合。此时，由于各担保物权担保的是数个债权，各债权对该动产的交换价值优先受偿时，就有一个顺序的先后问题。《民法典》第456条规定："同一动产上已经设立抵押权或者质权，该动产又被留置的，留置权人优先受偿。"据此，丁的留置权优先于甲、乙的抵押权、丙的质权。同一动产上并存的抵押权和质权，如果是登记的动产抵押权，原则上按照先来后到的规则确定清偿顺序。如果动产抵押没有登记，则质权优先。在两个动产抵押之间，如果都办理了登记，则按照登记的时间先后来确定优先受偿的顺序；如果都没有登记，则按比例平等受偿；如果有的登记，有的不登记，则登记动产抵押优先于没有登

的。据此，D选项正确。（D）

[知识点还原] 图表64

9. [考点] 留置权的成立，属于常考点

[解析] 抵押权与动产质权均为意定担保物权，须经当事人合意设立，不存在法定抵押权和法定动产质权。由于辽西公司与辽东公司不存在设立动产抵押权或者动产质权的合意，并且抵押权无须移转占有，因而，辽西公司扣留电脑的行为不可能属于行使动产抵押权或者动产质权的行为，故AB选项错误。《民法典》第448条规定："债权人留置的动产，应当与债权属于同一法律关系，但是企业之间留置的除外。"据此，企业之间的留置权（即商事留置权）不要求留置的动产与担保的债权属于同一法律关系，且该债权是日常经营活动中产生的，电脑又属于辽东公司，同时由于辽西公司对辽东公司的债权合法有效，辽西公司对电脑的占有属于合法占有，当事人之间没有约定排除留置权的行使，辽西公司的留置行为与自己所负的义务及公序良俗并无违背，辽西公司对电脑享有留置权，故C选项正确。根据《民法典》第1177条规定："合法权益受到侵害，情况紧急且不能及时获得国家机关保护，不立即采取措施将使其合法权益受到难以弥补的损害的，受害人可以在保护自己合法权益的必要范围内采取扣留侵权人的财物等合理措施；但是，应当立即请求有关国家机关处理。受害人采取的措施不当造成他人损害的，应当承担侵权责任。"据此，自助行为的构成要件有四：（1）为保护自己合法的请求权，即请求权有遭受损害之虞；（2）情况紧急别无选择，即情势紧迫来不及请求公力救济，且不实施自助势必导致请求权难以实现或者无从实现；（3）不超过必要的限度；（4）事后及时请求公力救济。本题中，并不存在情势的紧迫，故辽西公司不享有自助的权利，故D选项错误。（C）

[知识点还原] 图表4；图表63

八、占有

1. [考点] 占有的取得与丧失，偶尔考查

[解析] 占有，是指对于物具有事实上的管领力的一种状态。构成占有通常需具备如下要求：从客观方面来说，空间上，物应当处于人的力量作用的范围内始得谓之占有；时间上，人对物的某种支配应当持续一定的时间方为占有，短暂接触，不构成法律上的占有。从主观方面来说，民

法理论认为，取得占有，无论有权还是无权占有，均需要占有人有占有的内心意思。同时，构成法律上的占有，并不以事实上的掌控（如亲自拿在手里）为必要，只要具有法律上认可的、直接的或间接的管领力即可构成占有。本题中，甲将资料书放在教室去吃饭，并没有丧失对资料书的占有，故 A 选项错误。当乙决定将资料书占为己有带出教室时，构成对甲占有的侵占，此时，甲在侵占发生之日起 1 年内，可主张乙返还原物，虽然此时，甲还享有占有返还原物请求权，但甲的占有因为乙的侵夺行为，已经消灭，故 D 选项错误。对于学生乙来说，开始翻看资料书时，缺乏对资料书占有的意思，故并没有取得对资料书的占有，当其决定将资料书据为己有并将其带出教室时，具有了占有资料书的意思，同时也具有了持续性控制资料书的行为，符合法律上认可的占有，故 B 选项错误、C 选项正确。（C）

[知识点还原] 图表 68

2. [考点] 占有的效力，此点常考

[解析] 依民法理论，占有具有权利推定的效力。既然占有的权利是推定的，很有可能会通过法律的程序被推翻。本题中，实际占有人为乙，但是，其不能证明自己占有的来源是合法的。本题中更为重要的信息是，甲能够证明自 10 月 1 日前对于该宝石戒指的合法占有并且是在 10 月 1 日出去旅游时交给乙进行保管的。基于甲提供的这一事实，足以推翻乙占有的合法性。同时，本题中没有陈述甲乙任何一方享有所有权的事实，更不存在归国家所有的理由。故 B 选项正确，ACD 选项错误。值得注意的是，本题应当区分考试思维与实务思维。乙的占有首先推定为有权利，但是在甲证明自己在 10 月 1 日前对于该宝石戒指一直合法占有，而乙又没有任何获得占有的正当性理由时，乙占有的权利推定足以被推翻。很多考生在公布答案后提出异议，认为乙没有必要证明自己占有的合法来源，这是以乙的占有不发生争议为前提的，既然甲已经对于乙的占有提出异议，并且证明了自己 10 月 1 日前的合法占有，此时，乙的占有若没有正当理由则应当被推翻，而且，题目中甲的证明已经是客观事实。（B）

[知识点还原] 图表 68

3. [考点] 占有的分类，此点常考

[解析] 根据占有人事实上是否占有其物为标准，可以分为直接占有与间接占有。直接占有，是事实上对于物的占有。间接占有，是指基于一定的法律关系，对于事实上占有物的人有返还请求权，因而间接地对物进行领管、支配的占有。两者之间较为难以理解的是间接占有。通常而言，间接占有的构成需要具有如下三个要件：（1）间接占有人与直接占有人之间有某种法律关系；（2）间接占有人须享有返还请求权，该请求权不限于基于合同而产生的请求权，基于所有物返还请求权，或者基于侵权、无因管理、不当得利而产生的请求权均包括在内；（3）直接占有人是以他主占有的意思进行占有。

乙的手机在丢失之前，是直接占有，在丢失之后，失去了事实上的占有，但是，乙可以请求拾得人返还原物。乙要构成间接占有，必须是拾得人以他主占有的心态占有时方可构成。一旦拾得人有了自主占有的心态，乙的间接占有就会消灭。本题中，甲拾得乙的手机后，卖给了不知情的丙，显然是以自主占有的心态在处分手机，此时，乙已经不存在间接占有了，因为乙的占有已经消灭，故 A 选项错误。

本题中，甲对拾得遗失物的占有无正当理由，因此是无权占有，将手机卖给了善意第三人，以自主的心态处分了手机，构成自主占有，故 B 选项正确。在无权占有中，根据占有人是否知情，又可以分为善意占有和恶意占有。甲将手机卖给了不知情的第三人，根据《民法典》第 312 条规定："所有权人或者其他权利人有权追回遗失物。该遗失物通过转让被他人占有的，权利人有权向无处分权人请求损害赔偿，或者自知道或者应当知道受让人之日起二年内向受让人请求返还原物；但是，受让人通过拍卖或者向具有经营资格的经营者购得该遗失物的，权利人请求返还原物时应当支付受让人所付的费用。权利人向受让人支付所付费用后，有权向无处分权人追偿。"据此，善意第三人丙可以获得占有，但是丙不能获得所有权，而且此时丙的占有并不能获得物权，原权利人可以请求返还，因此，丙的占有为无权占有，同时丙又不知情，为善意占有人，故 C 选项正确。丁基于维修合同占有了手机，有正当理由，为有权占有，同时，为了实现自己的债权而留置了债务人的财产，此时的占有，显然为他主占有，故 D 选项正确。[BCD（原答案为 ABCD）]

[知识点还原] 图表 68

4. [考点] 占有返还请求权，属于常考点

[解析] 根据《民法典》第 314 条规定："拾得遗失物，应当返还权利人。拾得人应当及时通

69

知权利人领取，或者送交公安等有关部门。"因此，不能因占有而获得所有权，故 A 选项错误。此时，张某对于小羊的占有构成无权占有。《民法典》第 462 条规定："占有的不动产或者动产被侵占的，占有人有权请求返还原物；对妨害占有的行为，占有人有权请求排除妨害或者消除危险；因侵占或者妨害造成损害的，占有人有权依法请求损害赔偿。占有人返还原物的请求权，自侵占发生之日起一年内未行使的，该请求权消灭。"此处的占有既包括有权占有也包括无权占有。占有作为一种事实，只要受到不正当的侵害，均构成对占有的侵犯，均可以请求返还，但是无权占有人获得返还后，也负有向权利人返还原物的义务。同时，无论是占有返还原物请求权还是物权返还原物请求权，均需要向现实的无权占有人主张返还。本题中王某是权利人，张某是无权占有人，李某从张某的羊圈中抱走小羊的行为构成对于张某占有的侵犯，故 D 选项正确。然而，李某侵犯张某占有的目的是返还给原来的权利人王某，并且已经返还，王某是所有权人，不是无权占有人，故张某不能向王某主张返还。李某此时已经将小羊交付所有权人王某，李某已经不是现实占有人，因此，张某也不能向李某主张返还，故 BC 选项错误。（D）

[知识点还原] 图表 68

5. [考点] 占有与所有权的保护，属于常考点

[解析] 徐某未获得规划许可证和施工许可证而自建的门面房为违章建筑，不能基于事实行为而获得所有权，故 A 选项错误。但是，房屋建成之后，尽管没有所有权，徐某仍是门面房的占有人，所有的占有状态都受到法律的保护，其他业主强行拆除门面房的行为构成对徐某占有的侵犯，B 选项正确。基于占有，对于不正当的侵害，可以请求返还原物、排除妨碍、消除危险，本题中其他业主的要求是正当的，因此，业主没有恢复原状的义务，C 选项错误。徐某对于自住的房屋享有所有权，因此，其他业主在拆除门面房过程中造成徐某自住房的损害，其他业主需要承担赔偿责任，故 D 选项正确。（BD）

[知识点还原] 图表 68

6. [考点] 占有的分类、占有返还原物请求权、物权返还原物请求权，属于常考点

[解析] 占有人对占有物不享有占有的权利的，该占有为无权占有。无权占有分为善意占有与恶意占有。无权占有人不知道也不应当知道自己欠缺占有权源的，为善意占有；无权占有人知道或者应当知道自己欠缺占有权源的，为恶意占有。本题中，甲擅自占有乙的车位，欠缺占有的权源，属于无权占有。且甲知道自己对乙的车位欠缺占有的权利，属于恶意占有。故 A 选项正确，不当选。根据《民法典》第 462 条的规定，占有返还请求权的构成要件有四：（1）请求人为占有人；（2）占有人的占有被侵夺；（3）被请求人为侵夺人及其继受人；（4）须在占有被侵夺之日起 1 年内行使。这是民法理论上的通说，据此通说，无侵夺，则无占有返还请求权。本题中尽管甲是无权占有，但是丙通过租赁合同获得了占有，在租赁期间丙的占有相对于甲，是有正当权利来源的，故在租赁期间内，甲无权主张返还，故 B 选项正确，不当选。

C 选项中，乙是车位的所有人，当然可以主张甲返还原物，但是，至于乙主张的是占有返还请求权还是物权返还原物请求权，在第一句话中并不明确。从民法原理看，基于物权的追及效力，对于非法占有人，乙通常均可以主张返还，故此表达正确。可是，丙在租赁期满后，明确表示不再续租，但是之后仍然继续使用车位的行为，是否构成对于车位的侵夺呢？自理论角度言之，所谓侵夺，即《民法典》第 462 条规定的"占有的不动产或者动产被侵占的"，如果是动产，则可表现为通过非法手段（或公开或隐秘）占有他人财产，使得原占有人失去占有；如果是不动产，如本题中的车位，则通常表现为公开的、未经许可的占领，进而使得原占有人失去占有。就此而言，本题中，丙在租赁期满后，明确表示不再续租，但仍然继续使用该车位的行为，明显构成对甲占有的侵占，故甲可以对丙主张占有返还请求权。因此，乙可以通过两种途径实现自己权利的保护，一方面可以基于物权请求权直接主张丙返还，另一方面甲侵夺乙对停车位的占有后，又将该停车位出租给丙，此时甲系停车位的间接占有人，仍为现实占有人，乙有可能对甲行使占有返还请求权。但是，如果乙对甲主张占有返还请求权，则因为在甲、丙的租赁期满后，甲对于乙车位的侵占已经超过了 1 年，乙自己的占有返还请求权已经消灭，不过，乙可请求甲将甲的占有返还请求权转让给自己，进而通过主张甲的占有返还请求权来保护自己的权利。故 C 选项正确，不当选。

如上所述，乙可基于自己的所有权，主张丙返还原物，而且因为车位属于不动产，根据我国《民法典》之规定，此种物权请求权是没有时间限

制的，但是，如果乙要向丙主张占有返还请求权，则受到法定不变期间1年的限制。题意表明，甲侵占乙的车位，乙出国2年，显然，乙若回来主张占有返还请求权时，无论是对甲还是对丙均已经超过了1年的时间，此时，无论丙是善意还是恶意，乙基于占有返还请求权均不得向丙主张返还原物，故D选项错误，当选。（D）

[知识点还原] 图表35；图表68

7. [考点] 占有分类与保护，属于常考点

[解析] 丙借用甲的自行车，但错取乙的自行车，丙对乙的自行车欠缺占有的民事权利，属于无权占有，故A选项正确。《民法典》第460条规定："不动产或者动产被占有人占有的，权利人可以请求返还原物及其孳息；但是，应当支付善意占有人因维护该不动产或者动产支出的必要费用。"丙对乙的自行车虽属无权占有，但丙虔诚地相信自己占有的系甲的自行车，不知道也不应知道自己对乙的自行车构成无权占有，所以，甲告知丙骑错车前，丙对乙的自行车构成善意占有，故B选项正确。丙擅自取走乙的自行车，侵夺了乙对其自行车的占有，原占有人乙可对丙行使《民法典》第462条规定的占有返还请求权。占有返还请求权与侵夺人丙主观上善意还是恶意无关，故C选项正确。当甲告知丙骑错车时，丙对自行车的占有变为恶意占有。根据《民法典》第461条规定："占有的不动产或者动产毁损、灭失，该不动产或者动产的权利人请求赔偿的，占有人应当将因毁损、灭失取得的保险金、赔偿金或者补偿金等返还给权利人；权利人的损害未得到足够弥补的，恶意占有人还应当赔偿损失。"据此，恶意占有人占有期间，其占有的标的物毁损灭失的，不论恶意占有人对标的物的毁损灭失是否具有过错，权利人均有权请求恶意占有人承担赔偿责任。故D选项正确。（ABCD）

[知识点还原] 图表68

8. [考点] 无权占有的返还，属于常考点

[解析]《民法典》第321条第1款规定："天然孳息，由所有权人取得；既有所有权人又有用益物权人的，由用益物权人取得。当事人另有约定的，按照其约定。"本题中，耕牛属于周某借给高某使用的，故周某是耕牛的所有权人。小牛属于天然孳息，按照法律规定，小牛应当由所有权人周某取得。"小高不知耕牛非属高某所有而继承"表明，在借用期满后，小高为耕牛与小牛的善意无权占有人。《民法典》第460条规定："不动产或者动产被占有人占有的，权利人可以请求返还原物及其孳息；但是，应当支付善意占有人因维护该不动产或者动产支出的必要费用。"因此，小高负有将耕牛与小牛返还给周某的义务，但此时小牛已因小高管理不善而死亡，根据《民法典》第461条规定："占有的不动产或者动产毁损、灭失，该不动产或者动产的权利人请求赔偿的，占有人应当将因毁损、灭失取得的保险金、赔偿金或者补偿金等返还给权利人；权利人的损害未得到足够弥补的，恶意占有人还应当赔偿损失。"据此，对于占有期间的损害，因为借用期满后，小高为善意无权占有人，不必对周某承担小牛死亡的赔偿责任，所以周某有权请求小高归还耕牛，但无权请求返还小牛。故A选项正确。（A）

[知识点还原] 图表68

9. [考点] 物权返还请求权、占有返还请求权，属于常考点

[解析]《民法典》第235条规定："无权占有不动产或者动产的，权利人可以请求返还原物。"本题中，甲、乙是该台笔记本电脑的权利人，所以AB选项正确。《民法典》第462条第1款规定："占有的不动产或者动产被侵占的，占有人有权请求返还原物；对妨害占有的行为，占有人有权请求排除妨害或者消除危险；因侵占或者妨害造成损害的，占有人有权依法请求损害赔偿。"本题中，丙虽然没有该台笔记本电脑的所有权，但是丙是占有人，其占有的标的物被侵占后，丙有权请求返还原物，因此C选项正确。另外，丁趁丙不注意拿走该笔记本属于违法取得，故D选项是错误的。（ABC）

[知识点还原] 图表35；图表68

PART 03
第三章 债 权

一、债之关系概述

1. [考点] 债的发生原因、按份之债，是常考点

[解析] 在交通事故后，达成调解协议，甲乙与丙约定，甲乙各自向丙赔偿5万元，因此，此债务为合同之债，而非侵权之债，故A选项错误，B选项正确。既然甲乙与丙的协议是甲乙各自承担5万元，则甲乙与丙之间形成的是按份之债，甲乙只需要就自己的份额承担责任即可，故在甲已经完全履行的情况下，乙尚有4万元没有履行，此时，甲没有再履行的义务，丙只能向乙主张尚未履行的4万元，故D选项错误。丙获得工伤补偿，与甲乙交通事故责任的赔偿并没有必然的关系，两者适用情形，计算标准皆有不同，不能作为乙的免责事由，故C选项错误。（B）

[知识点还原] 图表71；图表72

2. [考点] 债的类型，属于常考点

[解析] 按照债之标的是否具有选择可能性，债分为简单之债与选择之债。简单之债，指仅有一个标的（客体）的债。选择之债，指债的标的有数个，债务人可以择一履行或者债权人可以择一请求履行的债，选择之债一经确定给付，转化为简单之债。本题中，乙公司与银行、丙公司与银行均成立保证之债，构成共同保证。这两个保证之债均只有一个标的，并无选择的可能性，都属于简单之债，而非选择之债。据此，A选项错误。透彻理解B选项涉及的相关问题，首先要确定本题中乙丙分别出具担保函的行为成立的是一般保证还是连带保证。根据《民法典》第686、687和688条规定，当事人在保证合同中约定，债务人不能履行债务时，由保证人承担保证责任的，为一般保证。当事人在保证合同中约定保证人和债务人对债务承担连带责任的，为连带责任保证。当事人在保证合同中对保证方式没有约定或者约定不明确的，按照一般保证承担保证责任。但根据《民法典担保制度解释》第25条第2款规定：

"当事人在保证合同中约定了保证人在债务人不履行债务或者未偿还债务时即承担保证责任、无条件承担保证责任等类似内容，不具有债务人应当先承担责任的意思表示的，人民法院应当将其认定为连带责任保证。"据此，虽然没有明确为连带保证的通常认定为一般保证，但是在认定是否构成连带保证时，应采用实质解释，即使没有出现"连带保证"的字样，但是具有无条件承担责任的意思时，也应当认定为连带责任保证。本题中，乙丙出具担保函时，明确"甲公司不按时偿还"时就承担责任，非"不能履行时"承担责任，应认定为连带责任保证。由于本题中存在乙丙两个保证人，《民法典》第699条规定："同一债务有两个以上保证人的，保证人应当按照保证合同约定的保证份额，承担保证责任；没有约定保证份额的，债权人可以请求任何一个保证人在其保证范围内承担保证责任。"保证人乙公司、丙公司均未与债权人银行约定各自承担保证责任的份额，乙公司、丙公司均有义务向债权人清偿全部债务，债权人可向任何一个保证人主张全部清偿责任，故乙丙两公司对于银行承担的是非按份之债，故C选项错误。但是，在此，乙丙两个保证人之间是不是连带关系，需要根据《民法典》关于连带责任产生原因的规定来认定。《民法典》第518条第2款规定："连带债权或者连带债务，由法律规定或者当事人约定。"据此，当没有法律规定时，要产生两个主体之间的连带之债需要明确约定。本题中，没有明确约定乙丙两公司为连带关系，故乙丙与银行之间的债务，非连带之债，故B选项错误。同一个债，若其债权人与债务人均为一人，为单一之债；同一个债，若其债权人或者债务人为2人或2人以上，则为多数人之债。本题中，乙公司与银行成立了一个保证之债，丙公司与银行成立了另一个保证之债，由于不是基于同一个合同承担债务，就不是多数人之债，据此，D选项错误。（ABCD）

[知识点还原] 图表71；图表78

3. ［考点］债的种类，属于常考点

［解析］《民法典》第 770 条第 1 款规定："承揽合同是承揽人按照定作人的要求完成工作，交付工作成果，定作人支付报酬的合同。"本题中，婷婷的父母将某影楼摄影师请到家中为其拍摄纪念照，实际上是由摄影师按照婷婷父母的要求完成摄影工作，交付摄影作品，由婷婷父母支付一定报酬的合同，属于承揽，A 选项说法正确，当选。《民法典》第 919 条规定："委托合同是委托人和受托人约定，由受托人处理委托人事务的合同。"据此，委托合同是委托人要求受托人完成的，仅仅是受托行为，而不需要交付工作成果，这也是承揽合同与委托合同区分的重要标志，故不是委托合同关系，B 选项错误。婷婷父母要求影楼不得保留底片用作他途，而影楼却违反约定将婷婷相片制成挂历出售，获利颇丰，这实际上已经是以营利为目的使用他人肖像，构成了对婷婷的肖像权的侵犯，C 选项说法正确，当选。所谓不当得利是指无法律上的原因而受利益，致使他人受损失的事实。本题中影楼通过侵犯婷婷肖像权而获得利益，是没有法律上的依据的，因此构成不当得利之债，此处的损失，为消极的财产损失，即可能增加的没有增加。由此 D 选项的说法正确，当选。（ACD）

［知识点还原］图表 71；图表 125；图表 133

4. ［考点］债的类型，属于常考点

［解析］此题颇为经典。根据债的主体双方是单一的还是多数的，债可分为单一之债和多数人之债。单一之债是指债的主体双方即债权人和债务人均为一人的债；多数人之债是指债权人和债务人至少一方是 2 人或者 2 人以上的债。本题中合同当事人的一方是甲、乙 2 人，所以属于多数人之债，A 选项说法正确。对于多数人之债，根据多数一方当事人直接权利义务关系的不同状态，可分为按份之债和连带之债。按份之债是指债的多数一方当事人各自按照确定的份额享有权利或者承担义务的债。连带之债是指债的多数一方当事人之间有连带关系的债。《民法典》第 518 条第 2 款规定："连带债权或者连带债务，由法律规定或者当事人约定。"据此，只要当事人没有明确约定为连带或法律明确规定为连带的，就应当为按份债务。本题中，甲、乙与丙的合同约定"甲和乙按 4∶6 比例分配并按该比例付款"，因此属于按份之债，B 选项说法正确。值得注意的是，债务人履行比例的约定必须经过债权人的同意，如果仅仅是甲、乙之间的约定，不能形成按份之债，对于债权人依然要承担连带责任。根据债的标的有无选择性，债可分为简单之债和选择之债。简单之债是指债的履行标的只有一种，债务人只能按照该种标的履行，债权人也只能请求债务人按该种标的履行的债。选择之债是指债的履行标的有数种，债务人可从中选择其一履行或者债权人可选择其一请求债务人履行的债。本题中的合同履行没有可选择性，因此属于简单之债，C 选项说法正确。根据债的标的物的不同属性，债可以分为特定之债和种类之债。以特定物为标的的债为特定之债，以种类物为标的的债为种类之债。本题合同中的标的物"3000 吨原油"不是特定物，而是种类物，因此属于种类之债，D 选项说法错误。（ABC）

［知识点还原］图表 71

5. ［考点］债的分类

［解析］根据债的标的物的性质，债可分为特定之债与种类之债。特定之债，是指债务人应给付特定的物的债，即以特定物为标的物的债；种类之债，仅指以种类物为标的物的债。特定之债与种类之债，是对于财物之债的再分类，而本题中演出合同是劳务之债，故 A 选项错误。依据债的主体双方是一人还是多人，可将债分为单一之债和多数人之债。单一之债，是指债权主体一方和债务主体一方都仅为一人的债；多数人之债，是指债权人主体和债务人主体至少有一方为二人以上的债。所以，在单一之债，只有两个当事人；而在多数人之债，则至少有三个当事人。本题中，演唱组合虽然由四人组成，但在法律关系中，是作为一个整体享有权利履行义务，并非组合的成员独立享有权利履行义务，故依然是单一主体，是单一之债，故 B 选项正确。根据债的履行是否可以选择，债可分为简单之债与选择之债。简单之债，指债的履行标的只有一种，当事人只能按照该种标的履行的债；选择之债，是指债的履行标的有数种，当事人从中选择一种来履行的债。本题中，虽然公司与演唱组合订立的演出合同约定演唱歌曲 2-3 首，但这只是数量的差异，标的的种类依然只有一种，故为简单之债，C 选项错误。本题中的演出合同明显是约定之债，非法定之债，法定之债主要包括侵权损害赔偿之债、不当得利之债、无因管理之债及缔约过失之债，故 D 选项错误。（B）

［知识点还原］图表 71

二、单方允诺、无因管理和不当得利

1. [考点] 无因管理

[解析] 本案中，外卖员张某的行为，构成无因管理。《民法典》第 979 条第 1 款规定："管理人没有法定的或者约定的义务，为避免他人利益受损失而管理他人事务的，可以请求受益人偿还因管理事务而支出的必要费用；管理人因管理事务受到损失的，可以请求受益人给予适当补偿。"据此，张某在管理过程中造成的背部受伤和手机损失，均可向受益人李某主张补偿，故 CD 选项正确。

对于李某所受损害，张某不需要赔偿，因为在危急情况下，张某在管理过程中没有故意或重大过失，造成被管理人伤害的，不需要承担赔偿责任，故 A 选项错误。

张某救人之前，将手机交给了王某保管，两者构成无偿保管关系。《民法典》第 897 条规定："保管期内，因保管人保管不善造成保管物毁损、灭失的，保管人应当承担赔偿责任。但是，无偿保管人证明自己没有故意或者重大过失的，不承担赔偿责任。"本案中，王某作为无偿保管人，因为过度紧张而失手，不能认为王某对于损害的发生有故意或重大过失，故王某不承担赔偿责任，应当算作管理中造成的损失，由被管理人进行补偿，故 B 选项错误。（CD）

[知识点还原] 图表 74

2. [考点] 不当得利、善意取得

[解析] 王某是画的保管人，非所有权人，死后按照遗嘱由王乙继承后进行的处分行为，是无权处分。丙不知情且按照合理价格购买，可构成善意取得所有权，故丙没有返还的义务，C 选项错误。

王乙处分李某的画，所得价款构成不当得利。《民法典》第 122 条规定："因他人没有法律根据，取得不当利益，受损失的人有权请求其返还不当利益。"据此，对于该不当得利，王乙应予以返还。然而，王乙获得此不当得利时，并不知情，属于善意的不当得利人，当王乙将所得价款赠与王甲后，所得利益已不存在，王乙免除返还的义务，故 B 选项错误。

《民法典》第 988 条规定："得利人已经将取得的利益无偿转让给第三人的，受损失的人可以请求第三人在相应范围内承担返还义务。"据此，王乙向王甲无偿转让了所得利益，故受损失的李某可向王甲在相应范围内主张返还，故 A 选项正确。

《民法典》第 1165 条第 1 款规定："行为人因过错侵害他人民事权益造成损害的，应当承担侵权责任。"王乙在将画出售时，并不知情，主观上不存在过错，因此，王乙对于李某不构成侵权，故 D 选项错误。（A）

[知识点还原] 图表 76；图表 40

3. [考点] 悬赏广告、拾得遗失物的法律后果，属于常考点

[解析] 根据《民法典》第 314 条的规定："拾得遗失物，应当返还权利人。拾得人应当及时通知权利人领取，或者送交公安等有关部门。"第 315 条规定："有关部门收到遗失物，知道权利人的，应当及时通知其领取；不知道的，应当及时发布招领公告。"本题中，周某拾得陈某丢失的设备后，送交了公安部门。公安部门发布了招领公告，陈某看到公告，从公安部门领回其设备。《民法典》第 317 条第 2 款规定："权利人悬赏寻找遗失物的，领取遗失物时应当按照承诺履行义务。"据此，陈某发布了悬赏广告的，领取遗失物时应当履行自己承诺的义务。问题的关键是，拾得人拾得后交公，权利人通过公安机关的招领公告领取遗失物的，陈某应当向谁支付报酬。首先，公安部门发布失物招领公告，陈某通过公告取回，不需要向公安部门支付酬金，因为这属于公安部门正当履行职务的行为，不能获得报酬，A 选项错误。其次，就本案中的拾得人周某而言，虽然并没有按照悬赏广告的要求送回遗失物，没有直接完成悬赏广告要求的行为，但周某将遗失物交公的行为，有归还遗失物的意图，没有侵占遗失物的意思与行为，不过是通过公安机关的招领公告完成了该行为而已。对此，理论上通常认为，在遗失人发布了悬赏的情形下，拾得人的报酬领取权并不因为送交公安部门而受影响。据此，陈某领取遗失物的，依然负有向拾得人周某支付悬赏报酬的义务，故 B 选项正确。《民法典》第 317 条第 1 款规定："权利人领取遗失物时，应当向拾得人或者有关部门支付保管遗失物等支出的必要费用。"据此，无论通过拾得人取回，还是通过公安部门取回，取回时均需要支付必要费用，据此，CD 选项错误。（B）

[知识点还原] 图表 39；图表 73

4. [考点] 收养关系成立、监护人责任、不当得利，其中后两者是常考点

[解析] 根据《民法典》第 1114 条第 1 款规定："收养人在被收养人成年以前，不得解除收养

关系，但是收养人、送养人双方协议解除的除外。养子女八周岁以上的，应当征得本人同意。"本题中，李某与张某达成了解除收养关系的协议，因此，可以解除收养，故 A 选项错误。《民法典》第 464 条规定："合同是民事主体之间设立、变更、终止民事法律关系的协议。婚姻、收养、监护等有关身份关系的协议，适用有关该身份关系的法律规定；没有规定的，可以根据其性质参照适用本编规定。"可参照适用的是与身份关系有关的财产性质的责任，如离婚时财产分割协议、子女抚养费的支付协议等。本题中，关于收养关系本身，属于纯粹的人身关系，不能适用民法典合同编的规定。《民法典》中对收养没有关于违约责任的规定，只是规定了收养关系的解除条件、程序和方式，当事人关于违约责任约定没有依据，故 B 选项错误。根据《民法典》第 1105 条第 1 款规定："收养应当向县级以上人民政府民政部门登记。收养关系自登记之日起成立。"第 1111 条规定："自收养关系成立之日起，养父母与养子女间的权利义务关系，适用本法关于父母子女关系的规定；养子女与养父母的近亲属间的权利义务关系，适用本法关于子女与父母的近亲属关系的规定。养子女与生父母以及其他近亲属间的权利义务关系，因收养关系的成立而消除。"因此，在收养关系存续期间，李某是被收养人小张的法定监护人，因此对于小张侵权的责任应当由李某承担，故 C 选项错误。《民法典》第 122 条规定："因他人没有法律根据，取得不当利益，受损失的人有权请求其返还不当利益。"本案中，张某向李某支付 10 万元的原因是基于张某与李某之间达成的收养协议，在收养协议解除之后，李某获得 10 万元没有正当理由，因此造成了张某的损失，因此，认定构成不当得利，李某应当返还给张某，故 D 选项正确。(D)

[知识点还原] 图表 75；图表 82；图表 155；图表 164

5. [考点] 无因管理，属于常考点

[解析] 根据《民法典》第 121 条规定："没有法定的或者约定的义务，为避免他人利益受损失而进行管理的人，有权请求受益人偿还由此支出的必要费用。"无因管理的构成要件包括：(1) 为他人管理事务；(2) 必须有为他人管理的意思；(3) 没有法定或约定义务；(4) 不违背他人的意思，如他人的意思违法或者违背社会伦常道德要求的除外。其中，是否有为他人管理的意思，不是单看管理人的主观想法，只要社会中正常认为此行为有为他人管理的意思即可认定有为他人管理之意思。本题中救火的行为，显然有为他人管理的意思，故 A 选项错误。本题中，乙是所有人，丙是使用人，均是管理的直接受益人，因此，甲依据无因管理既可以向乙主张，也可以向丙主张，故 BC 选项错误。在管理过程中，甲不知道此房屋投了保险，正常人也不会认为有为保险公司谋利益的主观意思，因此，不能向保险公司主张无因管理，故 D 选项正确。(D)

[知识点还原] 图表 74

6. [考点] 悬赏广告、遗失物拾得人与遗失人之关系

[解析] 遗失人在财物遗失后，如果没有发布悬赏广告，此时，拾得人应当返还，如果拾得人为寻找失主支出了必要费用，构成无因管理，遗失人应当向拾得人支付必要费用，故 C 选项错误。在发布悬赏广告后，则在悬赏的遗失人和拾得人之间形成债的关系，此债不管理解为单方允诺之债，还是理解为合同之债，此时，当拾得人将遗失物送还之时，遗失人均应当按照悬赏的内容来履行，故 A 选项错误，D 选项正确。《民法典》第 447 条第 1 款规定："债务人不履行到期债务，债权人可以留置已经合法占有的债务人的动产，并有权就该动产优先受偿。"据此，要构成留置权，则必须是合法占有债务人财产，拾得人拾得遗失物，占有为无权占有，没有正当理由，因此，不是合法占有，故不能行使留置权，故 B 选项错误。(D)

[知识点还原] 图表 39；图表 73

7. [考点] 不当得利之构成，属于常考点

[解析]《民法典》第 122 条规定："因他人没有法律根据，取得不当利益，受损失的人有权请求其返还不当利益。"过了诉讼时效的债务，为自然债务，此时，如果债权人提起诉讼，债务人可提起诉讼时效的抗辩，如果抗辩成立，法院会驳回债权人的诉讼请求，但是，一旦债务人履行了自然债务，则债权人的受领具有保持力，不构成不当得利，故 A 选项错误。B 选项所描述的情形明显为自愿提前清偿债务，在此情形下，理解为债务人对自己利益的放弃，不认定债权人构成不当得利，故 B 选项错误。打麻将输钱后向对方支付，从现实生活的角度理解，属于常人可以接受的生活现象，可归为基于生活习惯而进行的给付，不认定为不当得利，故 C 选项错误。对于 C

选项还可以解释为赌债是不合法债务，法律不予保护，也可以得出不构成不当得利的结论。D 选项的情形，属于非给付型的不当得利，由于电脑故障而导致甲的账户多出 1 万元，对此，甲有得利，乙银行有损失，同时损益之间有因果关系，并且，甲得利没有正当理由，符合不当得利的构成要件，故成立不当得利，D 选项正确。(D)

[知识点还原] 图表 75

8. [考点] 无因管理之构成，属于常考点

[解析]《民法典》第 121 条规定："没有法定的或者约定的义务，为避免他人利益受损失而进行管理的人，有权请求受益人偿还由此支出的必要费用。"从理论方面理解，通说认为，无因管理的构成要件包括：(1) 管理他人事务；(2) 有为他人管理的意思；(3) 没有法定或约定义务；(4) 不违背他人的意思（如果他人的意思违法或者违背社会伦常道德要求的除外）。据此，A 选项中甲的债务已过诉讼时效，成为自然债务，甲既然没有履行，则可以从甲的行为中推出甲的意思是要主张诉讼时效已过，不返还本息，而丙在明知的情形下，擅自代甲向乙还本付息，明显违背了甲的意思，不构成无因管理，故 A 选项错误。B 选项，甲清扫自己门口的积雪，是在管理自己的事务，顺便将邻居小轿车上的雪清扫干净，属于生活关系，不产生法律意义上的权利和义务，不构成无因管理，故 B 选项错误。C 选项描述的情形是不知非亲生子女而支付抚养费的情形，此行为不构成无因管理，因为，甲对于丙进行抚养的时候，是将丙当作自己的孩子进行抚养，也即甲完全没有为他人管理事务的意思，不可能构成无因管理，但此种情形，可认定构成不当得利，故 C 选项亦错误。根据《民法典》第 314 条规定："拾得遗失物，应当返还权利人。拾得人应当及时通知权利人领取，或者送交公安等有关部门。"第 317 条第 1 款规定："权利人领取遗失物时，应当向拾得人或者有关部门支付保管遗失物等支出的必要费用。"拾得人拾得遗失物之后，如果没有交给有关部门，而是积极寻找失主，此种情形明显具有为他人管理事务的意思，并且没有法定或约定义务，符合被管理人的意思，构成无因管理。D 选项中，甲拾得乙遗失的牛，先是寻找失主，尽管未果，但依然构成无因管理，后来，因地震倒牛棚，致使牛死亡，此时，将牛皮和牛肉出卖，也符合被管理人的意思，也构成无因管理，卖牛皮、牛肉所得价款，应当在扣除必要费用后，返

还给乙，故 D 选项正确。(D)

[知识点还原] 图表 74

9. [考点] 悬赏广告，属于常考点

[解析]《民法典》第 499 条规定："悬赏人以公开方式声明对完成特定行为的人支付报酬的，完成该行为的人可以请求其支付。"这是关于悬赏广告的规定。关于悬赏广告的法律性质，历来有两说：单方允诺说和要约说。单方允诺说认为，悬赏广告属于悬赏人之单方法律行为，自悬赏人以公告的方式作出悬赏的意思表示，该单方法律行为即成立，但尚未生效。自某人完成特定行为时，该单方法律行为生效。也就是说，按照单方法律行为说，悬赏广告属于附生效条件的单方法律行为。单方法律行为说有两个优点：其一，相对人只要完成了指定行为，即使其完成指定行为时不知悬赏广告的存在，因单方法律行为已经生效（发生单方允诺之债），其报酬请求权不会受到影响；其二，完成指定行为之人系无、限制民事行为能力人的，其报酬请求权不受影响。要约说主张，悬赏广告系对不特定多数人的要约，相对人完成指定行为属于承诺，该承诺属于依照交易习惯无须通知的承诺，自指定行为完成时该承诺生效，从而在当事人之间成立悬赏广告合同之债。前述单方允诺说的两个优点，恰系要约说的缺陷，为了克服要约说的缺陷，要约说必须承认两个例外：其一，完成指定行为的人不知悬赏广告的存在，虽然不能成立悬赏广告合同，但完成指定行为之人的报酬请求权不因此受影响；其二，完成指定行为之人系无、限制民事行为能力人，且未经其法定代理人事先允许或者事后追认的，悬赏广告合同效力待定或者无效，但其报酬请求权不因此受影响。可见，这种关于悬赏广告的理论之争，并不影响实践中当事人的权利和义务。此题公布的答案为单方允诺。这并不是因为单方允诺绝对正确，而是因为这是一道单选题的缘故，如果是多项选择，则需要选择 AC 选项。故对于此类定性的题目，考生需要根据命题的具体情形来判断。(B)

[知识点还原] 图表 73

10. [考点] 不当得利，属于常考点

[解析]《民法典》第 122 条规定："因他人没有法律根据，取得不当利益，受损失的人有权请求其返还不当利益。"甲应乙的要求，将该物直接交付于丙，其所有权不是由甲直接移转给丙，而是由甲移转给乙，再由乙移转给丙。换言之，

乙从甲处取得所有权（甲向乙给付），丙从乙处取得所有权（乙向丙给付）。甲与丙之间并无给付关系。若甲、乙间买卖合同无效，甲可对乙主张不当得利返还。若乙、丙间买卖合同无效，乙可对丙主张不当得利返还。如果甲乙之间、乙丙之间的合同均无效，则甲有权向乙，乙有权向丙主张不当得利返还。故 ABD 选项说法正确。对于 C 选项而言，若甲、乙间以及乙、丙间买卖合同均无效，甲是否有可能向丙主张不当得利返还呢？只要有可能，说无权主张就应当是错误的。对此，若从给付关系的角度来分析，甲、丙之间并没有直接的给付关系，因此，若从给付型不当得利的角度，难以解释，但是，由于不当得利的性质，通说认为是事件，即只要一方得利、一方受损、损益之间有因果关系并且得利没有正当理由，得利者就应当将所得利益返还给受损人。据此，如果甲应乙的要求将标的物交给了丙，此时，丙未向乙支付价款、乙也没有向甲支付价款，甲受损、丙得利，因果关系明显且丙得利没有正当理由，故丙的不当得利此时依然可以成立，甲有可能向丙主张不当得利返还，故 C 选项错误，当选。（C）

[知识点还原] 图表 75

11. [考点] 无因管理、个人劳务关系中的侵权责任，属于常考点

[解析] 《民法典》第 121 条规定："没有法定的或者约定的义务，为避免他人利益受损失而进行管理的人，有权请求受益人偿还由此支出的必要费用。"产生债之关系的无因管理的构成要件有四：（1）管理人管理他人事物；（2）管理人具有管理意思（所谓具有管理意思，指管理人知道管理的系他人事物，并愿意将管理所取得的利益归属于他人）；（3）就事物的管理而言，管理人无管理的法定义务或约定义务；（4）事物的管理，客观上有利于本人，且不违反本人明示或者可推知的意思，除非本人的意思违法或有悖于公序良俗。本题中，甲聘请乙负责照看小孩，甲昏迷时，乙并无送甲去医院的约定义务或者法定义务，因此，乙将甲送往医院的行为构成正当无因管理。故 A 选项正确。乙委托丁照看小孩，乙、丁间成立了委托合同，丁系基于委托合同照看小孩，丁对小孩的照看系基于约定义务，因此不构成无因管理。同时，丁疏于照看小孩，致使甲的小孩在玩耍中受伤，丁的行为构成过错侵权，应承担过错侵权责任。换言之，丁基于与乙的委托合同负

有照看甲的小孩的义务，丁疏于照看甲致使甲的小孩因此遭受损害，构成不作为侵权（过错侵权）。因此，B 选项错误。甲与乙、丙与丁之间的法律关系均属于个人之间的劳务关系。《民法典》第 1192 条的规定："个人之间形成劳务关系，提供劳务一方因劳务造成他人损害的，由接受劳务一方承担侵权责任。接受劳务一方承担侵权责任后，可以向有故意或者重大过失的提供劳务一方追偿。提供劳务一方因劳务受到损害的，根据双方各自的过错承担相应的责任。提供劳务期间，因第三人的行为造成提供劳务一方损害的，提供劳务一方有权请求第三人承担侵权责任，也有权请求接受劳务一方给予补偿。接受劳务一方补偿后，可以向第三人追偿。"据此，在个人之间的劳务关系中，若提供劳务一方因劳务致人损害的，接受劳务一方须承担无过错的替代责任。不过，丙替乙照看甲的小孩，超出了丙、丁间的个人劳务关系范围，因为丙聘请丁的劳务内容是做家务，不属于因劳务致人损害，故接受劳务的一方丙无须承担责任。故 C 选项错误。乙对甲的小孩遭受损害没有过错，故乙无须承担责任，更谈不上乙与丁承担连带责任了。故 D 选项错误。（A）

[知识点还原] 图表 74；图表 155

12. [考点] 不当得利，属于常考点

[解析] 根据《民法典》第 122 条规定："因他人没有法律根据，取得不当利益，受损失的人有权请求其返还不当利益。"理论上通常认为，不当得利的构成要件有四：（1）一方获得利益（包括财产积极增加与财产消极增加）；（2）他方受有损失（包括财产积极减少与财产消极减少）；（3）获得利益与受到损失之间具有因果关系；（4）获得利益没有法律上的原因。借款人按照约定还本付息，贷款人取得的利息具有法律上的原因（曾经的借款合同），一般不构成不当得利。A 选项中，年利率高达 50%，明显超过了法定保护利率的范围，产生了不当得利，故 A 选项不当选。《诉讼时效规定》第 19 条第 1 款规定："诉讼时效期间届满，当事人一方向对方当事人作出同意履行义务的意思表示或者自愿履行义务后，又以诉讼时效期间届满为由进行抗辩的，人民法院不予支持。"债权的诉讼时效期间经过后，债权的受领权能依然存在，债务人自愿履行债务的，不论债务人履行时是否知悉诉讼时效期间已经经过，受领权能的存在就是债权人保有债务人履行利益的法律原因，不构成不当得利，故 B 选项当选。从物

理形态上看，甲将乙的鸡当成自家的吃了，鸡已经不存在了，好像甲并未受有利益。但是，从价值形态上看，甲吃了鸡，其财产本应减少而未减少，甲的财产消极增加，故甲受有利益，乙也因此遭受了损失，符合不当得利的构成要件，至于此处的甲，对于自己的鸡是否有消费计划，在所不问。故 C 选项不当选。装修工人将乙的装修材料用于甲的房屋装修后，发生了附合，乙对装修材料的所有权消灭，甲对乙构成不当得利，是典型的侵害权益型不当得利，故 D 选项不当选。（B）

[知识点还原] 图表 75

13. [考点] 无因管理，属于常考点

[解析]《民法典》第 121 条规定："没有法定的或者约定的义务，为避免他人利益受损失而进行管理的人，有权请求受益人偿还由此支出的必要费用。"据此，无因管理为一种法定之债，是在无法定或约定义务的前提下，为他人管理事务时可能产生的一种债。刁某给刘某办理丧事以及出售刘某西瓜的行为均符合无因管理的要求，且事务的管理客观上利于本人（刘某的家人），不违反本人明示或者可得推知的意思，成立无因管理。通常而言，无因管理具有阻却不当得利的效力，本题中，刁某实施无因管理给本人（刘某的家人）带来 5 万元的利益，既然成立无因管理之债，这 5 万元在权益归属上就属于本人（刘某的家人），无因管理之债就是本人取得这 5 万元利益的法律原因，故 A 选项错误。民法中，通常认为管理人或者服务人可以要求受益人偿付的必要费用，包括在管理或者服务活动中直接支出的费用，以及在该活动中受到的实际损失。所以，基于无因管理之债，管理人刁某享有的权利是请求本人偿付自己因无因管理支出的必要费用、负担的必要债务，因此遭受的财产和人身损失。但是，刁某不享有请求本人支付劳务费 5000 元的权利。具体而言，刁某有权请求刘某的家人偿付丧葬费 1 万元，其他必要费用 5000 元，且刁某可以主张法定抵销。抵销后，刁某应向刘某家人给付 3.5 万元。故 BC 选项错误，D 选项正确。（D）

[知识点还原] 图表 74

14. [考点] 无因管理、侵权的免责事由之不可抗力

[解析] 无因管理，是指没有法定的或约定的义务，为避免他人利益受损失而为他人管理事务或提供服务的行为。《民法典》第 121 条规定：

"没有法定的或者约定的义务，为避免他人利益受损失而进行管理的人，有权请求受益人偿还由此支出的必要费用。"本题中，虽然李某在帮助张某修缮房屋的时候存在利己意思，但客观上还是为了张某的利益而进行房屋修缮，李某的行为成立无因管理，故 AB 选项错误、C 选项正确。无因管理一经成立，在管理人和本人之间即发生债权债务关系，管理人有权请求本人偿还其因管理而支出的必要费用，本人有义务偿还。本题中，李某有权要求张某支付固房费用，张某应支付，故 D 选项错误。同时，D 选项中，房屋倒塌给李某造成的损失，是由于台风之不可抗力所致，张某不需要承担赔偿责任。（C）

[知识点还原] 图表 74；图表 145

15. [考点] 不当得利的返还范围，属于常考点

[解析]《民法典》第 122 条规定："因他人没有法律根据，取得不当利益，受损失的人有权请求其返还不当利益。"本题中，由于单位工作人员的失误，使得张某的工资卡上多出 2 万元，这对张某而言构成不当得利，张某应当予以返还。孳息是指从原物本体中产生的物。孳息又可以分为天然孳息和法定孳息。其中法定孳息是指依法获得的收益，主要包括银行存款利息，出租房屋租金以及购买彩票所中奖金。本题中，张某与郭某约定的利息属于法定孳息应当返还，故 A 选项错误。而张某在股市获利的 2000 元则是投资收益。对于利用不当得利所得的投资收益，我国《民法典》没有明确规定，根据理论通说，可类推适用无因管理，扣除费用后归原权利人。根据我国民法规定，返还原物及孳息依据明确，对于 2000 元的投资所得返还缺乏规范根据，故作为单选题，D 选项是最佳答案。（D）

[知识点还原] 图表 76

16. [考点] 无因管理

[解析] 所谓无因管理，是指没有法律规定或者约定的义务而为他人管理事务。本题中，乙代甲出卖鲜鱼的行为构成无因管理，A 选项是正确的。在无因管理中，管理人因管理事务所收取的金钱、物品及其孳息应交付本人，乙将多卖的 1000 元据为己有，构成不当得利，B 选项是正确的。在无因管理中，管理人应承担适当管理义务，也即应依本人明示或可推知的意思，以利于本人的方法为之管理。本题中，乙因急赴喜宴将 100 斤鱼贱价出卖构成不当管理，应向甲承担不当管理的损害赔偿责任，C 选项是正确的。《民法典》

第 121 条规定："没有法定的或者约定的义务，为避免他人利益受损失而进行管理的人，有权请求受益人偿还由此支出的必要费用。"可见无因管理人的权利仅为要求本人偿付必要费用，另外，管理人的权利还包括请求清偿必要债务、损害赔偿请求权等，但不包括报酬请求权，D 选项是错误的。（ABC）

[知识点还原] 图表 74；图表 75

17. [考点] 强迫得利、不当得利、无因管理

[解析] 未经许可，强行清洗他人车辆，属于强迫得利行为，虽然洗车人有损失，但是此种给付属于故意让自己遭遇损失，进而让他人获得给付利益，属于具有不法原因的给付，具有不法原因一方主张返还不当得利的，不应予以支持，故 A 选项错误。构成无因管理，须不违背被管理人的意思，除非被管理人意思违背公序良俗或法律规定。本题中王先生没有洗车的意思，且该意思不存在任何违法之处，强行洗车的行为，明显违背被管理人的意思，故不构成无因管理，B 选项错误。合同，是民事主体之间设立、变更、终止民事法律关系的协议。本题中，王先生与洗车人之间没有达成协议，故不是合同关系，C 选项错误。综上，洗车人向王先生主张支付 5 元洗车费用，没有任何根据，故 D 选项正确。（D）

[知识点还原] 图表 74；图表 75

三、债的债权性担保：保证与定金

1. [考点] 保证人的责任范围、债务免除

[解析]《民法典》第 575 条规定："债权人免除债务人部分或者全部债务的，债权债务部分或者全部终止，但是债务人在合理期限内拒绝的除外。"据此，债权人乙向债务人甲表示免除债务 22 万元，甲没有表示拒绝，则免除发生效力，债务总额为 2000 万元。本题中，丁提供的保证本质上是最高额保证，只要在未超过预定最高额 2000 万元的范围内，保证人均应承担责任。故 A 选项正确，B 选项错误。本题最容易判断错误的是，甲将 500 万元送给丙这一事实，这种描述，本质上是一种赠与关系，不是债务转让。甲借到钱后如何使用，完全由甲自主决定，不需要经过丁的同意，因此是否通知丁以及是否经过丁的同意，都不影响丁对于 2000 万元的债务承担保证责任，不能认为丁的保证责任会减少 500 万元。故 CD 选项错误。（A）

[知识点还原] 图表 78；图表 79；图表 107

2. [考点] 定金责任

[解析] 本题旨在考查定金责任的承担。《民法典》第 587 条规定："债务人履行债务的，定金应当抵作价款或者收回。给付定金的一方不履行债务或者履行债务不符合约定，致使不能实现合同目的的，无权请求返还定金；收受定金的一方不履行债务或者履行债务不符合约定，致使不能实现合同目的的，应当双倍返还定金。"据此，定金除了具有担保的功能之外，尚具有惩罚的功能，因此有数额的限制。《民法典》第 586 条规定："当事人可以约定一方向对方给付定金作为债权的担保。定金合同自实际交付定金时成立。定金的数额由当事人约定；但是，不得超过主合同标的额的百分之二十，超过部分不产生定金的效力。实际交付的定金数额多于或者少于约定数额的，视为变更约定的定金数额。"据此，当事人约定定金的数额超过合同标的额 20%的部分，不具有定金的效力。本题中，甲、乙之间的合同标的额为 1 万元，达成协议后，甲支付定金 5000 元，达到了合同标的额的 50%，其中，只有 2000 元的部分具有定金的效力，当合同不能履行时，乙就 2000 元的部分应双倍返还。因此，无论认为乙应就 5000 元的定金双倍返还，还是不需要甲支付的定金双倍返还，表述均不准确，正确的说法应是对于未超过标的额 20%的部分需要双倍返还，超过的部分不需要双倍返还，故 BD 两项均错误。甲、丙签订合同后，约定的标的额为 10 万元，甲收取了丙 2 万元的定金，未超过标的额的 20%，故这 2 万元均可产生定金的效力，当甲、丙的合同不能履行时，甲应当向丙双倍返还定金，不能请求减少。故 A 选项正确，C 选项错误。（A）

[知识点还原] 图表 81

3. [考点] 连带保证、法人责任、抵押权的设立及效力

[解析] 通常而言，公司之间的合同，董事长不需要承担个人责任。但是，本题中，合同特殊条款约定了张某对于甲公司的债务承担连带责任，性质上属于张某为甲公司的付款义务提供了连带保证责任。《民法典》第 688 条规定："当事人在保证合同中约定保证人和债务人对债务承担连带责任的，为连带责任保证。连带责任保证的债务人不履行到期债务或者发生当事人约定的情形时，债权人可以请求债务人履行债务，也可以请求保证人在其保证范围内承担保证责任。"据此，A 选项正确。本题中的特殊合同条款，旨在设立保证

担保，保证人承担责任的基础是其全部财产，不需要特定，故 B 选项错误。设定抵押权，是以特定财产设定，且不动产需要办理抵押登记。本题中张某欲承担责任的财产是其个人全部财产，故不能设定抵押权；没有抵押权，乙公司对于张某的个人财产当然不享有优先受偿权。故 C 选项正确，D 选项错误。（AC）

[知识点还原] 图表 11；图表 57；图表 78

4. [考点] 保证

[解析] 保证的方式包括一般保证和连带责任保证。当事人在保证合同中约定保证人和债务人对债务承担连带责任的，为连带责任保证。当事人在保证合同中约定，债务人不能履行债务时，由保证人承担保证责任的，为一般保证。当事人在保证合同中对保证方式没有约定或者约定不明确的，按照一般保证承担保证责任。一般保证人享有先诉抗辩权，本题中，明确约定为连带保证，故保证人林某没有先诉抗辩权，A 选项错误。《民法典》第 701 条规定："保证人可以主张债务人对债权人的抗辩。债务人放弃抗辩的，保证人仍有权向债权人主张抗辩。"据此，保证人作为从债务人可主张主债务人享有的抗辩权，故 B 选项正确。《民法典》第 695 条第 1 款规定："债权人和债务人未经保证人书面同意，协商变更主债权债务合同内容，减轻债务的，保证人仍对变更后的债务承担保证责任；加重债务的，保证人对加重的部分不承担保证责任。"据此，未经保证人书面同意，保证人对于加重部分的债务不承担责任。本题中，林某只需对 50 万元承担保证责任，故 C 选项错误，D 选项正确。（BD）

[知识点还原] 图表 77；图表 78；图表 79

5. [考点] 保证方式判断、共同担保

[解析]《民法典》第 686 条规定："保证的方式包括一般保证和连带责任保证。当事人在保证合同中对保证方式没有约定或者约定不明确的，按照一般保证承担保证责任。"第 700 条规定："保证人承担保证责任后，除当事人另有约定外，有权在其承担保证责任的范围内向债务人追偿，享有债权人对债务人的权利，但是不得损害债权人的利益。"据此，本题中，由于丙签字未约定保证方式，应认定为一般保证，保证人承担责任后，可向债务人甲追偿，故 AB 选项正确。第三人提供抵押的，抵押人承担责任后，也可以向债务人追偿，故 C 选项正确。《民法典担保制度解释》第 13 条规定："同一债务有两个以上第三人提供担保，担保人之间约定相互追偿及分担份额，承担

了担保责任的担保人请求其他担保人按照约定分担份额的，人民法院应予支持；担保人之间约定承担连带共同担保，或者约定相互追偿但是未约定分担份额的，各担保人按照比例分担向债务人不能追偿的部分。同一债务有两个以上第三人提供担保，担保人之间未对相互追偿作出约定且未约定承担连带共同担保，但是各担保人在同一份合同书上签字、盖章或者按指印，承担了担保责任的担保人请求其他担保人按照比例分担向债务人不能追偿部分的，人民法院应予支持。除前两款规定的情形外，承担了担保责任的担保人请求其他担保人分担向债务人不能追偿部分的，人民法院不予支持。"据此，两个第三人担保的，一个担保人承担责任后，在三种情况下方可能向其他担保人追偿：（1）约定相互追偿及分担份额的；（2）约定连带共同担保或约定追偿但未约定份额的；（3）没有前述两项约定，但各担保人在同一份合同书上签字、盖章或者按指印的。本题中，不存在可追偿的情形，故 D 选项错误。（ABC）

[知识点还原] 图表 55；图表 78

6. [考点] 混合担保，属于必考点

[解析]《民法典》第 392 条规定："被担保的债权既有物的担保又有人的担保的，债务人不履行到期债务或者发生当事人约定的实现担保物权的情形，债权人应当按照约定实现债权；没有约定或者约定不明确，债务人自己提供物的担保的，债权人应当先就该物的担保实现债权；第三人提供物的担保的，债权人可以就物的担保实现债权，也可以请求保证人承担保证责任。提供担保的第三人承担担保责任后，有权向债务人追偿。"据此，当债务人的物保和人保即保证并存的情形下，如果没有特别约定，应当先对债务人的物保实现权利；如果第三人的物保和人保即保证并存的，没有约定时，担保人之间承担责任没有顺序的先后。本题中，有债务人甲自己提供的抵押（物保）、第三人丙提供的保证（人保）和第三人丁提供的质押（物保）并存，既然有债务人物保和保证并存，那么，应当先执行债务人的物保。故 A 选项正确，BCD 选项错误。（A）

[知识点还原] 图表 55

7. 请回答第（1）~（3）题。（2016-89~91，不定项）

（1）[考点] 最高额抵押与最高额保证之担保范围，此点常考

[解析]《民法典》第 420 条规定："为担保

第三章 债权

债务的履行，债务人或者第三人对一定期间内将要连续发生的债权提供担保财产的，债务人不履行到期债务或者发生当事人约定的实现抵押权的情形，抵押权人有权在最高债权额限度内就该担保财产优先受偿。最高额抵押权设立前已经存在的债权，经当事人同意，可以转入最高额抵押担保的债权范围。"据此，A 选项错误，B 选项正确。《民法典》第 690 条规定："保证人与债权人可以协商订立最高额保证的合同，约定在最高债权额限度内就一定期间连续发生的债权提供保证。最高额保证除适用本章规定外，参照适用本法第二编最高额抵押权的有关规定。"据此，参照最高额抵押的规定，可以将最高额保证设定之前的债务转入最高额保证的范围，但在没有特别约定的情况下，最高额保证中的保证人只对在最高保证设定之后发生的债务承担责任，故 C 选项正确。本题中的担保，是债务人自己的物保和保证并存，只有当债权人放弃债务人自己提供的物保之时，保证人才可能在放弃的范围内免责。本题中不存在这样的情形，故 D 选项错误。（BC）

[知识点还原] 图表 55；图表 60；图表 78

(2) [考点] 主债权转让时对最高额抵押的影响，此点常考

[解析]《民法典》第 421 条规定："最高额抵押担保的债权确定前，部分债权转让的，最高额抵押权不得转让，但是当事人另有约定的除外。"本题中，2013 年 11 月，尚未到约定的债权确定期限，此时，在没有特别约定的情况下，如果转让已经发生的债权，对于最高额抵押没有任何影响，最高额抵押不随债权的部分转让而转让。其原因在于，最高额抵押是为了担保未来债权而存在的物保，不能因为过去已经发生的部分债权转让而受到影响。这就意味着，债权可以转让，但是，不能给最高额抵押带来影响。故 C 选项正确，ABD 选项错误。（C）

[知识点还原] 图表 60

(3) [考点] 最高额抵押之债权的确定、人保与物保的关系、保证人的追偿权，其中保证与物保的关系，每年必考

[解析]《民法典》第 423 条规定："有下列情形之一的，抵押权人的债权确定：（一）约定的债权确定期间届满；（二）没有约定债权确定期间或者约定不明确，抵押权人或者抵押人自最高额抵押权设立之日起满二年后请求确定债权；（三）新的债权不可能发生；（四）抵押权人知道或者应

当知道抵押财产被查封、扣押；（五）债务人、抵押人被宣告破产或者解散；（六）法律规定债权确定的其他情形。"据此，如果乙于 2014 年 1 月被法院宣告破产，则视为债权确定期届至，故 A 选项正确。《民法典》第 392 条规定："被担保的债权既有物的担保又有人的担保的，债务人不履行到期债务或者发生当事人约定的实现担保物权的情形，债权人应当按照约定实现债权；没有约定或者约定不明确，债务人自己提供物的担保的，债权人应当先就该物的担保实现债权；第三人提供物的担保的，债权人可以就物的担保实现债权，也可以请求保证人承担保证责任。提供担保的第三人承担担保责任后，有权向债务人追偿。"本题中，是债务人物保与保证的并存，又没有特别约定，应当先就债务人提供的抵押物优先受偿，若有不足，再向保证人主张责任。故 B 选项正确，C 选项错误。人民法院受理债务人破产案件后，债权人未申报债权的，保证人可以参加破产财产分配，预先行使追偿权。据此，D 选项正确。（ABD）

[知识点还原] 图表 55；图表 56；图表 60；图表 77

8. [考点] 个人之间的借款合同、抵押权和保证，此点常考

[解析]《民法典》第 679 条规定："自然人之间的借款合同，自贷款人提供借款时成立。"在达成借款协议之后，李某向方某交付了借款，借款合同已经成立，依法成立的合同，成立时即生效，故 A 选项错误。方某到期不还款的行为，构成违约，应当承担违约责任，而不是不当得利责任，故 B 选项错误。保证，是指保证人和债权人约定，当债务人不履行债务时，保证人按照约定履行债务或者承担责任的行为。抵押，是指为担保债务的履行，债务人或第三人不转移财产的占有，将该财产抵押给债权人的，债务人不履行到期债务或者发生当事人约定的实现抵押权的情形，债权人有权就该财产优先受偿。张某签字的行为可以设立保证，因此张某应当承担保证责任，故 C 选项正确。房屋属于不动产，不动产设立抵押，签订抵押合同后，必须办理登记，不登记不发生抵押权的设立。本题中，刘某交付了房本，但没有办理抵押登记，因此，抵押权没有设立，但是，按照抵押合同的约定，刘某应当去办理抵押登记，如果不去办理，应当承担违约责任，故 D 选项错误。（C）

81

[知识点还原] 图表 57；图表 77；图表 121

9.[考点] 保证责任的成立，此点常考

[解析] 保证，是指保证人和债权人约定，当债务人不履行债务时，保证人按照约定履行债务或者承担责任的行为。本题中，A 选项，甲的承诺并没有承担债务的意思，只是积极督促乙公司还款，不构成保证，A 选项错误。B 选项，甲公司明确表示乙公司无力还款时，甲愿意代为偿还，可以成立保证，B 选项正确。保证人对债务人的注册资金提供保证的，债务人的实际投资与注册资金不符，或者抽逃转移注册资金的，保证人在注册资金不足或者抽逃转移注册资金的范围内承担连带保证责任。据此，C 选项的内容可以成立保证，C 选项正确。D 选项中，甲指定乙与丙签订了保证合同，乙签订了保证合同后，应当承担保证责任的是乙，而不是甲，故甲不承担保证责任，D 选项错误。（BC）

[知识点还原] 图表 77

10.[考点] 混合担保，每年必考

[解析] 根据《民法典》第 392 条规定："被担保的债权既有物的担保又有人的担保的，债务人不履行到期债务或者发生当事人约定的实现担保物权的情形，债权人应当按照约定实现债权；没有约定或者约定不明确，债务人自己提供物的担保的，债权人应当先就该物的担保实现债权；第三人提供物的担保的，债权人可以就物的担保实现债权，也可以请求保证人承担保证责任。提供担保的第三人承担担保责任后，有权向债务人追偿。"本题中既有债务人的物保，又有第三人的物保和保证，此时，在没有约定的情形下，只要有债务人的物保，就应当先执行债务人的物保。故 A 选项正确，BC 选项错误。丙丁作为第三人担保，没有约定，债权人向其主张权利没有顺序的先后。在其中一个担保人承担担保责任后，可向债务人追偿，在没有约定时，担保人之间不能追偿相应的份额，故 D 选项错误。值得补充的是，根据《民法典担保制度解释》第 13 条规定，两个以上第三人提供共同担保的情形下，可能存在彼此追偿的情形包括三种：（1）同一债务有两个以上第三人提供担保，担保人之间约定相互追偿及分担份额，承担了担保责任的担保人请求其他担保人按照约定分担份额的，人民法院应予支持；（2）担保人之间约定承担连带共同担保，或者约定相互追偿但是未约定分担份额的，各担保人按照比例分担向债务人不能追偿的部分；（3）同一债务有两个以上第三人提供担保，担保人之间未对相互追偿作出约定且未约定承担连带共同担保，但是各担保人在同一份合同书上签字、盖章或者按指印，承担了担保责任的担保人请求其他担保人按照比例分担向债务人不能追偿部分的，人民法院应予支持。（A）

[知识点还原] 图表 55

11.[考点] 保证期间、保证责任的免除，属于常考点

[解析]《民法典》第 686 条规定："保证的方式包括一般保证和连带责任保证。当事人在保证合同中对保证方式没有约定或约定不明确的，按照一般保证承担保证责任。"本案中明确约定了保证方式为连带保证。《民法典》第 692 条规定："保证期间是确定保证人承担保证责任的期间，不发生中止、中断和延长。债权人与保证人可以约定保证期间，但是约定的保证期间早于主债务履行期限或者与主债务履行期限同时届满的，视为没有约定；没有约定或者约定不明确的，保证期间为主债务履行期限届满之日起六个月。债权人与保证人对主债务履行期限没有约定或者约定不明确的，保证期间自债权人请求债务人履行债务的宽限期届满之日起计算。"《民法典》第 695 条第 2 款规定："债权人和债务人变更主债权债务合同的履行期限，未经保证人书面同意的，保证期间不受影响。"本案中，保证期间均没有约定，因此，推定保证期间为从履行期限届满之日起 6 个月。后来的期限变动，没有经过保证人同意，视为期限不变，依然在原来的期限内承担保证责任。约定 2012 年 7 月 30 日归还的 100 万元，保证期间于 2013 年 1 月底届满；约定 2012 年 8 月 30 日归还的 200 万元，保证期间于 2013 年 2 月底届满；约定 2012 年 9 月 30 日归还的 300 万元，保证期间于 2013 年 3 月底届满。甲公司仅于 2013 年 3 月 15 日要求丙公司承担保证责任，此时，前两笔债务已经超过了 6 个月的保证期间，因此，保证人对于 100 万元和 200 万元的债务，不再承担责任；最后一笔 300 万元的债务依然在保证期间之内，因此，保证人依然要对这 300 万元的债务承担责任。故 A 选项正确，BCD 选项错误。（A）

[知识点还原] 图表 79；图表 80

12.[考点] 保证担保的成立与实现，属于必考点

[解析] 保证可以和债权人约定保证责任承担的具体方法，只要没有违反法律的强制性规定则约定就是有效的，就可以按照当事人约定的方法

来实现责任，既然李某与甲银行在保证合同中特别约定，如保证人不履行保证责任，债权人有权直接从保证人在甲银行及其支行开立的任何账户内扣收，李某当然要承担保证责任，而且直接扣划款项的，性质上属于约定抵销，约定有效，故 AB 选项错误。根据《民法典》第 700 条规定："保证人承担保证责任后，除当事人另有约定外，有权在其承担保证责任的范围内向债务人追偿，享有债权人对债务人的权利，但是不得损害债权人的利益。"只要在保证人承担保证责任之后，不管债权人债权是否全部实现，保证人均可行使向债务人的追偿权。扣划款项之后，保证人李某即获得追偿权。故 C 选项错误。乙支行是甲银行的分支机构，通常是领取了营业执照的，对于领取营业执照的分支机构，按非法人组织认定，既然此种类型的分支机构是非法人组织，就应当以自己名义从事活动，而不是以总公司的名义，故 D 选项正确。（D）

[知识点还原] 图表 77

13. [考点] 主权利与从权利、债权让与、反担保，属于常考点，其中债权让与每年必考

[解析] 在本题中，甲享有的债权质权是为了担保甲在承担保证责任后向乙的追偿权的实现，即反担保。所谓反担保，是指第三人为债务人向债权人提供担保时，由债务人或者债务人以外的其他人向第三人提供的确保第三人对债务人的追偿权得以实现的一种担保。这意味着，甲享有的债权质权，相对于其所担保的追偿权而言，是从权利，追偿权是主权利。当乙依约向银行清偿了贷款之后，银行对于乙享有的债权消灭，此时，银行对甲享有的保证权作为从权利也随之而消灭。既然保证权已经消灭，则甲作为保证人，承担保证责任之后的追偿权自然也就不再存在，这意味着甲的债权质权所担保的主权利消灭。担保物权作为从权利，随着主权利的消灭而消灭，因此，甲的债权质权会随之而消灭。故 A 选项错误。《民法典》第 546 条第 1 款规定："债权人转让债权，未通知债务人的，该转让对债务人不发生效力。"甲乙将债权转让给丁后，如果没有通知丙，则对于丙不发生效力，此时，丁不能直接向丙主张权利，故 B 选项错误。《民法典》第 428 条规定："质权人在债务履行期限届满前，与出质人约定债务人不履行到期债务时质押财产归债权人所有的，只能依法就质押财产优先受偿。"第 446 条规定："权利质权除适用本节规定外，适用本章第一节

有关规定。"因此，不管是权利，还是动产，在设定质权时，都不能约定流质条款，即不能直接约定如果债务人到期不履行债务，财产直接归质权人所有，故 C 选项错误。《民法典》第 548 条规定："债务人接到债权转让通知后，债务人对让与人的抗辩，可以向受让人主张。"此条规定了债权让与制度中的抗辩权之延续。如果债务人对于让与人，即原债权人享有正当抗辩，在债权让与后，可以向受让人，即新的债权人主张，故 D 选项正确。（D）

[知识点还原] 图表 52；图表 99

14. [考点] 连带共同抵押、连带共同保证，属于常考点

[解析] 关于共同担保，在没有特别约定时，基本规则是，当债务人提供的物保与第三人提供的担保并存的，债权人应当先执行债务人的物保；若两个以上的担保均为第三人担保，则债权人向担保人行使权利时没有顺序的先后。当两个以上的第三人提供的担保并存时，担保人之间可否追偿问题，《民法典担保制度解释》第 13 条规定："同一债务有两个以上第三人提供担保，担保人之间约定相互追偿及分担份额，承担了担保责任的担保人请求其他担保人按照约定分担份额的，人民法院应予支持；担保人之间约定承担连带共同担保，或者约定相互追偿但是未约定分担份额的，各担保人按照比例分担向债务人不能追偿的部分。同一债务有两个以上第三人提供担保，担保人之间未对相互追偿作出约定且未约定承担连带共同担保，但是各担保人在同一份合同书上签字、盖章或者按指印，承担了担保责任的担保人请求其他担保人按照比例分担向债务人不能追偿部分的，人民法院应予支持。除前两款规定的情形外，承担了担保责任的担保人请求其他担保人分担向债务人不能追偿部分的，人民法院不予支持。"本题中，丙、丁的抵押均为第三人提供的抵押，抵押权人乙行使抵押权无先后顺序限制。故 A 选项正确。本题中，共同抵押人之间没有约定可相互追偿相应的份额，未约定为连带共同担保或约定追偿，也未在同一担保合同中签字、盖章或按指印，故无论丙还是丁，在承担责任后，均只可向债务人追偿，不能彼此追偿必要的份额，故 B 选项错误。《民法典》第 699 条规定："同一债务有两个以上保证人的，保证人应当按照保证合同约定的保证份额，承担保证责任；没有约定保证份额的，债权人可以请求任何一个保证人在其保证范围内承担保证责任。"据此，两个保证人没有约定保证

份额时，债权人向保证人主张权利没有顺序的先后；在保证人之间没有约定可相互追偿相应的份额，未约定为连带共同担保或约定追偿，也未在同一担保合同中签字、盖章或按指印时，共同担保人承担责任后，应当向债务人追偿，不能向其他担保人追偿相应的份额。本题中，戊、己之间没有约定承担责任的份额，债权人乙行使保证债权没有顺序限制，可以请求任一保证人或全部保证人承担保证责任，故 C 选项正确。但是，无论是戊还是己，承担责任后，由于是分别出具的担保函，均只能向债务人追偿，不能相互追偿相应份额，故 D 选项错误。（AC）

[知识点还原] 图表 55；图表 78

15. [考点] 保证责任的成立，属于常考点

[解析] 分析此题，首先要注意，基于合同的相对性，保证合同是保证人与债权人之间的合同。成立保证的方式有多种，主合同中虽然没有保证条款，但是保证人在主合同上以保证人的身份签字或者盖章的，保证合同可以成立。但是，本题中，保证人丙虽然在第一份主合同中以保证人的身份签了字，但是该签字是在债权人乙签字之前进行的，后债权人乙并没有在此份合同书上签字或盖章，该份主合同及保证合同最终没有成立。后甲、乙经过协商改变了原来约定的主合同内容，同时将借款期限和保证期间作了延长，但没有再次让丙在主合同上以保证人的身份签字或盖章，这相当于债权人乙对保证人丙原来的要约做出了实质性变更，丙的要约失效了，因此，对于新约定的内容，丙不承担保证责任，丙的保证责任根本就没有成立。故 B 选项正确。最后值得提醒的是，考生判断容易理解成对合同内容变动的考查。保证期间，债权人与债务人对主合同数量、价款、币种、利率等内容作了变动，未经保证人同意的，如果减轻债务人的债务的，保证人仍应当对变更后的合同承担保证责任；如果加重债务人的债务的，保证人对加重的部分不承担保证责任。债权人与债务人对主合同履行期限作了变动，未经保证人书面同意的，保证期间为原合同约定的或者法律规定的期限。但是，该条规定的适用以保证合同已经成立为前提条件，此题中，保证合同根本就没有成立，故 ACD 选项均错误。（B）

[知识点还原] 图表 77

16. [考点] 成约定金及其与主合同的关系，属于常考点

[解析]《民法典》第 586 条第 1 款规定："当事人可以约定一方向对方给付定金作为债权的担保。定金合同自实际交付定金时成立。"定金合同属于实践合同，由于乙一直未按照约定支付定金，因此甲、乙间的定金合同尚未生效，甲因此无权请求乙支付定金，故 AC 选项错误。当事人约定以交付定金作为主合同成立或者生效要件的，给付定金的一方未支付定金，但主合同已经履行或者已经履行主要部分的，不影响主合同的成立或者生效。据此，乙虽未支付定金，但因主合同已经履行，买卖合同已经生效，故 B 选项正确。既然买卖合同已经生效，出卖人甲已经按约交付了货物，则买受人乙负有支付价款的义务，故 D 选项错误。（B）

[知识点还原] 图表 81

17. [考点] 保证责任的成立，属于常考点

[解析]《民法典》第 681 条规定："保证合同是为保障债权的实现，保证人和债权人约定，当债务人不履行到期债务或者发生当事人约定的情形时，保证人履行债务或者承担责任的合同。"此种担保，是以保证人的全部财产为基础而提供的担保。第三人单方以书面形式向债权人出具担保书，债权人接受且未提出异议的，保证合同成立。主合同中虽然没有保证条款，但是保证人在主合同上以保证人的身份签字或者盖章的，保证合同成立。ABC 选项中，丙、丁、戊的行为都符合保证合同要求，因此构成保证，应选。D 选项划定了责任财产的范围，不符合保证需要以全部财产为基础承担责任的要求，因此 D 选项错误。（ABC）

[知识点还原] 图表 77

四、合同形式、条款与类型

1. [考点] 格式条款、违约责任的承担方式，属于常考点

[解析] 合同无效，是指内容涉嫌违法的情形。根据《民法典》总则编的有关规定，直接导致合同无效的情形包括：无行为能力人进行的法律行为、违反效力性强制规定的行为、违反公序良俗的行为、恶意串通损害他人利益的行为和虚假意思表示进行的法律行为。本题中没有涉及直接无效的情形，故 A 选项错误。《民法典》第 496 条第 1 款规定："格式条款是当事人为了重复使用而预先拟定，并在订立合同时未与对方协商的条款。"第 497 条规定："有下列情形之一的，该格式条款无效：（一）具有本法第一编第六章第三节

和本法第五零六条规定的无效情形；（二）提供格式条款一方不合理地免除或者减轻其责任、加重对方责任、限制对方主要权利；（三）提供格式条款一方排除对方主要权利。"本题中，格式条款"如甲单方放弃服务，余款不退"，排除了对方的主要权利，应为无效，B 选项正确。既然约定了不得单方放弃服务，故甲单方放弃服务的行为构成违约，需要承担违约责任，故 C 选项错误。《民法典》第 580 条第 1 款规定："当事人一方不履行非金钱债务或者履行非金钱债务不符合约定的，对方可以请求履行，但是有下列情形之一的除外：（一）法律上或者事实上不能履行；（二）债务的标的不适于强制履行或者履行费用过高；（三）债权人在合理期限内未请求履行。"据此，非金钱债务并不是均可以请求继续履行的。甲接受服务具有劳务的性质，劳务之债属于标的不适于强制履行的情况，故 D 选项错误。（B）

[知识点还原] 图表 22；图表 84；图表 108

2. [考点] 格式条款、法人的责任能力，属于常考点

[解析] 根据《民法典》第 496 条第 1 款规定："格式条款是当事人为了重复使用而预先拟定，并在订立合同时未与对方协商的条款。"第 497 条规定："有下列情形之一的，该格式条款无效：（一）具有本法第一编第六章第三节和本法第五百零六条规定的无效情形；（二）提供格式条款一方不合理地免除或者减轻其责任、加重对方责任、限制对方主要权利；（三）提供格式条款一方排除对方主要权利。"《民法典》第一编第六章第三节主要规定了通谋虚伪、恶意串通、违反法律行政法规强制性规定、违背公序良俗等情形无效。第 506 条规定："合同中的下列免责条款无效：（一）造成对方人身损害的；（二）因故意或者重大过失造成对方财产损失的。"本题中，合同由甲公司提供，而且是格式合同，但是，并没有上述无效情形，同时，也没有加重乙方的责任，只是约定由法定代表人承担连带责任，不是无效的格式条款，故 A 选项错误。公司法定代表人以法人名义签字，此时法定代表人的人格完全被法人吸收，后果由法人承担，本题中原法定代表人李红的签字首先代表法人，同时，对于法定代表人承担连带责任的条款，李红没有表示反对，可以认定李红作为个人对于连带责任的条款的认可，但该条款只对于李红本人有效力。法定代表人只有代表法人的行为才有连续性，对于个人责任的

设定，对后来的法定代表人没有约束力，故 BC 选项错误，D 选项正确。（D）

[知识点还原] 图表 11；图表 84

3. [考点] 附条件的为第三人利益的合同，此点偶尔考查

[解析] 首先要指出的是，本题涉及的情形不是典型的赠与合同，因为《民法典》第 657 条规定："赠与合同是赠与人将自己的财产无偿给予受赠人，受赠人表示接受赠与的合同。"题目设计，是披着赠与的外衣，考查为第三方利益的合同。本题中的合同在甲、乙之间签订，且甲并非以胎儿代理人的身份与乙达成协议，合同不是在赠与人与受赠人之间达成的，故不是典型的赠与合同，属于甲、乙双方达成的为第三人（胎儿）利益的合同。《民法典》第 16 条规定："涉及遗产继承、接受赠与等胎儿利益保护的，胎儿视为具有民事权利能力。但是，胎儿娩出时为死体的，其民事权利能力自始不存在。"在涉及胎儿利益保护时，胎儿一般视为有权利能力，即视为主体。由于《民法典》规定了胎儿具有权利能力，同时即使胎儿没有权利能力也不影响甲、乙之间合同的效力，故 A 选项错误。本题中乙与甲之间签订的合同为附条件的合同，而且所附条件为生效条件。由于孩子已经出生，条件已经成就，合同生效，乙不得拒绝履行自己的义务，已经交付的八根金条不得请求返还，剩余的两根也要履行。故 BC 选项正确，D 选项错误。

对于本题，也有人直接从赠与合同的角度进行分析，认为此赠与合同，乙具有道德性义务，因此，当胎儿顺利出生、条件成就后，乙不享有任意撤销权，故应当继续给付剩余的两根金条。虽然结论与笔者的解读殊途同归，但是由于本题考查于 2015 年，当时尚未有《民法典》第 16 条之规定，立法中并未赋予胎儿以权利能力，故从当时命题的背景看，命题者意图不大可能是直接考查赠与合同，因为签订合同之时，按照当时的立法，受赠人根本就不能作为主体存在。解读为甲、乙之间达成的为第三方利益之合同，虽然达成协议之时胎儿尚未出生，但将潜在的可能主体作为第三方，在逻辑上是成立的。（BC）

[知识点还原] 图表 5；图表 83

4. [考点] 格式条款的理解，属于常考点

[解析]《民法典》第 496 条第 1 款规定："格式条款是当事人为了重复使用而预先拟定，并在订立合同时未与对方协商的条款。"本题中，航空

公司关于"起飞前两小时内退票按机票价格收取30%手续费"的规定实际上就属于格式条款。一般而言,提供格式条款一方排除对方主要权利,或者不合理地免除或者减轻其责任、加重对方责任、限制对方主要权利的,格式条款无效。本题中,该格式条款本身并不存在上述情形,"起飞前两小时内退票按机票价格收取30%手续费"的规定并不是免责条款,也没有加重客户责任、排除客户的主要权利,因为飞机起飞前两小时内办理退票手续,很可能导致该机票无法在两小时内售出,造成航空公司的损失,收取手续费是让退票者分担损失的措施,并未违背公平的原则,该格式条款是有效的,故 AD 选项错误。《民法典》第498条规定:"对格式条款的理解发生争议的,应当按照通常理解予以解释。对格式条款有两种以上解释的,应当作出不利于提供格式条款一方的解释。格式条款和非格式条款不一致的,应当采用非格式条款。"本题中的"机票价格"可以按照机票票面价格解释,也可以按照机票折后价格解释,因此,应当作出不利于航空公司的解释,所以刘某应当按照购买机票的折后价格支付退票手续费,即 180 元,故 B 选项错误、C 选项正确。(C)

[知识点还原] 图表 84

5. [考点] 无名合同

[解析] 有名合同,又称为典型合同,是指法律上已经确定了一定的名称及规则的合同。无名合同,又称非典型合同,是指法律上尚未确定一定的名称与规则的合同。本题中的合同属于无名合同,故 A 选项正确。实践合同是指除了当事人双方意思表示一致以外,尚需交付标的物才能成立的合同。本题中,双方在达成协议时,合同即告成立,无需实际交付标的物,为诺成合同,故 B 选项错误。《民法典》第 467 条第 1 款规定:"本法或者其他法律没有明文规定的合同,适用本编通则的规定,并可以参照适用本编或者其他法律最相类似合同的规定。"本题中的合同与租赁合同相类似,故 CD 选项正确。(ACD)

[知识点还原] 图表 83

五、合同的成立

1. [考点] 合同的订立,属于常考点

[解析] 甲在平台上发布出售自行车的信息,价格明确且附有照片,内容具体确定,属于向不特定对象发布的要约,不是要约邀请,故 B 选项

错误。乙出价 900 元属于对要约的实质性变更,构成新要约,甲不同意,故没有达成关于以 900 元购买的合同。向不特定对象发布的要约,并不会因为个别人的拒绝或作出实质性变更而失效,故当乙再次发出意思表示"就按你说的价来,1100 元"时,构成承诺,视为达成了 1000 元购买的协议。因为,虽然乙在意思表示中将价格打成了 1100 元,但乙明确表示了按甲所出的价格来,且买卖合同中,买方主动出价高于卖方报价,不合常理,故对于该存有争议的意思表示进行解释时,需要考虑诚信原则、交易习惯等进行整体解释,不可拘泥于文字本身,应当认定,甲乙之间以 1000 元达成了合同,故 D 选项正确,AC 选项错误。(D)

[知识点还原] 图表 17;图表 86

2. [考点] 承诺的效力

[解析]《民法典》第 483 条规定:"承诺生效时合同成立,但是法律另有规定或者当事人另有约定的除外。"关于承诺的生效时间,《民法典》第 484 条规定:"以通知方式作出的承诺,生效的时间适用本法第一百三十七条的规定。承诺不需要通知的,根据交易习惯或者要约的要求作出承诺的行为时生效。"另根据《民法典》第 137 条规定,以非对话方式作出的意思表示,到达相对人时生效。据此,本题中,甲、乙不是以对话的方式订立合同,甲的承诺是否生效,关键在于是否有效到达相对人乙公司。甲写好承诺文件,尚未发出之时,并未构成承诺,合同不能成立,故 D 选项错误。甲的秘书将甲写好的承诺文件发出,属于秘书的职务行为,虽未接到甲发出的指示,存在内部的工作失误,但是不影响发出承诺的效力,如果承诺到达,合同依然可以成立,故 C 选项错误。《民法典》第 485 条规定:"承诺可以撤回。承诺的撤回适用本法第一百四十一条的规定。"第 141 条规定:"行为人可以撤回意思表示。撤回意思表示的通知应当在意思表示到达相对人前或者与意思表示同时到达相对人。"如前分析,以非对话方式作出的意思表示,到达相对人时生效。本题中,若撤回承诺的通知提前到或与承诺同时到达的,可构成撤回,合同不成立,故 A 选项正确。承诺一旦到达即生效,一旦生效合同即成立;依法成立的合同,自成立时生效。故承诺到达后,撤回的通知才到达的,不构成撤回,且承诺不能撤销,故 B 选项错误。(A)

[知识点还原] 图表 86

3. [考点] 缔约过失责任，属于必考点

[解析]《民法典》第 500 条规定："当事人在订立合同过程中有下列情形之一，造成对方损失的，应当承担赔偿责任：（一）假借订立合同，恶意进行磋商；（二）故意隐瞒与订立合同有关的重要事实或者提供虚假情况；（三）有其他违背诚信原则的行为。"本题中，德凯公司的行为，属于假借订立合同，恶意磋商的行为，故对于真诚公司因此造成的损失，应当承担赔偿责任，是缔约过失责任的经典情形之一。故 B 选项正确，AD 选项错误。《民法典》第 501 条规定："当事人在订立合同过程中知悉的商业秘密或者其他应当保密的信息，无论合同是否成立，不得泄露或者不正当地使用；泄露、不正当地使用该商业秘密或者信息，造成对方损失的，应当承担赔偿责任。"在谈判过程中，德凯公司知悉了真诚公司的商业秘密，并加以泄露，应当向真诚公司承担赔偿责任。据此，C 选项错误。（B）

[知识点还原] 图表 88

4. [考点] 缔约过失责任，属于常考点

[解析] 缔约过失责任须成立于磋商合同的当事人之间，甲、乙之间并未进入磋商阶段，因此二者之间不成立缔约过失责任，故 A 选项错误。甲、丙虽然进入了磋商阶段，且由于丙选择与乙订立合同，从而甲、丙之间的合同没有成立，但是，丙并无违反先合同义务的行为，同时考虑到合同自由原则以及鼓励市场竞争的政策，故丙对甲不构成缔约过失责任，故 B 选项错误。《民法典》第 500 条规定："当事人在订立合同过程中有下列情形之一，造成对方损失的，应当承担赔偿责任：（一）假借订立合同，恶意进行磋商；（二）故意隐瞒与订立合同有关的重要事实或者提供虚假情况；（三）有其他违背诚信原则的行为。"丁的行为构成恶意磋商，应对甲因此遭受的信赖利益承担缔约过失责任，故 C 选项正确，D 选项错误。（C）

[知识点还原] 图表 88

5. [考点] 要约的失效，属于常考点

[解析]《民法典》第 476 条规定："要约可以撤销，但是有下列情形之一的除外：（一）要约人以确定承诺期限或者其他形式明示要约不可撤销；（二）受要约人有理由认为要约是不可撤销的，并已经为履行合同做了合理准备工作。"《民法典》第 478 条规定："有下列情形之一的，要约失效：（一）要约被拒绝；（二）要约被依法撤销；（三）承诺期限届满，受要约人未作出承诺；（四）受要约人对要约的内容作出实质性变更。"本题中，因为甲公司的要约中规定了承诺期限，所以要约不得撤销，要约也就不可能因为甲公司要撤销要约而失效，故排除 AC 选项。"6 月 13 日，甲公司收到乙公司的回复，乙公司表示红木缺货，问甲公司能否用杉木代替"，这实际上是乙公司对甲公司的要约内容作出了实质性变更，已经属于新要约，因此甲公司关于订购红木的要约在 6 月 13 日失效，失效的原因是乙公司对要约的内容作出实质性变更，故 D 选项错误，B 选项正确。（B）

[知识点还原] 图表 86

6. [考点] 缔约过失责任的构成，属于常考点

[解析] 缔约过失责任与违约责任同为民事责任形式，两者区别在于：缔约过失责任是以合同不成立、无效或者被撤销为前提，赔偿的是信赖利益；而违约责任以合同有效存在为前提，赔偿的是履行利益，合同未成立、无效或者被撤销的，不存在违约责任的问题。本题中，双方并未订立合同，因此，甲公司并不构成违约，故 A 选项错误。有人认为，本题中，甲公司先让乙公司制造样品，但在乙公司完成样品后，以经营战略发生重大调整为由终止了谈判，从而给乙造成了样品制造损失，应承担缔约过失责任。实际上，甲公司提出让乙公司制造样品是附有一定条件的，即"只有乙公司先行制造出符合要求的样品后，才能考虑批量购买"，这一条件就意味着即便乙公司制造出符合要求的样品，甲公司也可以不购买。对乙公司而言，是否制造样品是一个商业风险，而之后甲公司不需要此种零件是因为经营战略发生重大调整而且及时通知了乙公司，因此，甲公司不存在违背诚实信用原则的行为，不应承担缔约过失责任，因此 B 选项错误。侵权行为的构成需要四个要件，即损害事实、违法性、因果关系和主观过错。本题中，甲公司虽然给乙公司造成了一定损失，但甲公司的行为不存在违法性和主观上的故意或过失，而且甲公司的行为也不属于《民法典》侵权责任编所规定的特殊侵权行为，因此，甲公司的行为不构成侵权，故 C 选项错误。总之，甲公司的行为既不构成违约行为，也不构成缔约过失行为和侵权行为，除以上 3 种民事责任形式外，民事责任形式还包括不当得利和无因管理两种形式，本题中，甲公司的行为显然不属于不当得利或无因管理，既然甲公司的行为不符

合任何民事责任的构成要件，那么，甲公司就不应赔偿乙公司的任何损失，因此，D 选项正确。（D）

[知识点还原] 图表 88

7. [考点] 合同的成立，属于常考点

[解析]《民法典》第 473 条第 1 款规定："要约邀请是希望他人向自己发出要约的表示。拍卖公告、招标公告、招股说明书、债券募集办法、基金招募说明书、商业广告和宣传、寄送的价目表等为要约邀请。"据此，一般情况下，商业广告为要约邀请，但是，商业广告的内容符合要约规定的，也可构成要约。《民法典》第 472 条规定："要约是希望与他人订立合同的意思表示，该意思表示应当符合下列条件：（一）内容具体确定；（二）表明经受要约人承诺，要约人即受该意思表示约束。"本题中，甲公司在广告中说明了汽车的型号、数量、价格，内容可谓具体确定，而且，甲公司还声称广告的有效期为 10 天，这一广告有效期的允诺意味着购车者在 10 天内来购车，甲公司都将提供车辆，这一允诺充分说明经受要约人承诺，要约人即受该意思表示约束，因此，甲公司发布的该广告是要约。《民法典》第 484 条规定："以通知方式作出的承诺，生效的时间适用本法第一百三十七条的规定。承诺不需要通知的，根据交易习惯或者要约的要求作出承诺的行为时生效。"据此，乙公司于该则广告发布后第 5 天自带汇票去甲公司买车的行为即是符合要约要求的承诺，买卖合同成立。如今车全部售完，无货可供，甲公司应承担违约责任。因此，A 选项正确，BCD 选项错误。（A）

[知识点还原] 图表 86

8. [考点] 定金、缔约过失责任

[解析]《民法典》第 587 条规定："债务人履行债务的，定金应当抵作价款或者收回。给付定金的一方不履行债务或者履行债务不符合约定，致使不能实现合同目的的，无权请求返还定金；收受定金的一方不履行债务或者履行债务不符合约定，致使不能实现合同目的的，应当双倍返还定金。"定金若写成订金，在没有特别约定的情况下，没有定金的效力。本题中，写的是"订金"而非"定金"，不适用定金罚则，因此乙只应返还 1000 元而不是 2000 元，A 选项错误。本题合同未成立，不存在违约责任，故 D 选项错误。《民法典》第 500 条规定："当事人在订立合同过程中有下列情形之一，造成对方损失的，应当承担赔偿

责任：（一）假借订立合同，恶意进行磋商；（二）故意隐瞒与订立合同有关的重要事实或者提供虚假情况；（三）有其他违背诚信原则的行为。"本题中，乙故意隐瞒了该车证照不齐的情况，符合第二种情况，应当承担缔约过失责任。根据以上分析，C 选项错误，B 选项正确。（B）

[知识点还原] 图表 81；图表 88

9. [考点] 合同签订地

[解析]《民法典》第 493 条规定："当事人采用合同书形式订立合同的，最后签名、盖章或者按指印的地点为合同成立的地点，但是当事人另有约定的除外。"本题中，双方当事人并没有约定合同签订地，张某首先在乙地签字，李某后来于丙地在合同上摁了手印，因此李某按指印的地点即丙地为合同签订地，故 C 选项正确。（C）

[知识点还原] 图表 87

10. [考点] 合同成立、缔约过失责任

[解析] 甲公司发要约给乙公司，乙公司回复收到传真，并未表达承诺之意思，故 6 月 5 日合同未成立，A 选项错误。6 月 10 日，甲催问，乙表示愿意以报价出售，构成承诺。乙要求签订合同书，合同应自合同书签订时成立，故 6 月 10 日合同依然没有成立，B 选项错误。6 月 15 日，甲前往签约，乙公司临时加价，导致合同未签订，合同依然未成立，故 C 选项错误。乙临时加价的行为，明显违背诚信原则，由此造成甲公司信赖利益的损失，应承担缔约过失责任，故 D 选项正确。（D）

[知识点还原] 图表 86；图表 88

六、合同的履行

1. [考点] 情势变更

[解析]《民法典》第 533 条规定："合同成立后，合同的基础条件发生了当事人在订立合同时无法预见的、不属于商业风险的重大变化，继续履行合同对于当事人一方明显不公平的，受不利影响的当事人可以与对方重新协商；在合理期限内协商不成的，当事人可以请求人民法院或者仲裁机构变更或者解除合同。人民法院或者仲裁机构应当结合案件的实际情况，根据公平原则变更或者解除合同。"洪水不属于商业风险。本题中，甲、乙建设工程施工合同订立后履行完毕前，因洪水导致原材料价格大幅上涨，合同虽然能够继续履行，但是将造成乙巨额亏损，入不敷出，构成明显不公，此时乙可根据情势变更制度提起

诉讼，请求法院进行变更。故 D 选项错误，C 选项正确。

对于这种本可以适用情势变更的情形，当事人提前约定排斥适用的，该约定无效。对此，《民法典合同编通则解释》第 32 条第 4 款明确进行了规定，故 A 选项错误。本案不存在违背公序良俗的情形，故 B 选项错误。（C）

[知识点还原] 图表 102

2. [考点] 第三人代为清偿、自助行为、无因管理、法人人格否认

[解析]《民法典》第 1177 条规定："合法权益受到侵害，情况紧迫且不能及时获得国家机关保护，不立即采取措施将使其合法权益受到难以弥补的损害，受害人可以在保护自己合法权益的必要范围内采取扣留侵权人的财物等合理措施；但是，应当立即请求有关国家机关处理。受害人采取的措施不当造成他人损害的，应当承担侵权责任。"据此，对于自助行为，只有在危急情况下，难以及时获得国家机关保护时方可适用，本案不属于危急情况，故不构成自助，A 选项错误。

《民法典》第 979 条第 1 款规定："管理人没有法定的或者约定的义务，为避免他人利益受损失而管理他人事务的，可以请求受益人偿还因管理事务而支出的必要费用；管理人因管理事务受到损失的，可以请求受益人给予适当补偿。"本案中，甲公司欠员工的工资，应当由甲公司支付，作为母公司的乙公司，与甲公司之间是完全独立的主体，对于甲公司的债务没有履行的义务，但是，为了避免不良影响给甲公司带来损失，乙公司代甲公司支付了 2 万元，构成无因管理，故 B 选项正确。

由于甲公司所欠债务为 3 万元，故乙公司代为清偿 2 万元之后，甲公司尚有 1 万元的债务，故 C 选项正确。

构成混同，需要长期存在股东与公司财产不分、账目不分、人员混同等情形，乙公司代甲公司清偿债务，属于商事活动中的正常操作，不构成财产混同及人格混同。故 D 选项错误。（BC）

[知识点还原] 图表 4；图表 11；图表 74；图表 93

3. [考点] 第三人有权代为清偿、留置权

[解析]《民法典》第 447 条第 1 款规定："债务人不履行到期债务，债权人可以留置已经合法占有的债务人的动产，并有权就该动产优先受偿。"第 448 条规定："债权人留置的动产，应当

与债权属于同一法律关系，但是企业之间留置的除外。"本题中，丙完成了运输，乙公司不支付运费，丙合法占有货物，且是基于同一法律关系产生的债权，故丙可以留置该批货物，故 B 选项正确。《民法典》第 524 条规定："债务人不履行债务，第三人对履行该债务具有合法利益的，第三人有权向债权人代为履行；但是，根据债务性质、按照当事人约定或者依照法律规定只能由债务人履行的除外。债权人接受第三人履行后，其对债务人的债权转让给第三人，但是债务人和第三人另有约定的除外。"据此，当债务人不履行，涉及第三人利益时，第三人有权代为清偿；在清偿后，债权及相关的从权利一并转让给第三人，第三人获得向原债务人追偿的权利。本题中，乙公司的不履行将会影响甲公司的利益，故甲公司作为第三人有权代为清偿，且清偿后甲公司获得向乙公司追偿的权利，故 AC 选项正确。丙、乙之间具有合同关系，基于合同的相对性，丙的运费只能向乙公司主张，不能向甲公司主张。虽然为了保护第三人的利益赋予了第三人甲公司代为清偿的权利，但不意味着甲公司具有了代为清偿的义务，故 D 选项错误。（ABC）

[知识点还原] 图表 63；图表 93

4. [考点] 代物清偿、买卖合同，属于常考点

[解析] 代物清偿，是指在债的履行过程中，债权人受领他种给付以代替原定给付而使债的关系消灭。代物清偿须具备以下四个要件：（1）有原债务存在；（2）经双方当事人约定，以他种给付代替原定给付；（3）有双方当事人关于代物清偿的合意；（4）债权人或其他有履行受领权的人现实地受领给付。理解代物清偿，最重要的是理解第四个构成要件，即必须债权人现实地受领他种给付之后，债务才会消灭。由于我国目前没有代物清偿的法律规定，按照最新观念，代物清偿协议，若没有特别约定为实践合同，则达成协议之时，合同即成立生效，在履行之前，新债与旧债并存，新债履行完毕后，原债务消灭。若新债不履行，原债务不消灭。本题中，王某和丁某约定，王某以自己的一幅古画，抵偿原来所借的 100 万元的债务，是典型的代物清偿之情形，不过，只是达成了协议，约定第二天交付，在交付古画之前，不发生债务消灭的效力。据此，A 选项错误，B 选项正确，因为关于代物清偿的约定并不是另行订立买卖合同，只是一种清偿债务的方式，属于履行借款合同义务的行为。在新债与旧债并

存的情况下，债务人可选择履行新债或旧债，故依然可以通过偿还金钱消灭债务，故 C 选项正确。值得注意的是，根据《民法典合同编通则解释》第 27 条第 2 款规定："债务人或者第三人履行以物抵债协议后，人民法院应当认定相应的原债务同时消灭；债务人或者第三人未按照约定履行以物抵债协议，经催告后在合理期限内仍不履行，债权人选择请求履行原债务或者以物抵债协议的，人民法院应予支持，但是法律另有规定或者当事人另有约定的除外。"据此，若债务人不按照约定履行，且经催告后仍然不履行的，则债权人可行使选择权。如果古画交付之后，发现是赝品，这与买卖合同中卖方所交付的标的物有瑕疵的情形类似，因此，可以参照合同法相关规定。《民法典》第 617 条规定："出卖人交付的标的物不符合质量要求的，买受人可以依据本法第五百八十二条至第五百八十四条的规定请求承担违约责任。"第 582 至 584 条规定了违约方承担责任的方式，包括修理、重作、更换、减少价款或报酬、赔偿损失等。这意味着卖方应当对于交付的标的物的质量负瑕疵担保责任，如果不合格则构成违约。据此，当卖方交付的标的物不符合约定之标准，应当承担相应责任。在本题的代物清偿中，如果交付的古画不符合约定之标准的，王某也应当承担瑕疵担保责任，对于古画的不合格需要承担违约责任，故 D 选项正确。（BCD）

[知识点还原] 图表 90；图表 111

5. [考点] 抗辩权、合同解除，此点每年必考

[解析]《民法典》第 526 条规定："当事人互负债务，有先后履行顺序，应当先履行债务一方未履行的，后履行一方有权拒绝其履行请求。先履行一方履行债务不符合约定的，后履行一方有权拒绝其相应的履行请求。"此规定为先履行抗辩权的规定，此权利是履行顺序在后的一方在履行顺序在前的一方没有履行或者履行不合约定之时，提出的抗辩。第 527 条规定："应当先履行债务的当事人，有确切证据证明对方有下列情形之一的，可以中止履行：（一）经营状况严重恶化；（二）转移财产、抽逃资金，以逃避债务；（三）丧失商业信誉；（四）有丧失或者可能丧失履行债务能力的其他情形。当事人没有确切证据中止履行的，应当承担违约责任。"此规定为不安抗辩权，是履行顺序在前的一方，由于履行顺序在后的一方的行为使顺序在前一方对待给付有可能不能实现时而进行的抗辩。但是，无论哪一种抗辩，都必须是同一双务合同中，对待给付义务没有履行或者对待给付有不能实现的危险时，方可进行抗辩。所谓对待给付义务，通常是指，当一方主义务没有履行时，另一方可以自己的主义务不履行来进行抗辩，当一方从义务没有履行时，另一方可以自己的从义务不履行来进行抗辩。本题中，甲的付款义务和乙交付说明书的义务不构成对待给付义务，因此，甲不能以乙没有履行交付说明书的义务而进行抗辩。同时，相对于乙交付说明书的义务，甲二期付款的义务在后，因此，即便可以抗辩也是先履行抗辩而不是不安抗辩。据此，AB 选项错误，D 选项正确。在没有约定解除权的情况下，要解除合同，只有具有法定解除权的情况下才能解除。根据《民法典》第 563 条第 1 款规定："有下列情形之一的，当事人可以解除合同：（一）因不可抗力致使不能实现合同目的；（二）在履行期限届满之前，当事人一方明确表示或者以自己的行为表明不履行主要债务；（三）当事人一方迟延履行主要债务，经催告后在合理期限内仍未履行；（四）当事人一方迟延履行债务或者有其他违约行为致使不能实现合同目的；（五）法律规定的其他情形。"本题中，乙的行为不属于不履行主要债务，也没有导致合同目的的不能实现，因此，甲不能解除合同，故 C 选项错误。（D）

[知识点还原] 图表 95；图表 103

6. [考点] 合同履行中的抗辩、解除合同的事由、违约的构成，属于每年必考的要点

[解析] 根据《民法典》第 527 条规定："应当先履行债务的当事人，有确切证据证明对方有下列情形之一的，可以中止履行：（一）经营状况严重恶化；（二）转移财产、抽逃资金，以逃避债务；（三）丧失商业信誉；（四）有丧失或者可能丧失履行债务能力的其他情形。当事人没有确切证据中止履行的，应当承担违约责任。"第 528 条规定："当事人依据前条规定中止履行的，应当及时通知对方。对方提供适当担保的，应当恢复履行。中止履行后，对方在合理期限内未恢复履行能力且未提供适当担保的，视为以自己的行为表明不履行主要债务，中止履行的一方可以解除合同并可以请求对方承担违约责任。"本题中，甲支付前两笔款项的履行顺序在先，由于乙单方要提高价格，此行为，完全有可能导致履行顺序在后的乙不能向甲进行对待给付，因此，甲可以行使不安抗辩权暂时中止第二笔款项的支付，对于迟延支付第二笔货款不构成违约，故 A 选项正确。

乙单方面要求提高价格，构成违约，尽管其履行顺序在后，甲的迟延支付是由于乙单方面提高价格导致的，所以，乙没有先履行抗辩权，故CD选项错误。在当事人没有约定解除权的情况下，根据《民法典》第563条第1款规定："有下列情形之一的，当事人可以解除合同：（一）因不可抗力致使不能实现合同目的；（二）在履行期限届满前，当事人一方明确表示或者以自己的行为表明不履行主要债务；（三）当事人一方迟延履行主要债务，经催告后在合理期限内仍未履行；（四）当事人一方迟延履行债务或者有其他违约行为致使不能实现合同目的；（五）法律规定的其他情形。"在一方迟延履行时，只有在催告后，经过合理期限仍没有履行的，才符合法定解除权的情形，故乙无权解除合同，B选项错误。（A）

[知识点还原] 图表95；图表103；图表108

7. [考点] 债的清偿顺序，属于常考点

[解析] 根据《民法典》第560条规定："债务人对同一债权人负担的数项债务种类相同，债务人的给付不足以清偿全部债务的，除当事人另有约定外，由债务人在清偿时指定其履行的债务。债务人未作指定的，应当优先履行已经到期的债务；数项债务均到期的，优先履行对债权人缺乏担保或者担保最少的债务；均无担保或者担保相等的，优先履行债务人负担较重的债务；负担相同的，按照债务到期的先后顺序履行；到期时间相同的，按照债务比例履行。"本题中，当事人没有约定，债务人还款时，也没有指定，2006年的债务已经到期，因此，应当优先抵充，故A选项正确，BCD选项错误。（A）

[知识点还原] 图表90

8. [考点] 第三人代为清偿，属于常考点

[解析] 债务可由债务人之外的第三人清偿，称为第三人清偿。第三人清偿的有效要件有四：（1）债务的性质允许第三人代为清偿。具有专属性的债务，第三人不得代为清偿。（2）无禁止第三人代为清偿的约定。若债务人与债权人约定禁止第三人代为清偿，则不可。（3）须经债权人同意。一般而言，第三人清偿时，若债权人拒绝，则第三人不得清偿；但是，若第三人就债务的清偿具有法律上的利害关系，债权人不得拒绝。（4）须第三人具有为债务人清偿的意思。据此，本题中，第三人丙替债务人甲清偿债务，得到了债权人乙的同意，清偿有效。故A选项正确。第三人清偿的主要法律效果是：（1）因第三人清偿债务，债务人免除其债务，债权亦因此消灭。（2）第三人可基于无因管理或者不当得利向债务人追偿；但第三人以赠与的意思代为清偿的，无追偿权。据此，丙代为清偿后，有权依照无因管理或者不当得利向甲追偿，故B选项错误。因乙接受丙的代为清偿，甲对乙的债务免除，所以，若丙的履行有瑕疵，甲无须承担责任，故C选项错误。若因丙的履行瑕疵而对乙承担违约责任，就该违约赔偿金，丙不享有向甲追偿的权利，故D选项错误。（A）

[知识点还原] 图表93；图表94

9. [考点] 先履行抗辩权、不安抗辩权、债务承担，均属于常考点

[解析] 甲、乙、丙公司三方合意的效力在于，甲公司将对乙公司的付款义务移转给丙公司承担。但甲公司请求乙公司交付电梯的权利并未移转。《民法典》第553条规定："债务人转移债务的，新债务人可以主张原债务人对债权人的抗辩；原债务人对债权人享有债权的，新债务人不得向债权人主张抵销。"因此，债务承担者丙，有权主张原债务人甲对乙的抗辩权。《民法典》第526条规定："当事人互负债务，有先后履行顺序，应当先履行债务一方未履行的，后履行一方有权拒绝其履行请求。先履行一方履行债务不符合约定的，后履行一方有权拒绝其相应的履行请求。"甲、乙约定，甲先支付价款，乙后交付电梯，现甲未支付价款，若甲请求乙交付电梯，乙可以行使先履行抗辩权，故A选项错误。如前所述，丙公司仅为甲公司债务的承担者，并不享有该买卖合同中的权利，丙公司无权请求乙公司交付自动扶梯，故B选项错误。《民法典》第527条规定："应当先履行债务的当事人，有确切证据证明对方有下列情形之一的，可以中止履行：（一）经营状况严重恶化；（二）转移财产、抽逃资金，以逃避债务；（三）丧失商业信誉；（四）有丧失或者可能丧失履行债务能力的其他情形。当事人没有确切证据中止履行的，应当承担违约责任。"据此，若应当先履行的甲确有证据证明履行顺序在后的乙方具有丧失履行债务能力的情形，甲对乙享有不安抗辩权。合同签订后20日，甲通过三方合意将自己的债务移转给丙承担，此时，根据上述第553条，债务受让人丙可以主张原债务人甲的不安抗辩权，故C选项正确。本题中的债务承担为"免责的债务承担"，甲经债权人乙同意，将其全部债务移转给丙承担后，甲就不再是债务人。所

以，乙不能要求甲对丙的债务履行承担责任，故D选项错误。（C）

[知识点还原] 图表95；图表100

10. [考点] 先（顺序）履行抗辩权、保证人的抗辩权，属于常考点

[解析]《民法典》第526条规定："当事人互负债务，有先后履行顺序，应当先履行债务一方未履行的，后履行一方有权拒绝其履行请求。先履行一方履行债务不符合约定的，后履行一方有权拒绝其相应的履行请求。"在甲、乙公司的买卖合同中，乙公司应先交付菊花茶，然后甲公司支付价款。因乙公司交付的2袋价值2万元的菊花茶不能饮用，甲公司可以行使顺序履行抗辩权，拒绝支付相应的价款。换言之，甲公司原本负有支付10万元价款的债务，因行使顺序履行抗辩权，可拒绝支付相应的2万元价款。《民法典》第701条规定："保证人可以主张债务人对债权人的抗辩。债务人放弃抗辩的，保证人仍有权向债权人主张抗辩。"因此，丙公司作为保证人，有权援用债务人甲公司的顺序履行抗辩权，拒绝对2万元的价款承担保证责任。保证人承担的责任，不应超出主债务的范围，保证人自行履行保证责任时，其实际清偿额大于主债权范围的，保证人只能在主债权范围内对债务人行使追偿权。若丙公司知情并向乙公司付款10万元，则丙公司只能向甲公司追偿8万元，故A选项正确。反之，若丙公司不知情并向乙公司付款10万元，其中的2万元乙公司受领没有正当理由，符合不当得利的构成要件，乙公司构成不当得利，故B选项正确。《民法典》第700条规定："保证人承担保证责任后，除当事人另有约定外，有权在其承担保证责任的范围内向债务人追偿，享有债权人对债务人的权利，但是不得损害债权人的利益。"《诉讼时效规定》第18条规定："主债务诉讼时效期间届满，保证人享有主债务人的诉讼时效抗辩权。保证人未主张前述诉讼时效抗辩权，承担保证责任后向主债务人行使追偿权的，人民法院不予支持，但主债务人同意给付的情形除外。"据此，C选项正确。若丙公司为一般保证人，丙公司放弃对债权人乙公司享有的先诉抗辩权不会对债务人甲公司产生不利影响，此点与保证人丙公司放弃诉讼时效经过的抗辩有本质不同，因为先诉抗辩是丙公司自己的权利，与债务人的利益无关，故丙公司承担保证责任后，不丧失对债务人甲公司的追偿权，D选项错误。（ABC）

[知识点还原] 图表77；图表95

11. [考点] 合同履行中的抗辩权，属于常考点

[解析]《民法典》第525条规定："当事人互负债务，没有先后履行顺序的，应当同时履行。一方在对方履行之前有权拒绝其履行请求。一方在对方履行债务不符合约定时，有权拒绝其相应的履行请求。"据此，同时履行抗辩权的构成要件之一是双务合同当事人的债务履行顺序无先后之分。本题中，买卖合同双方当事人明确约定了各自债务的履行顺序，不符合同时履行抗辩权的要件构成，故A选项错误。《民法典》第527条规定："应当先履行债务的当事人，有确切证据证明对方有下列情形之一的，可以中止履行：（一）经营状况严重恶化；（二）转移财产、抽逃资金，以逃避债务；（三）丧失商业信誉；（四）有丧失或者可能丧失履行债务能力的其他情形。当事人没有确切证据中止履行的，应当承担违约责任。"据此，应当先履行的一方在法定条件下可以行使不安抗辩权，而乙作为应当后履行的一方是不可能行使不安抗辩权的，故B选项错误。《民法典》第526条规定："当事人互负债务，有先后履行顺序，应当先履行一方未履行的，后履行一方有权拒绝其履行请求。先履行一方履行债务不符合约定的，后履行一方有权拒绝其相应的履行请求。"同时，《民法典》第531条规定："债权人可以拒绝债务人部分履行债务，但是部分履行不损害债权人利益的除外。债务人部分履行债务给债权人增加的费用，由债务人负担。"据此，乙可以行使先履行抗辩权，但只能拒绝与甲未支付价款部分相应的请求。故C选项错误，D选项正确。（D）

[知识点还原] 图表95

12. [考点] 合同的第三人辅助履行、不当得利，属于常考点

[解析] 本题中，甲丙之间形成了买卖合同关系，甲让乙送货给丙，丙签收并向甲支付了价款，由于货物已经交付，所有权已经转移，丙已经取得了货物的所有权，D选项正确。对于甲丙的合同而言，甲让乙送货给丙，乙的地位是合同履行的辅助人，没有权利请求丙支付价款，故B选项正确。既然丙已经向甲履行了付款义务，对于自己收取货物，支付了对价，丙没有构成不当得利，故A选项错误。甲的行为，收取价款，但没有实际向丙提供货物，没有任何对价，得利没有正当理由，故相对于乙来说，构成不当得利，应予以返还，故C选项正确。（BCD）

[知识点还原] 图表 75；图表 93

13. [考点] 债的清偿抵充顺序，属于常考点

[解析] 当债务人对于同一债权人所欠债务为数笔时，若偿还时，不足以清偿全部，应当如何抵充的问题，《民法典》第 560 条规定："债务人对同一债权人负担的数项债务种类相同，债务人的给付不足以清偿全部债务的，除当事人另有约定外，由债务人在清偿时指定其履行的债务。债务人未作指定的，应当优先履行已经到期的债务；数项债务均到期的，优先履行对债权人缺乏担保或者担保最少的债务；均无担保或者担保相等的，优先履行债务人负担较重的债务；负担相同的，按照债务到期的先后顺序履行；到期时间相同的，按照债务比例履行。"据此，抵充的顺序，有约定的按照约定；没有约定的，由债务人指定抵充；债务人没有指定的，按照法定顺序进行抵充。按照《民法典》第 561 条规定，若除主债务外还要偿还利息与偿债费用的，应当先抵充费用与利息。当债务人不指定时，意味着放弃指定，在没有约定的前提下，直接适用法定抵充顺序。这意味着，约定抵充优先于指定抵充，指定抵充优先于法定抵充。本题中，能事后达成协议的，应按照协议抵充；不能的，应按照债务人的指定来进行抵充。故 AB 选项正确，CD 选项错误。（AB）

[知识点还原] 图表 90

14. [考点] 由第三人履行的合同

[解析]《民法典》第 523 条规定："当事人约定由第三人向债权人履行债务，第三人不履行债务或者履行债务不符合约定的，债务人应当向债权人承担违约责任。"据此，债权人与债务人约定由第三人清偿的，基于合同的相对性原理，当第三人不清偿的，承担违约的主体依然是原来的债务人。在这一点上，不同于独立的第三人代为清偿。本题中，甲乙约定，由丙履行，属于债权人与债务人约定由第三人清偿之情形，当丙不履行时仍应由乙承担违约责任，故 A 选项正确。（A）

[知识点还原] 图表 93；图表 94

七、合同的保全

1. [考点] 债权人代位权，属于常考点

[解析]《民法典》第 535 条规定："因债务人怠于行使其债权或者与该债权有关的从权利，影响债权人的到期债权实现的，债权人可以向人民法院请求以自己的名义代位行使债务人对相对人的权利，但是该权利专属于债务人自身的除外。代位权的行使范围以债权人的到期债权为限。债权人行使代位权的必要费用，由债务人负担。相对人对债务人的抗辩，可以向债权人主张。"本题中，甲对乙享有债权 300 万元，乙对丙享有债权 500 万元，债务均已到期，且乙未通过诉讼或仲裁的方式向丙主张权利，构成怠于行权，甲可以对丙主张债权人代位权，且行使权利的范围，以甲的到期债权 300 万元为限，故 C 选项正确，D 选项错误。

《诉讼时效规定》第 16 条规定："债权人提起代位权诉讼的，应当认定对债权人的债权和债务人的债权均发生诉讼时效中断的效力。"据此，甲行使对丙的代位权的，甲乙之间、乙丙之间的时效均发生中断，不是发生中止，故 AB 选项均错误。（C）

[知识点还原] 图表 97

2. [考点] 债权人撤销权、恶意串通无效

[解析] 无论是动产还是不动产，签订的抵押合同不存在不登记导致合同不生效的情形，抵押合同只要达成协议即可成立生效，故 A 选项错误。《民法典》第 154 条规定："行为人与相对人恶意串通，损害他人合法权益的民事法律行为无效。"本题中，乙公司与甲公司签订抵押合同的行为，属于恶意串通损害丙公司利益的行为，因恶意串通而无效，故 B 选项正确。《民法典》第 539 条规定："债务人以明显不合理的低价转让财产、以明显不合理的高价受让他人财产或者为他人的债务提供担保，影响债权人的债权实现，债务人的相对人知道或者应当知道该情形的，债权人可以请求人民法院撤销债务人的行为。"本题中甲、乙公司事后签订抵押合同的行为，损害了债权人丙公司的利益，故丙公司可行使债权人撤销权，撤销甲、乙公司之间的行为，故 C 选项正确。虽然签订了抵押合同，但是并没有发生所有权的变动，汽车和房屋的所有权依然属于甲公司，故 D 选项正确。（BCD）

[知识点还原] 图表 22；图表 98

3. [考点] 债权人撤销权，属于常考点

[解析] 甲在债务不能清偿的前提下，与丙在离婚协议中约定，甲将自己婚前的房屋赠与知情的丙，甲丙之间确有恶意串通的嫌疑，故关于赠与房屋的协议应属无效。本题中，房屋赠与只是《离婚协议书》的一项内容，不能因为部分内容无效，就得出《离婚协议书》无效的结论，故 A 选

项错误。《民法典》第 538 条规定："债务人以放弃其债权、放弃债权担保、无偿转让财产等方式无偿处分财产权益，或者恶意延长其到期债权的履行期限，影响债权人的债权实现的，债权人可以请求人民法院撤销债务人的行为。"据此，只有当债务人的行为"影响债权实现"之时，债权人才能撤销债务人的行为，故 B 选项正确。根据《民法典合同编通则解释》第 44 条第 1 款规定："债权人依据民法典第五百三十八条、第五百三十九条的规定提起撤销权诉讼的，应当以债务人和债务人的相对人为共同被告，由债务人或者相对人的住所地人民法院管辖，但是依法应当适用专属管辖规定的除外。"据此，债权人提起债权人撤销权诉讼的，应当以债务人及其相对人为共同被告，故 C 选项正确。《民法典》第 540 条规定："撤销权的行使范围以债权人的债权为限。债权人行使撤销权的必要费用，由债务人负担。"据此，债权人行使撤销权所支付的律师代理费、差旅费等必要费用，由债务人负担。本题中，在债权人撤销权成立的情况下，债务人有承担律师费等必要费用的义务，故法院应当支持乙提出的由甲支付律师费的请求，故 D 选项正确。[BCD（原答案为 BD）]

[知识点还原] 图表 98

4. [考点] 债权人撤销权，属于常考点

[解析]《民法典》第 538 条规定："债务人以放弃其债权、放弃债权担保、无偿转让财产等方式无偿处分财产权益，或者恶意延长其到期债权的履行期限，影响债权人的债权实现的，债权人可以请求人民法院撤销债务人的行为。"据此，如果债务人做出了有害于债权人债权实现的行为，债权人可以通过行使撤销权来保护自己的权利。就民法理论而言，债务人有害于债权的行为既包括债务人积极地减少财产，也包括消极地增加债务。民法典和相关司法解释中所规定的所有债权人可撤销的理由中，都可以归入这两种类型。A 选项属于消极增加债务的情况，具体表现是，未到期而清偿，是属于放弃了期限利益，增加了自己的负担。B 选项乙放弃对其债务人享有的抵押权，是积极地减少财产，因为乙放弃抵押权的行为明显降低了乙权利实现的可能。故 AB 两选项均正确。对于家庭共有财产，正常情况下，乙拥有一半的份额，如果放弃分割，将直接导致其责任财产的减少，属于典型的积极减少财产的行为，因此，对于这种放弃行为，债权人可以撤销，故

C 选项正确。在债权人撤销权中，债权人可以撤销的行为，必须以财产为标的，即必须是使得债务人财产上受其直接影响的行为才可以撤销，反之，不以财产为标的的行为，与债务人的责任财产无关，债权人不得撤销。通常认为，不以财产为标的的行为主要包括：（1）基于身份关系的行为，如结婚、收养或解除收养、继承的承认或者放弃；（2）以不作为债务的发生为目的的法律行为；（3）以提供劳务为目的的行为；（4）财产上利益的拒绝行为；（5）以不得扣押的财产为标的的行为。D 选项是放弃继承，通常认为非以自己的责任财产减少为直接目的，债权人不能撤销，故 D 选项错误。（ABC）

[知识点还原] 图表 98

5. [考点] 债权人撤销权、合同无效之瑕疵、不动产物权变动，其中后两者均是每年必考之要点

[解析] 根据《民法典》第 538 条规定："债务人以放弃其债权、放弃债权担保、无偿转让财产等方式无偿处分财产权益，或者恶意延长其到期债权的履行期限，影响债权人的债权实现的，债权人可以请求人民法院撤销债务人的行为。"第 539 条规定："债务人以明显不合理的低价转让财产、以明显不合理的高价受让他人财产或者为他人的债务提供担保，影响债权人的债权实现，债务人的相对人知道或者应当知道该情形的，债权人可以请求人民法院撤销债务人的行为。"本题中，债务人杜某是在低价转让自己的房屋。对于《民法典》第 539 条规定的明显不合理的低价，人民法院应当以交易当地一般经营者的判断，并参考交易当时交易地的物价部门指导价或者市场交易价，结合其他相关因素综合考虑予以确认。转让价格达不到交易时交易地的指导价或者市场交易价 70% 的，一般可以视为明显不合理的低价；对转让价格高于当地指导价或者市场交易价 30% 的，一般可以视为明显不合理的高价。本题中房屋市价 120 万元，实际售价为 90 万元，市价的 70% 为 84 万元，因此，按照司法解释也不属于不合理低价，同时，即便符合了不合理低价的要求，也应当在受让人知情的情况下债权人才能撤销，本案中并没有交代受让人是否知情，不能直接认为知情。故，谢某不能请求法院撤销债务人杜某的买卖合同，A 选项错误，当选。《民法典》第 215 条规定："当事人之间订立有关设立、变更、转让和消灭不动产物权的合同，除法律另有规定或者当事人另有约定外，自合同成立时生效；未

办理物权登记的,不影响合同效力。"买卖房屋的合同达成之后,只要没有违法的情形,是否办理过户均不影响合同的效力,故 B 选项错误,当选。如果买卖双方恶意串通,根据《民法典》第 154 条规定,"行为人与相对人恶意串通,损害他人合法权益的民事法律行为无效。"故 C 选项正确,不当选。《民法典》第 214 条规定:"不动产物权的设立、变更、转让和消灭,依照法律规定应当登记的,自记载于不动产登记簿时发生效力。"尽管房屋所有权依然属于债务人杜某,但是,谢某也不能直接基于债权取得所有权,故 D 选项错误,当选。(ABD)

[知识点还原] 图表 22;图表 37;图表 98

6. [考点] 合同保全之债权人撤销权

[解析] 债权人撤销权的功能在于恢复债务人的一般责任财产,而不在于增加债务人的责任财产。所以,债权人有权(依照债权人撤销权)撤销的债务人的处分行为,须发生在债务人对债权人负担债务之后,而不能发生在债务人对债权人负担债务之前。A 选项中,甲公司对丙公司赠与价值 50 万元机器设备的行为发生在甲公司对乙公司负担债务之前,乙公司无权撤销。故 A 选项错误。同理,甲公司对丁基金会的捐赠行为也发生在甲公司对乙公司负担债务之前,故 B 选项错误。《民法典》第 658 条规定:"赠与人在赠与财产的权利转移之前可以撤销赠与。经过公证的赠与合同或者依法不得撤销的具有救灾、扶贫、助残等公益、道德义务性质的赠与合同,不适用前款规定。"甲公司向戊希望小学的赠与属于具有社会公益性质的赠与合同,赠与人甲公司不享有任意撤销权。故 D 选项错误。但是,甲公司的债权人乙公司对于甲公司对戊希望小学的赠与行为可以撤销,撤销甲公司和戊希望小学的赠与合同。所谓公益性赠与不得任意撤销,限制的仅仅是赠与人本人。故 C 选项正确。(C)

[知识点还原] 图表 98

7. [考点] 代位权、实体上的抗辩与程序上的抗辩,属于常考点

[解析] 债务人在代位权诉讼中对债权人的债权提出异议,经审查异议成立的,人民法院应当裁定驳回债权人的起诉。据此,在甲对丙提起的代位权诉讼中,若债务人乙对债权人甲享有抗辩,次债务人丙均可对甲主张。故 A 选项正确。《民法典》第 535 条第 3 款规定:"相对人对债务人的抗辩,可以向债权人主张。"据此,在甲对丙提起的

代位权诉讼中,如次债务人丙对债务人乙享有抗辩,次债务人丙均可对甲主张。故 B 选项正确。如果债权人甲提起的代位权诉讼具有程序上的瑕疵,则被告次债务人丙享有程序上的抗辩(如管辖权异议等),亦可对债权人甲主张。故 C 选项正确。根据《民法典合同编通则解释》第 37 条第 1 款规定:"债权人以债务人的相对人为被告向人民法院提起代位权诉讼,未将债务人列为第三人的,人民法院应当追加债务人为第三人。"据此,债权人以次债务人为被告向人民法院提起代位权诉讼,未将债务人列为第三人的,丙有权要求法院追加债务人乙为第三人,不是共同被告,故 D 选项错误。(ABC)

[知识点还原] 图表 97

8. [考点] 债权人代位权、保证的成立、免责的债务承担,属于常考点

[解析]《民法典》第 445 条第 1 款规定:"以应收账款出质的,质权自办理出质登记时设立。"据此,应收账款质权,指出质人以自己对他人享有的应收账款债权为客体设立的质权。应收账款质权自办理出质登记时设立。本题中,丙公司并未将自己对他人的应收账款债权为乙公司设立质权,故乙公司对丙公司不享有应收账款质权,故 A 选项错误。第三人单方以书面形式向债权人出具担保书,债权人接受且未提出异议的,保证合同成立。本题中,丙公司单方面向乙公司出具担保函,乙公司接受且未提出异议,应认定丙、乙公司间的保证合同成立,故 B 选项正确。但是,值得说明的是,由于保证是信用的担保,而信用的基础是一个人拥有的全部财产,在本题构成连还债的情形下,甲公司欠乙公司,丙公司欠甲公司,丙公司表示愿意履行甲公司欠乙公司的债务,此时,由于都是金钱债务,尽管丙公司以欠甲公司的 10 万元来担保,但依然相当于丙公司用全部财产担保,这是由金钱债务的特点决定的。根据《民法典》第 535 条,代位权的成立要件有四:(1)债权人对债务人的债权合法、有效(未过诉讼时效);(2)债务人对次债务人的债权合法、有效、到期;(3)债务人怠于行使对次债务人的债权,并因此损害债权人的债权;(4)债务人对次债务人的债权不具有专属性。本题中,除了丙公司是乙公司的保证人(保证范围为 10 万元)这一关系外,乙公司为债权人,甲公司为债务人,丙公司为次债务人(债务人甲公司的债务人),且三者之间的法律关系符合代位权的构成要件,故乙

公司可对丙公司提起代位权之诉,故 C 选项正确。所谓并存的债务承担,指债务人以外的第三人加入债的关系,与债务人就债务的清偿承担连带责任,原债务人并不退出债务关系。本题中,不存在丙公司加入甲、乙公司间的债务关系,就甲公司对乙公司的债务与甲公司承担连带清偿责任的约定,只是设立了担保关系,故不能认定甲、丙公司间成立了并存的债务承担。故 D 选项错误。(BC)

[知识点还原] 图表 62;图表 77;图表 97;图表 100

9. [考点] 合同保全,属于常考点

[解析] 乙无偿赠与自己的财产并因此损害甲的债权,而且乙的处分行为系无偿,不要求受益人戊具有恶意,甲依照《民法典》第 538 条享有撤销权,故 A 选项正确。根据《民法典》第 535 条的规定,代位权的构成要件有四:(1)债权人对债务人的债权合法、有效(未过诉讼时效);(2)债务人对次债务人的债权合法、有效、到期;(3)债务人怠于行使对次债务人的债权(未起诉或者未申请仲裁),并因此损害债权人的债权;(4)债务人对次债务人的债权不是专属性的债权。专属于债务人自身的债权,是指基于扶养关系、抚养关系、赡养关系、继承关系产生的给付请求权和劳动报酬、退休金、养老金、抚恤金、安置费、人寿保险、人身伤害赔偿请求权等权利。据此,乙对丁享有的 5 万元人身损害赔偿请求权系专属于债务人自身的债权,不得成为代位权的客体,故债权人甲无权对丁行使代位权,据此,债权人甲有权对债权人乙的债务人丙行使代位权,故 B 选项正确、C 选项错误。《民法典》第 535 条第 2 款规定:"代位权的行使范围以债权人的到期债权为限。债权人行使代位权的必要费用,由债务人负担。"在代位权诉讼中,债权人胜诉的,诉讼费用应由败诉的次债务人负担,诉讼费用以外的其他费用(如律师代理费、差旅费等)由债务人负担,故 D 选项错误。(AB)

[知识点还原] 图表 97;图表 98

10. [考点] 债权人撤销权、债权人代位权

[解析]《民法典》第 535 条第 1 款规定:"因债务人怠于行使其债权或者与该债权有关的从权利,影响债权人的到期债权实现的,债权人可以向人民法院请求以自己的名义代位行使债务人对相对人的权利,但是该权利专属于债务人自身的除外。"本题中,甲公司帮丙公司清偿贷款后却不积极行使其到期债权,给债权人乙公司的利益造成损害,乙公司可以行使代位权,故 A 选项正确。债权人以次债务人为被告向人民法院提起代位权诉讼,未将债务人列为第三人的,人民法院可以追加债务人为第三人。故 B 选项错误。《民法典》第 154 条规定:"行为人与相对人恶意串通,损害他人合法权益的民事法律行为无效。"本题中,甲公司和丙公司没有恶意串通,不可以认定合同无效,故 C 选项错误。《民法典》第 538 条规定:"债务人以放弃其债权、放弃债权担保、无偿转让财产等方式无偿处分财产权益,或者恶意延长其到期债权的履行期限,影响债权人的债权实现的,债权人可以请求人民法院撤销债务人的行为。"但是须注意,债权人撤销债务人行为的前提是,债务人责任财产减少的行为须发生在债权人与债务人关系成立之后。本题中,因为债务人甲公司无偿转让股权的行为发生在一年半以前,那时甲公司尚未对乙公司负债,因此,乙公司无权撤销甲、丙公司之间的转让合同,故 D 选项错误。(BCD)

[知识点还原] 图表 97;图表 98

11. [考点] 债权人代位权

[解析] 根据新的《民间借贷解释》,企业之间可用自有资金放贷,只要不构成职业放贷人向不特定对象放贷,自然人、法人及非法人组织之间的借贷均为有效。本题中,不存在债权债务不合法的情形,故 A 选项错误,当选。代为诉讼中"债务人怠于行使其到期债权,对债权人造成损害的",是指债务人不履行其对债权人的到期债务,又不以诉讼方式或者仲裁方式向其债务人主张其享有的具有金钱给付内容的到期债权,致使债权人的到期债权未能实现。因此,乙曾向丙发出债务催收通知,依然属于怠于行使权利,故 B 选项错误,当选。根据《民法典合同编通则解释》第 37 条第 1 款规定:"债权人以债务人的相对人为被告向人民法院提起代位权诉讼,未将债务人列为第三人的,人民法院应当追加债务人为第三人。"据此,甲应以丙为被告、乙为第三人提起代位权诉讼,若未列乙为第三人,法院应当追加,故 C 选项将乙丙的诉讼地位进行了相反安排,是错误的,当选。《民法典合同编通则解释》第 36 条规定:"债权人提起代位权诉讼后,债务人或者相对人以双方之间的债权债务关系订有仲裁协议为由对法院主管提出异议的,人民法院不予支持。但是,债务人或者相对人在首次开庭前就债务人与相对人之间的债权债务关系申请仲裁的,人民法

院可以依法中止代位权诉讼。"据此，乙、丙约定的仲裁条款，只是排除了乙、丙就合同纠纷提起诉讼的权利，代位权是《民法典》规定的债权人的法定权利，因此乙、丙之间的约定并不妨碍债权人行使权利，故 D 选项正确，不当选。[ABC（原答案为 AB）]

[知识点还原] 图表 97

12. [考点] 债权人撤销权

[解析] 《民法典》第 538 条规定："债务人以放弃其债权、放弃债权担保、无偿转让财产等方式无偿处分财产权益，或者恶意延长其到期债权的履行期限，影响债权人的债权实现的，债权人可以请求人民法院撤销债务人的行为。"本题中，周某无偿转让财产 1000 元，而周某有 1000 元的抚养费债务，他的捐赠行为损害了债权人的利益，因此林某作为债权人的法定代理人有权请求法院撤销该捐赠行为，故 D 选项正确。（D）

[知识点还原] 图表 98

八、合同的变更与转让

1. [考点] 债的转移，属于必考点

[解析] 第三人代为清偿，是指在法律没有规定或者当事人之间也没有约定清偿可以由第三人进行时，第三人向权利人所为的债务履行行为。简言之，履行完毕方构成清偿。本题中，乙公司与丙商议，由乙公司和丙以欠款人的身份向甲出具欠条，丙表示愿意一起清偿乙公司对于甲债务的行为，显然是基于约定而产生的义务，丙通过约定以债务人的身份签订协议，此时债务尚未履行，故 A 选项错误。债务承担，可以分为免责的债务承担和并存的债务承担。免责的债务承担，是指债务人经债权人同意，将其债务部分或全部移转给第三人负担。并存的债务承担，是指债务人不脱离债的关系，第三人加入债的关系，与债务人共同承担债务。本题中，丙表示愿意一起清偿乙公司对于甲债务的行为属于并存的债务承担，因为原债务人并未脱离原债务关系。故 B 选项错误，C 选项正确。无因管理，是指没有法定或约定义务，为避免造成损失（可以是同时避免造成自己的和造成他人的损失，也可以是仅避免造成他人损失），主动管理他人事务或为他人提供服务的法律事实。构成要件有四：其一，是管理他人事务的行为；其二，必须是为了他人的利益；其三，管理人管理他人事务无法定或约定义务；其四，不违背他人的意思（如果他人的意思违法

或者违背社会伦常道德、要求的除外）。在性质上，无因管理是事实行为，只要行为人完成了符合构成要件的行为，就会直接产生法定后果。本题中，乙公司与丙商议，由乙公司和丙以欠款人的身份向甲出具欠条，如上所述，是并存的债务承担协议，丙基于与乙公司的商议自愿加入债务的，不构成无因管理，故 D 选项错误。（C）

[知识点还原] 图表 93；图表 100

2. [考点] 债权让与，此点每年必考

[解析] 物权凭证是指证明物权人拥有物权的证明、单据、证书等书面形式的具象，常见的物权凭证包括：房产证、土地证、提单（空运提单不是物权凭证）、宅基地证等等。题中的面包券，不是物权凭证，只是一种债权凭证，据此，A 选项错误。甲乙公司之间购买面包券的合同，不存在任何解除合同的事由，不能因为甲公司后来的转让行为没有得到付款而解除甲公司之间的合同，故 B 选项错误。面包券本身是一种可流转的债权凭证，在市场上以合理价格获得面包券的主体均可获得票面载明的债权，即凭面包券领取相应的面包，即便甲公司受到了张某诈骗，当面包券流入市场后，以合理价格获得面包券的顾客，可以请求乙公司兑付，甲公司没有要求乙公司停止兑付的权利，故 C 选项错误、D 选项正确。（D）

[知识点还原] 图表 99

3. [考点] 债权让与中的抵销与抗辩，属于常考点

[解析] 根据《民法典》第 568 条第 1 款规定："当事人互负债务，该债务的标的物种类、品质相同的，任何一方可以将自己的债务与对方的到期债务抵销；但是，根据债务性质、按照当事人约定或者依照法律规定不得抵销的除外。"本案中甲对于乙享有 10 万元的债权，同时乙对甲也享有 2 万元的债权并且已经到期，而且两者都是普通的金钱债务，因此，乙可以向甲主张抵销。甲将债权出质于丙，此时，可参照适用债权让与的规定。《民法典》第 548 条规定："债务人接到债权转让通知后，债务人对让与人的抗辩，可以向受让人主张。"第 549 条规定："有下列情形之一的，债务人可以向受让人主张抵销：（一）债务人接到债权转让通知时，债务人对让与人享有债权，且债务人的债权先于转让的债权到期或者同时到期；（二）债务人的债权与转让的债权是基于同一合同产生。"此时，乙可以向质权人丙主张 2 万元的抵销权，故 C 选项正确。（C）

97

[知识点还原] 图表99

4. [考点] 债的法定转移，此点偶尔考查

[解析] 此题是对考生民法基本理论的考查。关于保险人的代位求偿权的性质，理论上有三种观点，即：(1) 债权拟制转移说。认为被保险人的债权虽因保险人偿付保险金而消灭，但法律拟制该债权仍存在，并移转给保险人。(2) 赔偿请求权说。该说认为保险人自给付保险金时起，便取得与已消灭之债权同一的赔偿请求权。(3) 债权移转说。该学说认为代位求偿权实质上是保险人对第三人债权的"法定受让"，无须被保险人的让与意思表示，也无须债务人的同意。通说采纳第三种观点。保险法上未明确保险人行使代位求偿权以保险人名义还是被保险人名义，以往对此存有争议。审判实践普遍接受保险人以自己的名义行使代位求偿权。2000年7月1日实施的《海事诉讼特别程序法》第94条规定："保险人行使代位请求赔偿权利时，被保险人未向造成保险事故的第三人提起诉讼的，保险人应当以自己的名义向该第三人提起诉讼。"可见也是采纳的通说观点，保险人的代位求偿可以认定为一种法定转移的情况，A选项正确。《民法典》第67条规定："法人合并的，其权利和义务由合并后的法人享有和承担。法人分立的，其权利和义务由分立后的法人享有连带债权，承担连带债务，但是债权人和债务人另有约定的除外。"据此，企业分立或者合并显然也是一种债权债务的法定转移，B选项正确。《民法典》第1161条规定："继承人以所得遗产实际价值为限清偿被继承人依法应当缴纳的税款和债务。超过遗产实际价值部分，继承人自愿偿还的不在此限。继承人放弃继承的，对被继承人依法应当缴纳的税款和债务可以不负清偿责任。"据此，继承人在获得遗产的范围内有清偿被继承人债务的义务，也是法定的债务转移，C选项正确。《民法典》725条规定："租赁物在承租人按照租赁合同占有期限内发生所有权变动的，不影响租赁合同的效力。"这是买卖不破租赁的规则，意味着，新的买受人应当继承让承租人在租期内继续承租的义务，当然，在受让后可以收取租金，此是债权债务的法定转移，D选项正确。(ABCD)

[知识点还原] 图表99；图表100；图表101

5. [考点] 诉讼时效之中断、债权转移中抗辩权之延续，属于常考点

[解析] 依据《民法典》之规定，普通时效均为3年。甲乙之间的借款约定了到期时间，即2011年3月24日，有明确清偿期的债权从清偿期届满之次日起算时效，这意味着2011年3月25日起算时效，到2014年3月24日届满，从2014年3月25日起，债权人主张权利的，债务人即可提出时效抗辩。本题中，由于债权人乙一直没有向债务人主张过债权，因此时效已经届满，债务人在债权人主张权利时可以提出有效的时效抗辩。根据《诉讼时效规定》第17条第1款规定："债权转让的，应当认定诉讼时效从债权转让通知到达债务人之日起中断。"这一条规定的时效中断的发生以转让的债权没有过时效为前提，如果转让的债权已经过了时效，之后再发生债权让与的，不可能导致诉讼时效的中断，故BC选项错误。《民法典》第548条规定："债务人接到债权转让通知后，债务人对让与人的抗辩，可以向受让人主张。"因此，当乙将债权转让给丙之后，债务人甲可以向受让人丙主张其对于让与人，即原债权人乙的抗辩，故A选项错误。2013年5月16日，丁通过公开竞拍接管了甲公司，属于债权债务的法定转移，此时，丁需要承担甲公司的债务，并享有甲公司的权利。《民法典》第553条规定："债务人转移债务的，新债务人可以主张原债务人对债权人的抗辩；原债务人对债权人享有债权的，新债务人不得向债权人主张抵销。"丁作为甲债务的承受人，可以主张原债务人甲对于债权人（包括原债权人乙和债权让与之后的新债权人丙）的抗辩，故D选项正确。(D)

[知识点还原] 图表28；图表99；图表100

6. 请回答第（1）~（6）题。（2013-86~91，不定项）

(1) [考点] 代物清偿、代为清偿、抵押权的设立，均属于常考点

[解析] 本题中甲公司用其建设用地使用权抵偿欠乙公司的2000万元债务，是代物清偿的协议，不是代为清偿。所谓代物清偿，是指债务人以他种给付代替其所负担的给付，从而使债消灭。债务人原则上应依债的标的履行债务，不得以其他标的代替，但也不尽然。在双方当事人合意时，债务人也可以代物清偿，代物清偿仍然发生债消灭的效果。由于我国目前没有代物清偿的法律规定，按照最新观念，代物清偿协议，若没有特别约定为实践合同，则达成协议之时，合同即成立生效，在履行之前，新债与旧债并存，新债履行完毕后，原债务消灭。若新债不履行，原债务不

消灭。具体说，代物清偿的构成要件包括：必须有原债务存在；必须以他种给付代替原定给付；必须有当事人双方关于代物清偿的合意；必须有债权人等有受领权的人现实地受领给付。如果没有实际履行，不能发生债权消灭的后果，故 A 选项正确。代为清偿是指在法律没有规定或者当事人之间也没有约定清偿可以由第三人进行时，第三人向权利人所为的债务履行行为。甲用建设用地使用权抵偿债务的行为，显然不是代为清偿，故 D 选项错误。由于甲没有将建设用地使用权过户给乙，因此，此权利依然是甲的权利，其在此权利之上设立抵押权的行为是有权处分，不是无权处分，故 B 选项错误。银行在办理抵押登记以后，可以获得抵押权，但由于甲设定抵押时是有权处分，而善意取得的前提是无权处分，因此，银行获得抵押权不可能是善意取得，故 C 选项错误。（A）

[知识点还原] 图表 57；图表 90；图表 93

（2）[考点] 免责的债务承担、连带保证、债务承担对担保之影响，均属于常考点

[解析]《民法典》第 688 条规定："当事人在保证合同中约定保证人和债务人对债务承担连带责任的，为连带责任保证。连带责任保证的债务人不履行到期债务或者发生当事人约定的情形时，债权人可以请求债务人履行债务，也可以请求保证人在其保证范围内承担保证责任。"第 686 条规定："保证的方式包括一般保证和连带责任保证。当事人在保证合同中对保证方式没有约定或者约定不明确的，按照一般保证承担保证责任。"对于一般保证来说，一般保证的保证人在主合同纠纷未经审判或者仲裁，并就债务人财产依法强制执行仍不能履行债务前，有权拒绝向债权人承担保证责任。本题中，由于没有约定保证方式，故张某的保证为一般保证。丁公司在甲公司不能履行时，有权向张某主张权利。从逻辑上分析，A 项没有明确丁公司是直接向张某主张，在向甲公司主张权利后，若甲公司不能清偿的，有权向张某主张权利，故 A 选项正确。但要说明的是，如果选项表述为，丁公司可直接向张某主张则是错误的。《民法典》第 391 条规定："第三人提供担保，未经其书面同意，债权人允许债务人转移全部或者部分债务的，担保人不再承担相应的担保责任。"据此，甲公司将对丁公司的债务转让给丙公司承担，是债务的全部转移，属于免责的债务承担，未经提供担保的第三人李某书面同意，李某对已经转让的债务不再承担担保责任，故 B 选项错误。免责债务承担一旦达成，原债务人则免除义务。题中在经过丁公司的同意将债务转让给丙公司之后，甲公司脱离此债权债务关系，不再承担责任，故 C 选项错误。在债务承担协议达成之后，受让人应当履行债务，丙公司作为债务的受让人，当然应当履行，故 D 选项正确。（AD）

[知识点还原] 图表 54；图表 100

（3）[考点] 保证期间与保证债务的诉讼时效，属于常考点

[解析]《民法典》第 692 条第 2 款规定："债权人与保证人可以约定保证期间，但是约定的保证期间早于主债务履行期限或者与主债务履行期限同时届满的，视为没有约定；没有约定或者约定不明确的，保证期间为主债务履行期限届满之日起六个月。"故 A 选项正确，B 选项错误。《民法典》第 686 条第 2 款规定："当事人在保证合同中对保证方式没有约定或者约定不明确的，按照一般保证承担保证责任。"据此，题中协议二未约定保证方式，应为一般保证。《民法典》第 694 条第 1 款规定："一般保证的债权人在保证期间届满前对债务人提起诉讼或者申请仲裁的，从保证人拒绝承担保证责任的权利消灭之日起，开始计算保证债务的诉讼时效。"据此，拒绝承担责任的权利消灭时，也即意味着一般保证人享有的先诉抗辩权均消灭时，才起算保证债务时效，故 CD 选项均错误。（A）

[知识点还原] 图表 80

（4）[考点] 出资人有限责任、未履行出资义务的股东的补充责任，此点属于公司法的重要考点

[解析]《公司法解释（三）》第 13 条第 1~3 款规定："股东未履行或者未全面履行出资义务，公司或者其他股东请求其向公司依法全面履行出资义务的，人民法院应予支持。公司债权人请求未履行或者未全面履行出资义务的股东在未出资本息范围内对公司债务不能清偿的部分承担补充赔偿责任的，人民法院应予支持；未履行或者未全面履行出资义务的股东已经承担上述责任，其他债权人提出相同请求的，人民法院不予支持。股东在公司设立时未履行或者未全面履行出资义务，依照本条第一款或者第二款提起诉讼的原告，请求公司的发起人与被告股东承担连带责任的，人民法院应予支持；公司的发起人承担责任后，可以向被告股东追偿。"乙公司作为股东，对于丙公司的债务需承担在其未出资本息范围内的补充赔偿责任，乙并非发起人，不需要承担连带责任。

故 ABC 选项均错误，D 选项正确。（D）

[知识点还原] 此为公司法考点

（5）[考点] 债权人代位权，属于常考点

[解析]《民法典》第 535 条第 1 款规定："因债务人怠于行使其债权或者与该债权有关的从权利，影响债权人的到期债权实现的，债权人可以向人民法院请求以自己的名义代位行使债务人对相对人的权利，但是该权利专属于债务人自身的除外。"提起代位权诉讼，应当符合下列条件：（1）债权人对债务人的债权合法；（2）债务人怠于行使其到期债权，对债权人造成损害；（3）债务人的债权已到期；（4）债务人的债权不是专属于债务人自身的债权。由于目前没有代物清偿的法律规定，按照最新观念，代物清偿协议，若没有特别约定为实践合同，则达成协议之时，合同即成立生效，在履行之前，新债与旧债并存，新债履行完毕后，原债务消灭。若新债不履行，原债务不消灭。至于是履行新债务还是原债务，无特别约定时，当事人可选择履行新债或旧债，因此，不存乙公司请求甲过户的问题，乙依然有权、也只有请求甲支付 2000 万元的权利，甲对乙仍负有支付 2000 万元的金钱债务，因此，这一主张不能形成对于代位权的有效抗辩，故 A 选项当选。仲裁协议具有相对性，仅能排除协议当事人甲、乙的起诉行为，不能排除协议之外的第三人丁以起诉的方式行使代位权，故 B 选项当选。债务人怠于行使到期债权，对债权人造成损害的，是指债务人不履行其对债权人的到期债务，又不以诉讼方式或者仲裁方式向其债务人主张其享有的具有金钱给付内容的到期债权，致使债权人的到期债权未能实现。故 C 选项当选。在代位权诉讼中，债权人行使代位权的请求数额超过债务人所负债务额或者超过次债务人对债务人所负债务额的，对超出部分人民法院不予支持。本题中，乙对丁的债务为 3000 万元，甲对乙的债务为 2000 万元。所以，如果丁对甲行使代位权主张 3000 万元的数额，对于超过的 1000 万元，甲可提出有效的抗辩。对此，可以认为，D 选项的内容可为有效抗辩一部分，但不能完全排除丁提起代位诉讼，从题干的表述看，只要不能完全排除代位权之诉的提起，就应当选，故 D 选项当选。（ABCD）

[知识点还原] 图表 97

（6）[考点] 债务承担、协议效力内外有别，属于常考点

[解析]《民法典》第 551 条第 1 款规定："债务人将债务的全部或者部分转移给第三人的，应当经债权人同意。"因此，戊公司与己公司约定，由戊公司承担甲公司此前所有债务，须经甲公司的债权人同意才能对甲公司的债权人发生效力。故 A 选项错误，B 选项正确。戊公司虽然低价将对甲公司的 60% 股权转让给己公司，若非出于抽逃资金，恶意损害甲公司债权人的目的，就不属于恶意串通、损害第三人利益的合同，从题目给出的有效信息判断，不能认定为存在恶意串通，故 C 选项错误。戊公司与己公司之间，关于戊公司承担甲公司全部债务的协议未经甲公司债权人同意，不能对甲公司债权人发生效力。但是，此协议对于戊、己公司而言，内容合法，意思真实，具有法律上的约束力，此所谓效力的内外之别，故 D 选项正确。值得说明的是，本题中戊公司作为甲公司的股东，与己公司达成协议，戊公司承担甲公司的债务，虽然经甲公司同意后，可以产生甲公司债务转移的效果，但这并不是典型的免责的债务承担。原债务人是甲公司，新债务人是戊公司，典型的债务承担协议应当在甲、戊公司之间达成，然后经过甲公司的债权人同意后生效。然而，由于戊公司是甲公司的股东，若达成如此协议有关联交易的嫌疑，故往往通过股东与第三人达成协议，一方面转让股权给第三人，一方面由股东来承担公司的债务。实践中常有这样的操作。（BD）

[知识点还原] 图表 100

7. [考点] 债权转让、债务转让，每年必考

[解析]《民法典》第 546 条第 1 款规定："债权人转让债权，未通知债务人的，该转让对债务人不发生效力。"《民法典》第 545 条第 1 款规定："债权人可以将债权的全部或者部分转让给第三人，但是有下列情形之一的除外：（一）根据债权性质不得转让；（二）按照当事人约定不得转让；（三）依照法律规定不得转让。"据此，债权转让的要件有三：（1）债权具有可转让性；（2）债权人与受让人就债权转让达成一致；（3）依照法律规定债权转让需要批准，应办理审批手续。值得提醒的是，债权转让固然应当通知债务人，但是债权发生转让的效果不以通知债务人为要件。债权转让通知的法律意义在于，通知到达债务人后，债权转让才对债务人发生效力，债务人才负有向新的债权人清偿的义务。本题中，甲将其对乙的债权转让给丙，丙又转让给丁，均未通知债务人乙，但这对债权转让不产生影响。故 A 选项错误，

B 选项错误。《民法典》第 551 条第 1 款规定："债务人将债务的全部或者部分转移给第三人的，应当经债权人同意。"据此，免责的债务承担，须经债权人同意，未经债权人同意的，免责的债务承担的效力未定。所以，乙将债务转让给戊，并经过了甲的同意，乙、戊间债务承担的合同有效。C 选项错误。本题中，甲对于两次债权转让均未通知债务人乙，故两次债权转让均未对乙发生效力，对乙而言，其债权人仍为甲。如果丁请求乙履行债务，乙可以自己已经不是债务人为由拒绝。如果乙同意替戊履行债务，则构成第三人代为清偿，可基于无因管理或者不当得利对戊追偿。故 D 选项正确。(D)

[知识点还原] 图表 99；图表 100

8. [考点] 合同移转、合同保全，前者必考，后者常考

[解析]《民法典》第 546 条第 1 款规定："债权人转让债权，未通知债务人的，该转让对债务人不发生效力。"据此可知，甲公司将其债权转让给丁公司通知乙公司即可，无须得到乙公司的同意，A 选项错误。《民法典》第 551 条第 1 款规定："债务人将债务的全部或者部分转移给第三人的，应当经债权人同意。"据此，债务人丙公司将自己对乙公司的全部债务转让给戊公司需要得到乙公司的同意，否则该转让无效。因此，丁公司不能直接向戊公司行使代位权，B 选项正确。债务转让，需要经过债权人同意方可发生效力，根据本题提供的信息，若乙公司已经要求戊公司偿还债务，则属于以推定的方式对债务转让予以追认，此时债务转让有效，戊公司有效承担了丙公司的债务。债务人怠于行使其到期债权，对债权人造成损害，是指债务人不履行其对债权人的到期债权，又不以诉讼方式或者仲裁方式向其债务人主张其享有的具有金钱给付内容的到期债权，致使债权人的到期债权未能实现。据此，若乙公司不对戊公司起诉或者申请仲裁，仅在诉讼外对债务人戊公司主张债权，仍属怠于行使到期债权，不影响债权人丁公司行使代位权，故 C 选项错误。仲裁条款具有排除诉讼的效力，但根据合同的相对性，仲裁条款亦具相对性，只能约束仲裁协议的双方。《民法典合同编通则解释》第 36 条规定："债权人提起代位权诉讼后，债务人或者相对人以双方之间的债权债务关系订有仲裁协议为由对法院主管提出异议的，人民法院不予支持。但是，债务人或者相对人在首次开庭前就债务人与相对人之间的债权债务关系申请仲裁的，人民法院可以依法中止代位权诉讼。"据此，债务人乙公司与次债务人丙公司之间的仲裁协议，尚不能排除债权人丁公司以起诉的方式行使代位权，故 D 选项错误。(B)

[知识点还原] 图表 97；图表 99；图表 100

9. [考点] 债权让与，属于必考点

[解析]《民法典》第 546 条第 1 款规定："债权人转让债权，未通知债务人的，该转让对债务人不发生效力。"据此，合同债权人转让债权的，自让与人与受让人意思表示一致时发生债权转让的效果，无须经过债务人的同意，亦无须通知债务人。但债权转让未通知债务人的，不知情的债务人对原债权人（让与人）为清偿的，清偿有效，债权受让人无权要求债务人履行债务。本题中，乙、丙于 2008 年 10 月 1 日就债权转让达成一致，故 A 选项正确。债权转让的通知于 2008 年 10 月 15 日到达债务人甲，故债权转让于同日对债务人甲生效，故 B 选项正确。《民法典》第 549 条规定："有下列情形之一的，债务人可以向受让人主张抵销：（一）债务人接到债权转让通知时，债务人对让与人享有债权，且债务人的债权先于转让的债权到期或者同时到期；（二）债务人的债权与转让的债权是基于同一合同产生。"本题中，债务人甲于 2008 年 10 月 15 日接到债权转让的通知，但甲对债权人乙的 50 万元债权自 2009 年 1 月 1 日到期，因此，债务人甲无权对债权受让人丙主张抵销，故 C 选项错误。《民法典》第 696 条规定："债权人转让全部或者部分债权，未通知保证人的，该转让对保证人不发生效力。保证人与债权人约定禁止债权转让，债权人未经保证人书面同意转让债权的，保证人对受让人不再承担保证责任。"本题中，约定了保证人丁仅仅对乙承担责任，故 D 选项错误。(AB)

[知识点还原] 图表 79；图表 99

10. [考点] 债权让与

[解析]《民法典》第 546 条规定："债权人转让债权，未通知债务人的，该转让对债务人不发生效力。债权转让的通知不得撤销，但是经受让人同意的除外。"债权让与协议达成之时即生效（9 月 18 日），通知债务人对债务人生效（9 月 24 日），乙接到债权让与的通知后，即负有向新债权人丙清偿的义务。故 A 选项错误，B 选项正确。《民法典》第 549 条规定："有下列情形之一的，债务人可以向受让人主张抵销：（一）债务人接到

101

债权转让通知时，债务人对让与人享有债权，且债务人的债权先于转让的债权到期或者同时到期；（二）债务人的债权与转让的债权是基于同一合同产生。"本题中，甲的债权转让于9月24日通知债务人乙，由于乙对于甲的货款债权先到期，故乙接到通知后，可向丙主张抵销20万元，C选项正确。债权一旦转让，丙公司作为新债权人可向债务人乙主张清偿，不能向甲主张清偿。但是，由于乙享有对于甲20万元的货款债权，且先于转让的债权到期，乙可向丙主张抵销20万元，此时，丙可向甲主张受让债权的瑕疵担保责任，但不存在就30万元债务要求甲、乙承担连带责任的根据，故D选项错误。（BC）

[知识点还原] 图表99

九、合同的消灭

1. [考点] 合同解除、重复起诉，属于常考点

[解析]《民法典》第565条第2款规定："当事人一方未通知对方，直接以提起诉讼或者申请仲裁的方式依法主张解除合同，人民法院或者仲裁机构确认该主张的，合同自起诉状副本或者仲裁申请书副本送达对方时解除。"据此，有解除权的一方当事人，通过诉讼或仲裁的方式解除合同的，只有当法院或仲裁机构确认了解除主张的，合同才自起诉状副本或仲裁申请书副本送达对方时解除。

本题中，因为甲公司拒绝付款，属于根本违约，乙公司有权解除合同，故B选项正确。合同是否能够解除，与违约方是否同意没有必然关系，故C选项错误。在诉讼后，法院并未确认乙公司解除合同的主张成立，故虽然副本已经送达甲公司，但合同并未解除，故A选项错误。自诉讼角度考查，乙公司提起诉讼后，而后撤诉的，视为没有起诉，法院并未对该案件作出实体审理，故撤诉后如果再次起诉，不构成重复起诉，法院应当予以受理，D选项正确。

值得补充的是，《民法典合同编通则解释》第54条对此作了明确规定：当事人一方未通知对方，直接以提起诉讼的方式主张解除合同，撤诉后再次起诉主张解除合同，人民法院经审理支持该主张的，合同自再次起诉的起诉状副本送达对方时解除。但是，当事人一方撤诉后又通知对方解除合同且该通知已经达到对方的除外。（BD）

[知识点还原] 图表103

2. [考点] 不可抗力、合同的解除，属于常考点

[解析] 政府的拆迁行为，对于民商事合同的履行带来影响的，应认定为是不可抗力。因拆迁，甲不能向乙履行交房和办理过户登记的合同义务，致使乙订立房屋买卖合同的目的不能实现。《民法典》第563条第1款规定："有下列情形之一的，当事人可以解除合同：（一）因不可抗力致使不能实现合同目的；……"据此，甲、乙均因此享有法定解除权，故乙有权行使该法定解除权，解除甲、乙间的房屋买卖合同。买卖合同被解除的，具有恢复原状的可能，乙支付给甲的500万元房款成立不当得利，乙有权请求甲返还，故AC选项正确。

《民法典》第590条规定："当事人一方因不可抗力不能履行合同的，根据不可抗力的影响，部分或者全部免除责任，但是法律另有规定的除外。因不可抗力不能履行合同的，应当及时通知对方，以减轻可能给对方造成的损失，并应当在合理期限内提供证明。当事人迟延履行后发生不可抗力的，不免除其违约责任。"据此，因不可抗力，甲未向乙履行交付房屋与办理过户登记的合同义务，且无甲迟延履行的事实，故甲虽然构成违约，但由于具有法定免责事由，不需要承担违约责任，B选项错误。因甲尚未给乙办理过户登记，所售房屋所有权仍归甲享有，拆迁补偿款系对房屋所有权人的补偿，故D选项错误。（AC）

[知识点还原] 图表103

3. [考点] 合同解除、违约责任、合同效力瑕疵、缔约过失责任及商品房买卖合同的特别规定，其中前四者均是每年必考的要点

[解析] 根据《民法典》第563条规定："有下列情形之一的，当事人可以解除合同：……（四）当事人一方迟延履行债务或者有其他违约行为致使不能实现合同目的；……"本题中张某购房是因为此小区健身方便，由于根本就没有健身馆，张某可以解除合同，要求退房，A选项正确。甲公司在宣传资料中声称有健身馆而没有，因此，构成欺诈，在撤销合同之后，张某可以向甲公司主张缔约过失责任，故B选项正确。在最高院新发布的《商品房买卖合同解释》中全面删除了双倍返还购房款的规定。删除的原因在于，《民法典》第179条第2款规定："法律规定惩罚性赔偿的，依照其规定。"据此，惩罚性赔偿应当由法律规定，司法解释不应规定惩罚性赔偿。故C选项错误。张某如果选择以目的不能实现为由解除合同，此时可以主张违约责任，解除合同与违约责任，不是非此即彼的选择，可以说解除合同是在单纯的违约责任之上进行的锦上添花式的设计，

以实现更好地保护非违约方的利益。在法定或者约定解除权产生的情况下，解除合同之后再主张违约责任，与直接的违约相比较，非违约方不需要履行自己的合同义务，故 D 选项错误。（AB）

[知识点还原] 图表 21；图表 103；图表 108

4. [考点] 提存，此考点偶尔考查，但是，本题涉及的知识点是严重超纲的，因为需要用到的《提存公证规则》根本不在考试大纲要求的范围之内

[解析]《提存公证规则》第 2 条规定："提存公证是公证处依照法定条件和程序，对债务人或担保人为债权人的利益而交付的债之标的物或担保物（含担保物的替代物）进行寄托、保管，并在条件成就时交付债权人的活动。为履行清偿义务或担保义务而向公证处申请提存的人为提存人。提存之债的债权人为提存受领人。"据此，提存人向公证机关完成提存后，将成立保管合同之债，一方当事人为提存机关，另一当事人为提存受领人。《提存公证规则》第 19 条第 1 款规定："公证处有保管提存标的物的权利和义务。公证处应当采取适当的方法妥善保管提存标的，以防毁损、变质或灭失。"《提存公证规则》第 27 条第 2 款规定："提存期间，提存物毁损灭失的风险责任由提存受领人负担；但因公证处过错造成毁损、灭失的，公证处负有赔偿责任。"据此，甲提存机构的行为既构成违约，又构成侵权，提存受领人可以择一请求甲机构承担违约责任或者侵权责任。故 A 选项正确，不当选；B 选项正确，不当选。提存后，提存人乙又另行清偿了对债权人丙所负的债务，依据民法通说，此时，丙的债权因真实履行而消灭，丙不能再领取提存物，乙享有取回权，乙仍然享有提存物的所有权，故丙无权而乙有权主张财产损失的赔偿。故 C 选项正确，不当选；D 选项错误，当选。最后，值得说明的是，根据《民法典》第 573 条规定："标的物提存后，毁损、灭失的风险由债权人承担。提存期间，标的物的孳息归债权人所有。提存费用由债权人负担。"据此，在提存后，债权人领取之前，提存物的所有权并不发生转移。（D）

[知识点还原] 图表 105

5. [考点] 合同解除、违约责任，属于必考点

[解析]《民法典》第 562 条第 2 款规定："当事人可以约定一方解除合同的事由。解除合同的事由发生时，解除权人可以解除合同。"第 565 条第 1 款规定："当事人一方依法主张解除合同的，应当通知对方。合同自通知到达对方时解除；通知载明债务人在一定期限内不履行债务则合同自动解除，债务人在该期限内未履行债务的，合同自通知载明的期限届满时解除。对方对解除合同有异议的，任何一方当事人均可以请求人民法院或者仲裁机构确认解除行为的效力。"本题中，甲、乙公司双方在并购协议中事先约定了解除协议的条件，当条件成就时，乙公司有权单方解除并购协议。乙公司行使解除权时不需要甲公司同意，只需通知甲公司即可，协议自通知到达对方时解除。另外，乙公司第一次发出的《通知》仅是建议双方终止协议，并没有直接表示要解除协议，而第二次发出的《通报》才真正地直接作出了解除协议的意思表示，因此，该《通报》到达甲公司时，并购协议解除。若甲公司对乙公司解除并购协议的权利有异议的，甲、乙公司双方均可以请求人民法院或者仲裁机构确认解除协议的效力。故 AC 选项错误，B 选项正确。违约金责任是指一方违约后，适用的以支付违约金为内容的民事责任。违约金具有约定性，是承担违约责任的一种形态。而解除合同通常具有消灭合同效力的法律后果，那么解除合同与违约责任二者能否并存呢？对此，在前述题目中已有阐述，结论是可以并存。故 D 选项错误。（B）

[知识点还原] 图表 103；图表 108

6. [考点] 合同解除、抗辩权、违约责任，属于必考点

[解析] 顺序履行抗辩权是指当事人互负债务，有先后履行顺序的，先履行一方未履行之前，后履行一方有权拒绝其履行请求，先履行一方履行债务不符合约定的，后履行一方有权拒绝其相应的履行请求。不安抗辩权是指当事人互负债务，有先后履行顺序的，先履行一方有确切证据表明另一方丧失履行债务能力时，在对方没有恢复履行能力或者没有提供担保之前，有权中止履行合同的权利。本题中，煤矿是先履行的一方，煤矿履行的债务不符合约定质量要求，致使热电厂被政府责令不能再燃烧，因此，热电厂可以行使顺序履行抗辩权，A 选项正确，C 选项错误。《民法典》第 577 条规定："当事人一方不履行合同义务或者履行合同义务不符合约定的，应当承担继续履行、采取补救措施或者赔偿损失等违约责任。"据此，B 选项正确。《民法典》第 563 条第 1 款规定："有下列情形之一的，当事人可以解除合同：（一）因不可抗力致使不能实现合同目的；（二）

在履行期限届满前，当事人一方明确表示或者以自己的行为表明不履行主要债务；（三）当事人一方迟延履行主要债务，经催告后在合理期限内仍未履行；（四）当事人一方迟延履行债务或者有其他违约行为致使不能实现合同目的；（五）法律规定的其他情形。"本题中，因为煤矿提供的煤根据政府规定不能在该厂区燃烧，热电厂订立购煤合同的目的无法实现，热电厂有权解除合同，D选项正确。（ABD）

[知识点还原] 图表95；图表103；图表108

7. [考点] 债权债务关系终止

[解析]《民法典》第557条规定："有下列情形之一的，债权债务终止：（一）债务已经履行；（二）债务相互抵销；（三）债务人依法将标的物提存；（四）债权人免除债务；（五）债权债务同归于一人；（六）法律规定或者当事人约定终止的其他情形。合同解除的，该合同的权利义务关系终止。"据此，履行、抵销、提存、免除、混同、解除等均是权利义务关系终止的原因。本题中，甲乙结婚不会导致债务关系消灭，婚前财产与债务属于个人。结婚不会发生主体的混同，混合是指属于不同主体的财产混合，不是债务消灭的事由。婚后，甲乙之间可通过债权人向债务人表示免除债务来消灭债务，故D选项正确。值得补充说明的是，《民法典》第575条规定："债权人免除债务人部分或者全部债务的，债权债务部分或者全部终止，但是债务人在合理期限内拒绝的除外。"据此，若债务人对于免除，在合理期限内拒绝的，债务不消灭。（D）

[知识点还原] 图表107

8. [考点] 合同履行抗辩权、留置权、抵销权

[解析] 合同履行抗辩，一定发生在同一个双务合同中，对应义务没有履行之时。本题中，有两个合同，不存在抗辩的可能，故AB选项错误。留置权，是法定担保物权，须同一法律关系中，合法占有债务人财产，担保因该财产产生的债权时方可适用。本题是两个独立的合同，占有彩电和手机之间无任何联系，不能留置，故C选项错误。《民法典》第568条第1款规定："当事人互负债务，该债务的标的物种类、品质相同的，任何一方可以将自己的债务与对方的到期债务抵销；但是，根据债务性质、按照当事人约定或者依照法律规定不得抵销的除外。"据此，在没有达成抵销协议时，行使法定抵销权需要互负债务但种类、品质相同时方可抵销，本题中，种类品质不相同，

故不存在抵销权，D选项错误。（ABCD）

[知识点还原] 图表63；图表95；图表106

十、违约责任

1. [考点] 无名合同、违约损害赔偿责任、替代履行责任，属于常考点

[解析]《民法典》第467条第1款规定："本法或者其他法律没有明文规定的合同，适用本编通则的规定，并可以参照适用本编或者其他法律最相类似合同的规定。"张某与李某间的合同属于无名合同，达成协议即成立并生效，李某无正当理由未履行1个月的钢琴授课合同义务，且因此给张某造成损失，明显构成违约，张某有权请求李某承担违约损害赔偿责任。《民法典》第584条规定："当事人一方不履行合同义务或者履行合同义务不符合约定，造成对方损失的，损失赔偿额应当相当于因违约所造成的损失，包括合同履行后可以获得的利益；但是，不得超过违约一方订立合同时预见到或者应当预见到的因违约可能造成的损失。"据此，李某的违约行为，虽然未对张某既有利益造成损害，但是造成了张某预期利益的损失。为挽回损失，张某及时采取了措施，另聘秦某完成了本应由李某完成的合同履行行为，为此支付了2000元。由于按照张某与李某的合同约定，李某对张某孩子进行教学，是用课酬3000元折抵房租，这意味着，张某在合同中期待获得的对价是3000元，对于这3000元租金，由于李某没有完成该月的教学，未支付对价，应当按照约定支付。虽然张某寻找替代方案，支出的费用为2000元，但是，实际支出的费用为已经发生的损失，对于超出实际损失之外的1000元，属于张某应受法律保护的期待利益，李某对于超出2000元的部分仍然应当承担向张某赔偿的责任，故A选项正确。（A）

[知识点还原] 图表83；图表108

2. [考点] 合同僵局

[解析]《民法典》第580条第1款规定："当事人一方不履行非金钱债务或者履行非金钱债务不符合约定的，对方可以请求履行，但是有下列情形之一的除外：（一）法律上或者事实上不能履行；（二）债务的标的不适于强制履行或者履行费用过高；（三）债权人在合理期限内未请求履行。"甲公司与业主乙的商铺买卖合同已经成立并生效，甲公司不能继续履行合同属于违约，应当承担违约责任。但是，若甲公司继续对乙履行商铺买卖

合同，将导致甲公司不能继续施工，6万平方米的商铺闲置的后果，属于"履行费用过高"情形，不适合继续履行，故 A 选项正确。

《民法典》第 580 条第 2 款规定："有前款规定的除外情形之一，致使不能实现合同目的的，人民法院或者仲裁机构可以根据当事人的请求终止合同权利义务关系，但是不影响违约责任的承担。"由于甲公司的违约，导致乙的合同目的不能实现，属于根本违约，乙享有解除权，甲公司作为违约方不享有解除权，故 B 选项正确。

乙虽然有解除权，不但拒绝行使，而且拒绝了甲公司协商解除的请求，使得合同陷入了僵局，此时，享有解除权并可以向甲公司主张违约责任的乙，明显构成了权利的滥用，违背诚信原则，甲公司可以根据《民法典》第 580 条第 2 款的规定，向法院提起诉讼，请求解除合同，此时，法院可判决解除合同，故 CD 选项正确。

最后，说明一点，本题可能让很多同学困惑的是，既然违约方甲公司没有解除合同的权利，为什么当甲公司向法院起诉终止合同权利和义务时，法院可判决解除合同？这是因为，解除权作为一种形成权，只有非违约方享有，陷入合同僵局时，赋予违约方的不是单方解除权，而仅仅是向法院提出诉讼的机会，提出后，是否解除由法院根据具体的利益衡量作出判决。（ABCD）

[知识点还原] 图表 108

3. [考点] 加害给付、定金、精神损害赔偿

[解析]《民法典》第 1183 条规定："侵害自然人人身权益造成严重精神损害的，被侵权人有权请求精神损害赔偿。因故意或者重大过失侵害自然人具有人身意义的特定物造成严重精神损害的，被侵权人有权请求精神损害赔偿。"按照社会一般人的观念，婚礼的影像资料属于人身意义的特定物，作为职业婚庆公司，丢失摄像机的行为对于损害的发生具有重大过失，因此，受害人甲和乙可主张精神损害赔偿。故 A 选项正确。虽然甲、乙与喜福公司之间有合同关系，但是公司的履行构成加害给付，既违约又侵权。《民法典》第 186 条规定："因当事人一方的违约行为，损害对方人身权益、财产权益的，受损害方有权选择请求其承担违约责任或者侵权责任。"据此，本题中甲、乙可选择主张违约或侵权责任，故 B 选项正确。《民法典》第 996 条规定："因当事人一方的违约行为，损害对方人格权并造成严重精神损害，受损害方选择请求其承担违约责任的，不影响受损害方请求精神损害赔偿。"《民法典》第 587 条规定："债务人履行债务的，定金应当抵作价款或者收回。给付定金的一方不履行债务或者履行债务不符合约定，致使不能实现合同目的的，无权请求返还定金；收受定金的一方不履行债务或者履行债务不符合约定，致使不能实现合同目的的，应当双倍返还定金。"本题中，喜福公司收了定金，且履行不合约定，故应双倍返还定金。通过违约主张定金双倍返还的同时，由于受害人甲、乙受到了严重的精神损害，主张违约不影响同时主张精神损害赔偿，故 C 选项错误。《民法典》第 543 条规定："当事人协商一致，可以变更合同。"本题中，在合同签订后，双方又约定增加一名摄影师及调整价格的行为属于合同变更。既然已经达成了变更协议，增加的服务也是合同的内容，故 D 选项错误。（AB）

[知识点还原] 图表 3；图表 81；图表 108

4. [考点] 违约责任、精神损害赔偿、职务侵权

[解析]《民法典》第 577 条规定："当事人一方不履行合同义务或者履行合同义务不符合约定的，应当承担继续履行、采取补救措施或者赔偿损失等违约责任。"据此，不履行与履行不合约定的均构成违约行为。本案中，甲公司属于履行不合约定之情形。《民法典》第 593 条规定："当事人一方因第三人的原因造成违约的，应当依法向对方承担违约责任。当事人一方和第三人之间的纠纷，依照法律规定或者按照约定处理。"据此，根据合同相对性原理，虽然甲公司履行不合约定是由于乙公司的原因所致，但张某只能要求甲公司承担违约责任，甲公司承担责任后，可以按照甲、乙之间的合同约定向乙公司追偿。故 A 选项正确，B 选项错误。李某的行为属于职务行为，对外不承担个人责任，故 C 选项错误。《民法典》第 1183 条规定："侵害自然人人身权益造成严重精神损害的，被侵权人有权请求精神损害赔偿。因故意或者重大过失侵害自然人具有人身意义的特定物造成严重精神损害的，被侵权人有权请求精神损害赔偿。"本案中，宠物狗对于张某来说，属于人身意义的特定物，由于宠物狗的死亡给张某带来严重的精神损害，张某可主张精神损害赔偿。《民法典》第 996 条规定："因当事人一方的违约行为，损害对方人格权并造成严重精神损害，受损害方选择请求其承担违约责任的，不影响受损害方请求精神损害赔偿。"由于宠物狗死亡给张某造成严重精神损害，故在张某向甲公司

主张违约时，可一并主张精神损害赔偿，D 选项正确。（AD）

[知识点还原] 图表 108；图表 147；图表 155；图表 177

5. [考点] 违约赔偿范围

[解析] 本题旨在考查违约赔偿数额的计算，考点比较单一。由于少供给 10 只，超市失去了转售的机会，转售利润每只为 150 元，故失去的利润为 1500 元，这是预期利益的范围，应当予以赔偿。本题中超市不存在生产利润，只有转售利润。故 B 选项正确。（B）

[知识点还原] 图表 108

6. [考点] 合同类型、违约责任、附条件法律行为，属于常考点

[解析] 承揽合同是承揽人按照定作人的要求完成工作，交付工作成果，定作人给付报酬的合同。本题中，甲、乙两公司约定，甲支付研发费用，乙完成专用设备的研发后，再与甲订立买卖合同，在性质上属于技术开发合同与买卖合同的预约合同的综合，因为，乙是否能够完成研发并不确定，故不是承揽合同，故 A 选项错误。买卖合同在甲、乙之间尚未签订，按照甲、乙之间的协议，只有当乙完成专用设备的研发之后，才签订买卖合同，可以认为是具有预约合同的性质，即约定将来订立买卖合同的合同，不是附条件的买卖合同，故 B 选项错误。乙完成研发之后，将设备卖给丙，乙、丙之间订立的合同内容并不违法，不存在无效的情形，但是由于违反了甲、乙之间的约定，乙应当向甲承担违约责任，故 C 选项错误，D 选项正确。（D）

[知识点还原] 图表 22；图表 23；图表 108；图表 125

7. [考点] 署名权、违约责任、侵权责任，属于常考点

[解析] 署名权属于作者，艺术馆只是对于古代名家的作品进行复制而成的高仿品有所有权，艺术馆根本就不是作者，因此，没有署名权，既然没有此权利，也就不存在侵权的可能，故 A 选项错误。由于是古代名家的绘画作品，艺术馆非但不享有署名权，也没有其他著作权，因为，著作财产权已经超出了法律保护的期限，既然艺术馆不享有关于该作品的权利，删除信息的行为也不构成侵权，B 选项错误。唐某购票参观展览，与艺术馆成立合同关系，既然入场券明确写明不

得拍照、摄影，唐某乘人不备进行摄影的行为明显构成违约，C 选项正确。如上所述艺术馆对于这些古代名家的绘画作品不享有任何著作权，因此，不存在侵权的前提，故 D 选项错误。（C）

[知识点还原] 图表 108

8. [考点] 产品责任侵权、违约与侵权责任竞合，此点常考

[解析]《民法典》第 186 条规定："因当事人一方的违约行为，损害对方人身权益、财产权益的，受损害方有权选择请求其承担违约责任或者侵权责任。"本题中商店出售的洗衣机有严重质量问题，并且因为此违约行为给赵某带来了财产损失与人身伤害，此时，赵某既可以选择违约责任，也可以选择侵权责任主张赔偿自己的损害。据此，A 选项正确。《民法典》第 1202 条规定："因产品存在缺陷造成他人损害的，生产者应当承担侵权责任。"本题中，甲公司是洗衣机的生产者，因此赵某也可以找甲公司主张赔偿，故 B 选项正确。《民法典》第 1203 条规定："因产品存在缺陷造成他人损害的，被侵权人可以向产品的生产者请求赔偿，也可以向产品的销售者请求赔偿。产品缺陷由生产者造成的，销售者赔偿后，有权向生产者追偿。因销售者的过错使产品存在缺陷的，生产者赔偿后，有权向销售者追偿。"据此，C 选项正确。由于赵某受到的损害，除了财产损害还有人身伤害，就人身伤害而言，除了要赔偿物质性的损失外，还要赔偿精神损害。《民法典》第 1183 条第 1 款规定："侵害自然人人身权益造成严重精神损害的，被侵权人有权请求精神损害赔偿。"据此，D 选项正确。值得说明的是，按照《民法典》第 996 条规定："因当事人一方的违约行为，损害对方人格权并造成严重精神损害，受损害方选择请求其承担违约责任的，不影响受损害方请求精神损害赔偿。"据此，无论受害人向销售者主张侵权责任还是违约责任，均可主张精神损害赔偿。《民法典》第 996 条的规定，彻底改变了我国司法实践中多年来，只能通过侵权责任主张精神损害赔偿的做法。（ABCD）

[知识点还原] 图表 3；图表 108；图表 156

9. 请回答第（1）~（3）题。（2015 - 86 ~ 88，不定项）

（1）[考点] 委托合同、法律行为的成立，此点常考

[解析] 案例中委托合同是乙丙之间签订的，乙公司为委托人，丙公司为受托人。王某作为乙

第三章 债权

公司的法定代表人,其在委托合同上签字的行为是代表乙公司,后果由乙公司承担。尽管王某同时是甲公司的法定代表人,但是,在乙丙的委托合同中,王某的签字不可能代表甲公司。故 A 选项正确,BC 选项错误。法律行为,是当事人通过意思表示设定的,旨在发生一定私法上效果的行为。王某向张某出具的《承诺函》,没有具体权利与义务的设定,不能产生法律上的行为效果,何况,何谓闹事?法律上无法界定,如果是维护自己的正当权利,在对方看来无疑也是闹事,此种对于当事人权利的剥夺,即便张某答应,也是无效的,自此分析,也不能产生法律上的行为后果,故 D 选项正确。(AD)

[知识点还原] 图表 17;图表 19;图表 133

(2) [考点] 无权处分、代理,此点每年必考

[解析]《房屋预订合同》中,约定张某向丙公司购买 A 区的商品房一套,而 A 区的商品房归甲公司所有,B 区的商品房归乙公司所有,丙接受了乙公司的委托,丙公司只能出售属于乙公司的房屋,因此,丙公司向张某出售甲公司 A 区房屋的行为,构成无权处分,B 选项正确。根据《民法典》第 597 条第 1 款规定:"因出卖人未取得处分权致使标的物所有权不能转移的,买受人可以解除合同并请求出卖人承担违约责任。"《房屋预订合同》为预约合同,尽管丙公司构成无权处分,但是合同本身是有效的,故 A 选项错误。丙公司接受了乙公司的委托,以自己名义订立合同,属于间接代理,但是,丙公司只能销售属于乙公司 B 区的房屋,预定合同中,丙公司销售了甲公司的房屋,属于超越代理权的行为,是狭义的无权代理,不是有效代理,故 C 选项错误。对于张某而言,由于其查看了《合作开发协议》与《委托书》,《委托书》是乙丙之间的合同,而位于 A 区的房屋归甲公司所有是一个明知的事实,因此,不能主张自己有合理的理由相信丙公司有销售甲公司 A 区房屋的权利,不构成表见代理,故 D 选项错误。(B)

[知识点还原] 图表 20;图表 25

(3) [考点] 合同的相对性、违约责任、债权让与,此点每年必考

[解析]《房屋预订合同》是张某和丙公司签订的,并且丙公司接受乙公司的委托,独立对外订立销售合同,张某与丙公司签订了合同,并且向丙公司支付了 30 万元价款,因此,当丙公司不能履行合同时,应当向张某退还 30 万元。张某

与李某签订《债权转让协议》,将该债权转让给李某,通知了甲、乙、丙三公司,此时,李某就是新的债权人,债务人丙公司应当向李某返还。对于债权多重让与的,应当向最先通知的债务人的受让人履行,对此,《民法典合同编通则解释》第 50 条第 1 款规定:"让与人将同一债权转让给两个以上受让人,债务人以经已向最先通知的受让人履行为由主张其不再履行债务的,人民法院应予支持。债务人明知接受履行的受让人不是最先通知的受让人,最先通知的受让人请求债务人继续履行债务或者依据债权转让协议请求让与人承担违约责任的,人民法院应予支持;最先通知的受让人请求接受履行的受让人返还其接受的财产的,人民法院不予支持,但是接受履行的受让人明知该债权在其受让前已经转让给其他受让人的除外。"本案中,债权转让给李某后,已经通知了债务人,故债务人应当向李某履行。虽然后来,张某又将债权转让给了方某,方某的权利应当后于第一个受让人李某。故 A 选项正确,BCD 选项错误。(A)

[知识点还原] 图表 85;图表 99;图表 108

10. [考点] 违约责任、合同相对性,属于常考点

[解析] 根据《民法典》第 579 条规定:"当事人一方未支付价款、报酬、租金、利息,或者不履行其他金钱债务的,对方可以请求其支付。"对于合同中约定的金钱债务,不存在履行不能的问题,因此,此时张某依然可以请求李某返还 6 万元。《民法典》第 593 条规定:"当事人一方因第三人的原因造成违约的,应当依法向对方承担违约责任。当事人一方和第三人之间的纠纷,依照法律规定或者按照约定处理。"尽管李某违约是由于第三人的原因导致的,但不能免除违约责任。我国民法中,李某与张某之间是合同关系,因此不存在侵权责任适用的可能。故 B 选项正确,ACD 选项错误。(B)

[知识点还原] 图表 85;图表 108

11. [考点] 违约责任、合同相对性,属于常考点

[解析]《民法典》第 646 条规定:"法律对其他有偿合同有规定的,依照其规定;没有规定的,参照适用买卖合同的有关规定。"因此,对于承揽合同而言,定作的标的物,在交付之前所有权属于承揽人,并没有转移给定作人或者定作人指示的人。故本题中方某和汤某均无权主张侵权责任。故 BC 选项错误。根据《民法典》第 781 条规定:"承揽人交付的工作成果不符合质量要求

107

的，定作人可以合理选择请求承揽人承担修理、重作、减少报酬、赔偿损失等违约责任。"本题中承揽人交付不合格，应当承担违约责任。《民法典》第593条规定："当事人一方因第三人的原因造成违约的，应当依法向对方承担违约责任。当事人一方和第三人之间的纠纷，依照法律规定或者按照约定处理。"本题中承揽人余某由于第三人朱某的原因履行不合约定，不能免除违约责任。《民法典》第522条第1款规定："当事人约定由债务人向第三人履行债务，债务人未向第三人履行债务或者履行债务不符合约定的，应当向债权人承担违约责任。"本题中根据方某的指示，余某向第三人汤某履行不合约定，依据合同的相对性，应当向方某承担违约责任。故D选项正确，A选项错误。(D)

[知识点还原] 图表85；图表93；图表108

12. 请回答第(1)~(6)题。(2014-86~91，不定项)

(1) [考点] 合同的类型、合同的效力，后者属于每年必考的要点

[解析] 丙公司是由张某和方某共同出资成立的，因此，张某、方某二人才是丙公司的股东，只有股东才有转让自己股份的权利。《合作协议一》的内容是甲公司将丙公司的10%的股份转让给乙公司，甲公司没有处分丙公司股份的权利，因此是无权处分，故B选项正确。无名合同对应的概念是有名合同，有名合同是指在《民法典》合同编的典型合同中有明确规定的合同，而无名合同是《民法典》合同编及其他法律没有明确规定的合同。此协议为股份转让的合同，合同编的典型合同中没有明确规定，因此，是无名合同，故A选项正确。尽管此无名合同构成无权处分，但是，根据《公司法解释(三)》第25条规定："名义股东将登记于其名下的股权转让、质押或者以其他方式处分，实际出资人以其对于股权享有实际权利为由，请求认定处分股权行为无效的，人民法院可以参照民法典第三百一十一条的规定处理。名义股东处分股权造成实际出资人损失，实际出资人请求名义股东承担赔偿责任的，人民法院应予支持。"甲公司尽管不是名义股东，但其行为构成无权处分与名义股东的无权处分没有区别，因此，可以参照上述规定来理解。又根据《民法典》第597条第1款规定："因出卖人未取得处分权致使标的物所有权不能转移的，买受人可以解除合同并请求出卖人承担违约责任。"无权处分他人财产时，所订立的合同本身是有效的。故C选项错误，D选项正确。(ABD)

[知识点还原] 图表20；图表83

(2) [考点] 合同的解除权，每年必考

[解析] 根据《民法典》第562条第2款规定："当事人可以约定一方解除合同的事由。解除合同的事由发生时，解除权人可以解除合同。"在《合作协议一》中规定，"如协议签订之日起三个月内丙公司未能获得A地块土地使用权致双方合作失败，乙公司有权终止协议"。根据此约定，在出现约定情形之时，乙公司享有单方终止协议的权利，此权利性质为约定解除权。故A选项正确，B选项错误。根据《民法典》第566条第1款规定："合同解除后，尚未履行的，终止履行；已经履行的，根据履行情况和合同性质，当事人可以请求恢复原状或者采取其他补救措施，并有权请求赔偿损失。"在《合作协议一》签订后，乙公司经甲公司指示向张某、方某支付了4000万元首付款。合同已经履行，而且以金钱给付为内容，是可以恢复原状的，因此，在解除合同之后，能够主张返还4000万元。故C选项正确，D选项错误。(AC)

[知识点还原] 图表103

(3) [考点] 合同相对性、违约责任，后者每年必考

[解析] 依据合同相对性原理，《合作协议一》作为合同实质上是甲乙之间的合同，其中涉及的其他主体根本就不是合同的当事人。合同签订之后，根据合同约定，乙公司本应向甲公司履行，然后，甲公司再将这笔款项交给丙公司用来购买国土部门即将出让的建设用地使用权，由于甲公司指示乙公司将4000万元支付给了张某、方某，这属于向第三人履行的合同，按照合同内容，张某方某得到价款后，应当交付给丙公司，以实现购买土地使用权的目的，然而，由于张某、方某没有向丙公司支付这笔款项，导致丙公司购买土地使用权失败。乙公司支付这4000万元之后，是希望丙公司能够购买土地使用权成功的，因此，甲公司由于第三人的原因导致乙公司与甲公司订立合同的目的不能实现，根据《民法典》第523条规定："当事人约定由第三人向债权人履行债务，第三人不履行债务或者履行债务不符合约定的，债务人应当向债权人承担违约责任。"张某、方某相对于甲乙的合同而言，只能算作第三人。因此，方某、张某不需要承担违约责任，应当是

甲公司向乙公司承担违约责任。同时，张某、方某与丙公司之间，与国土部门之间，均不存在合同关系，因此均没有违约责任，故 ABCD 选项均错误。（ABCD）

[知识点还原] 图表 85；图表 108

（4）[考点] 合同解除权的行使、违约责任、合同履行中的抗辩权，均属于每年必考之要点

[解析] 根据《民法典》第 562 条第 2 款规定："当事人可以约定一方解除合同的事由。解除合同的事由发生时，解除权人可以解除合同。"《民法典》第 565 条第 1 款规定："当事人一方依法主张解除合同的，应当通知对方。合同自通知到达对方时解除；通知载明债务人在一定期限内不履行债务则合同自动解除，债务人在该期限内未履行债务的，合同自通知载明的期限届满时解除。对方对解除合同有异议的，任何一方当事人均可以请求人民法院或者仲裁机构确认解除行为的效力。"如上述第（2）题的分析，乙公司的约定解除权行使条件已经具备，此时，可以行使解除权，但是，对方有提出异议的权利，故 A 选项正确。根据上述分析，甲公司提出异议的理由不能成立，故 B 选项错误。根据《民法典》第 566 条第 1 款规定："合同解除后，尚未履行的，终止履行；已经履行的，根据履行情况和合同性质，当事人可以请求恢复原状或者采取其他补救措施，并有权请求赔偿损失。"既然乙公司解除了合同，已经履行的要返还，没有履行当然不需要再履行。因此，乙公司不支付尾款的情形不构成违约，故 C 选项错误。根据《民法典》第 527 条规定："应当先履行债务的当事人，有确切证据证明对方有下列情形之一的，可以中止履行：（一）经营状况严重恶化；（二）转移财产、抽逃资金，以逃避债务；（三）丧失商业信誉；（四）有丧失或者可能丧失履行债务能力的其他情形。当事人没有确切证据中止履行的，应当承担违约责任。"履行顺序在先的一方当事人，如果遇到上述情形的，可以主张不安抗辩权。在本案中，乙公司支付尾款的义务，履行顺序在后，不存在不安抗辩的可能，故 D 选项错误。（A）

[知识点还原] 图表 95；图表 103；图表 108

（5）[考点] 合同的效力，每年必考

[解析]《合作协议二》的合同主体一方是张某、方某，另一方是乙公司，双方在平等协商情况下达成一致意见，主体合格、意思表示真实、内容合法，当然有效。故 A 选项正确，BC 选项错误。《合作协议二》是全新的协议，而且合同主体与《合作协议一》不同，因此，第二个协议的签订对于第一个协议没有影响，故 D 选项错误。（A）

[知识点还原] 图表 19；图表 22

（6）[考点] 单方允诺的构成、债务承担的类型，属于常考点

[解析] 单方允诺是指表意人向相对人作出的为自己设定某种义务，使相对人取得某种权利的意思表示。它是表意人单方的意思表示，单方允诺的内容是为自己设定某种义务，使相对人取得某种权利。根据通常理解，单方允诺构成要件如下：（1）单方允诺是表意人单方的意思表示，不需要相对方对其意思表示进行承诺；（2）单方允诺的内容是表意人为自己单方设定某种义务，使相对人取得某种权利；（3）单方允诺可以向特定人发出，也可以向不特定的人发出；（4）单方允诺之债在相对人符合条件时才发生。故 A 选项正确。根据《民法典》第 681 条规定："保证合同是为保障债权的实现，保证人和债权人约定，当债务人不履行到期债务或者发生当事人约定的情形时，保证人履行债务或者承担责任的合同。"第三人单方以书面形式向债权人出具担保书，债权人接受且未提出异议的，保证合同成立。主合同中虽然没有保证条款，但是，保证人在主合同上以保证人的身份签字或者盖章的，保证合同成立。本题中，丁公司的《承诺函》是代替甲公司来履行，而不是对甲公司的债务承担保证责任，因此，不构成保证，故 B 选项错误。债务承担，包括并存的债务承担和免责的债务承担。免责的债务承担，是指债务人经债权人同意，将其债务部分或全部移转给第三人负担。并存的债务承担，是指债务人不脱离债的关系，第三人加入债的关系，与债务人共同承担债务。根据《民法典》第 551 条规定："债务人将债务的全部或者部分转移给第三人的，应当经债权人同意。债务人或者第三人可以催告债权人在合理期限内予以同意，债权人未作表示的，视为不同意。"因此，如果债务人要免除全部或者部分债务的，应当经过债权人同意。本题中，对于丁公司的《承诺函》，乙公司未置可否，不能认定构成同意，不可以形成免责的债务承担，故 D 选项错误。《民法典》第 552 条规定："第三人与债务人约定加入债务并通知债权人，或者第三人向债权人表示愿意加入债务，债权人未在合理期限内明确拒绝的，债权人可以请求第三

人在其愿意承担的债务范围内和债务人承担连带债务。"丁公司通过自己的单方意思表示，为自己设定了债务，愿意承担责任，因此可以构成并存的债务承担，故 C 选项正确。（AC）

[知识点还原] 图表 73；图表 100

13. [考点] 违约责任，每年必考

[解析]《民法典》第 585 条第 1、2 款规定："当事人可以约定一方违约时应当根据违约情况向对方支付一定数额的违约金，也可以约定因违约产生的损失赔偿额的计算方法。约定的违约金低于造成的损失的，人民法院或者仲裁机构可以根据当事人的请求予以增加；约定的违约金过分高于造成的损失的，人民法院或者仲裁机构可以根据当事人的请求予以适当减少。"通常认为，当事人约定的违约金超过造成损失的 30% 的，一般可以认定为过分高于造成的损失。根据以上规定，如果当事人在缔约时，约定违约方应承担的违约金或者约定了损失的计算方法的，以约定为准。本题中，甲乙的买卖合同约定，如果一方违约向非违约方支付 18 万元的违约金。同时，实际造成的损失是 15 万元，约定的违约金比实际造成的损失多了 3 万元，多出的部分占损失的 20%（3 除以 15），因此，约定的违约金尽管比实际损失要高，但并没有超出损失的 30%，尚不能构成司法解释规定的过分高于损失，因此，不需要降低，应当按照约定来履行，甲应当向乙支付 18 万元的违约金。违约金的性质，在没有特别约定的情况下，通常是补偿性的，功能和损害赔偿金相同，因此在支付违约金后，甲不再需要进行损害赔偿。故 A 选项正确，BCD 选项错误。（A）

[知识点还原] 图表 108

14. 请回答第（1）~（6）题。（2011-86~91，不定项）

（1）[考点] 合同效力，每年必考

[解析]《民法典》第 597 条第 1 款规定："因出卖人未取得处分权致使标的物所有权不能转移的，买受人可以解除合同并请求出卖人承担违约责任。"《民法典合同编通则解释》第 19 条第 1 款规定："以转让或者设定财产权利为目的订立的合同，当事人或者真正权利人仅以让与人在订立合同时对标的物没有所有权或者处分权为由主张合同无效的，人民法院不予支持；因未取得真正权利人事后同意或者让与人事后未取得处分权导致合同不能履行，受让人主张解除合同并请求让与人承担违反合同的赔偿责任的，人民法院依法予

以支持。"本题中，甲公司将药材交付给乙公司之前，乙公司尽管对药材不享有所有权，但此时其与丙公司签订的买卖合同依然有效，故 C 选项正确。（C）

[知识点还原] 图表 20

（2）[考点] 保证类型、保证与抵押权之混合担保，属于每年必考点

[解析]《民法典》第 687 条规定："当事人在保证合同中约定，债务人不能履行债务时，由保证人承担保证责任的，为一般保证。一般保证的保证人在主合同纠纷未经审判或者仲裁，并就债务人财产依法强制执行仍不能履行债务前，有权拒绝向债权人承担保证责任，但是有下列情形之一的除外：（一）债务人下落不明，且无财产可供执行；（二）人民法院已经受理债务人破产案件；（三）债权人有证据证明债务人的财产不足以履行全部债务或者丧失履行债务能力；（四）保证人书面表示放弃本款规定的权利。"该条规定了一般保证人的先诉抗辩权。本题中，李某的担保函指明"在丙公司不付款时，由李某承担保证责任"，是否构成一般保证呢？《民法典担保制度解释》第 25 条规定："当事人在保证合同中约定了保证人在债务人不能履行债务或者无力偿还债务时才承担保证责任等类似内容，具有债务人应当先承担责任的意思表示的，人民法院应当将其认定为一般保证。当事人在保证合同中约定了保证人在债务人不履行债务或者未偿还债务时即承担保证责任、无条件承担保证责任等类似内容，不具有债务人应当先承担责任的意思表示的，人民法院应当将其认定为连带责任保证。"据此，虽然《民法典》第 686 条第 2 款规定："当事人在保证合同中对保证方式没有约定或者约定不明确的，按照一般保证承担保证责任。"但在认定保证类型时，不能只看有没有"约定连带责任保证"字眼，应采用实质解释。本题中，约定"在丙公司不付款时，由李某承担保证责任"，意为丙公司不付款时李某即承担责任，没有债权人先向债务人主张的意思，按照上述《民法典担保制度解释》第 25 条之规定，应认定为连带保证。既然是连带保证，保证人李某不享有先诉抗辩权，故 B 选项错误。债权人起诉时，无论连带保证还是一般保证，债权人均可将债务人和保证人一并起诉，不过在一般保证情形下，应当在判决书中明确，在对债务人财产依法强制执行后仍不能履行债务时，由保证人承担保证责任。故 A 选项错误。《民法典》第

392 条规定:"被担保的债权既有物的担保又有人的担保的,债务人不履行到期债务或者发生当事人约定的实现担保物权的情形,债权人应当按照约定实现债权;没有约定或者约定不明确,债务人自己提供物的担保的,债权人应当先就该物的担保实现债权;第三人提供物的担保的,债权人可以就物的担保实现债权,也可以请求保证人承担保证责任。提供担保的第三人承担担保责任后,有权向债务人追偿。"本题中,为了担保丙公司对乙公司的债务,张某以自有汽车设立抵押权,李某提供保证,构成混合担保,且对债权人乙公司行使权利的顺序与份额没有约定,当债务人丙不履行到期债务时,乙公司既可以就张某的汽车行使抵押权,也可以要求李某承担保证责任。故 C 选项错误,D 选项正确。[D(原答案为BD)]

[知识点还原] 图表 55;图表 78

(3) [考点] 法人所有权的取得,偶尔在民法中考查

[解析] 新《公司法》第 49 条第 1、2 款规定:"股东应当按期足额缴纳公司章程规定的各自所认缴的出资额。股东以货币出资的,应当将货币出资足额存入有限责任公司在银行开设的账户;以非货币财产出资的,应当依法办理其财产权的转移手续。"据此可知,刘某办理出资手续后,该汽车的所有权转移给了丁公司。故 D 选项正确。(D)

[知识点还原] 图表 11

(4) [考点] 紧急避险,偶尔考查

[解析]《民法典》第 182 条规定:"因紧急避险造成损害的,由引起险情发生的人承担民事责任。危险由自然原因引起的,紧急避险人不承担民事责任,可以给予适当补偿。紧急避险采取措施不当或者超过必要的限度,造成不应有的损害的,紧急避险人应当承担适当的民事责任。"本题中,方某正常驾驶,是为了躲避一辆逆行的摩托车,才将行人赵某撞伤的,构成紧急避险,责任应由引起险情发生的摩托车主承担。故 D 选项正确。(D)

[知识点还原] 图表 145

(5) [考点] 无因管理、无权代理,属于常考点

[解析]《民法典》第 121 条规定:"没有法定的或者约定的义务,为避免他人利益受损失而进行管理的人,有权请求受益人偿还由此支出的必要费用。"本题中,方某不是汽车的所有人,对汽车的损害也无过错,不承担赔偿责任,其没有

法定或约定的义务,即没有为丁公司维修汽车的义务,其主动为丁公司维修汽车的行为构成无因管理,故 A 选项正确。《民法典》第 171 条第 1 款规定:"行为人没有代理权、超越代理权或者代理权终止后,仍然实施代理行为,未经被代理人追认的,对被代理人不发生效力。"本题中,方某在没有取得丁公司授权的情况下,其自行决定以丁公司名义将该车放在戊公司进行维修的行为构成无权代理,而非无权处分。故 B 选项正确,C 选项错误。《民法典》第 172 条规定:"行为人没有代理权、超越代理权或者代理权终止后,仍然实施代理行为,相对人有理由相信行为人有代理权的,代理行为有效。"本题中,方某以丁公司的名义与戊公司签订维修合同,构成无权代理,但是题干中并没有给出戊公司有理由相信方某有代理权的信息,因此,不构成表见代理,故 D 选项错误。(AB)

[知识点还原] 图表 25;图表 74

(6) [考点] 合同的相对性、无因管理、无权代理、留置权,均属于常考点

[解析] 方某以其名义与庚公司签订的坐垫买卖合同,根据合同的相对性原则,应由方某向庚公司支付购买坐垫的费用,故 A 选项正确、B 选项错误。无论从无因管理的角度分析还是从无权代理的角度分析,维修费都应由丁公司向戊公司支付。从无因管理的角度分析,丁公司应支付方某为其支付的必要费用,包括维修费。从无权代理的角度分析,事后丁公司已经对方某的代理行为进行了追认,承认由其支付维修费,只是要求宽限一周时间,故 C 选项正确。债权人占有债务人的财产,是留置权成立及存续的前提条件。因此,债权人没有占有债务人的财产,则无留置权可言,债权人丧失对债务人财产的占有,则留置权归于消灭。本题中,方某已经将汽车取走交给丁公司投入运营了,戊公司已经不再占有汽车,则无法对汽车行使留置权,故 D 选项错误。(AC)

[知识点还原] 图表 25;图表 63;图表 74;图表 85

15. 请回答第(1)~(3)题。(2010-91~93,不定项)

(1) [考点] 违约金与定金,属于常考点

[解析]《民法典》第 586 条规定:"当事人可以约定一方向对方给付定金作为债权的担保。定金合同自实际交付定金时成立。定金的数额由当事人约定;但是,不得超过主合同标的额的百

分之二十，超过部分不产生定金的效力。实际交付的定金数额多于或者少于约定数额的，视为变更约定的定金数额。"本题中，合同标的额为100万元，约定的定金为30万元，超出了20%这一比例，因此，适用定金罚则时，只能对20万元的定金适用，剩余的10万元定金应当作为不当得利，由甲返还给乙。同时，由于接受定金的一方甲不履行合同义务，应当双倍返还定金，故甲应当返还定金40万元，而不是60万元，故AC选项均属错误。《民法典》第588条第1款规定："当事人既约定违约金，又约定定金的，一方违约时，对方可以选择适用违约金或者定金条款。"据此，定金与违约金不得并用，只能择一主张，故B选项错误，D选项正确。（D）

[知识点还原] 图表108

（2）[考点] 继续履行与迟延履行违约金的关系，属于常考点

[解析]《民法典》第585条第3款规定："当事人就迟延履行约定违约金的，违约方支付违约金后，还应当履行债务。"该条规定的核心意思是实际履行与支付违约金这两种违约责任方式可以并用。故A选项和C选项的表述错误，当选。B选项的表述正确，不当选。既然可以并用，作为权利人，当然可以选择其中的任何一种来主张，D选项表述正确，不当选。（AC）

[知识点还原] 图表108

（3）[考点] 合同的相对性、违约责任，属于常考点

[解析]《民法典》第523条规定："当事人约定由第三人向债权人履行债务，第三人不履行债务或者履行债务不符合约定的，债务人应当向债权人承担违约责任。"本题规定了由第三人履行的合同中的违约责任之承担，根据合同相对性原理，本题中，在乙、丙间的买卖合同中，当事人约定由第三人甲向债权人丙履行债务，如果甲未向丙履行，丙只能请求乙承担违约责任，不能请求第三人甲承担违约责任。故A选项错误，B选项正确。在本题中，甲在法律地位上属于债务人乙的履行辅助人，因此，甲对债权人丙的违约行为，均属于可归责于债务人乙的违约行为，如甲迟延向丙交货，则丙有权请求乙承担迟延交货的违约责任。故C选项正确，D选项错误。（BC）

[知识点还原] 图表85；图表108

16. [考点] 预期违约、不安抗辩权，属于常考点

[解析] 本题中，甲乙签订的是加工承揽合同，该合同是双务合同，甲负有先履行义务，乙负有后履行义务。在合同履行期限届满前，后履行义务人乙明确表示因濒临破产无力履行合同，构成预期违约。《民法典》第578条规定："当事人一方明确表示或者以自己的行为表明不履行合同义务的，对方可以在履行期限届满前请求其承担违约责任。"据此，甲可以中止履行合同，并向乙主张违约责任，故A选项错误、C选项正确。甲交付900件已经完成了合同的绝大部分履行义务，乙不能拒绝支付任何货款，乙有义务在甲履行义务的范围内支付相应货款，故B选项错误。乙丧失履行能力，甲履行顺序在前，行使的应该是不安抗辩权，而非顺序履行抗辩权，故D选项错误。（C）

[知识点还原] 图表95；图表103

十一、买卖合同

1. [考点] 买卖合同风险承担及运费收取、同时履行抗辩权

[解析]《民法典》第525条规定："当事人互负债务，没有先后履行顺序的，应当同时履行。一方在对方履行之前有权拒绝其履行请求。一方在对方履行债务不符合约定时，有权拒绝其相应的履行请求。"据此，本案中，甲、乙公司的买卖合同没有约定履行顺序的先后，由于乙公司没有在约定的6月30日交付货物，故甲公司可拒绝支付货款500万元，这属于行使同时履行抗辩权，故A选项错误、B选项正确。《民法典》第604条规定："标的物毁损、灭失的风险，在标的物交付之前由出卖人承担，交付之后由买受人承担，但是法律另有规定或者当事人另有约定的除外。"第603条规定："出卖人应当按照约定的地点交付标的物。当事人没有约定交付地点或者约定不明确，依据本法第五百一十条的规定仍不能确定的，适用下列规定：（一）标的物需要运输的，出卖人应当将标的物交付给第一承运人以运交给买受人；（二）标的物不需要运输，出卖人和买受人订立合同时知道标的物在某一地点的，出卖人应当在该地点交付标的物；不知道标的物在某一地点的，应当在出卖人订立合同时的营业地交付标的物。"本题中，甲、乙之间的买卖合同没有约定交付地点，也没有事后达成约定，应认定，在乙公司将货物交给承运人丙公司时完成交付，交付之后，毁损灭失的风险由买受人甲公司承担。货物在运输过程中遭遇山体滑坡，属于风险，应由买受人

甲公司承担，因此对于货物损失甲公司无权请求乙公司赔偿，故 C 选项正确。《民法典》第 835 条规定："货物在运输过程中因不可抗力灭失，未收取运费的，承运人不得请求支付运费；已经收取运费的，托运人可以请求返还。法律另有规定的，依照其规定。"据此，在当事人没有特别约定或法律另有规定的情况下，因不可抗力导致灭失，承运人未收取运费的，不得收取；已经收取的，应当退还。本题中，当事人没有约定，也不属于法律特别规定的情形，故 D 选项正确。（BCD）

[知识点还原] 图表95；图表112

2. [考点] 买卖合同、合同解除与违约责任，属于必考点

[解析] 机动车作为动产，原则上以交付作为所有权转移的标志，不过，依据《民法典》第 225 条的规定，不登记不得对抗善意第三人。本题中，朱雀公司已经向玄武公司交付了小客车，故玄武公司已经取得了车辆的所有权，故 A 选项正确。《民法典》第 598 条规定："出卖人应当履行向买受人交付标的物或者交付提取标的物的单证，并转移标的物所有权的义务。"第 599 条规定："出卖人应当按照约定或者交易习惯向买受人交付提取标的物单证以外的有关单证和资料。"据此，交付和车辆有关的单证资料是卖方朱雀公司的义务，玄武公司有权要求朱雀公司交付，故 B 选项正确。《民法典》第 563 条第 1 款规定："有下列情形之一的，当事人可以解除合同：（一）因不可抗力致使不能实现合同目的；（二）在履行期限届满之前，当事人一方明确表示或者以自己的行为表明不履行主要债务；（三）当事人一方迟延履行主要债务，经催告后在合理期限内仍未履行；（四）当事人一方迟延履行债务或者有其他违约行为致使不能实现合同目的；（五）法律规定的其他情形。"本题中，朱雀公司不向玄武公司交付发票、合格证等单证资料，虽然是没有履行从义务，但是，因为无法办理牌照客车将不能上路行驶，从义务的不履行却导致此买卖合同的目的不能实现。《民法典合同编通则解释》第 26 条规定："当事人一方未根据法律规定或者合同约定履行开具发票、提供证明文件等非主要债务，对方请求继续履行该债务并赔偿因于履行该债务造成的损失的，人民法院依法予以支持；对方请求解除合同的，人民法院不予支持，但是不履行该债务致使不能实现合同目的或者当事人另有约定的除外。"据此，玄武公司可主张解除合同，并主张朱雀公司赔偿相应的损失。故 C 选项正确，D 选项错误。（ABC）

[知识点还原] 图表103；图表108

3. [考点] 商品房买卖合同、合同解除，属于必考点

[解析] 由于 2020 年修正的《商品房买卖合同解释》删除了面积误差比以及订立买卖合同后又将房屋出卖或设抵押可以解除合同主张双倍返还购房款的规定，解析本题 AB 两个选项，可运用民法的一般原理分析，即当合同一方主体严重违约时，另一方作为非违约方可解除合同，并主张违约方赔偿损失。面积误差超过 5% 以及订立合同后又将房屋抵押给第三人的行为属于严重违约行为，买方可主张解除合同，故 AB 选项正确。《商品房买卖合同解释》第 10 条第 1 款规定："因房屋质量问题严重影响正常居住使用，买受人请求解除合同和赔偿损失的，应予支持。"房屋主体结构质量不合格属于严重影响居住使用的情况，故 C 选项正确。第 10 条第 2 款规定："交付使用的房屋存在质量问题，在保修期内，出卖人应当承担修复责任；出卖人拒绝修复或者在合理期限内拖延修复的，买受人可以自行或者委托他人修复。修复费用及修复期间造成的其他损失由出卖人承担。"据此，可以维修的质量问题，不构成根本违约，不能解除合同，故 D 选项错误。（ABC）

[知识点还原] 图表116

4. [考点] 动产的一物多卖，属于必考点

[解析] 本题首先要确定挖掘机是不是机动车。如果是，那就适用特殊动产一物多卖的规则；如果不是，那就适用一般动产一物多卖的规则。

根据《道路交通安全法》第 119 条规定，机动车是指以动力装置驱动或者牵引，上道路行驶的供人员乘用或者用于运送物品以及进行工程专项作业的轮式车辆。通常而言，挖掘机不是上道路行驶的轮式车辆，而是装载在其他车辆上运送至施工地点进行施工的机器。因此，挖掘机不应当界定为机动车。从本题的设计的情形看，没有提到办理登记的买受人，可以推测命题人也是将挖掘机当作一般动产来进行命题的。

根据《买卖合同解释》第 6 条规定："出卖人就同一普通动产订立多重买卖合同，在买卖合同均有效的情况下，买受人均要求实际履行合同的，应当按照以下情形分别处理：（一）先行受领交付的买受人请求确认所有权已经转移的，人民法院应予支持；（二）均未受领交付，先行支付价

款的买受人请求出卖人履行交付标的物等合同义务的，人民法院应予支持；（三）均未受领交付，也未支付价款，依法成立在先合同的买受人请求出卖人履行交付标的物等合同义务的，人民法院应予支持。"据此，在两个以上的买受人中，先受领交付的最优先；若都没有交付受领，则先付款的优先；若交付受领和付款都没有，则合同成立在先的优先。至于先付款是支付部分价款还是全部价款则没有影响。故 A 选项正确，BCD 选项错误。（A）

[知识点还原] 图表 110

5. [考点] 商品房买卖合同、重大误解、合同解除，属于常考点

[解析] 民法上所谓的重大误解，主要包括两个方面：其一，表意人无过失的表示与意思不符；其二，相对人对于意思表示内容之理解错误。通常认为，行为人因对行为的性质、对方当事人、标的物的品种、质量、规格和数量等的错误认识，使行为的后果与自己的意思相悖，意思表示不真实的，认定为重大误解。

本题中，甲与乙公司在订立房屋买卖合同之时，双方的内在意思与外在表示都是一致的，就是双方都是以 135 平米的房子作为自己意思表示的内容，因此，就买卖 135 平米的房子的买卖合同而言，买卖双方不存在重大误解。后来履行合同，即交房之时才发现房屋的实际面积为 150 平米，此种情形属于商品房买卖合同中的面积误差问题，不是重大误解，故 A 选项错误。

房屋面积相差 15 平米，与约定不符，属于严重违约行为，买方可解除合同，故 B 选项正确。2020 年修正的《商品房买卖合同解释》删除了关于面积误差比超出 3% 的处理规则，CD 两项的主张均没有根据，故 CD 选项均为错误。（B）

[知识点还原] 图表 21；图表 103；图表 116

6. [考点] 简易交付、所有权保留、买卖合同风险转移规则

[解析] 这是一道大概十年前的旧考题，此次考查几乎是原封不动，只是简单调整了一个选项。这样的简单重复命题在考试中相当罕见。《民法典》第 604 条规定："标的物毁损、灭失的风险，在标的物交付之前由出卖人承担，交付之后由买受人承担，但是法律另有规定或者当事人另有约定的除外。"据此，在买卖合同中，一旦交付，风险即转移给买受人。本题中的设备买卖合同是通过简易交付的方式完成的，因为，在达成买卖合同之时，作为买方的甲已经占有了该设备。《民法典》第 226 条规定："动产物权设立和转让前，权利人已经占有该动产的，物权自民事法律行为生效时发生效力。"据此，在甲乙的买卖合同达成之时，交付已经完成，风险也随之转移给甲，甲依然需要按照原来约定的价格支付价款，但由于约定了所有权保留，在付清价款之前，所有权并不转移。据此，AC 选项正确，B 选项错误。关于所有权保留，《民法典》第 641 条第 1 款规定："当事人可以在买卖合同中约定买受人未履行支付价款或者其他义务的，标的物的所有权属于出卖人。"同时，当事人订立合同，有书面形式、口头形式和其他形式。本题中，当事人没有约定采取书面形式，也不是法律规定的应当采取书面形式的情形，故 D 选项错误。（AC）

[知识点还原] 图表 38；图表 112；图表 115

7. [考点] 分期付款买卖、所有权保留买卖

[解析] 本题中，周、吴之间的买卖约定了所有权保留，因此，在周某将电脑交付给吴某之后，所有权并没有转移，依然属于周某。吴某将电脑交给周某维修，周某修好后将电脑卖给王某之时，既然周某依然享有所有权，因此，周某为有权处分，周、王之间为正常的买卖合同关系，故王某可以继受取得该电脑，故 A 选项正确。值得提醒的是，题中尽管明确是卖给不知情的王某，但是由于周某是有权处分，王某不构成善意取得。在所有权保留的买卖中，根据《民法典》第 642 条第 1 款："当事人约定出卖人保留合同标的物的所有权，在标的物所有权转移前，买受人有下列情形之一，造成出卖人损害的，除当事人另有约定外，出卖人有权取回标的物：（一）未按照约定支付价款，经催告后在合理期限内仍未支付；（二）未按照约定完成特定条件；（三）将标的物出卖、出质或者作出其他不当处分。"《买卖合同解释》第 26 条第 1 款规定："买受人已经支付标的物总价款的百分之七十五以上，出卖人主张取回标的物的，人民法院不予支持。"本题中，总价款 6000 元，如果只有最后一期即 1200 元没有支付时，由于已经支付了 80%，出卖人周某不可主张取回标的物，故 B 选项错误。《民法典》第 634 条规定："分期付款的买受人未支付到期价款的数额达到全部价款的五分之一，经催告后在合理期限内仍未支付到期价款的，出卖人可以请求买受人支付全部价款或者解除合同。出卖人解除合同的，可以向买受人请求支付该标的物的使用费。"本题中，

除所有权保留的约定外，周、吴之间还是分期付款的买卖。如果吴某未支付到期价款达到 1800元，则相对于总价款而言，达到了 30%，明显超过了 1/5，此时，经催告后在合理期限内不履行的，可以要求一次性支付剩余的全部价款或解除合同要求买受人支付使用费，故 CD 选项正确。（ACD）

[知识点还原] 图表 115

8. [考点] 一般动产的一物多卖，一物多卖是每年必考的要点

[解析] 甲就自己的玉器分别与乙丙丁签订了买卖合同，由于均达成了协议，每一个合同的双方意思表示均为真实，此时，三个买卖合同均为有效，《买卖合同解释》第 6 条规定："出卖人就同一普通动产订立多重买卖合同，在买卖合同均有效的情况下，买受人均要求实际履行合同的，应当按照以下情形分别处理：（一）先行受领交付的买受人请求确认所有权已经转移的，人民法院应予支持；（二）均未受领交付，先行支付价款的买受人请求出卖人履行交付标的物等合同义务的，人民法院应予支持；（三）均未受领交付，也未支付价款，依法成立在先合同的买受人请求出卖人履行交付标的物等合同义务的，人民法院应予支持。"由于丁已经受领了出卖人的交付，因此，丁此时已经获得了所有权，故 A 选项正确。只有在都没有受领交付的情形下，才优先支持已经付款的买受人，既然丁已经受领交付，丙的要求不能得到支持，故 B 选项错误。只有在均未受领，也均未付款的情况下，才优先保护合同成立在先的乙，此时丁已经受领交付，C 选项错误。如前所示，合同均为有效，故 D 选项错误。（A）

[知识点还原] 图表 110

9. [考点] 买卖合同之风险负担、违约责任，属于常考点，其中违约责任每年必考

[解析]《民法典》第 604 条规定："标的物毁损、灭失的风险，在标的物交付之前由出卖人承担，交付之后由买受人承担，但是法律另有规定或者当事人另有约定的除外。"本题中，甲乙双方约定，卖方送货上门，甲已经将货物送至买方乙指定的地点并交付给了乙，故风险应由乙承担。乙承担风险，意味着在甲乙的买卖合同中，当因当事人以外的原因发生了货物毁损、灭失的，由乙承担钱财两空的后果，因此，乙应当支付剩余 20% 货款，故 A 选项正确。《民法典》第 599 条规定："出卖人应当按照约定或者交易习惯向买受人

交付提取标的物单证以外的有关单证和资料。"通常认为，提取标的物单证以外的有关单证和资料，主要应当包括保险单、保修单、普通发票、增值税专用发票、产品合格证、质量保证书、质量鉴定书、品质检验证书、产品进出口检疫书、原产地证明书、使用说明书、装箱单等。《民法典》第 611 条规定："标的物毁损、灭失的风险由买受人承担的，不影响因出卖人履行义务不符合约定，买受人请求其承担违约责任的权利。"据此，风险由乙承担，但乙有权请求甲承担未交付有关单证的违约责任。故 B 选项正确。甲乙双方没有约定解除合同的事由，同时，甲的违约行为不构成根本违约，因此也没有法定解除权，故 C 选项错误。既然风险已经转移给乙，对于因山洪暴发带来的货物毁损，甲不承担责任，因此有权请求乙支付剩余 20% 的价款，但是不需要补交货物，故 D 选项错误。（AB）

[知识点还原] 图表 112

10. [考点] 所有权保留买卖、善意取得，属于常考点

[解析] 此题蕴含着丰富的民法理论，但是，基于我国当前民法既有的制度来分析，是比较简单的。《民法典》第 641 条规定："当事人可以在买卖合同中约定买受人未履行支付价款或者其他义务的，标的物的所有权属于出卖人。出卖人对标的物保留的所有权，未经登记，不得对抗善意第三人。"在保留所有权买卖中，买受人取得所有权附生效条件，须所附生效条件成就，买受人才能取得所有权。故 A 选项错误，B 选项正确。甲在分期付款期间又将该车卖给丙，因为甲对该车拥有所有权，所以，甲卖车时为有权处分，丙可以依甲的指示交付取得汽车的所有权，而不是依据善意取得制度取得汽车的所有权，故 CD 选项错误。（B）

[知识点还原] 图表 40；图表 115

11. [考点] 商品房买卖合同、实际履行的例外，属于常考点

[解析]《商品房买卖合同解释》第 2 条规定："出卖人未取得商品房预售许可证明，与买受人订立的商品房预售合同，应当认定无效，但是在起诉前取得商品房预售许可证明的，可以认定有效。"据此，A 选项错误。《商品房买卖合同解释》第 5 条规定："商品房的认购、订购、预订等协议具备《商品房销售管理办法》第十六条规定的商品房买卖合同的主要内容，并且出卖人已经按照

115

约定收受购房款的，该协议应当认定为商品房买卖合同。"通说认为，具备合同必要条款的，即能够确定当事人名称或者姓名、标的的，应当认定合同成立。因此，内容不完整不是合同不成立的理由，故 B 选项错误。甲公司与李某的商品房买卖合同已经成立，甲公司未通知李某认购，甲公司的行为构成违约，并且甲公司将开发的商铺售罄，致使李某订立合同的目的不能实现，甲公司的违约行为构成根本违约，故 C 选项正确。《民法典》第 580 条第 1 款规定："当事人一方不履行非金钱债务或者履行非金钱债务不符合约定的，对方可以请求履行，但是有下列情形之一的除外：（一）法律上或者事实上不能履行；（二）债务的标的不适于强制履行或者履行费用过高；（三）债权人在合理期限内未请求履行。"本题中，甲公司对李某构成违约，应承担违约责任。由于甲公司已将开发的商铺售罄，甲公司对李某承担实际履行的违约责任在法律上不可能，构成履行不能，李某不能要求甲公司承担实际履行的违约责任。只能主张实际履行之外的其他违约责任。故 D 选项错误。（C）

[知识点还原] 图表 108；图表 116

12. [考点] 商品房买卖合同、合同解除，属于常考点

[解析] 甲、乙两公司虽然签订了商品房包销合同，甲公司仍为其开发商品房的产权人，并且包销合同不影响甲公司对其开发的商品房所有权的处分。甲公司将由乙公司包销的一套房屋出卖给丙的行为不属于无权处分，故 A 选项错误。《商品房买卖合同解释》第 17 条规定："出卖人自行销售已经约定由包销人包销的房屋，包销人请求出卖人赔偿损失的，应予支持，但当事人另有约定的除外。"据此，B 选项正确。根据《民法典》第 563 条第 1 款第 1 项规定，因不可抗力致使不能实现合同目的，当事人可解除合同。甲、丙的买卖合同签订后，因国家出台调控政策，丙不具备购房资格，属于因不可抗力导致合同无法履行，合同目的不能实现，因此丙有权解除合同，故 C 选项正确。因国家政策调整导致的合同解除，不可归责于任何一方当事人，因此当事人均不构成违约，不存在承担损害赔偿责任的问题。尽管如此，如果甲公司与丙之间的合同被解除后，甲公司除应返还丙本金 20 万元之外，还须返还同期的利息，故 D 选项错误。（BC）

[知识点还原] 图表 103；图表 116

13. 请回答第（1）~（6）题。（2012-86~91，不定项）

（1）[考点] 无权处分时买卖合同的效力，属于必考点

[解析]《民法典》第 597 条第 1 款规定："因出卖人未取得处分权致使标的物所有权不能转移的，买受人可以解除合同并请求出卖人承担违约责任。"据此，因无权处分订立的买卖合同，若无其他效力瑕疵，该买卖合同有效，即无权处分不影响买卖合同的生效。乙、丙间的挖掘机买卖合同以及乙、丁间的挖掘机买卖合同均属因无权处分订立的买卖合同，不存在其他效力瑕疵，因此，乙、丙间以及乙、丁间的挖掘机买卖合同均属有效。故 ABCD 选项均错误，均当选。（ABCD）

[知识点还原] 图表 20

（2）[考点] 混合担保，属于必考点

[解析]《民法典》第 392 条规定："被担保的债权既有物的担保又有人的担保的，债务人不履行到期债务或者发生当事人约定的实现担保物权的情形，债权人应当按照约定实现债权；没有约定或者约定不明确，债务人自己提供物的担保的，债权人应当先就该物的担保实现债权；第三人提供物的担保的，债权人可以就物的担保实现债权，也可以请求保证人承担保证责任。提供担保的第三人承担担保责任后，有权向债务人追偿。"据此，在混合担保中，若无债务人以自己的财产提供的抵押和质押，只有第三人提供的物保与保证（即人保），则提供物保与人保的第三人的地位平等，债权人行使权利无顺序限制，既可直接要求提供物保的第三人承担担保责任，也可以要求提供人保的第三人承担保证责任。对于乙对甲负担的 10 万元租金债务，丙提供保证，丁提供抵押，构成混合担保。因债务人乙并未以自己的财产提供抵押与质押，所以，债权人甲行使对丙的保证债权或者行使对丁之机器设备的抵押权没有顺序限制。故 AB 选项正确，CD 选项错误。（AB）

[知识点还原] 图表 55

（3）[考点] 债务转让对于担保责任的影响，属于常考点

[解析]《民法典》第 391 条规定："第三人提供担保，未经其书面同意，债权人允许债务人转移全部或者部分债务的，担保人不再承担相应的担保责任。"《民法典》第 697 条第 1 款规定："债权人未经保证人书面同意，允许债务人转移全

部或者部分债务，保证人对未经其同意转移的债务不再承担保证责任，但是债权人和保证人另有约定的除外。"据此，债务人经债权人同意转让自己的债务时，若未经提供担保的第三人的书面同意，对于已经转让的债务，提供担保的第三人不再承担担保责任。乙将对甲的 10 万元租金债务中的 6 万元转让给戊时，仅取得了保证人丙与抵押人丁的口头同意，未取得其书面同意，所以，对于转让给戊的 6 万元债务，丙、丁不再承担担保责任。故 AB 选项正确，CD 选项错误。（AB）

[知识点还原] 图表 79

(4) [考点] 指示交付，属于常考点

[解析] 根据本题交代的法律事实，当甲与王某签订合同之时，挖掘机的所有权仍然属于甲，此时，因为乙与丙、丁订立合同后，尽管合同均是有效的，但是，即使在交付之后，丙、丁也不能获得挖掘机的所有权，因为作为担保人的丙、丁不能构成善意取得中的善意第三人。《民法典》第 227 条规定："动产物权设立和转让前，第三人占有该动产的，负有交付义务的人可以通过转让请求第三人返还原物的权利代替交付。"这是关于指示交付的规定。甲是挖掘机的所有权人，甲将该挖掘机出卖给王某，且与王某约定让与甲对乙的返还请求权以代替现实交付，故甲与王某已经以指示交付的方式完成了交付，王某已经取得挖掘机的所有权。故正确答案为 D 选项。(D)

[知识点还原] 图表 38

(5) [考点] 概括继承、共有人债务的清偿，属于常考点

[解析]《民法典》第 1161 条规定："继承人以所得遗产实际价值为限清偿被继承人依法应当缴纳的税款和债务。超过遗产实际价值部分，继承人自愿偿还的不在此限。继承人放弃继承的，对被继承人依法应当缴纳的税款和债务可以不负清偿责任。"这是关于概括继承的规定。换言之，大王与小王若未放弃继承，应在遗产的范围内清偿王某生前所负的债务。这里没有法定解除权产生的情形，故 AB 选项错误，当选。在继承开始以后，遗产分割以前，两个以上的继承人对之享有继承权的遗产属于共同共有。《民法典》第 307 条规定："因共有的不动产或者动产产生的债权债务，在对外关系上，共有人享有连带债权、承担连带债务，但是法律另有规定或者第三人知道共有人不具有连带债权债务关系的除外；在共有人内部关系上，共有人另有约定外，按份共有人按照份额享有债权、承担债务，共同共有人共同享有债权、承担债务。偿还债务超过自己应当承担份额的按份共有人，有权向其他共有人追偿。"据此可知，大王和小王对该买卖合同原王某承担的债务负连带责任，而不是按份责任。C 选项正确，不当选；D 选项错误，当选。（ABD）

[知识点还原] 图表 43；图表 169

(6) [考点] 共有物的处分、无权处分订立的买卖合同中的所有权变动，属于常考点

[解析] 王某死亡后，遗产分割前，继承人大王与小王对挖掘机构成共同共有。《民法典》第 301 条规定："处分共有的不动产或者动产以及对共有的不动产或者动产作重大修缮、变更性质或者用途的，应当经占份额三分之二以上的按份共有人或者全体共同共有人同意，但是共有人之间另有约定的除外。"挖掘机归大王与小王共同共有，出卖挖掘机应经大王与小王的一致同意。故 B 选项正确。小王不能出卖挖掘机的原因是挖掘机为共同共有，小王无权单独处分。小王未取得挖掘机的占有不是小王不能出卖的原因，故 A 选项错误。根据《民法典》第 597 条第 1 款规定："因出卖人未取得处分权致使标的物所有权不能转移的，买受人可以解除合同并请求出卖人承担违约责任。"小王与方某间的挖掘机买卖合同属于因无权处分订立的买卖合同，小王与方某间的挖掘机买卖合同有效，但因小王欠缺处分权，所以买卖合同订立后的处分行为效力未定。若方某符合善意取得的构成要件，方某可因善意取得而取得挖掘机的所有权；若方某不符合善意取得的构成要件，须经大王的追认，方可补正小王处分权的不足，方某因大王的追认而继受取得挖掘机的所有权。故 C 选项正确。《民法典》第 1151 条规定："存有遗产的人，应当妥善保管遗产，任何组织或者个人不得侵吞或者争抢。"据此，遗嘱执行人仅有权按照遗嘱的内容分配遗产，而无权随意处分遗产。故 D 选项错误。（BC）

[知识点还原] 图表 20；图表 43；图表 169

14. [考点] 分期付款合同的违约救济，属于常考点

[解析]《民法典》第 634 条规定："分期付款的买受人未支付到期价款的数额达到全部价款的五分之一，经催告后在合理期限内仍未支付到期价款的，出卖人可以请求买受人支付全部价款或者解除合同。出卖人解除合同的，可以向买受人请求支付该标的物的使用费。"本案中，曾某与

汽车销售公司之间签订的是分期付款的买卖合同，曾某在支付12万元合同价款后拒绝支付，未支付货款8万元，达到了全部价款的2/5，超过了法定的1/5的界限，且经催告依然不履行，出卖人即汽车销售公司有权要求曾某一次性支付剩余8万元的价款或解除合同。故AB选项正确。如果汽车销售公司选择解除合同的话，汽车销售公司有权收回汽车，返还曾某已经支付的12万元价款，同时要求曾某支付汽车使用费。故C选项正确，D选项错误。（ABC）

[知识点还原] 图表115

15. [考点] 分期付款买卖、解除合同与违约责任，属于每年必考点

[解析] 本题中，甲与乙公司之间属于分期付款与所有权保留的买卖，甲对自己占有的标的物实施无权处分，已经构成了根本违约。《民法典》第563条第1款规定："有下列情形之一的，当事人可以解除合同：……（四）当事人一方迟延履行债务或者有其他违约行为致使不能实现合同目的；……"第566条第2款规定："合同因违约解除的，解除权人可以请求违约方承担违约责任，但是当事人另有约定的除外。"《民法典》第634条规定："分期付款的买受人未支付到期价款的数额达到全部价款的五分之一，经催告后在合理期限内仍未支付到期价款的，出卖人可以请求买受人支付全部价款或者解除合同。出卖人解除合同的，可以向买受人请求支付该标的物的使用费。"据此，乙有权解除合同，请求甲承担违约责任，A选项正确。长期拖欠价款（已超过分期付款全部价款总额的1/5），根据第634条规定，出卖人解除合同的，可请求支付使用费。因此B选项正确。关于第三人是否知道处分为无权处分的过失判断问题，《民法典物权编解释（一）》第16条规定："受让人受让动产时，交易的对象、场所或者时机等不符合交易习惯的，应当认定受让人具有重大过失。"据此，丙作为职业人士，应该知道此交易存在无权处分的可能，不是善意第三人，不构成善意取得。根据《民法典》第311条第1款规定，当不构成善意取得的情况下，"无处分权人将不动产或者动产转让给受让人的，所有权人有权追回"。据此，乙可以请求返还，且不需要支付费用，因为，基于合同相对性，丙应向甲主张责任，故C选项错误。根据《民法典》第597条的规定，无权处分的买卖合同是有效的，丙返还潜水设备后仍可要求甲承担违约责任，D选项正确。（ABD）

[知识点还原] 图表103；图表108；图表115

16. [考点] 买卖合同风险承担、合同解除，属于常考点

[解析] 《民法典》第604条规定："标的物毁损、灭失的风险，在标的物交付之前由出卖人承担，交付之后由买受人承担，但是法律另有规定或者当事人另有约定的除外。"据此，本题中由于甲乙之间没有特别约定，故在正常情形下，由于乙已经将电脑交付给了甲，故毁损灭失的风险正常状态下，应当由甲承担。《民法典》第610条规定："因标的物不符合质量要求，致使不能实现合同目的的，买受人可以拒绝接受标的物或者解除合同。买受人拒绝接受标的物或者解除合同的，标的物毁损、灭失的风险由出卖人承担。"据此，若因为质量不合格导致买受人目的不能实现的，买受人解除合同情况下，风险由出卖人承担，若不解除合同，则风险仍由买受人承担。本题中，乙向甲交付了低配电脑，导致甲的目的不能实现，若甲解除合同，风险由乙承担，若甲未解除合同，则风险由甲承担。据此分析，本题AC选项正确，BD选项错误。（AC）

[知识点还原] 图表112

17. [考点] 动产所有权保留买卖、分期付款买卖，属于常考点

[解析] 根据《买卖合同解释》第25条规定："买卖合同当事人主张民法典第六百四十一条关于标的物所有权保留的规定适用于不动产的，人民法院不予支持。"据此，所有权保留在买卖中只能适用于动产。本题是不动产买卖，关于所有权保留的约定无效，当房屋过户给乙之后，虽然价款是尚未付清，但所有权已经转移给了乙。故A选项错误，B选项正确。《民法典》第634条规定："分期付款的买受人未支付到期价款的数额达到全部价款的五分之一，经催告后在合理期限内仍未支付到期价款的，出卖人可以请求买受人支付全部价款或者解除合同。出卖人解除合同的，可以向买受人请求支付该标的物的使用费。"据此，本题中，买受人乙没有支付第5期和第6期价款，未支付到期价款已达全部价款的五分之一（40万元），经催告后依然不履行，故此时，出卖人可以请求乙一次支付剩余全部价款，也可以请求解除合同，主张乙返还房屋，并主张支付使用费。故CD选项正确。（BCD）

[知识点还原] 图表115

十二、供用电、水、气、热力合同

1. [考点] 供热合同，偶尔考查

[解析]《民法典》第 654 条规定："用电人应当按照国家有关规定和当事人的约定及时支付电费。用电人逾期不支付电费的，应当按照约定支付违约金。经催告用电人在合理期限内仍不支付电费和违约金的，供电人可以按照国家规定的程序中止供电。供电人依据前款规定中止供电的，应当事先通知用电人。"第 656 条规定："供用水、供用气、供用热力合同，参照适用供用电合同的有关规定。"当用电或者用热人，逾期不交付供电或供热费用的，应当承担违约责任，如果经催告在合理期限内未缴费的，可以中止供电或者供热。故 CD 选项正确。这里不存在解除合同的问题，因为供电、供热、供水等对于用户来说为生活必需，而且提供主体是垄断的、特定的，不存在选择其他交易主体的可能，因此，只能暂时中止，故 AB 选项错误。（CD）

[知识点还原] 图表 108；图表 117

2. [考点] 供电合同，偶尔考查

[解析]《民法典》第 652 条规定："供电人因供电设施计划检修、临时检修、依法限电或者用电人违法用电等原因，需要中断供电时，应当按照国家有关规定事先通知用电人；未事先通知用电人中断供电，造成用电人损失的，应当承担赔偿责任。"可见，供电人中断供电应事先通知用电人，否则可能要承担损害赔偿责任，因此 ABC 三项正确。《民法典》第 653 条规定："因自然灾害等原因断电，供电人应当按照国家有关规定及时抢修；未及时抢修，造成用电人损失的，应当承担赔偿责任。"就 D 选项而言，属于事故断电，应适用第 653 条的规定，供电人事实上不可能事先通知用电人，无需承担事先通知义务，而只需承担及时抢修义务，只有在未及时抢修造成用电人损失的情况下，才需要承担责任，并不是对断电的所有责任都要承担，因此 D 选项不正确。[ABC（原答案为 ABCD）]

[知识点还原] 图表 117

十三、借款合同

1. [考点] 借款合同，属于常考点

[解析]《民法典》第 673 规定："借款人未按照约定的借款用途使用借款的，贷款人可以停止发放借款、提前收回借款或者解除合同。"据此，甲公司作为借款人，如果违反借款用途，乙银行可以解除借款合同、提前收回借款，故 AB 选项正确。《民法典》第 577 条规定："当事人一方不履行合同义务或者履行合同义务不符合约定的，应当承担继续履行、采取补救措施或者赔偿损失等违约责任。"甲公司违反借款用途，如果有约定违约金，乙银行可以按照合同约定主张甲承担支付违约金的违约责任，C 选项正确。只有当债权人享有担保物权时，方可能对于特定财产享有优先受偿权，本题中乙对于甲公司所购买房屋没有担保物权，故不能享有优先购买权，故 D 选项错误。（ABC）

[知识点还原] 图表 108；图表 120

2. [考点] 个人之间的借款合同

[解析] 借款合同是借款人向贷款人借款，到期返还借款并支付利息的合同。本题中，甲、乙之间显然是借款合同，关于房屋的所谓买卖，只是具有一种类似担保的功能，《民间借贷规定》第 23 条规定："当事人以订立买卖合同作为民间借贷的担保，借款到期后借款人不能还款，出借人请求履行买卖合同的，人民法院应当按照民间借贷法律关系审理。当事人根据法庭审理情况变更诉讼请求的，人民法院应当准许。按照民间借贷法律关系审理作出的判决生效后，借款人不履行生效判决确定的金钱债务，出借人可以申请拍卖买卖合同标的物，以偿还债务。就拍卖所得的价款与应偿还借款本息之间的差额，借款人或者出借人有权主张返还或者补偿。"据此，A 选项正确。由于甲没有将房屋过户登记给乙，因此，乙没有获得房屋的所有权，故 C 选项正确。甲到期没有按时还款，应当承担违约责任，因为乙交付借款之时合同已经生效，《民法典》第 679 条规定："自然人之间的借款合同，自贷款人提供借款时成立。"依法成立的合同，自成立时生效。对于已经生效的合同，不能按照约定来履行，甲应承担违约责任的判断是正确的，故 D 选项正确。《民法典》第 680 条规定："禁止高利放贷，借款的利率不得违反国家有关规定。借款合同对支付利息没有约定的，视为没有利息。借款合同对支付利息约定不明确，当事人不能达成补充协议的，按照当地或者当事人的交易方式、交易习惯、市场利率等因素确定利息；自然人之间借款的，视为没有利息。"关于利率问题，《民间借贷规定》第 25 条第 1 款规定："出借人请求借款人按照合同约定利率支付利息的，人民法院应予支持，但是双

方约定的利率超过合同成立时一年期贷款市场报价利率四倍的除外。"一年期贷款市场报价利率，是指中国人民银行授权全国银行间同业拆借中心自2019年8月20日起每月发布的一年期贷款市场报价利率。因此，根据最新的司法解释，不能再适用不能超过法定银行利率4倍的规定，而是不超过合同成立时一年期贷款市场报价利率4倍，故B选项错误。[ACD（原答案为ABCD）]

[知识点还原] 图表121

3. [考点] 借款合同的履行、合伙债务的清偿

[解析] 本题中甲、乙合伙经商而产生的债务应当由甲、乙承担连带责任。甲、乙基于借款合同所取得的借款，到期后应承担返还借款的义务。尽管债权人丙有过失，但是，丙的过失并不是导致被抢的直接原因，甲、乙不能因此而免除还债的义务。因此，A选项正确，BD选项错误。因为甲、乙是个人合伙，因此，甲、乙应该承担连带责任，因此C选项错误。因此，本题的正确答案是A选项。（A）

[知识点还原] 图表108；图表138

十四、赠与合同

1. [考点] 赠与的任意撤销权、穷困抗辩权

[解析]《民法典》第658条规定："赠与人在赠与财产的权利转移之前可以撤销赠与。经过公证的赠与合同或者依法不得撤销的具有救灾、扶贫、助残等公益、道德义务性质的赠与合同，不适用前款规定。"本题中，甲的赠与对象是学校，具有公益的性质，不享有任意撤销权，故A选项错误。《民法典》第666条规定："赠与人的经济状况显著恶化，严重影响其生产经营或者家庭生活的，可以不再履行赠与义务。"据此，甲在赠与合同履行完毕之前，陷入了严重经济困境，不再具有履行能力，此时可请求面向未来终止履行，但是已经履行的，不得请求返还，故B选项正确、C选项错误。由于赠与合同是单务合同，故法律没有赋予受赠人决定权，D选项错误。（B）

[知识点还原] 图表118

2. [考点] 赠与的任意撤销权；胎儿的权利能力

[解析]《民法典》第16条规定："涉及遗产继承、接受赠与等胎儿利益保护的，胎儿视为具有民事权利能力。但是，胎儿娩出时为死体的，其民事权利能力自始不存在。"据此，胎儿可以接受赠与，出生前视为有权利能力，但是娩出若为死体，视为权利能力自始不存在。即是说，娩出为活体的，合同有效；娩出为死体的，自始没有权利能力，意味着主体不存在，没有享有权利的可能，合同无效。故BC选项正确。

《民法典》第658条规定："赠与人在赠与财产的权利转移之前可以撤销赠与。经过公证的赠与合同或者依法不得撤销的具有救灾、扶贫、助残等公益、道德义务性质的赠与合同，不适用前款规定。"据此，即便胎儿娩出时为活体，甲在赠与的财产权利转移之前，也可撤销赠与。既然甲已经反悔，自实体法角度评价，无论是对乙的赠与还是对胎儿的赠与，纵使合同有效，乙亦无权要求甲履行合同。故A选项错误，D选项正确。（BCD）

[知识点还原] 图表5；图表118

3. [考点] 赠与合同、胎儿利益保护

[解析]《民法典》第16条规定："涉及遗产继承、接受赠与等胎儿利益保护的，胎儿视为具有民事权利能力。但是，胎儿娩出时为死体的，其民事权利能力自始不存在。"据此，在与胎儿利益保护有关的事实中，胎儿视为有权利能力。本题中，甲表示赠与财产给未出生之胎儿，故胎儿是受赠人，A选项正确。《民法典》第158条规定："民事法律行为可以附条件，但是根据其性质不得附条件的除外。附生效条件的民事法律行为，自条件成就时生效。附解除条件的民事法律行为，自条件成就时失效。"据此，附生效条件的法律行为，在条件成就之前，成立但不生效。本案中，赠与合同生效以孩子出生为条件，故出生前合同成立但未生效，出生后合同生效，BC选项正确。《民法典》第658条规定："赠与人在赠与财产的权利转移之前可以撤销赠与。经过公证的赠与合同或者依法不得撤销的具有救灾、扶贫、助残等公益、道德义务性质的赠与合同，不适用前款规定。"据此，赠与人除经过公证的赠与及公益道德性赠与外，在财产权利转移之前可无理由撤销赠与。本案中，赠与合同没有经过公证，也非公益道德性赠与，故在财产权利转移之前可任意撤销，D选项正确。（ABCD）

[知识点还原] 图表5；图表23；图表118

4. [考点] 附条件与附义务赠与合同的关系、赠与人的撤销权，是常考点

[解析] 附义务赠与和附条件赠与的区别在于，条件是未来发生的、不确定的、可能的、合法的事实，这个事实是否发生，对于双方当事人来说均具有不确定性，任何一方的行为也不能决

定让条件发生或者不发生。而义务则是对于一方当事人行为要求,必须做什么或者不做什么,这是义务主体自己可以决定的,如果义务主体没有如约履行,则赠与人可以请求履行。同时,条件与合同的效力有关,如果是延缓条件,成立暂时不生效,如果附解除条件,则条件一旦成就,合同就失效。赠与中所附义务,不直接决定合同效力,此时合同成立即生效,若受赠人违反义务,也不会直接导致合同无效,只是导致赠与人享有法定撤销权,若赠与人不撤销合同,合同效力不受任何影响。本题中根据活动规则,资助子女次年教育经费,是公司对于子女的赠与,若员工离职,则资助失效,即解除合同,而且员工是否离职非合同相对双方主体的行为可以决定,这显然不是对于合同主体义务性的要求,故 A 选项正确、B 选项错误。根据《民法典》第 158 条规定:"民事法律行为可以附条件,但是根据其性质不得附条件的除外。附生效条件的民事法律行为,自条件成就时生效。附解除条件的民事法律行为,自条件成就时失效。"本题中的赠与,所附为解除条件,如果魏某次年离职,则合同解除,甲公司无给付义务,故 C 选项正确。《民法典》第 658 条规定:"赠与人在赠与财产的权利转移之前可以撤销赠与。经过公证的赠与合同或者依法不得撤销的具有救灾、扶贫、助残等公益、道德义务性质的赠与合同,不适用前款规定。"本资助是用于员工子女的教育经费,因此具有公益的性质,只要合同没有因条件成就而解除,公司就应当履行,没有任意撤销权,故 D 选项错误。(AC)

[知识点还原] 图表 23;图表 118

5. [考点] 附义务与附条件的赠与合同,是常考点

[解析] 甲、乙之间的赠与合同属于附义务的赠与合同,而非附条件的赠与合同。附义务的赠与合同,合同自成立时生效,如果受赠人违反了义务的,赠与人可以撤销赠与,如果是附条件,在附生效条件时,合同成立暂时不生效,在附解除条件时,合同成立即生效,条件成就时则结束合同。从本题提供的信息看,赠与合同中,要求受赠人不得转让给第三人,旨在给受赠人设定义务,而不是为合同的效力设定未来不确定的条件,如果受赠人将图书转让给第三人,则赠与人目的不能实现,此时,赠与人可撤销赠与。因此,该赠与合同自签订之日起生效,标的物交付时起转移所有权。既然甲、乙之间的赠与合同有效,乙取得了标的物藏书的所有权。故 ABC 选项错误,D 选项说法正确。如果受赠人不履行义务或违反义务的,赠与人有权行使法定撤销权撤销赠与。法定撤销权一旦行使,已经履行的应当返还,即甲有权收回藏书。(D)

[知识点还原] 图表 23;图表 118

6. [考点] 赠与合同中的瑕疵担保责任,偶尔考查

[解析] 由于赠与合同是无偿合同,因此赠与人一般不承担赠与物的瑕疵担保责任。《民法典》第 662 条规定:"赠与的财产有瑕疵的,赠与人不承担责任。附义务的赠与,赠与的财产有瑕疵的,赠与人在附义务的限度内承担与出卖人相同的责任。赠与人故意不告知瑕疵或者保证无瑕疵,造成受赠人损失的,应当承担赔偿责任。"本题中,赵某将一匹易受惊吓的马赠给李某,但未告知此马的习性,具体未告知的原因题干没有说明。在考试答题时有个一般规律,即如果题干没有刻意揭示行为人是故意或恶意,一般应推定为过失或善意,因此,我们应推定本题中赵某因过失而非故意未告知李某所赠物的瑕疵,因此,赠与人赵某不承担马伤及他人的责任。同时,根据《民法典》第 1245 条规定:"饲养的动物造成他人损害的,动物饲养人或者管理人应当承担侵权责任;但是,能够证明损害是因被侵权人故意或者重大过失造成的,可以不承担或者减轻责任。"故 B 选项正确。(B)

[知识点还原] 图表 119;图表 158

7. [考点] 附义务的赠与,属于常考点

[解析] 对于本题中甲与乙所签订协议的性质有三种观点,分别为遗赠扶养协议、附条件的赠与合同和附义务的赠与合同。准确理解,应为附义务的赠与合同。

所谓遗赠扶养协议是指遗赠人与扶养人之间订立的关于扶养人承担遗赠人生养死葬义务、遗赠人的财产在其死后转归扶养人所有的协议。遗赠扶养协议是生前法律行为与死后法律行为的统一。生前法律行为是指双方当事人参与签订协议,并履行协议规定的扶养义务,这些行为都是在生前进行的,而且在生前就有法律效力;死后法律行为是指必须等到遗赠人死亡后才能将遗产转移给扶养人,在遗赠人生前,扶养人只有扶养义务,而不能承受财产。本题中,乙承担甲生养死葬的义务使很多人误认为双方签订的是遗赠扶养协议,实际上不是遗赠扶养协议。因为,双方签订协议后,甲就将房屋赠与交付给了乙,因此,不符合

遗赠扶养协议须以遗赠人死亡作为取得遗产的前提条件。

附条件的赠与合同和附义务的赠与合同区别在于，在附条件的赠与合同中，所附条件直接决定了赠与合同效力的发生或终止，一般所附条件都是生效条件；而在附义务的赠与合同中，所付义务并不决定赠与合同的效力，赠与人一般先为赠与行为，而后受赠人为约定义务行为。本题中，乙承担甲生养死葬的义务并不是双方合同的生效要件，因为，在乙尚未履行完承担甲生养死葬义务前，甲已经将所赠房屋交付给了受赠人乙，也就是说甲已经履行了约定义务。既然合同已经开始履行，就说明此时赠与合同已经生效，因此，甲乙双方约定的赠与合同应为附义务的赠与合同而非附条件的赠与合同，该合同自双方意思表示一致合同就成立并生效，而无须以甲死亡作为合同的生效要件。故 AB 选项错误。

《民法典》第 661 条规定："赠与可以附义务。赠与附义务的，受赠人应当按照约定履行义务。"该法第 663 条第 1 款规定："受赠人有下列情形之一的，赠与人可以撤销赠与：（一）严重侵害赠与人或者赠与人近亲属的合法权益；（二）对赠与人有扶养义务而不履行；（三）不履行赠与合同约定的义务。"本题中，乙拒绝扶养甲，违反了赠与合同中自己所负义务，甲有权撤销该协议，要求乙返还房屋。因此，C 选项正确，而 D 选项错误。（C）

[知识点还原] 图表 23；图表 118

8. [考点] 第三人代为清偿、赠与

[解析] 本题中，乙替甲还款属于独立的第三人代为清偿。代为清偿后，乙可获得向甲追偿的权利。但是，乙说"这 800 元就算给你了"，具有赠与的意思表示，而赠与是合同行为，需要取得受赠人的同意才能发生法律效力。甲说将来"一定奉还"，实际是对乙赠与的意思表示的拒绝，因此赠与合同没有成立。故甲应向乙偿还 800 元。甲偿还 500 元的行为有效，乙无需退还，甲还需再还 300 元。故 A 选项正确。（A）

[知识点还原] 图表 93；图表 94；图表 118

十五、租赁合同

1. [考点] 租赁合同解除、侵权赔偿、合同相对性及抗辩权，属于常考点

[解析] 甲、丙的租赁合同由于乙的原因无法正常履行，丙长期无法正常经营，影响了合同目的的实现，故丙作为非违约方享有解除租赁合同

的权利，A 选项正确。《民法典》第 712 条规定："出租人应当履行租赁物的维修义务，但是当事人另有约定的除外。"据此，出租人应负担维修租赁物的义务，故乙作为承租人可请求甲履行维修义务，B 选项正确。案中损害的发生，是乙装修房屋破坏防水层所致，故对于丙造成的损失，乙的行为成立侵权责任，丙可向乙主张侵权赔偿，C 选项正确。乙的行为给甲的房屋带来了损害。《民法典》第 237 条规定："造成不动产或者动产毁损的，权利人可以依法请求修理、重作、更换或者恢复原状。"甲作为所有权人请求乙进行维修以恢复原状，具有充分的根据，此时，乙提出的油烟和噪音问题不能作为其不履行维修义务的有效抗辩理由，因为油烟及噪音问题即使存在，与乙应当履行的维修和赔偿义务既不是基于同一法律关系的对应义务，也不存在实质的牵连关系，故 D 选项错误。（ABC）

[知识点还原] 图表 122；图表 35

2. [考点] 买卖不破租赁、房屋承租人的优先购买权与继续承租权

[解析]《民法典》第 725 条规定："租赁物在承租人按照租赁合同占有期限内发生所有权变动的，不影响租赁合同的效力。"据此，在租赁期间内甲将房屋卖给丙，乙有权继续承租，A 选项正确。《民法典》第 728 条规定："出租人未通知承租人或者有其他妨害承租人行使优先购买权情形的，承租人可以请求出租人承担赔偿责任。但是，出租人与第三人订立的房屋买卖合同的效力不受影响。"据此，甲将出租给乙的房屋出卖给丙，没有通知乙，则乙可向甲主张损害赔偿；丙没有过错，不构成侵权。故 B 选项正确，C 选项错误。《民法典》第 734 条第 2 款规定："租赁期限届满，房屋承租人享有以同等条件优先承租的权利。"据此，乙享有在同等条件下优先承租的权利，D 选项正确。（ABD）

[知识点还原] 图表 123

3. [考点] 房屋转租与房屋承租人优先购买权

[解析]《民法典》第 718 条规定："出租人知道或者应当知道承租人转租，但是在六个月内未提出异议的，视为出租人同意转租。"据此，出租人未授权承租人转租的情形下，若承租人转租，出租人知道后 6 个月没有表示异议视为同意。本题中，乙知情后，未在 6 个月内表示异议，故出租人乙的解除权消灭，转租合法。此时，适用买卖不破租赁的规则，乙在租赁期限内出卖房屋，

第三章　债权

丁受让房屋后，在有效的租赁期限内，不能请求丙搬离房屋，故 A 选项错误。转租合同，超过租赁期限的部分无效，非全部无效，故 BC 选项错误。若乙卖房给丁时，未告知房屋承租的事实，丁可向乙主张违约责任，丁与甲不存在合同关系，不存在丁向甲主张违约责任的可能，故 D 选项错误。（ABCD）

[知识点还原] 图表 122；图表 123

4. [考点] 房屋租赁合同，属于必考点

[解析]《房屋租赁合同解释》第 3 条规定："出租人就未经批准或者未按照批准内容建设的临时建筑，与承租人订立的租赁合同无效。但在一审法庭辩论终结前经主管部门批准建设的，人民法院应当认定有效。租赁期限超过临时建筑的使用期限，超过部分无效。但在一审法庭辩论终结前经主管部门批准延长使用期限的，人民法院应当认定延长使用期限内的租赁期间有效。"据此，临时建筑超过批准的存续期限订立的租赁合同无效。本题中，甲乙之间的租赁合同，在临时建筑存续法定期限内，故有效，A 选项错误。期满后，未延长使用期限手续，甲将超期的临时建筑租给丙的合同无效，因为，未经批准的临时建筑是违法违章建筑，甲无权将此房屋租给丙，也无权收取租金，故 BCD 选项正确。（BCD）

[知识点还原] 图表 123

5. [考点] 合同相对性、房屋租赁，属于常考点

[解析]《房屋租赁合同解释》第 10 条规定："承租人经出租人同意装饰装修，租赁期间届满时，承租人请求出租人补偿附合装饰装修费用的，不予支持。但当事人另有约定的除外。"据此，除非特别约定，承租人对于租赁房屋进行装修装潢产生的费用由承租人承担，故 A 选项错误。基于合同相对性原理，甲、丙之间不存在合同关系，因此，不存在甲向丙请求承担违约责任的可能，故 B 选项错误。丙擅自更改承重结构，造成房屋损失的行为构成故意侵权，作为所有权人的甲可以主张丙承担侵权责任，故 C 选项正确。甲、乙之间有租赁合同关系，《民法典》第 716 条规定："承租人经出租人同意，可以将租赁物转租给第三人。承租人转租的，承租人与出租人之间的租赁合同继续有效；第三人造成租赁物损失的，承租人应当赔偿损失。承租人未经出租人同意转租的，出租人可以解除合同。"据此，对于转租后，第三人对于租赁物造成损害的，承租人应当承担违约责任，故 D 选项正确。（CD）

[知识点还原] 图表 123

6. [考点] 房屋承租人的优先购买权

[解析] 房屋承租人的优先购买权，并不是租赁合同约定的内容，而是承租人基于法律规定而直接享有的法定权利。《民法典》第 726 条规定："出租人出卖租赁房屋的，应当在出卖之前的合理期限内通知承租人，承租人享有以同等条件优先购买的权利；但是，房屋按份共有人行使优先购买权或者出租人将房屋出卖给近亲属的除外。"因此，甲将房屋出卖给丙没有通知乙，并不构成违约，故 A 选项错误。《民法典》第 728 条规定："出租人未通知承租人或者有其他妨害承租人行使优先购买权情形的，承租人可以请求出租人承担赔偿责任。但是，出租人与第三人订立的房屋买卖合同的效力不受影响。"据此，应当承担侵权责任的是出租人，而不是不知情的第三人，故 BC 选项错误、D 选项正确。（D）

[知识点还原] 图表 123

7. [考点] 房屋租赁合同的效力，属于常考点

[解析]《房屋租赁合同解释》第 3 条第 1 款规定："出租人就未经批准或者未按照批准内容建设的临时建筑，与承租人订立的租赁合同无效。但在一审法庭辩论终结前经主管部门批准建设的，人民法院应当认定有效。"由于甲出租的房屋全部为没有经过批准的违章建筑，因此，租赁合同无效，故 A 选项正确、C 选项错误。既然合同无效，不存在主张继续履行合同的问题，故 D 选项错误。《房屋租赁合同解释》第 12 条规定："承租人经出租人同意扩建，但双方对扩建费用的处理没有约定的，人民法院按照下列情形分别处理：（一）办理合法建设手续的，扩建造价费用由出租人负担；（二）未办理合法建设手续的，扩建造价费用由双方按照过错分担。"据此，甲、乙对于房屋扩建没有报批，均有过错，出租人与承租人应当分担费用，故 B 选项正确。（AB）

[知识点还原] 图表 123

8. [考点] 一房数租，偶尔考查

[解析] 根据《房屋租赁合同解释》第 5 条规定："出租人就同一房屋订立数份租赁合同，在合同均有效的情况下，承租人均主张履行合同的，人民法院按照下列顺序确定履行合同的承租人：（一）已经合法占有租赁房屋的；（二）已经办理登记备案手续的；（三）合同成立在先的。不能取得租赁房屋的承租人请求解除合同、赔偿损失的，

123

依照民法典的有关规定处理。"本题中，王某已经合法占有，因此，王某的承租权最优先获得保护，李某、陈某均无权请求王某搬离房屋，故 AB 选项错误。基于合同的相对性原理，承租人和次承租人目的均不能实现，但是，租赁合同分别发生在李某和孙某之间、李某和陈某之间，李某有权解除合同，要求孙某承担责任，故 C 选项正确。陈某也可以解除与李某之间的合同要求李某承担责任，但是不能直接找孙某承担责任，故 D 选项错误。（C）

[知识点还原] 图表 123

9. [考点] 附条件法律行为、租赁合同，属于常考点

[解析]《民法典》第 158 条规定："民事法律行为可以附条件，但是根据其性质不得附条件的除外。附生效条件的民事法律行为，自条件成就时生效。附解除条件的民事法律行为，自条件成就时失效。"第 707 条规定："租赁期限六个月以上的，应当采用书面形式。当事人未采用书面形式，无法确定租赁期限的，视为不定期租赁。"本题中，小刘与何某订立了书面合同并约定，如刘某出现并还清货款，本合同终止，双方再行结算。此为附解除条件的租赁合同，不能以超过 6 个月没有签书面合同为由认定其为不定期租赁。《民法典》第 730 条规定："当事人对租赁期限没有约定或者约定不明确，依据本法第五百一十条的规定仍不能确定的，视为不定期租赁；当事人可以随时解除合同，但是应当在合理期限之前通知对方。"本题中未约定租期，但是并不产生双方均有任意解除权的法律效果，因为当事人之间达成了"若刘某出现并还清货款，本合同终止"的解除条件，这说明双方当事人通过协商找到了最终确定合同期限的方法，故应视为附解除条件的合同，而非不定期租赁。题中小刘与何某的租赁合同自成立时生效，条件成就时合同解除，不是不定期租赁，因此，小刘与何某没有随时解除合同的权利。故 C 选项正确，不当选；ABD 选项错误，当选。（ABD）

[知识点还原] 图表 23；图表 122

10. [考点] 承租人的优先购买权，属于常考点

[解析]《民法典》第 726 条规定："出租人出卖租赁房屋的，应当在出卖之前的合理期限内通知承租人，承租人享有以同等条件优先购买的权利；但是，房屋按份共有人行使优先购买权或者出租人将房屋出卖给近亲属的除外。"故 A 选项错误。甲出售房屋，属于有权处分，此时，受让人丙不可能构成善意取得，故 B 选项错误。《民法典》第 728 条规定："出租人未通知承租人或者有其他妨害承租人行使优先购买权情形的，承租人可以请求出租人承担赔偿责任。但是，出租人与第三人订立的房屋买卖合同的效力不受影响。"这意味着，甲丙之间的合同有效，但是在影响了承租人优先购买权的情况下，承租人可以向出租人主张损害赔偿，但不能主张甲丙之间的合同无效。甲出售房屋，是行使所有权的行为，不需要经过承租人的同意，故 C 选项正确、D 选项错误。（C）

[知识点还原] 图表 123

11. [考点] 转租、返还原物请求权，属于常考点

[解析]《民法典》第 235 条规定："无权占有不动产或者动产的，权利人可以请求返还原物。"此条规定的是物权人的返还原物请求权，理论上通常认为，此权利的构成要件有二：（1）请求人为物权人；（2）被请求人为无权占有人。基于此前提分析，A 选项错误，原因在于，丁某虽为房屋的所有权人，但在租赁期限内，承租人方某基于承租权占有该房屋，属于有权占有，故丁某对方某不享有返还原物请求权。公布的答案认为此选项正确，显然不当。《民法典》第 718 条规定："出租人知道或者应当知道承租人转租，但是在六个月内未提出异议的，视为出租人同意转租。"据此，在未经同意进行房屋转租的情形下，出租人知道或应当知道后，如果在 6 个月内提出异议的，可解除合同。既然如此，所有权人丁某当然有可能主张唐某返还房屋，故 B 选项错误。值得提醒的是，若方某非法转租后，丁某自知道或者应当知道后未在 6 个月内表示异议，则推定丁某同意转租，此时，唐某相对于丁某为基于占有连续的有权占有，唐某虽与丁某无直接的合同关系，但唐某相对于丁某也是有权占有人，丁某在租赁期间内就不能对唐某行使返还原物请求权。承租人未经出租人同意转租的，出租人可以解除合同。方某非法转租，丁某享有法定解除权。当然，法定解除权的存在并不妨碍双方约定若方某非法转租，丁某享有约定解除权。丁某一旦解除租赁合同，唐某基于转租合同获得的占有本权不得对抗丁某，丁某也可以对唐某行使返还原物请求权。故 C 选项正确，D 选项错误。[C（原答案为 AC）]

[知识点还原] 图表 35；图表 122

12. [考点] 附条件合同、房屋租赁合同的效力，属于常考点

[解析]《民法典》第 158 条规定："民事法

律行为可以附条件，但是根据其性质不得附条件的除外。附生效条件的民事法律行为，自条件成就时生效。附解除条件的民事法律行为，自条件成就时失效。"本案中，甲、乙约定，房屋租赁合同自备案后生效，属于约定生效条件，原则上，条件不成就，合同不生效。《民法典》第706条规定："当事人未依照法律、行政法规规定办理租赁合同登记备案手续的，不影响合同的效力。"据此，房屋租赁合同约定备案生效情形的，不备案，不生效，但不能主张无效；同时，如果约定了备案，但未备案的，虽原则上不生效，但是如果当事人实际履行了合同的，租赁合同依然生效。本案中，甲、乙约定了房屋需要登记备案才生效，后来没有备案，也没有实际履行，故此时合同不生效，不能请求彼此之间履行合同，B选项正确、AC选项错误。如果合同备案后，存在违反《城市房地产管理法》的情形，也并不是违反所有的法律规定都会无效，只要不是效力性强制性规定，即使违反了也不影响合同效力，故D选项错误。（B）

[知识点还原] 图表23；图表122

13. [考点] 租赁期限、转租

[解析]《民法典》第707条规定："租赁期限六个月以上的，应当采用书面形式。当事人未采用书面形式，无法确定租赁期限的，视为不定期租赁。"据此，6个月以上未采取书面形式，不能确定租赁期限的才视为不定期租赁。本题中，双方口头约定了期限2年，能确定租赁期限，故A选项错误。《民法典》第716条规定："承租人经出租人同意，可以将租赁物转租给第三人。承租人转租的，承租人与出租人之间的租赁合同继续有效；第三人造成租赁物损失的，承租人应当赔偿损失。承租人未经出租人同意转租的，出租人可以解除合同。"据此，因承租人与出租人之间的租赁合同继续有效，出租人已经同意转租，将收益权授予了承租人，冯某仍应按每月1000元向张某收取租金，故B选项错误。因第三人擅自改造造成的损失，出租人应向承租人主张违约赔偿，不能向第三人翁某主张赔偿，故D选项错误。《民法典》第715条规定："承租人经出租人同意，可以对租赁物进行改善或者增设他物。承租人未经出租人同意，对租赁物进行改善或者增设他物的，出租人可以请求承租人恢复原状或者赔偿损失。"据此，本题中翁某擅自改造，冯某有权要求张某恢复原状或赔偿损失，故C选项正确。（C）

[知识点还原] 图表122

14. [考点] 转租、合同相对性

[解析] 承租人未经出租人同意转租的，出租人可以解除合同。本题中，乙未经出租人甲同意擅自将房屋转租，出租人甲有权要求解除与承租人乙之间的租赁合同，故A选项正确。承租人经出租人同意，可以将租赁物转租给第三人。承租人转租的，承租人与出租人之间的租赁合同继续有效，第三人对租赁物造成损失的，承租人应当赔偿损失。可知，经同意转租时，第三人造成损害的，承租人要赔偿，未经同意转租当然也应当赔偿。本题中，出租人乙没有经过出租人甲的同意转租给丙，就丙对墙面的损害，甲有权要求乙承担损害赔偿责任，故B选项正确。甲没有同意乙转租给丙，且甲、丙之间也没有任何租赁协议，甲是房屋的所有人，故甲有权要求丙搬出房屋，C选项正确。本题中，甲、丙之间没有租赁协议，基于合同相对性原理，甲无权要求丙支付租金，故D选项错误。（ABC）

[知识点还原] 图表85；图表122

十六、融资租赁合同

1. [考点] 融资租赁合同，偶尔考查

[解析]《融资租赁合同解释》第2条规定："承租人将其自有物出卖给出租人，再通过融资租赁合同将租赁物从出租人处租回的，人民法院不应仅以承租人和出卖人系同一人为由认定不构成融资租赁法律关系。"据此，只要不存在内容违法或逃避债务的恶意，承租人和出卖人是同一人的依然可以构成融资租赁关系。本题中，乙既是出卖人，也是承租人，可以构成融资租赁关系，故A选项错误、B选项正确。本题中关于拖欠的租金，如果约定利息的，参照民间借贷利息的规定。新《民间借贷规定》中，不再有关于年利率24%的规定，故C选项错误。乙将设备转让给甲，甲又将设备租给乙，自租赁合同达成之时，甲获得设备的所有权，具体说，是通过占有改定的方式完成的所有权转移，故甲已经获得设备的所有权，D选项正确。（BD）

[知识点还原] 图表121；图表124

2. 请回答第（1）~（3）题。（2016-86~88，不定项）

（1）[考点] 个人合伙、融资租赁，此点偶尔考查

[解析] 根据《民诉解释》第60条规定，在诉讼中，未依法登记领取营业执照的个人合伙的

全体合伙人为共同诉讼人。个人合伙有依法核准登记的字号的，应在法律文书中注明登记的字号。全体合伙人可以推选代表人；被推选的代表人，应由全体合伙人出具推选书。据此，A 选项错误，B 选项正确。又根据《民法典》第 973 条规定："合伙人对合伙债务承担连带责任。清偿合伙债务超过自己应当承担份额的合伙人，有权向其他合伙人追偿。"据此，各合伙人对外债务是承担连带责任的，既然是连带责任，债权人可以选择其中的任何一人主张任何份额的责任，包括全部，因此，C 选项正确。《民法典》第 735 条规定："融资租赁合同是出租人根据承租人对出卖人、租赁物的选择，向出卖人购买租赁物，提供给承租人使用，承租人支付租金的合同。"据此，应当支付租金的是承租人，出卖人没有支付租金的义务，故不能向丁公司主张责任，D 选项错误。(BC)

[知识点还原] 图表 138

（2）[考点] 个人合伙之退伙，此点常考

[解析] 合伙人退伙，书面协议有约定的，按书面协议处理；书面协议未约定的，原则上应予准许。但因其退伙给其他合伙人造成损失的，应当考虑退伙的原因、理由以及双方当事人的过错等情况，确定其应当承担的赔偿责任。合伙经营期间发生亏损，合伙人退出合伙时未按约定分担或者未合理分担合伙债务的，退伙人对原合伙的债务，应当承担清偿责任；退伙人已分担合伙债务的，对其参加合伙期间的全部债务仍负连带责任。在个人合伙中，退伙原则上是自由的，不需要经过合伙人之外的人同意，不过，在退伙之后，退伙人依然要对退伙之前的债务承担连带责任。故只有 B 选项正确。(B)

[知识点还原] 图表 138

（3）[考点] 融资租赁中的责任承担，此点偶尔考查

[解析]《民法典》第 742 条规定："承租人对出卖人行使索赔权利，不影响其履行支付租金的义务。但是，承租人依赖出租人的技能确定租赁物或者出租人干预选择租赁物的，承租人可以请求减免相应租金。"本题中，不存在承租人对于出租人技能上的依赖，因此，承租人因设备原因找出卖人主张责任时，不影响租金的支付，故 A 选项错误。《民法典》第 739 条规定："出租人根据承租人对出卖人、租赁物的选择订立的买卖合同，出卖人应当按照约定向承租人交付标的物，承租人享有与受领标的物有关的买受人的权利。"

据此，融资租赁中，承租人享有买受人的权利，当然可以请求出卖人丁公司承担违约责任，维修、赔偿损失都是本题中丁公司承担违约责任的适当方式，故 B 选项正确。《民法典》第 741 条规定："出租人、出卖人、承租人可以约定，出卖人不履行买卖合同义务的，由承租人行使索赔的权利。承租人行使索赔权利的，出租人应当协助。"据此，C 选项正确。《民法典》第 747 条规定："租赁物不符合约定或者不符合使用目的的，出租人不承担责任。但是，承租人依赖出租人的技能确定租赁物或者出租人干预选择租赁物的除外。"本题中，承租人对于出租人不存在技能依赖，故出租人对于设备的质量问题没有责任，故 D 选项错误。(BC)

[知识点还原] 图表 124

十七、建设工程与承揽合同

1. [考点] 建设工程合同的转包与分包，属于常考点

[解析] 对于建设工程合同中承包人的分包和转包问题，《民法典》第 791 条规定："发包人可以与总承包人订立建设工程合同，也可以分别与勘察人、设计人、施工人订立勘察、设计、施工承包合同。发包人不得将应当由一个承包人完成的建设工程支解成若干部分发包给数个承包人。总承包人或者勘察、设计、施工承包人经发包人同意，可以将自己承包的部分工作交由第三人完成。第三人就其完成的工作成果与总承包人或者勘察、设计、施工承包人向发包人承担连带责任。承包人不得将其承包的全部建设工程转包给第三人或者将其承包的全部建设工程支解以后以分包的名义分别转包给第三人。禁止承包人将工程分包给不具备相应资质条件的单位。禁止分包单位将其承包的工程再分包。建设工程主体结构的施工必须由承包人自行完成。"本案中承包人西山公司将工程全部转包给北川公司，属于违法转包行为，该转包合同无效，北川公司为实际施工人。

当实际施工人完成工程并验收合格后，可向违法转包人、发包人主张权利。《建设工程施工合同解释（一）》第 43 条规定："实际施工人以转包人、违法分包人为被告起诉的，人民法院应当依法受理。实际施工人以发包人为被告主张权利的，人民法院应当追加转包人或者违法分包人为本案第三人，在查明发包人欠付转包人或者违法分包人建设工程价款的数额后，判决发包人在欠

付建设工程价款范围内对实际施工人承担责任。"据此，北川公司作为实际施工人，向发包人东海公司主张权利，列违法转包的西山公司为第三人，是正确的。法院在审理中，确定责任时，应当认定发包人在欠付工程款的范围内承担责任。发包人东海公司已经支付了500万元给承包人西山公司，只需要在剩余500万元的范围内承担责任，而西山公司欠北川公司600万元，故最终的责任分配应当是，东海公司支付500万元，剩余的100万元由西山公司向北川公司支付。综上，B选项正确，ACD选项错误。（B）

[知识点还原] 图表126

2. [考点] 承揽合同、物权归属

[解析] 本题中，甲、乙之间构成承揽合同关系。《民法典》第787条规定："定作人在承揽人完成工作前可以随时解除合同，造成承揽人损失的，应当赔偿损失。"据此，只要承揽人尚未完成工作，定作人均可解除合同，但对承揽人因此产生的损失，定作人应负赔偿责任。本题中，甲作为定作人，在约定的完工时间前两天，有权通知承揽人乙解除合同，故B选项正确。由于承揽工作即将完工，承揽人已经完成了大部分工作，甲应当支付已完成的工作部分的费用，同时，对于因为解除合同给承揽人乙造成的损失，甲还应当承担赔偿责任，故A选项正确。为加工该旗袍需要的特殊机器是乙所购买，虽然按照甲、乙之间的约定，甲承担了费用，但在卖方将设备交给乙之后，乙获得机器设备的所有权，故C选项正确。《民法典》第780条规定："承揽人完成工作的，应当向定作人交付工作成果，并提交必要的技术资料和有关质量证明。定作人应当验收该工作成果。"据此，承揽人是为定作人进行的加工，无论成果是否已经完成，在权属上，均应属于定作人所有。另外，《民法典》第783条规定："定作人未向承揽人支付报酬或者材料费等价款的，承揽人对完成的工作成果享有留置权或者有权拒绝交付，但是当事人另有约定的除外。"据此规定，唯有当承揽人加工的成果属于定作人时，方有现实意义；若成果不属于定作人，承揽人的留置权或拒绝交付，对于定作人起不到任何促其履约的作用，故D选项错误。（ABC）

[知识点还原] 图表125

3. [考点] 建设工程合同无效、工程款优先权

[解析]《民法典》第807条规定："发包人未按照约定支付价款的，承包人可以催告发包人在合理期限内支付价款。发包人逾期不支付的，除根据建设工程的性质不宜折价、拍卖外，承包人可以与发包人协议将该工程折价，也可以请求人民法院将该工程依法拍卖。建设工程的价款就该工程折价或者拍卖的价款优先受偿。"《建设工程施工合同解释（一）》第35条规定："与发包人订立建设工程施工合同的承包人，依据民法典第八百零七条的规定请求其承建工程的价款就工程折价或者拍卖的价款优先受偿的，人民法院应予支持。"据此，工程承包人有工程款优先权。《建设工程施工合同解释（一）》第24条规定："当事人就同一建设工程订立的数份建设工程施工合同均无效，但建设工程质量合格，一方当事人请求参照实际履行的合同关于工程价款的约定折价补偿承包人的，人民法院应予支持。实际履行的合同难以确定，当事人请求参照最后签订的合同关于工程价款的约定折价补偿承包人的，人民法院应予支持。"据此，合同无效后，若工程质量合格的，承包人权利同样受法律保护，可按照实际履行的合同主张工程价款优先受偿权，故BD选项正确。《建设工程施工合同解释（一）》第41条规定："承包人应当在合理期限内行使建设工程价款优先受偿权，但最长不得超过十八个月，自发包人应当给付建设工程价款之日起算。"据此，A选项错误。《建设工程施工合同解释（一）》第40条规定："承包人建设工程价款优先受偿的范围依照国务院有关行政主管部门关于建设工程价款范围的规定确定。承包人就逾期支付建设工程价款的利息、违约金、损害赔偿金等主张优先受偿的，人民法院不予支持。"据此，C选项正确。（BCD）

[知识点还原] 图表126

4. [考点] 抵押权、工程款优先权与商品房买受人之关系，属于常考点

[解析]《民法典》第417条规定："建设用地使用权抵押后，该土地上新增的建筑物不属于抵押财产。该建设用地使用权实现抵押权时，应当将该土地上新增的建筑物与建设用地使用权一并处分。但是，新增建筑物所得的价款，抵押权人无权优先受偿。"据此，如果用建设用地使用权设定抵押时，尚未建设建筑物，设定抵押后又建成新的建筑物的，实现抵押权时，抵押权人对于新增建筑物获得的价款无优先受偿权。本题中，甲用建设用地使用权向乙银行设定抵押时，尚未建成建筑物，故实现抵押权时，乙银行只对建设

用地使用权部分获得的价款有优先受偿的权利，对设定抵押后，新增的建筑物无优先受偿权，A选项正确、B选项错误。《民法典》第807条规定："发包人未按照约定支付价款的，承包人可以催告发包人在合理期限内支付价款。发包人逾期不支付的，除根据建设工程的性质不宜折价、拍卖外，承包人可以与发包人协议将该工程折价，也可以请求人民法院将该工程依法拍卖。建设工程的价款就该工程折价或者拍卖的价款优先受偿。"据此，如果发包人不向承包人支付工程款，则承包人可对于完成工程拍卖、变价获得的价款优先受偿。此权利，是法定的具有担保物权性质的权利。《建设工程施工合同解释（一）》第36条规定："承包人根据民法典第八百零七条规定享有的建设工程价款优先受偿权优于抵押权和其他债权。"工程款优先权优于抵押权的原理是，法定担保物权优先。已经交付大部分购房款的买受人优先，是为了优先保护购房人的利益，背后的价值考量是，生存利益优先。此种价值理念，体现在最高院关于执行的相关解释之中，2019年最高院发布的《九民纪要》第125和126条重申了此种观念。故CD选项正确。（ACD）

[知识点还原] 图表126

5. [考点] 建设工程合同，属于常考点

[解析] 关于建设工程合同，无效的主要规定如下：

《民法典》第791条规定："发包人可以与总承包人订立建设工程合同，也可以分别与勘察人、设计人、施工人订立勘察、设计、施工承包合同。发包人不得将应当由一个承包人完成的建设工程支解成若干部分发包给数个承包人。总承包人或者勘察、设计、施工承包人经发包人同意，可以将自己承包的部分工作交由第三人完成。第三人就其完成的工作成果与总承包人或者勘察、设计、施工承包人向发包人承担连带责任。承包人不得将其承包的全部建设工程转包给第三人或者将其承包的全部建设工程支解以后以分包的名义分别转包给第三人。禁止承包人将工程分包给不具备相应资质条件的单位。禁止分包单位将其承包的工程再分包。建设工程主体结构的施工必须由承包人自行完成。"《建设工程施工合同解释（一）》第1条规定："建设工程施工合同具有下列情形之一的，应当依据民法典第一百五十三条第一款的规定，认定无效：（一）承包人未取得建筑业企业资质或者超越资质等级的；（二）没有资质的实际施工人借用有资质的建筑施工企业名义的；（三）建设工程必须进行招标而未招标或者中标无效的。承包人因转包、违法分包建设工程与他人签订的建设工程施工合同，应当依据民法典第一百五十三条第一款及第七百九十一条第二款、第三款的规定，认定无效。"据此，承包人将工程全部转包或将主体结构施工转包的，转包合同无效；将工程支解后分别包给不同的人，合同无效；承包或分包给不具有相应资质的人，合同无效；分包人再分包的，合同无效。本题中，由于作为承包人的乙企业不具有相应的资质，故甲、乙之间的建设工程合同无效，A选项正确、B选项错误。《建设工程施工合同解释（一）》第24条第1款规定："当事人就同一建设工程订立的数份建设工程施工合同均无效，但建设工程质量合格，一方当事人请求参照实际履行的合同关于工程价款的约定折价补偿承包人的，人民法院应予支持。"据此，C选项正确。在合同无效情形下，若工程不合格，经修复仍然不合格，承包人不应获得相应价款，D选项正确。（ACD）

[知识点还原] 图表126

6. [考点] 建设工程合同，此点常考

[解析]《民法典》第791条规定："发包人可以与总承包人订立建设工程合同，也可以分别与勘察人、设计人、施工人订立勘察、设计、施工承包合同。发包人不得将应当由一个承包人完成的建设工程支解成若干部分发包给数个承包人。总承包人或者勘察、设计、施工承包人经发包人同意，可以将自己承包的部分工作交由第三人完成。第三人就其完成的工作成果与总承包人或者勘察、设计、施工承包人向发包人承担连带责任。承包人不得将其承包的全部建设工程转包给第三人或者将其承包的全部建设工程支解以后以分包的名义分别转包给第三人。禁止承包人将工程分包给不具备相应资质条件的单位。禁止分包单位将其承包的工程再分包。建设工程主体结构的施工必须由承包人自行完成。"甲公司将工程全部转包给施工队，而且施工队没有相应的资质，因此，甲公司与施工队之间的合作施工协议无效，故A选项错误。甲通过投标，与乙公司之间签订的建筑施工合同，内容合法，程序正当，达成协议之后即为有效，故B选项错误。《建设工程施工合同解释（一）》第24条第1款规定："当事人就同一建设工程订立的数份建设工程施工合同均无效，但建设工程质量合格，一方当事人请求参照实际

履行的合同关于工程价款的约定折价补偿承包人的，人民法院应予支持。"第 43 条规定："实际施工人以转包人、违法分包人为被告起诉的，人民法院应当依法受理。实际施工人以发包人为被告主张权利的，人民法院应当追加转包人或者违法分包人为本案第三人，在查明发包人欠付转包人或者违法分包人建设工程价款的数额后，判决发包人在欠付建设工程价款范围内对实际施工人承担责任。"据此，当合同无效之后，如果工程是合格的，可以主张相应的工程款，C 选项正确。施工合格后，实际施工人如果拿不到工程款，可以直接起诉违法分包人，也可以起诉发包人，发包人只在欠付工程款的范围内负责，据此，甲公司应当向施工队支付欠付的工程款，故 D 选项错误。（C）

[知识点还原] 图表 126

7. [考点] 建设工程施工合同，属于常考点

[解析]《建设工程施工合同解释（一）》第 25 条规定："当事人对垫资和垫资利息有约定，承包人请求按照约定返还垫资及其利息的，人民法院应予支持，但是约定的利息计算标准高于垫资时的同类贷款利率或者同期贷款市场报价利率的部分除外。当事人对垫资没有约定的，按照工程欠款处理。当事人对垫资利息没有约定，承包人请求支付利息的，人民法院不予支持。"据此，如果发包人与承包人约定承包人垫资及其利息，则垫资相当于承包人向发包人的借款。反之，如发包人与承包人对于承包人垫资及其利息未作约定，承包人对工程支付的款项视为发包人对承包人的工程欠款。其区别的意义在于：《建设工程施工合同解释（一）》第 26 条规定："当事人对欠付工程价款利息计付标准有约定的，按照约定处理。没有约定的，按照同期同类贷款利率或者同期贷款市场报价利率计息。"甲、乙约定乙垫资 1000 万元，未约定垫资利息，在正常使用期间，没有利息，但是到应付工程款之日，应当将工程款与垫资一并向承包方支付，否则即便原来约定了是垫资的，从应付工程款之日起，也应视为工程欠款，应当支付相应的利息，所以 7 月 1 日后，乙的垫资应按工程欠款处理，并且在 7 月 1 日之后，应当支付相应的利息。故 AB 选项正确。《建设工程施工合同解释（一）》第 2 条第 1 款规定："招标人和中标人另行签订的建设工程施工合同约定的工程范围、建设工期、工程质量、工程价款等实质性内容，与中标合同不一致，一方当事人请求按照中标合同确定权利义务的，人民法院应予支持。"据此，甲、乙间应按照 1 亿元结算工程价款，故 C 选项正确。《建设工程施工合同解释（一）》第 27 条规定："利息从应付工程价款之日开始计付。当事人对付款时间没有约定或者约定不明的，下列时间视为应付款时间：（一）建设工程已实际交付的，为交付之日；（二）建设工程没有交付的，为提交竣工结算文件之日；（三）建设工程未交付，工程价款也未结算的，为当事人起诉之日。"故 D 选项正确。（ABCD）

[知识点还原] 图表 126

8. [考点] 建设工程合同，属于常考点

[解析] 甲、乙间的工程承揽合同有效。乙仅将非主体工程分包，因此乙、丙间的分包合同亦属有效。但是，根据《民法典》第 791 条的规定，禁止分包人再分包，分包单位丙将其承包的工程再分包给丁公司，为法律禁止，丙、丁之间的分包合同无效，故 A 选项错误。乙、丙之间的合同有效，但是由于丁的原因导致丙履行不合格，此情形属于由于第三人原因导致合同一方构成违约。《民法典》第 593 条规定："当事人一方因第三人的原因造成违约的，应当依法向对方承担违约责任。当事人一方和第三人之间的纠纷，依照法律规定或者按照约定处理。"据此，丙在承担赔偿责任的损失后，有权向丁公司追偿，故 B 选项正确。《建设工程施工合同解释（一）》第 15 条规定："因建设工程质量发生争议的，发包人可以以总承包人、分包人和实际施工人为共同被告提起诉讼。"据此，发包人甲有权因工程质量不合格对实际施工人丁主张民事责任（属于债的相对性之例外）。故 C 选项正确。2020 年新发布的《建设工程施工合同解释（一）》删除了对于非法转包、违法分包等合同无效时收缴非法所得的规定，故收缴缺少明确根据，D 选项错误。（BC）

[知识点还原] 图表 108；图表 126

9. [考点] 违约解除权、合同相对性、留置权与抗辩权

[解析]《民法典》第 772 条规定："承揽人应当以自己的设备、技术和劳力，完成主要工作，但是当事人另有约定的除外。承揽人将其承揽的主要工作交由第三人完成的，应当就该第三人完成的工作成果向定作人负责；未经定作人同意的，定作人也可以解除合同。"100 套校服制作属于主要工作的内容，育才中学可以以利达服装厂擅自外包 100 套校服制作为由解除合同，故 A 选项正确。对于已经完成的合格的 400 套校服，育才中

129

学应当根据合同支付货款,如果不支付的,利达服装厂有权拒绝交付校服和样品,并行使留置权,故 BC 选项正确。根据合同相对性原则,育才中学无权要求恒发服装厂承担违约责任,故 D 选项错误。(ABC)

[知识点还原] 图表 85;图表 125

10. [考点] 定作人任意解除权

[解析]《民法典》第 787 条规定:"定作人在承揽人完成工作前可以随时解除合同,造成承揽人损失的,应当赔偿损失。"据此,定作人任意解除合同权利的行使,不以承揽人有违约行为为要件,但因定作人变更、解除合同导致承揽人损失的,应负赔偿责任。因此,何女士可以要求家具厂停止制作,并只对家具厂加工第一块木料支付报酬,且应赔偿家具厂为加工衣柜而做的准备的相应损失;其余损失由家具厂自行承担,而且家具厂还应赔偿使用了剩下两块木料给何女士造成的损失。故 AC 选项正确,BD 选项错误。(AC)

[知识点还原] 图表 125

十八、技术合同

1. [考点] 合同类型辨析

[解析] 本题中,乙公司不是提供劳务,而是靠自身技术,提供技术服务,故 A 选项错误。《民法典》第 788 条规定:"建设工程合同是承包人进行工程建设,发包人支付价款的合同。建设工程合同包括工程勘察、设计、施工合同。"本题中,按照甲公司提供的参数,乙公司运用其技术完成冶炼炉的设计、安装、维修及保养,不属于工程的勘察、设计与施工,故 B 选项错误。《民法典》第 878 条第 2 款规定:"技术服务合同是当事人一方以技术知识为对方解决特定技术问题所订立的合同,不包括承揽合同和建设工程合同。"第 882 条规定:"技术服务合同的委托人应当按照约定提供工作条件,完成配合事项,接受工作成果并支付报酬。"第 883 条规定:"技术服务合同的受托人应当按照约定完成服务项目,解决技术问题,保证工作质量,并传授解决技术问题的知识。"据此,技术服务合同是以技术知识解决对方技术问题的合同,立法定义中明确不包括建设工程合同,本题中乙公司提供的正是这种技术服务,故 C 选项正确。《民法典》第 595 条规定:"买卖合同是出卖人转移标的物的所有权于买受人,买受人支付价款的合同。"据此,买卖合同的前提是卖方拥有财产所有权,并在签订合同后,转移所有权。

本题中,冶炼炉是按照甲公司的要求专为甲公司制造,乙公司提供的是技术服务,目的在于改进甲公司的生产设备,显然不是仅以转移所有权为目的的买卖合同,故 D 选项错误。(C)

[知识点还原] 图表 132

2. [考点] 技术转让合同、缔约过失责任,属于常考点

[解析]《民法典》第 850 条规定:"非法垄断技术或者侵害他人技术成果的技术合同无效。"本题甲、乙之间的技术转让合同中,甲是通过不正当手段从丙公司获得,因此,此技术转让合同,构成对于丙技术成果的侵害,与非法垄断技术的合同一样,一律无效,故 A 选项错误。非法获取他人技术后进行转让,合同无效,但无效后,对于第三人来说,产生的法律后果则根据第三人是善意还是恶意,有重大不同。依据《技术合同解释》第 12 条规定:"根据民法典第八百五十条的规定,侵害他人技术秘密的技术合同被确认无效后,除法律、行政法规另有规定的以外,善意取得该技术秘密的一方当事人可以在其取得时的范围内继续使用该技术秘密,但应当向权利人支付合理的使用费并承担保密义务。当事人双方恶意串通或者一方知道或者应当知道另一方侵权仍与其订立或者履行合同的,属于共同侵权,人民法院应当判令侵权人承担连带赔偿责任和保密义务,因此取得技术秘密的当事人不得继续使用该技术秘密。"可见,只有当受让人乙为恶意,即在恶意串通、知道或者应当知道另一方侵权时,仍然与其签订合同的,才构成共同侵权,承担连带责任。本题中明确了乙作为受让人不知情,应为善意,因此,不需要与甲一起对丙的损失承担连带责任,而是可以在取得的范围内继续使用该技术,并向权利人支付报酬并保守秘密,故 B 选项错误、C 选项正确。《民法典》157 条规定:"民事法律行为无效、被撤销或者确定不发生效力后,行为人因该行为取得的财产,应当予以返还;不能返还或者没有必要返还的,应当折价补偿。有过错的一方应当赔偿对方由此所受到的损失;各方都有过错的,应当各自承担相应的责任。法律另有规定的,依照其规定。"此合同无效的原因在于甲隐瞒了其从丙处不当获取技术成果的事实,违背了诚信原则在合同订立阶段的告知义务,因此,合同无效后,对于乙因此造成的损失应予以赔偿,此赔偿责任的性质为缔约过失责任,故 D 选项错误。(C)

第三章 债权

[知识点还原] 图表88；图表129

3. [考点] 技术转让合同、后续改进技术成果的权益归属，属于常考点

[解析]《民法典》第875条规定："当事人可以按照互利的原则，在合同中约定实施专利、使用技术秘密后续改进的技术成果的分享办法；没有约定或者约定不明确，依据本法第五百一十条的规定仍不能确定的，一方后续改进的技术成果，其他各方无权分享。"在甲、乙的技术转让合同中，双方未约定乙改进的后续技术成果的权益归属，该后续技术成果归属乙公司，甲公司无权分享。故A选项错误，B选项正确。《民法典》第850条规定："非法垄断技术或者侵害他人技术成果的技术合同无效。"《技术合同解释》第10条规定："下列情形，属于民法典第八百五十条所称的'非法垄断技术'：（一）限制当事人一方在合同标的技术基础上进行新的研究开发或者限制其使用所改进的技术，或者双方交换改进的技术的条件不对等，包括要求一方将其自行改进的技术无偿提供给对方、非互惠性转让给对方、无偿独占或者共享该改进技术的知识产权；……"本题中，甲、乙约定"乙公司不得擅自改进该专利技术"的约定属于"非法垄断技术"的约定，该部分约定无效，故CD选项错误。（B）

[知识点还原] 图表129；图表131

4. [考点] 技术合同、委托开发技术秘密成果的权益归属，属于常考点

[解析]《民法典》第861条规定："委托开发或者合作开发完成的技术秘密成果的使用权、转让权以及收益的分配办法，由当事人约定；没有约定或者约定不明确，依据本法第五百一十条的规定仍不能确定的，在没有相同技术方案被授予专利权前，当事人均有使用和转让的权利。但是，委托开发的研究开发人不得在向委托人交付研究开发成果之前，将研究开发成果转让给第三人。"据此，委托开发的技术秘密成果，当事人对其权益归属没有约定时，委托人和受托人均有使用权和转让权，故AB选项错误。《技术合同解释》第20条规定："民法典第八百六十一条所称'当事人均有使用和转让的权利'，包括当事人均有不经对方同意而自己使用或者以普通使用许可的方式许可他人使用技术秘密，并独占由此所获利益的权利。当事人一方将技术秘密成果的转让权让与他人，或者以独占或者排他使用许可的方式许可他人使用技术秘密，未经对方当事人同意

或者追认的，应当认定该让与或者许可行为无效。"据此，甲、丙间的普通使用许可合同有效，故C选项错误；乙、丁间的独占许可使用合同无效，故D选项正确。值得提醒的是，此处的无效，是因为效力待定合同没有被追认而导致的无效。（D）

[知识点还原] 图表130

5. [考点] 技术合同、合作开发成果的权益归属，属于常考点

[解析]《民法典》第860条规定："合作开发完成的发明创造，申请专利的权利属于合作开发的当事人共有；当事人一方转让其共有的专利申请权的，其他各方享有以同等条件优先受让的权利。但是，当事人另有约定的除外。合作开发的当事人一方声明放弃其共有的专利申请权的，除当事人另有约定外，可以由另一方单独申请或者由其他各方共同申请。申请人取得专利权的，放弃专利申请权的一方可以免费实施该专利。合作开发的当事人一方不同意申请专利的，另一方或者其他各方不得申请专利。"据此，如果合作开发人乙不同意申请专利，在其他各方不得申请专利。故A选项表述正确，不当选；BCD选项错误，当选。（BCD）

[知识点还原] 图表130

6. [考点] 技术合同的无效，属于常考点

[解析]《民法典》第850条规定："非法垄断技术或者侵害他人技术成果的技术合同无效。"《技术合同解释》第12条规定："根据民法典第八百五十条的规定，侵害他人技术秘密的技术合同被确认无效后，除法律、行政法规另有规定的以外，善意取得该技术秘密的一方当事人可以在其取得时的范围内继续使用该技术秘密，但应当向权利人支付合理的使用费并承担保密义务。当事人双方恶意串通或者一方知道或者应当知道另一方侵权仍与其订立或者履行合同的，属于共同侵权，人民法院应当判令侵权人承担连带赔偿责任和保密义务，因此取得技术秘密的当事人不得继续使用该技术秘密。"本题中，甲公司非法窃取竞争对手乙公司最新开发的一项技术秘密成果，与丙公司签订转让合同的行为，侵害了乙公司的技术秘密成果使用权和转让权，该技术秘密转让合同无效。因此，A选项错误，D选项正确。如果受让人丙公司不知情属于善意，可以继续使用该技术秘密，但应当向权利人支付合理的使用费并承担保密义务。因此，B选项中"乙公司不得要

131

求丙公司支付费用"错误。如果受让人丙公司明知甲公司窃取技术秘密的事实仍与其订立合同，属于共同侵权，应当承担连带赔偿责任和保密义务，因该无效合同而取得技术秘密的当事人不得继续使用该技术秘密。故 C 选项正确。（CD）

[知识点还原] 图表 129

7. [考点] 技术合同，属于常考点

[解析]《民法典》第 866 条规定："专利实施许可合同的许可人应当按照约定许可被许可人实施专利，交付实施专利有关的技术资料，提供必要的技术指导。"由此 A 选项合法。《民法典》第 864 条规定："技术转让合同和技术许可合同可以约定实施专利或者使用技术秘密的范围，但是不得限制技术竞争和技术发展。"故 B 选项不合法。《民法典》第 871 条规定："技术转让合同的受让人和技术许可合同的被许可人应当按照约定的范围和期限，对让与人、许可人提供的技术中尚未公开的秘密部分，承担保密义务。"故 C 选项合法。《民法典》第 850 条规定："非法垄断技术或者侵害他人技术成果的技术合同无效。"《技术合同解释》第 10 条进一步规定："下列情形，属于民法典第八百五十条所称的'非法垄断技术'：……（四）要求技术接受方接受并非实施技术必不可少的附带条件，包括购买非必需的技术、原材料、产品、设备、服务以及接收非必需的人员等；……"据此，合同约定龙腾公司应在引进技术的同时购进虎跃公司的部分库存汽车配件，是虎跃公司"非法垄断技术"的表现，这是不合法的。因此，D 选项不合法。（BD）

[知识点还原] 图表 129

8. [考点] 委托开发技术成果和其使用权及转让权

[解析]《民法典》第 861 条规定："委托开发或者合作开发完成的技术秘密成果的使用权、转让权以及收益的分配办法，由当事人约定；没有约定或者约定不明确，依据本法第五百一十条的规定仍不能确定的，在没有相同技术方案被授予专利权前，当事人均有使用和转让的权利。但是，委托开发的研究开发人不得在向委托人交付研究开发成果之前，将研究开发成果转让给第三人。"据此，未约定时，双方均有使用和转让的权利，既然均有权，则意味着，若是许可他人使用，未经另一方同意，不得进行排他或独占许可，否则将影响另一方使用。故 AB 选项错误，C 选项正确。委托研发合同中，在向委托人交付研究开发

成果之前，不得将成果转让给第三人。题中，乙在没有向甲公司交付之前，将成果转让给丙公司，属于无权处分。无权处分订立的合同效力不受影响，故 D 选项错误。（C）

[知识点还原] 图表 130

十九、委托合同

1. [考点] 委托合同、孳息，属于常考点

[解析] 委托合同是委托人和受托人约定，由受托人处理委托人事务的合同。《民法典》第 927 条规定："受托人处理委托事务取得的财产，应当转交给委托人。"本题中，甲是受托人，乙是委托人。甲在处理委托事务，即购买彩票过程中，更换了号码，但题目明确说明此彩票甲是为乙购买并且替乙保管，因此，此彩票本身应当属于委托人乙所有。购买彩票所中奖金，民法理论上一般认为是法定孳息。《民法典》第 321 条规定："天然孳息，由所有权人取得；既有所有权人又有用益物权人的，由用益物权人取得。当事人另有约定的，按照其约定。法定孳息，当事人有约定的，按照约定取得；没有约定或者约定不明确的，按照交易习惯取得。"本题中当事人没有约定，依习惯没有特别约定时，归原权利人所有。因此，彩票的奖金应当归委托人乙，故 D 选项正确，ABC 选项均错误。（D）

[知识点还原] 图表 39；图表 133

2. [考点] 委托合同，属于常考点

[解析]《民法典》第 933 条规定："委托人或者受托人可以随时解除委托合同。因解除合同造成对方损失的，除不可归责于该当事人的事由外，无偿委托合同的解除方应当赔偿因解除时间不当造成的直接损失，有偿委托合同的解除方应当赔偿对方的直接损失和合同履行后可以获得的利益。"这是关于委托合同双方当事人均享有任意解除权的规定。故 AC 选项正确，B 选项错误。《民法典》第 929 条规定："有偿的委托合同，因受托人的过错造成委托人损失的，委托人可以请求赔偿损失。无偿的委托合同，因受托人的故意或者重大过失造成委托人损失的，委托人可以请求赔偿损失。受托人超越权限造成委托人损失的，应当赔偿损失。"本题中没有明示是有偿还是无偿委托，两种情况皆有可能，D 选项表述的情形只有在无偿委托的情形下才是正确的，以偏概全，故 D 选项错误。（AC）

[知识点还原] 图表 133

3. [考点] 委托合同，属于常考点
   [解析]《民法典》第 925 条规定："受托人以自己的名义，在委托人的授权范围内与第三人订立的合同，第三人在订立合同时知道受托人与委托人之间的代理关系的，该合同直接约束委托人和第三人；但是，有确切证据证明该合同只约束受托人和第三人的除外。"第 926 条第 1 款规定："受托人以自己的名义与第三人订立合同时，第三人不知道受托人与委托人之间的代理关系的，受托人因第三人的原因对委托人不履行义务，受托人应当向委托人披露第三人，委托人因此可以行使受托人对第三人的权利。但是，第三人与受托人订立合同时如果知道该委托人就不会订立合同的除外。"本题中，第三人丙、丁分别与乙订立合同时并不知道甲与乙之间的代理关系，因此若丙迟延履行付款义务，乙应当向甲披露丙，甲可以行使乙对丙的权利，要求丙承担违约责任，乙并不需要承担连带责任，故 A 选项错误。另外，因为甲是以自己的名义向丙和丁送交了约定数量的电视机，导致乙不能以自己的名义对丙和丁履行义务，根据《民法典》第 926 条第 2 款的规定："受托人因委托人的原因对第三人不履行义务，受托人应当向第三人披露委托人，第三人因此可以选择受托人或者委托人作为相对人主张其权利，但是第三人不得变更选定的相对人。"因此，丁有选择权，可以选定甲或者乙履行义务，如果丁向乙主张权利，乙不能以自己是受托人为由拒绝履行对丁的交货义务，故 B 选项说法错误。C 选项中，丁拒收电视机并要求乙履行合同意味着丁选择乙作为相对人主张权利，该说法是正确的。根据《民法典》第 926 条第 2 款规定，一旦第三人选定了履行义务的相对人之后，不可以变更，所以丁既然拒收甲交付的电视机并要求乙履行合同，那么他就已经选定了乙作为相对人，不得再更改，其后反悔，在拒收电视机后又向甲付款的行为不发生合同履行的效力，故 D 选项说法正确。（CD）
   [知识点还原] 图表 134

二十、行纪合同

1. [考点] 行纪合同，属于常考点
   [解析] 中介合同是中介人向委托人报告订立合同的机会或者提供订立合同的媒介服务，委托人支付报酬的合同。行纪合同是行纪人以自己的名义为委托人从事贸易活动，委托人支付报酬的合同。甲、乙间成立的是行纪合同，而非中介合同，故 A 选项错误。《民法典》第 955 条第 2 款规定："行纪人高于委托人指定的价格卖出或者低于委托人指定的价格买入的，可以按照约定增加报酬；没有约定或者约定不明确，依据本法第五百一十条的规定仍不能确定的，该利益属于委托人。"故 B 选项正确。《民法典》第 958 条规定："行纪人与第三人订立合同的，行纪人对该合同直接享有权利、承担义务。第三人不履行义务致使委托人受到损害的，行纪人应当承担赔偿责任，但是行纪人与委托人另有约定的除外。"此时不突破合同的相对性，故 C 选项正确。《民法典》第 952 条规定："行纪人处理委托事务支出的费用，由行纪人负担，但是当事人另有约定的除外。"故 D 选项正确。（BCD）
   [知识点还原] 图表 136

2. [考点] 行纪合同，属于常考点
   [解析] 行纪合同是行纪人以自己的名义为委托人从事贸易活动，委托人支付报酬的合同。本题中，乙是受托人，且是以自己的名义从事贸易活动的，而非是以委托人甲的名义从事贸易活动的，故甲乙之间属于行纪合同关系。故 A 选项正确。《民法典》第 952 条规定："行纪人处理委托事务支出的费用，由行纪人负担，但是当事人另有约定的除外。"本题中，甲乙对处理委托事务支出的费用没有另外约定，根据法律的规定应由乙商行自己承担。故 B 选项正确。《民法典》第 955 条第 2 款规定："行纪人高于委托人指定的价格卖出或者低于委托人指定的价格买入的，可以按照约定增加报酬；没有约定或者约定不明确，依据本法第五百一十条的规定仍不能确定的，该利益属于委托人。"故 C 选项错误。《民法典》第 958 条规定："行纪人与第三人订立合同的，行纪人对该合同直接享有权利、承担义务。第三人不履行义务致使委托人受到损害的，行纪人应当承担赔偿责任，但是行纪人与委托人另有约定的除外。"故 D 选项正确。（ABD）
   [知识点还原] 图表 136

二十一、中介合同

[考点] 中介合同，偶尔考查
[解析] 本题中，刘某与甲公司之间是中介合同关系，中介合同是中介人向委托人报告订立合同的机会或者提供订立合同的媒介服务，委托人支付报酬的合同。据此，在签订合同以后，顾客要求看房，甲公司应及时通知刘某，A 选项正确，

不当选。中介人甲公司没有获得刘某的授权，没有代理权，因此，甲公司没有代理刘某签订房屋买卖合同的权利，故 B 选项错误，当选。《民法典》第 963 条规定："中介人促成合同成立的，委托人应当按照约定支付报酬。对中介人的报酬没有约定或者约定不明确，依据本法第五百一十条的规定仍不能确定的，根据中介人的劳务合理确定。因中介人提供订立合同的媒介服务而促成合同成立的，由该合同的当事人平均负担中介人的报酬。中介人促成合同成立的，中介活动的费用，由中介人负担。"第 964 条规定："中介人未促成合同成立的，不得请求支付报酬；但是，可以按照约定请求委托人支付从事中介活动支出的必要费用。"据此，CD 选项均正确，因此不当选。［B（原答案为 C）］

[知识点还原] 图表 137

二十二、旅游合同

[考点] 旅游合同，偶尔考查

[解析]《关于审理旅游纠纷案件适用法律若干问题的规定》第 11 条规定："除合同性质不宜转让或者合同另有约定以外，在旅游行程开始前的合理期间内，旅游者将其在旅游合同中的权利义务转让给第三人，请求确认转让合同效力的，人民法院应予支持。因前款所述原因，旅游经营者请求旅游者、第三人给付增加的费用或者旅游者请求旅游经营者退还减少的费用的，人民法院应予支持。"据此，A 选项正确。《关于审理旅游纠纷案件适用法律若干问题的规定》第 10 条规定："旅游经营者将旅游业务转让给其他旅游经营者，旅游者不同意转让，请求解除旅游合同、追究旅游经营者违约责任的，人民法院应予支持。旅游经营者擅自将其旅游业务转让给其他旅游经营者，旅游者在旅游过程中遭受损害，请求与其签订旅游合同的旅游经营者和实际提供旅游服务的旅游经营者承担连带责任的，人民法院应予支持。"据此，B 选项正确。《民法典》第 1165 条第 1 款规定："行为人因过错侵害他人民事权益造成损害的，应当承担侵权责任。"森林公园管理的设施出现故障，明显具有过错，造成游客损失，森林公园应承担侵权责任，故 C 选项正确。《民法典》第 1191 条规定："用人单位的工作人员因执行工作任务造成他人损害的，由用人单位承担侵权责任。用人单位承担侵权责任后，可以向有故意或者重大过失的工作人员追偿。"小火车司机属

于因执行工作任务致人损害，若韩某选择请求森林公园承担侵权责任，应以森林公园为被告起诉，小火车司机不承担责任，也不承担连带责任，故 D 选项错误。（ABC）

[知识点还原] 图表 137；图表 155

二十三、保管与仓储合同

[考点] 保管人责任

[解析]《民法典》第 897 条规定："保管期内，因保管人保管不善造成保管物毁损、灭失的，保管人应当承担赔偿责任。但是，无偿保管人证明自己没有故意或者重大过失的，不承担赔偿责任。"本题中，王某是无偿保管，水管冻裂导致损害，王某无重大过失或故意，故不需赔偿。因此，ABC 选项错误，D 选项正确。（D）

[知识点还原] 图表 128

二十四、运输合同

1. [考点] 客运合同中人身伤害与财产损害责任、共同侵权

[解析]《民法典》第 823 条规定："承运人应当对运输过程中旅客的伤亡承担赔偿责任；但是，伤亡是旅客自身健康原因造成的或者承运人证明伤亡是旅客故意、重大过失造成的除外。前款规定适用于按照规定免票、持优待票或者经承运人许可搭乘的无票旅客。"第 824 条规定："在运输过程中旅客随身携带物品毁损、灭失，承运人有过错的，应当承担赔偿责任。旅客托运的行李毁损、灭失的，适用货物运输的有关规定。"据此，对于旅客随身携带物品的损害，客运公司承担过错责任，无过错则无责任。对于旅客人身损害，包括按照规定免票、持优待票或者经承运人许可搭乘的无票旅客均承担无过错责任。故 AB 选项正确，C 选项错误。《民法典》第 1168 条规定："二人以上共同实施侵权行为，造成他人损害的，应当承担连带责任。"此规定的共同加害行为，强调两人以上加害行为的协同性、一起性，本题中虽然两者无共同故意或共同过失，但属于两者分别存在的行为发生事实关联后，共同造成损害结果的出现，故应认定为是共同加害，应承担连带责任，D 选项正确。（ABD）

[知识点还原] 图表 127；图表 148

2. [考点] 客运合同法定免责事由

[解析]《民法典》第 823 条规定："承运人应当对运输过程中旅客的伤亡承担赔偿责任；但

是，伤亡是旅客自身健康原因造成的或者承运人证明伤亡是旅客故意、重大过失造成的除外。前款规定适用于按照规定免票、持优待票或者经承运人许可搭乘的无票旅客。"本题中，突发心脏病属于自身健康原因，吞服安眠药是旅客故意造成损害，承运人可免责。故 BC 选项正确。制止扒窃行为被刺伤，是因第三人原因造成的损害，承运人应先承担赔偿责任，再向第三人追偿；对免票乘车的婴儿造成伤害，承运人也应承担无过错责任。故 AD 选项错误。（BC）

[知识点还原] 图表 127

二十五、侵权责任的构成、责任承担与免责事由

1. [考点] 过错责任、公平分担损失

    [解析] 本题中侵权的发生，完全由甲的行为所致，乙对于侵权的发生并无过错。《民法典》第 1190 条规定："完全民事行为能力人对自己的行为暂时没有意识或者失去控制造成他人损害有过错的，应当承担侵权责任；没有过错的，根据行为人的经济状况对受害人适当补偿。完全民事行为能力人因醉酒、滥用麻醉药品或者精神药品对自己的行为暂时没有意识或者失去控制造成他人损害的，应当承担侵权责任。"据此，甲对于自己属于易醉型体质是知情的，此种情况下饮酒，失去意识，造成他人损害，属于对于失去意识造成损害有过错的情形，应当对于酒店的损害承担侵权责任，故 A 选项正确。本题中，甲的行为不属于公平分担损失的情形。根据《民法典》第 1186 条规定："受害人和行为人对损害的发生都没有过错的，依照法律的规定由双方分担损失。"据此，要公平分担损失，必须以法律明确规定为前提。根据上述《民法典》第 1190 条的规定，只有完全行为能力人在对于自己暂时没有意识或失去控制无过错时，造成他人损害的，方由双方当事人分担损失，故 B 选项错误。本题中乙对于损害的发生没有过错，因此不构成侵权，故 CD 选项错误。（A）

    [知识点还原] 图表 141；图表 142

2. [考点] 过错侵权

    [解析] 《民法典》第 1165 条规定："行为人因过错侵害他人民事权益造成损害的，应当承担侵权责任。依照法律规定推定行为人有过错，其不能证明自己没有过错的，应当承担侵权责任。"据此，在法律没有特别规定无过错构成侵权的情况下，认定行为人构成侵权，要求行为人必须主观上具有过错。考虑过错有两种方式：一种是受害人举证证明加害人有过错；另一种是首先推定加害人有过错，加害人不能举证证明自己没有过错时就需要承担责任。后者的适用以法律有明确规定为前提。本题中，受害人王某穿过正在进行比赛的篮球场，队员马某因专心比赛快速奔跑将其撞倒致伤，虽有损害事实的发生，且马某的行为与王某的损害之间存在法律上的因果关系，但是马某专心比赛，无暇顾及突然出现在球场上的王某，其行为没有违法性，同时，马某难以预见到王某的出现，故对于王某的损害不存在主观上的故意或过失。因此，马某对于王某不构成侵权。设置围栏并不是对学校篮球场的强制性要求，即使篮球场设置围栏，也不是为了阻止人从正在比赛的篮球场穿过，故对于王某损害的发生，学校不存在过错，不构成侵权。王某穿过正在进行比赛的篮球场，自冒风险，且其但凡尽到正常人的注意义务即可避免，故对于损害的发生应责任自负，本题 A 选项正确。（A）

    [知识点还原] 图表 141；图表 142；图表 145

3. [考点] 承包经营权侵权纠纷

    [解析] 本案涉及的事实中，甲、乙、丙开始的纠纷属于承包地权属纠纷。根据《关于审理涉及农村土地承包纠纷案件适用法律问题的解释》第 1 条第 2 款规定："农村集体经济组织成员因未实际取得土地承包经营权提起民事诉讼的，人民法院应当告知其向有关行政主管部门申请解决。"据此，关于土地承包经营权是否取得、权属不清的纠纷，不属于法院受理案件的范围，应由行政主管部门解决。然而，本题甲、乙提起诉讼前，关于土地权属不清的问题已经经过了行政部门的解决，故甲、乙与丙之间不再是土地权属纠纷，而是承包经营权侵权纠纷，故 B 选项错误。《关于审理涉及农村土地承包纠纷案件适用法律问题的解释》第 1 条第 1 款规定："下列涉及农村土地承包民事纠纷，人民法院应当依法受理：（一）承包合同纠纷；（二）承包经营权侵权纠纷；（三）土地经营权侵权纠纷；（四）承包经营权互换、转让纠纷；（五）土地经营权流转纠纷；（六）承包地征收补偿费用分配纠纷；（七）承包经营权继承纠纷；（八）土地经营权继承纠纷。"据此，本案纠纷属于法院受理的案件范围，故 D 选项错误。《民法典》第 331 条规定："土地承包经营权人依法对其承包经营的耕地、林地、草地等享有占有、使

用和收益的权利，有权从事种植业、林业、畜牧业等农业生产。"据此，我国土地承包经营权根据用途可分为耕地承包经营权、草地承包经营权和林地承包经营权等。本案中，甲、乙、丙所承包的土地均为耕地，丙将耕地用来种树，对相邻的甲、乙的土地使用利益带来重大影响，这种影响的产生，属于基于常识即可预知的事实，故丙主观上具有过错，构成侵权。甲、乙可根据《民法典》第 179 条规定，请求丙承担停止侵害、排除妨碍、消除影响和赔偿损失等民事责任。消除影响虽然主要适用于人格权的保护，但是当财产利益受到损害，存在不利影响需要消除时，也应当允许权利人作为保护自己的手段，甲、乙的请求应当获得支持。故 A 选项错误，C 选项正确。（C）

[知识点还原] 图表 146

4. [考点] 自甘风险

[解析] 《民法典》第 1176 条第 1 款规定："自愿参加具有一定风险的文体活动，因其他参加者的行为受到损害的，受害人不得请求其他参加者承担侵权责任；但是，其他参加者对损害的发生有故意或者重大过失的除外。"参加篮球比赛是具有一定风险的文体活动，本题中，赵某主观上并无故意或重大过失，李某被撞伤属于自甘风险行为，故 A 选项正确。王某损害的出现，是吴某故意侵权的结果，吴某应承担责任，李某不存在过错，不构成侵权，故 BD 选项错误、C 选项正确。（AC）

[知识点还原] 图表 145

5. [考点] 过错侵权

[解析] 《民法典》第 1165 条第 1 款规定："行为人因过错侵害他人民事权益造成损害的，应当承担侵权责任。"本题中，管某作为马的饲养人，对马独立造成的侵权应承担无过错责任；但是，本题中，侵权的发生是由于单某骑马技术生疏导致，非饲养动物自身原因导致的侵权，且开始骑马时由管某牵马保护，是单某执意要求独自骑马才导致损害后果的发生，管某已经尽到了自己的注意义务，不应承担责任，故 A 选项错误。单某在没有任何骑马经验的情况下，提出独自骑马，造成他人损害，具有过错，应承担侵权责任，故 B 选项正确。于某作为受害人，对于损害的发生没有过错，不需要承担责任，故 C 选项错误。该旅游场地具有公共场所的性质，某村作为场地的提供者，负有安全保障义务，但于某受到单某的伤害，是由于单某要求自己独自骑马造成，场

地管理人对此并没有过错，不需要承担责任，故 D 选项错误。（B）

[知识点还原] 图表 141；图表 142

6. [考点] 不当得利、侵权赔偿、意思表示生效、重大误解、无权代理与表见代理

[解析] 《民法典》第 122 条规定："因他人没有法律根据，取得不当利益，受损失的人有权请求其返还不当利益。"小黄将自己的二维码放在饭店桌子上，收取了客户支付的消费款，没有正当根据，造成饭店损失，构成不当得利，应当承担返还财产之责任。《民法典》第 1165 条第 1 款规定："行为人因过错侵害他人民事权益造成损害的，应当承担侵权责任。"本题中，小黄之行为，主观上具有过错，行为具有违法性，客观上造成了饭店的损失，且违法行为与损害后果之间有因果关系，亦可认定构成侵权行为，饭店对因此造成的损失可向小黄请求赔偿。综上分析，对于小黄的行为给饭店造成的损害，饭店既可以通过不当得利主张返还财产，也可以通过侵权主张赔偿损失，故 A 选项正确，不当选。在消费过程中，小乙意思表示已完成，没有特别约定，小乙的意思表示到达相对人时生效，虽然相对人存在错误，但不影响小乙意思表示的生效，故 B 选项错误。《民法典》第 147 条规定："基于重大误解实施的民事法律行为，行为人有权请求人民法院或者仲裁机构予以撤销。"通常认为，行为人因为对行为的性质、对方当事人、标的物的品种、质量、规格和数量等的错误认识，使行为的后果与自己的意思相悖，并造成较大损失的，可以认定为重大误解。本题中，虽然小乙付款的对方当事人错误，但是这并非具有人身信任关系的合同，故主体认识的错误不构成撤销合同的理由，C 选项错误。《民法典》第 172 条规定："行为人没有代理权、超越代理权或者代理权终止后，仍然实施代理行为，相对人有理由相信行为人有代理权的，代理行为有效。"本题中小黄未经饭店授权用二维码收款，确实没有代理权，但是对于在饭店就餐的小乙而言，有合理理由相信餐桌上的二维码属于饭店收款二维码，其期待应受法律保护，故小黄的行为应构成表见代理，后果应由饭店承担，D 选项错误。（BCD）

[知识点还原] 图表 17；图表 21；图表 25；图表 75；图表 141

7. [考点] 过错侵权、安保义务人侵权

[解析] 《民法典》第 1165 条第 1 款规定：

"行为人因过错侵害他人民事权益造成损害的,应当承担侵权责任。"本案中,请客的徐某、随行的郑某作为成年人对于一起饮酒的未成年人甲饮酒过量致死,具有过错,应当承担侵权责任,故 AC 选项正确。《民法典》第 1173 条规定:"被侵权人对同一损害的发生或者扩大有过错的,可以减轻侵权人的责任。"本案中受害人尚未成年,父母作为监护人未尽到监护义务是造成损害发生的原因之一,应负相应责任,故 B 选项正确。《民法典》第 1198 条第 1 款规定:"宾馆、商场、银行、车站、机场、体育场馆、娱乐场所等经营场所、公共场所的经营者、管理者或者群众性活动的组织者,未尽到安全保障义务,造成他人损害的,应当承担侵权责任。"本案中,KTV 作为公共场所,对于到此饮酒的未成年人甲饮酒过量致死的行为,未尽到安全保障义务,具有过错,应负相应责任,故 D 选项正确。(ABCD)

[知识点还原] 图表 141;图表 145;图表 151

8. [考点] 自甘风险
[解析] 本案属于自甘风险之情形。所谓自甘风险,是指自愿参加具有一定风险的文体活动,造成损害的,风险自担,共同参加者有故意或重大过失方需要承担责任,组织者有过错方需要承担责任。本案中,三人皆为资深骑马爱好者,且造成关羽损害,共同参加者均不存在过错,故没有责任,关羽应责任自负,B 选项正确。(B)

[知识点还原] 图表 145

9. [考点] 第三人原因造成的侵权,属于常考点
[解析] 本题的侵权虽与机动车有关,但不属于机动车交通事故侵权,是一般过错侵权。本题中,虽然是乙的行为直接造成了损害后果,但是在深夜无路灯的情形下,乙正常行驶,不可能预见到有挂断的线缆在路上,对于损害的发生没有过错。甲所拉货物超高,导致挂断线缆,是导致损害发生的原因。《民法典》第 1165 条第 1 款规定:"行为人因过错侵害他人民事权益造成损害的,应当承担侵权责任。"第 1175 条规定:"损害是因第三人造成的,第三人应当承担侵权责任。"据此,乙没有过错,因此没有责任。甲是导致损害发生的第三人,具有明显过错,责任应当由甲承担。故 C 选项正确,ABD 选项错误。(C)

[知识点还原] 图表 145

10. [考点] 侵权赔偿数额的计算,偶尔考查
[解析] 本题中,姚某和唐某之间尚未订立合同,故不存在违约责任的前提,故 A 选项错误。姚某不慎摔断玉镯的行为,构成侵权。关于应当赔偿的数额,《民法典》第 1184 条规定:"侵害他人财产的,财产损失按照损失发生时的市场价格或者其他合理方式计算。"据此,如果有市场价格,通常按照市场价格赔偿,故 C 选项正确、BD 选项错误。有疑问的是,为何不按进货成本价格赔偿?因为,计算赔偿数额的范围时,理论上是包括直接损失和间接损失的,进货成本损失为直接损失,市价与成本价之间的差额,是明确可以取得的间接损失。当然,考虑间接损失时,应注意损失发生与侵权行为之间因果关系的直接性。(C)

[知识点还原] 图表 147

11. [考点] 侵权的构成要件,属于常考点
[解析] 一般的侵权有四个方面的构成要件:过错、加害行为的违法性、损害事实和加害行为与损害事实之间的因果关系。本题中,除了有损害事实之外,其他要件均不具备。首先,对于小囡的损害,没有人具有故意或过失。其次,这种损害的发生基于正常人的注意没有可能预见到,因此,向小囡提供香蕉的人的行为与损害后果发生不能认定有法律上的因果关系。最后,向小囡提供香蕉的行为,是完全符合人之常情的邻里友爱行为,不具有任何的违法性。故小囡的死亡,属于意外事件,不产生侵权法上的责任,D 选项正确、ABC 选项错误。(D)

[知识点还原] 图表 142;图表 145

12. [考点] 饲养动物侵权、见义勇为与紧急避险,属于常考点
[解析]《民法典》第 183 条规定:"因保护他人民事权益使自己受到损害的,由侵权人承担民事责任,受益人可以给予适当补偿。没有侵权人、侵权人逃逸或者无力承担民事责任,受害人请求补偿的,受益人应当给予适当补偿。"据此,见义勇为造成损害的,若没有侵权人、侵权人逃逸或无力承担责任的,受益人应当予以适当补偿,不是赔偿,本题中,乙构成见义勇为,而责任人丁无赔偿能力,故 A 选项正确、B 选项错误。《民法典》第 182 条规定:"因紧急避险造成损害的,由引起险情发生的人承担民事责任。危险由自然原因引起的,紧急避险人不承担民事责任,可以给予适当补偿。紧急避险采取措施不当或者超过必要的限度,造成不应有的损害的,紧急避险人应当承担适当的民事责任。"乙将丙的雨伞打坏是

紧急避险行为，且没有超过必要的限度，造成雨伞的损坏，避险人乙不需要承担责任，应当由引起险情的人承担责任，即丁承担赔偿责任，故CD两项均错误。值得提醒的是，在紧急避险的情形下，只有因自然原因引发险情的，才可以请求受益人进行适当补偿，本题中的情形，不是自然原因引起的紧急避险。（A）

[知识点还原] 图表141；图表145；图表158

13. [考点] 精神损害赔偿、名誉权

[解析]《民法典》第1183条规定："侵害自然人人身权益造成严重精神损害的，被侵权人有权请求精神损害赔偿。因故意或者重大过失侵害自然人具有人身意义的特定物造成严重精神损害的，被侵权人有权请求精神损害赔偿。"据此，只有自然人方可主张精神损害赔偿，国土局作为机关法人，不能主张。《民法典》第1025条规定："行为人为公共利益实施新闻报道、舆论监督等行为，影响他人名誉的，不承担民事责任，但是有下列情形之一的除外：（一）捏造、歪曲事实；（二）对他人提供的严重失实内容未尽到合理核实义务；（三）使用侮辱性言辞等贬损他人名誉。"据此，报道事实虚假或使用侮辱性言辞贬损他人名誉方构成名誉权之侵害。薛某的报道，虽然题目有些不当，但是报道事实均属实，不构成对于犯罪的前局长名誉权的侵犯。未涉案副局长不是侵权的直接对象，名誉权未受侵犯。综上，三原告的主张均不成立，故D选项正确、ABC选项错误。（D）

[知识点还原] 图表3；图表176

二十六、多数人侵权

1. [考点] 多数人侵权、用人单位工作人员侵权，属于常考点

[解析] 乙是叮咚公司的工作人员，在从事职务活动中造成他人侵权的，由叮咚公司承担责任，乙对外不承担个人责任。虽然是应甲的要求进行的违停，但车辆在乙的控制之下，叮咚公司不能因此主张免除责任，据此，BCD三项错误。甲要求违停且打开车门时接听电话，对于正常行使的丙造成伤害，具有明显过错，构成侵权，应当承担责任。甲的责任属于一般过错责任。叮咚公司的责任属于替代责任，且不考虑过错，属于无过错责任。两者之间，没有共同的故意，也没有共同的过失，对损害后果的出现，也不存在客观上行为的协同性（一起性），故不存在连带责任的基础，应共同承担按份责任，责任份额的大小，按照各自行为对损害后果发生的原因力大小认定，故A选项正确。（A）

[知识点还原] 图表148；图表155

2. [考点] 多数人侵权、环境污染生态破坏责任

[解析] 本题考查的是环境污染、生态破坏侵权，属于典型的无过错侵权。

首先，BC两个选项错误，没有争议。《民法典》第1230条规定："因污染环境、破坏生态发生纠纷，行为人应当就法律规定的不承担责任或者减轻责任的情形及其行为与损害之间不存在因果关系承担举证责任。"据此，因果关系的举证责任由侵权人承担，故B选项错误。《民法典》第1191条第1款规定："用人单位的工作人员因执行工作任务造成他人损害的，由用人单位承担侵权责任。用人单位承担侵权责任后，可以向有故意或者重大过失的工作人员追偿。"据此，本案中张某是甲公司的工作人员，侵权的发生属于职务行为，故对外责任应由甲公司承担，只是在甲公司承担责任后，张某如有故意或重大过失时，甲公司可向其追偿，不存在甲公司与张某承担连带责任的根据，故C选项错误。

其次，关于AD两个选项的解读存在两种思路，有一定争议。

思路一：《民法典》第1168条规定："二人以上共同实施侵权行为，造成他人损害的，应当承担连带责任。"对于此共同加害行为的规定，是否要求主观上存在共同的故意或过失存在争议。若坚持客观说，无论是否考虑存在共同过错，只要行为人客观上的行为具有协同性、一起性，就具备承担连带责任的基础，以更好地保护受害人。本案属于典型的无过错侵权，加害人主观上是否有过错不予考虑，从客观行为上看，是甲、乙公司均具有危险性的车辆发生碰撞后，产生的爆炸物造成了丙的损害，可见，在损害发生之前，两者的行为已经发生了客观上的关联，对于损害后果的发生具有关联性及客观上的协同性，故甲、乙公司应承担连带责任。既然是连带责任，受害人丙向甲公司或乙公司主张赔偿，均有根据，故AD选项正确。

思路二：由于本案是无过错侵权，而上述《民法典》第1186条仅适用于主观上有共同过错的共同加害行为，因此本案情形不构成共同加害，属于无意思联络的多数人侵权。同时，由于甲、乙公司任何单独一方的行为不足以造成全部损害，

故两者不构成《民法典》第1171条规定的连带责任。《民法典》第1231条规定："两个以上侵权人污染环境、破坏生态的，承担责任的大小，根据污染物的种类、浓度、排放量、破坏生态的方式、范围、程度，以及行为对损害后果所起的作用等因素确定。"据此，甲、乙公司应根据具体情形，各自承担相应责任。如此分析，受害人丙向甲公司或乙公司主张赔偿，也均有根据，故AD选项正确。

两种思路的区别在于，受害人可否向甲、乙公司主张连带责任。这取决于解释者的价值立场，如果倾向于保护受害人，则主张连带责任成立；如果倾向于加害人承担责任与行为的相当性，则主张连带责任不成立。（AD）

[知识点还原] 图表148；图表155；图表159

3. [考点] 饲养动物侵权、多数人侵权，属于常考点

[解析]《民法典》第1245条规定："饲养的动物造成他人损害的，动物饲养人或者管理人应当承担侵权责任；但是，能够证明损害是因被侵权人故意或者重大过失造成的，可以不承担或者减轻责任。"据此，饲养动物造成他人损害的，饲养人、管理人应当承担赔偿责任，除非被侵权人有故意或者重大过失的，可以减轻或免除责任。本案中，甲、乙饲养的山羊走脱，啃光珍稀药材，对丙造成损害，属于多数人侵权的情形，甲、乙均需要承担责任。问题的关键是，两个加害人应当承担连带责任还是按份责任。首先，不是典型的共同侵权，因为本案是饲养的动物侵权，追究责任时根本不需要考虑过错，不存在共同故意或过失侵权的可能，就人的行为而言，也不存在行为的协同性，故A选项错误。其次，饲养山羊不是具有危险性的行为，故也不是共同危险行为。最后，甲、乙两人饲养的动物侵权，可以从两个人分别侵权的角度分析。《民法典》第1171条规定："二人以上分别实施侵权行为造成同一损害，每个人的侵权行为都足以造成全部损害的，行为人承担连带责任。"第1172条规定："二人以上分别实施侵权行为造成同一损害，能够确定责任大小的，各自承担相应的责任；难以确定责任大小的，平均承担责任。"那么，甲、乙对于各自动物的侵权，是应当承担连带责任（第1171条），还是按份责任（第1172条）呢？区分两者的关键是看每个人的行为是否足以造成全部损害。本题中，两只山羊将药材悉数啃光，这不是一只山羊可以

造成的损害后果。故单独的一个行为，均不足以造成损害后果的出现，此时，甲、乙之间应该是按份责任，能够确定责任大小的，按照确定的责任承担，不能确定责任大小的，平均承担。故B选项错误，CD选项正确。（CD）

[知识点还原] 图表148；图表158

4. [考点] 多数人侵权、旅游合同、用人单位侵权责任，前者属于常考点

[解析]《关于审理旅游纠纷案件适用法律若干问题的规定》第10条第2款规定："旅游经营者擅自将其旅游业务转让给其他旅游经营者，旅游者在旅游过程中遭受损害，请求与其签订旅游合同的旅游经营者和实际提供旅游服务的旅游经营者承担连带责任的，人民法院应予支持。"乙旅行社将本次业务转让给丙旅行社，此时，受害人可以请求乙、丙承担连带责任，故C选项正确。《民法典》第1191条规定："用人单位的工作人员因执行工作任务造成他人损害的，由用人单位承担侵权责任。用人单位承担侵权责任后，可以向有故意或者重大过失的工作人员追偿。"甲伤害的发生是由于丁公司司机黄某酒驾和违章变道的刘某货车相撞所致，黄某的行为是职务行为，因此应当由丁公司和刘某承担责任，对外黄某没有责任。故AB错误，D选项正确。（CD）

[知识点还原] 图表137；图表148；图表155

5. [考点] 共同侵权的判定，属于常考点

[解析] 共同加害行为，是指二人以上共同不法侵害他人民事权益造成损害的行为。《民法典》第1168条规定，二人以上共同实施侵权行为，造成他人损害的，应当承担连带责任。共同加害行为的特征包括：（1）加害主体的复数性；（2）共同实施侵权行为；（3）侵权行为与损害结果之间具有因果关系。另外注意：共同实施侵权行为中的"共同"可以是共同故意，也可以是共同过失，还可以是故意行为与过失行为相结合。在认定共同过失侵权之时，两个以上的侵权人可以是有主观联络的，如共同的疏忽大意，但是，各自具有过失的行为，如果发生事实上的联系，共同造成损害后果出现的，也构成共同过失侵权，加害人应承担连带责任。本题中甲违章酒后超速驾驶，乙逆向行驶摩托车，而且甲基于躲避乙逆向行驶的摩托车的目的使两者的行为发生了事实上的联系，共同造成损害后果的出现。因此，对丙的撞伤，甲、乙要承担连带责任，故D选项正确。（D）

[知识点还原] 图表148

二十七、安保义务人侵权

1. [考点] 安全保障义务人侵权

[解析]《民法典》第 1198 条第 1 款规定："宾馆、商场、银行、车站、机场、体育场馆、娱乐场所等经营场所、公共场所的经营者、管理者或者群众性活动的组织者，未尽到安全保障义务，造成他人损害的，应当承担侵权责任。"桃源村作为旅游景点是公共场所，管理人对游客的安全负有安全保障义务，若未尽到义务造成游客损害，需要承担赔偿责任。李某作为院落位于景区内的个人，不具有安保义务。此外，桃源村并未提供杨梅采摘的旅游项目，虽然没有设置禁止采摘的指示牌，但根据社会一般人的观念，他人财产未经允许不得侵犯是社会常识，故对于游客张某擅自进入李某院内采摘杨梅导致自己摔伤的行为，桃源村没有责任；吴某对于张某摔伤的损害发生没有过错，也不应承担责任。综上，本题中，张某摔伤，应责任自负，故 B 选项错误，ACD 选项正确。（ACD）

[知识点还原] 图表 151

2. [考点] 安全保障义务人侵权

[解析]《民法典》第 1198 条第 1 款规定："宾馆、商场、银行、车站、机场、体育场馆、娱乐场所等经营场所、公共场所的经营者、管理者或者群众性活动的组织者，未尽到安全保障义务，造成他人损害的，应当承担侵权责任。"据此，公共场所的管理人只有在未尽到安全保障义务时，才需要承担侵权责任。本题中，电梯人多甲去走楼梯，与损害之间没有法律上的因果关系，A 选项错误；题中没有信息显示学校未尽到安全保障义务，损害发生是由于甲玩手机疏忽所致，甲应责任自负，故 BC 选项错误，D 选项正确。（D）

[知识点还原] 图表 151

3. [考点] 安保义务人侵权、精神损害赔偿，属于常考点

[解析]《民法典》第 1198 条规定："宾馆、商场、银行、车站、机场、体育场馆、娱乐场所等经营场所、公共场所的经营者、管理者或者群众性活动的组织者，未尽到安全保障义务，造成他人损害的，应当承担侵权责任。因第三人的行为造成他人损害的，由第三人承担侵权责任；经营者、管理者或者组织者未尽到安全保障义务的，承担相应的补充责任。经营者、管理者或者组织者承担补充责任后，可以向第三人追偿。"第 1191 条规定："用人单位的工作人员因执行工作任务造成他人损害的，由用人单位承担侵权责任。用人单位承担侵权责任后，可以向有故意或者重大过失的工作人员追偿。"本题中，因为清洁工清洁不彻底，造成了甲的伤害，安保义务人具有过错应当承担赔偿责任。虽无故意，但是应尽义务未履行，对于他人造成损害的，应认定为具有重大过失。清洁工是洗浴中心的工作人员，因此，不是清洁工乙承担，而是洗浴中心承担，故 AD 选项错误。由于洗浴中心明确提醒"到店洗浴客人的贵重物品，请放前台保管"，甲没有将贵重物品交前台保管，对于玉镯的损害也具有一定过错，也应当承担一定责任，故 B 选项错误。《民法典》第 1183 条规定："侵害自然人人身权益造成严重精神损害的，被侵权人有权请求精神损害赔偿。因故意或者重大过失侵害自然人具有人身意义的特定物造成严重精神损害的，被侵权人有权请求精神损害赔偿。"甲遭遇人身伤害的同时，作为定情信物的玉镯被摔碎，具有人格象征意义，因此，无论是基于人身伤害，还是玉镯的损毁，均可主张精神损害赔偿，故 C 选项正确。（C）

[知识点还原] 图表 3；图表 151

4. [考点] 违反安全保障义务的侵权责任，属于常考点

[解析]《民法典》第 1198 条规定："宾馆、商场、银行、车站、机场、体育场馆、娱乐场所等经营场所、公共场所的经营者、管理者或者群众性活动的组织者，未尽到安全保障义务，造成他人损害的，应当承担侵权责任。因第三人的行为造成他人损害的，由第三人承担侵权责任；经营者、管理者或者组织者未尽到安全保障义务的，承担相应的补充责任。经营者、管理者或者组织者承担补充责任后，可以向第三人追偿。"据此，商场是公共场所的管理人，负有安全保障义务，借用商场厕所的丙亦属受安全保障义务保障的对象。现商场违反安全保障义务（地板湿滑），且因第三人（甲）的行为给丙造成损害，故丙遭受的损害应由甲承担，商场承担补充责任。故 AB 选项正确，不当选；D 选项错误，当选。本题中，乙对于丙的伤害而言没有过错，故乙没有责任，C 选项错误，当选。（CD）

[知识点还原] 图表 151

二十八、网络侵权

1. [考点] 网络侵权、时效限制

[解析] 本题中，甲公司利用乙公司的名称进

行客户引流，构成对乙公司名称权的侵犯，根据《反不正当竞争法》第6条的规定，属于典型的不正当竞争行为，故 D 选项正确。《民法典》第1195条第2款规定："网络服务提供者接到通知后，应当及时将该通知转送相关网络用户，并根据构成侵权的初步证据和服务类型采取必要措施；未及时采取必要措施的，对损害的扩大部分与该网络用户承担连带责任。"这是网络服务提供者需要承担连带责任的通知规则。第1197条规定："网络服务提供者知道或者应当知道网络用户利用其网络服务侵害他人民事权益，未采取必要措施的，与该网络用户承担连带责任。"此为网络服务提供者应当承担连带责任的明知与应知规则。甲公司利用丙公司的搜索引擎推广业务，侵犯乙公司名称权的行为，作为网络服务提供者的丙公司，到底应当如何承担责任，是适用通知规则还是适用明知或应知规则，取决于网络服务提供者所提供的服务性质。如果属于公共平台，任何人均可自主发布相关消息，此时相关内容涉及侵权的，适用通知规则，接到通知后，立即采取适当措施的，不构成侵权。如果平台作为网络服务提供者，对于自身经营的商业项目本身，应尽到更多的审查义务。本题中，通过搜索引擎进行商业推广，正是丙公司的重要商业项目，对于甲公司通过设定关键词，在搜索乙公司时使得甲公司的商业信息靠前显示的营销手段，丙公司应当知情，故应认定与甲公司构成共同侵权，A 选项错误、B 选项正确。《民法典》第995条规定："人格权受到侵害的，受害人有权依照本法和其他法律的规定请求行为人承担民事责任。受害人的停止侵害、排除妨碍、消除危险、消除影响、恢复名誉、赔礼道歉请求权，不适用诉讼时效的规定。"据此，人格权被侵害的，请求停止侵害不受时效的限制，故 C 选项正确。（BCD）

[知识点还原] 图表150；图表177

2. [考点] 网络侵权、肖像权侵权、姓名权侵权，后者属于常考点

[解析] 姓名权与肖像权均是民法保护的重要人格权。肖像权的内容主要包括肖像制作权、使用权和肖像利益维护权，但是使用肖像侵权，再现的内容必须足以识别特定的个人。乙医院使用的照片仅见甲的鼻子和嘴部，正常不足以识别特定的人，据此，乙医院的行为未侵犯甲的肖像权，故 D 选项错误。侵犯姓名权的主要情形是干涉命名自由、冒用或盗用他人姓名。乙医院未经允许，擅自将甲的姓名用于广告，属于盗用姓名，构成对甲的姓名权侵权，故 C 选项正确。《民法典》第1195条第2款规定："网络服务提供者接到通知后，应当及时将该通知转送相关网络用户，并根据构成侵权的初步证据和服务类型采取必要措施；未及时采取必要措施的，对损害的扩大部分与该网络用户承担连带责任。"乙医院的行为构成利用网络侵犯甲的姓名权，但网络服务提供者丙网站接到权利人的侵权通知后，及时采取了合理的措施，丙网站的行为不构成共同侵权，丙网站不承担侵权责任。故 AB 选项错误。（C）

[知识点还原] 图表150；图表176

二十九、监护人责任

1. [考点] 监护人责任、工伤与第三人侵权、第三人代为清偿

[解析] 《民法典》第1188条第1款规定："无民事行为能力人、限制民事行为能力人造成他人损害的，由监护人承担侵权责任。监护人尽到监护职责的，可以减轻其侵权责任。"据此，5岁孩子造成的损害，应由其监护人承担责任，本题中无特别说明，父母即是监护人，故 A 选项错误、B 选项正确。《人身损害赔偿解释》第3条规定："依法应当参加工伤保险统筹的用人单位的劳动者，因工伤事故遭受人身损害，劳动者或者其近亲属向人民法院起诉请求用人单位承担民事赔偿责任的，告知其按《工伤保险条例》的规定处理。因用人单位以外的第三人侵权造成劳动者人身损害，赔偿权利人请求第三人承担民事赔偿责任的，人民法院应予支持。"据此，用人单位的工作人员在从事职务活动过程中，受到第三人侵权的，可通过工伤保险和请求第三人承担侵权责任，获得双重救济。但是，单位并无承担侵权责任的义务；如果单位承担了赔偿责任，则构成代为清偿，之后可以向债务人追偿。据此，C 选项正确，D 选项错误。（BC）

[知识点还原] 图表93；图表155

2. [考点] 监护人责任、教育机构责任

[解析] 《民法典》第1188条第1款规定："无民事行为能力人、限制民事行为能力人造成他人损害的，由监护人承担侵权责任。监护人尽到监护职责的，可以减轻其侵权责任。"据此，被监护人侵权的，由监护人承担责任。本题中，小甲父母离异，随母亲一起生活，即母亲履行监护职责，小甲侵犯小乙权利，应由小甲母亲承担责任。

通常认为，当母亲承担责任有困难的，方由父亲承担补充责任，非连带责任，故 A 选项正确、B 选项错误。孩子在幼儿园期间发生打斗，带班老师没有进行制止，明显具有过错，故对于该侵权后果，幼儿园应根据过错承担适当责任（注意此处非校外第三人侵权，因此幼儿园承担的不是补充责任），故 C 选项正确。丙是幼儿园的工作人员，属于职务行为，个人不承担责任，故 D 选项错误。（AC）

[知识点还原] 图表 152；图表 155

3. [考点] 监护人责任、安保义务人责任，属于常考点

[解析]《民法典》第 1188 条规定："无民事行为能力人、限制民事行为能力人造成他人损害的，由监护人承担侵权责任。监护人尽到监护职责的，可以减轻其侵权责任。有财产的无民事行为能力人、限制民事行为能力人造成他人损害的，从本人财产中支付赔偿费用；不足部分，由监护人赔偿。"据此，监护人对于被监护人侵权的行为承担无过错责任，只要有加害行为、有损害后果、加害行为与损害后果之间有因果关系，监护人就要承担责任。本题中，小崔对小冯造成了伤害，小刘没有实施侵害行为，小崔的监护人应当承担损害赔偿之责任，小刘的监护人没有责任。故 B 选项正确，C 选项错误。由于侵权行为发生在酒店，属于公共场所，《民法典》第 1198 条规定："宾馆、商场、银行、车站、机场、体育场馆、娱乐场所等经营场所、公共场所的经营者、管理者或者群众性活动的组织者，未尽到安全保障义务，造成他人损害的，应当承担侵权责任。因第三人的行为造成他人损害的，由第三人承担侵权责任；经营者、管理者或者组织者未尽到安全保障义务的，承担相应的补充责任。经营者、管理者或者组织者承担补充责任后，可以向第三人追偿。"据此，小崔对于小冯的侵权，属于该条规定的第三人侵权的情形，由于饭店服务员既没有劝阻也没有及时报警，故存在过错，王某作为酒店经营者对于小冯的损害应当承担补充赔偿责任。故 A 选项错误，D 选项正确。（BD）

[知识点还原] 图表 151；图表 155

4. [考点] 被监护人侵权的监护人责任，属于常考点

[解析]《民法典》第 1188 条规定："无民事行为能力人、限制民事行为能力人造成他人损害的，由监护人承担侵权责任。监护人尽到监护职责的，可以减轻其侵权责任。有财产的无民事行为能力人、限制民事行为能力人造成他人损害的，从本人财产中支付赔偿费用；不足部分，由监护人赔偿。"据此，甲作为监护人，尽到监护义务，只是可以减轻责任，依然要承担，故 B 选项错误。当被监护人有自己的财产时，应当用被监护人的财产优先支付，不足部分由监护人承担，故 A 选项正确、CD 选项错误。（A）

[知识点还原] 图表 155

5. [考点] 监护人责任，属于常考点

[解析] 本题中，小牛的侵权行为发生在放学回家的路上，因此，甲小学没有过错，所以不承担责任，BC 选项错误。因为出租车是在正常行驶，基于合同法中违约责任归责原则为无过错原则，承运人要对于乘客的人身负无过错责任，但是，这种责任是基于违约而产生。《民法典》第 996 条规定："因当事人一方的违约行为，损害对方人格权并造成严重精神损害，受损害方选择请求其承担违约责任的，不影响受损害方请求精神损害赔偿。"据此，主张违约责任也可以主张精神损害赔偿，故 A 选项正确。《民法典》第 1188 条规定："无民事行为能力人、限制民事行为能力人造成他人损害的，由监护人承担侵权责任。监护人尽到监护职责的，可以减轻其侵权责任。有财产的无民事行为能力人、限制民事行为能力人造成他人损害的，从本人财产中支付赔偿费用；不足部分，由监护人赔偿。"由此，张某有权要求小牛的监护人承担医疗费。脸上留下伤疤的损害后果，对于正常人来说均会造成严重精神损害，因此，可主张精神损害赔偿，故 D 选项正确。[BC（原答案为 ABC）]

[知识点还原] 图表 3；图表 155

6. [考点] 监护人责任、特殊侵权规则，属于常考点

[解析]《民法典》第 1188 条规定："无民事行为能力人、限制民事行为能力人造成他人损害的，由监护人承担侵权责任。监护人尽到监护职责的，可以减轻其侵权责任。有财产的无民事行为能力人、限制民事行为能力人造成他人损害的，从本人财产中支付赔偿费用；不足部分，由监护人赔偿。"所以 B 选项正确。《民法典》第 1173 条规定："被侵权人对同一损害的发生或者扩大有过错的，可以减轻侵权人的责任。"所以 C 选项正确。本题适用无过错责任原则，属于特殊侵权规则，所以 D 选项也正确。丁既没有过错，也没有

违法，所以不构成侵权，不需要承担责任，故 A 选项错误。（BCD）

[知识点还原] 图表 145；图表 155

三十、教育机构侵权

[考点] 第三人侵权时教育机构的责任，偶尔考查

[解析]《民法典》第 1201 条规定："无民事行为能力人或者限制民事行为能力人在幼儿园、学校或者其他教育机构学习、生活期间，受到幼儿园、学校或者其他教育机构以外的第三人人身损害的，由第三人承担侵权责任；幼儿园、学校或者其他教育机构未尽到管理职责的，承担相应的补充责任。幼儿园、学校或者其他教育机构承担补充责任后，可以向第三人追偿。"据此，第三人侵权致未成年人遭受人身损害的，应当承担赔偿责任。学校、幼儿园等教育机构有过错的，应当承担相应的补充赔偿责任。本题中的刘某，显然是属于第三人，同时，学校也有过错，故 D 选项正确。（D）

[知识点还原] 图表 152

三十一、用人单位工作人员侵权

1. [考点] 用人单位责任、无因管理、拾得人义务

[解析]《民法典》第 314 条规定："拾得遗失物，应当返还权利人。拾得人应当及时通知权利人领取，或者送交公安等有关部门。"据此，拾得人有返还义务。但若拾得人不能及时通知权利人时，也可以选择交公安等部门处理。本案中，甲在超市拾得手机，交给该超市失物招领处的行为是妥当的处置。由于甲拾得后立即交到了失物招领处，并没有积极管理乙事务的行为，不符合无因管理的构成要件，也不可能产生支付必要费用、补偿损失等问题。故 A 选项错误，D 选项正确。《民法典》第 316 条规定："拾得人在遗失物送交有关部门前，有关部门在遗失物被领取前，应当妥善保管遗失物。因故意或者重大过失致使遗失物毁损、灭失的，应当承担民事责任。"本案中，作为工作人员的丙将鱼缸的水洒到手机上，但凡稍加注意即可避免，故丙对于损害的发生具有重大过失。丙是超市的工作人员，是在履行职务过程中造成的损害。《民法典》第 1191 条第 1 款规定："用人单位的工作人员因执行工作任务造成他人损害的，由用人单位承担侵权责任。用人单位承担侵权责任后，可以向有故意或者重大过失的工作人员追偿。"据此，应由超市承担赔偿责任。丁对于损害的发生没有过错，不应承担责任。故 BC 选项错误。（D）

[知识点还原] 图表 39；图表 74；图表 155

2. [考点] 用人单位责任、过错相抵的适用

[解析]《民法典》第 1191 条第 1 款规定："用人单位的工作人员因执行工作任务造成他人损害的，由用人单位承担侵权责任。用人单位承担侵权责任后，可以向有故意或者重大过失的工作人员追偿。"据此，本题中是快递公司员工在从事职务活动过程中造成他人损害，应由单位承担责任。甲属于不慎剐倒王某，虽有过错，但没有故意，也算不上重大过失，故甲无论是对于被侵权人，还是最终责任层面，均无责任，责任应由用人单位承担，故 BC 选项错误。受害人王某虽有骨质疏松症，但是这不是对于损害发生的过错，故不适用过错相抵，王某不应承担责任，快递公司应承担全部责任，不能减轻责任，故 AD 选项正确。（AD）

[知识点还原] 图表 145；图表 155

3. [考点] 用人单位工作人员侵权、精神损害赔偿，属于常考点

[解析]《民法典》第 1191 条第 1 款规定："用人单位的工作人员因执行工作任务造成他人损害的，由用人单位承担侵权责任。用人单位承担侵权责任后，可以向有故意或者重大过失的工作人员追偿。"据此，李某作为甲公司的工作人员，在运送过程中翻看物品并损坏了平板电脑，应当由甲公司承担责任，故 D 选项错误。翻看箱内物品的行为侵犯了张某的隐私权，损害电脑的行为侵犯了张某的财产权，因此 AC 选项正确。《民法典》第 1183 条规定："侵害自然人人身权益造成严重精神损害的，被侵权人有权请求精神损害赔偿。因故意或者重大过失侵害自然人具有人身意义的特定物造成严重精神损害的，被侵权人有权请求精神损害赔偿。"本题中，翻看物品的行为，尽管侵犯了隐私权，但是，题目并未有明确信息造成严重损害，故应认定不足以造成严重精神损害，故 B 选项错误。（AC）

[知识点还原] 图表 3；图表 155

4. [考点] 用人单位工作人员侵权，属于常考点

[解析]《民法典》第 1191 条规定："用人单位的工作人员因执行工作任务造成他人损害的，由用人单位承担侵权责任。用人单位承担侵权责

任后，可以向有故意或者重大过失的工作人员追偿。劳务派遣期间，被派遣的工作人员因执行工作任务造成他人损害的，由接受劳务派遣的用工单位承担侵权责任；劳务派遣单位有过错的，承担相应的责任。"李某是在从事职务活动中造成他人的伤害，因此，应当由单位承担责任，而乙是派遣单位并且有过错，甲是接受用工的单位，李某的责任由甲承担，乙承担相应责任。故 B 选项正确，AC 选项错误。用人单位侵权，不问过错，是典型的转承责任，因此 D 选项错误。（B）

[知识点还原] 图表 155

5. [考点] 用人单位侵权责任、机动车交通事故侵权，属于常考点

[解析]《民法典》第 1208 条规定："机动车发生交通事故造成损害的，依照道路交通安全法律和本法的有关规定承担赔偿责任。"《道路交通安全法》第 76 条规定："机动车发生交通事故造成人身伤亡、财产损失的，由保险公司在机动车第三者责任强制保险责任限额范围内予以赔偿；不足的部分，按照下列规定承担赔偿责任：（一）机动车之间发生交通事故的，由有过错的一方承担赔偿责任；双方都有过错的，按照各自过错的比例分担责任。（二）机动车与非机动车驾驶人、行人之间发生交通事故，非机动车驾驶人、行人没有过错的，由机动车一方承担赔偿责任；有证据证明非机动车驾驶人、行人有过错的，根据过错程度适当减轻机动车一方的赔偿责任；机动车一方没有过错的，承担不超过百分之十的赔偿责任。交通事故的损失是由非机动车驾驶人、行人故意碰撞机动车造成的，机动车一方不承担赔偿责任。"由此可见，机动车发生了对于非机动车和行人侵权时，对于 10%的赔偿责任，适用无过错责任原则。根据侵权法对于机动车侵权的规定，通说认为，发生交通事故时，由机动车的实际控制人承担责任。本题中，乙驾车撞上丙，并且经认定乙负全责，通常均应由乙承担责任。A 选项中，乙与甲是好友，乙代驾，此时乙为实际控制人，故乙承担责任，错误。B 选项中，乙是代驾公司的驾驶员，乙的代驾是在从事职务行为的过程中，此时，发生的损害，根据《民法典》第 1191 条规定："用人单位的工作人员因执行工作任务造成他人损害的，由用人单位承担侵权责任。用人单位承担侵权责任后，可以向有故意或者重大过失的工作人员追偿。劳务派遣期间，被派遣的工作人员因执行工作任务造成他人损害的，由

接受劳务派遣的用工单位承担侵权责任；劳务派遣单位有过错的，承担相应的责任。"应当由代驾公司承担，故 B 选项正确。C 选项虽然表述为"雇佣"，但应当理解为用人单位的工作人员侵权，适用上述第 1191 条第 1 款之规定，由酒店承担责任，故 C 选项正确。D 选项中，公司虽然明文禁止代驾，但第三人并不知情，乙是出租车公司的驾驶员，是公司的工作人员，对于工作人员的代驾行为，对于第三人来说，完全可以理解为常理之中的行为，此时，公司应当承担责任，依据同样是第 1191 条之规定，故 D 选项错误。（BC）

[知识点还原] 图表 155；图表 157

6. [考点] 用人单位侵权责任，属于常考点

[解析]《民法典》第 1191 条规定："用人单位的工作人员因执行工作任务造成他人损害的，由用人单位承担侵权责任。用人单位承担侵权责任后，可以向有故意或者重大过失的工作人员追偿。劳务派遣期间，被派遣的工作人员因执行工作任务造成他人损害的，由接受劳务派遣的用工单位承担侵权责任；劳务派遣单位有过错的，承担相应的责任。"据此，甲是在从事运输工作过程中造成的他人损害，判断是否为职务行为，关键是看外观，只要有从事职务活动的外观，就足以认定为职务行为，本题中，尽管甲是回家看看，但是，依然应认定为职务行为，无论具体行为人是否有过错，对外均由单位承担责任，故 B 选项正确。[B（原答案为 C）]

[知识点还原] 图表 155

三十二、个人之间的用工关系中接受劳务一方的责任与承揽关系中的侵权责任

1. [考点] 无因管理、承揽人致人损害或自损时的责任

[解析]《民法典》第 121 条规定："没有法定的或者约定的义务，为避免他人利益受损失而进行管理的人，有权请求受益人偿还由此支出的必要费用。"据此，没有法定或约定义务，为了被管理人利益，为被管理人的意思进行管理活动，构成无因管理。本题中，乙替甲看房，是基于委托合同约定的义务，不构成无因管理；乙没有维修甲空调的义务，为甲的利益进行维修，不违背甲的意思，构成无因管理。故 B 选项正确。《民法典》第 770 条第 1 款规定："承揽合同是承揽人按照定作人的要求完成工作，交付工作成果，定作人支付报酬的合同。"基于合同的相对性原理，本

题中，乙与格美公司之间具有承揽关系，乙与丁之间也具有承揽关系，甲不是承揽合同的主体。故 A 选项错误，C 选项正确。《民法典》第 1193 条规定："承揽人在完成工作过程中造成第三人损害或者自己损害的，定作人不承担侵权责任。但是，定作人对定作、指示或者选任有过错的，应当承担相应的责任。"据此，承揽人在完成承揽工作时，无论造成他人损害还是自身损害，定作人原则上不承担责任，除非在定作、指示或选任时有过错才承担与过错相应的责任。丁作为承揽人，是其老乡丙介绍的，定作人乙没有明显的过错，也没有发出相关的指示，因此，丁作为承揽人在完成承揽工作中造成自己的损害，应责任自负，故 D 选项错误。（BC）

[知识点还原] 图表 74；图表 155

2. [考点] 承揽关系中的侵权、承揽与雇佣关系的区分

[解析] 雇佣是提供劳务的关系，且受雇人完全按照受雇人的指示完成相应行为。承揽是承揽人按照定作人的要求完成工作，交付工作成果，定作人支付报酬的合同。承揽人在完成工作过程中是完全独立的，无论是造成他人损失还是自身损害，原则上均由承揽人自己负责，除非定作人有过错。《民法典》第 1193 条规定："承揽人在完成工作过程中造成第三人损害或者自己损害的，定作人不承担侵权责任。但是，定作人对定作、指示或者选任有过错的，应当承担相应的责任。"本题中，安装空调需要交付工作成果，且乙是专门从事空调安装的个体户，故甲公司与乙之间是承揽关系，非雇佣关系。故 A 选项错误，B 选项正确。乙安装过程中不慎坠楼，造成自身损害，甲公司对此没有过错，不应承担责任。故 C 选项错误，D 选项正确。（BD）

[知识点还原] 图表 155

3. [考点] 个人之间的用工关系中接受劳务一方的责任，偶尔考查

[解析] 《民法典》第 1192 条第 1 款规定："个人之间形成劳务关系，提供劳务一方因劳务造成他人损害的，由接受劳务一方承担侵权责任。接受劳务一方承担侵权责任后，可以向有故意或者重大过失的提供劳务一方追偿。提供劳务一方因劳务受到损害的，根据双方各自的过错承担相应的责任。"本题中，甲在乙承包的水库中游泳，丙、丁误以为甲在偷鱼苗将甲打伤的行为，明显属于雇员从事劳务过程中对他人造成的伤害，此

时，应当由接受劳务的雇主承担责任，故 D 选项正确。[D（原答案为 A）]

[知识点还原] 图表 155

三十三、帮工关系中的侵权

1. [考点] 帮工关系中的侵权、过失相抵，偶尔考查

[解析] 根据《人身损害赔偿解释》第 4 条规定："无偿提供劳务的帮工人，在从事帮工活动中致人损害的，被帮工人应当承担赔偿责任。被帮工人承担赔偿责任后向有故意或者重大过失的帮工人追偿，人民法院应予支持。被帮工人明确拒绝帮工的，不承担赔偿责任。"乙在帮工过程中，对于丁造成的伤害属于帮工人在帮工过程中致人损害的情形，此时，乙尽管有不小心的过错，但不是故意或者重大过失，因此，由被帮工人甲承担责任，且不能向乙追偿。故 C 选项正确，D 选项错误。根据《人身损害赔偿解释》第 5 条第 1 款规定："无偿提供劳务的帮工人因帮工活动遭受人身损害的，根据帮工人和被帮工人各自的过错承担相应的责任；被帮工人明确拒绝帮工的，被帮工人不承担赔偿责任，但可以在受益范围内予以适当补偿。"对于丙的帮工甲没有明确拒绝，因此，需要根据双方的过错承担相应责任。若甲有过错的，应当承担责任，但是丙对于自己造成损害存在失误，可以减轻甲的责任。故 A 选项正确，B 选项错误。最后要说明的是，本题为旧题，根据新修订的司法解释，在假定甲有过错的前提下进行分析，A 选项才正确。（AC）

[知识点还原] 图表 155

2. [考点] 帮工关系中的侵权、机动车交通事故侵权，后者属于常考点

[解析] 《民法典》第 1215 条第 1 款规定："盗窃、抢劫或者抢夺的机动车发生交通事故造成损害的，由盗窃人、抢劫人或者抢夺人承担赔偿责任。盗窃人、抢劫人或者抢夺人与机动车使用人不是同一人，发生交通事故造成损害，属于该机动车一方责任的，由盗窃人、抢劫人或者抢夺人与机动车使用人承担连带责任。"据此，车主丁不承担责任，C 选项错误、D 选项错误。《人身损害赔偿解释》第 5 条第 2 款规定："帮工人在帮工活动中因第三人的行为遭受人身损害的，有权请求第三人承担赔偿责任，也有权请求被帮工人予以适当补偿。被帮工人补偿后，可以向第三人追偿。"本题中，帮工人乙因第三人丙遭受人身损

害，乙可请求甲进行补偿，也可请求丙予以赔偿，甲补偿后可向丙追偿，故 A 选项错误、B 选项正确。（B）

[知识点还原] 图表 155；图表 157

三十四、产品责任侵权

1. [考点] 产品侵权责任的承担

[解析]《民法典》第 1203 条规定："因产品存在缺陷造成他人损害的，被侵权人可以向产品的生产者请求赔偿，也可以向产品的销售者请求赔偿。产品缺陷由生产者造成的，销售者赔偿后，有权向生产者追偿。因销售者的过错使产品存在缺陷的，生产者赔偿后，有权向销售者追偿。"本题中，由于质量问题，电视机突然爆炸，造成了看电视的甲乙丙三人均受重伤。甲乙丙既可以要求电视机的生产者承担赔偿责任，也可以要求电视机的销售者承担赔偿责任，故 A 选项正确。损失是由于电视机的质量问题造成的，乙丙的行为与损害的发生并没有法律上的因果关系，乙丙不承担损害赔偿责任，故 B 选项错误。乙丙均由于电视机爆炸受重伤，均属于被侵权人，均有权要求电视机生产者或销售者承担损害赔偿责任，故 C 选项错误。损失的造成是由于电视机的质量问题，甲作为电视机的所有人与损害的发生并没有因果关系，甲不应承担损害赔偿责任，故 D 选项错误。（A）

[知识点还原] 图表 156

2. [考点] 产品责任侵权，属于常考点

[解析]《民法典》第 1202 条规定："因产品存在缺陷造成他人损害的，生产者应当承担侵权责任。"第 1203 条规定："因产品存在缺陷造成他人损害的，被侵权人可以向产品的生产者请求赔偿，也可以向产品的销售者请求赔偿。产品缺陷由生产者造成的，销售者赔偿后，有权向生产者追偿。因销售者的过错使产品存在缺陷的，生产者赔偿后，有权向销售者追偿。"根据以上规定，当因产品质量问题造成侵权的，生产者、销售者应当向受害人赔偿，生产者在一般情况下都是承担最终责任，销售者在因自身过错导致产品缺陷产生或者不能指明产品生产者是谁的情况下，承担最终责任。当产品质量问题造成的侵权发生时，对于受害人来说，可以选择生产者，也可以选择销售者来承担责任。本题中，乙是生产者，甲商场是销售者，因此，可以任选其一主张赔偿损失500元。故 A 选项正确，BCD 选项错误。值得提醒的是，如果受害人在主张权利之时，同时提出关于电热壶的 100 元损失的，也应当获得支持。（A）

[知识点还原] 图表 156

3. [考点] 产品责任侵权，属于常考点

[解析]《民法典》第 1206 条第 1 款规定："产品投入流通后发现存在缺陷的，生产者、销售者应当及时采取停止销售、警示、召回等补救措施；未及时采取补救措施或者补救措施不力造成损害扩大的，对扩大的损害也应当承担侵权责任。"本题中，汽车生产者甲公司虽采取了补救措施，但因补救措施不力造成产品侵权，仍应承担侵权责任。《民法典》第 1203 条规定："因产品存在缺陷造成他人损害的，被侵权人可以向产品的生产者请求赔偿，也可以向产品的销售者请求赔偿。产品缺陷由生产者造成的，销售者赔偿后，有权向生产者追偿。因销售者的过错使产品存在缺陷的，生产者赔偿后，有权向销售者追偿。"这表明，构成产品侵权的，生产者与销售者应承担不真正连带责任，故 AB 选项正确。《民法典》第 1207 条规定："明知产品存在缺陷仍然生产、销售，或者没有依据前条规定采取有效补救措施，造成他人死亡或者健康严重损害的，被侵权人有权请求相应的惩罚性赔偿。"受害人因产品侵权对生产者或销售者主张惩罚性赔偿责任，有两个限制条件：（1）生产者或销售者明知产品具有缺陷；（2）损害后果必须达到受害人死亡或健康严重损害的程度。本题中，生产者甲、销售者丙均不具备明知的要件，故 C 选项错误。产品侵权的归责原则，通说认为生产者承担的是无过错责任，故 D 选项正确。（ABD）

[知识点还原] 图表 156

三十五、机动车交通事故侵权

[考点] 机动车道路交通事故侵权责任，属于常考点

[解析]《民法典》第 1210 条规定："当事人之间已经以买卖或者其他方式转让并交付机动车但是未办理登记，发生交通事故造成损害，属于该机动车一方责任的，由受让人承担赔偿责任。"据此，在机动车买卖、分期付款保留所有权买卖、试用买卖、赠与、融资租赁等合同中，若当事人已经交付了机动车但尚未办理过户登记手续，此时该机动车发生道路交通事故，且根据《道路交通安全法》第 76 条，该机动车应当承担

责任的，则不论该机动车的所有权是否已经发生移转，均由已经受让机动车占有的一方承担侵权责任，因其享有该机动车的运行利益。周某与迅达公司签订汽车试用买卖合同，试用买卖合同的特点是买卖合同虽已成立，但属于附条件的买卖，在买受人认可之前，买卖合同尚未生效。因此，虽然迅达公司已经向周某交付了汽车，但因周某尚未认可，买卖合同尚未生效，故周某尚未取得汽车所有权，汽车的所有权仍归迅达公司，尽管如此，因周某已经现实占有汽车，对汽车享有运行利益，应由周某承担侵权责任，故C选项正确。（C）

[知识点还原] 图表157

三十六、医疗事故侵权

[考点] 医疗事故侵权，偶尔考查

[解析]《民法典》第1218条规定："患者在诊疗活动中受到损害，医疗机构或者其医务人员有过错的，由医疗机构承担赔偿责任。"据此，医疗侵权原则上是一般过错责任，由患者举证证明医疗机构有过错，由于题干中没有交代适用过错推定责任的特殊情况，应按照一般情形分析，医疗机构的过错应由患方举证，故A选项正确。《民法典》第1220条规定："因抢救生命垂危的患者等紧急情况，不能取得患者或者其近亲属意见的，经医疗机构负责人或者授权的负责人批准，可以立即实施相应的医疗措施。"本题中，父亲将田某送到医院，医院实施手术不能取得田某同意之时，还可以取得田某之父的同意，不能直接自主决定，故B选项错误。《民法典》第1223条规定："因药品、消毒产品、医疗器械的缺陷，或者输入不合格的血液造成患者损害的，患者可以向药品上市许可持有人、生产者、血液提供机构请求赔偿，也可以向医疗机构请求赔偿。患者向医疗机构请求赔偿的，医疗机构赔偿后，有权向负有责任的药品上市许可持有人、生产者、血液提供机构追偿。"据此，C选项错误。《民法典》第1222条规定："患者在诊疗活动中受到损害，有下列情形之一的，推定医疗机构有过错：（一）违反法律、行政法规、规章以及其他有关诊疗规范的规定；（二）隐匿或者拒绝提供与纠纷有关的病历资料；（三）遗失、伪造、篡改或者违法销毁病历资料。"据此，如果拒绝提供病历，医院将承担推定有错的不利后果，故D选项错误。（A）

[知识点还原] 图表153

三十七、物件致人损害责任

1. [考点] 建筑物、构筑物或者其他设施及其搁置物、悬挂物发生脱落、坠落侵权

[解析]《民法典》第1253条规定："建筑物、构筑物或者其他设施及其搁置物、悬挂物发生脱落、坠落造成他人损害，所有人、管理人或者使用人不能证明自己没有过错的，应当承担侵权责任。所有人、管理人或者使用人赔偿后，有其他责任人的，有权向其他责任人追偿。"据此，本案中，放在窗台上的花盆掉落，构成侵权，作为建筑物的所有人，乙应当承担责任，且承担的是过错推定责任，受害人丙不需要举证证明乙有过错；乙不能证明自己没有过错的，就应当承担责任。由于侵权是甲的原因所致，乙承担责任后，可向甲追偿。因此，AC选项正确，B选项错误。由于本题涉及的案例是《民法典》侵权责任编规定的特殊侵权，因此，不适用第1175条"损害是因第三人造成的，第三人应当承担侵权责任"的规定直接由第三人承担责任，因为适用法律的基本规则是特别规定优先，故D选项错误。（AC）

[知识点还原] 图表145；图表151

2. [考点] 物件致害侵权、安全保障义务人侵权

[解析]《民法典》第1253条规定："建筑物、构筑物或者其他设施及其搁置物、悬挂物发生脱落、坠落造成他人损害，所有人、管理人或者使用人不能证明自己没有过错的，应当承担侵权责任。所有人、管理人或者使用人赔偿后，有其他责任人的，有权向其他责任人追偿。"本题中，史某家阳台上的木质晾衣杆被大风吹落，属于悬挂物的坠落侵权，史某作为所有人应承担侵权责任，故A选项正确。《民法典》第1198条规定："宾馆、商场、银行、车站、机场、体育场馆、娱乐场所等经营场所、公共场所的经营者、管理者或者群众性活动的组织者，未尽到安全保障义务，造成他人损害的，应当承担侵权责任。因第三人的行为造成他人损害的，由第三人承担侵权责任；经营者、管理者或者组织者未尽到安全保障义务的，承担相应的补充责任。经营者、管理者或者组织者承担补充责任后，可以向第三人追偿。"物业公司是小区公共区域的管理者，若未尽到保障义务，在第三人侵权的情形下，应根据过错程度承担补充责任。本题中，史某是直接侵权的第三人，物业公司由于未及时处理违规停放的车辆，对于损害的发生具有过错，应承担补

147

充责任，故 C 选项正确。物业公司与史某承担连带责任没有根据，故 B 选项错误。本案不适用高空抛物的制度，因为晾衣杆的坠落并非人故意所为，故不是高空抛物，D 选项错误。（AC）

[知识点还原] 图表 151；图表 154

3. [考点] 物件致害责任、侵权责任承担方式

[解析]《民法典》第 1253 条规定："建筑物、构筑物或者其他设施及其搁置物、悬挂物发生脱落、坠落造成他人损害，所有人、管理人或者使用人不能证明自己没有过错的，应当承担侵权责任。所有人、管理人或者使用人赔偿后，有其他责任人的，有权向其他责任人追偿。"据此，建筑物、构筑物或其他设施致人损害，应由所有人、使用人或管理人承担责任，除非能证明其没有过错。本题中，甲的院墙属于构筑物，因暴雨倒塌，不属于不可抗力，甲作为所有人应承担责任。本案因为墙体倒塌给乙造成的损失包括摩托车的维修费以及清理墙体倒塌砖石的费用，故 AC 选项正确。未清理的砖石，乙可请求甲清理，但不能请求甲支付可能的费用，故 D 选项错误。《民法典》第 1167 条规定："侵权行为危及他人人身、财产安全的，被侵权人有权请求侵权人承担停止侵害、排除妨碍、消除危险等侵权责任。"据此，当具有可能发生损害的危险时，可以请求消除危险。本题中，另一半可能倒塌的墙体具有造成损害的危险，乙可以请求甲消除危险，要求甲及时进行修补，防患于未然，故 B 选项正确。（ABC）

[知识点还原] 图表 146；图表 154

4. [考点] 物件致人损害、按份共有，属于常考点

[解析]《民法典》第 307 条规定："因共有的不动产或者动产产生的债权债务，在对外关系上，共有人享有连带债权、承担连带债务，但是法律另有规定或者第三人知道共有人不具有连带债权债务关系的除外；在共有人内部关系上，除共有人另有约定外，按份共有人按照份额享有债权、承担债务，共同共有人共同享有债权、承担债务。偿还债务超过自己应当承担份额的按份共有人，有权向其他共有人追偿。"据此，按份共有人对共有物产生的债务责任上，对外承担的是连带责任，对内才按份分担。本案中，甲、乙、丙虽然按份共有一套房屋，但是对该房屋对第三人造成的侵权，甲、乙、丙对外承担连带责任。受害人丁有权选择他们中任何一人承担责任，也有

权同时选择他们三人一起承担责任。如果甲承担了侵权责任，则可以根据法律的规定向乙丙追偿，让他们按照各自的份额分担应有的损失。因此，ABC 选项正确。《民法典》第 1253 条规定："建筑物、构筑物或者其他设施及其搁置物、悬挂物发生脱落、坠落造成他人损害，所有人、管理人或者使用人不能证明自己没有过错的，应当承担侵权责任。所有人、管理人或者使用人赔偿后，有其他责任人的，有权向其他责任人追偿。"据此可知，对于建筑物发生脱落致人损害的，它的所有人、管理人或者使用人承担过错推定责任。过错推定责任仍以过错作为承担责任的基础，它不是一项独立的归责原则，只是过错责任原则的一种特殊形式，故 D 选项正确。值得说明的是，本题中，是由于建筑物本身的质量问题，尽管是在甲居住期间发生的侵权，但仍应该由所有人一起承担而不是由使用人承担，如果是因为使用人原因导致的侵权，则由使用人承担责任。（ABCD）

[知识点还原] 图表 43；图表 154

三十八、高空抛物侵权

1. [考点] 抛掷物、坠落物侵权

[解析]《民法典》第 1254 条规定："禁止从建筑物中抛掷物品。从建筑物中抛掷物品或者从建筑物上坠落的物品造成他人损害的，由侵权人依法承担侵权责任；经调查难以确定具体侵权人的，除能够证明自己不是侵权人的外，由可能加害的建筑物使用人给予补偿。可能加害的建筑物使用人补偿后，有权向侵权人追偿。物业服务企业等建筑物管理人应当采取必要的安全保障措施防止前款规定情形的发生；未采取必要的安全保障措施的，应当依法承担未履行安全保障义务的侵权责任。发生本条第一款规定的情形的，公安等机关应当依法及时调查，查清责任人。"据此，此种侵权不存在连带责任，公安机关有义务立案调查，故 A 选项错误、B 选项正确。物业公司只有在存在过错的情形下，才需要承担责任，本题中没有物业公司存在过错的事实，故 C 选项错误。若找不到责任人，是由可能加害的建筑物使用人进行补偿，即分担损失，这是基于公平理念考量的分担损失，不是补充责任，故 D 选项错误。（B）

[知识点还原] 图表 154

2. [考点] 高空抛物、坠落物责任，偶尔考查

[解析]《民法典》第 1254 条规定："禁止从

148

建筑物中抛掷物品。从建筑物中抛掷物品或者从建筑物上坠落的物品造成他人损害的，由侵权人依法承担侵权责任；经调查难以确定具体侵权人的，除能够证明自己不是侵权人的外，由可能加害的建筑物使用人给予补偿。可能加害的建筑物使用人补偿后，有权向侵权人追偿。物业服务企业等建筑物管理人应当采取必要的安全保障措施防止前款规定情形的发生；未采取必要的安全保障措施的，应当依法承担未履行安全保障义务的侵权责任。"据此，B选项中，顶层业主通过举证证明了自己不是侵权人，因此可以免责，故B选项正确。关于安全保障义务，《民法典》第1198条规定："宾馆、商场、银行、车站、机场、体育场馆、娱乐场所等经营场所、公共场所的经营者、管理者或者群众性活动的组织者，未尽到安全保障义务，造成他人损害的，应当承担侵权责任。因第三人的行为造成他人损害的，由第三人承担侵权责任；经营者、管理者或者组织者未尽到安全保障义务的，承担相应的补充责任。经营者、管理者或者组织者承担补充责任后，可以向第三人追偿。"据此，此类侵权责任的主体是公共场所的管理人和公共活动的组织者。张小飞不是此类侵权的责任主体，A选项错误。具体业主从房中抛出砚台，也不是小区物业的过错，故C选项错误。根据上述第1254条的规定，是由可能实施加害的建筑物的使用人进行补偿，这不是补充责任，补偿的意思是，由可能的人一起分担损失，而补充责任在民法上意味着是第二位的责任，在第一位的责任主体找不到或者没有能力全部承担时才需要承担补充责任，故D选项错误。（B）

[知识点还原] 图表151；图表154

三十九、地下设施侵权

1. [考点] 地下设施侵权，偶尔考查

[解析]《民法典》第1258条规定："在公共场所或者道路上挖掘、修缮安装地下设施等造成他人损害，施工人不能证明已经设置明显标志和采取安全措施的，应当承担侵权责任。窨井等地下设施造成他人损害，管理人不能证明尽到管理职责的，应当承担侵权责任。"本题涉及的情形是，牧场管理人责任，从上述规定看，显然属于过错推定责任，管理人可以通过举证证明自己尽到管理职责而免责，故A选项错误，BD选项正确。不可抗力是不能预见、不可避免、不能克服的客观现象，本题中的情形，显然不是不可抗力，而且题目特别说明之前曾经发生过类似的事故，属于管理人管理不到位所致，故C选项错误。（BD）

[知识点还原] 图表154

2. [考点] 地下设施侵权、紧急避险

[解析]《民法典》第1258条规定："在公共场所或者道路上挖掘、修缮安装地下设施等造成他人损害，施工人不能证明已经设置明显标志和采取安全措施的，应当承担侵权责任。窨井等地下设施造成他人损害，管理人不能证明尽到管理职责的，应当承担侵权责任。"本题中，甲公司设置了路障和警示标志，因此，无须承担侵权责任。《民法典》第182条规定："因紧急避险造成损害的，由引起险情发生的人承担民事责任。危险由自然原因引起的，紧急避险人不承担民事责任，可以给予适当补偿。紧急避险采取措施不当或者超过必要的限度，造成不应有的损害的，紧急避险人应当承担适当的民事责任。"本题中，由于乙驾车撞倒全部标志，致丙骑摩托车路经该地时采取紧急避险而造成丁轻伤，乙是引起险情发生的人，应当由其承担侵权责任，因此，A选项正确。同时，本题也可以从另外一个角度理解，即由于第三人的原因造成的侵权，而且，第三人是造成损害的唯一原因，根据《民法典》第1175条："损害是因第三人造成的，第三人应当承担侵权责任。"据此，也是A选项正确。（A）

[知识点还原] 图表145；图表154

四十、饲养动物侵权

1. [考点] 第三人过错的饲养动物侵权、帮工关系侵权

[解析]《民法典》第1250条规定："因第三人的过错致使动物造成他人损害的，被侵权人可以向动物饲养人或者管理人请求赔偿，也可以向第三人请求赔偿。动物饲养人或者管理人赔偿后，有权向第三人追偿。"据此，本题中，甲饲养的蜜蜂侵权，是由于乙饲养的猪所致，此时，受害人可以选择甲也可以选择乙主张责任，甲承担责任后可向乙追偿，故最终责任应由乙承担，故作为单选题，B选项为最佳答案，A选项错误。丙是帮工人，根据《人身损害赔偿解释》第4条规定："无偿提供劳务的帮工人，在从事帮工活动中致人损害的，被帮工人应当承担赔偿责任。被帮工人承担赔偿责任后向有故意或者重大过失

的帮工人追偿的，人民法院应予支持。被帮工人明确拒绝帮工的，不承担赔偿责任。"本题中，丙帮忙喂猪，忘记关门，虽有过失，但是非属重大过失，因此丙无论是对受害人还是从最终责任的层面上均无需承担责任，故 CD 选项错误。（B）

[知识点还原] 图表 155；图表 158

2. [考点] 饲养动物侵权、建筑物管理人责任，属于常考点

[解析]《民法典》第 1245 条规定："饲养的动物造成他人损害的，动物饲养人或者管理人应当承担侵权责任；但是，能够证明损害是因被侵权人故意或者重大过失造成的，可以不承担或者减轻责任。"据此，当因饲养动物自身的原因造成他人损害的，由动物饲养人或者管理人承担无过错责任。本题中，赵某带着于某的狗去钱某家玩儿，狗在阳台不慎掉落，砸伤杨某。此时，赵某是狗的管理人，于某虽然是所有人，但是并没有对狗进行实际上的管理和控制，不应承担责任，钱某不是狗的饲养人、管理人，故应承担侵权责任的是赵某而不是钱某，C 选项正确、AD 选项错误。同时，钱某作为建筑物的管理人，知晓自己阳台的设计，明知狗在其上玩耍有掉落的危险，仅仅做了提醒，没有及时阻拦，对于狗的掉落进而砸伤杨某的侵权行为具有过错。《民法典》第 1165 条第 1 款规定："行为人因过错侵害他人民事权益造成损害的，应当承担侵权责任。"故钱某对于自己的过失行为应当承担相应的侵权责任，故 B 选项正确。由于赵某与钱某承担责任的归责基础不同，故不是连带责任，对于杨某的损害赔偿份额，如果不能达成协议，由法院根据具体情形作出判决。（BC）

[知识点还原] 图表 141；图表 158

3. [考点] 饲养动物侵权，属于常考点

[解析]《民法典》第 1245 条规定："饲养的动物造成他人损害的，动物饲养人或者管理人应当承担侵权责任；但是，能够证明损害是因被侵权人故意或者重大过失造成的，可以不承担或者减轻责任。"据此，在通常情形下，饲养动物侵权的，饲养人或管理人应当承担无过错责任。通常而言，应当由对动物进行实际领管的人承担责任，当饲养人与管理人不一致时，责任应由实际领管人承担。本题中，王某为饲养人，戴某为管理人，故戴某需要对张某的损害承担赔偿责任。同时，被侵权人对于损害的发生有故意或重大过失的，饲养人、管理人不承担或减轻责任，即如果受害人故意，则饲养人、管理人完全免责，如果受害人有重大过失，则饲养人、管理人减轻责任。本题中，之所以造成张某的损害，是因为张某偷狗所致，虽然张某不是故意造成自己的损害，但是，由于盗窃行为明显违法，故对于自己损害的发生，应认定为具有重大过失，因此，可以减轻饲养人、管理人的责任。本题中，王某不是实际领管人，不应承担责任，戴某作为实际领管人，因为受害人对于损害的发生有重大过失，故两者均不应对于张某的损害承担全部责任，D 选项正确、ABC 选项错误。（D）

[知识点还原] 图表 158

4. [考点] 饲养动物侵权，属于常考点

[解析]《民法典》第 1245 条规定："饲养的动物造成他人损害的，动物饲养人或者管理人应当承担侵权责任；但是，能够证明损害是因被侵权人故意或者重大过失造成的，可以不承担或者减轻责任。"据此，动物饲养人、管理人承担的是无过错责任。《民法典》第 1247 条规定："禁止饲养的烈性犬等危险动物造成他人损害的，动物饲养人或者管理人应当承担侵权责任。"据此，A 选项正确。第 1250 条规定："因第三人的过错致使动物造成他人损害的，被侵权人可以向动物饲养人或者管理人请求赔偿，也可以向第三人请求赔偿。动物饲养人或者管理人赔偿后，有权向第三人追偿。"据此，乙既可以找丙，也可以找饲养人管理人王平主张责任，故 B 选项错误。《民法典》第 1246 条规定："违反管理规定，未对动物采取安全措施造成他人损害的，动物饲养人或者管理人应当承担侵权责任；但是，能够证明损害是因被侵权人故意造成的，可以减轻责任。"C 选项中邻居饲养的小猪趴在路上，造成他人损害，应承担责任，故 C 选项正确。《民法典》第 1248 条规定："动物园的动物造成他人损害的，动物园应当承担侵权责任；但是，能够证明尽到管理职责的，不承担侵权责任。"据此，动物园动物侵权适用的是过错推定责任，D 选项中，动物园的老虎从破损的笼中蹿出伤人，说明动物园没有尽到管理职责，有过错，动物园应当承担责任，故 D 选项正确。（ACD）

[知识点还原] 图表 158

5. [考点] 饲养动物侵权、见义勇为，属于常考点

[解析] 本题中，被侵权人并无任何过错，李

某作为马的饲养人和管理人，应当向受害人张某承担赔偿责任。因此，A 选项正确。《民法典》第 1250 条规定："因第三人的过错致使动物造成他人损害的，被侵权人可以向动物饲养人或者管理人请求赔偿，也可以向第三人请求赔偿。动物饲养人或者管理人赔偿后，有权向第三人追偿。"本题中，虽然食品店开业放鞭炮是李某的马受惊的原因，但是由于当地并不禁止燃放鞭炮，因此，食品店没有过错，不应承担任何赔偿责任，故 B 选项和 D 选项错误。《民法典》第 183 条规定："因保护他人民事权益使自己受到损害的，由侵权人承担民事责任，受益人可以给予适当补偿。没有侵权人、侵权人逃逸或者无力承担民事责任，受害人请求补偿的，受益人应当给予适当补偿。"本题中，张某为了保护正放学的小学生免受伤害，而拦住惊马，被马踢伤，在李某无力赔偿的情况下，张某有权要求受益人即小学生的监护人适当补偿，因此，C 选项正确。（AC）

[知识点还原] 图表 141；图表 158

四十一、环境污染侵权

[考点] 环境污染侵权，偶尔考查

[解析] 环境污染侵权是典型的无过错责任，因此，A 选项错误。环境侵权适用的是特殊时效 3 年，故 C 选项错误。《民法典》第 1231 条规定："两个以上侵权人污染环境、破坏生态的，承担责任的大小，根据污染物的种类、浓度、排放量，破坏生态的方式、范围、程度，以及行为对损害后果所起的作用等因素确定。"第 1172 条规定："二人以上分别实施侵权行为造成同一损害，能够确定责任大小的，各自承担相应的责任；难以确定责任大小的，平均承担责任。"本题中，三家公司任何一家的排污均不足以导致全部损害，因此，三者之间不是连带责任，而是按份责任，按照污染物的种类、排放量等因素来确定责任的大小，故 D 选项正确、B 选项错误。同时，值得说明的是，达标排放不能作为免除环境污染侵权责任的事由。（D）

[知识点还原] 图表 159

PART 04

第四章　婚姻家庭

1. [考点] 协议离婚中的冷静期制度

[解析]《民法典》第 1077 条规定:"自婚姻登记机关收到离婚登记申请之日起三十日内,任何一方不愿意离婚的,可以向婚姻登记机关撤回离婚登记申请。前款规定期限届满后三十日内,双方应当亲自到婚姻登记机关申请发给离婚证;未申请的,视为撤回离婚登记申请。"据此,申请离婚后,在 30 日之内,任何一方反悔均可撤回申请,故 A 选项正确。申请满 30 日后,若想要离婚,需要在之后的 30 日内由双方亲自向登记机关申请发给离婚证;如果不申请,视为撤回离婚登记申请。故 C 选项正确,BD 选项错误。(AC)

[知识点还原] 图表 165

2. [考点] 婚姻效力瑕疵

[解析] 本题中的婚姻存在双重效力瑕疵。首先,强逼结婚的行为,构成胁迫。《民法典》第 1052 条规定:"因胁迫结婚的,受胁迫的一方可以向人民法院请求撤销婚姻。请求撤销婚姻的,应当自胁迫行为终止之日起一年内提出。被非法限制人身自由的当事人请求撤销婚姻的,应当自恢复人身自由之日起一年内提出。"据此,被胁迫的一方有权主张撤销婚姻。撤销权是形成权,法定 1 年期间的性质属于不变期间,不因任何事由中止中断。故 A 选项正确,B 选项错误。其次,由于甲、乙之间是三代以内旁系血亲,属于法定禁止结婚的亲属关系。《民法典》第 1051 条规定:"有下列情形之一的,婚姻无效:(一)重婚;(二)有禁止结婚的亲属关系;(三)未到法定婚龄。"据此,甲、乙的婚姻应属无效。《民法典婚姻家庭编解释(一)》第 9 条规定:"有权依据民法典第一千零五十一条规定向人民法院就已办理结婚登记的婚姻请求确认婚姻无效的主体,包括婚姻当事人及利害关系人。其中,利害关系人包括:(一)以重婚为由的,为当事人的近亲属及基层组织;(二)以未到法定婚龄为由的,为未到法定婚龄者的近亲属;(三)以有禁止结婚的亲属关系为由的,为当事人的近亲属。"据此,本题中,可以主张婚姻无效的主体包括婚姻的当事人及双方当事人的近亲属,故 C 选项错误。《民法典婚姻家庭编解释(一)》第 12 条规定:"人民法院受理离婚案件后,经审理属于无效婚姻的,应当将婚姻无效的情形告知当事人,并依法作出确认婚姻无效的判决。"据此,离婚案件审理中,法院发现存在无效事由的,应当宣告婚姻无效。虽然没有规定在撤销婚姻案件中发现无效事由时法院应如何处理,但可参照前述第 12 条规定判决婚姻无效,因为无论离婚还是主张撤销婚姻,均以婚姻有效为逻辑前提,一旦发现无效婚姻事由,应当将无效情形告知当事人并宣告婚姻无效,故 D 选项正确。(AD)

[知识点还原] 图表 161

3. [考点] 夫妻财产制度

[解析]《民法典》第 1062 条第 1 款规定:"夫妻在婚姻关系存续期间所得的下列财产,为夫妻的共同财产,归夫妻共同所有:(一)工资、奖金、劳务报酬;(二)生产、经营、投资的收益;(三)知识产权的收益;(四)继承或者受赠的财产,但是本法第一千零六十三条第三项规定的除外;(五)其他应当归共同所有的财产。"根据第 1063 条第 3 项规定,在继承或受赠的财产中,如果被继承人或赠与人明确给与一方的,视为个人财产;没有明确的,则为夫妻共同财产。本题中,AD 两项的本质均为赠与所得,赠与人均未明确给与其中一方,故应当视为夫妻共同财产,AD 选项当选。《民法典婚姻家庭编解释(一)》第 24 条规定:"民法典第一千零六十二条第一款第三项规定的'知识产权的收益',是指婚姻关系存续期间,实际取得或者已经明确可以取得的财产性收益。"B 项中的知识产权收益,属于婚后实际取得的财产,故属于夫妻共同财产,故 B 选项当选。《民法典婚姻家庭编解释(一)》第 25 条规定:"婚姻关系存续期间,下列财产属于民法典第一千零六十二条规定的'其他应当归共同所有的财产':(一)一方

以个人财产投资取得的收益；（二）男女双方实际取得或者应当取得的住房补贴、住房公积金；（三）男女双方实际取得或者应当取得的基本养老金、破产安置补偿费。"据此，婚后获得的破产安置费也属于夫妻共同财产，故 C 选项当选。（ABCD）

[知识点还原] 图表 162

4. [考点] 婚姻效力瑕疵

[解析] 撤销婚姻的事由是胁迫或隐瞒重大疾病的欺诈，本题中不存在相关的事实，故不能主张撤销婚姻，AB 选项错误。《民法典》第 1051 条规定："有下列情形之一的，婚姻无效：（一）重婚；（二）有禁止结婚的亲属关系；（三）未到法定婚龄。"据此，未达法定婚龄，是法定婚姻无效的事由之一。《民法典》第 1047 条规定："结婚年龄，男不得早于二十二周岁，女不得早于二十周岁。"据此，甲结婚时只有 20 岁，未达法定婚龄。《民法典婚姻家庭编解释（一）》第 9 条规定："有权依据民法典第一千零五十一条规定向人民法院就已办理结婚登记的婚姻请求确认婚姻无效的主体，包括婚姻当事人及利害关系人。其中，利害关系人包括：（一）以重婚为由的，为当事人的近亲属及基层组织；（二）以未到法定婚龄为由的，为未到法定婚龄者的近亲属；（三）以有禁止结婚的亲属关系为由的，为当事人的近亲属。"据此，作为当事人的乙可主张婚姻无效。《民法典婚姻家庭编解释（一）》第 10 条规定："当事人依据民法典第一千零五十一条规定向人民法院请求确认婚姻无效，法定的无效婚姻情形在提起诉讼时已经消失的，人民法院不予支持。"题中，虽然结婚已经过了一年，但甲依然未达法定婚龄（21 岁），故此时，乙仍然可主张婚姻无效。故 C 选项错误，D 选项正确。（D）。

[知识点还原] 图表 161

5. [考点] 收养的条件及例外

[解析] 本案考查的是继父母经其生父母同意，收养继子女的条件。关于送养人和收养人的基本要求，《民法典》第 1094 条规定："下列个人、组织可以作送养人：（一）孤儿的监护人；（二）儿童福利机构；（三）有特殊困难无力抚养子女的生父母。"据此，个人作为送养人通常需要有特殊困难无力抚养子女。《民法典》第 1098 条规定："收养人应当同时具备下列条件：（一）无子女或者只有一名子女；（二）有抚养、教育和保护被收养人的能力；（三）未患有在医学上认为不应当收养子女的疾病；（四）无不利于被收养人健康成长的违法犯罪记录；（五）年满三十周岁。"据此收养人通常需要年满 30 周岁，且要求受让人无子女或只有一名子女。《民法典》第 1100 条第 1 款规定："无子女的收养人可以收养两名子女；有子女的收养人只能收养一名子女。"然而，继父母经生父母同意收养继子女的，继子女是随同其亲生父亲或母亲与其继母或继父共同生活，故送养人和收养人均不受一般送养、收养条件的限制。对此《民法典》第 1103 条规定："继父或者继母经继子女的生父母同意，可以收养继子女，并可以不受本法第一千零九十三条第三项、第一千零九十四条第三项、第一千零九十八条和第一千一百条第一款规定的限制。"据此，是否有子女、是否年满 30 周岁、送养人是否有困难无力抚养等均不构成对于收养的限制。故 A 选项正确，BCD 选项错误。（A）

[知识点还原] 图表 164

6. [考点] 探望权、子女姓氏纠纷、抚养费

[解析]《民法典婚姻家庭编解释（一）》第 59 条规定："父母不得因子女变更姓氏而拒付子女抚养费。父或者母擅自将子女姓氏改为继母或继父姓氏而引起纠纷的，应当责令恢复原姓氏。"据此，张某不能因为孩子改名而拒绝支付抚养费，父母是当然监护人，监护义务并不终止，但可责令赵甲恢复原姓氏，故 AB 选项错误。《民法典》第 1086 条第 1 款规定："离婚后，不直接抚养子女的父或者母，有探望子女的权利，另一方有协助的义务。"故 C 选项正确。《民法典婚姻家庭编解释（一）》第 58 条规定："具有下列情形之一，子女要求有负担能力的父或者母增加抚养费的，人民法院应予支持：（一）原定抚养费数额不足以维持当地实际生活水平；（二）因子女患病、上学，实际需要已超过原定数额；（三）有其他正当理由应当增加。"该解释第 55 条规定："离婚后，父母一方要求变更子女抚养关系的，或者子女要求增加抚养费的，应当另行提起诉讼。"据此，孩子上学需要增加抚养费，可通过起诉实现权利，故 D 选项正确。（CD）

[知识点还原] 图表 166

7. [考点] 夫妻债务、法定离婚理由、离婚案件的调解、抚养权归属

[解析]《民法典》第 1064 条规定："夫妻双方共同签名或者夫妻一方事后追认等共同意思表示所负的债务，以及夫妻一方在婚姻关系存续期间以个人名义为家庭日常生活需要所负的债务，属于夫妻共同债务。夫妻一方在婚姻关系存续期

间以个人名义超出家庭日常生活需要所负的债务，不属于夫妻共同债务；但是，债权人能够证明该债务用于夫妻共同生活、共同生产经营或者基于夫妻双方共同意思表示的除外。"据此规定分析，本题中，甲婚后所欠赌债，非属双方共同意思，不是用于日常生活需要，债权人亦未能举证证明属于双方意思或用于甲、乙共同经营、共同生活，故不是共同债务，乙不需要承担责任。《民法典婚姻家庭编解释（一）》第34条规定："夫妻一方与第三人串通，虚构债务，第三人主张该债务为夫妻共同债务的，人民法院不予支持。夫妻一方在从事赌博、吸毒等违法犯罪活动中所负债务，第三人主张该债务为夫妻共同债务的，人民法院不予支持。"据此，亦可判定赌债不是夫妻共同债务，故A选项错误。《民法典》第1079条第2款规定："人民法院审理离婚案件，应当进行调解；如果感情确已破裂，调解无效的，应当准予离婚。"据此，离婚案件的审理，必须先进行调解，B选项错误。离婚时对于子女抚养权的归属，由双方协议确定，不能达成协议的，由法院判决。本案中，甲嗜赌成性，甲行使抚养权显然不利于未成年子女的成长，且乙长期照顾女儿，故应判决乙获得抚养权，C选项正确。对于欺诈作为撤销婚姻的事由，《民法典》第1053条第1款规定："一方患有重大疾病的，应当在结婚登记前如实告知另一方；不如实告知的，另一方可以向人民法院请求撤销婚姻。"据此，只有隐瞒重大疾病的欺诈方可撤销，嗜赌的隐瞒不能作为撤销婚姻的事由，故D选项错误。（C）

[知识点还原] 图表165；图表166

8. [考点] 探望权

[解析]《民法典》第1086条规定："离婚后，不直接抚养子女的父或者母，有探望子女的权利，另一方有协助的义务。行使探望权利的方式、时间由当事人协议；协议不成的，由人民法院判决。父或者母探望子女，不利于子女身心健康的，由人民法院依法中止探望；中止的事由消失后，应当恢复探望。"《民法典婚姻家庭编解释（一）》第68条规定："对于拒不协助另一方行使探望权的有关个人或者组织，可以由人民法院依法采取拘留、罚款等强制措施，但是不能对子女的人身、探望行为进行强制执行。"据此，王某拒不配合顾某探望儿子，不能强制执行探望，但可以对王某采取罚款、拘留等强制措施。故AD选项正确，BC选项错误。（AD）

[知识点还原] 图表166

9. [考点] 离婚与父母子女关系、抚养费、子女姓氏纠纷

[解析]《民法典》第1084条第1、2款规定："父母与子女间的关系，不因父母离婚而消除。离婚后，子女无论由父或者母直接抚养，仍是父母双方的子女。离婚后，父母对于子女仍有抚养、教育、保护的权利和义务。"据此，夫妻离婚后，未成年子女侵害他人权益的，同该子女共同生活的一方应当承担民事责任。如果独立承担民事责任确有困难的，可以责令未与该子女共同生活的一方共同承担民事责任。本题中，未说明陈某承担责任有困难，故A选项正确、B选项错误。《民法典婚姻家庭编解释（一）》第50条规定："抚养费应当定期给付，有条件的可以一次性给付。"据此，C选项错误。根据《民法典》第1015条规定，子女既可以随父姓也可以随母姓，故母亲陈某将孩子姓名改为陈小航有法律根据，D选项正确。（AD）

[知识点还原] 图表166

10. [考点] 婚姻效力瑕疵、赠与合同法定撤销

[解析]《民法典》第1052条规定："因胁迫结婚的，受胁迫的一方可以向人民法院请求撤销婚姻。请求撤销婚姻的，应当自胁迫行为终止之日起一年内提出。被非法限制人身自由的当事人请求撤销婚姻的，应当自恢复人身自由之日起一年内提出。"第1053条规定："一方患有重大疾病的，应当在结婚登记前如实告知另一方；不如实告知的，另一方可以向人民法院请求撤销婚姻。请求撤销婚姻的，应当自知道或者应当知道撤销事由之日起一年内提出。"据此，婚姻缔结中，存在胁迫或隐瞒重大疾病的欺诈才是撤销的事由，本题中不存在，故A选项错误。《民法典》第1051条规定："有下列情形之一的，婚姻无效：（一）重婚；（二）有禁止结婚的亲属关系；（三）未到法定婚龄。"据此，本题中无婚姻无效的事由，故B选项错误。《民法典》第663条规定："受赠人有下列情形之一的，赠与人可以撤销赠与：（一）严重侵害赠与人或者赠与人近亲属的合法权益；（二）对赠与人有扶养义务而不履行；（三）不履行赠与合同约定的义务。赠与人的撤销权，自知道或者应当知道撤销事由之日起一年内行使。"本题中，乙婚后拒绝照顾甲，构成对于赠与合同中约定义务的违反，属于赠与人法定撤销权情形之一，甲可撤销对乙的赠与，故C选项正确、D选项错误。（C）

[知识点还原] 图表118；图表161

11. [考点] 夫妻财产制，属于常考点

[解析] 老谭与郭某一起居住时，此房屋的性质是公租房，所有权属于单位，不是个人财产，房屋是老谭在郭某去世后购买，故郭某对于房屋不享有所有权，D 选项错误。《民法典》第 1062 条规定："夫妻在婚姻关系存续期间所得的下列财产，为夫妻的共同财产，归夫妻共同所有：（一）工资、奖金、劳务报酬；（二）生产、经营、投资的收益；（三）知识产权的收益；（四）继承或者受赠的财产，但是本法第一千零六十三条第三项规定的除外；（五）其他应当归共同所有的财产。夫妻对共同财产，有平等的处理权。"《民法典婚姻家庭编解释（一）》第 25 条规定："婚姻关系存续期间，下列财产属于民法典第一千零六十二条规定的'其他应当归共同所有的财产'：（一）一方以个人财产投资取得的收益；（二）男女双方实际取得或者应当取得的住房补贴、住房公积金；（三）男女双方实际取得或者应当取得的基本养老金、破产安置补偿费。"据此，老谭在与赵某结婚后领取的退休金属于夫妻共同财产，购买的房屋虽然登记在老谭一个人名下，仍然属于夫妻共同财产，故 AB 选项错误，C 选项正确。(C)

[知识点还原] 图表162

12. [考点] 婚姻的效力瑕疵、姓名权，属于常考点

[解析]《民法典》第 1051 条规定："有下列情形之一的，婚姻无效：（一）重婚；（二）有禁止结婚的亲属关系；（三）未到法定婚龄。"本题中，不存在上述无效婚姻的情况，故 A 选项错误。《民法典》第 1052 条规定："因胁迫结婚的，受胁迫的一方可以向人民法院请求撤销婚姻。请求撤销婚姻的，应当自胁迫行为终止之日起一年内提出。被非法限制人身自由的当事人请求撤销婚姻的，应当自恢复人身自由之日起一年内提出。"第 1053 条规定："一方患有重大疾病的，应当在结婚登记前如实告知另一方；不如实告知的，另一方可以向人民法院请求撤销婚姻。请求撤销婚姻的，应当自知道或者应当知道撤销事由之日起一年内提出。"据此，可撤销婚姻的原因有胁迫和隐瞒重大疾病的欺诈，本题中不存在胁迫与隐瞒重大疾病的情形，故 B 选项错误。姓名权是自然人享有的人格权，内容包括命名自由、变更自由并排除他人妨碍和侵害。对于姓名的变更，通常认为，成年之前法定代理人可以申请变更，成年后自己

可以申请变更，故陈小美将其子高小甲的名字改为陈龙，是合法的，并不侵害高甲及高小甲的权益。故 C 选项错误，D 选项正确。(D)

[知识点还原] 图表 161；图表 176

13. [考点] 彩礼的返还，偶尔考查

[解析]《民法典婚姻家庭编解释（一）》第 5 条规定："当事人请求返还按照习俗给付的彩礼的，如果查明属于以下情形，人民法院应当予以支持：（一）双方未办理结婚登记手续；（二）双方办理结婚登记手续但确未共同生活；（三）婚前给付并导致给付人生活困难。适用前款第二项、第三项的规定，应当以双方离婚为条件。"但 2024 年 1 月《最高人民法院关于审理涉彩礼纠纷案件适用法律若干问题的规定》对于上述第 5 条的规定有所调整。如果登记了但未共同生活的，原则上应予以返还，C 选项正确。对于办理登记且共同生活的，请求返还彩礼一般不予支持，但是如果共同生活时间较短且彩礼数额过高的，人民法院可以根据彩礼实际使用及嫁妆情况，综合考虑彩礼数额、共同生活及孕育情况、双方过错等事实，结合当地习俗，确定是否返还以及返还的具体比例。据此，由于本题中明确了双方共同生活时间较短，因此虽然双方办理了登记且共同生活，依然有请求返还彩礼的可能，故 D 选项根据最新的司法解释是有根据的。综上，AB 选项错误，CD 选项正确。[CD（原答案为 C）]

[知识点还原] 图表 161

14. [考点] 送养、收养的条件，偶尔考查

[解析]《民法典》第 1099 条规定，收养三代以内旁系同辈血亲的子女，可以不受本法第 1093 条第 3 项（生父母有特殊困难无力抚养的子女）、第 1094 条第 3 项（有特殊困难无力抚养子女的生父母）和第 1102 条（无配偶者收养异性子女的相差 40 周岁）规定的限制。华侨收养三代以内旁系同辈血亲的子女，还可以不受本法第 1098 条第 1 项（无子女或者只有一名子女）规定的限制。据此，徐某的姐姐是徐某的三代以内同辈旁系血亲，故送养人有抚养能力和收养人有子女均不能构成限制，故 AB 选项错误。《民法典》第 1108 条规定："配偶一方死亡，另一方送养未成年子女的，死亡一方的父母有优先抚养的权利。"据此，C 选项正确。《民法典》第 1104 条规定："收养人收养与送养人送养，应当双方自愿。收养八周岁以上未成年人的，应当征得被收养人的同意。"据此，被收养人满 8 周岁时需征得被收养人的同意。本

题中，小强已经9岁，故需要征得小强同意，故D选项正确。[CD（原答案为C）]

[知识点还原] 图表164

15. [考点] 夫妻生育纠纷、离婚中过错方的赔偿责任，前者偶尔考查，后者属于常考点

[解析] 甲男多次殴打乙女，此为家庭暴力。《民法典》第1091条规定："有下列情形之一，导致离婚的，无过错方有权请求损害赔偿：（一）重婚；（二）与他人同居；（三）实施家庭暴力；（四）虐待、遗弃家庭成员；（五）有其他重大过错。"据此，法院应当支持乙女的赔偿请求，A选项正确。《民法典婚姻家庭编解释（一）》第23条规定："夫以妻擅自终止妊娠侵犯其生育权为由请求损害赔偿的，人民法院不予支持；夫妻双方因是否生育发生纠纷，致使感情确已破裂，一方请求离婚的，人民法院经调解无效，应依照民法典第一千零七十九条第三款第五项的规定处理。"据此，任何一方不得以生育权为由主张另一方进行赔偿，此视为《民法典》第1079条第3款第5项规定的"其他导致夫妻感情破裂的情形"，法院可判决离婚。任何一方不得为了满足自己的生育利益而要求另一方牺牲同样利益，故乙女中止妊娠的行为，没有侵害甲的人格尊严。因此，BC选项错误，D选项正确。（AD）

[知识点还原] 图表165；图表167

16. [考点] 离婚中的财产分割，属于常考点

[解析]《民法典》第1092条规定："夫妻一方隐藏、转移、变卖、毁损、挥霍夫妻共同财产，或者伪造夫妻共同债务企图侵占另一方财产的，在离婚分割夫妻共同财产时，对该方可以少分或者不分。离婚后，另一方发现有上述行为的，可以向人民法院提起诉讼，请求再次分割夫妻共同财产。"据此，AC选项正确。离婚时达成的离婚财产分割协议对于双方具有约束力，因履行发生的纠纷适用《民法典》合同编的有关规定，履行发生纠纷是新的事实，可以向法院起诉，B选项正确。《民法典婚姻家庭编解释（一）》第84条规定："当事人依民法典第一千零九十二条的规定向人民法院提起诉讼，请求再次分割夫妻共同财产的诉讼时效期间为三年，从当事人发现之日起计算。"据此，D选项错误。（D）

[知识点还原] 图表166

17. [考点] 离婚中的损害赔偿，属于常考点

[解析]《民法典》第1091条规定："有下列情形之一，导致离婚的，无过错方有权请求损害赔偿：（一）重婚；（二）与他人同居；（三）实施家庭暴力；（四）虐待、遗弃家庭成员；（五）有其他重大过错。"《民法典婚姻家庭编解释（一）》第86条规定："民法典第一千零九十一条规定的'损害赔偿'，包括物质损害赔偿和精神损害赔偿。涉及精神损害赔偿的，适用《最高人民法院关于确定民事侵权精神损害赔偿责任若干问题的解释》的有关规定。"据此，AB选项错误。《民法典婚姻家庭编解释（一）》第90条规定："夫妻双方均有民法典第一千零九十一条规定的过错情形，一方或者双方向对方提出离婚损害赔偿请求的，人民法院不予支持。"据此，如果柳某婚内与杜某同居，也具有婚姻法规定的过错，在双方都有过错的情形下，不能请求赔偿。故C选项正确，D选项错误。（C）

[知识点还原] 图表167

18. [考点] 夫妻财产制，属于常考点

[解析]《民法典》第1063条规定："下列财产为夫妻一方的个人财产：（一）一方的婚前财产；（二）一方因受到人身损害获得的赔偿或者补偿；（三）遗嘱或者赠与合同中确定只归一方的财产；（四）一方专用的生活用品；（五）其他应当归一方的财产。"《民法典婚姻家庭编解释（一）》第31条规定："民法典第一千零六十三条规定为夫妻一方的个人财产，不因婚姻关系的延续而转化为夫妻共同财产。但当事人另有约定的除外。"据此，只有D选项正确。（D）

[知识点还原] 图表162

19. [考点] 探望权，偶尔考查

[解析]《民法典》第1086条规定："离婚后，不直接抚养子女的父或者母，有探望子女的权利，另一方有协助的义务。行使探望权利的方式、时间由当事人协议；协议不成的，由人民法院判决。父或者母探望子女，不利于子女身心健康的，由人民法院依法中止探望；中止的事由消失后，应当恢复探望。"对拒不执行有关扶养费、抚养费、赡养费、财产分割、遗产继承、探望子女等判决或裁定的，由人民法院依法强制执行。有关个人和单位应负协助执行的责任。对拒不执行有关探望子女等判决和裁定的，由人民法院依法强制执行，是指对拒不履行协助另一方行使探望权的有关个人和单位采取拘留、罚款等强制措施，不能对子女的人身、探望行为进行强制执行。AC选项正确，D选项错误。离婚后，不与子女生

活的一方享有探望的权利，没有探望的法律义务，故 B 选项错误。（AC）

[知识点还原] 图表 166

20. [考点] 可撤销婚姻、夫妻财产制，属于常考点

[解析]《民法典》第 1052 条规定："因胁迫结婚，受胁迫的一方可以向人民法院请求撤销婚姻。请求撤销婚姻的，应当自胁迫行为终止之日起一年内提出。被非法限制人身自由的当事人请求撤销婚姻的，应当自恢复人身自由之日起一年内提出。"第 1053 条规定："一方患有重大疾病的，应当在结婚登记前如实告知另一方；不如实告知的，另一方可以向人民法院请求撤销婚姻。请求撤销婚姻的，应当自知道或者应当知道撤销事由之日起一年内提出。"据此规定，可撤销婚姻的原因有胁迫和隐瞒重大疾病的欺诈两种，本题中没有上述情形，因此，AB 选项错误。《民法典婚姻家庭编解释（一）》第 29 条第 1 款规定："当事人结婚前，父母为双方购置房屋出资的，该出资应当认定为对自己子女个人的赠与，但父母明确表示赠与双方的除外。"本题中，在结婚时，陈某父母赠与的房屋登记在陈某和胡某名下，可见是对于双方的赠与，因此，房屋应当属于夫妻共同财产，故 C 选项错误。《民法典》第 1062 条规定："夫妻在婚姻关系存续期间所得的下列财产，为夫妻的共同财产，归夫妻共同所有：（一）工资、奖金、劳务报酬；（二）生产、经营、投资的收益；（三）知识产权的收益；（四）继承或者受赠的财产，但是本法第一千零六十三条第三项规定的除外；（五）其他应当归共同所有的财产。夫妻对共同财产，有平等的处理权。"通说认为，知识产权的收益，是指婚姻关系存续期间，实际取得或者已经明确可以取得的财产性收益。本题中，10 万元版税收入属于婚后实际取得的知识产权收益，故 D 选项正确。（D）

[知识点还原] 图表 161；图表 162

21. [考点] 无效婚姻，属于常考点

[解析]《民法典》第 1051 条规定："有下列情形之一的，婚姻无效：（一）重婚；（二）有禁止结婚的亲属关系；（三）未到法定婚龄。"《民法典婚姻家庭编解释（一）》第 17 条第 1 款规定："当事人以民法典第一千零五十一条规定的三种无效婚姻以外的情形请求确认婚姻无效的，人民法院应当判决驳回当事人的诉讼请求。"据此，婚姻无效的原因仅限于《民法典》第 1051 条规定

的三种情形，本题中情形不符合其中的任何一种，故应驳回大伟的申请，A 选项错误、D 选项正确。《民法典》第 1052 条规定："因胁迫结婚的，受胁迫的一方可以向人民法院请求撤销婚姻。请求撤销婚姻的，应当自胁迫行为终止之日起一年内提出。被非法限制人身自由的当事人请求撤销婚姻的，应当自恢复人身自由之日起一年内提出。"第 1053 条规定："一方患有重大疾病的，应当在结婚登记前如实告知另一方；不如实告知的，另一方可以向人民法院请求撤销婚姻。请求撤销婚姻的，应当自知道或者应当知道撤销事由之日起一年内提出。"据此，在胁迫和隐瞒重大疾病欺诈的情形下，方可提起撤销婚姻之诉，本题中不存在上述情形，且大伟也没有提出此种请求，故 B 选项错误。离婚的前提是存在有效的婚姻。要求结婚的男女双方必须亲自到婚姻登记机关进行结婚登记。本题中，大伟没有亲自去登记，故大伟与小芳之间不存在有效的婚姻关系，故 C 选项错误。（D）

[知识点还原] 图表 161

22. [考点] 离婚法定理由、离婚中的赔偿、著作权与物权的归属，属于常考点

[解析]《民法典》第 1082 条规定："女方在怀孕期间、分娩后一年内或者终止妊娠后六个月内，男方不得提出离婚；但是，女方提出离婚或者人民法院认为确有必要受理男方离婚请求的除外。"据此，A 选项正确。《民法典》第 1079 条规定："夫妻一方要求离婚的，可以由有关组织进行调解或直接向人民法院提起离婚诉讼。人民法院审理离婚案件，应当进行调解；如果感情确已破裂，调解无效的，应当准予离婚。有下列情形之一，调解无效的，应当准予离婚：（一）重婚或者与他人同居；（二）实施家庭暴力或者虐待、遗弃家庭成员；（三）有赌博、吸毒等恶习屡教不改；（四）因感情不和分居满二年；（五）其他导致夫妻感情破裂的情形。一方被宣告失踪，另一方提起离婚诉讼的，应当准予离婚。经人民法院判决不准离婚后，双方又分居满一年，一方再次提起离婚诉讼的，应当准予离婚。"董楠有吸毒恶习，调解无效，应准予离婚，故 B 选项正确。共同创作的油画，双方共同享有著作权和所有权。董楠擅自出售，侵犯了申蓓的著作权和所有权，故 C 选项正确。《民法典》第 1091 条规定："有下列情形之一，导致离婚的，无过错方有权请求损害赔偿：（一）重婚；（二）与他人同居；（三）实施家庭暴力；（四）虐待、遗弃家庭成员；

（五）有其他重大过错。"《民法典》增加了"有其他重大过错"这一情形。因吸毒屡教不改导致离婚的，虽然吸毒行为并未给配偶造成直接的身体伤害，但基于常人的生活体验观察，有极大可能性会给配偶造成精神损害，因此，申蓓离婚时也可以主张损害赔偿，故 D 选项正确。[ABCD（原答案为ABC）]

[知识点还原] 图表 165；图表 167

23. [考点] 夫妻财产制、离婚中的财产分割、婚内财产分割，属于常考点

[解析]《民法典》第 1063 条规定："下列财产为夫妻一方的个人财产：（一）一方的婚前财产；……"门面房是甲婚前所有的财产，只要没有特别约定转换为共同财产，永远视为个人财产，因此，离婚时，对于门面房，乙无权请求分割，A 选项正确，不当选。《民法典婚姻家庭编解释（一）》第 82 条规定："夫妻之间订立借款协议，以夫妻共同财产出借给一方从事个人经营活动或者用于其他个人事务的，应视为双方约定处分夫妻共同财产的行为，离婚时可以按照借款协议的约定处理。"故 BC 选项正确，不当选。《民法典》第 1066 条规定："婚姻关系存续期间，有下列情形之一的，夫妻一方可以向人民法院请求分割共同财产：（一）一方有隐藏、转移、变卖、毁损、挥霍夫妻共同财产或者伪造夫妻共同债务等严重损害夫妻共同财产利益的行为；（二）一方负有法定扶养义务的人患重大疾病需要医治，另一方不同意支付相关医疗费用。"甲对于自己的女儿丙有法定的扶养义务，因此，构成重大理由，在婚姻关系存续期间内，可以请求分割夫妻共同财产，D 选项错误，当选。(D)

[知识点还原] 图表 162；图表 166

24. [考点] 夫妻财产制，属于常考点

[解析] 此题是在考查婚前财产在婚后产生的收益的归属问题。根据《民法典婚姻家庭编解释（一）》第 26 条规定："夫妻一方个人财产在婚后产生的收益，除孳息和自然增值外，应认定为夫妻共同财产。"这就意味着，夫妻一方财产在婚后产生的收益中，孳息和自然增值的部分均属于个人财产。选项 A 中的果实在收获之后，性质上是天然孳息，应属于个人。选项 B 和 D 房屋和玉石的升值是自然增值，应属于个人。选项 C 中用婚前财产投资股市所得，这属于投资收益，而非孳息，亦非自然增值，应当认定为共同财产，故 C 选项正确。(C)

[知识点还原] 图表 162

25. [考点] 夫妻共同共有财产的分割、离婚损害赔偿请求权，属于常考点

[解析]《民法典》第 1066 条规定："婚姻关系存续期间，有下列情形之一的，夫妻一方可以向人民法院请求分割共同财产：（一）一方有隐藏、转移、变卖、毁损、挥霍夫妻共同财产或者伪造夫妻共同债务等严重损害夫妻共同财产利益的行为；（二）一方负有法定扶养义务的人患重大疾病需要医治，另一方不同意支付相关医疗费用。"同时，第 303 条规定："共有人约定不得分割共有的不动产或者动产，以维持共有关系的，应当按照约定，但是共有人有重大理由需要分割的，可以请求分割；没有约定或者约定不明确的，按份共有人可以随时请求分割，共同共有人在共有的基础丧失或者有重大理由需要分割时可以请求分割。因分割造成其他共有人损害的，应当给予赔偿。"本题所述情形不属于第 1066 条明文规定的情形，但可类推适用。本题所述情形可认定为第 303 条规定的"有重大理由需要分割"，所以，乙有权在婚姻关系存续期间，起诉请求分割夫妻共同财产。故 A 选项正确，不当选。《民法典》第 1091 条规定："有下列情形之一，导致离婚的，无过错方有权请求损害赔偿：（一）重婚；（二）与他人同居；（三）实施家庭暴力；（四）虐待、遗弃家庭成员；（五）有其他重大过错。"本题中，甲的行为属于虐待家庭成员，故 B 选项正确，不当选。《民法典》第 1087 条第 1 款规定："离婚时，夫妻的共同财产由双方协议处理；协议不成的，由人民法院根据财产的具体情况，按照照顾子女、女方和无过错方权益的原则判决。"第 1092 条规定："夫妻一方隐藏、转移、变卖、毁损、挥霍夫妻共同财产，或者伪造夫妻共同债务企图侵占另一方财产的，在离婚分割夫妻共同财产时，对该方可以少分或者不分。离婚后，另一方发现有上述行为的，可以向人民法院提起诉讼，请求再次分割夫妻共同财产。"本题不符合第 1092 条规定的情形，故 C 选项错误，当选。《治安管理处罚法》第 45 条规定："有下列行为之一的，处五日以下拘留或者警告：（一）虐待家庭成员，被虐待人要求处理的；（二）遗弃没有独立生活能力的被扶养人的。"D 选项正确，不当选。(C)

[知识点还原] 图表 162；图表 167

26. [考点] 夫妻共同债务之清偿，属于常考点

[解析] 夫妻离婚时，夫妻共同债务先用夫妻

共同财产清偿;共同财产不足以清偿的,男女双方以各自的财产对夫妻共同债务承担连带清偿责任。《民法典》第1064条规定:"夫妻双方共同签名或者夫妻一方事后追认等共同意思表示所负的债务,以及夫妻一方在婚姻关系存续期间以个人名义为家庭日常生活需要所负的债务,属于夫妻共同债务。夫妻一方在婚姻关系存续期间以个人名义超出家庭日常生活需要所负的债务,不属于夫妻共同债务;但是,债权人能够证明该债务用于夫妻共同生活、共同生产经营或者基于夫妻双方共同意思表示的除外。"购买婚房是夫妻日常生活需要的范围。本案中,虽是黄某以个人名义所借,但用于日常生活的,也属于夫妻共同债务,故AB选项错误。黄某与唐某在离婚协议中对夫妻共同债务承担的约定不能对抗债权人,双方仍须对债权人承担连带责任;但是,该约定在黄某与唐某间可发生效力。故如黄某偿还了10万元,则有权向唐某追偿10万元。故C选项正确,D选项错误。(C)

[知识点还原] 图表166

27. [考点] 婚姻无效,属于常考点

[解析]《民法典》第1051条规定:"有下列情形之一的,婚姻无效:(一)重婚;(二)有禁止结婚的亲属关系;(三)未到法定婚龄。"《民法典婚姻家庭编解释(一)》第10条规定:"当事人依据民法典第一千零五十一条规定向人民法院请求确认婚姻无效,法定的无效婚姻情形在提起诉讼时已经消失的,人民法院不予支持。"乙结婚时离法定婚龄相差2岁,但现已经过了3年,无效情形已经消失,故A选项不当选。《民法典婚姻家庭编解释(一)》第17条第1款规定:"当事人以民法典第一千零五十一条规定的三种无效婚姻以外的情形请求确认婚姻无效的,人民法院应当判决驳回当事人的诉讼请求。"因欺诈结婚的,不属于无效婚姻,故B选项不当选。《民法典》第1048条规定:"直系血亲或者三代以内的旁系血亲禁止结婚。"表兄妹属于三代以内的旁系血亲,甲、乙的婚姻无效,故C选项当选。《民法典》第1052条规定,因胁迫结婚的,属于可撤销的婚姻,而不是无效婚姻,故D选项不当选。(C)

[知识点还原] 图表161

28. [考点] 夫妻共同财产、宣告失踪、离婚诉讼的代理,其中,夫妻共同财产问题属于常考点

[解析] 根据《民法典》第1062条的规定,除非法律另有规定或夫妻双方另有书面约定,在婚姻关系存续期间,夫妻一方或者双方取得的财产属于夫妻共同共有的财产。甲与丙婚后购买的房屋,虽仅登记在甲一人名下,亦应认定为甲、丙共同共有,故A选项错误。夫妻一方对另一方不履行扶养义务的,并不丧失其对夫妻共同共有财产的权益,B选项的表述并无法律依据,错误。《民法典》第40条规定:"自然人下落不明满二年的,利害关系人可以向人民法院申请宣告该自然人为失踪人。"申请宣告失踪的利害关系人,包括被申请宣告失踪人的配偶、父母、子女、兄弟姐妹、祖父母、外祖父母、孙子女、外孙子女以及其他与被申请人有民事权利义务关系的人。甲乙的子女与丙无法律上的利害关系,无权申请宣告丙失踪,故C选项错误。诉讼离婚原则上不允许代理,但有例外,《民事诉讼法》第65条规定:"离婚案件有诉讼代理人的,本人除不能表达意思的以外,仍应出庭;确因特殊情况无法出庭的,必须向人民法院提交书面意见。"根据《民事诉讼法》第61条的规定,可以作为诉讼代理人的包括:律师、基层法律服务工作者;当事人的近亲属或者工作人员;当事人所在社区、单位以及有关社会团体推荐的公民。因此,若甲因中风确实不能出庭参与离婚诉讼,可委托其子女(属于近亲属)作为诉讼代理人参加诉讼,但须甲出具书面意见,故D选项正确。(ABC)

[知识点还原] 图表9;图表162

29. [考点] 夫妻共同财产、离婚时有过错一方的赔偿责任、离婚补偿请求权,属于常考点

[解析]《民法典》第1088条规定:"夫妻一方因抚育子女、照料老年人、协助另一方工作等负担较多义务的,离婚时有权向另一方请求补偿,另一方应当给予补偿。具体办法由双方协议;协议不成的,由人民法院判决。"本案中,赵某在婚姻存续期间因负责照料女儿及其王某生活等付出较多义务,离婚时赵某提出补偿请求的,王某应予补偿。因此,A选项正确。《民法典》第1065条规定:"男女双方可以约定婚姻关系存续期间所得的财产以及婚前财产归各自所有、共同所有或者部分各自所有、部分共同所有。约定应当采用书面形式。没有约定或者约定不明确的,适用本法第一千零六十二条、第一千零六十三条的规定。夫妻对婚姻关系存续期间所得的财产以及婚前财产的约定,对双方具有法律约束力。夫妻对婚姻关系存续期间所得的财产约定归各自所有,夫或者妻一方对外所负的债务,相对人知道该约定的,以夫或者妻一方的个人财产清偿。"据此,王某与赵某关于婚姻存

续期间各自收入归个人所有的约定有效,王某用自己的收入购置的房屋属于其个人财产,不属于夫妻共同财产,B选项错误。《民法典》第1091条第2项规定,与他人同居导致离婚的,无过错方有权请求损害赔偿。因此,C选项正确。D选项没有法律意义上的规范依据,错误。(AC)

[知识点还原] 图表162;图表167

30. [考点] 收养的条件,偶尔考查

[解析]《民法典》第1099条规定,收养三代以内旁系同辈血亲的子女,可以不受本法第1093条第3项(生父母有特殊困难无力抚养的子女)、第1094条第3项(有特殊困难无力抚养子女的生父母)和第1102条(无配偶者收养异性子女的相差40周岁)规定的限制。华侨收养三代以内旁系同辈血亲的子女,还可以不受本法第1098条第1项(无子女或者只有一名子女)规定的限制。同时,按照《民法典》规定,只要未成年,均可被收养。由此本题中D选项是正确的。(D)

[知识点还原] 图表164

31. [考点] 离婚中的财产分割,属于常考点

[解析]《民法典》第1092条规定:"夫妻一方隐藏、转移、变卖、毁损、挥霍夫妻共同财产,或者伪造夫妻共同债务企图侵占另一方财产的,在离婚分割夫妻共同财产时,对该方可以少分或者不分。离婚后,另一方发现有上述行为的,可以向人民法院提起诉讼,请求再次分割夫妻共同财产。"由此,乙只是有权请求法院再次分割共同财产,无权要求甲承担赔偿责任,A选项正确。另外该两处房产,对于甲来说,"可以"少分或者不分,而不是"应当"不分。由此,B选项太绝对,错误。《民法典婚姻家庭编解释(一)》第84条规定:"当事人依据民法典第一千零九十二条的规定向人民法院提起诉讼,请求再次分割夫妻共同财产的诉讼时效期间为三年,从当事人发现之日起计算。"据此,只有发现,不包括"应当发现",C选项错误。值得说明的是,根据《民法典》总则编关于时效的规定,普通时效均应为3年。《民法典》第229条规定:"因人民法院、仲裁机构的法律文书或者人民政府的征收决定等,导致物权设立、变更、转让或者消灭的,自法律文书或者征收决定等生效时发生效力。"由此,D选项正确。(AD)

[知识点还原] 图表29;图表166

32. [考点] 夫妻财产制度,属于常考点

[解析]《民法典》第1062条规定,夫妻在婚姻关系存续期间所获得的知识产权的收益属于夫妻共同财产。《民法典婚姻家庭编解释(一)》第24条规定:"民法典第一千零六十二条第一款第三项规定的'知识产权的收益',是指婚姻关系存续期间,实际取得或者已经明确可以取得的财产性收益。"据此,判断知识产权的收益是否为夫妻共同财产应以该收益的取得或明确是否在婚姻关系存续期间内为标准,而不应以知识产权权利本身的取得为判断依据。就《昨天》而言,虽然著作权是婚前取得,但其财产性收益(稿费)是婚姻关系存续期间实际取得,该稿费应认定为夫妻共同财产,因此A选项错误。就《今天》而言,是在婚姻关系存续期间发表,意味着已经明确可以取得的财产性收益(稿费),该稿费应认定为夫妻共同财产,因此B选项正确。就《明天》而言,虽然著作权在婚姻关系存续期间取得,但该小说在离婚后才发表,也即离婚后才确定并实现了其财产性收益,则该稿费应认定为甲的个人财产,因此C选项错误。据上述分析可知,D选项错误。(B)

[知识点还原] 图表162

33. [考点] 夫妻共同财产、离婚债务清偿,属于常考点

[解析] 从本题提供的信息来看,张某、柳某夫妻二人对财产问题并无约定,因此应适用法定夫妻财产制予以处理,二人婚后所开的美发店理当属于夫妻共同财产,因此A选项正确。《民法典》第1064条规定:"夫妻双方共同签名或者夫妻一方事后追认等共同意思表示所负的债务,以及夫妻一方在婚姻关系存续期间以个人名义为家庭日常生活需要所负的债务,属于夫妻共同债务。夫妻一方在婚姻关系存续期间以个人名义超出家庭日常生活需要所负的债务,不属于夫妻共同债务;但是,债权人能够证明该债务用于夫妻共同生活、共同生产经营或者基于夫妻双方共同意思表示的除外。"本题中,柳某的借款虽不是为满足日常的生活需求,但根据题干信息,美发店是婚后所开,虽由柳某管理,但是属于夫妻共同经营的产业,故此债务应属于夫妻共同债务,故D项错误。《民法典》第1089条规定:"离婚时,夫妻共同债务应当共同偿还。共同财产不足清偿或者财产归各自所有的,由双方协议清偿;协议不成的,由人民法院判决。"因此B选项正确。民法理论认为,夫妻双方应对共同债务承担连带清偿责任,因此C选项不正确。(AB)

[知识点还原] 图表162;图表166

PART 05
第五章 继 承

1. [考点] 自书遗嘱、打印遗嘱、因继承引起的物权变动，属于常考点

[解析]《民法典》第1136条规定："打印遗嘱应当有两个以上见证人在场见证。遗嘱人和见证人应当在遗嘱每一页签名，注明年、月、日。"据此，打印遗嘱必须遗嘱人和见证人在每一页都签名，方可有效订立。本题中，由于第二页没有遗嘱人签名，第二页无效，由于第二页内容与其他两页相对独立，故不影响第一和第三页的效力，A选项正确。虽然第二页打印遗嘱无效，但甲的自书遗嘱是有效的，丙可以按照自书遗嘱获得居住权。《民法典》第230条规定："因继承取得物权的，自继承开始时发生效力。"据此，丙获得房屋和汽车的所有权，乙获得居住权，均应自继承开始时获得，即甲死亡的5月15日，故BC选项错误。通过遗嘱获得居住权与通过合同获得居住权不同，居住权的产生不以登记作为有效要件，继承开始即可获得。同时，继承房屋所有权的人，有义务配合居住权人去办理登记，以更好地保护居住权人的利益，故D选项正确。（AD）

[知识点还原] 图表39；图表173

2. [考点] 通谋虚伪、自书遗嘱、遗嘱撤回、善意取得，属于常考点

[解析] 自书遗嘱的订立和撤回，均不需要见证人，故A选项错误。《民法典》第146条规定："行为人与相对人以虚假的意思表示实施的民事法律行为无效。以虚假的意思表示隐藏的民事法律行为的效力，依照有关法律规定处理。"据此，王某与甲、乙之间的房屋买卖合同是基于双方虚假的意思表示，构成通谋虚伪，故无效，B选项正确。根据民法理论通说，通谋虚伪的无效不得对抗善意第三人，故当甲实施无权处分将房屋卖给不知情的丙之后，丙构成善意的取得，故丙对王某没有返还的义务，D选项正确。甲的遗嘱撤回后，由于房屋已被丙善意取得，故甲丧失了对房屋的占有，不是现实占有人，王某不能请求甲返还房屋；但是，甲转让房屋，侵犯了王某的所有权，所得价款构成不当得利，王某可主张甲在房屋价款范围内赔偿损失或返还不当得利。故C选项正确。（BCD）

[知识点还原] 图表22；图表40；图表173

3. [考点] 遗产范围、推定死亡、代位继承与转继承，属于常考点

[解析] 本题中三人的死亡顺序明确，不需要推定死亡。遗产是生前已经获得、死后留下来的合法财产，死亡赔偿金是张甲死后赔偿给其近亲属的，故不是遗产，A选项正确。虽然张甲父母双亡且没有配偶与子女，没有第一顺位继承人，但张乙作为张甲的妹妹，可作为第二顺序继承人继承张甲的遗产。又因为张乙先于张甲死亡，故张乙的子女张丙、张丁可以代位继承张甲的遗产，不适用归国家所有的规定，故B选项错误、C选项正确。张丙代位继承后，尚未分割遗产时又死亡，此时适用转继承。因张丙没留下遗嘱，故适用法定继承，由其法定继承人张戊继承，故D选项正确。（ACD）

[知识点还原] 图表168；图表169；图表171；图表172

4. [考点] 因继承的物权变动、代位继承

[解析]《民法典》第230条规定："因继承取得物权的，自继承开始时发生效力。"本条规定的"继承"，包括法定继承、遗嘱继承、遗赠等所有的继承方式。《民法典》第1121条第1款规定："继承从被继承人死亡时开始。"据此，本案中，李某通过遗嘱继承获得房屋的所有权，自被继承人张某死亡时发生效力，李某作为继承人获得所有权无需登记，故A选项错误、BC选项正确。根据《民法典》关于法定继承的规定及民法通说，代位继承只能在法定继承中适用。本案被继承人生前立下了遗嘱，且未见遗嘱无效之事由，故本案中房屋应按照遗嘱由李某继承，未见存在适用代位继承之前提，故D选项错误。（BC）

161

[知识点还原] 图表39；图表172

5. [考点] 继承权丧失、遗嘱继承

[解析]《民法典》第1143条第2款规定："遗嘱必须表示遗嘱人的真实意思，受欺诈、胁迫所立的遗嘱无效。"据此，丁以杀害丙的性命相威胁，让乙更改遗嘱，不是乙的真实意思，因此无效。《民法典》第1138条规定："遗嘱人在危急情况下，可以立口头遗嘱。口头遗嘱应当有两个以上见证人在场见证。危急情况消除后，遗嘱人能够以书面或者录音录像形式立遗嘱的，所立的口头遗嘱无效。"本案中，乙立口头遗嘱的情况，符合法定的形式要求。《民法典》第1125条第1款第2项规定，"为争夺遗产而杀害其他继承人"的，丧失继承权。《民法典继承编解释（一）》第8条规定："继承人有民法典第一千一百二十五条第一款第一项或者第二项所列之行为，而被继承人以遗嘱将遗产指定由该继承人继承的，可以确认遗嘱无效，并确认该继承人丧失继承权。"据此，为争夺遗产杀害其他继承人的，无论既遂还是未遂，均绝对丧失继承权，即使后来被继承人在遗嘱中将其列为继承人，该部分遗嘱也无效，故甲所立口头遗嘱中，丁继承一般存款的部分无效，故D选项错误。无论自书遗嘱，还是口头遗嘱中，被继承人的真实意思均是由丙继承房屋，故C选项正确。《民法典》第1179条规定："侵害他人造成人身损害的，应当赔偿医疗费、护理费、交通费、营养费、住院伙食补助费等为治疗和康复支出的合理费用，以及因误工减少的收入。造成残疾的，还应当赔偿辅助器具费和残疾赔偿金；造成死亡的，还应当赔偿丧葬费和死亡赔偿金。"据此，甲致乙重伤残疾，乙可以主张残疾赔偿金。《民法典》第1183条第1款规定："侵害自然人人身权益造成严重精神损害的，被侵权人有权请求精神损害赔偿。"据此，本案中，甲致乙重伤，乙可以主张精神损害赔偿金。乙获得的残疾赔偿金及精神损害赔偿金在乙死亡时就是乙的遗产。如上所述，由于丁存在为争夺遗产杀害其他继承人的行为，绝对丧失了继承权，故丁无论对乙获得的残疾赔偿金还是精神损害赔偿金均没有继承权，故AB选项错误。（C）

[知识点还原] 图表170；图表173

6. [考点] 法定继承、代位继承

[解析]《民法典》第1128条第1款规定："被继承人的子女先于被继承人死亡的，由被继承人的子女的直系晚辈血亲代位继承。"此处的血亲，既包括自然血亲，也包括拟制血亲。《民法典》第1072条第2款规定："继父或者继母和受其抚养教育的继子女间的权利义务关系，适用本法关于父母子女关系的规定。"据此，继父母与继子女之间血亲关系的拟制，仅仅在继父母与继子女之间发生，不及于继父母的其他近亲属。《民法典继承编解释（一）》第15条规定："被继承人的养子女、已形成扶养关系的继子女的生子女可以代位继承；被继承人亲生子女的养子女可以代位继承；被继承人养子女的养子女可以代位继承；与被继承人已形成扶养关系的继子女的养子女也可以代位继承。"据此，各种子女的继子女均不得代位继承。本题中，黄伟作为黄某的第一顺位继承人，当然可以继承遗产，A选项正确。黄美先于黄某死亡，黄美的亲生子女赵小乐可代位继承；卢小乐是黄美的继子女，不得代位继承；卢某不是法定继承人，不得继承。故B选项正确，CD选项错误。（AB）

[知识点还原] 图表171；图表172

7. [考点] 代位继承与转继承

[解析]《民法典》第1128条规定："被继承人的子女先于被继承人死亡的，由被继承人的子女的直系晚辈血亲代位继承。被继承人的兄弟姐妹先于被继承人死亡的，由被继承人的兄弟姐妹的子女代位继承。代位继承人一般只能继承被代位继承人有权继承的遗产份额。"本题中，儿媳不是老王的子女，故其儿子小田不能代位继承，小田无继承老王遗产的权利。故A选项错误，C选项正确。《民法典》第1152条规定："继承开始后，继承人于遗产分割前死亡，并没有放弃继承的，该继承人应当继承的遗产转给其继承人，但是遗嘱另有安排的除外。"由于儿媳先于老王死亡，不存在转继承的条件，故B选项错误。《民法典》第1131条规定："对继承人以外的依靠被继承人扶养的人，或者继承人以外的对被继承人扶养较多的人，可以分给适当的遗产。"小田不属于这两类可以分得适当财产的人，故D选项错误。（C）

[知识点还原] 图表172

8. [考点] 遗嘱的效力、法定继承，属于常考点

[解析]《民法典》第153条第2款规定："违背公序良俗的民事法律行为无效。"本题中，周男在与吴女婚姻关系存续期间，又与郑女同居，立遗嘱将一半遗产赠给郑女，违背公序良俗，遗嘱当属无效，故郑女不能获得遗产，周男的遗产应

当按照法定继承处理。《民法典》第 1127 条规定："遗产按照下列顺序继承：（一）第一顺序：配偶、子女、父母；（二）第二顺序：兄弟姐妹、祖父母、外祖父母。……本编所称子女，包括婚生子女、非婚生子女、养子女和有扶养关系的继子女。……"据此，可以继承周男遗产的继承人包括，配偶吴女、婚生子女小周与非婚生子女小郑，故 ABD 选项正确。（ABD）

[知识点还原] 图表 171；图表 173

9. [考点] 遗嘱继承、继承不动产所有权的获得与处分、股东资格的继承，属于常考点

[解析]《民法典》第 1142 条规定："遗嘱人可以撤回、变更自己所立的遗嘱。立遗嘱后，遗嘱人实施与遗嘱内容相反的民事法律行为的，视为对遗嘱相关内容的撤回。立有数份遗嘱，内容相抵触的，以最后的遗嘱为准。"本题中，韩某所立两份遗嘱，第二份遗嘱与第一份遗嘱不一致的地方，以第二份遗嘱为准，据此，股权和名人字画由婷婷继承，故 AB 选项错误。《民法典》第 230 条规定："因继承取得物权的，自继承开始时发生效力。"故韩大不办理登记，不影响韩大获得房屋的所有权。根据《民法典》第 232 条规定，根据法院判决、继承、房屋建造等享有不动产物权的，处分该物权时，依照法律规定需要办理登记的，未经登记，不发生物权效力。韩大处分房屋，未登记在自己名下，只是不发生物权效力，但是，订立的买卖合同本身作为负担行为是有效的，故 C 选项错误。新《公司法》第 90 条规定："自然人股东死亡后，其合法继承人可以继承股东资格；但是，公司章程另有规定的除外。"据此，只要是合法的继承人，在不违反公司章程规定的情况下，均可通过继承获得股东资格，对于行为能力没有限制，其获得股东资格后，权利由法定代理人代为行使即可，故 D 选项错误。（ABCD）

[知识点还原] 图表 39；图表 173

10. [考点] 遗嘱的形式与效力，属于常考点

[解析] 本题以公证遗嘱优先为前提，故在《民法典》废弃了公证遗嘱的优先地位后，本题将难以逻辑自洽。权且分析如下：

《民法典》第 1142 条规定："遗嘱人可以撤回、变更自己所立的遗嘱。立遗嘱后，遗嘱人实施与遗嘱内容相反的民事法律行为的，视为对遗嘱相关内容的撤回。立有数份遗嘱，内容相抵触的，以最后的遗嘱为准。"贡某订立了公证遗嘱后，指定的继承人贡文决定将贡某的遗产给贡武，贡某签字同意，并表示留 10 万元给贡小文，这是对于自己遗产的新处分，效力方面等于是贡某变更了自己的公证遗嘱，A 选项正确。遗嘱继承人先于被继承人死亡的，所立遗嘱不发生效力，转换为法定继承，因此，贡某的公证遗嘱没有变更的情形下，会因为贡文的死亡而不生效力，故 B 选项也有道理，正确。贡某无权修改贡文的遗嘱；贡文订立遗嘱时，尚未获得贡某的财产，故不能处分贡某的财产，CD 选项错误。[AB（原答案为 B）]

[知识点还原] 图表 173

11. [考点] 法定继承、代位继承、转继承、胎儿的权利能力，属于常考点

[解析]《民法典》第 1127 条规定："遗产按照下列顺序继承：（一）第一顺序：配偶、子女、父母；（二）第二顺序：兄弟姐妹、祖父母、外祖父母。继承开始后，由第一顺序继承人继承，第二顺序继承人不继承；没有第一顺序继承人继承的，由第二顺序继承人继承。本编所称子女，包括婚生子女、非婚生子女、养子女和有扶养关系的继子女。本编所称父母，包括生父母、养父母和有扶养关系的继父母。本编所称兄弟姐妹，包括同父母的兄弟姐妹、同父异母或者同母异父的兄弟姐妹、养兄弟姐妹、有扶养关系的继兄弟姐妹。"据此，小强和杨某均是熊某第一顺位的法定继承人，A 选项正确。代位继承发生在继承人先于被继承人死亡的情形，熊某死亡后，女婴出生，但是旋即死亡，女婴应获得的遗产应当由女婴的法定继承人来继承，不是代位继承，女婴第一顺位的法定继承人只有她的母亲杨某，故 B 选项错误、D 选项正确。《民法典》第 16 条规定："涉及遗产继承、接受赠与等胎儿利益保护的，胎儿视为具有民事权利能力。但是，胎儿娩出时为死体的，其民事权利能力自始不存在。"据此，既然胎儿在出生前具有权利能力，则意味着龙凤胎在出生之前，均有继承权，由于男婴娩出时为死体，权利能力视为自始不存在，故为男婴保留的遗产应当由熊某的其他法定继承人进行分割。其他继承人包括杨某、小强和女婴，故根据《民法典》带来的变化，C 选项错误。[AD（原答案为 ACD）]

[知识点还原] 图表 5；图表 171；图表 172

12. [考点] 遗嘱的撤回、法定继承人的顺位，属于常考点

[解析] 对于住房由于没有订立遗嘱，按照王

163

冬与张霞的约定，归王冬所有。在王冬去世以后，作为第一顺位法定继承人的张霞、王希、王楠均可继承一部分。王希在王冬去世后，不久也死亡，对于王希继承的部分由王小力继承。因此，对于住房，张霞、王小力、王楠均可部分继承。对于门面房，尽管王冬立了遗嘱，并且办理了公证，但是，王冬又将门面房进行了处分，卖给了第三人。《民法典》第1142条规定："遗嘱人可以撤回、变更自己所立的遗嘱。立遗嘱后，遗嘱人实施与遗嘱内容相反的民事法律行为的，视为对遗嘱相关内容的撤回。立有数份遗嘱，内容相抵触的，以最后的遗嘱为准。"据此，王冬卖门面房的行为，视为对于遗嘱的撤回。卖房后所获得的价款，应当按照法定继承来进行。既然按照法定继承，就和上述分析的住房一样，作为第一顺位继承人的张霞、王希、王楠均可部分继承，王希死后，王希所继承的部分再由王小力继承。故ABC选项正确，D选项错误。(D)

[知识点还原] 图表171；图表173

13. [考点] 遗嘱的形式与效力，属于常考点

[解析] 自书遗嘱由遗嘱人亲笔书写，签名，注明年、月、日。代书遗嘱应当有两个以上见证人在场见证，由其中一人代书，并由遗嘱人、代书人和其他见证人签名，注明年、月、日。以录音录像形式立的遗嘱，应当有两个以上见证人在场见证。遗嘱人和见证人应当在录音录像中记录其姓名或者肖像，以及年、月、日。遗嘱人在危急情况下，可以立口头遗嘱。口头遗嘱应当有两个以上见证人在场见证。危急情况消除后，遗嘱人能够以书面或者录音录像形式立遗嘱的，所立的口头遗嘱无效。《民法典》第1140条规定："下列人员不能作为遗嘱见证人：（一）无民事行为能力人、限制民事行为能力人以及其他不具有见证能力的人；（二）继承人、受遗赠人；（三）与继承人、受遗赠人有利害关系的人。"本题中，1月1日的遗嘱，为自书遗嘱，自书完成即发生效力。3月2日的遗嘱，由于是代书的，因此，需要没有利害关系的两个见证人，题中没有交代，因此，所立遗嘱无效。5月3日，在紧急情况之下，有两个无利害关系人见证的情况下，可以订立口头遗嘱，但是，由于这次抢救成功，危急情况得以解除，此时能够用书面或者录音录像形式立遗嘱却没有立，因此，口头遗嘱无效。据此分析，依然应当按照自书遗嘱的内容来继承，故A选项正确。(A)

[知识点还原] 图表173

14. [考点] 遗嘱、遗嘱的撤回

[解析]《民法典》第1142条规定："遗嘱人可以撤回、变更自己所立的遗嘱。立遗嘱后，遗嘱人实施与遗嘱内容相反的民事法律行为的，视为对遗嘱相关内容的撤回。立有数份遗嘱，内容相抵触的，以最后的遗嘱为准。"《民法典》第1138条规定："遗嘱人在危急情况下，可以立口头遗嘱。口头遗嘱应当有两个以上见证人在场见证。危急情况消除后，遗嘱人能够以书面或者录音录像形式立遗嘱的，所立的口头遗嘱无效。"据此，要有效订立口头遗嘱，需要两个以上的见证人，且口头遗嘱只能在危急情况下适用。本题中，叶某订立口头遗嘱，没有两个以上证人，故口头遗嘱不能有效订立。前三份遗嘱，均成立，但是，内容相抵触，应当以最新的为准，故C选项正确。(C)

[知识点还原] 图表173

15. [考点] 法定继承人的顺位及范围，属于常考点

[解析]《民法典》第1127条规定："遗产按照下列顺序继承：（一）第一顺序：配偶、子女、父母；（二）第二顺序：兄弟姐妹、祖父母、外祖父母。继承开始后，由第一顺序继承人继承，第二顺序继承人不继承；没有第一顺序继承人继承的，由第二顺序继承人继承。本编所称子女，包括婚生子女、非婚生子女、养子女和有扶养关系的继子女。本编所称父母，包括生父母、养父母和有扶养关系的继父母。本编所称兄弟姐妹，包括同父母的兄弟姐妹、同父异母或者同母异父的兄弟姐妹、养兄弟姐妹、有扶养关系的继兄弟姐妹。"本题中，由于甲与丙结婚时，小明已经成年，没有和丙之间形成扶养关系，因此，不能继承丙之遗产。小亮是丙的亲生子女，当然可以在第一顺位继承。甲作为丙的配偶，也是第一顺位继承人。小光尽管由丙抚养，但是，没有办理收养手续，没有形成法律上的收养关系，所以只能作为靠被继承人扶养、缺乏劳动能力又没有生活来源的人，根据《民法典》第1131条规定："对继承人以外的依靠被继承人扶养的人，或者继承人以外的对被继承人扶养较多的人，可以分给适当的遗产。"小光可分得适当财产。故BC选项正确。(BC)

[知识点还原] 图表171

16. [考点] 遗产的分配、遗嘱继承与法定继承，属于常考点

[解析]《民法典》第1122条规定："遗产是

自然人死亡时遗留的个人合法财产。依照法律规定或者根据其性质不得继承的遗产，不得继承。"本题中60万元的赔款是在甲因被侵权死亡后，由甲的近亲属所获得的死亡赔偿金，不属于甲生前的合法财产，因此，不属于遗产的范围，故A选项错误。《民法典》第1141条规定："遗嘱应当为缺乏劳动能力又没有生活来源的继承人保留必要的遗产份额。"此规定是出于人道主义的考虑，出于保护缺乏劳动能力又没有生活来源的人的需要，对于被继承人在立遗嘱时的限制性规定，而且适用具有强制性，如果没有给这类人留下必要的份额，则在这类继承人应当获得份额的范围内遗嘱无效。B选项认为由于没有给丙这一缺乏劳动能力又没有生活来源的人保留必要份额会导致遗嘱全部无效，是错误的。《民法典》第1153条规定："夫妻共同所有的财产，除有约定的外，遗产分割时，应当先将共同所有的财产的一半分出为配偶所有，其余的为被继承人的遗产。遗产在家庭共有财产之中的，遗产分割时，应当先分出他人的财产。"房屋和存款都是婚后所得财产，在没有特别约定的情况下，都应当认定为夫妻共同财产，在甲死亡后，继承之前，应当首先析出甲之配偶乙的财产，没有特别约定的，夫妻共同财产均分，故房屋和20万元存款中的一半归属于乙，另一半属于甲的遗产，C选项正确。《民法典》第1123条规定："继承开始后，按照法定继承办理；有遗嘱的，按照遗嘱继承或者遗赠办理；有遗赠扶养协议的，按照协议办理。"因此，只有在没有遗嘱时，才按照法定继承进行，甲既然生前立有遗嘱，在给丙留出必要的份额后，其余的均应当由甲之母丁继承，乙无权继承甲之遗产，D选项错误。（C）

[知识点还原] 图表169；图表171

17. [考点] 遗嘱继承、法定继承、推定死亡、代位继承、转继承，属于常考点

[解析]《民法典》第1121条规定："继承从被继承人死亡时开始。相互有继承关系的数人在同一事件中死亡，难以确定死亡时间的，推定没有其他继承人的人先死亡。都有其他继承人，辈份不同的，推定长辈先死亡；辈份相同的，推定同时死亡，相互不发生继承。"乙、丁同辈，推定乙、丁同时死亡，彼此不继承。乙的第一顺序法定继承人是甲、戊、己，故A选项正确。丁的第一顺序法定继承人是戊、己、丁母，故C选项正确。丁母只有权继承丁的遗产。同时，推定乙、丁同时死亡，丁不能继承乙的遗产，所以丁母不能转继承乙的遗产。故B选项错误。《民法典》第1154条规定："有下列情形之一的，遗产中的有关部分按照法定继承办理：……（三）遗嘱继承人、受遗赠人先于遗嘱人死亡或者终止；……"据此，因乙先于甲死亡，甲的遗产应按照法定继承办理。丙是甲第一顺位法定继承人，故丙有权继承甲的遗产。《民法典》第1128条规定："被继承人的子女先于被继承人死亡的，由被继承人的子女的直系晚辈血亲代位继承。被继承人的兄弟姐妹先于被继承人死亡的，由被继承人的兄弟姐妹的子女代位继承。代位继承人一般只能继承被代位继承人有权继承的遗产份额。"乙先于甲死亡，甲死亡时，乙的子女戊、己有权代位继承甲的遗产。故D选项正确。（ACD）

[知识点还原] 图表168；图表171；图表173

18. [考点] 遗产的范围，属于常考点

[解析]《民法典》第1122条规定："遗产是自然人死亡时遗留的个人合法财产。依照法律规定或者根据其性质不得继承的遗产，不得继承。"《民法典继承编解释（一）》第26条规定："遗嘱人以遗嘱处分了国家、集体或者他人财产的，应当认定该部分遗嘱无效。"A选项中，关于乙寺院出资购买并登记在甲名下的房产的所有权归属，房产虽然登记在甲名下，但甲并非事实上的所有权人，其房产应归寺院所有，因为根据题目交代的信息，房子是由寺院出资购买，并且没有说明赠与给甲的意思，同时，并没有涉及善意第三人利益的保护，登记并不是认定所有权的唯一标准，故A选项正确。微博账号属于网络虚拟财产，系在网络环境下的新兴个人财产，其权益归属应属于甲。属于甲的"合法财产"，在甲死亡时，应认定为甲的遗产，由丙依照遗嘱继承取得，故B选项错误。根据《著作权法》第18条的规定："自然人为完成法人或者非法人组织工作任务所创作的作品是职务作品，除本条第二款的规定以外，著作权由作者享有，但法人或者非法人组织有权在其业务范围内优先使用。作品完成两年内，未经单位同意，作者不得许可第三人以与单位使用的相同方式使用该作品。有下列情形之一的职务作品，作者享有署名权，著作权的其他权利由法人或者非法人组织享有，法人或者非法人组织可以给予作者奖励：（一）主要是利用法人或者非法人组织的物质技术条件创作，并由法人或者非法人组织承担责任的工程设计图、产品设计图、地

图、示意图、计算机软件等职务作品；（二）报社、期刊社、通讯社、广播电台、电视台的工作人员创作的职务作品；（三）法律、行政法规规定或者合同约定著作权由法人或者非法人组织享有的职务作品。"本题中，对于金刚经的解说，不是应属于单位享有权利的作品，据此，其著作权仍归属于甲，故 C 选项错误。甲的存款应认定为甲的遗产，由丙继承。故 D 选项错误。（A）

[知识点还原] 图表 169

19. [考点] 遗赠扶养协议、继承方式，属于常考点

[解析]《民法典》第 1158 条规定："自然人可以与继承人以外的组织或者个人签订遗赠扶养协议。按照协议，该组织或者个人承担该自然人生养死葬的义务，享有受遗赠的权利。"《民法典》第 1123 条规定："继承开始后，按照法定继承办理；有遗嘱的，按照遗嘱继承或者遗赠办理；有遗赠扶养协议的，按照协议办理。"据此，遗赠扶养协议是最优先的。故本题唯一正确答案为 A 选项。（A）

[知识点还原] 图表 169；图表 175

20. [考点] 遗嘱无效、代位继承、法定继承，属于常考点

[解析]《民法典》第 1154 条规定："有下列情形之一的，遗产中的有关部分按照法定继承办理：……（三）遗嘱继承人、受遗赠人先于遗嘱人死亡或者终止；……"甲的遗嘱规定，房屋由乙遗嘱继承，但乙先于甲死亡，故房屋应按照法定继承办理，因此，丙对房屋也享有继承权，故 D 选项错误。《民法典》第 1128 条规定："被继承人的子女先于被继承人死亡的，由被继承人的子女的直系晚辈血亲代位继承。被继承人的兄弟姐妹先于被继承人死亡的，由被继承人的兄弟姐妹的子女代位继承。代位继承人一般只能继承被代位继承人有权继承的遗产份额。"乙先于甲死亡，戊可作为第一顺序继承人代位继承，故 A 选项正确。《民法典》第 1129 条规定："丧偶儿媳对公婆，丧偶女婿对岳父母，尽了主要赡养义务的，作为第一顺序继承人。"乙去世后，丁接替乙赡养甲，所以丧偶儿媳丁在甲死亡时可以作为第一顺序继承人继承。故 B 选项错误，C 选项正确。（AC）

[知识点还原] 图表 171；图表 172；图表 173

21. [考点] 继承权的放弃，属于常考点

[解析]《民法典》第 1124 条规定："继承开始后，继承人放弃继承的，应当在遗产处理前，以书面形式作出放弃继承的表示；没有表示的，视为接受继承。受遗赠人应当在知道受遗赠后六十日内，作出接受或者放弃受遗赠的表示；到期没有表示的，视为放弃受遗赠。"《民法典继承编解释（一）》第 33 条规定："继承人放弃继承应当以书面形式向遗产管理人或者其他继承人表示。"第 34 条规定："在诉讼中，继承人向人民法院以口头方式表示放弃继承的，要制作笔录，由放弃继承的人签名。"据此，在新司法解释中，只有在诉讼中口头放弃并记入笔录方构成有效的放弃，故 A 选项当选。《民法典继承编解释（一）》第 35 条规定："继承人放弃继承的意思表示，应当在继承开始后、遗产分割前作出。遗产分割后表示放弃的不再是继承权，而是所有权。"据此，B 选项当选。《民法典继承编解释（一）》第 32 条规定："继承人因放弃继承权，致其不能履行法定义务的，放弃继承权的行为无效。"据此，C 选项当选。断绝父子关系的约定因违反社会公共利益（善良风俗）而无效，故该约定不能导致父子关系的消灭，从而不能导致法定继承权的丧失，也不能引起放弃继承权的效果，据此，D 选项当选。（ABCD）

[知识点还原] 图表 170

22. [考点] 代位继承、遗嘱继承、非基于法律行为的物权变动，属于常考点

[解析]《民法典》第 1128 条规定："被继承人的子女先于被继承人死亡的，由被继承人的子女的直系晚辈血亲代位继承。被继承人的兄弟姐妹先于被继承人死亡的，由被继承人的兄弟姐妹的子女代位继承。代位继承人一般只能继承被代位继承人有权继承的遗产份额。"代位继承仅适用于法定继承，即若张某遗留的房产若适用法定继承，则丙可以通过代位继承要求对该房产进行分割。《民法典》第 1123 条规定："继承开始后，按照法定继承办理；有遗嘱的，按照遗嘱继承或者遗赠办理；有遗赠扶养协议的，按照协议办理。"同时，《民法典》第 1133 条规定："自然人可以依照本法规定立遗嘱处分个人财产，并可以指定遗嘱执行人。自然人可以立遗嘱将个人财产指定由法定继承人中的一人或者数人继承。自然人可以立遗嘱将个人财产赠与国家、集体或者法定继承人以外的组织、个人。自然人可以依法设立遗嘱信托。"本题中，该房产属于张某的个人财产，张某所立遗嘱确定该房产由法定继承人李某单独继承，丙自然不得要求代位继承。故 A 选项正确，B

选项错误。《民法典》第 230 条规定:"因继承取得物权的,自继承开始时发生效力。"因法定继承取得不动产物权的,属于非基于法律行为的物权变动;因遗嘱继承或受遗赠取得不动产物权的,属于基于单方法律行为的物权变动。但立法对此两种物权变动的规则并未予以区分,而是一概规定,通过继承或者受遗赠取得不动产物权的,继承人或者受遗赠人于被继承人死亡时即取得不动产物权,无须履行变更登记;但是未经登记的,不得处分。故 C 选项正确,D 选项错误。(AC)

[知识点还原] 图表 39;图表 169;图表 172

23. [考点] 法定继承、代位继承,属于常考点

[解析]《民法典》第 1128 条规定:"被继承人的子女先于被继承人死亡的,由被继承人的子女的直系晚辈血亲代位继承。被继承人的兄弟姐妹先于被继承人死亡的,由被继承人的兄弟姐妹的子女代位继承。代位继承人一般只能继承被代位继承人有权继承的遗产份额。"据此,甲属于代位继承人,有权作为第一顺序继承人,参与遗产分配,分得其母亲应当分得的遗产份额,A 选项正确。《民法典》第 1129 条规定:"丧偶儿媳对公婆,丧偶女婿对岳父母,尽了主要赡养义务的,作为第一顺序继承人。"《民法典》第 1130 条规定:"同一顺序继承人继承遗产的份额,一般应当均等。对生活有特殊困难又缺乏劳动能力的继承人,分配遗产时,应当予以照顾。对被继承人尽了主要扶养义务或者与被继承人共同生活的继承人,分配遗产时,可以多分。有扶养能力和有扶养条件的继承人,不尽扶养义务的,分配遗产时,应当不分或者少分。继承人协商同意的,也可以不均等。"据此,丧偶女婿乙对岳父尽了主要赡养义务,可以作为第一顺序继承人,同时可以多分遗产,故 B 选项正确。丙是继子女,且没有与郭大爷形成扶养关系,所以并不是继承人,无权继承遗产,故 CD 选项正确。(ABCD)

[知识点还原] 图表 171;图表 172

24. [考点] 遗嘱继承、法定继承和被继承人债务的承担,属于常考点

[解析]《民法典》第 1161 条规定:"继承人以所得遗产实际价值为限清偿被继承人依法应当缴纳的税款和债务。超过遗产实际价值部分,继承人自愿偿还的不在此限。继承人放弃继承的,对被继承人依法应当缴纳的税款和债务可以不负清偿责任。"据此,债权债务关系不因债务人的死亡而当然消灭,死者有财产的,要用其财产承担生前债务,故 A 选项错误。据上述规定,继承人仅在继承遗产的价值范围内承担偿还被继承人生前债务的责任。本案中,何某女儿放弃了对房屋的继承,仅对现金继承了 1 万元,因此,她仅需要对债权人负担偿还 1 万元的义务。同时,被继承人所有的遗产总和价值是 10 万元,继承人仅需要在继承 10 万元的财产范围内承担还债责任,对于剩余的 2 万元债务,四人可以不予清偿,当然如果有继承人自愿清偿的,法律也不禁止。故 BC 选项错误,D 选项正确。(ABC)

[知识点还原] 图表 169

25. [考点] 法定继承的遗产分配

[解析]《民法典》第 1127 条第 1 款规定:"遗产按照下列顺序继承:(一)第一顺序:配偶、子女、父母;(二)第二顺序:兄弟姐妹、祖父母、外祖父母。"据此,配偶的一方享有对另一方遗产的继承权。本题中,胡某虽然以前与钱某有婚姻关系,但是钱某去世时,他们已经离婚,胡某不再是钱某的配偶,则胡某不享有对钱某遗产的继承权,故 A 选项错误。《民法典》第 1127 条第 3 款规定:"本编所称子女,包括婚生子女、非婚生子女、养子女和有扶养关系的继子女。"按照通常的理解,所谓"有扶养关系",是指因为年老等原因而失去劳动能力不能自食其力,或者因为年幼又无生活来源,需要有能力的家人帮助,而且事实上也形成了帮助关系,比如继父母扶养年幼的继子女学习和生活,继子女扶养年老的继父母。因此,并非所有的继子女与继父母之间都形成过扶养关系,比如,子女因母亲改嫁而与继父一起生活,如果子女此时已经自立,那么,他(她)与继父母之间便无扶养关系。反过来,如果继父即使年老,但有自己的生活来源,事实上并不需要他(她)帮助,那么二者之间也没有扶养关系。本案中,胡某与吴某结婚时,甲已参加工作且独立生活,而乙未成年跟随胡某与吴某居住。由此可知,甲与吴某之间没有形成扶养关系,而乙与吴某之间形成了扶养关系,即甲无权继承吴某的遗产,乙有权继承吴某的遗产,故 B 选项错误。吴某去世时,胡某是吴某的配偶,根据上述第 1127 条第 1 款的规定,胡某有权继承吴某的遗产。丙是胡某与吴某的婚生子女,享有吴某遗产的继承权,故 C 选项正确。吴某是丁的生父,丁享有对吴某遗产的继承权,乙与吴某形成了有扶养关系的继子女关系,乙有权继承吴某的遗产,故 D 选项正确。(CD)

[知识点还原] 图表 171

26. [考点] 遗嘱继承，属于常考点

[解析]《民法典》第1144条规定："遗嘱继承或者遗赠附有义务的，继承人或者受遗赠人应当履行义务。没有正当理由不履行义务的，经利害关系人或者有关组织请求，人民法院可以取消其接受附义务部分遗产的权利。"《民法典继承编解释（一）》第29条规定："附义务的遗嘱继承或者遗赠，如义务能够履行，而继承人、受遗赠人无正当理由不履行，经受益人或者其他继承人请求，人民法院可以取消其接受附义务部分遗产的权利，由提出请求的继承人或者受益人负责按遗嘱人的意愿履行义务，接受遗产。"由此 AD 两选项的说法正确。王某的儿子和女儿在甲的继承权被取消后，并不当然继承王某的遗产，根据司法解释的规定，他们必须按王某的要求履行义务，才能取得王某的遗产，因此 BC 两选项说法错误。（AD）

[知识点还原] 图表 173

27. [考点] 法定继承、代位继承、转继承，均属于常考点

[解析] 本题中，被继承人李某生前未立遗嘱，其所留遗产应适用法定继承。李某的三个女儿和一个养子均为第一顺序继承人。《民法典》第1128条规定："被继承人的子女先于被继承人死亡的，由被继承人的子女的直系晚辈血亲代位继承。被继承人的兄弟姐妹先于被继承人死亡的，由被继承人的兄弟姐妹的子女代位继承。代位继承人一般只能继承被代位继承人有权继承的遗产份额。"本题中，大女儿中年病故，所留下一子为代位继承人，属于第一顺序继承人。因此 B 选项正确。《民法典》第1130条第4款规定："有扶养能力和扶养条件的继承人，不尽扶养义务的，分配遗产时，应当不分或者少分。"本题中，养子和其养父李某已形成扶养关系，因此，享有法定继承权。但养子收入丰厚，却拒绝赡养李某，分配遗产时，应不分或少分，故 D 选项正确。需要补充说明的是，《民法典继承编解释（一）》第23条规定："有扶养能力和扶养条件的继承人虽然与被继承人共同生活，但对需要扶养的被继承人不尽扶养义务，分配遗产时，可以少分或者不分。"《民法典》第1152条规定："继承开始后，继承人于遗产分割前死亡，并没有放弃继承的，该继承人应当继承的遗产转给其继承人，但是遗嘱另有安排的除外。"本题中，在两个女儿办理丧事期间，小女儿因交通事故意外身亡，小女儿继承的遗产份额移转给其女儿，发生转继承。故 C 选项正确。转继承与代位继承不同，本题中，代位继承人大女儿之子是直接继承被继承人李某的遗产，是在第一顺序参加继承，而转继承人小女儿的女儿则是继承其母亲应当继承的份额，并不是李某的继承人，而是李某小女儿的继承人，故 A 选项错误。（BCD）

[知识点还原] 图表 171；图表 172

28. [考点] 遗产分配

[解析]《民法典》第1130条规定："同一顺序继承人继承遗产的份额，一般应当均等。对生活有特殊困难又缺乏劳动能力的继承人，分配遗产时，应当予以照顾。对被继承人尽了主要扶养义务或者与被继承人共同生活的继承人，分配遗产时，可以多分。有扶养能力和有扶养条件的继承人，不尽扶养义务的，分配遗产时，应当不分或者少分。继承人协商同意的，也可以不均等。"《民法典继承编解释（一）》第23条规定："有扶养能力和扶养条件的继承人虽然与被继承人共同生活，但对需要扶养的被继承人不尽扶养义务，分配遗产时，可以少分或者不分。"甲由于有扶养能力而不对唐某尽抚养义务，也没有与唐某共同生活，故按《民法典》第1130条规定，应不分或少分遗产。乙由于丧失劳动能力又无其他生活来源，应多分遗产。丙长期和唐某共同生活，可以多分遗产。故 ABC 选项正确。由于未办理收养登记，唐某和丁之间的收养关系不成立，丁不能继承唐某的遗产。《民法典》第1131条规定："对继承人以外的依靠被继承人扶养的人，或者继承人以外的对被继承人扶养较多的人，可以分给适当的遗产。"本题中，丁属于继承人以外的靠被继承人抚养的人，故可分得适当财产，D 选项正确。（ABCD）

[知识点还原] 图表 171

2024
国家统一法律职业资格考试

民法刷题与背诵

❸ 图解

韩祥波 著

中国法制出版社
CHINA LEGAL PUBLISHING HOUSE

图书在版编目（CIP）数据

2024国家统一法律职业资格考试民法刷题与背诵.3，图解/韩祥波著.—北京：中国法制出版社，2024.4

ISBN 978-7-5216-4308-4

Ⅰ.①2… Ⅱ.①韩… Ⅲ.①民法-中国-资格考试-题解 Ⅳ.①D923.04

中国国家版本馆CIP数据核字（2024）第048671号

责任编辑：李连宇　　　　　　　　　　　　　　　　　　封面设计：拓　朴

2024国家统一法律职业资格考试民法刷题与背诵.3，图解
2024 GUOJIA TONGYI FALÜ ZHIYE ZIGE KAOSHI MINFA SHUATI YU BEISONG.3，TUJIE

著者/韩祥波
经销/新华书店
印刷/三河市华润印刷有限公司
开本/787毫米×1092毫米　16开　　　　　　　　　　　　印张/12.25　字数/300千
版次/2024年4月第1版　　　　　　　　　　　　　　　　2024年4月第1次印刷

中国法制出版社出版
书号 ISBN 978-7-5216-4308-4　　　　　　　　　　　　　总定价：98.00元（全三册）

北京市西城区西便门西里甲16号西便门办公区
邮政编码100053　　　　　　　　　　　　　　　　　　　传真：010-63141600
网址：http://www.zgfzs.com　　　　　　　　　　　　　编辑部电话：010-63141811
市场营销部电话：010-63141612　　　　　　　　　　　　印务部电话：010-63141606

如有印装质量问题，请与本社印务部联系。

使用说明

《图解》分册以图表的形式对历年试题考查重点进行了系统梳理，与《解析》中的【知识点还原】相对应，方便对照理解、记忆。具体说明如下：

1.《图解》通过177个表格，系统、准确、简明、全面地展现法考民法大纲要求必须掌握的考点，并且标明了历年主观、客观试题曾经考查过的要点。翻阅本书表格，常考点分布一目了然，哪里应该重点关注，一清二楚。

2.《图解》是历年民法主观、客观试题考查点的系统总结与知识盘点，可以与《试题》《解析》分册结合使用。在历年试题的解析之后，均设有【知识点还原】栏目，标明题目所涉及的知识点，对应本分册的图表编号。考生在做题练习时，若有关于知识点的疑问，可迅速查阅对应图表对该部分知识点的总结，高效、精准复盘考点。

3.《图解》也是《民法精讲》的缩略版。法学专业基础较好的考生，可直接使用本书，快速高效地复习备考。对于所有考生来说，《图解》可以用来快速复盘知识点，以达到熟能生巧、融会贯通之效。

目 录
Contents

第一部分　总则 …………………………………………………………（1）

第一节　民事法律关系 ……………………………………………………（3）
图表1　民法的调整对象　/3
图表2　民法基本原则　/3
图表3　财产权与人身权——被侵权的后果不同　/4
图表4　权利的理论类型　/5

第二节　自然人 ……………………………………………………………（6）
图表5　自然人的权利能力　/6
图表6　自然人的行为能力　/7
图表7　监护的类型　/8
图表8　监护的其他问题　/10
图表9　自然人之宣告失踪与宣告死亡　/11
图表10　其他问题　/13

第三节　法人 ………………………………………………………………（13）
图表11　法人的能力与责任　/13
图表12　《民法典》总则编的规定　/14
图表13　理论中的两个重要概念比较　/15
图表14　法人的终止　/16

第四节　非法人组织 ………………………………………………………（16）
图表15　非法人组织　/16

第五节　民事法律行为 ……………………………………………………（17）
图表16　区分法律行为与事实行为　/17
图表17　法律行为的核心要素：意思表示　/17
图表18　法律行为的类型　/18
图表19　成立和生效的关系　/20
图表20　关于效力待定的法律行为　/20
图表21　关于可撤销的法律行为　/21
图表22　关于无效的法律行为　/22
图表23　法律行为的特别生效要件之附条件行为　/23

第六节　代理 ……………………………………………………………………（ 24 ）
　　图表 24　代理的适用范围、类型、行使限制与终止　/ 24
　　图表 25　狭义的无权代理与表见代理　/ 26

第七节　诉讼时效 ………………………………………………………………（ 28 ）
　　图表 26　时效的适用要求与范围　/ 28
　　图表 27　时效的期间、起算　/ 29
　　图表 28　时效的中止、中断　/ 30
　　图表 29　诉讼时效与除斥期间之比较　/ 31

第二部分　物权 ……………………………………………………………………（ 33 ）

第一节　概述 ……………………………………………………………………（ 35 ）
　　图表 30　物权的特征：与债权比较　/ 35
　　图表 31　物权的效力　/ 35
　　图表 32　物权请求权与债权请求权之比较　/ 36
　　图表 33　物权法定原则　/ 36
　　图表 34　公示公信原则　/ 37
　　图表 35　物权的保护　/ 37

第二节　物权变动 ………………………………………………………………（ 38 ）
　　图表 36　物权变动的含义　/ 38
　　图表 37　不动产物权变动之登记　/ 38
　　图表 38　动产的物权变动之交付　/ 39
　　图表 39　非基于法律行为而导致的物权变动　/ 40
　　图表 40　典型善意取得构成要件及法律效果　/ 42
　　图表 41　善意取得之相关问题　/ 43

第三节　所有权 …………………………………………………………………（ 43 ）
　　图表 42　征收征用对于所有权的影响　/ 43
　　图表 43　所有权的共有　/ 44
　　图表 44　按份共有中的优先购买权　/ 45
　　图表 45　建筑物区分所有权　/ 45
　　图表 46　不动产相邻权（关系）　/ 46

第四节　用益物权 ………………………………………………………………（ 47 ）
　　图表 47　用益物权的概述与建设用地使用权　/ 47
　　图表 48　土地承包经营权——集体所有土地上的使用权　/ 47
　　图表 49　地役权的设定与性质　/ 49
　　图表 50　地役权与相邻关系之比较　/ 49
　　图表 51　居住权　/ 49

第五节　担保物权概述 …………………………………………………………（ 50 ）
　　图表 52　担保的概念、特征与类型　/ 50
　　图表 53　担保合同无效时的责任分担规则　/ 51

目　录

　　　　图表54　法人担保、借新还旧担保及担保责任变动　／51
　　　　图表55　共同担保　／53
　　　　图表56　担保纠纷的管辖与债务人破产时担保人责任　／53
　第六节　抵押权 ………………………………………………………………（54）
　　　　图表57　抵押权的设立及效力　／54
　　　　图表58　抵押权人的权利　／57
　　　　图表59　抵押人的权利与抵押物上的权利冲突　／59
　　　　图表60　动产浮动抵押与最高额抵押　／60
　第七节　质权 …………………………………………………………………（61）
　　　　图表61　动产质权　／61
　　　　图表62　权利质权　／63
　第八节　留置权 ………………………………………………………………（64）
　　　　图表63　留置权　／64
　　　　图表64　担保物权之间的冲突　／65
　第九节　非典型担保 …………………………………………………………（66）
　　　　图表65　非典型担保的含义、效力及功能　／66
　　　　图表66　让与担保及相关问题　／66
　　　　图表67　其他非典型担保　／67
　第十节　占有 …………………………………………………………………（68）
　　　　图表68　占有的分类、得丧与效力　／68
　　　　图表69　善意占有与恶意占有的分类及意义　／69
　　　　图表70　返还原物请求权的三种可能的请求权基础　／69

第三部分　债权 ……………………………………………………………………（71）
　第一章　概述 ………………………………………………………………（73）
　第一节　债权概述 ……………………………………………………………（73）
　　　　图表71　债的类型　／73
　　　　图表72　债的发生原因与意思自治　／74
　第二节　单方允诺、无因管理和不当得利 …………………………………（75）
　　　　图表73　单方允诺之债　／75
　　　　图表74　无因管理之债　／75
　　　　图表75　不当得利的构成要件与类型　／76
　　　　图表76　不当得利的法律效果　／77
　第三节　保证和定金（债权性担保） ………………………………………（78）
　　　　图表77　保证人与保证的成立　／78
　　　　图表78　保证的类型　／80
　　　　图表79　主合同变更对于保证的影响　／81
　　　　图表80　保证期间与保证债务的诉讼时效　／82
　　　　图表81　定金　／83

3

第二章　合同 ……………………………………………………………（85）

第一节　合同概述 ………………………………………………………（85）
图表82　合同的含义及合同编统领债法的地位　/85
图表83　合同的主要类型　/85
图表84　合同的内容（合同条款）　/86
图表85　合同相对性及其例外　/88

第二节　合同的成立 ……………………………………………………（89）
图表86　合同成立的标准与过程　/89
图表87　合同成立的时间与地点　/90
图表88　缔约过失责任　/91
图表89　合同效力问题　/91

第三节　合同的履行 ……………………………………………………（94）
图表90　合同履行与债的清偿　/94
图表91　全面履行原则　/96
图表92　诚信履行原则　/96
图表93　合同履行涉及第三人的情形　/96
图表94　第三人代为清偿与债权人、债务人约定由第三人清偿之比较　/97
图表95　合同履行中的抗辩权　/98
图表96　合同履行中的其他问题　/98

第四节　合同保全 ………………………………………………………（99）
图表97　债权人代位权　/99
图表98　债权人撤销权　/100

第五节　合同的移转与变更 ……………………………………………（102）
图表99　债权让与　/102
图表100　债务承担　/104
图表101　债权债务的概括移转　/104
图表102　合同的变更　/105

第六节　合同的消灭 ……………………………………………………（106）
图表103　解除权的类型、行使及效力　/106
图表104　特别法定解除权　/107
图表105　提存　/107
图表106　抵销　/108
图表107　混同与免除　/109

第七节　违约责任 ………………………………………………………（109）
图表108　违约责任　/109

第八节　买卖合同 ………………………………………………………（112）
图表109　关于买卖预约合同的效力　/112
图表110　一物多卖中买受人的保护　/112

　　　　图表 111　瑕疵担保、合同解除与检验期　/ 112

　　　　图表 112　风险负担规则　/ 113

　　　　图表 113　孳息归属规则　/ 114

　　　　图表 114　试用买卖与样品买卖　/ 114

　　　　图表 115　分期付款与所有权保留买卖　/ 115

　　　　图表 116　商品房买卖合同　/ 116

　　　　图表 117　供电、热、水、气合同（特殊商品的买卖）　/ 117

　第九节　赠与合同 ·· (117)

　　　　图表 118　赠与合同中的权利　/ 117

　　　　图表 119　两个责任　/ 118

　第十节　借贷合同 ·· (118)

　　　　图表 120　金融机构借款合同　/ 118

　　　　图表 121　民间借贷合同　/ 118

　第十一节　租赁合同（含融资租赁） ·· (120)

　　　　图表 122　适用于所有租赁物的规则　/ 120

　　　　图表 123　房屋租赁合同　/ 121

　　　　图表 124　融资租赁合同（应当书面）　/ 122

　第十二节　承揽与建设工程合同 ··· (124)

　　　　图表 125　承揽合同　/ 124

　　　　图表 126　建设工程合同（应当书面）　/ 124

　第十三节　运输合同 ·· (126)

　　　　图表 127　运输合同　/ 126

　第十四节　保管与仓储合同 ·· (127)

　　　　图表 128　保管与仓储合同　/ 127

　第十五节　技术合同 ·· (128)

　　　　图表 129　职务技术成果的归属与技术合同无效　/ 128

　　　　图表 130　技术开发合同　/ 128

　　　　图表 131　技术转让与许可合同　/ 129

　　　　图表 132　技术咨询与服务合同　/ 129

　第十六节　委托与行纪合同 ·· (130)

　　　　图表 133　委托合同的效力　/ 130

　　　　图表 134　委托合同中的间接代理制度　/ 131

　　　　图表 135　行纪合同与委托合同之比较　/ 131

　　　　图表 136　行纪合同的效力　/ 131

　第十七节　中介与旅游服务合同 ··· (132)

　　　　图表 137　中介与旅游服务合同　/ 132

　第十八节　合伙、保理与物业服务合同 ··· (132)

　　　　图表 138　合伙合同　/ 132

　　　　图表 139　保理合同（应当书面）　/ 133

图表 140　物业服务合同（应当书面）　／134

第三章　侵权责任 ……………………………………………………（137）
第一节　概述 …………………………………………………………（137）
　　图表 141　归责原则及相关问题　／137
　　图表 142　侵权责任的构成要件　／138
　　图表 143　常见责任类型　／138
　　图表 144　连带责任与不真正连带责任之比较　／138
　　图表 145　免责事由　／139
　　图表 146　责任方式　／140
　　图表 147　赔偿责任的范围　／140

第二节　多数人侵权 …………………………………………………（141）
　　图表 148　多数人侵权要点汇总　／141
　　图表 149　和共同危险相似的行为
　　　　　　　——不明抛掷物、坠落物责任　／142

第三节　侵权责任编规定的各种侵权责任 …………………………（142）
　　图表 150　网络侵权责任　／142
　　图表 151　公共场所的管理人、群众性活动的组织者违反安全
　　　　　　　保障义务的侵权责任　／143
　　图表 152　教育机构的侵权责任　／143
　　图表 153　医疗损害赔偿责任　／144
　　图表 154　物件致人损害责任　／144
　　图表 155　侵权责任法中的替代责任　／145
　　图表 156　产品责任　／146
　　图表 157　机动车交通事故责任　／147
　　图表 158　饲养动物致人损害责任　／148
　　图表 159　环境污染、生态破坏侵权责任　／149
　　图表 160　高度危险责任　／150

第四部分　婚姻家庭 ……………………………………………（151）
第一节　结婚 …………………………………………………………（153）
　　图表 161　结婚　／153
第二节　婚后家庭关系 ………………………………………………（155）
　　图表 162　夫妻关系　／155
　　图表 163　自然血亲中亲子关系的确认与否定制度　／156
　　图表 164　收养　／156
第三节　离婚 …………………………………………………………（157）
　　图表 165　离婚的类型　／157
　　图表 166　离婚的效果　／158

图表167　离婚时的救济　/ 162

第五部分　继承 ……………………………………………………………（165）

第一节　继承概述 ………………………………………………………（167）
　　　图表168　继承的开始：死亡　/ 167
　　　图表169　遗产分割与债务清偿　/ 167
　　　图表170　继承权的取得、行使、放弃、丧失与保护　/ 169

第二节　法定继承 ………………………………………………………（170）
　　　图表171　法定继承人的范围与继承顺序　/ 170
　　　图表172　代位继承与转继承　/ 171

第三节　遗嘱继承 ………………………………………………………（171）
　　　图表173　遗嘱继承　/ 171

第四节　遗赠与遗赠扶养协议 …………………………………………（173）
　　　图表174　遗赠　/ 173
　　　图表175　遗赠扶养协议　/ 173

第六部分　人格权 ……………………………………………………………（175）
　　　图表176　人格权的内容及保护　/ 177
　　　图表177　人格权的其他问题　/ 181

第一部分 总则

第一节 民事法律关系

一、民法的调整对象（图表1）

是否平等主体	是否民法调整	财产关系	人身关系
有管理、隶属关系的不是平等主体关系。【2016年①】	民法不调整平等主体之间的所有关系。【2016年，2010年，2006年，2005年】	基于财产而形成的关系。	基于人格或身份而形成的关系。
例：因某共享单车运营公司不按规定投放单车被城管部门处罚，此为行政法律关系。	例：好意施惠、友谊关系、请人吃饭等均非民事法律关系。	例：买卖、租赁、损害赔偿等。	例：监护、收养、配偶权关系。

1. 民事法律关系的要素【2008年】
(1) 主体有三种：自然人、法人和非法人组织。
(2) 客体包括：物（可支配性、非人格性）、行为（包括作为与不作为）、智力成果、权利、人身要素。【2019年】
[注意] 物的分类注意如下问题：①主物与从物区分：相互独立，从物辅助主物发挥效用，两者属于同一人；②原物与孳息：孳息包括天然与法定孳息，天然孳息必须与原物分离；③货币：占有即所有；货币之债不存在履行不能【2022年，2015年】；④动产与不动产；⑤种类物与特定物：是否具有可替代性。
(3) 内容：权利与义务。
2. 法律事实是法律关系产生、变更与消灭的原因；法律关系是法律事实的结果。法律事实包括事件与行为，行为包括法律行为（自主设定）与事实行为（后果法定）。
3. 好意施惠非法律行为，不导致合同法律关系的产生；但是，如果出现新的法律事实，则可能导致其他法律关系的产生。
例如，答应请人喝酒，不请没有违约责任（无合同关系）；但是，如果请了，强行劝酒造成他人损害的，应承担侵权责任（有侵权关系）。

[注意] 损害赔偿关系无论是由于侵犯财产还是人身产生，均为财产关系。【2009年】

二、民法基本原则（图表2）

平等原则【2019年，2017年】	民事主体法律地位一律平等，侧重形式平等，是民法基本价值的设定。 违反平等原则的典型情形：无正当理由地区别对待，剥夺当事人参与法律关系的机会；不同主体权利受到侵害，不进行平等保护。

---

① 指该知识点在历年客观题中的考查年份，其中2018年及之后的年份指法考回忆版试题的考查年份。

3

续表

自愿原则 【2021 年，2019 年，2017 年】	1. 最大可能实现平等价值的选择，只有在自愿基础上的行为才最有可能实现平等。 2. 主要表现：权利人自由，法律行为自由（契约自由、遗嘱自由），自己责任，过错责任等。
公平原则 【2017 年】	1. 是对于自愿原则可能导致后果的监督，以矫正失衡的利益关系。 2. 在体系上，公平原则是对自愿原则的补充，有自愿原则的适用均有公平原则适用的可能。
诚信原则 【2021 年，2017 年，2013 年，2012 年】	1. 民事主体进行民事活动必须意图诚实、善意。 2. 行使权利不侵害他人与社会的利益。 3. 履行义务信守承诺和法律规定。 4. 所有获取民事利益的活动，应使当事人之间的利益得到平衡，禁止权利滥用。
公序良俗原则 【2019 年，2014 年】	违背公序良俗的常见情形： 1. 危害国家公序型，比如以从事犯罪或者帮助犯罪行为为内容的合同；2. 危害家庭关系型，比如约定断绝亲子关系的协议；3. 违反道德型，比如开设妓院的合同，实践中以性行为为对价获得借款的情形；4. 射幸行为型，比如赌博、巨奖销售变相赌博等；5. 违反人权和人格尊严行为型，比如过分限制人身自由换取借款的情形；6. 限制经济自由型，比如利用互相借款扩大资金实力以分割市场、封锁市场的协议；7. 违反公平竞争型，比如价格垄断协议；8. 违反消费者保护型，比如剥夺消费者基本权利的协议；9. 违反劳动者保护型，比如劳动合同中的生死条款；10. 暴利行为型，比如高利贷协议等。
绿色原则	民事主体从事民事活动，应当有利于节约资源、保护生态环境。

三、民事法律关系的内容

（一）财产权与人身权——被侵权的后果不同（图表3）

承担责任的方式不同	恢复名誉、消除影响、赔礼道歉三种方式通常在人身权被侵害时适用。
是否包含精神损害赔偿 【2021 年（2 次），2019 年，2015 年（3 次），2014 年，2013 年，2011 年，2010 年，2008 年，2007 年，2006 年】	1. 侵犯人身权（包括人格权和身份权）造成严重精神损害的，可主张。 2. 被侵权人死亡的，其近亲属可主张。 3. 侵犯财产权一般没有精神损害。 例外：因故意或重大过失侵害自然人具有人身意义的特定物造成严重精神损害的，被侵权人有权请求精神损害赔偿，如定情信物等。

(二) 权利的理论类型（图表4）

区分标准	权利类型	具体内容
权利的功能或作用不同	形成权【2008年】	1. 形成权必须行使才能产生相应的法律后果，行使方式可以明示也可以默示。 2. 欺诈、胁迫、重大误解和显失公平中的撤销权必须通过诉讼或仲裁行使。 3. 形成权受除斥期间的限制，此期间一般为法定；当没有法定时，当事人也可以约定，如抵销权的行使，没有法定，当事人就可以约定。 [注意] 行权态度要明确；不得反悔；不得附条件附期限 4. 常考的特别问题： (1) 效力待定合同中相对人的催告权是否是形成权？〔否〕 (2) 监护人对于限制行为能力人纯获利益的合同的追认是否是形成权？〔否〕 (3) 对债权人撤销权性质的理解：具有双重性质，不能说其就是形成权。
	支配权与请求权【2008年】	1. 支配权与请求权的权利义务主体范围不同： (1) 支配权，义务人不特定，因而称为对世权、绝对权； (2) 请求权，权利义务主体都特定，因而被称为对人权、相对权。 2. 是否具有排他性不同：支配权具有排他性，请求权不具有排他性，如债权请求权具有相容性。 3. 考查角度： (1) 财产的一物二卖，两个债权相容、平等，而所有权只能归属于一人。 (2) 破产财产的分配，各自按比例清偿，但设定担保物权的财产优先。 (3) 物权请求权和债权请求权比较：看请求的对象在法律上的所有权归属。 ①物权请求权：要回属于自己的东西！如遗失人主张返还遗失物。 ②债权请求权：索取属于他人的东西！如甲乙达成买卖电脑的合同后，甲请求乙交付电脑。
	抗辩权【2009年，2008年】	1. 对请求权说不的权利。 2. 类型： (1) 永久性抗辩权→诉讼时效的抗辩。 (2) 一时的抗辩权→合同编中的同时履行抗辩权、先履行抗辩权、不安抗辩权，一般保证人的先诉抗辩权。
权利之间的关系【2013年，2012年】	主权利	1. 从权利随主权利的变动而变动。 [重要结论] 主权利消灭，从权利消灭；从权利消灭不影响主权利的存在。 2. 典型从权利：担保权（定金、保证、担保物权）；地役权。
	从权利	

续表

义务主体是否特定 【2009年】	绝对权	1. 绝对权义务主体不特定：物权、知识产权、人身权。
	相对权	2. 相对权义务主体特定：债权。
权利产生的原因	原权	1. 原权：基于常态的法律事实引起的法律关系中的权利，如人生而具有的人身权、基于合同约定到期请求对方履行合同的请求权。 2. 救济权：原权受侵害后，法律赋予进行救济的权利，如违约、侵权时的请求权。 3. 请求权是原权还是救济权？关键看权利产生的原因！ （1）基于合同而产生的，请求对方履行合同的请求权——原权。 （2）甲的狗将乙咬伤，乙请求甲进行损害赔偿的请求权——救济权。
	救济权	4. 私力救济中自助的要件：【2023年】 （1）为保护自己的请求权（主要是债权）； （2）情况紧急，别无选择； （3）在必要和相当的限度内强制侵害人的人身、财产； （4）尽快纳入公力救济途径。
成立要件是否齐全	既得权	期待权存在的典型情形： 1. 所有权保留买卖中买受人的权利； 2. 附延缓条件的合同中合同相对人的权利。
	期待权	

第二节 自 然 人

一、自然人的权利能力（图表5）

制度目的	解决是不是主体的问题，有权利能力就是主体，无权利能力就不是主体。
性质	所有人一律平等、不得转让、不得抛弃。
时间的规范界定	出生时起，死亡时止（包括自然死亡、宣告死亡、推定死亡）。
	出生与死亡时间的认定标准： 1. 首先，参考出生证明和死亡证明； 2. 没有上述证明的，以户籍登记或者其他有效身份登记记载的时间为准； 3. 若有证据证明出生和死亡的时间足以翻上述记载的，以证明的时间为准。
胎儿权利能力的特别规定 【2021年，2020年，2016年，2015年】	涉及遗产继承、接受赠与等胎儿利益保护的，胎儿视为具有民事权利能力。但是，胎儿娩出时为死体的，其民事权利能力自始不存在。 [注意] 父母在胎儿娩出前可作为法定代理人以诉讼方式主张相应权利。

续表

死者人格利益保护的特别规定	侵害英雄烈士等的姓名、肖像、名誉、荣誉，损害社会公共利益的，应当承担民事责任。例如，在网上对革命烈士发表侮辱性言论的行为等。

二、自然人的行为能力（图表6）

制度目的	解决主体"脑袋是否清楚"的问题。
完全行为能力人	"脑袋完全清楚"。 1. 年满18周岁； 2. 16周岁以上不满18周岁，以自己劳动收入作为主要生活来源的人。
限制行为能力人	"脑袋不完全清楚"。 1. 8周岁以上不满18周岁的未成年人； 2. 18周岁以上不能完全辨认自己行为的成年人。
无行为能力人	"脑袋完全不清楚"。 1. 不满8周岁的未成年人； 2. 8周岁以上但完全不能辨认自己行为的人。
成年人行为能力不足的认定与恢复	1. 认定能力不足的申请人：不能辨认或者不能完全辨认自己行为的成年人的利害关系人或者有关组织。 2. 恢复能力的申请人：本人、利害关系人或者有关组织。 3. 决定机关：人民法院。 4. 有关组织的范围：居民委员会、村民委员会、学校、医疗机构、妇女联合会、残疾人联合会、依法设立的老年人组织、民政部门等。
民事法律行为的效力 【2018年，2017年】	1. 完全行为能力人可独立进行民事法律行为。 2. 限制行为能力人可进行与其年龄、智力相适应的或纯获利益的民事法律行为，超出能力的法律行为，效力待定。是否与年龄智力相适应，从行为与本人生活相关联的程度，本人的智力、精神健康状况能否理解其行为并预见相应的后果，以及标的、数量、价款或者报酬等方面认定。【2010年】 [注意] 民法分则中有特别规定限制行为能力人法律行为效力的，适用分则特别规定。如，限制行为能力人订立的遗嘱无效。 3. 无行为能力人进行的民事法律行为，无效。

三、自然人的监护

（一）监护的类型（图表7）

法定监护及其延伸	未成年人监护	1. 父母是未成年子女的监护人。【2017年，2013年】 （1）父母是当然监护人，即便离婚，监护人的身份不变，不过离婚时双方可以协商确定监护义务的履行。 （2）未成年人的父母与其他依法具有监护资格的人订立协议，约定免除具有监护能力的父母的监护职责的，法院不予支持。 （3）可协议约定在未成年人的父母丧失监护能力时由该具有监护资格的人担任监护人。 2. 未成年人的父母已经死亡或者没有监护能力的，由下列有监护能力的人按顺序担任监护人：【2022年，2010年】 （1）祖父母、外祖父母； （2）兄、姐； （3）其他愿意担任监护人的个人或者组织，但是须经未成年人住所地的居民委员会、村民委员会或者民政部门同意。 3. 自然人的监护能力，应当根据其年龄、身心健康状况、经济条件等因素确定；有关组织的监护能力，应当根据其资质、信用、财产状况等因素确定。
	成年人监护	无民事行为能力或者限制民事行为能力的成年人，由下列有监护能力的人按顺序担任监护人： 1. 配偶； 2. 父母、子女； 3. 其他近亲属； 4. 其他愿意担任监护人的个人或者组织，但是须经被监护人住所地的居民委员会、村民委员会或者民政部门同意。 [注意] 近亲属是指配偶、父母、子女、兄弟姐妹、祖父母、外祖父母、孙子女、外孙子女。
	延伸问题	1. 遗嘱监护。【2017年】 （1）被监护人的父母担任监护人的，可以通过遗嘱指定监护人。 [注意] 只有父母担任监护人时才能通过遗嘱指定监护人。被监护人包括未成年子女和无完全行为能力的成年子女。 （2）担任监护人的父母通过遗嘱指定监护人，遗嘱生效时被指定的人不同意担任监护人的，按照上述未成年人和成年人法定监护制度确定监护人。

续表

法定监护及其延伸	延伸问题	（3）未成年人由父母担任监护人，父母中的一方通过遗嘱指定监护人，另一方在遗嘱生效时有监护能力，有关当事人对监护人的确定有争议的，按照当然监护处理，即由有监护能力的父或母做监护人。 2. 协议监护。【2022年，2013年，2010年】 （1）依法具有监护资格的人之间可以协议确定监护人。协议确定监护人应当尊重被监护人的真实意愿（与被监护人生活、情感联系的密切程度；依法具有监护资格的人的监护顺序；是否有不利于履行监护职责的违法犯罪等情形；依法具有监护资格的人的监护能力、意愿、品行等）。 （2）依法具有监护资格的人之间依据《民法典》第30条的规定，可约定由不同顺序的人共同担任监护人，或者由顺序在后的人担任监护人。 （3）不能达成协议的，可由村民委员会、居民委员会或者民政部门指定；对于指定不服的，可向法院起诉。 ①不服居民委员会、村民委员会或者民政部门的指定，在接到指定通知之日起30日内向人民法院申请指定监护人的，法院认为指定并无不当，依法裁定驳回申请；认为指定不当，依法判决撤销指定并另行指定监护人。 ②当事人在接到指定通知之日起30日后提出申请的，法院应当按照变更监护关系处理。 （4）不能达成协议的，当事人也可以直接向法院起诉。 [注意] 法院依法指定的监护人一般应当是一人，由数人共同担任监护人更有利于保护被监护人利益的，也可以是数人。 3. 临时监护。 在没有指定监护之前，被监护人的人身权利、财产权利以及其他合法权益处于无人保护状态的，由被监护人住所地的居民委员会、村民委员会、法律规定的有关组织或者民政部门担任临时监护人。 4. 兜底监护。 没有依法具有监护资格的人的，监护人由民政部门担任，也可以由具备履行监护职责条件的被监护人住所地的居民委员会、村民委员会担任。
意定监护		1. 一般的委托监护及责任承担。【2013年】 （1）监护人因患病、外出务工等原因在一定期限内不能完全履行监护职责，将全部或者部分监护职责委托给他人，当事人不可主张受托人因此成为监护人，只是暂时代为履行监护职责。 （2）原则上被监护人发生了侵权，仍由监护人承担责任；受托人有过错的，应负相应责任。 2. 附条件的委托监护。【2022年，2020年，2017年】 具有完全民事行为能力的成年人，可以与其近亲属、其他愿意担任监护人的个人或者组织事先协商，以书面形式确定自己的监护人。协商确定的监护人在该成年人丧失或者部分丧失民事行为能力时，履行监护职责。

续表

意定监护	（1）丧失能力前的任意解除权：协议的任何一方在该成年人丧失或者部分丧失民事行为能力前请求解除协议的，法院予以支持。 （2）丧失能力后解除需正当理由：成年人丧失或者部分丧失民事行为能力后，协议确定的监护人无正当理由请求解除协议的，法院不予支持。 （3）成年人丧失或者部分丧失民事行为能力后，协议确定的监护人有"应被撤销监护资格情形"的，有关个人、组织申请撤销其监护人资格的，法院予以支持。

（二）监护的其他问题（图表8）

监护人的职责 【2019年，2016年】	1. 应当做什么。 监护人应当按照最有利于被监护人的原则履行监护职责。 2. 不得做什么。 监护人除为维护被监护人利益外，不得处分被监护人的财产。 [注意] 如果非为被监护人利益处分财产的，造成损失应赔偿。 3. 相关问题。 有财产的无民事行为能力人、限制民事行为能力人造成他人损害的，从本人财产中支付赔偿费用。不足部分，由监护人赔偿。 4. 临时照料措施（新增）。 因发生突发事件等紧急情况，监护人暂时无法履行监护职责，被监护人的生活处于无人照料状态的，被监护人住所地的居民委员会、村民委员会或者民政部门应当为被监护人安排必要的临时生活照料措施。
监护资格的撤销 【2020年，2019年】	1. 撤销的申请人：有关个人或者有关组织。 主要包括：其他依法具有监护资格的人、居民委员会、村民委员会、学校、医疗机构、妇女联合会、残疾人联合会、未成年人保护组织、依法设立的老年人组织、民政部门等。如果前述个人和民政部门以外的组织未及时向人民法院申请撤销监护人资格的，民政部门应当向人民法院申请。 2. 撤销的原因： （1）实施严重损害被监护人身心健康行为的； （2）怠于履行监护职责，或者无法履行监护职责并且拒绝将监护职责部分或者全部委托给他人，导致被监护人处于危困状态的； （3）实施严重侵害被监护人合法权益的其他行为的。 3. 撤销之后的责任： 依法负担被监护人抚养费、赡养费、扶养费的父母、子女、配偶等，被人民法院撤销监护人资格后，应当继续履行负担的义务。

第一部分　总则

续表

监护资格的恢复 【2020年】	只有被监护人的父母或者子女被人民法院撤销监护人资格后才可能恢复。 [注意] 例外：对被监护人实施故意犯罪的不可恢复。
监护关系的终止	1. 被监护人取得或者恢复完全民事行为能力； 2. 监护人丧失监护能力； 3. 被监护人或者监护人死亡； 4. 人民法院认定监护关系终止的其他情形。 [掌握技巧] 要么没必要继续监护，要么没可能继续监护。 [注意] 监护人、其他依法具有监护资格的人之间就监护人是否有上述第2、4项应当终止监护关系的情形发生争议，可向法院申请变更监护人。被依法指定的监护人与其他具有监护资格的人之间协议变更监护人的，应当尊重被监护人的真实意愿，按照最有利于被监护人的原则作出裁判。

四、自然人之宣告失踪与宣告死亡（图表9）

	宣告死亡 【2018年，2017年，2016年，2006年】	宣告失踪 【2016年，2011年】
申请条件（以日为单位计算期间，均从次日起算）	1. 下落不明满4年； 2. 因意外事件，下落不明满2年。 [注意] 例外：因意外事件下落不明，经有关机关证明该自然人不可能生存的，申请宣告死亡不受2年时间的限制。	1. 自然人下落不明满2年的，利害关系人可以向人民法院申请。 2. 自然人下落不明的时间从其失去音讯之日起计算。 3. 战争期间下落不明的，下落不明的时间自战争结束之日或者有关机关确定的下落不明之日起计算（宣告死亡也适用，期间为4年）。
申请人	1. 无限制的利害关系人。 被申请人的配偶、父母、子女，以及丧偶后对被申请人尽到主要赡养义务的儿媳、女婿。此种利害关系人之间没有顺序先后。 2. 被申请人其他近亲属及代位继承人（子女的晚辈直系血亲、兄弟姐妹的子女）符合下列条件之一，作为利害关系人： （1）被申请人的配偶、父母、子女均已死亡或者下落不明的；	1. 被申请人的近亲属。 2. 失踪人的代位继承人（子女的晚辈直系血亲、兄弟姐妹的子女）和丧偶后对被申请人尽到主要赡养义务的儿媳、女婿。 3. 债权人、债务人、合伙人等与被申请人有民事权利义务关系的民事主体，但是不申请宣告失踪不影响其权利行使、义务履行的除外。

11

续表

申请人	(2) 不申请宣告死亡不能保护其相应合法权益的。 3. 被申请人的债权人、债务人、合伙人等民事主体，原则上不能认定为利害关系人，但是不申请宣告死亡不能保护其相应合法权益的除外。	
法律后果	1. 人格消灭。 (1) 人民法院宣告死亡的判决作出之日视为其死亡的日期； (2) 因意外事件下落不明宣告死亡的，意外事件发生之日视为其死亡的日期。 2. 事实未死的行为效力。 自然人被宣告死亡但是并未死亡的，不影响该自然人在被宣告死亡期间实施的民事法律行为的效力。 3. 婚姻关系解除。 被宣告死亡的人的婚姻关系自死亡宣告之日起消灭。 4. 继承发生：通常为法定继承。 5. 单方可以决定送养子女。	1. 代管人的确定。 (1) 一般由配偶、成年子女、父母或者其他愿意担任财产代管人的人代管。 (2) 无前述代管人或有争议的，由法院指定代管人。 (3) 代管人可在相关财产纠纷中作为原被告。 2. 代管人的职责。 (1) 妥善管理失踪人的财产。 (2) 失踪人所欠税款、债务和应付的其他费用，由财产代管人从失踪人的财产中支付。 (3) 财产代管人因故意或者重大过失造成失踪人财产损失的，应当承担赔偿责任。 3. 代管人的变更。 代管人不适当履行职责或丧失代管能力的，利害关系人可申请变更；代管人也可以主动申请变更。
撤销及后果（本人和利害关系人均可申请撤销）	1. 婚姻关系。 死亡宣告被撤销的，婚姻关系自撤销死亡宣告之日起自行恢复，但是其配偶再婚或者向婚姻登记机关书面声明不愿恢复的除外。 [注意] 即使申请宣告死亡后配偶没有结婚的，也不一定恢复婚姻关系。 2. 收养关系依然有效。 3. 财产关系。 (1) 依据继承获得的财产，应予返还。这里包括所有的继承方式，法定继承、代位继承、转继承等。通常认为，继承人基于	1. 移交代管财产。 失踪人重新出现，有权要求财产代管人及时移交有关财产并报告财产代管情况。 2. 失踪人配偶处分财产的效果。 宣告失踪后，失踪人的配偶处分夫妻共同财产的为无权处分，若受让人不知情则可能构成善意取得，如果知情则不能。 3. 婚姻关系。 (1) 原则上不影响婚姻关系； (2) 宣告失踪后，失踪人的配偶提起了离婚诉讼并经法院判决离婚的，则婚姻关系消灭。

撤销及后果（本人和利害关系人均可申请撤销）	所继承的财产进行的经营所得不返还，因为经营所得应视为继承人的劳动收入。 （2）恶意利害关系人获得财产的，除返还财产外，还应当赔偿损失。 （3）财产已经被第三人合法取得的，第三人可不返还，由继承人给予适当补偿。	
两者竞合时的处理规则	对同一自然人，有的利害关系人申请宣告死亡，有的利害关系人申请宣告失踪，符合宣告死亡条件的，人民法院应当宣告死亡。【2022年】	

五、其他问题（图表10）

特殊的自然人	1. 个体工商户的债务，个人经营的，以个人财产承担；家庭经营的，以家庭财产承担；无法区分的，以家庭财产承担。 2. 农村承包经营户的债务，以从事农村土地承包经营的农户财产承担；事实上由农户部分成员经营的，以该部分成员的财产承担。 [小结] 两者均需分清家庭财产与个人财产；不能分清的，均认定为以家庭财产承担责任。
自然人的住所	1. 自然人以户籍登记或者其他有效身份登记记载的居所为住所；经常居所与住所不一致的，经常居所视为住所。 2. 公民离开住所地最后连续居住1年以上的地方，为经常居住地，但住医院治疗的除外。公民由其户籍所在地迁出后至迁入另一地之前，无经常居住地的，仍以其原户籍所在地为住所。 [小结] 登记居所不常住，人常在地为住所，外出就医是例外；户籍迁出尚未入，来源之地为住所。

第三节　法　人

一、法人的能力与责任（图表11）

法人权利能力	1. 设立登记后、注销登记前具有权利能力（依法不需要注销登记的，清算完成时消灭）。 2. 享有人格权，但对于专属于自然人的权利不能享有，故法人不能主张精神损害赔偿。【2007年】 3. 受法律、行政命令和法人章程、目的的限制，但超出登记范围订立的合同有效。

续表

法人行为能力	1. 在时间上与权利能力具有同一性。 2. 由法定代表人以法人名义行为，法人内部对代表人权利的限制不得对抗善意第三人。
法人的责任	1. 法人以自己的财产对外承担独立责任，完成出资手续后，法人独立享有财产所有权。【2011 年，2008 年】 [注意] 法人独立责任是法人出资人有限责任的前提，当出资人滥用法人的独立责任侵害法人债权人利益时，营利法人的出资人要与法人一起向债权人承担无限连带责任。【2023 年】【2021 年主观题①】【2019 年主观题】 2. 法人对法定代表人以法人名义进行的行为负责，对工作人员的职务行为负责。【2021 年，2013 年，2011 年，2006 年】 （1）法人承担民事责任后，可以向有过错的法定代表人追偿； （2）法定代表人可在合同中承诺对法人债务承担连带责任，但对于新任法定代表人没有约束力；【2014 年】 （3）职务行为，指职权范围内的事项。 3. 法人合并的，由合并后的法人承担；法人分立的，由分立后的法人承担，如果分立后的法人内部有约定份额的，未经债权人同意，不能约束债权人。【2009 年】 4. 法人设立中的责任承担。【2017 年】 （1）设立人为设立法人从事的民事活动，其法律后果由法人承受； （2）法人未成立的，其法律后果由设立人承受；设立人为 2 人以上的，享有连带债权，承担连带债务； （3）设立人为设立法人以自己的名义从事民事活动产生的民事责任，第三人有权选择请求法人或者设立人承担。 5. 法人决议不合法时的责任。 法人内部利害关系人可撤销；对外不影响法人依据决议与善意相对人法律关系的效力。 6. 法人存续期间登记事项发生变化的，应当依法向登记机关申请变更登记；法人的实际情况与登记的事项不一致的，不得对抗善意相对人。【2018 年主观题】

二、法人的类型

（一）《民法典》总则编的规定（图表12）【2012 年，2010 年】

营利法人	公司法人	1. 应当设权力机构和执行机构；
	非公司法人	2. 出资人不得滥用权利；滥用权利造成他人损害应承担赔偿责任。

---

① 指该知识点在历年主观题中的考查年份，其中 2018 年及之后的年份指法考回忆版试题的考查年份。

续表

非营利法人	捐助法人	1. 具备法人条件，为公益目的以捐助财产设立的基金会、社会服务机构等非营利法人。基金会的运行及变更均有严格管理程序，须经主管部门批准。 2. 依法设立的宗教活动场所，具备法人条件的，可以申请法人登记，取得捐助法人资格。 3. 应当依法制定章程；应当设理事会；应当设监事会。
	事业单位法人【2007年】	1. 为社会公益目的，从事教科文卫体等公益事业的单位。 2. 不需要办理法人登记的，成立时即获法人资格；需要办理法人登记的，经核准登记获法人资格。 3. 经费主要由国家拨款，但有自负盈亏的部分。 4. 对于其财产可以占有、使用，但收益和处分要受制于其目的，故不是典型的所有权。
	社会团体法人	1. 具备法人条件，基于会员共同意愿，为公益目的或者会员共同利益等非营利目的的设立的非营利法人。例如：中国律师协会。 2. 不需要办理法人登记的，成立时即获法人资格；需要办理法人登记的，经核准登记获法人资格。 3. 应当制定章程；应当设立权力机构；应当设立理事会等执行机构。
	公益非营利法人终止的后果	1. 不得向出资人、设立人或者会员分配剩余财产。 2. 剩余财产按章程规定或权力机构决议用于公益目的。 3. 无法按章程或者权力机构决议处理的，由主管机关主持转给宗旨相同或者相近的法人，并向社会公告。【2014年】
特别法人		机关法人、农村集体经济组织法人、城镇农村的合作经济组织法人、基层群众性自治组织法人。

(二) 理论中的两个重要概念比较（图表13）【2012年，2010年】

	社团法人	财团法人
财产的来源	成员出资	社会捐赠
是否有成员	出资者为其成员	无
是否有营利性	营利性、公益性	公益性
是否有意思机关	有	无

三、法人的终止（图表14）

终止的原因	法人被宣告破产。		
	法律规定的其他原因。		
	法人解散	解散原因	1. 法人章程规定的存续期间届满或者法人章程规定的其他解散事由出现； 2. 法人的权力机构决议解散； 3. 因法人合并或者分立需要解散； 4. 法人依法被吊销营业执照、登记证书，被责令关闭或者被撤销； 5. 法律规定的其他情形。
		解散清算	1. 法人解散，除合并或者分立的情形外，清算义务人应当及时组成清算组进行清算。 2. 除另有规定，法人的董事、理事等执行机构或者决策机构的成员为清算义务人。 3. 清算义务人未及时履行清算义务，造成损害的，应当承担民事责任；主管机关或者利害关系人可以申请人民法院指定有关人员组成清算组进行清算。

第四节　非法人组织（图表15）

主要类型	个人独资企业、合伙企业、不具有法人资格的专业服务机构等。 [注意] 对于法人分支机构是否属于非法人组织的问题，存在争论，需注意两点： 1. 按照《民法典》法人部分的规定，法人分支机构是法人的组成部分，然而分支机构若领取了营业执照也能以自己的名义从事民事活动，并且民诉法上也可作为原告和被告。对此，分而论之具有更大的合理性。领取营业执照的法人分支机构，能够以自己的名义从事民事活动的，是非法人组织；未领取营业执照，不能以自己的名义对外从事活动的，不是非法人组织。 2. 就责任承担而言，分支机构以自己的名义从事民事活动，产生的民事责任由法人承担；也可以先以该分支机构管理的财产承担，不足以承担的，由法人承担。【2008年，2003年】
设立	1. 非法人组织应当依照法律的规定登记。 例如，一般的合伙企业，经市场监管机关注册登记即可。 2. 设立非法人组织，法律、行政法规规定须经有关机关批准的，依照其规定。 例如，设立律师事务所，需要司法局（省级）批准，不需市场监管机关登记。

续表

责任承担 【2016年】	非法人组织的财产不足以清偿债务的，其出资人或者设立人承担无限责任。 [注意] 清偿时的顺序：先用组织财产，不足的才由出资人承担无限责任。 【2017年主观题】
代表人	非法人组织可以确定一人或者数人代表该组织从事民事活动。
解散与清算	1. 解散的情形： (1) 章程规定的存续期间届满或者章程规定的其他解散事由出现； (2) 出资人或者设立人决定解散； (3) 法律规定的其他情形。 2. 强制清算：非法人组织解散的，应当依法进行清算。

第五节　民事法律行为

一、区分法律行为与事实行为（图表16）【2020年，2009年】

法律行为	事实行为
以意思表示为中心	不强调意思表示
效果由行为人自己设定	效果由法律直接规定
要求行为人有相应的行为能力	后果产生与行为能力无关
可进行有效或无效的评价	有效或无效的评价无意义

二、法律行为的核心要素：意思表示（图表17）

构成要素	内在效果意思	有发生私法上效果的意思，区别于好意施惠和戏谑表示。【2019年，2018年，2016年，2013年，2007年，2005年】
	外在表示行为	1. 包括明示和默示； 2. 沉默只有在有法律规定、当事人约定或者符合当事人之间的交易习惯时，才可以视为意思表示。如，试用期满保持沉默视为购买。
	完成法律行为	1. 单方行为：内在效果意思+外在表示行为，如单方抛弃。【2020年（2次）】 2. 双方行为：双方通过表示行为表达的效果意思要达成一致，如合同。【2015年，2005年】

17

续表

生效时间 【2021 年】	1. 以对话方式作出的意思表示，相对人知道其内容时生效。 2. 以非对话方式作出的意思表示，到达相对人时生效。 3. 无相对人的意思表示，表示完成时生效；法律另有规定的，依照其规定。 4. 以公告方式作出的意思表示，公告发布时生效。
解释方法	1. 有相对人的意思表示的解释，应当按照所使用的词句，结合相关条款、行为的性质和目的、习惯以及诚信原则，确定意思表示的含义。目的为确定意思表示含义，倾向于客观标准。【2023 年】 （1）以词句的通常含义为基础，结合相关条款、合同的性质和目的、习惯以及诚信原则，参考缔约背景、磋商过程、履行行为等因素确定争议条款的含义。 （2）有证据证明当事人之间对合同条款有不同于词句的通常含义的其他共同理解，一方主张按照词句的通常含义理解合同条款的，人民法院不予支持。 （3）对合同条款有两种以上解释，可能影响该条款效力的，人民法院应当选择有利于该条款有效的解释；属于无偿合同的，应当选择对债务人负担较轻的解释。 2. 无相对人的意思表示的解释，不能完全拘泥于所使用的词句，而应当结合相关条款、行为的性质和目的、习惯以及诚信原则，确定行为人的真实意思。目的为探求真意，倾向于主观标准。

三、法律行为的类型（图表 18）

分类标准	主要类型
行为主体 【2008 年】	1. 单方行为：如遗嘱、单方抛弃等。 2. 双方行为：如合同、婚姻等。 3. 多方行为：如合伙协议等。 4. 决议。
行为内容 【2008 年】	1. 财产行为：如订立买卖合同等。 2. 身份行为：如收养、监护等。
义务主体	此种分类是对于双方法律行为的再分类。 1. 单务行为：如赠与、保证等。 2. 双务行为：如买卖合同、仓储合同等。
是否有偿	1. 有偿行为：如租赁合同、有息借款等。 2. 无偿行为：如保证、赠与等。 [注意] 单务一般为无偿，但是会有例外，如自然人之间的有偿借款即为有偿、单务。
成立要件 【2008 年】	1. 诺成行为：有意思表示即可成立。法律行为中诺成行为是主流，如买卖、租赁等合同。 2. 实践行为：除意思表示一致，还需要交付标的物才能成立。此种行为为少数，典型代表如保管、定金、自然人借款、借用关系。

续表

形式要求	1. 要式行为：具备特定形式方可成立，如融资租赁合同、建设工程合同、遗嘱等。 2. 不要式行为：不需要特定形式，只要有意思表示的完成即可成立。
行为关系	1. 主行为：不需要以其他法律行为存在为前提的法律行为。 2. 从行为：需要以其他法律行为的存在为前提的法律行为。 如在当事人为担保债权实现设定抵押权的情形下，订立债权合同是主行为，订立抵押合同是从行为。
是否有因	1. 有因行为：是指行为与原因不可分离的行为。 2. 无因行为：是指行为与原因可以分离，不以原因为要素的行为。例如，票据行为就是无因行为。 无因行为并非没有原因，而是在进行制度设定时，规定原因无效不影响行为的效力。
法律效力 【2008年】	1. 负担行为：发生债权效力的行为，如订立买卖合同。 2. 处分行为：直接导致财产权变动的行为，如单方抛弃、设立抵押权、买卖动产中交付标的物等。 3. 明确区分的情形： （1）动产的所有权变动：合同+交付； （2）不动产的所有权变动：合同+登记； （3）不动产设定抵押权：合同+登记； （4）动产设定质权：合同+交付； （5）权利设定质权：合同+交付或登记； （6）建设用地使用权的出让、转让：合同+登记； （7）建设用地使用权设定抵押：合同+登记； （8）海域使用权设定抵押：合同+登记（登记生效）； （9）居住权设立：合同+登记； （10）不动产让与担保：合同+登记； （11）股权让与担保：合同+登记。 [小结] 合同有效成立后，如果不交付标的物或者不登记，只是不产生物权变动的后果，但都不影响合同的效力。 4. 区分的例外： （1）动产设定抵押：合同生效抵押权立即设立（登记对抗）； （2）土地承包经营权设立：承包合同生效立即设立（登记造册—政府义务）； （3）土地承包经营权转让：转让合同生效立即转移（登记对抗）； （4）地役权设立：地役权合同生效立即设立（登记对抗）。 [小结] 土地承包经营权设立、转让和登记的关系：设立（政府登记），既没有登记生效，也没有登记对抗，登记是政府的义务；转让（登记对抗），个人之间转让的，不登记不得对抗善意第三人。

四、法律行为的成立与生效

（一）成立和生效的关系（图表 19）

成立	1. 诺成行为：意思表示为完成； 2. 实践行为：意思表示+交付标的物。
生效 【2022 年， 2014 年， 2013 年， 2011 年】	1. 形式要件：符合法律形式要求——口头、书面与其他形式。当事人未采用书面形式或者口头形式，但是实施的行为本身表明已经作出相应意思表示，符合民事法律行为成立条件的，是其他形式实施的民事法律行为。 2. 实质要件：主体合格、意思真实；内容合法，不违背公序良俗。【2017 年主观题】【2014 年主观题】【2011 年主观题】【2010 年主观题】
小结	一般情况下，法律行为（合同）的成立和生效在时间上是同一的，成立即生效。只有在附（延缓）条件、附期限（始期）或者需要审批的法律行为（合同）中，成立之后暂时尚不能生效！当事人有特别约定的，按照约定生效。

（二）法律行为的效力瑕疵——必考

1. 关于效力待定的法律行为（图表 20）

适用情形		（1）限制行为能力人超出行为能力实施的法律行为；【2015 年，2009 年】 （2）无权代理人超越代理权以被代理人名义实施的法律行为；【2015 年】 （3）无权处分订立买卖合同时实施的处分行为。 上述三种情形，追认权人不追认，均归于无效。
法律效果	追认权	（1）法定代理人、被代理人和无权处分时的原权利人可追认； （2）此权利为形成权； （3）追认意思表示的生效时间，适用图表 17 中关于意思表示生效时间的规定。
	催告权	（1）追认前，限制行为能力人和无权代理人实施法律行为的相对人可催告追认权人 30 日内追认； （2）面对相对人催告，追认权人保持沉默的，视为拒绝。
	撤销权	限制行为能力人和无权代理人实施法律行为的相对人若为善意（不知情），追认之前，可单方通知撤销。
	选择权	无权代理中，若被代理人不追认，善意相对人可以主张无权代理人赔偿损失或履行债务。

续表

法律效果	无权处分中的相对人保护	(1) 无权处分订立的买卖合同有效，处分行为效力待定； (2) 处分行为若被追认，则转换为正常买卖，相对人继受取得物权； (3) 处分行为若不被追认，若相对人符合善意取得要件，则可善意取得物权； (4) 出卖人原因导致买受人不能获得物权时，可主张出卖人承担违约责任或解除合同并主张赔偿损失。 【2021年，2015年（2次），2014年，2012年（2次），2011年（2次）】 【2020年主观题】【2016年主观题】【2015年主观题】【2010年主观题】

2. 关于可撤销的法律行为（图表21）

重大误解 【2023年，2022年（2次），2021年（3次），2020年（2次），2019年，2017年，2016年（2次），2015年（2次），2011年，2007年】	含义	(1) 行为人对行为的性质、对方当事人或者标的物的品种、质量、规格、价格、数量等产生错误认识，按照通常理解如果不发生该错误认识行为人就不会作出相应意思表示的，认定为重大误解。 (2) 行为人能够证明自己实施民事法律行为时存在重大误解，并请求撤销该民事法律行为的，予以支持；但是，根据交易习惯等认定行为人无权请求撤销的除外。 (3) 行为人以其意思表示存在第三人转达错误为由请求撤销民事法律行为的，按重大误解处理。
	典型情形	(1) 对合同性质的误解，如误将出租房屋当出卖房屋； (2) 对相对人的误解，如把张三当作其哥张二签订委托合同； (3) 对标的物品种的误解，如误将真皮外套当作仿真皮外套出售； (4) 对标的物质量的误解，如误将二等品当作一等品出售； (5) 对标的物数量的误解，如误将1000吨当作100吨； (6) 对标的物的误解，如把复制品当作原件，把赝品当作真品； (7) 对价金的误解，如将1000元误认为100元。
	例外	动机的误解不可撤销，如为举办婚礼购买戒指，后婚礼取消亦不能撤销。
欺诈 【2023年，2022年（3次），2021年，2020年，2019年，2017年，2016年，2015年（3次），2014年，2013年，2012年（2次），2011年，2009年】	欺诈的明示与默示	明示：故意告知对方虚假情况致使对方作出错误的判断。 默示：故意隐瞒重要信息致使对方作出错误的判断。
	相对人欺诈与第三人欺诈	相对人欺诈：张三受到李四欺诈与李四订立合同。 第三人欺诈：张三受到李四欺诈与王五订立合同，且王五对于李四欺诈张三的事实知情。 [注意] (1) 当王五不知道欺诈事实存在时，张三不得撤销；当张三与王五的合同履行后，李四是直接受益人时，相对人王五虽不知情，张三也可以撤销。(2) 受到损失的当事人请求第三人承担赔偿责任的，人民法院依法予以支持，受损人也违背诚信原则的，分担相应责任。

21

续表

胁迫 【2023年，2020年，2013年，2011年（2次），2010年】	含义	以给自然人及其亲友的生命健康、荣誉、名誉、财产等造成损害或给法人的荣誉、名誉、财产等造成损害为要挟，迫使对方作出违背真实的意思表示的行为，无论来自相对人还是第三人，被胁迫人一律可撤销。
	主要情形	（1）手段非法，目的正当。 例如，甲以披露乙的隐私相威胁，迫使乙签发支票偿还对甲的债务。 （2）手段合法，目的非法。 例如，甲以举报犯罪相威胁，迫使乙购买自己的一辆已经报废的摩托车。 （3）手段非法，目的非法。 例如，甲称如果乙不购买自己已报废的摩托车，就将乙的腿砸断。 （4）手段合法，目的合法，但是两者结合具有违法性。 例如，甲称如果乙不还欠甲的债务，甲将举报乙半年前的犯罪行为。

显失公平	（1）一方利用对方处于危困状态、缺乏判断能力等情形，致使民事法律行为成立时显失公平。 （2）当事人一方是自然人，根据该当事人的年龄、智力、知识、经验并结合交易的复杂程度，能够认定其对合同的性质、合同订立的法律后果或者交易中存在的特定风险缺乏应有的认知能力，为缺乏判断能力。 【2023年（2次），2022年（2次），2021年，2020年，2019年（2次），2017年，2016年，2012年（2次），2011年】
撤销权的消灭 【2023年，2017年，2009年】	（1）性质上为形成权，但此权利需要通过诉讼或仲裁方式行使。 （2）一旦权利人放弃或超过法定除斥期间的，撤销权消灭。具体如下： ①欺诈与显失公平：知道或应当知道可撤销事由之日起1年； ②胁迫：胁迫行为终止之日起1年； ③重大误解：知道可撤销事由之日起90日； ④最长保护期：自法律行为发生之日起5年。所有情形，均受此限制。
撤销的后果	一旦被撤销，法律行为自始不发生约束力，有过错的一方应当对对方承担缔约过失责任。
权利主体	欺诈、胁迫中的受害方、重大误解中的误解方和显失公平中的遭受不利者。

3. 关于无效的法律行为（图表22）

主要类型	（1）无民事行为能力人实施的民事法律行为无效。【2013年】 （2）行为人与相对人以虚假的意思表示实施的民事法律行为无效（不得对抗善意第三人）。【2023年，2019年，2012年】 [注意]以虚假的意思表示隐藏的民事法律行为的效力，依照有关法律规定处理。 （3）违反法律、行政法规的效力性强制性规定的民事法律行为无效。【2019年，2017年，2013年】

主要类型	[注意] 新司法解释中规定的，不导致法律行为无效的强行规定：①强制性规定虽然旨在维护社会公共秩序，但是合同的实际履行对社会公共秩序造成的影响显著轻微，认定合同无效将导致案件处理结果有失公平公正；②强制性规定旨在维护政府的税收、土地出让金等国家利益或者其他民事主体的合法利益而非合同当事人的民事权益，认定合同有效不会影响该规范目的的实现；③强制性规定旨在要求当事人一方加强风险控制、内部管理等，对方无能力或者无义务审查合同是否违反强制性规定，认定合同无效将使其承担不利后果；④当事人一方虽然在订立合同时违反强制性规定，但是在合同订立后其已经具备补正违反强制性规定的条件却违背诚信原则不予补正；⑤法律、行政法规的强制性规定旨在规制合同订立后的履行行为，当事人以合同违反强制性规定为由请求认定合同无效的，人民法院不予支持；但是，合同履行必然导致违反强制性规定或者法律、司法解释另有规定的除外。 （4）违背公序良俗的民事法律行为无效。【2020年，2015年，2012年】 [注意] 新司法解释中规定的，导致法律行为无效的强行规定：①合同影响政治安全、经济安全、军事安全等国家安全的；②合同影响社会稳定、公平竞争秩序或者损害社会公共利益等违背社会公共秩序的；③合同背离社会公德、家庭伦理或者有损人格尊严等违背善良风俗的。 （5）行为人与相对人恶意串通，损害他人合法权益的民事法律行为无效。【2020年，2014年】【2014年主观题】
法律效果	（1）自始、确定、当然无效。 （2）部分无效，不影响其他部分的效力。【2016年】 （3）一旦被确认无效，自始不发生任何约束力。 （4）未履行的不再履行，已经履行的返还（不当得利），不能返还的折价补偿。 （5）无效或撤销后，有过错的一方向无过错的一方赔偿；均有过错，按各自过错承担责任。 （6）民事法律行为不成立，当事人请求返还财产、折价补偿或者赔偿损失的，适用无效之规定。

（三）法律行为的特别生效要件之附条件行为（图表23）

条件的要求 【2017年， 2014年】	将来的、不确定的、可能的、合法的事实。 [注意] 民事法律行为所附条件不可能发生，当事人约定为生效条件的，民事法律行为不发生效力；当事人约定为解除条件的，认定未附条件，是否失效，依照《民法典》和相关法律、行政法规的规定认定。	
条件的 类型	延缓与解除	延缓条件：也叫生效条件或停止条件，达成协议即成立，条件成就方可生效。【2020年，2008年】 解除条件：也叫失效条件或消灭条件，达成协议即成立、生效，条件成就时即失去效力。【2014年】
	积极与消极	积极条件：也叫肯定条件，即以事实的发生为条件。 消极条件：也叫否定条件，即以事实的不发生为条件。

续表

效力拟制	1. 为自己利益，以不正当行为阻止条件成就的，视为条件成就； 2. 为自己利益，以不正当行为促成条件成就的，视为条件不成就。
不生效与无效	如果附生效条件，条件未成就，则法律行为不生效，而不是无效。

第六节　代　理

一、代理的适用范围、类型、行使限制与终止（图表24）

代理的适用范围	可以代理的民法中的行为只能是法律行为。 不可代理的情形： 1. 具有人身性质的行为，如订立遗嘱、婚姻登记、收养子女等； 2. 法律规定或当事人约定应当由特定的人亲自为之的行为，如演出、讲课等； 3. 违法行为，代理人知道事项违法仍代理，与本人一起承担连带责任。【2021年】
代理的主要类型	法定代理和意定代理（包括委托代理和职务代理【2017年】） ［重点提示］ 1. 委托代理的理解——区分委托合同与代理权的授予（被授权人具有限制行为能力即可），如下： （1）既有委托，又有代理。【2015年】 例如，甲与乙签订委托合同，同时甲授权乙，让乙以甲的名义与丙订立合同。 （2）只有委托，没有代理。 例如，甲与张律师签订委托合同，约定在1年内就法律问题向张律师咨询，并约定费用若干。 （3）只有代理，没有委托。 例如，甲乙是好友，一天在国外旅游的甲授权乙，让乙从某超市以甲的名义订购1台打折销售的空调，甲是基于友谊关系及对乙的信任而进行的直接授权。 2. 职务代理 （1）执行法人或者非法人组织工作任务的人员，就其职权范围内的事项，以法人或者非法人组织的名义实施的民事法律行为，对法人或者非法人组织发生效力。 （2）法人或者非法人组织对执行其工作任务的人员职权范围的限制，不得对抗善意相对人。 ［注意］根据《民法典合同编通则解释》第21条规定，关于是否超越职权范围及超越职权范围的行为效果，认定标准如下： 第一，超越职权的行为原则上对法人或非法人组织不发生效力。 ①法人、非法人组织的工作人员就超越其职权范围的事项以法人、非法人组织的名义订立合同，相对人主张该合同对法人、非法人组织发生效力并由其承担违约责任的，人民法院不予支持。②法人、非法人组织有过错的，人民法院可以参照《民法典》第157条的规定判决其承担相应的赔偿责任。③构成表见代理的，法律行为对相对人或非法人组织发生效力。

续表

	第二，法定限权的情形：原则上认定相对人应知情。 合同所涉事项有下列情形之一的，人民法院应当认定法人、非法人组织的工作人员在订立合同时超越其职权范围：①依法应当由法人、非法人组织的权力机构或者决策机构决议的事项；②依法应当由法人、非法人组织的执行机构决定的事项；③依法应当由法定代表人、负责人代表法人、非法人组织实施的事项；④不属于通常情形下依其职权可以处理的事项。 第三，法人、非法人组织内部对职权范围的限制：原则认定相对人不知情。 合同所涉事项未超越法律确定的职权范围，但是超越法人、非法人组织对工作人员职权范围的限制，相对人主张该合同对法人、非法人组织发生效力并由其承担违约责任的，人民法院应予支持。但是，法人、非法人组织举证证明相对人知道或者应当知道该限制的除外。 第四，工作人员的最终责任。 法人、非法人组织承担民事责任后，向故意或者有重大过失的工作人员追偿的，人民法院依法予以支持。
代理的主要类型	**直接代理与间接代理【2012年】** [重点提示]《民法典》（合同编）第925条、第926条关于间接代理的规定。注意间接代理中的显名代理与隐名代理之分。
	本代理与复代理【2011年，2008年】 1. 代理人基于被代理人的同意选任复代理人，在原代理人的代理权限内继续代理活动；紧急情况下，不需要被代理人同意，代理人可直接选任。 [注意] 紧急情况，是由于急病、通讯联络中断等特殊原因，委托代理人自己不能办理代理事项，又不能与被代理人及时取得联系，如不及时转委托第三人代理，会给被代理人的利益造成损失或者扩大损失的情形。 2. 复代理人是被代理人的代理人，而非原代理人的代理人，故被代理人可以直接指示复代理人。 3. 复代理人所为法律行为的后果直接由被代理人承担。 4. 代理人在选任、指示有过失的范围内承担责任；复代理人有过错的，与代理人一起承担连带责任。
	单独代理与共同代理【2021年】 [重点提示] 1. 共同代理中，如果其中一人或者数人未与其他委托代理人协商，所实施的行为侵害被代理人权益的，由实施行为的委托代理人承担民事责任。 2. 数个委托代理人共同行使代理权，其中一人或者数人未与其他委托代理人协商，擅自行使代理权的，认定为无权代理；具有完全代理权的外观且相对人有合理理由相信的，构成表见代理。

续表

代理的行使限制	1. 自己代理：原则上禁止；被代理人同意或给本人带来利益的，有效。 2. 双方代理：原则上禁止；符合法律规定或交易习惯或本人同意的，有效。 3. 通谋代理：代理人与第三人恶意串通，给被代理人造成损害的，由代理人和第三人负连带责任。【2021年，2016年】 （1）对于恶意串通的部分，被代理人不承担责任。 （2）对被代理人的损失，代理人与相对人承担连带责任。	
代理发生与终止情形	发生	代理权的发生是法律规定或单方的授权行为，代理人可以为数人。
	终止	法定代理 1. 被代理人取得或者恢复完全民事行为能力； 2. 代理人丧失民事行为能力； 3. 代理人或者被代理人死亡； 4. 法律规定的其他情形。
		委托代理 1. 代理期间届满或者代理事务完成； 2. 被代理人取消委托或者代理人辞去委托； 3. 代理人丧失民事行为能力； 4. 代理人或者被代理人死亡； [注意] 被代理人死亡时的例外有效代理： （1）代理人不知且不应当知道； （2）约定完成时终止； （3）继承人承认； （4）死前进行且为继承人的利益的。 5. 作为代理人或者被代理人的法人、非法人组织终止。

二、狭义的无权代理与表见代理（图表25）

	主要情形	没有代理权、超越代理权和代理权终止后进行代理行为。
狭义的无权代理 【2022年，2021年（2次），2020年（2次），2013年，2012年，2011年（3次），2010年】【2018年主观题】	法律效果	1. 经被代理人追认，法律行为后果直接归于被代理人。追认的方式： （1）明确表示同意的； （2）知道后保持沉默，开始履行义务的；【2010年主观题】 （3）法律行为发生时，明知而不表示反对的。 2. 被代理人未追认的，相对人均有催告权，善意相对人还有撤销权和选择权。 （1）此时的"善意"规范含义是不知情； （2）一旦撤销，法律行为归于消灭，此撤销权单方通知即可行使；

续表

狭义的无权代理 【2022年，2021（2次），2020年（2次），2013年，2012年，2011年（3次），2010年】【2018年主观题】	法律效果	（3）相对人可以选择让无权代理人赔偿损失或履行债务； （4）如果相对人知情，则与无权代理人按照各自的过错承担责任。 [注意] 相对人是否知情，由无权代理的行为人负责举证。
表见代理 【2021年，2020年，2015年，2014年，2013年，2011年，2004年】【2018年主观题】【2014年主观题】	本质	无权代理。
	构成要件	1. 该无权代理人有被授予代理权的外表或假象。 2. 相对人有正当理由相信该无权代理人有代理权。 （1）存在代理权的外观； （2）相对人不知道行为人行为时没有代理权，且无过失。 3. 相对人基于信任而与该无权代理人为法律行为。 [注意] 举证责任： （1）相对人应当就无权代理符合"存在代理权的外观"承担举证责任； （2）被代理人应当就相对人不符合"相对人不知道行为人行为时没有代理权，且无过失"承担举证责任。
	经典情形与例外	1. 经典情形： （1）没有书面授权，长期以来形成了交易习惯，在代理人离职后未有效地通知相对人； （2）有书面授权但尚未到期，提前结束授权，未收回授权书； （3）交给代理人介绍信、盖有公司合同专用章的空白合同书，授权结束后未及时收回； （4）表见授权或授权不明。 2. 值得注意的三种不构成之情形： （1）盗用他人介绍信、盖有合同专用章或公章的空白合同书签订合同的； （2）借用他人介绍信、合同专用章或者盖有公章的空白合同书签订合同的（《民诉法解释》特别规定，由借用人与出借人共同承担责任，排除了表见代理）。 （3）私刻他人公章，签订合同的。 [注意] 公司法定代表人之外的高管私刻公司公章签订合同的，构成表见代理。

27

第七节 诉讼时效

一、时效的适用要求与范围（图表26）

时效适用要求【2017年，2014年，2010年，2009年】	1. 适用具有强制性，约定延长或者缩短诉讼时效期间、预先放弃诉讼时效利益的，无效； 2. 只有债务人可以主张，法院审判案件不得主动释明或援引； 3. 时效届满后，表示放弃时效的，不得再抗辩。	
时效适用范围	经典情形【2014年】	1. 基于合同债权的请求权； 2. 基于侵权行为的请求权； 3. 基于无因管理的请求权； 4. 基于不当得利的请求权； 5. 未登记动产的物权返还请求权。
	典型例外	1. 债权请求权中的例外：【2009年】 （1）支付存款本金及利息请求权； （2）兑付国债、金融债券以及向不特定对象发行的企业债券本息请求权； （3）基于投资关系产生的缴付出资请求权； （4）其他依法不适用诉讼时效规定的债权请求权。 2.《民法典》总则编中规定的例外： （1）请求停止侵害、排除妨碍、消除危险；【2013年】 （2）不动产物权和登记的动产物权的权利人请求返还财产；【2016年】 （3）请求支付抚养费、赡养费或者扶养费；【2019年】 （4）依法不适用诉讼时效的其他请求权。 3. 理论通说补充的例外： 基于共有关系而产生的请求权中的分割合伙财产请求权、分割家庭财产请求权等。【2014年】
特别提醒	1. 过了时效后，当事人仍可起诉，法院不得以超过诉讼时效为由不予受理。 2. 过了时效后，若债务人自愿履行仍为有效，债权人受领不构成不当得利。 3. 提出时效抗辩的时间要求：一般应当在一审期间提出，不得在二审期间提出，除非有新证据。【2010年，2009年】 4. 债务人一方提出诉讼时效已过的抗辩的，如果法院查明抗辩成立，则应当判决（而非裁定）驳回原告的诉讼请求（而非驳回起诉）。	

二、时效的期间、起算（图表27）

期间	普通时效：3 年。适用中止、中断的规定，不适用延长的规定。
	特殊时效：法律有特别规定的 3 年之外的时效。如《民法典》第 594 条规定，因国际货物买卖合同和技术进出口合同争议提起诉讼或者申请仲裁的时效期间为 4 年。
	最长时效：20 年，从权利被侵害之日起计算。不适用中止、中断之规定，可延长。
	民法所称的"以上""以下""以内""届满"，包括本数；所称的"不满""超过""以外"，不包括本数。
起算	1. 抽象的一般表达：从权利人知道或者应当知道其权利被侵害时起计算。 2. 例外的规定： (1) 再次请求分割夫妻共同财产的，从发现财产之日起计算诉讼时效； (2) 一般保证合同，保证债务的诉讼时效从一般保证人拒绝承担责任的理由消灭之日起算。
	1. 合同之债。 (1) 定有清偿期的：自清偿期届满之日起算。【2012 年】 (2) 未定清偿期的：通常自宽限期届满之日起算，但债务人在债权人第一次主张权利之时明确表示不履行的，自表示不履行义务之日起计算。 (3) 分期履行的合同：自最后一期届满之日起算。【2010 年】 (4) 合同撤销后返还之债：自被撤销之日起算。 2. 侵权之债。 (1) 人身侵权赔偿：当时发现，自侵害发生之日起算；当时未发现，自伤势确诊之日起算。 (2) 知识产权侵权时效需要掌握三个要点：【2008 年】 其一，知识产权侵权适用普通时效 3 年； 其二，由于知识产权侵权的持续性，即便权利人知道侵权后超过 3 年的，在对方提出时效抗辩的前提下，也不能直接驳回诉讼请求，而应当判决停止侵害； 其三，如果要主张损害赔偿，则可以从提起诉讼之日起向前推算 3 年，这 3 年之内的可主张损害赔偿。 (3) 未成年人遭性侵：自受害人年满 18 周岁之日起算。【2020 年】 (4) 无或者限制民事行为能力人对其法定代理人的请求权的诉讼时效期间，自该法定代理终止之日起算。【2019 年】 [注意] 无民事行为能力人、限制民事行为能力人的权利受到原法定代理人损害，且在取得、恢复完全民事行为能力或者在原法定代理终止并确定新的法定代理人后，相应民事主体才知道或者应当知道权利受到损害的，自知道或应当知道权利受损及义务人之日起算。 (5) 无或者限制民事行为能力人的权利受到损害的，诉讼时效期间自其法定代理人知道或者应当知道权利受到损害以及义务人之日起计算，但是法律另有规定的除外。

起算	3. 不当得利之债：自知道或者应当知道事实及对方当事人之日起算。 4. 无因管理之债： （1）管理人请求必要费用：自行为结束并且知道本人之日起算。 （2）本人请求损害赔偿：自知道或者应当知道管理人及损害事实之日起算。

三、时效的中止、中断（图表28）

原理比较	中断：权利人行使权利的结果； 中止：权利人因客观原因不能行使权利。
中止	时间条件：时效临届满的最后6个月内。
	具体情形： 1. 不可抗力，指当事人"不能预见，不能避免并不能克服的客观情况"； 2. 权利被侵害的无民事行为能力人、限制民事行为能力人没有法定代理人，或者法定代理人死亡、丧失代理权、丧失行为能力； 3. 继承开始后未确定继承人或者遗产管理人； 4. 权利人被义务人或者其他人控制无法主张权利； 5. 其他导致权利人不能主张权利的客观情形，<u>如夫妻关系的存续</u>。【2015年主观题】
	中止的后果：<u>中止事由消失后，一律再加6个月</u>。
中断 【2023年，2017年，2013年（2次），2012年，2011年】	时间条件：时效起算后，届满之前。中断重新起算后，在时效届满前，可再次中断。
	具体情形： 1. 起诉及与起诉具有同一效力的事由； 2. 权利人向义务人请求行使权利； [注意] 权利人向义务人的代理人、财产代管人或者遗产管理人等提出履行请求的，时效中断。 3. 义务人承认即同意履行义务。
	司法解释的特别规定： 1. 权利人对同一债权中的部分债权主张权利，诉讼时效中断的效力及于剩余债权，但权利人明确表示放弃剩余债权的情形除外。 2. 对连带债权人中的一人诉讼时效中断，对其他连带债权人诉讼时效也中断。 3. 对连带债务人中的一人诉讼时效中断，对其他连带债务人诉讼时效也中断。 4. 债权人提起代位权诉讼，对债权人的债权和债务人的债权诉讼时效均中断。 5. 债权转让的，诉讼时效从债权转让通知到达债务人之日起中断。 6. 债务承担情形下，构成原债务人对债务承认的，诉讼时效从债务承担意思表示到达债权人之日起中断。
	中断的后果：时效重新起算。

四、诉讼时效与除斥期间之比较（图表29）

	诉讼时效	除斥期间
适用范围	请求权	主要是形成权
法律后果	被请求人产生抗辩权	实体权利消灭
时间起算	一般是权利人知道或应当知道权利被侵害时	法律规定的时间或权利发生时间
适用条件	债务人主张时	法院可依职权直接适用
是否可变	可中止、中断或延长	不可变

PART II

第二部分

物　权

第一节 概 述

一、物权的特征：与债权比较（图表30）

	物权	债权
主体范围	义务主体不特定，绝对权	权利义务主体均特定，相对权
权利客体	物或权利	给付行为
权利内容	体现为对于客体的支配，支配权	请求对方作为或不作为，请求权
权利效力	优先效力、追及效力、排他效力	平等性、相容性
权利发生	物权法定性	债权任意性
保护方法	以物上请求权为主，损害赔偿为辅	以损害赔偿为主要内容
存续时间	作为目的性权利具有相对稳定性和恒久性	作为手段性权利具有暂时性

二、物权的效力（图表31）

排他效力	不相容排他	同一标的上的物权只能存在一个。
	相容排他	同一标的上两个物权主体可暂时共存。
优先效力	物权之间	发生在前的权利优先：如都登记的抵押权，登记在前优先。动产抵押、动产质权与留置权并存，通常留置权优先。
		发生在后的权利优先：如房屋上设立抵押权，抵押权优先。
	物权与债权	一物多卖时，先获得物权的主体优先于债权。
		企业破产，对特定财产享有担保物权者优先于一般债权人。
追及效力【2013年，2009年】		物无论流向何处，权利人均得追及于物的所在，行使权利；但止于物权的善意取得。
请求效力【2011年】	目的	恢复物权人对其标的物原有的支配状态。
	性质	1. 物权请求权是独立于物权本身的一种行为请求权； 2. 在不与物权请求权相抵触的情况下，可以适用债权的规定； 3. 是派生于物权的权利形态，不能与物权分离而单独存在。
	行使	直接向对方提出请求或直接向法院提起诉讼，行使物权请求权。

三、物权请求权与债权请求权之比较（图表32）【2010年】

标准	物权请求权	债权请求权
请求权的前提	享有物权	有债的发生原因
权利目的不同	恢复对物的支配	消除损害或赔偿损失
是否有实际损害	不以有实际损害为必要	通常有实际损害发生
两者并用情形	标的物被他人非法占有并实际遭受了损害，两者可以并用，以全面保护受害人的权利；主张返还的同时，可以主张损害赔偿。	

四、物权法的原则

（一）物权法定原则（图表33）

含义	物权的种类和内容，由法律规定。
物权法定的缓和	1. 当事人如果违背物权法定原则，创设新的物权类型或者新内容的物权，一般不发生物权效力。 2. 近年来物权法定有缓和的趋势，原因如下： 因为物权法定之"法"仅仅包括民法及其他法律，不包括法规、命令等，再完备的法律也难以穷尽生活中的所有问题，法律颁行之后，不可避免要面临层出不穷的新问题、新需求。民法中采取物权法定，目的并非在于僵化物权，阻止法律的发展，而是旨在以类型、内容之强制限制当事人之意思自治，避免当事人任意创设具有对世效力的新的法律关系，借以维持物权关系的明确与安定。 3. 考试中观点： 当事人的约定不足以导致他人对于财产秩序认识混乱的，约定有效，如关于让与担保的约定。
约定物的担保	1. 债权人与担保人订立担保合同，约定以法律、行政法规未禁止抵押或者质押的财产设定以登记作为公示方法的担保，因无法定的登记机构而未能进行登记的，不具有物权效力。 [注意] 当事人请求按照担保合同的约定就该财产折价、变卖或者拍卖所得价款等方式清偿债务的，人民法院依法予以支持，但对其他权利人不具有对抗效力和优先性。 【2019年主观题】【2018年主观题】【2017年主观题】 2. 让与担保的常见情形与效力。 （1）情形。 不动产：签订让与担保合同，并办理过户登记，将不动产登记于债权人名下。 动产：签订让与担保合同，并将动产交付给债权人。【2016年主观题】

第二部分　物权

续表

约定物的担保	股权：签订让与担保合同，并办理股权过户登记，将股权登记于债权人名下。【2021年商法主观题】【2020年主观题】 （2）效力。 债权人参照最相类似的担保物权（动产质押、不动产抵押、股权质押），对于担保财产享有优先受偿权。

（二）公示公信原则（图表34）

公示原则	含义	物权变动的事实通过一定公示方法向社会公开，以避免纠纷。
	公示方式	不动产：登记。动产：交付。
	例外及原因	1. 例外： （1）国家所有的自然资源不需要登记。 （2）继承、事实行为或法院判决等官方文书而引起的物权变动；若是不动产，通过法律行为处分，则要首先登记在自己名下。 2. 原因：此种情形通常不会产生纠纷。
公信原则	含义	即使物权有瑕疵，对于信赖经公示的物权并进行交易的人，法律承认其行为具有与真实的物权存在相同的法律效果。
	功能	降低交易成本，维护交易秩序。

五、物权的保护（图表35）

物权确认请求权	1. 因物权的归属、内容发生争议的，利害关系人可以请求确认权利； 2. 确认物权是其他物权保护方式的前提。	
物权请求权	返还原物 【2016年（2次），2015年（2次），2012年（2次），2011年，2007年】	1. 无权占有他人财产的，权利人可以请求返还原物。 2. 构成要件： （1）请求人享有物权（抵押权人除外）； （2）被请求人是现实的无权占有人（包括直接和间接占有）。 [重点提示] 一物多卖中，基于债权的占有本权，不能对抗新的所有权人！ 3. 除未登记的动产外，返还原物请求权不受时效限制。
	排除妨碍消除危险 【2013年】	1. 适用情形：（1）请求侵害人停止正在进行的侵害行为；（2）对于尚未发生但有发生危险的妨碍也可以请求防止。 2. 适用限度：（1）物权人请求排除的行为应是违法行为，对于他人的合法行为产生的妨碍不能请求排除；（2）物权人只能就与履行物权人与侵害人之间的合同义务无关的妨碍请求排除。

续表

债权请求权	恢复原状	通过修理、重作、更换等方式恢复原状。适用有两个条件： 其一，具有恢复的可能。 其二，在经济上合理。
	赔偿损失	不能通过其他方式使物权回复到圆满状态的情形下主张。

第二节　物权变动

一、物权变动的含义（图表36）

含义	物权的设立、变更、转让和消灭的总称。
产生	1. 原始取得，是指非依他人既存的权利而取得物权。如生产、收取孳息、添附、先占、善意取得等。【2008年】 2. 继受取得，是指基于他人既存的权利而取得物权，继受取得包括移转的和创设的继受取得。【2008年】 （1）移转的继受取得，是从他人处取得他人原有物权。如基于买卖合同受让物权、因继承取得物权等。 （2）创设的继受取得，是在他人的所有物上设立他物权。如在国家所有的土地上设立建设用地使用权，在他人动产上设立抵押权或者质权。
变更	1. 内容的变更，如土地使用权的延长或缩短。 2. 客体的变更，如抵押权的客体因部分灭失而有所减少等。
消灭	1. 绝对消灭是物权本身的消灭。 2. 相对消灭是权利主体的变化，可理解为物权的继受取得或主体变更，这是同一个问题的两个方面。

二、不动产物权变动之登记（图表37）

变动的经典模式与例外	1. 原则：有效的债权合同+登记。【2014年，2012年，2008年，2007年】【2014年主观题】 [重点提示] 若无登记，物权不发生变动，但不影响债权合同效力。【2017年主观题】【2011年主观题】 2. 例外：随着合同生效立即引起物权变动，无需登记。 典型代表：地役权设立、土地承包经营权的设立和转让。

第二部分　物权

续表

登记的问题	登记机关	统一机关登记，具体办法由国务院制定。
	登记责任	因登记机关原因登记错误给他人造成损害的，应当承担赔偿责任。
	登记收费	按件收费，不得按照面积、体积或价款的比例收费。
	登记簿效力	权属证书与登记簿不一致的，以登记簿为准；利害关系人可申请查询。
	预告登记	1. 登记的对象是基于不动产合同而产生的请求权。 2. 预告登记后，未经登记权利人的同意，再处分不动产不发生物权效力；但是，再处分时所订立的合同依然有效。【2015年主观题】 ［注意］再处分，指未经预告登记的权利人同意，转让不动产所有权等物权，或者设立建设用地使用权、居住权、地役权、抵押权等其他物权的行为。 3. 预告登记后，如果债权消灭或者自可登记之日起90日不办理本登记，预告登记失效。 ［注意］债权消灭，指买卖不动产物权的协议被认定无效、被撤销，或者预告登记的权利人放弃债权的情形。
	更正、异议登记【2015年，2014年，2008年】	1. 更正登记条件。 （1）权利人、利害关系人认为不动产登记簿记载的事项错误。 （2）登记簿记载的权利人书面同意或有证据证明登记错误。 2. 异议登记。 （1）名义登记人不同意更正的，利害关系人可以申请异议登记。 （2）登记机构予以异议登记的，申请人在异议登记之日起15日内不起诉，异议登记失效。异议登记失效后，依然可以提起确权之诉。 （3）异议登记不当，造成权利人损害的，权利人可以向申请人请求损害赔偿。
	两者比较	预告登记后，再处分该不动产，不发生物权变动； 异议登记后，再处分该不动产，有可能发生物权变动。

三、动产的物权变动之交付（图表38）

一般动产变动的经典模式与例外【2008年】	1. 一般动产变动的原则：有效的债权合同+交付。 ［重点提示］若无交付，物权不发生变动，但不影响债权合同效力。 2. 例外： （1）动产抵押，抵押合同一生效，立即产生抵押权，无需交付； （2）所有权保留的动产买卖，虽交付，但物权并不能立即变动。

特殊动产的物权变动【2023年、2020年】		1. 指船舶、机动车、航空器等特殊动产。 2. 原则上以交付作为物权变动标志，但是不登记不能对抗善意第三人；已经被交付的受让人可请求出让人办理过户登记手续。【2016年主观题】 3. 善意第三人，是指对于该动产享有物权利益的、不知情的第三人，不包括转让人的债权人。
交付的问题	现实交付	直接交付实物。【2020年】
	观念交付	简易交付：达成物权设立或转让协议时，受让人已经占有，协议生效时交付。【2017年，2016年】
		指示交付：达成物权设立与转让协议，通过转让请求第三人返还原物的权利代替交付。【2021年，2012年】
		占有改定：达成转让协议后，又约定转让人继续占有动产，关于继续占有的协议生效时交付。【2017年，2009年】 [注意] 占有改定的交付方式，不包括设立物权之情形。
	拟制交付	交付仓单、提单。

四、非基于法律行为而导致的物权变动（图表39）

事实行为	房屋建造与产品制造：合法建造与制造行为一旦完成，立即产生新物权。【2019年，2006年】
	先占【2020年，2018年，2011年】 1. 须为无主物； 2. 须为动产； 3. 须以所有的意思占有无主物； 4. 被占有的物应当是法律不禁止的物。
	拾得遗失物（漂流物）【2021年，2019年，2017年，2013年，2009年】 1. 拾得人在遗失物送交有关部门前，有关部门在遗失物被领取前应妥善保管； 2. 拾得人应返还或交公； 3. 交公后，权利人自发布招领公告之日起1年内未认领，归国家所有； 4. 拾得人侵占遗失物的，无权请求保管遗失物等支出的费用，也无权请求权利人按照承诺履行义务。 [注意] 只要悬赏，无论遗失人通过国家机关领取还是直接由拾得人送还，悬赏人均应支付报酬。
	发现埋藏物、隐藏物【2022年，2015年】 有权利人归权利人，无权利人归国家所有。没有规定的，适用遗失物的规则。

事实行为	添附：附合、混合和加工【2020 年】 1. 规范根据：因加工、附合、混合而产生的物的归属，有约定的，按照约定；没有约定或者约定不明确的，依照法律规定；法律没有规定的，按照充分发挥物的效用以及保护无过错当事人的原则确定。因一方当事人的过错或者确定物的归属造成另一方当事人损害的，应当给予赔偿或者补偿。 2. 具体理解。 (1) 附合：结合为一体。 ①不动产与动产附合：无论不动产权利人善意还是恶意，均归不动产权利人。丧失权利的动产权利人，可主张侵权或返还不当得利。 ②动产与动产附合：若依一般社会观念可分离，则不构成附合，如将他人纽扣缝在自己的衣服上。附合后，通常按价值成立共有。但若恶意将他人动产与己之动产附合者，不能获得合成物所有权或成立共有（书桌和油漆的故事）。 (2) 混合：混合在一起。 恶意混合者，不能获得混合物的所有权或成立共有。 (3) 加工★ 规则：原则上归属于材料所有人，若加工行为相对于材料具有更大的价值时另论。 ①加工他人的材料；②加工行为使得财产价值发生重大变化；③恶意加工人不受保护，依然归材料所有权人。
	取得孳息： 1. 财产在静态状态下产生的孳息归属规则：【2018 年】 (1) 天然孳息，由所有权人取得；既有所有权人又有用益物权人的，由用益物权人取得；另有约定的从约定。 (2) 法定孳息，有约定从约定，无约定或约定不明按照交易习惯。 2. 财产在买卖过程中产生的孳息归属规则：交付之前归出卖人，交付之后归买受人，另有约定除外。【2017 年主观题】
继承	自继承开始时发生效力，即被继承人死亡时发生效力。【2022 年，2021 年，2016 年，2011 年，2008 年，2007 年】
官方文书	1. 自官方文书生效时发生效力。 2. 官方文书包括： (1) 政府的征收决定； (2) 改变原有物权关系（直接引起物权变动）的判决书、裁决书、调解书；【2013 年，2011 年，2010 年，2008 年】 (3) 人民法院在执行程序中作出的拍卖成交裁定书、变卖成交裁定书、以物抵债裁定书。 [重点提示] 若判决书非直接改变原有物权关系，则不能直接导致物权变动，如判决甲向乙办理过户登记。【2013 年】

续表

此种物权变动后果：即使是不动产，也不需要登记；但是，要通过法律行为处分该不动产的，则要先登记在自己名下，否则不发生物权效力。【2022 年，2018 年，2010 年，2007 年】	

五、善意取得问题

（一）典型善意取得构成要件及法律效果（图表 40）

构成要件【2023 年（2 次），2021 年（3 次），2020 年，2016 年，2015 年 2012 年，2011 年，2009 年，2008 年（2 次）2006 年】【2010 年主观题】	无权处分	1. 无权处分包括处分他人财产，也包括部分共同共有人处分共有财产。 2. 处分的客体可以是动产，也可以是不动产。 （1）动产：处分占有他人的委托物（如保管人、承租人处分占有的动产）。 （2）不动产：名义登记人处分不属于或不完全属于自己的不动产。
	第三人善意	1. 善意：第三人对于无权处分不知情，且无重大过失。 2. 有重大过失的判断： （1）动产：受让人受让动产时，交易的对象、场所或者时机等不符合交易习惯。 （2）不动产：①登记簿上存在有效的异议登记；②预告登记有效期内，未经预告登记的权利人同意；③登记簿上已经记载司法机关或者行政机关依法裁定、决定查封或者以其他形式限制不动产权利的有关事项；④受让人知道登记簿上记载的权利主体错误或知道他人已经依法享有不动产物权。 3. 判断善意的时间点：动产交付之时；不动产登记之时。 4. 是否善意的证明责任：原权利人举证证明第三人不善意。
	合理对价	1. 约定合理价格即可，无需实际支付到位。 2. 判断标准：根据转让标的物的性质、数量以及付款方式等具体情况，参考转让时交易地市场价格以及交易习惯等因素综合认定。
	交付或登记	1. 不动产完成登记、动产完成交付（不包括占有改定）。 2. 机动车、船舶、航空器等特殊动产的善意取得完成以交付为标志。
法律效果	符合要件	1. 原权利人向无权处分人主张：违约、侵权或不当得利。 2. 受让人直接原始取得所有权或他物权。
	不符合要件	受让人不能取得，但可以基于和无权处分人订立的合同主张违约责任。

（二）善意取得之相关问题（图表41）

善意取得的 扩张适用	1. 在无权处分前提下，其他物权如抵押权、质权、用益物权均可善意取得。 2. 留置权的特殊性——非典型善意取得。 （1）债务人将他人财产交给留置权人占有，没有无权处分的前提； （2）遗失物符合法定条件，也可以被留置。
处分合同效力 与善意取得	无权处分之时订立的转让合同作为债权行为，原则上有效。合同有下列情形之一，受让人不能主张善意取得： 1. 转让合同因内容涉嫌违法被认定无效； 2. 转让合同被撤销。
遗失物被无权 处分时的效力 【2020年，2015年，2009年（2次）】	1. 因为遗失物是脱离物（非委托物），故原则上不能直接善意取得。 2. 原权利人、拾得人与第三人之间的关系： （1）原权利人可以追回（回复权）遗失物或者请求拾得人进行损害赔偿。 （2）如果要行使回复权，追回遗失物，受到2年之限制。此2年为法定不变期间，自知道或者应当知道受让人之时起算。 （3）原权利人在从第三人处追回遗失物时有两种方式：有偿和无偿。 ①一般情况下为无偿取回。 ②有偿取回：第三人是通过拍卖或向具有经营资格的经营者购得该遗失物的，适用有偿取回，原权利人在支付价款后，可向拾得人追偿。

第三节　所有权

一、征收征用对于所有权的影响（图表42）

	行使	前提条件	所有权		国家义务
征收 【2012年】	国家要依照法定程序和权限来行使	为了公共利益的需要	丧失	补偿	征收集体土地的，必须足额支付土地补偿费、安置补助费、地上附着物和青苗补偿费、农民的社会保障费
					其他征收，依法补偿；如果是房屋被征收，要保障被征收人的居住条件
征用		抢险救灾、疫情防控等紧急需要	保留	返还	给予补偿（无论是否毁损、灭失）

二、所有权的共有（图表43）

按份共有	份额之理解	1. 分份额地享有所有权，此时，所有权只有一个； 2. 份额为抽象份额，非具体份额：所有人的份额均及于标的物之全体。
	管理与处分 【2012年， 2010年】	1. 保存行为：单个共有人均可为之。 2. 处分共有物整体：没有特别约定的，至少需要2/3份额共有人同意。 包括两种处分： （1）通过事实行为，即事实上的处分，又称改良行为，需要2/3份额以上的共有人同意，另有约定除外； （2）通过法律行为，即在法律上处分共有物整体时需要2/3份额以上的共有人同意，另有约定除外。 3. 处分自己的份额：共有人处分自己的份额，原则上可以自由处分。按份共有人可以转让其享有的共有的不动产或者动产份额。其他共有人在同等条件下享有优先购买的权利。
	共有物分割	1. 分割方式： （1）实物分割； （2）变价分割； （3）折价补偿。 2. 分割之后的责任：在分割之后，无论何人所分得的部分有瑕疵的，共有人之间应互负瑕疵担保责任。
	外部关系 【2019年， 2016年， 2009年】	1. 共有人对于第三人的权利：共有人享有连带债权，但法律另有规定或者第三人知道共有人不具有连带债权关系的除外。 2. 共有人对于第三人的义务：共有人承担连带债务，但法律另有规定或者第三人知道共有人不具有连带债务关系的除外。
共同共有	基本情形	1. 法定情形： （1）婚姻共同财产； （2）家庭共同财产； （3）共同继承的财产；【2006年】 （4）合伙财产。 2. 推定情形。当共有状态约定不明时的推定：有家庭关系的，推定共同共有；除家庭等共有关系外，一律认定为按份共有，无约定者，份额均等。
	管理与处分	每个人均有平等的管理权利。处分通常需要全体共同同意，否则构成无权处分。【2012年】

续表

共同共有	共有物分割	1. 分割情形： （1）共同共有关系丧失； （2）基于法律规定的重大理由，关系存续期间可分割。 2. 重大理由： （1）一方有隐藏、转移、变卖、毁损、挥霍夫妻共同财产或者伪造夫妻共同债务等严重损害夫妻共同财产利益行为的； （2）一方负有法定扶养义务的人患重大疾病需要医治，另一方不同意支付相关医疗费用的。
	外部关系	连带债权、连带债务。【2012年】

三、按份共有中的优先购买权（图表44）

适用条件	1. 按份共有人向第三人转让应有份额。【2021年，2016年】 2. 需同等条件下，才能优先购买。 同等条件认定：根据综合转让价格、价款履行方式及期限等因素确定。		
权利期限	有约定	按照约定的期间行使权利。	
	无约定	有通知	1. 通知中载明期间的，以载明的期间为准； 2. 通知未载明或载明少于15日，为通知送达后15日。
		无通知	1. 其他共有人知道或应知最终确定的同等条件之日起15日； 2. 其他共有人是否知道无法确定，转让份额起6个月。
行权的顺位	1. 房屋共有人的优先购买权优先于承租人的优先购买权； 2. 两个以上的共有人均主张优先购买的，无约定时，按份额的比例行权。【2017年，2016年】		
排除的情形 【2017年】	1. 因继承或遗赠份额变动，非特别约定，其他共有人不得优先购买； 2. 共有人之间转让份额，非特别约定，其他共有人不得优先购买； 3. 行权超过期间的，或未超过期间，但提出实质性变更要求的； 4. 仅主张转让人与第三人合同无效、撤销合同的。		

四、建筑物区分所有权（图表45）

内容构成	专有权	对专有部分可自由占有、使用、收益及处分的权利。
	共有权 【2022年】	对所有建筑物之共有部分所享有的占有、使用及收益的权利，俗称的"公摊面积"。

续表

内容构成	社员权 【2008年】	表决权	1. 开会要求：需要专有面积与业主人数双重要件均达到 2/3 以上多数出席参与表决。 2. 决议事项。 （1）特殊事项：筹集（没有使用）维修资金、改建重建建筑物及附属设施、改变共有部分用途或利用共有部分从事经营，需要参与表决的业主专有面积与业主人数 3/4 以上多数。 （2）一般事项：除《民法典》第278条第1款规定的上述三项之外的其他事项，需要经过参与表决的业主专有面积与业主人数过半数同意。
		诉 【2017年】	1. 业主只有在自己合法权益受到损害时才能直接起诉。 2. 业委会作出决定侵害业主权利的可提起撤销之诉。
住宅商用 【2017年】	1. 居民住宅可商用，但要遵循规约，并经有利害关系的全部业主同意； 2. 利害关系业主：本栋楼业主均是，非本栋楼业主主张利害关系需证明。		
车位归属 【2017年】	1. 建筑区划内，规划用于停放汽车的车位、车库应当首先满足业主的需要； 2. 按照配置比例将车位、车库，以出售、附赠或者出租等方式处分给业主； 3. 配置比例是规划的建筑区划内停放汽车的车位、车库与房屋套数的比例。		
业委会的职权	1. 对任意弃置垃圾、排放污染物或者噪声、违反规定饲养动物、违章搭建、侵占通道、拒付物业费等损害他人合法权益的行为，有权依照法律、法规以及管理规约，要求行为人停止侵害、消除危险、排除妨害、赔偿损失。 2. 紧急情况下需要维修建筑物及附属设施的，业主大会、业主委员会可依法申请使用维修资金。		

五、不动产相邻权（关系）（图表46）

相邻关系的标志	1. 主体：相邻不动产的所有人或使用人。 2. 内容：行使自己合法权利时，相互间给予一定方便或接受一定限制。 3. 目的：满足最基本的生活需求。 4. 根据：基于法律规定直接无偿享有。
主要内容 【2022年，2021年】	1. 相邻用水、排水关系。 [注意] 此种相邻关系纠纷发生不以相邻为限。例如，甲、乙两村处于同一条河流的上下游，两村虽然不直接相邻，但亦可能因用水、流水、截水与排水关系而有相邻关系适用的可能。 2. 邻地使用关系：袋地通行、管线通过与营建利用。 3. 通风、采光和日照关系。 4. 侵害防免：开掘危险、不可量物侵入。

第四节　用益物权

一、用益物权的概述与建设用地使用权（图表 47）

用益物权		对他人所有的不动产或者动产，依法享有占有、使用和收益的权利。 1.《民法典》物权编只规定了不动产用益物权，未来通过特别法可在动产上设立。 2. 不包含处分的权能是指不能处分不动产本身；但是，权利人对于用益物权本身可以处分，如将建设用地使用权本身转让或设抵押均可。 3. 因不动产或者动产被征收、征用致使用益物权消灭或者影响用益物权行使的，用益物权人有权获得相应补偿。
建设用地使用权	客体	国有土地或法定情形下的集体土地。 [注意] 集体土地限于兴办乡镇企业、乡（镇）村公共设施和公益事业，使用权的取得必须报请有关政府部门批准，且不得转让、出租或抵押。
	设立	1. 出让：个人和国家签订合同后，办理出让登记，包括招标、拍卖、协议等。 2. 划拨：出于公益目的，通过申请，直接划拨，无偿使用。
	转让	个人之间签订转让合同，并办理登记。 [注意] 在建设用地使用权和地上建筑物等发生变动时，两者应当一并处分。
	权能	占有、使用、收益和处分；住宅用地到期自动续期，其他依据规定处理。 [注意] 处分不是指对土地本身的处分，而是指对建设用地使用权的处分。

二、土地承包经营权——集体所有土地上的使用权（图表 48）

设立	一般程序	个人（承包经营户）与集体组织签订承包合同，合同生效即成立。【2017年，2014年】 [注意] 设立时，政府应当登记造册以确定土地承包经营权，此时，既没有登记对抗，也没有登记生效。
	特别程序 【2016年】	向集体组织以外的主体承包。 1. 只限于不宜采取家庭承包方式的荒山、荒沟、荒丘、荒滩等农村土地； 2. 只能够通过招标、拍卖、公开协商等方式承包； 3. 应当事先经本集体经济组织成员的村民会议 2/3 以上成员或者 2/3 以上村民代表的同意，并报乡（镇）人民政府批准； 4. 本集体经济组织成员，在同等条件下可行使优先承包权。

续表

互换转让 【2021年， 2017年， 2014年】	1. 个人（承包户）之间签订合同；此时，不登记不得对抗善意第三人。 2. 一般耕地承包经营权只能在集体成员内部流转，不得擅自用于非农建设。
调整	1. 承包期内，原则上，发包方非符合法定条件和经法定程序，不得调整承包地。 2. 例外时调整的条件： （1）因自然灾害严重毁损承包地； （2）必须经本集体经济组织成员的村民会议2/3以上成员或者2/3以上村民代表的同意； （3）报乡（镇）人民政府和县级人民政府农业等行政主管部门批准。
经营权流转 【2021年】	1. 承包方可以自主决定依法采取出租（转包）、入股或者其他方式向他人流转土地经营权，并向发包方备案。 2. 土地经营权人有权在合同约定的期限内占有农村土地，自主开展农业生产经营并取得收益。 3. 经营权流转，不得超过剩余期限且集体组织成员同等条件下有优先权。 4. 流转合同形式要求。 （1）土地经营权流转，当事人双方应当签订书面流转合同。不超过1年的，可以不签订书面合同。 （2）土地经营权流转期限为5年以上的，经营权自流转合同生效时设立。当事人可以向登记机构申请土地经营权登记；未经登记，不得对抗善意第三人。 5. 经承包方书面同意，并向本集体经济组织备案，受让方可以再流转土地经营权。 6. 经营权设定担保。 （1）承包方可以用承包地的土地经营权向金融机构融资担保，并向发包方备案。受让方通过流转取得的土地经营权，经承包方书面同意并向发包方备案，可以向金融机构融资担保。 （2）担保物权自融资担保合同生效时设立；未经登记，不得对抗善意第三人。 7. 公开方式设立的土地经营权的流转。 通过招标、拍卖、公开协商等方式承包农村土地，经依法登记取得权属证书的，可以依法采取出租、入股、抵押或者其他方式流转土地经营权。
继承 【2014年】	1. 林地承包经营权，承包收益依照继承法继承；承包人死亡，其继承人可以在承包期内继续承包。 2. 以招标、拍卖、公开协商等方式取得土地经营权的，承包人死亡，承包收益依照继承法继承；在承包期内，其继承人可以继续承包。

三、地役权

（一）地役权的设定与性质（图表49）

约定设立 【2013年， 2006年】	1. 签订书面合同，地役权合同生效，地役权即设立。 2. 不登记不得对抗善意第三人。 （1）权利人发生变动，未登记的地役权，不受影响； （2）义务人发生变动，未登记的地役权，不得对抗善意第三人。 3. 地役权未登记，义务人变动，虽不得对抗善意第三人，但此时地役权并不因义务人的变动而直接消灭。
法定产生	1. 所有权人设定地役权或义务的，使用权人直接享有或负担； 2. 设定土地使用权在先的，未经使用人同意，所有人不得再设定地役权或义务。
从属性	地役权随其他不动产物权的变动而变动，不得单独抵押和单独转让。

（二）地役权与相邻关系之比较（图表50）

	相邻关系	地役权
性质不同	不动产权利的延伸，非独立权利	一项独立的用益物权
原因不同	法定产生	一般约定产生
目的不同	为满足最基本需求	满足较高层次需求
是否有偿	无偿	有偿无偿均可，通常为有偿
前提条件	通常以相邻为前提	不以相邻为前提

四、居住权（图表51）

含义	按照合同约定，对他人的住宅享有占有、使用，以满足生活居住需要的用益物权。
设立 【2020年】	1. 书面合同与遗嘱。 当事人应当采用书面形式订立居住权合同【2020年】。当事人可通过遗嘱设立居住权。 [注意] 通过遗嘱设立居住权的，继承开始时获得居住权。【2023年】 2. 原则上无偿设立。 居住权无偿设立，但是当事人另有约定的除外。 3. 登记生效。 设立居住权的，应当向登记机构申请居住权登记。居住权自登记时设立。【2020年】
转让	1. 居住权不得转让、继承。 2. 设立居住权的住宅不得出租，但是当事人另有约定的除外。

续表	
消灭	居住权期间届满或者居住权人死亡的，居住权消灭。 居住权消灭的，应当及时办理注销登记。

第五节 担保物权概述

一、担保的概念、特征与类型（图表52）

概念	以担保债务清偿为目的，在债务人或者第三人的特定物或权利上设立的定限物权。
特征	1. 优先受偿性。 （1）约定债权人自行拍卖、变卖的，有效。 若因担保人的原因导致担保物权人无法自行对担保财产进行拍卖、变卖，担保人应承担因此增加的费用。 （2）当事人依照民事诉讼法有关"实现担保物权案件"的规定，申请拍卖、变卖担保财产，担保合同中约定的仲裁条款能否排除该特别程序的申请，取决于是否存在实质争议。①当事人对担保物权无实质性争议且实现担保物权条件已经成就的，应当裁定准许拍卖、变卖担保财产；②当事人对实现担保物权有部分实质性争议的，可以就无争议的部分裁定准许拍卖、变卖担保财产，并告知可以就有争议的部分申请仲裁；③当事人对实现担保物权有实质性争议的，裁定驳回申请，并告知可以向仲裁机构申请仲裁。 （3）债权人以诉讼方式行使担保物权的，应当以债务人和担保人作为共同被告。 2. 从属性。 （1）担保物权的成立以债权存在为前提。 担保物权不得与所担保的债权分离而单独存在，既不得与债权分离而单独让与，也不得与债权分离而为其他债权的担保；被担保的债权消灭，担保物权亦消灭，但担保物权因独立原因而消灭的，不影响债权存在。【2016年】 （2）主合同有效时，当事人约定担保合同效力独立于主合同的，关于独立性的约定无效，不影响担保合同效力。 （3）主合同无效时，当事人约定担保人对于无效的法律后果承担担保责任的，无效。 （4）担保人仅在债务人应当承担的责任范围内承担责任。 （5）担保人承担的责任超出债务人应当承担的责任范围，担保人向债务人追偿，债务人仅在其应当承担的责任范围内承担责任。 3. 不可分性。 （1）债权人在全部债权受清偿之前，可对于担保物整体主张权利。 （2）担保物的部分变化或债权的部分变化均不影响担保物权的整体性，即使担保物被分割或转让，或者被担保的债权得到部分清偿或被转让，担保物权人仍可以对担保物的全部行使权利以担保全部债权的受偿。

续表

特征	（3）主债务被分割或者部分转移，债务人自己提供物的担保，债权人请求以该担保财产担保全部债务履行的，人民法院应予支持；第三人提供物的担保，主张对未经其书面同意转移的债务不再承担担保责任的，人民法院应予支持。 4. 物上代位性。	
类型	我国法定	抵押权、质权和留置权。
	产生依据	法定担保物权：如留置权；意定担保物权：抵押权和质权。
	客体不同	动产担保、不动产担保和权利担保。
	担保目的 【2013年】	本担保：担保债权；反担保：担保追偿权的实现。 1. 担保合同无效，担保人按照反担保合同的约定，在承担责任范围内可请求反担保人承担担保责任。 2. 反担保合同无效的，按照担保合同无效分配责任。 3. 当事人不能仅以担保合同无效为由主张反担保合同无效。
	登记在非债权人名下的担保物权	1. 为债券持有人提供的担保物权登记在债券受托管理人名下； 2. 为委托贷款人提供的担保物权登记在受托人名下； 3. 担保人知道债权人与他人之间存在委托关系的其他情形。

二、担保合同无效时的责任分担规则（图表53）

民法典第388条第2款 担保合同被确认无效后，债务人、担保人、债权人有过错的，应当根据其过错各自承担相应的民事责任。

主合同有效时 担保合同无效	债权人无过错	担保人对债务人不能清偿的部分承担责任。
	债权人有过错	1. 担保人也有过错，担保人责任不超过需要清偿的1/2； 2. 担保人无过错，无责任。
主合同无效时导致担保合同无效	担保人无过错	担保人免责。
	担保人有过错	担保人责任不超过债务人不能清偿部分的1/3。

三、法人担保、借新还旧担保及担保责任变动（图表54）

法人担保 效力	1. 特别法人担保原则无效，例外有效。 2. 公益目的非营利法人担保例外有效情形： （1）在购入或者以融资租赁方式承租教育设施、医疗卫生设施、养老服务设施和其他公益设施时，出卖人、出租人为担保价款或者租金实现而在该公益设施上保留所有权； （2）以教育设施、医疗卫生设施、养老服务设施和其他公益设施以外的不动产、动产或者财产权利设立担保物权。

续表

法人担保效力	3. 营利法人担保有效。关于公司担保适用《公司法》及相关解释规定。【2021年主观题】 (1) 根据《公司法》规定，公司提供担保，非法定代表人可独立决定的事项，需要决议。 (2) 根据《担保制度解释》的规定，如下情形，不需要决议： ①金融机构开立保函或者担保公司提供担保； ②公司为其全资子公司开展经营活动提供担保； ③担保合同系由单独或者共同持有公司2/3以上对担保事项有表决权的股东签字同意。
借新还旧担保	1. 借新还旧，原则上旧贷担保人免责。 2. 借新还旧时新贷担保人的责任如下： (1) 新贷与旧贷的担保人相同的，人民法院应予支持； (2) 新贷与旧贷的担保人不同，或者旧贷无担保新贷有担保的，人民法院不予支持，但是债权人有证据证明新贷的担保人提供担保时对以新贷偿还旧贷的事实知道或者应当知道的除外。 3. 担保权顺位问题：旧贷的物的担保人在登记尚未注销的情形下同意继续为新贷提供担保，在订立新的贷款合同前又以该担保财产为其他债权人设立担保物权，优先于其他债权人就该财产设定的担保物权。
担保责任变动	1. 债权人转让全部或者部分债权，原则对于担保责任没有影响；转让需要通知担保人，未通知担保人的，转让对担保人不发生效力。 2. 债权人未经担保人书面同意，允许债务人转移全部或者部分债务，担保人对未经其同意转移的债务不再承担担保责任。【2013年】 3. 第三人加入债务的，担保人的担保责任不受影响。【2013年】 4. 债权人和债务人未经保证人书面同意，协商变更主债权债务合同内容，减轻债务的，保证人仍对变更后的债务承担保证责任；加重债务的，保证人对加重的部分不承担保证责任。 5. 担保人可以主张债务人对债权人的抗辩。债务人放弃抗辩的，担保人仍有权向债权人主张抗辩。 6. 债务人对债权人享有抵销权或者撤销权的，担保人可以在相应范围内拒绝承担担保责任。 7. 有下列情形之一的，担保物权消灭： (1) 主债权消灭； (2) 担保物权实现； (3) 债权人放弃担保物权。

四、共同担保（图表55）

担保人责任	1. 有约定的，债权人按照约定顺序向担保人主张责任。 2. 无约定时：【2017年（3次），2016年（3次），2014年，2012年，2011年，2008年】【2020年主观题】【2015年主观题】【2011年主观题】 （1）债务人物保与人保并存，先执行债务人物保，若债权人明确表示放弃债务人物保的，其他担保人在放弃的范围内免责； （2）其他担保并存，权利人行使权利没有顺序先后。
担保人追偿 【2019年，2012年】	1. 第三人担保并存，担保人承担责任后，均可向债务人追偿。 2. 两个以上第三人的担保并存时，一个担保人承担责任后可向其他担保人追偿相应份额的情形：【2020年主观题】【2015年主观题】 （1）担保人之间约定相互追偿及分担份额的，可以直接向其他担保人追偿约定分担的份额。 （2）担保人之间约定承担连带共同担保，或者约定相互追偿但是未约定分担份额的，应当先向债务人追偿，不能追偿的部分由各担保人按比例分担。 （3）担保人之间未对相互追偿作出约定且未约定承担连带共同担保，但是各担保人在同一份合同书上签字、盖章或者按指印的，承担担保责任的担保人，应当先向债务人追偿，不能追偿的部分，由各担保人按比例分担。 3. 担保人的追偿权，可因正常承担担保责任而产生，也可因担保合同无效后承担赔偿责任而产生。 4. 共同担保中，若是债务人提供的物保与第三人提供的担保并存，承担了担保责任或赔偿责任的第三人，可向债务人追偿，也可以对于债务人提供的物保主张担保物权。 5. 在共同担保中，如均是第三人提供的担保，一个担保人受让债权的，此时认定该行为的性质为承担担保责任。获得债权之后，不能请求其他担保人承担担保责任，能否请求其他担保人分担相应份额，按照上述第2项规则处理。

五、担保纠纷的管辖与债务人破产时担保人责任（图表56）

担保纠纷管辖	1. 主合同或者担保合同约定了仲裁条款的，人民法院对约定仲裁条款的合同当事人之间的纠纷无管辖权。 2. 债权人一并起诉债务人和担保人的，应当根据主合同确定管辖法院。 3. 债权人依法可以单独起诉担保人且仅起诉担保人的，应当根据担保合同确定管辖法院。 [注意] 在一般保证中，不可单独起诉保证人。

续表

债务人破产时担保人责任	1. 破产受理停止计息。 人民法院受理债务人破产案件后，债权人请求担保人承担担保责任，担保人主张担保债务自人民法院受理破产申请之日起停止计息的，人民法院对担保人的主张应予支持。 2. 债权申报与担保人责任。 （1）债权人在申报破产债权时，可同时向担保人主张担保责任。 （2）担保人清偿与担保人责任的关系： ①担保人清偿债权人的全部债权后，可以代替债权人在破产程序中受偿。 ②在债权人的债权未获全部清偿前，担保人不得代替债权人在破产程序中受偿，但是有权就债权人通过破产分配和实现担保债权等方式获得清偿总额中超出债权的部分，在其承担担保责任的范围内请求债权人返还。 ③债权人在债务人破产程序中未获全部清偿，请求担保人继续承担担保责任的，人民法院应予支持；担保人承担担保责任后，向和解协议或者重整计划执行完毕后的债务人追偿的，人民法院不予支持。 （3）债务人破产时，担保人的预先追偿权：【2016年】 ①债权人知道或者应当知道债务人破产； ②债权人未申报债权也未通知担保人； ③结果致使担保人不能预先行使追偿权； ④此时担保人就该债权在破产程序中可能受偿的范围内免除担保责任。 例外：担保人因自身过错未行使追偿权的，不能免除担保责任。

第六节 抵押权

一、抵押权的设立及效力（图表57）

抵押权的设立 【2021年，2015年（3次），2013年】	抵押合同	应当订立书面抵押合同。 [注意] 抵押权人在债务履行期限届满前，与抵押人约定债务人不履行到期债务时抵押财产归债权人所有的，只能依法就抵押财产优先受偿。
	抵押财产	可抵押 1. 建筑物和其他土地附着物； 2. 建设用地使用权； 3. 海域使用权； 4. 生产设备、原材料、半成品、产品； 5. 正在建造的建筑物、船舶、航空器； 6. 交通运输工具； 7. 法律、行政法规未禁止抵押的其他财产。 抵押人可以将前述所列财产一并抵押。

续表

抵押权的设立【2021年，2015年（3次），2013年】	抵押财产	不可抵押	1. 土地所有权。 2. 集体所有的土地使用权，但法律规定可以抵押的除外（乡镇企业用地随厂房一起）。【2013年】 3. 以公益为目的的事业单位、社会团体的教育设施、医疗卫生设施和其他社会公益设施（非公益财产可抵押）。 4. 所有权、使用权不明或者有争议的财产。 当事人以所有权、使用权不明或者有争议的财产抵押，经审查构成无权处分的，依照《民法典》关于善意取得的规定处理。 5. 依法被查封、扣押、监管的财产。 （1）不能直接认定抵押合同无效，查封、扣押措施若解除，则可行使抵押权；否则，虽然不能行使抵押权，但抵押合同效力不受影响。 （2）先抵押后查封的，不影响抵押权的实现。【2012年主观题】 6. 法律、行政法规规定不得抵押的其他财产，如违法违章建筑。 （1）以违法的建筑物抵押的，抵押合同无效，但是一审法庭辩论终结前已经办理合法手续的除外。 （2）当事人以建设用地使用权依法设立抵押，抵押人不得以土地上存在违法的建筑物为由主张抵押合同无效。
	抵押登记	登记对抗【2020年主观题】	1. 不登记不得对抗善意第三人，主要情形包括：【2016年，2013年】 （1）抵押人转让抵押财产，抵押权人不得向不知情的受让人请求行使抵押权； （2）抵押人将抵押财产出租给不知情的承租人并移转占有，抵押权人行使抵押权的，不能打破租赁关系； （3）抵押人的其他债权人向人民法院申请保全或者执行抵押财产，人民法院已经作出财产保全裁定或者采取执行措施，抵押权人不得对抵押财产主张优先受偿； （4）抵押人破产，抵押权人不得主张对抵押财产优先受偿。 2. 无论是否登记均不能对抗正常经营过程中支付合理价款并取得抵押财产的买受人。【2021年，2017年】 例外情形如下： （1）购买商品的数量明显超过一般买受人； （2）购买出卖人的生产设备； （3）订立买卖合同的目的在于担保出卖人或者第三人履行债务； （4）买受人与出卖人存在直接或者间接的控制关系； （5）买受人应当查询抵押登记而未查询的其他情形。

续表

抵押权的设立【2021年，2015年（3次），2013年】	抵押登记	登记生效【2022年，2013年，2008年】	1. 建筑物、在建建筑物上的抵押权。 2. 建设用地使用权上的抵押权。 （1）划拨地上的建筑物抵押不因土地性质而影响效力。 抵押权依法实现时，拍卖、变卖建筑物所得的价款，应当优先用于补缴建设用地使用权出让金。 （2）划拨地建设用地使用权抵押未经批准不影响抵押合同效力。 已经依法办理抵押登记，抵押权人主张行使抵押权的，依法实现时所得的价款，优先用于补缴建设用地使用权出让金。 3. 海域使用权上的抵押权。 [注意] 不动产登记簿就抵押财产、被担保的债权范围等所作的记载与抵押合同约定不一致的，人民法院应当根据登记簿的记载确定抵押财产、被担保的债权范围等事项。
	不动产抵押预告登记		1. 经审查已经办理建筑物所有权首次登记，且不存在预告登记失效等情形的，人民法院应予支持，并应当认定抵押权自预告登记之日起设立。 例外：经审查存在尚未办理建筑物所有权首次登记、预告登记的财产与办理建筑物所有权首次登记时的财产不一致、抵押预告登记已经失效等情形，导致不具备办理抵押登记条件的。 2. 抵押人破产，抵押财产属于破产财产的，预告登记权利人可主张就抵押财产优先受偿。但需要注意两点： （1）在受理破产申请时抵押财产的价值范围内优先受偿； （2）在法院受理破产申请前1年内，债务人对无财产担保的债务设立抵押预告登记的除外。
	抵押合同签订后未办理抵押登记时抵押权人的保护【2022年，2013年】		1. 不动产抵押合同生效后未办理抵押登记手续，债权人可请求抵押人办理抵押登记手续。 2. 抵押财产因不可归责于抵押人自身的原因灭失或者被征收等导致不能办理抵押登记，债权人不能请求抵押人在约定的担保范围内承担责任；抵押人已经获得保险金、赔偿金或者补偿金等，债权人可请求抵押人在其所获金额范围内承担赔偿责任。 3. 因抵押人转让抵押财产或者其他可归责于抵押人自身的原因导致不能办理抵押登记，债权人可请求抵押人在约定的担保范围内承担责任，但是不得超过抵押权能够设立时抵押人应当承担的责任范围。 4. 当事人申请办理抵押登记手续时，因登记机构的过错致使其不能办理抵押登记，登记机构应当承担赔偿责任。

第二部分　物权

续表

抵押权的设立 【2021年，2015年（3次），2013年】	特殊问题	1. 《民法典》中的规定： （1）建设用地使用权抵押当然及于已存在的建筑物。 （2）建筑物抵押，当然及于建设用地使用权。 （3）建设用地使用权抵押后又有新增建筑物的，应当将新增建筑物一并处分，但对于新增建筑物获得的价款不能优先受偿。 2. 《担保制度解释》中的规定： （1）当事人仅以建设用地使用权抵押，抵押权的效力及于土地上已有的建筑物以及正在建造的建筑物已完成部分，但不及于正在建造的建筑物的续建部分以及新增建筑物。 （2）当事人以正在建造的建筑物抵押，抵押权的效力范围限于已办理抵押登记的部分，但不及于续建部分、新增建筑物以及规划中尚未建造的建筑物。 （3）抵押人将建设用地使用权、土地上的建筑物或者正在建造的建筑物分别抵押给不同债权人的，人民法院应当根据抵押登记的时间先后确定清偿顺序。
抵押权的效力		1. 所担保债权的范围：主债权及利息、违约金、损害赔偿金和实现抵押权的费用，有约定按照约定。 2. 所及于抵押物的范围： （1）及于代位物； （2）抵押物被分割或者部分转让的，抵押权人可以就分割或转让后的抵押物行使抵押权； （3）及于添附物（优先受偿不及于因添付增加的价值部分）； （4）抵押权设定前为抵押物的从物的，抵押权的效力及于抵押物的从物； （5）及于孳息。当抵押权人开始行使抵押权，扣押抵押物之后，可以收取孳息，并对于孳息享有优先受偿权。

二、抵押权人的权利（图表58）

保全请求权 【2012年】	前提	抵押人的行为导致抵押财产价值减少。
	内容	1. 要求恢复抵押财产价值，或提供与减少价值相应的担保。 2. 不能恢复或提供相应担保的，有权要求债务人提前清偿。
物上代位权 【2012年主观题】	前提	抵押人之外的原因导致抵押财产毁损灭失。
	内容	1. 就抵押人获得的赔偿金、保险金、补偿金优先受偿。 2. 若抵押权未到期，则抵押权人可申请将上述款项提存。 3. 若未提存，抵押人将该笔金钱用作他用，则抵押权人丧失优先受偿权。

续表

孳息收取权	前提	1. 开始行使抵押权，扣押抵押物之后。 2. 若是法定孳息，抵押权人应当通知法定孳息义务人。
	内容	1. 收取孳息后，首先冲抵收取孳息的费用。 2. 冲抵费用后，用来优先受偿。
优先受偿权 【2022年】	方式	1. 双方先协议决定方式；协议损害其他债权人利益，在知道撤销事由之日起1年内有撤销权。 2. 达不成协议的，请求人民法院拍卖、变卖。
	重点	1. 行使抵押权一定要在主债权的诉讼时效之内。【2016年，2008年】 ［注意］主债权诉讼时效期间届满前，债权人仅对债务人提起诉讼，经人民法院判决或者调解后未在民事诉讼法规定的申请执行时效期间内（2年，《民事诉讼法》第246条）对债务人申请强制执行，其向抵押人主张行使抵押权的，人民法院不予支持。 2. 时效一旦经过，抵押人产生抗辩权。 3. 当事人约定抵押权期间的，无效。
抵押权顺位 【2020年， 2008年】	顺位	1. 抵押权已登记的，按照登记的先后顺序清偿。 2. 抵押权已登记的先于未登记的受偿。 3. 抵押权均未登记的，按照债权比例清偿。 4. 其他可以登记的担保物权，清偿参照上述顺序。
	换位	抵押权人三人以上，顺位在前的抵押权人若和顺位在后的抵押权人换位，不得给位于两者之间的权利人带来不利影响。
顺位放弃	绝对	对顺位在后的所有人均具有放弃的效力，在后的抵押权人顺位依次上移，放弃者排在最后。
	相对	其他权利人利益不受影响；放弃者与其放弃的相对人之间，将处于同一顺位，两者需要清偿的数额合并，按照比例获得清偿。 举例：甲乙丙三家银行，按顺位分别享有100万元、300万元和500万元的抵押权。若甲表示相对于丙放弃自己的抵押权顺位，如果房屋拍卖价款800万元，则乙不受影响，依然分得300万元；甲相对于丙放弃了自己的抵押权，对于剩余的500万元，甲丙应在同一顺位按比例获得清偿，即甲获得500万元中的1/6，丙获得500万元中的5/6。

三、抵押人的权利与抵押物上的权利冲突（图表59）

抵押人的权利	孳息收取权	1. 财产被扣押前。 2. 扣押期间至变卖前，抵押权人未通知应当清偿法定孳息的义务人的。
	再设抵押权	抵押权设定之后，若债权人愿意接受，可以再设第二顺位的抵押权。
	转让权 【2020年，2009年，2008年】	1. 除非另有约定，抵押期间，抵押人可以转让抵押物。 2. 抵押财产转让的，抵押权不受影响。 （1）不动产抵押的，需要实现权利时，抵押权人可追及抵押物，实现抵押权。 （2）登记的动产抵押权，需要实现权利时，抵押权人可以追及，对抗除经营活动中支付合理价款并取得抵押财产的买受人之外的所有第三人。 （3）未登记的动产抵押权，需要实现权利时，不得对抗善意第三人。 3. 转让抵押财产的，应当及时通知抵押权人。 抵押权人能证明转让可能损害抵押权的，可请求抵押人将转让所得的价款向其提前清偿债务或者提存。转让价款多于债权的归抵押人，不足的债务继续清偿。 4. 当事人约定禁止或限制抵押物转让的，转让抵押物行为的效力。 （1）当事人约定禁止或者限制转让抵押财产但是未约定登记： ①抵押人违反约定转让抵押财产，转让合同有效； ②抵押财产已经交付或者登记，转让发生物权效力，但是抵押权人有证据证明受让人知道的除外； ③抵押权人可请求抵押人承担违约责任。 （2）当事人约定禁止或者限制转让抵押财产且已经将约定登记： ①抵押人违反约定转让抵押财产，转让合同有效； ②抵押财产已经交付或者登记，转让不发生物权效力，但是因受让人代替债务人清偿债务导致抵押权消灭的除外。
抵押物上的权利冲突	抵押权优先于无担保的一般债权。	
	抵押权与租赁权 【2017年，2014年】	1. 先租后抵且财产已转移给承租人占有的，租赁不受抵押影响，抵押权实现之后，不破租赁。 2. 先抵后租，抵押权实现之后，当抵押实现受到租赁关系影响时，原则上可打破租赁。 区分不动产与动产，情形如下： （1）若是不动产，先抵后租，实现抵押权，打破租赁。此时，由于承租人享有优先购买权，若其放弃优先购买权，则受让人可主张承租人返还不动产；因打破租赁造成承租人损失的，若无约定，承租人可向抵押人主张违约赔偿。

续表

抵押物上的权利冲突	抵押权与租赁权【2017年，2014年】	(2) 若是动产，区分是否办理登记来理解。 ①若办理抵押登记的，可以打破租赁关系，此时，承租人没有优先购买权，受让人可向承租人主张返还动产；因打破租赁造成承租人损失的，若无约定，承租人可向抵押人主张违约赔偿。 ②若未办理抵押登记的，当承租人不知情时，将承租人视为动产抵押未登记不能对抗的"善意第三人"，此时，实现抵押权，不能直接打破租赁关系，由此给抵押权人带来损害的，可向抵押人主张损害赔偿。

四、动产浮动抵押与最高额抵押（图表60）

动产浮动抵押【2022年，2021年，2017年，2010年】【2020年主观题】【2011年主观题】	抵押人	限于企业、个体工商户、农业生产经营者，属于商事抵押。
	抵押财产	包括现有的和将来所有的动产（含生产设备、原材料、半成品、产品）。
	抵押登记	登记是对抗而非生效要件。
	处分财产	抵押人处分抵押财产不必经抵押权人同意，以维持抵押人正常经营活动。
	抵押财产确定情形	1. 债务履行期届满，债权未实现； 2. 抵押人被宣告破产或者解散清算； 3. 当事人约定的实现抵押权的情形； 4. 严重影响债权实现的其他情形。
	顺序	设定浮动抵押后，又将生产设备等设定动产抵押，都办理登记的，登记在前的浮动抵押优先。
最高额抵押【2019年，2016年，2015年】	含义	在预定的最高债权额内，为担保一定期间内连续发生的债权清偿而设立的抵押。 [重点提示] 1. 当事人可以约定将设定抵押之前的债务转入最高额抵押担保的范围； 2. 登记的最高债权额与当事人约定的最高债权额不一致的，依据登记的最高债权额确定债权人优先受偿的范围。
	效力	1. 债权确定前主债权中部分债权移转的，最高额抵押权不随之移转。【2016年】 补充：有约定的按约定；债权确定后，债权转让的，抵押权要一起转让。

续表

最高额抵押 【2019年，2016年，2015年】	效力	2. 在预定最高额内优先受偿。 3. 抵押担保的最高债权额可变更，但变更不得对其他抵押权人产生不利影响。 4. 担保的最高债权额的计算。 （1）通常包括主债权及其利息、违约金、损害赔偿金、保管担保财产的费用、实现债权或者实现担保物权的费用等在内的全部债权。 （2）当事人（担保人与债权人）有约定的，按照约定。
	实现情形 【2016年】	1. 约定的债权确定期间届满； 2. 没有约定债权确定期间或者约定不明确，抵押权人或者抵押人自最高额抵押权设立之日起满2年后请求确定债权； 3. 新的债权不可能发生； 4. 抵押财产被查封、扣押； 5. 债务人、抵押人被宣告破产或者被撤销； 6. 法律规定债权确定的其他情形。
	最高额抵押权，也应当在主债权的诉讼时效之内来行使。	

第七节 质 权

一、动产质权（图表61）

设立	签订书面质押合同+交付动产（交付包括现实交付和观念交付，但占有改定除外）。【2023年，2015年，2013年，2008年】 [重点提示] 1. 质权人曾经占有质物又返还给出质人的，质权消灭。【2017年主观题】 注意：非基于质权人意愿而丧失占有的，如丢失、被盗等，质权不消灭，此时质权人可通过主张物权请求权，向无权占有人主张返还。【2007年】 2. 约定质物与移交质物不一致的，以移交为准。 3. 质权人在债务履行期届满前，与出质人约定债务人不履行到期债务时质押财产归债权人所有的，无效，但不影响设定质权的效力。 4. 流动动产质押的设定：关键在于债权人是否控制了担保财产。 （1）债权人、出质人与监管人订立三方协议，出质人以通过一定数量、品种等概括描述能够确定范围的货物为债务的履行提供担保，当事人有证据证明监管人系受债权人的委托监管并实际控制该货物的，人民法院应当认定质权于监管人实际控制货物之日起设立。监管人违反约定向出质人或者其他人放货、因保管不善导致货物毁损灭失，债权人请求监管人承担违约责任的，人民法院依法予以支持。

续表

设立	（2）当事人有证据证明监管人系受出质人委托监管该货物，或者虽然受债权人委托但是未实际履行监管职责，导致货物仍由出质人实际控制的，人民法院应当认定质权未设立。债权人可以基于质押合同的约定请求出质人承担违约责任，但是不得超过质权有效设立时出质人应当承担的责任范围。监管人未履行监管职责，债权人请求监管人承担责任的，人民法院依法予以支持。		
效力	效力范围	1. 质权的担保范围：主债权及利息、违约金、损害赔偿金、质押财产保管费用和实现质权的费用。 2. 质权效力及于标的物的范围：质押财产、从物（随主物一起转移占有）、孳息和代位物。	
效力	质权人权利 【2017年】	占有权	清偿前，质权人合法占有。
效力	质权人权利 【2017年】	孳息收取权	无约定，质权人可收取孳息，孳息可用来优先受偿。
效力	质权人权利 【2017年】	质物保全权	1. 非质权人原因可能使质押财产毁损或价值明显减少，可要求出质人提供相应的担保； 2. 出质人不提供的，质权人可提前拍卖质物，以价款清偿债务或者提存。
效力	质权人权利 【2017年】	转质权	承诺转质：经出质人同意，质权人在质物上设立质权，后设质权优先。
效力	质权人权利 【2017年】	转质权	责任转质：未经出质人同意转质，以出质人的名义，在原出质人的质物上为第三人设立新质权。 [注意] 由于责任转质，是质权人以出质人的名义向第三人设立质权，第三人明知不是质权人的财产，故不能善意取得质权。但根据区分原则，转质合同有效。
效力	质权人权利 【2017年】	转质权	第三人善意取得质权【2008年】：质权人未经出质人同意，以自己的名义向第三人出质，第三人不知情的，可善意取得质权。
效力	质权人权利 【2017年】	转质权	责任：因再设质权造成质押财产毁损、灭失的，质权人应当向出质人承担赔偿责任。
效力	质权人权利 【2017年】	变价优先受偿权	1. 前提：债务人不履行债务或者发生当事人约定的实现质权的情形。 2. 方式：协议折价、拍卖、变卖质押财产，从所得价款中优先受偿。 3. 通过折价行权的，一定要经过债务人和出质人一方同意。

续表

效力	出质人权利 【2017年】	1. 保留质押财产的所有权。 2. 要求质权人妥善保管质物，在质权人可能使质押财产毁损、灭失时，有权要求将质押财产提存或提前清偿债务并返还质押财产。 3. 请求返还质押财产。在债务人履行债务或出质人提前清偿所担保的债权后，有权请求质权人返还质押财产。 4. 请求质权人及时行使质权。质权人怠于行使权利造成损害的，由质权人承担赔偿责任。

二、权利质权（图表62）

设立质权的模式	订立书面质押合同+交付或登记。
可设质权的权利	1. 汇票、支票、本票。【2019年主观题】 2. 债券、存款单。 3. 仓单、提单。 （1）出质人既以仓单出质，又以仓储物设立担保，按照公示的先后确定清偿顺序；难以确定先后的，按照债权比例清偿。 （2）保管人为同一货物签发多份仓单，出质人在多份仓单上设立多个质权，按照公示的先后确定清偿顺序；难以确定先后的，按照债权比例受偿。 存在上述情形，债权人举证证明其损失系由出质人与保管人的共同行为所致，出质人与保管人应向债权人承担连带赔偿责任。 （3）开证行与开证申请人之间约定以提单作为担保的，人民法院应当依照《民法典》关于质权的有关规定处理，即交付提单时设立质权。持有提单的开证行对于提单项下货物享有优先受偿权，但不能直接获得所有权。 4. 可以转让的基金份额、股权。 5. 可以转让的注册商标专用权、专利权、著作权等知识产权中的财产权。 6. 现有及将有的应收账款。【2011年】 （1）现有应收账款出质。 ①应收账款债务人向质权人确认应收账款的真实性后，又以应收账款不存在或者已经消灭为由主张不承担责任的，人民法院不予支持。 ②应收账款债务人未确认应收账款的真实性，如果质权人不能举证证明办理出质登记时应收账款真实存在，仅以已经办理出质登记为由，请求就应收账款优先受偿，人民法院不予支持。 ③出质后，应收账款债务人接到质权人要求向其履行的通知后，仍然向应收账款债权人履行的，不免除责任。【2012年】

63

续表

可设质权的权利	（2）将有的应收账款出质。 ①常见的将有应收账款债权：基础设施和公用事业项目收益权、提供服务或者劳务产生的债权以及其他将有的应收账款债权。 ②当事人为应收账款设立特定账户的，发生法定或者约定的质权实现事由时，质权人可请求就该特定账户内的款项优先受偿。 ③特定账户内的款项不足以清偿债务或者未设立特定账户，质权人可请求折价或者拍卖、变卖项目收益权等将有的应收账款，并以所得的价款优先受偿。 7. 法律、行政法规规定可以出质的其他财产权利。	
设立质权的公示	交付设立	汇票、支票、本票、债券、存款单、仓单、提单，<u>交付设立质权</u>；不能交付的，有关部门登记时设立质权。
	登记设立	基金份额、股权出质、知识产权出质、应收账款出质（债权）：均为登记时设立。
主债权时效经过与权利限制	1. 以登记作为公示方式的权利质权，主债权时效届满，出质人可拒绝承担担保责任； 2. 动产质权、以交付权利凭证作为公示方式的权利质权，主债权时效届满的，不能拒绝承担担保责任。	

第八节　留置权

一、留置权（图表63）

法定担保物权：合法占有债务人财产+债务人不履行债务+财产与债权之间的牵连关系。	
成立要件 【2022 年，2019 年，2016 年，2015 年（2次），2013 年，2011 年，2010 年（2次）】	1. 标的须为动产。财产为可分物的，留置财产的价值应当相当于债务的金额。 2. 债权人合法占有债务人的动产——通常是合法的合同行为。 [注意] 若财产非属债务人所有，亦可被留置，但此时不是典型的善意取得。 3. 债权已届清偿期。 4. 债权之发生与动产之占有具有牵连关系——商事留置除外。【2016 年主观题】 [注意] 为提高效率，企业之间的留置虽然不需要基于同一法律关系，但是根据《担保制度解释》第62条规定，有两个方面的限制：其一，须是企业持续经营中发生的债权，方可非基于同一法律关系留置。其二，财产属于债务人所有；债权人留置第三人的财产，第三人可请求债权人返还留置财产。 例如，甲公司为乙公司运送一批货物，乙公司按时支付了运费，但是甲公司以乙公司在半年前欠其另一笔运费为由而留置此批货物，该留置合法。

续表

成立要件 【2022年，2019年，2016年，2015年（2次），2013年，2011年，2010年（2次）】	如下两种情形则不能留置该批货物： （1）甲公司对于乙公司的另一笔债权，不是基于运输货物的运费而产生，而是由于乙公司侵害了甲公司专利权而产生，此时，甲公司的债权就不是经营活动中发生的债权，不能留置货物。 （2）若丙公司提出该批货物的所有权归其所有，此时，甲公司也不能留置货物。 5. 没有禁止留置的规定和约定——意味着当事人可以约定排除适用留置权。 6. 对动产的留置不违反公共利益或善良风俗。	
法律效力	留置权人的权利	1. 留置标的物； 2. 收取留置物所生孳息并用以抵偿债权； 3. 必要时适当使用留置物； 4. 请求债务人偿还因保管留置物所支付的必要费用； 5. 就留置物的价值优先受偿。
	留置权人的义务	1. 妥善保管留置物； 2. 不得擅自使用、出租或处分留置物； 3. 经债务人的请求行使留置权； 4. 留置权消灭时，返还留置物给债务人。
权利实现	时间条件	1. 宽限期有约定按约定；否则至少给债务人60日，除非不适宜。 2. 留置权的实现不受主债权诉讼时效的限制。
	行使方式	拍卖、变价、折价（此种方式必须经债务人同意）。
权利消灭	1. 债务人另行提供担保并为债权人接受的； 2. 留置权人丧失对留置物的占有的。【2022年】	

二、担保物权之间的冲突（图表64）

抵押、质押和留置并存 【2011年】	1. 三者并存时，通常留置权优先。 2. 留置权不优先的情形： （1）留置权人将留置的财产进行抵押； （2）留置权人将留置的财产进行出质。
抵押和质押并存 【2013年，2011年】	1. 登记的抵押权与质权并存，按照发生的时间先后确定优先受偿的顺序； 2. 未登记的抵押权不得对抗质权，这意味着质权优先。

续表

价金优先权 （超级担保权） 【2021年】	1. 动产买卖中，当事人以该动产为买卖合同价款设定的抵押权，只要交付后10日内办理抵押登记的，该出卖人享有的抵押权，优先于买受人的其他担保物权人，但留置权人除外。 2. 除了上述出卖人设定抵押权的情形外，可能的权利人还包括：在该动产上保留所有权的出卖人、为价款支付提供融资而在该动产上设立抵押权的债权人、以融资租赁方式出租该动产的出租人。 买受人取得动产后又以该动产设定担保物权时的权利人，应同时符合下列要求： （1）买受人取得动产但未付清价款或者承租人以融资租赁方式占有租赁物但是未付清全部租金，又以标的物为他人设立担保物权。 （2）权利人为担保价款债权或者租金的实现而订立担保合同，并在该动产交付后10日内办理登记（此处的登记可能是动产抵押登记，或者动产所有权保留登记，或者融资租赁登记），其权利优先于买受人为他人设立的担保物权。 3. 浮动抵押的特殊情形： （1）浮动抵押办理登记后又以购入或融资租赁方式获得动产时，用该动产为权利人设定担保物权； （2）在该动产交付给浮动抵押中的抵押人后10日内办理登记。 符合上述两方面要求的，权利人就该动产享有的担保权优先于在先设立的浮动抵押权。 4. 同一动产上存在多个超级担保权的，人民法院应当按照登记的时间先后确定清偿顺序。

第九节　非典型担保

一、非典型担保的含义、效力及功能（图表65）

含义	开始未为立法设定，而是在交易中自发产生，并逐渐为判例学说认可的担保。
效力	非典型担保，要获得物权效力，需要完成权利的公示；若未完成公示的，则担保合同有效，但不具有物权效力，即不能就该特定财产或权利享有优先受偿权。
功能	非典型担保制度，担保不是其唯一的功能，而是制度在实现其目的的同时，内在地具有担保之功能。

二、让与担保及相关问题（图表66）

典型情形	1. 不动产：签订让与担保合同，并办理过户登记，将不动产登记于债权人名下。 2. 动产：签订让与担保合同，并将动产交付给债权人。【2016年主观题】

续表

典型情形	3. 股权：签订让与担保合同，并办理股权过户登记，将股权登记于债权人名下。【2021年主观题】【2020年主观题】 [注意] 此时的债权人可就该担保财产主张优先受偿权；约定债务人不履行到期债务，财产归债权人所有的，法院应当认定该约定无效。
股权让与担保特殊性	公司或者公司的债权人以股东未履行或者未全面履行出资义务、抽逃出资等为由，请求作为名义股东的债权人与股东承担连带责任的，不予支持。
回购条款	1. 债务人与债权人约定将财产转移至债权人名下，在一定期间后再由债务人或者其指定的第三人以交易本金加上溢价款回购，有效； 2. 债务人到期不履行回购义务，财产归债权人所有的，认定为流质条款，无效。 3. 回购对象自始不存在的，构成通谋虚伪无效，按照其实际构成的法律关系处理。
后让与担保	1. 债务人或第三人与债权人签订协议，约定将财产让与债权人，用来担保债权，但却没有将财产权利在形式上让与债权人； 2. 出借人可以申请拍卖转让合同标的物，以偿还债务，但无优先受偿权。 【2019年主观题】【2018年主观题】【2017年主观题】

三、其他非典型担保（图表67）

所有权保留	1. 在所有权保留买卖中，出卖人依法有权取回标的物，但是与买受人协商不成，当事人可请求参照民事诉讼法"实现担保物权案件"的有关规定，拍卖、变卖标的物。 2. 出卖人请求取回标的物，符合《民法典》规定的取回条件，应予支持；买受人以抗辩或者反诉的方式主张拍卖、变卖标的物，并在扣除买受人未支付的价款以及必要费用后返还剩余款项的，一并处理。
融资租赁	1. 在融资租赁合同中，承租人未按照约定支付租金，经催告后在合理期限内仍不支付，出租人请求承租人支付全部剩余租金，并以拍卖、变卖租赁物所得的价款受偿的，人民法院应予支持。 2. 当事人请求参照民事诉讼法"实现担保物权案件"的有关规定，以拍卖、变卖租赁物所得价款支付租金的，人民法院应予准许。 3. 出租人请求解除融资租赁合同并收回租赁物，承租人以抗辩或者反诉的方式主张返还租赁物价值超过欠付租金以及其他费用的，法院应一并处理。 4. 当事人对租赁物的价值有争议的，应当按照下列规则确定租赁物的价值： （1）融资租赁合同有约定的，按照其约定； （2）融资租赁合同未约定或者约定不明的，根据约定的租赁物折旧以及合同到期后租赁物的残值来确定； （3）根据前两项方法仍然难以确定，或者当事人认为根据前两项方法确定的价值严重偏离租赁物实际价值的，根据当事人的申请委托有资质的机构评估。

续表

保理	1. 权利并存时的顺序。 同一应收账款同时存在保理、应收账款质押和债权转让，当事人可主张参照《民法典》"一权多保"的规定确定优先顺序。（都登记，按前后；登记的优先于未登记；都未登记，按通知到达债务的先后；都未通知债务人，按照比例行权） 2. 有追索权的保理中的权利实现。 （1）保理人以应收账款债权人或者应收账款债务人为被告提起诉讼，人民法院应予受理； （2）保理人一并起诉应收账款债权人和应收账款债务人的，人民法院可以受理； （3）应收账款债权人向保理人返还保理融资款本息或者回购应收账款债权后，可请求应收账款债务人向其履行应收账款债务。
特别账户担保	1. 债务人或者第三人为担保债务的履行，设立专门的保证金账户并由债权人实际控制，或者将其资金存入债权人设立的保证金账户，债权人可主张就账户内的款项优先受偿。 2. 保证金账户内的款项浮动，不影响债权人对账户内的款项享有优先受偿权。 3. 当事人约定的保证金并非为担保债务的履行设立，债权人主张就保证金优先受偿的，人民法院不予支持，但是不影响当事人依照法律的规定或者按照当事人的约定主张合同权利。

第十节　占　有

一、占有的分类、得丧与效力（图表68）

占有的分类 【2015年，2012年（2次）】	占有人意思不同	自主占有和他主占有
	是否事实上占有	直接占有和间接占有（两者均为现实占有）
	是否有占有本权	有权占有和无权占有
	无本权时的心态	善意占有和恶意占有
占有的取得与丧失【2019年】	1. 取得。 （1）客观方面。 空间：在属于占有人支配的空间。 时间：占有人对于财产具有持续的控制，不是简单持有，如去邻居家做客使用餐具、在阅览室取阅杂志均属于持有，不是占有。 （2）主观方面。 占有人具有取得并维持占有的意思。 2. 丧失：无论是否基于占有人的意思，丧失了对物的领管、控制的，占有即为消灭。	

续表

占有的效力	权利推定	无相反证据即推定占有人享有相应的物权或者债权。【2016 年】
	占有保护请求权	1. 占有妨害排除请求权。 2. 占有人的损害赔偿请求权。 3. 占有返还请求权。【2016 年，2015 年，2014 年（2 次），2012 年（2 次），2007 年】 （1）占有被侵夺时，方可请求占有返还原物请求权； （2）侵占发生之日起超过 1 年占有返还请求权消灭； （3）请求人：占有人，包括无权占有人； （4）向无权的现实占有人（直接和间接占有人）主张返还。

二、善意占有与恶意占有的分类及意义（图表69）

	善意占有（2008 年）	恶意占有
返还范围	原物、孳息	原物、孳息
占有期间使用带来的损失	不需要负责	需要负赔偿责任
占有期间支出的必要费用	可以主张权利人返还	不可以主张权利人返还
占有物损毁的赔偿责任	仅在获得代位物的范围内负责	对全部损失负责

三、返还原物请求权的三种可能的请求权基础（图表70）

基于物权请求返还原物	《民法典》第 235 条	举例：甲享有所有权的手机丢失，被乙拾得，甲向乙请求返还，此为物权返还原物请求权。根据《民法典》总则编关于时效的规定，没有登记的动产返还原物请求权要受时效限制。
基于占有请求返还原物	《民法典》第 462 条	举例：甲借用丙的手机，在使用期间被乙盗走，甲向乙请求返还，此为占有返还原物请求权，自侵占发生之日起 1 年内不行使彻底消灭。
遗失人请求第三人返还原物	《民法典》第 312 条	举例：甲的手机丢失，被丙拾得，丙将手机以市价卖给了不知情的善意第三人乙。甲向乙请求返还原物，应自知道或应当知道受让人乙之后 2 年内行使权利，超过 2 年，则此请求返还原物的权利消灭。此为遗失人请求第三人返还原物请求权。

第三部分 债权

PART III

第一章 概　述

第一节　债权概述

一、债的类型（图表71）

分类标准	类型	值得注意的问题
标的不同 【2005年】	财物之债 劳务之债	劳务之债不可强制执行。
标的物不同 【2011年，2008年，2005年】	种类之债 特定之债	对于财物之债的再分类；特定之债不可替代履行。
主体不同 【2011年，2008年，2005年】	单一之债 多数人之债	如果一方当事人以整体出现，虽然包括两个以上的自然人，依然是单一之债，如演唱组合与甲公司的合同。
责任方式 【2013年，2011年，2008年】	按份之债 连带之债	1. 连带之债的产生要么法定，要么约定。若是约定，必须明确约定为连带的才是连带之债，没有约定或约定不明的视为按份之债。连带债务人之间、连带债权人之间，份额难以确定的，视为份额相同。 2. 连带债务。 （1）实际承担债务超过自己份额的连带债务人，有权就超出部分在其他连带债务人未履行的份额范围内向其追偿，并相应地享有债权人的权利，但是不得损害债权人的利益。其他连带债务人对债权人的抗辩，可以向该债务人主张。 [注意] 被追偿的连带债务人不能履行其应分担份额的，其他连带债务人应当在相应范围内按比例分担。 （2）部分连带债务人履行债务、抵销债务或者提存标的物的，其他债务人对债权人的债务在相应范围内消灭；该债务人可以向其他债务人追偿相应份额。 （3）部分连带债务人的债务被债权人免除的，在该连带债务人应当承担的份额范围内，其他债务人对债权人的债务消灭。

责任方式 【2013 年，2011 年，2008 年】	按份之债	（4）部分连带债务人的债务与债权人的债权同归于一人的，在扣除该债务人应当承担的份额后，债权人对其他债务人的债权继续存在。 （5）债权人对部分连带债务人的给付受领迟延的，对其他连带债务人发生效力。 3. 连带债权。
	连带之债	（1）实际受领超过自己份额的连带债权人，应当按比例向其他连带债权人返还。 （2）部分连带债权人免除债务人债务的，在扣除该连带债权人的份额后，不影响其他连带债权人的债权。 4. 按份之债，各债务人只需履行自己的份额，债权人是否免除某个债务人的份额，与其他债务人无关。
标的选择性 【2011 年，2008 年，2005 年】	简单之债	标的只有一个种类，有量的差异，依然是简单之债。要点如下： 1. 除法律另有规定、当事人另有约定或者另有交易习惯的以外，债务人享有选择权。
	选择之债	2. 约定期限内或履行期届满前未作选择，经催告后在合理期限内仍未选择，选择权转移给对方。 3. 单方通知行使选择权，未经对方同意，不得变更选定的标的。 4. 选择之债中有的选择发生不能履行时，不得选择不能履行的标的，除非不能履行由于对方造成。
标的可分性	可分之债	不可分之债，债务不可分别履行。
	不可分之债	
产生根据 【2005 年】	法定之债	意定之债，充分强调意思自治。
	意定之债	

二、债的发生原因与意思自治（图表72）【2013 年，2008 年】

单方允诺与合同	意思自治的正面体现：自己理性判断和意志自由主动追求的结果。
无因管理	意思自治原则的扩张：法律鼓励人的正当意思活动和正当管理行为。
不当得利	意思自治原则的补充：返还可维护不当得利，维护正当的意思自治。
侵权与缔约过失	滥用意思自治原则的防止：自由超出界限，则偏离意思自治轨道。

第二节 单方允诺、无因管理和不当得利

一、单方允诺之债（图表73）

含义	表意人向相对人作出的为自己设定某种义务，使相对人取得某种权利的意思表示。【2014年】
基本特征	1. 单方允诺是表意人单方的意思表示。 2. 单方允诺的内容是表意人为自己单方设定义务，使相对人取得权利。 3. 单方允诺可以是向特定的人发出，也可以是向社会上不特定的人发出。 4. 若是向不特定的人发出的单方允诺，则只有相对人符合条件时才能产生债。
悬赏广告	要约还是单方允诺？不可片面背诵结论，需根据具体情形作判断。【2019年（2次），2013年，2012年】

二、无因管理之债（图表74）

	具体内容	值得注意的问题
构成要件 【2023年，2022年，2021年，2014年，2013年，2012年，2011年（3次），2010年，2009年，2007年】	管理他人事务	1. 管理时不要求行为人具有行为能力，性质上是事实行为。 2. "他人"可能是复数。 3. 管理是否有实际效果不影响无因管理的构成。
	为他人管理的意思	1. 客观上是他人事务，主观上也是为他人管理。 2. 客观上难以确定是否为他人事务，但管理人主观上是为了他人。 3. 管理过程中既有为他人管理事务的意思，同时兼顾个人利益时，也构成无因管理。 4. 是否认识"他人"在所不问。 5. 若不存在为被管理人管理的意思，则构成"不真正无因管理"。主要情形如下： （1）不法管理。 如为自己利益，保管人无权处分他人之物。此时，原权利人可主张无权处分人承担违约责任、侵权责任或主张返还不当得利。 （2）误信管理。 误将他人事务当作自己的事务进行管理。此时，应根据误信产生的原因进行处理，认定本人构成不当得利或认定管理人构成侵权。 （3）幻想管理。 误将自己的事务当作他人事务进行管理。此时，若给他人造成损害的，也可能构成侵权或不当得利。

续表

构成要件 【2023年,2022年,2021年,2014年,2013年,2012年,2011年(3次),2010年,2009年,2007年】	无法定或约定义务	约定义务一般是基于合同约定；法定义务是基于法律规定产生的义务，如监护关系等。
	不违背本人（被管理人）的意思	1. 本人意思可以通过明示或默示方式表达； 2. 本人意思如果违法或违背公序良俗，虽违背本人意思依然构成无因管理。
参照适用		误信他人事务为自己事物，原则上不构成无因管理。根据《民法典》合同编的规定，此种情形虽不构成无因管理，但是受益人主张享有管理利益，参照无因管理分配责任。自民法理论分析，此种情形也可以通过不当得利来救济受损害的行为人。
法律效果 【2023年,2011年,2007年】	管理人的权利	1. 支出必要费用偿还请求权； 2. 清偿负担债务请求权； 3. 损害补偿请求权； 4. 管理人无报酬请求权。
	管理人的义务	1. 适当给付义务。以免除本人急迫危险为目的，管理中因故意或重大过失造成本人损害的需承担赔偿责任。 [注意] 中断管理对受益人不利的，无正当理由不得中断管理。 2. 通知义务。 3. 报告及计算义务。
	转换为委托	管理人管理事务经受益人事后追认的，从管理事务开始时起，适用委托合同的有关规定，但是管理人另有意思表示的除外。
价值		调和"禁止干预他人事务"与"鼓励互助义行"两原则。

三、不当得利之债——可能因行为或者事件而发生

(一) 不当得利的构成要件与类型 (图表75)

构成要件 【2023年,2022年,2021年,2020年,2016年,2014年,2013年,2012年,2011年,2010年】	一方获得利益	财产的积极增加（积极增长）与消极增加（应减少未减少）。
	另一方受有损失	包括现有财产利益的减少与财产本应增加而未增加。
	损益之间有因果关系	决定返还的范围：得利与受损不一致，以低的为准返还；若得利人为恶意，不足部分需要赔偿。受益方取得利益时为善意，而后变为恶意的，返还的范围以恶意开始时剩余的利益为限。
	受益没有法律上的根据	一方获益既无法律上的根据，亦无合同上的根据。

续表

主要类型	给付型	目的自始欠缺	非明知状态下的非债清偿，如误偿他人之债。
		目的不达	如附生效条件的赠与合同，先行给付后条件未成就。
		目的嗣后消灭	如合同履行后被撤销或解除；子女非亲生要求返还抚养费等。
	非给付型	不同发生事由	1. 受益人通过积极的作为而获益，如出租他人房屋； 2. 由于受损人的疏忽所致，如取钱时银行多付800元； 3. 因第三人行为而发生，如雇工误耕他人待耕之田； 4. 因法律规定发生，如将他人木材制成木雕； 5. 因自然事件发生，如下雨冲倒羊圈，甲的小羊跑入乙家羊群。
		请求权的内容	1. 无权处分； 2. 无权出租他人之物；【2016年主观题】 3. 无权使用、消费他人之物； 4. 侵害受让人债权； 5. 侵害他人占有或人格权获得利益； 6. 错误的强制执行； 7. 误信他人事务为自己事务而进行管理。
不构成情形			1. 反射利益； 2. 明知无债务而清偿； 3. 给付为履行道德上义务或习俗要求的； 4. 自愿清偿未届期的债务； 5. 基于不法原因之给付（不法原因仅存在于受益人一方时构成不当得利）； 6. 明知他人事务而强行管理的，不构成不当得利，如对路边车辆进行清洗不能主张费用；【2004年】 7. 自然债务履行后，对方受领不构成不当得利。

（二）不当得利的法律效果（图表76）

返还的客体 【2015年】	1. 返还原物。 民法理论认为，此处的返还原物，包括所受利益，以及基于该利益更有所取得。 所受利益，是指受领人因给付或非给付所取得的权利、物的占有、不动产登记、债务免除等财产上的利益。 基于所受利益更有所取得主要指如下三种： 第一，原物的用益。主要包括孳息、对于所受利益的使用（如对于房屋的占有使用等）。

77

续表

返还的客体 【2015 年】	第二，基于所受权利的所得。得利人所受利益若为债权，基于债权所获得的清偿。 第三，原物的代偿物。如原物损毁而从第三人处获得的损害赔偿金、保险金、被征收获得的补偿金等。 2. 若取得利益依其性质或其他情形不能返还，应偿还其价值额。 "依其性质"不能返还的，比如所获得利益为劳务、物的使用或消费、免除他人债务等。 "其他情形"不能返还的，比如所受利益为有体物（如名画一幅）而灭失、被盗。
返还的范围 【2015 年， 2007 年】	区分得利人善意与恶意，以得利人对于所得利益构成占有为前提。
	善意	返还以现存利益为限，利益不存在的免予返还。可请求权利人支付必要费用。
	恶意	应将受领时所得利益及其附加利息，一并偿还；如有损害应予赔偿。
	第三人返还	得利人已经将获得的利益无偿转让给第三人的，受损失的人可以请求第三人在相应范围内承担返还义务。 1. 得利人为善意，将得利无偿转让给第三人，得利人免除返还义务，此时，第三人在相应范围内返还； 2. 得利人为恶意，将得利无偿转让给第三人，得利人返还义务并不免除，虽然利益不存在，得利人仍然应当返还对应价值额。此时，权利人可选择请求得利人返还，或选择请求第三人在相应范围内返还。

第三节　保证和定金（债权性担保）

一、保证

（一）保证人与保证的成立（图表77）

保证人资格的排除	保证合同：单务、诺成、要式、无偿合同。 1. 保证人积极条件： (1) 自然人、法人、非法人组织均有可能。 (2) 没有完全的代偿能力，却作为保证人签了保证合同，又以自己没有代偿能力要求免除保证责任的，人民法院一律不予支持。 2. 保证人资格的排除： (1) 国家机关不可以，经国务院批准为利用外国政府或国际经济组织贷款转贷提供担保的可以。 (2) 公益目的的事业单位、社会团体不可以。 (3) 企业法人之职能部门不可以。 (4) 企业法人之分支机构不可以，但在授权的范围内可以；超出授权而为保证，债权人无过错的，企业法人承担责任。

续表

保证的成立 【2015年（2次），2014年，2011年（2次），2008年】	保证是由第三人提供的担保方式，属于人的担保，具有从属性。设立方式如下： 1. 债权人与保证人签订书面保证合同； 2. 在主合同上有保证条款，保证人签字； 3. 在主合同上没有保证条款，但第三人以保证人身份签字； 4. 第三人单方以书面形式向债权人出具担保书，债权人接受且未提出异议； 5. 第三人向债权人提供差额补足、流动性支持等类似承诺文件作为增信措施，具有提供担保的意思表示，债权人请求第三人承担保证责任的，人民法院应当依照保证的有关规定处理； 6. 第三人向债权人提供的承诺文件，具有加入债务或者与债务人共同承担债务等意思表示的，人民法院应当认定为《民法典》规定的债务加入，属于并存的债务承担； [注意] 若第三人提供的承诺文件难以确定是保证还是债务加入的，人民法院应当将其认定为保证。 7. 第三人向债权人提供的承诺文件不符合上述情形，债权人请求第三人承担保证责任或者连带责任的，人民法院不予支持，但是不影响其依据承诺文件请求第三人履行约定的义务或者承担相应的民事责任。
保证的效力	1. 在保证人与债权人之间：债权人在履行期限届满时，可以要求保证人承担保证责任，而保证人则享有主债务人享有的一切抗辩权。【2012年，2011年】 （1）保证人知道或者应当知道主债权诉讼时效期间届满仍然提供保证或者承担保证责任，又以诉讼时效期间届满为由拒绝承担保证责任或者请求返还财产的，人民法院不予支持；若是在不知情的情况下订立保证合同，可拒绝承担责任；不知情而承担保证责任的，可向债权人主张返还不当得利。 （2）保证人承担保证责任后向债务人追偿的，人民法院不予支持，但是债务人放弃诉讼时效抗辩的除外。 2. 在保证人与主债务人之间：保证人在承担保证责任后，有权向主债务人追偿，享有债权人对债务人的权利，但是不得损害债权人的利益。【2016年，2014年】 3. 债务人破产，债权人未申报债权的，保证人可申报债权参加破产分配。【2016年】
保证责任的范围	主债权及利息、违约金、损害赔偿金和实现债权的费用，有约定的除外（保证人与债权人约定）。 1. 一般保证中，保证人向债权人提供债务人可供执行财产的真实情况，债权人放弃或者怠于行使权利致使该财产不能被执行的，保证人在相应的范围内免责。 2. 债务人对于债权人享有抵销权与撤销权的，保证人在相应的范围内拒绝承担责任。 3. 保证人可以主张债务人对债权人的抗辩。债务人放弃抗辩的，保证人仍有权向债权人主张抗辩。【2020年】

(二) 保证的类型（图表78）

一般保证 【2020年， 2019年， 2011年】	1. 债务人不能履行时，保证人才承担保证责任，故一般保证人有先诉抗辩权。 2. 当事人在保证合同中对保证方式没有约定或者约定不明确的，按照一般保证承担保证责任。【2017年主观题】
	一般保证人先诉抗辩权的例外： 1. 债务人下落不明，且无财产可供执行； 2. 人民法院受理债务人破产案件； 3. 债权人有证据证明债务人财产不足以履行全部债务或丧失履行债务能力； 4. 保证人书面放弃法律规定的权利。 一般保证的债权人取得对债务人赋予强制执行效力的公证债权文书后，在保证期间内向人民法院申请强制执行，保证人以债权人未在保证期间内对债务人提起诉讼或者申请仲裁为由主张不承担保证责任的，人民法院不予支持。
	1. 不可单独诉保证人，可将保证人与债务人列为共同被告。判决书中应明确在对债务人财产依法强制执行后仍不能履行债务时，由保证人承担责任。 2. 债权人未就主合同纠纷提起诉讼或者申请仲裁，仅起诉一般保证人的，人民法院应当驳回起诉。 3. 债权人未对债务人的财产申请保全，或者保全的债务人的财产足以清偿债务，债权人申请对一般保证人的财产进行保全的，人民法院不予准许。
连带保证 【2021年， 2020年， 2013年， 2011年】	债务人与保证人对债权人就清偿债务承担连带责任。
	保证合同须直接约定为连带保证。 [注意] 实质解释思路：虽然没有出现"约定连带保证"的字眼，当事人在保证合同中约定了保证人在债务人不履行（注意：不是"不能履行"）债务或者未偿还债务时即承担保证责任、无条件承担保证责任等类似内容，不具有债务人应当先承担责任的意思表示的，人民法院应当将其认定为连带责任保证。
	债权人可单独诉债务人，也可单独诉保证人，还可将债务人和保证人作为共同被告。
共同保证 【2012年】	保证人为两人或两人以上。
	按份共同保证：两个以上的保证人承担按份责任；约定的份额需经债权人同意。
	连带共同保证：两个以上保证人之间可能存在追偿必要份额的共同保证。 1. 债权人可以找债务人或者其中任何一个保证人承担任何份额的责任（包括全部）。 2. 当一个保证人承担全部责任之后，如何追偿： （1）多个保证人约定了相互追偿及分担的份额，承担保证责任超出份额的部分，可直接向其他保证人追偿。

续表

共同保证 【2012年】	连带共同保证	（2）多个保证人之间明确约定了承担连带责任，或约定了彼此之间相互追偿但未约定份额的，或者多个保证人在同一个合同上签字、盖章或按指印的，保证人承担责任后，应首先向债务人追偿，不能追偿的部分，各保证人之间按比例分担。
	不真正连带共同保证 【2020年主观题】	不属于上述连带共同保证情形，债权人可以请求任何一个保证人在其保证范围内承担保证责任。此时保证人承担责任后，只能向债务人追偿。
	向部分共同保证人行使权利的效果	1. 向部分保证人主张权利不及于其他保证人。 同一债务有两个以上保证人，债权人以其已经在保证期间内依法向部分保证人行使权利为由，主张已经在保证期间内向其他保证人行使权利的，人民法院不予支持。 2. 保证的免责。 构成真正的连带共同担保时，两个以上保证人之间相互有追偿权，债权人未在保证期间内依法向部分保证人行使权利，导致其他保证人在承担保证责任后丧失追偿权（因为可能已经过了保证期间），其他保证人在其不能追偿的范围内免除保证责任。
最高额保证 【2016年】		保证人和债权人之间，就一定期间内将要连续发生的借款合同或者某项商品交易，在预定最高债权额度内设立的保证。
	保证人的任意解除权	1. 未约定债权确定期间的最高额保证； 2. 保证人单方书面通知对方终止； 3. 保证人仅对通知到达债权人前已发生的债权承担保证责任。
	保证期间的起算与计算方式	1. 有约定的，按照其约定。 2. 没有约定或者约定不明的，计算方式如下： （1）被担保债权的履行期限均已届满的，保证期间自债权确定之日起开始计算； "债权确定"之日，若没有约定，可依照《民法典》关于最高额抵押部分的债权确定规则认定。 （2）被担保债权的履行期限尚未届满的，保证期间自最后到期债权的履行期限届满之日起开始计算。

（三）主合同变更对于保证的影响（图表79）

主合同债权让与	原则上保证责任不变。 例外：保证合同约定仅对特定债权人承担责任或禁止转让的，保证人免责。【2010年】

续表

主合同 债务承担	1. 除非经保证人书面同意，否则部分转让，保证人部分免责；全部转让，保证人全部免责。【2012 年】 2. 第三人提供物保的，与此相同。
主合同 内容变更 【2022 年， 2020 年， 2014 年】	1. 主合同责任量的变化： （1）减轻了债务人的责任，保证人对减轻后的责任承担保证责任； （2）加重了债务人的责任，保证人对于加重的部分不承担保证责任。 2. 履行期限发生变更的情形：如果未经保证人书面同意，则期间不变。 3. 债权债务人达成变更合同协议未实际履行的，不影响保证人责任承担。 4. 新贷偿还旧贷的情形：除保证人知道或者应当知道的外，免责。

（四）保证期间与保证债务的诉讼时效（图表 80）

保证期间 【2013 年】	性质	1. 保证期间为不变期间。 [注意] 保证期间经过，引起的后果是保证人保证责任的永久性消灭，此时，如果保证人因疏忽而履行了保证责任，可依不当得利请求债权人返还。 2. 不因任何事由中止、中断、延长。
	种类 【2014 年， 2008 年】	1. 约定优先适用。 2. 无约定时，一般推定为 6 个月。 3. 约定保证人承担保证责任直至主债务本息还清时为止等类似内容的，视为约定不明，保证期间为主债务履行期限届满之日起 6 个月。
	起算	主债务履行期届满。
	期间的经过及效果	1. 一般保证，债权人未在保证期间内对债务人提起诉讼或仲裁，保证期间经过。 [注意] 一般保证的债权人在保证期间内对债务人提起诉讼或者申请仲裁后，又撤回起诉或者仲裁申请，债权人在保证期间届满前未再行提起诉讼或申请仲裁，保证人可主张不再承担保证责任。 2. 连带保证，债权人未在保证期间内请求保证人承担责任，保证期间经过。 [注意] 连带责任保证的债权人在保证期间内对保证人提起诉讼或者申请仲裁后，又撤回起诉或者仲裁申请，起诉状副本或者仲裁申请书副本已经送达保证人的，人民法院应当认定债权人已经在保证期间内向保证人行使了权利。 3. 保证期间经过，债权人找保证人的权利彻底消灭；保证人因疏忽而履行的，债权人构成不当得利。

续表

保证期间 【2013年】	期间的经过及效果	[注意] 保证责任消灭后，债权人书面通知保证人要求承担保证责任，保证人在通知书上签字、盖章或者按指印，债权人请求保证人继续承担保证责任的，人民法院不予支持，但是债权人有证据证明成立了新的保证合同的除外。 4. 保证合同无效后债权人向保证人主张赔偿的权利受保证期间限制。保证合同无效，债权人未在约定或者法定的保证期间内依法行使权利，保证人主张不承担赔偿责任的，人民法院应予支持。
保证债务时效 【2013年】		起算保证债务时效，一定在保证期间之内；一旦过了保证期间，不可能再起算时效。
	一般保证债务时效	1. 基本规则。 债权人在保证期间内，对于债务人提起诉讼或者申请仲裁的，从保证人拒绝承担保证责任的权利消灭之日起，开始计算保证债务的诉讼时效。 2.《担保制度解释》的延伸规定。 一般保证中，债权人依据生效法律文书对债务人的财产依法申请强制执行，保证债务诉讼时效的起算时间按照下列规则确定： （1）人民法院作出终结本次执行程序裁定，或者依照《民事诉讼法》第264条第3项（作为被执行人的公民死亡，无遗产可供执行，又无义务承担的）、第5项（作为被执行人的公民因生活困难无力偿还借款，无收入来源，又丧失劳动能力的）的规定作出终结执行裁定的，自裁定送达债权人之日起开始计算。（因执行终结，说明找债务人已无希望） （2）人民法院自收到申请执行书之日起1年内未作出前项裁定的，自人民法院收到申请执行书满1年之日起开始计算，但是保证人有证据证明债务人仍有财产可供执行的除外。（申请后1年内法院未作出终结执行裁定，说明找债务人已无希望） （3）一般保证的债权人在保证期间届满前对债务人提起诉讼或者申请仲裁，债权人举证证明存在《民法典》规定的排除先诉抗辩权情形的，保证债务的诉讼时效自债权人知道或者应当知道该情形之日起开始计算。
	连带保证债务时效	在保证期间内只要债权人向保证人提出了承担保证责任请求，就立即开始起算保证债务的诉讼时效。

二、定金（图表81）

含义与特征	1. 一方在合同订立时或订立后至履行前给付对方一定金钱或替代物作为担保的担保方式。 2. 目的：担保订立合同、合同成立或生效、合同履行等。

续表

含义与特征	（1）当事人交付留置金、担保金、保证金、订约金、押金或者订金等，但是没有约定定金性质，一方主张适用定金罚则的，人民法院不予支持。 （2）当事人约定了定金性质，但是未约定定金类型或者约定不明，一方主张为违约定金的，人民法院应予支持。
	实践性（交付时成立）、要式性与最高限额性（不得超过主合同标的额的20%）。
基本类型	1. 订约定金：以定金交付为订立主合同之担保，若其后一方拒绝订立主合同，应承受定金罚则。 2. 成约定金：以定金交付作为主合同成立或生效要件，不交付定金，主合同即不成立（或不生效）；若未交定金，主合同履行的，合同可成立生效。【2010年】 3. 解约定金：定金交付后，一方解除主合同时，须以承担定金罚则为代价。 4. 违约定金：一方当事人不履行或履行不符合约定，致使双方丧失合同目的时，应承担定金罚则。
定金罚则的适用 【2022年，2021年，2003年】	1. 基本规则： （1）交付方违约的，定金丧失；收受方违约的，双倍返还定金。 （2）部分违约的，按比例适用定金罚则，但是部分未履行致使不能实现合同目的除外。 2. 免责事由： （1）因不可抗力致使主合同不能履行的； （2）双方都违约的。 当事人一方仅有轻微违约，对方具有致使不能实现合同目的的违约行为，轻微违约方主张适用定金罚则，对方以轻微违约方也构成违约为由抗辩的，人民法院对该抗辩不予支持。

第二章 合同

第一节 合同概述

一、合同的含义及合同编统领债法的地位（图表82）

含义	1. 平等主体的自然人、法人、其他组织之间设立、变更、终止民事权利义务关系的协议。婚姻、收养、监护等有关身份关系的协议，适用其他法律的规定。【2014年】 2. 合同是法律行为，而非事实行为。合同关系具有相对性。
地位	统领债法：非因合同产生的债权债务关系，适用有关该债权债务关系的法律规定；没有规定的，适用合同编通则的有关规定，但是根据其性质不能适用的除外。

二、合同的主要类型（图表83）

分类标准	类型及重点提示
是否有偿	有偿合同与无偿合同：注意无偿合同当事人责任的特点。
是否有法律规定	有名合同与无名合同：民法典或者其他法律没有明文规定的合同，适用合同编通则的规定，并可以参照适用合同编或者其他法律最相类似合同的规定。【2023年，2014年，2005年】【2012年主观题】
是否要特定形式	要式合同与不要式合同：注意要式合同的典型代表。
时间因素之影响	一时性合同与继续性合同：注意合同消灭或期满时的法律效果差异。
有无对待给付义务	单务合同与双务合同：注意特殊单务合同，如附义务赠与等。
是否涉及第三人	束己合同与涉他合同：注意涉他合同中第三人的法律地位，未经许可不得为第三人设定义务。【2015年】
效果是否确定	实定合同和射幸合同：注意射幸合同不要求等价有偿。
合同内容不同 【2015年主观题】	预约与本约 1. 当事人约定在将来一定期限内订立合同的认购书、订购书、预订书、意向书等，构成预约合同。 2. 当事人一方不履行预约合同约定的订立合同义务的，对方可以请求其承担预约合同的违约责任。

续表

合同内容不同 【2015年主观题】	（1）预约合同成立与本约合同成立的区分。 ①预约成立的认定。 当事人以认购书、订购书、预订书等形式约定在将来一定期限内订立合同，或者为担保在将来一定期限内订立合同交付了定金，能够确定将来所要订立合同的主体、标的等内容的，人民法院应当认定预约合同成立。 ②预约不成立。 当事人通过签订意向书或者备忘录等方式，仅表达交易的意向，未约定在将来一定期限内订立合同，或者虽然有约定但是难以确定将来所要订立合同的主体、标的等内容，一方主张预约合同成立的，人民法院不予支持。 ③认定本约成立。 当事人订立的认购书、订购书、预订书等已就合同标的、数量、价款或者报酬等主要内容达成合意，未明确约定在将来一定期限内另行订立合同，或者虽然有约定但是当事人一方已实施履行行为且对方接受的，人民法院应当认定本约合同成立。 （2）预约合同义务的违反。 预约合同生效后，当事人一方拒绝订立本约合同或者在磋商订立本约合同时违背诚信原则导致未能订立本约合同的，人民法院应当认定该当事人不履行预约合同约定的义务。 [是否违背诚信原则的认定] 人民法院认定当事人一方在磋商订立本约合同时是否违背诚信原则，应当综合考虑该当事人在磋商时提出的条件是否明显背离预约合同约定的内容以及是否已尽合理努力进行协商等因素。 （3）违反预约合同的违约责任方式：不适宜请求继续履行。 预约合同生效后，当事人一方不履行订立本约合同的义务，对方请求其赔偿因此造成的损失的，人民法院依法予以支持。 [损失的认定] 当事人有约定的，按照约定；没有约定的，人民法院应当综合考虑预约合同在内容上的完备程度以及订立本约合同的条件的成就程度等因素酌定。

三、合同的内容（合同条款）（图表84）

主要条款 与必要条款	主要	一般合同均包括的条款。
	必要	合同成立必备的条款：主体、标的与数量。
合同条款 漏洞补充		1. 首先由双方协议补充。 2. 如果达不成补充协议的，可参考交易习惯加以确定。 （1）当事人之间在交易活动中的惯常做法； （2）在交易行为当地或者某一领域、某一行业通常采用并为交易对方订立合同时所知道或者应当知道的做法； （3）对于交易习惯，由提出主张的当事人一方承担举证责任。

续表

合同条款漏洞补充	3. 不能达成补充协议，也没有交易习惯的，适用《民法典》第511条任意法规定进行补充。 [重点提示] 1. 主要补充性规定如下： （1）如果履行地点不明确，分三个方面：给付货币的，在接受货币一方所在地履行，简称"钱来送"；交付不动产的，在不动产所在地履行；其他标的，在履行义务一方所在地履行，简称"货自提"。 （2）履行费用的负担不明确的，由履行义务一方负担；因债权人原因增加的履行费用，由债权人负担。 （3）质量要求不明确的，按照强制性国家标准履行；没有强制性国家标准的，按照推荐性国家标准履行；没有推荐性国家标准的，按照行业标准履行；没有国家标准、行业标准的，按照通常标准或者符合合同目的的特定标准履行。 （4）价款或者报酬不明确的，按照订立合同时履行地的市场价格履行；依法应当执行政府定价或者政府指导价的，依照规定履行。 （5）履行期限不明确的，债务人可以随时履行，债权人也可以随时请求履行，但是应当给对方必要的准备时间。 （6）履行方式不明确的，按照有利于实现合同目的的方式履行。 2. 网购合同交付时间未约定时的补充。 （1）购买商品的，收货人签收时间为交付时间。 （2）提供服务的，生成电子凭证或实务凭证载明的时间为提供服务时间；无载明或载明时间与实际提供服务时间不一致，以实际服务时间为准。 （3）标的是在线传输交付的，进入对方当事人指定系统且能够检索识别的时间作为交付时间。
无效的免责条款	1. 造成对方人身伤亡免责之条款——无效！ 2. 故意或重大过失造成财产损害免责之条款——无效！
解决争议的条款	合同无效、被撤销或者终止的，不影响合同中独立存在的有关解决争议方法的条款的效力。
格式条款 【2017年，2014年，2012年，2008年】	含义：为了重复使用而预先拟定，并在订立合同时未与对方协商的条款。 格式条款提供方，否定格式条款的，如下主张均不成立： 1. 合同系依据合同示范文本制作的； 2. 双方已经明确约定合同条款不属于格式条款的； 3. 从事经营活动的当事人一方仅以未实际重复使用为由主张其预先拟定且未与对方协商的合同条款不是格式条款的。（有证据证明该条款不是为了重复使用而预先拟定的除外）
	不构成合同组成部分	1. 提供格式条款的一方在合同订立时采用通常足以引起对方注意的文字、符号、字体等明显标识，提示对方注意免除或者减轻其责任、排除或者限制对方权利等与对方有重大利害关系的异常条款的，人民法院可以认定其已经履行《民法典》第496条第2款规定的提示义务。 2. 提供格式条款的一方按照对方的要求，就与对方有重大利害关系的异常条款的概念、内容及其法律后果以书面或者口头形式向对方作出通常能够理解的解释说明的，人民法院可以认定其已经履行《民法典》第496条

格式条款 【2017年， 2014年， 2012年， 2008年】	不构成合同 组成部分	第2款规定的说明义务。 [特别提醒] 举证责任及常见的不合格提示说明方式： 提供格式条款的一方对其已经尽到提示义务或者说明义务承担举证责任。对于通过互联网等信息网络订立的电子合同，提供格式条款的一方仅以采取了设置勾选、弹窗等方式为由主张其已经履行提示义务或者说明义务的，人民法院不予支持，但是其举证符合前两款规定的除外。
	无效的 格式条款	1. 格式条款中有《民法典》总则编规定的法律行为无效事由； 2. 提供格式条款一方不合理地免除或者减轻其责任、加重对方责任、限制对方主要权利； 3. 提供格式条款一方排除对方主要权利； 4. 格式条款中造成对方人身损害的、因故意或者重大过失造成对方财产损失的免责条款无效。
	格式条款 的解释	1. 对格式条款的理解发生争议的，应当按照通常理解予以解释。 2. 对格式条款有两种以上解释，应当作出不利于提供格式条款一方的解释。 3. 格式条款和非格式条款不一致的，应当采用非格式条款。

四、合同相对性及其例外（图表85）

含义	合同关系原则上只约束合同当事人，即债权人和债务人，效力不及于第三人。【2015年，2014年（3次），2011年，2010年，2009年，2006年】
相对性的 制度体现	1. 涉他合同：当事人约定由第三人履行或向第三人履行。 （1）第三人的地位——并非债的主体。 （2）违约责任——仍由原来的债务人向原来的债权人承担违约责任。 2. 第三人原因导致的违约：债务人承担违约责任。【2023年】 3. 加害给付中主张违约责任：只能向合同相对人主张。 4. 转租合同中的违约责任：第三人只能向承租人主张。 5. 承揽合同中的违约责任：承揽人将其承揽的工作交由第三人完成的，应当就该第三人完成的工作成果向定作人负责。 6. 多式联运合同中的违约责任：总承运人向托运人负责；区段承运人向总承运人负责。
相对性的 例外	1. 合同保全。 （1）代位权：债权人以自己名义向次债务人起诉，债务人为第三人。 （2）撤销权：债权人撤销债务人与第三人的法律关系，使债权的效力及于第三人。 2. 买卖不破租赁：租赁合同效力及于新的所有权人。 3. 委托合同中委托人的介入权与第三人的选择权。 4. 建设工程合同分包人责任：分包人对其施工部分与总承包人一起承担连带责任。 5. 单式联运中的区段承运人责任：区段承运人与总承运人一起向托运人承担连带责任。 6. 不动产债权的预告登记：未经预告登记权利人的同意处分不动产不发生物权效力。

第二节　合同的成立

一、合同成立的标准与过程（图表86）

认定标准	1. 一般成立认定标准：能够确定当事人名称或者姓名、标的和数量的，一般应当认定合同成立。 2. 特别合同成立的认定标准：如某些合同需要具备特定的形式才能成立、某些合同必须以交付标的物作为成立要件。	
合同成立的过程	要约	1. 必须有明确的缔约意图且内容必须具体、确定；内容不确定，为要约邀请。 2. 到达生效为原则（参照《民法典》总则编中意思表示的到达理解）。 3. 失效的情形： （1）受要约人拒绝要约； （2）要约人撤销要约； （3）承诺期限届满，受要约人未作出承诺； （4）受要约人对要约的内容作出实质性变更。【2008年】 [注意] 有关合同标的、数量、质量、价款或者报酬、履行期限、履行地点和方式、违约责任和解决争议方法等的变更是实质性变更。 4. 撤回：撤回的通知，在要约到达受要约人前到达或同时到达受要约人。 5. 撤销：要约生效后取消要约。但有如下例外： （1）要约人确定了承诺期限或以其他方式明示不可撤销； （2）受要约人有理由认为要约不可撤销并已为履行合同作了准备工作。
	承诺	1. 承诺通知到达生效且承诺与要约的内容一致。承诺不需要通知的，根据交易习惯或者要约的要求作出承诺的行为时生效。【2023年，2022年，2007年，2005年】 2. 承诺期限的起算： （1）要约以信件或电报作出的，承诺期限自信件载明的日期或电报交发的日期开始计算。信件未载明日期的，自投递该信件的邮戳日期开始计算。 （2）要约以电话、传真等快速通讯方式作出的，承诺期限自要约到达受要约人时开始计算。 3. 承诺的迟到： （1）可归责于承诺人的迟延：迟发而迟到，承诺原则上无效。 例外：要约人及时通知该承诺有效的，合同成立。 （2）不可归责于承诺人的迟延：未迟发而迟到，承诺原则上有效。 例外：要约人及时通知承诺逾期而不接受的，视为新要约。 4. 承诺的撤回：撤回的通知须提前或与承诺通知同时到达。 5. 承诺不能撤销。

二、合同成立的时间与地点（图表87）

时间	1. 一般承诺到达则合同成立；不需要通知的，依据交易习惯和要约要求作出承诺行为时合同成立。 2. 当事人采用合同书形式订立合同的，自双方当事人签名、盖章或按指印时合同成立。 3. 当事人采用信件、数据电文等形式订立合同，要求签订确认书的，签订确认书时合同成立。在签名、盖章或者按指印之前，当事人一方已经履行主要义务，对方接受时，该合同成立。 4. 未按照法定或约定订立书面合同的，一方当事人履行了主要义务，对方接受的，合同成立。【2013年】 5. 约定了交付定金而没有交付的，如果一方履行合同义务，另一方表示接受的，合同成立。但定金合同不会因此生效，因为定金合同是实践合同，只要没有交付定金，定金合同就不会因此而生效。 6. 当事人一方通过互联网等信息网络发布的商品或者服务信息符合要约条件的，对方选择该商品或者服务并提交订单成功时合同成立，但是当事人另有约定的除外。 7. 认定合同成立的实质性标准： 第一，采取招标方式订立合同，当事人请求确认合同自中标通知书到达中标人时成立的，人民法院应予支持。合同成立后，当事人拒绝签订书面合同的，人民法院应当依据招标文件、投标文件和中标通知书等确定合同内容。 第二，采取现场拍卖、网络拍卖等公开竞价方式订立合同，当事人请求确认合同自拍卖师落槌、电子交易系统确认成交时成立的，人民法院应予支持。合同成立后，当事人拒绝签订成交确认书的，人民法院应当依据拍卖公告、竞买人的报价等确定合同内容。 第三，产权交易所等机构主持拍卖、挂牌交易，其公布的拍卖公告、交易规则等文件公开确定了合同成立需要具备的条件，当事人请求确认合同自该条件具备时成立的，人民法院应予支持。
地点	1. 承诺生效的地点为合同成立的地点。 2. 当事人采用合同书形式订立合同的，双方当事人签字或盖章的地点为合同成立的地点；当事人按手印与签字盖章具有同等效力。 3. 采用书面形式订立合同，合同约定的签订地与实际签字或者盖章地点不符的，人民法院应当认定约定的签订地为合同签订地。 4. 合同没有约定签订地，双方当事人签字或者盖章不在同一地点的，人民法院应当认定最后签字或者盖章的地点为合同签订地。【2010年】 5. 采用数据电文形式订立合同的，收件人的主营业地为合同成立的地点；没有主营业地的，其经常居住地为合同成立的地点。

三、缔约过失责任（图表88）

构成要件 【2015年， 2013年， 2007年， 2005年】	1. 此种责任发生于合同订立阶段（通常是合同未成立、无效或被撤销）。 2. 一方当事人违反了依诚信原则所担负的先合同义务（忠实、保密、协助、告知等）。 3. 另一方的信赖利益因此而受到损失。
典型类型	1. 假借订立合同恶意磋商导致合同不成立；【2017年，2010年】 2. 故意隐瞒与订立合同有关的重要事实或者提供虚假情况；【2003年】 3. 泄露或不当使用在合同订立中知悉的对方商业秘密；【2017年】 4. 其他在合同订立中违反诚信原则的缔约过失行为。
赔偿范围	1. 订约支出的成本费用+丧失商机带来的机会损失。【2016年】 2. 未尽照顾、保护义务致使对方遭受人身损害的，赔偿因此产生的财产损失。 3. 未尽通知、说明义务致使对方遭受财产损失的，应赔偿其财产损失。
判断技巧	没合同，有过错，双方当事人还谈过。 [注意] 如果合同成立生效了，通常没有追究缔约过失责任的必要；但是，如果一方当事人明显违背了诚信原则，如违反保密义务，泄露了在合同订立阶段知悉的另一方当事人的商业秘密，也可能承担缔约过失责任。

四、合同效力问题（图表89）

适用总则 规定	1. 合同有效、效力瑕疵等直接适用《民法典》总则编的规定。 2. 依法成立的合同，自成立时生效，法律行为附条件、附期限的适用总则编关于法律行为附条件、附期限的规定。
批准生效	1. 不办理批准手续，不生效。 2. 合同不生效不影响履行报批义务条款的效力，违反报批义务一方应承担责任。 3. 法律、行政法规规定合同变更、转让、解除等应办理批准手续的，效力同上。 （1）主张继续履行报批义务或解除合同主张赔偿。 ①合同依法成立后，负有报批义务的当事人不履行报批义务或者履行报批义务不符合合同的约定或者法律、行政法规的规定，对方请求其继续履行报批义务的，人民法院应予支持；对方主张解除合同并请求其承担违反报批义务的赔偿责任的，人民法院应予支持。 ②人民法院判决当事人一方履行报批义务后，其仍不履行，对方主张解除合同并参照违反合同的违约责任请求其承担赔偿责任的，人民法院应予支持。 （2）报批前不得请求履行合同义务。 合同获得批准前，当事人一方起诉请求对方履行合同约定的主要义务，经释明后拒绝变更诉讼请求的，人民法院应当判决驳回其诉讼请求，但是不影响其另行提起诉讼。

续表

批准生效	（3）已报批但未批准的后果。 ①负有报批义务的当事人已经办理申请批准等手续或者已经履行生效判决确定的报批义务，批准机关决定不予批准，对方请求其承担赔偿责任的，人民法院不予支持。 ②因迟延履行报批义务等可归责于当事人的原因导致合同未获批准，对方请求赔偿因此受到的损失的，人民法院应当依据《民法典》第157条的规定处理。 4. 合同无效、可撤销之效力瑕疵与审批、备案、登记等之间的关系。 （1）制度的性质及目的不同。 （2）合同存在无效或者可撤销的情形，当事人以该合同已在有关行政管理部门办理备案、已经批准机关批准或者已依据该合同办理财产权利的变更登记、移转登记等为由主张合同有效的，人民法院不予支持。
无权代理追认	被代理人已经开始履行合同义务或者接受相对人履行的，视为对合同的追认。
表见代表行为的效力	法人的法定代表人或者非法人组织的负责人超越权限订立的合同，除相对人知道或者应当知道其超越权限外，该合同对法人或者非法人组织发生效力。【2022年】【2018年主观题】 限制法定代表人或非法人组织负责人权利的根据不同，对于越权行为效力进行判断时存在一定差异。 1. 法律、行政法规的限权：要求相对人尽到合理审查义务。 （1）未尽到合理审查义务： ①法律、行政法规为限制法人的法定代表人或者非法人组织的负责人的代表权，规定合同所涉事项应当由法人、非法人组织的权力机构或者决策机构决议，或者应当由法人、非法人组织的执行机构决定，法定代表人、负责人未取得授权而以法人、非法人组织的名义订立合同，未尽到合理审查义务的相对人主张该合同对法人、非法人组织发生效力并由其承担违约责任的，人民法院不予支持。 ②法人、非法人组织有过错的，可以参照《民法典》第157条的规定判决其承担相应的赔偿责任。 （2）已尽到合理审查义务：构成表见代表，人民法院应当依据《民法典》第504条的规定处理。 2. 法人或非法人组织内部的限权：原则上认定相对人不知情。 合同所涉事项未超越法律、行政法规规定的法定代表人或者负责人的代表权限，但是超越法人、非法人组织的章程或者权力机构等对代表权的限制，相对人主张该合同对法人、非法人组织发生效力并由其承担违约责任的，人民法院依法予以支持。但是，法人、非法人组织举证证明相对人知道或者应当知道该限制的除外。 3. 法定代表人或非法人组织负责人的最终责任。 法人、非法人组织承担民事责任后，向有过错的法定代表人、负责人追偿因越权代表行为造成的损失的，人民法院依法予以支持。法律、司法解释对法定代表人、负责人的民事责任另有规定的，依照其规定。

	续表
盖章、签字与合同效力	1. 假章真人，行为有效。 法定代表人、负责人或者工作人员以法人、非法人组织的名义订立合同且未超越权限，法人、非法人组织仅以合同加盖的印章不是备案印章或者系伪造的印章为由主张该合同对其不发生效力的，人民法院不予支持。 2. 真人无章，行为有效。 合同系以法人、非法人组织的名义订立，但是仅有法定代表人、负责人或者工作人员签名或者按指印而未加盖法人、非法人组织的印章，相对人能够证明法定代表人、负责人或者工作人员在订立合同时未超越权限的，人民法院应当认定合同对法人、非法人组织发生效力。 [特别提醒] 当事人约定以加盖印章作为合同成立条件的，按照约定来认定。 3. 真章无签字，行为有效。 合同仅加盖法人、非法人组织的印章而无人员签名或者按指印，相对人能够证明合同系法定代表人、负责人或者工作人员在其权限范围内订立的，人民法院应当认定该合同对法人、非法人组织发生效力。 4. 上述三种情形超越权限的可能构成表见代表或表见代理。 法定代表人、负责人或者工作人员在订立合同时虽然超越代表或者代理权限，但是依据《民法典》第504条的规定构成表见代表，或者依据《民法典》第172条的规定构成表见代理的，人民法院应当认定合同对法人、非法人组织发生效力。
法定代表人、非法人组织负责人或代理人与相对人恶意串通行为的效力	1. 法定代表人、负责人或者代理人与相对人恶意串通，以法人、非法人组织的名义订立合同，损害法人、非法人组织的合法权益，法人、非法人组织主张不承担民事责任的，人民法院应予支持。 2. 法人、非法人组织请求法定代表人、负责人或者代理人与相对人对因此受到的损失承担连带赔偿责任的，人民法院应予支持。 3. 根据法人、非法人组织的举证，综合考虑当事人之间的交易习惯、合同在订立时是否显失公平、相关人员是否获取了不正当利益、合同的履行情况等因素，人民法院能够认定法定代表人、负责人或者代理人与相对人存在恶意串通的高度可能性的，可以要求前述人员就合同订立、履行的过程等相关事实作出陈述或者提供相应的证据。其无正当理由拒绝作出陈述，或者所作陈述不具合理性又不能提供相应证据的，人民法院可以认定恶意串通的事实成立。
同一交易订立多份合同的规范评价	1. 当事人之间就同一交易订立多份合同，人民法院应当认定其中以虚假意思表示订立的合同无效。 2. 当事人为规避法律、行政法规的强制性规定，以虚假意思表示隐藏真实意思表示的，人民法院应当认定被隐藏合同无效。 3. 当事人为规避法律、行政法规关于合同应当办理批准等手续的规定，以虚假意思表示隐藏真实意思表示的，人民法院应当认定被隐藏合同不生效。 4. 法院认定被隐藏合同无效或者确定不发生效力的，人民法院应当以被隐藏合同为事实基础，依据《民法典》第157条的规定确定当事人的民事责任。但是，法律另有规定的除外。

同一交易订立多份合同的规范评价		5. 同一交易订立多份合同均为真实意思时的认定：是否有变更。 当事人就同一交易订立的多份合同均系真实意思表示，且不存在其他影响合同效力情形的，人民法院应当在查明各合同成立先后顺序和实际履行情况的基础上，认定合同内容是否发生变更。法律、行政法规禁止变更合同内容的，人民法院应当认定合同的相应变更无效。
合同的权利义务认定：实质标准		1. 人民法院认定当事人之间的权利义务关系，不应当拘泥于合同使用的名称，而应当根据合同约定的内容。 2. 当事人主张的权利义务关系与根据合同内容认定的权利义务关系不一致的，人民法院应当结合缔约背景、交易目的、交易结构、履行行为以及当事人是否存在虚构交易标的等事实认定当事人之间的实际民事法律关系。
经营范围与合同效力		当事人超越经营范围订立的合同的效力，不得仅以超越经营范围确认合同无效。

第三节　合同的履行

一、合同履行与债的清偿（图表90）

代物清偿 【2022年，2016年，2014年，2013年】	含义	债权人受领他种给付以代替原定给付而使债的关系消灭。
	要件	1. 有原债务存在； 2. 经双方当事人约定，以他种给付代替原定给付； 3. 有双方当事人关于代物清偿的合意； 4. 债权人或其他有履行受领权的人现实地受领给付。
	重要概念辨析	代物清偿、抵债协议、让与担保、后让与担保、债的更新、流押流质条款 1. 为设定担保，将标的权利转让给债权人，完成转让公示的，为让与担保。 2. 为设定担保订立合同（如买卖合同），没有将标的权利转让给债权人的，为后让与担保；到期不履行，可以就标的物拍卖、变卖以获得的价款来受偿（无优先受偿权）。 3. 流质流押条款，是指设定担保时，在债务到期之前就约定，到期债务人不履行的，担保物所有权归债权人所有。 4. 债的更新，是指达成新的抵债协议后，原债务消灭，新债替代旧债，旧债不再履行。但当事人必须明确约定，否则不认定为债的更新。 5. 债务不履行，当事人之间签订抵债协议： （1）如果债务已经到期，约定用他物抵债达成协议的，为代物清偿（《民法典合同编通则解释》第27条）。 第一，债务人或者第三人与债权人在债务履行期限届满后达成以物抵债协议，不存在影响合同效力情形的，人民法院应当认定该协议自当事人意思表示一致时生效。

重要概念辨析		第二，债务人或者第三人履行以物抵债协议后，人民法院应当认定相应的原债务同时消灭；债务人或者第三人未按照约定履行以物抵债协议，经催告后在合理期限内仍不履行，债权人选择请求履行原债务或者以物抵债协议的，人民法院应予支持，但是法律另有规定或者当事人另有约定的除外。 [注意] 此处的另有约定，有可能构成债的更新。 第三，以物抵债协议经人民法院确认或者人民法院根据当事人达成的以物抵债协议制作成调解书，债权人主张财产权利自确认书、调解书生效时发生变动或者具有对抗善意第三人效力的，人民法院不予支持。 [注意] 为何不能引起物权变动？因为这非直接导致物权变动的法律文书。 第四，债务人或者第三人以自己不享有所有权或者处分权的财产权利订立以物抵债协议的，按无权处分进行认定。 (2) 如果债务尚未到期，约定用他物抵债达成协议的，为设定担保（《民法典合同编通则解释》第 28 条）【2019 年主观题】 第一，债务人或者第三人与债权人在债务履行期限届满前达成以物抵债协议的，人民法院应当在审理债权债务关系的基础上认定该协议的效力。 第二，当事人约定债务人到期没有清偿债务，债权人可以对抵债财产拍卖、变卖、折价以实现债权的，人民法院应当认定该约定有效。 第三，当事人约定债务人到期没有清偿债务，抵债财产归债权人所有的，人民法院应当认定该约定无效，但是不影响其他部分的效力；债权人请求对抵债财产拍卖、变卖、折价以实现债权的，人民法院应予支持。【禁止流质】 第四，当事人订立上述以物抵债协议后，债务人或者第三人未将财产权利转移至债权人名下，债权人主张优先受偿的，人民法院不予支持；债务人或者第三人已将财产权利转移至债权人名下的，认定构成让与担保。
清偿抵充顺序 【2019 年，2014 年】	前提	债务人对于同一债权人负担数宗同种类的债务，而清偿人提供的给付不足以清偿全部债务。
	顺序	1. 有约定的，依约定进行抵充。 2. 没有约定时，由债务人指定抵充顺序。 3. 债务人未作指定的，依据以下顺序进行抵充： （1）首先应当优先抵充已到期的债务； （2）几项债务均到期的，优先抵充对债权人缺乏担保或者担保数额最少的债务； （3）担保数额相同的，优先抵充债务负担较重的债务； （4）负担相同的，按照债务到期的先后顺序抵充；到期时间相同的，按比例抵充。 无约定，先抵实现债权的有关费用；其次，还利息；最后，还主债务。

二、合同履行的原则

（一）全面履行原则（图表91）

含义界定	据合同约定内容履行，但不是客观全面，而是一种正常人大致可以接受的状态。
例外情形	提前和部分履行——只要没有损害债权，就不认定构成违约！ 1. 提前履行或部分履行，如果损害债权，则要承担违约责任。 2. 提前履行或部分履行，没有损害债权，但增加了费用的，债权人可以拒绝接受，也可以接受，让债务人承担增加的费用。 3. 提前履行或部分履行，既没有损害债权，也没有增加费用的，在履行之时或在履行的范围内债务消灭，履行有效。

（二）诚信履行原则（图表92）

发生时间	合同义务	分类	违反后果
合同成立前	先合同义务	通知、告知、保密、照顾等	缔约过失责任
合同履行中	给付义务（狭义附随义务）	主给付义务	决定合同性质，违约责任
		从给付义务	如买空调约定卖方安装、宠物饲养证交付，违约责任
合同履行后	后合同义务	协助、保密等	损害赔偿责任
整个过程	广义附随义务	通知、协助、保密等	非自始确定，基于诚信产生

三、合同履行涉及第三人

1. 合同履行涉及第三人的情形（图表93）

| 向第三人清偿 | （1）原则上不打破相对性：未向第三人履行的，债务人向债权人（非第三人）承担违约责任。【2014年】【2012年主观题】
（2）例外打破相对性：合同约定或法律规定第三人可直接请求债务人履行的，只要第三人未拒绝此权利，债务人未向第三人履行的，第三人可主张债务人承担违约责任。此时，债务人对债权人的抗辩可向第三人主张。
（3）第三人权利的限度及合同消灭的后果：
第一，第三人可按照约定，请求债务人向自己履行债务；但除法律另有规定外，不得请求行使撤销权、解除权等民事权利。
第二，合同依法被撤销或者被解除，债务人请求债权人返还财产的，人民法院应予支持。
（4）第三人拒绝受领的后果：
第一，债务人按照约定向第三人履行债务，第三人拒绝受领，债权人请求债务人向自己 |

续表

向第三人清偿	履行债务的,人民法院应予支持,但是债务人已经采取提存等方式消灭债务的除外。 第二,第三人拒绝受领或者受领迟延,债务人请求债权人赔偿因此造成的损失的,人民法院依法予以支持。
由第三人清偿	原则上不打破合同相对性:当事人约定由第三人履行,第三人不履行的,依然由债务人承担违约责任。【2020年,2004年】
独立第三人清偿	(1)债务人不履行债务,第三人对履行该债务具有合法利益的,第三人有权向债权人代为履行。第三人代为履行后获得债权人的权利,可向债务人主张。【2022年,2015年】 ①有合法利益的第三人主要包括哪些? 根据《合同编通则解释》第30条第1款规定,主要包括如下七类主体: 第一,保证人或者提供物的担保的第三人; 第二,担保财产的受让人、用益物权人、合法占有人; 第三,担保财产上的后顺位担保权人; 第四,对债务人的财产享有合法权益且该权益将因财产被强制执行而丧失的第三人; 第五,债务人为法人或者非法人组织的,其出资人或者设立人; 第六,债务人为自然人的,其近亲属; 第七,其他对履行债务具有合法利益的第三人。 ②第三人代为清偿后,何时可以追偿?分两种情形掌握: 第一,第三人在其已经代为履行的范围内取得对债务人的债权,但是不得损害债权人的利益。 第二,担保人代为履行债务取得债权后,向其他担保人主张担保权利的,按照共同担保处理。同一债权既有债务人自己提供的物的担保,又有第三人提供的担保,承担了担保责任或者赔偿责任的第三人,可主张行使债权人对债务人享有的担保物权,其他共同担保,担保人承担担保责任后,不得主张对其他担保人行使担保权。 (2)第三人与债务履行不存在法律上利害关系时,也有可能代为清偿债务人的债务。此种代为清偿,效果有三:【2023年,2021年,2017年,2013年,2012年,2006年】 ①不论债务人是否知情,第三人清偿后,债务消灭; ②第三人如果履行不合格,由第三人承担违约责任; ③第三人清偿后,第三人与债务人之间的关系,取决于第三人清偿发生情形、目的等因素,在第三人与债务人之间可能构成无因管理、不当得利等法律关系。

2. 第三人代为清偿与债权人、债务人约定由第三人清偿之比较(图表94)

	第三人代为清偿	债权人、债务人约定由第三人清偿
发生原因	第三人与债权人之间的约定	债权人与债务人之间的约定
第三人地位	具有履行合同的法律义务	没有履行合同的法律义务
第三人责任	履行不合格时第三人承担违约责任	履行不合格时债务人承担违约责任
与债务人关系	赠与、无因管理等	无法律关系

四、合同履行中的抗辩权（图表95）

抗辩的前提：在能履行的前提下，对待给付义务未履行或可能不履行。		
[注意] 当事人互负债务，一方以对方没有履行非主要债务为由拒绝履行自己的主要债务的，人民法院不予支持。但是，对方不履行非主要债务致使不能实现合同目的或者当事人另有约定的除外。		
同时履行抗辩权 【2010年，2005年】	关键要件	1. 双方互负的债务均届清偿期且未约定履行顺序的先后； 2. 对方未履行债务或履行债务不符合约定。
	法律效果	1. 一时地阻却对方请求权的行使。 2. 主张双方同时履行的抗辩且抗辩成立，被告未提起反诉的，人民法院应当判决被告在原告履行债务的同时履行自己的债务。 3. 在判项中明确原告申请强制执行的，人民法院应当在原告履行自己的债务后对被告采取执行行为。 4. 被告提起反诉的，人民法院应当判决双方同时履行自己的债务，并在判项中明确任何一方申请强制执行的，人民法院应当在该当事人履行自己的债务后对对方采取执行行为。
先履行抗辩权 【2015年，2011年，2008年，2005年】 【2011年主观题】	关键要件	1. 一方当事人有先为履行的义务。 2. 应当先履行的一方未履行债务或者履行债务不符合约定。
	法律效果	1. 后履行的一方可以暂时不履行合同义务。 2. 主张原告应先履行的抗辩且抗辩成立的，人民法院应当驳回原告的诉讼请求，但是不影响原告履行债务后另行提起诉讼。
不安抗辩权 【2015年，2014年（2次），2011年，2009年】【2011年主观题】	关键要件	1. 双方债务有先后履行顺序。 2. 主张不安抗辩权的一方应当先履行债务且其债务已届清偿期。 3. 先履行一方有确切证据证明对方有不能为对待给付的现实危险： (1) 经营状况严重恶化； (2) 转移财产、抽逃资金，以逃避债务； (3) 丧失商业信誉； (4) 有丧失或可能丧失履行债务能力的其他情形。
	法律效果	1. 履行顺序在前的一方中止履行应及时通知对方。 2. 如果对方恢复履行能力或提供担保，应继续履行。 3. 如果对方不能消除不安，则先履行方可解除合同。

五、合同履行中的其他问题（图表96）

债务人中止履行或提存	债权人分立、合并或者变更住所没有通知债务人，致使履行债务发生困难。

续表

主体有关变动的影响	不得因姓名、名称的变更或者法定代表人、负责人、承办人的变动而不履行合同义务。

第四节 合同保全

一、债权人代位权（图表97）

构成要件 【2023 年， 2013 年， 2011 年， 2010 年， 2007 年， 2006 年】		1. 债权人对债务人的债权合法有效。 [注意] 债权未到期，若存在影响债权实现的可能时，也有可能行使权利。如债权到期前，债务人的权利存在诉讼时效期间即将届满或者未及时申报破产债权等情形。 2. 债务人对次债务人的债权合法有效，已到期，且为非专属性的债权。 专属性债权包括： （1）抚养费、赡养费或者扶养费请求权； （2）人身损害赔偿请求权； （3）劳动报酬请求权，但是超过债务人及其所扶养家属的生活必需费用的部分除外； （4）请求支付基本养老保险金、失业保险金、最低生活保障金等保障当事人基本生活的权利； （5）其他专属于债务人自身的权利。 3. 债务人怠于行使其债权及与该债权有关的从权利。 债务人既不履行又不"以诉讼方式或者仲裁方式"向其债务人主张权利，即为怠于行权。 4. 对债权人造成损害。
行使方式	起诉	债权人以自己名义起诉次债务人，法院应当追加债务人为第三人。【2012 年，2007 年，2006 年】
	管辖	由被告住所地人民法院管辖，但是依法应当适用专属管辖规定的除外。
	债务人与相对人约定仲裁条款或管辖协议的效果	1. 债务人或者相对人以双方之间的债权债务关系订有管辖协议为由提出异议的，人民法院不予支持。 2. 债权人提起代位权诉讼后，债务人或者相对人以双方之间的债权债务关系订有仲裁协议为由对法院主管提出异议的，人民法院不予支持。但是，债务人或者相对人在首次开庭前就债务人与相对人之间的债权债务关系申请仲裁的，人民法院可以依法中止代位权诉讼。
	合并审理中止诉讼	1. 两个以上债权人以债务人的同一相对人为被告提起代位权诉讼的，人民法院可以合并审理。债务人对相对人享有的债权不足以清偿其对两个以上债权人负担的债务的，人民法院应当按照债权人享有的债权比例确定相对人的履行份额，但是法律另有规定的除外。

续表

行使方式	合并审理中止诉讼	2. 债权人向人民法院起诉债务人后，又向同一人民法院对债务人的相对人提起代位权诉讼，属于该人民法院管辖的，可以合并审理。不属于该人民法院管辖的，应当告知其向有管辖权的人民法院另行起诉；在起诉债务人的诉讼终结前，代位权诉讼应当中止。 3. 在代位权诉讼中，债务人对超过债权人代位请求数额的债权部分起诉相对人，属于同一人民法院管辖的，可以合并审理。不属于同一人民法院管辖的，应当告知其向有管辖权的人民法院另行起诉；在代位权诉讼终结前，债务人对相对人的诉讼应当中止。
	不符合代位权构成要件的认定与处理	1. 代位权诉讼中，人民法院经审理认为债权人的主张不符合代位权行使条件的，应当驳回诉讼请求，但是不影响债权人根据新的事实再次起诉。 2. 债务人的相对人仅以债权人提起代位权诉讼时债权人与债务人之间的债权债务关系未经生效法律文书确认为由，主张债权人提起的诉讼不符合代位权行使条件的，人民法院不予支持。
	代位诉讼与时效	债权人提起代位权诉讼的，应当认定对债权人的债权和债务人的债权均发生诉讼时效中断的效力。
	权利范围	不得超过债务人所负债务额；不得超过次债务人所负债务额。
	抗辩延续	次债务人可主张其对债务人的抗辩以及债务人对债权人的抗辩。【2012 年】
法律效果	权利限制	债权人提起代位权诉讼后，债务人无正当理由减免相对人的债务或者延长相对人的履行期限，相对人以此向债权人抗辩的，人民法院不予支持。
	债务履行	次债务人向债权人清偿；清偿后，履行的范围内两个关系均消灭。
	费用承担	1. 诉讼费由次债务人承担，从实现的债权中优先支付； 2. 除此之外的其他必要费用，由债务人承担。

二、债权人撤销权（图表98）

构成要件	1. 债权人与债务人之间的债权债务关系已成立。【2012 年】 2. 债务人实施了有害于债权的行为。 （1）可撤销的行为：【2020 年，2014 年，2010 年，2007 年，2003 年】【2020 年主观题】 ①放弃债权（包括到期与未到期）、放弃债权担保、恶意延长到期债权的履行期。②无偿转让财产，如赠与。③以明显不合理的低价转让财产、以明显不合理的高价受让他人财产或者为他人的债务提供担保（此情形要求债务人的相对人知道或者应当知道该情形）。 何谓不合理的低价或者不合理的高价？ 第一，按照交易当地一般经营者的判断，并参考交易时交易地的市场交易价或者物价部门指导价予以认定。转让价格未达到交易时交易地的市场交易价或者指导价 70% 的，一

续表

构成要件		般可以认定为"明显不合理的低价";受让价格高于交易时交易地的市场交易价或者指导价30%的,一般可以认定为"明显不合理的高价"。 第二,债务人与相对人存在亲属关系、关联关系的,不受上述规定的70%、30%的限制。 第三,债权人撤销权的扩张适用:债务人以明显不合理的价格,实施互易财产、以物抵债、出租或者承租财产、知识产权许可使用等行为,影响债权人的债权实现,债务人的相对人知道或者应当知道该情形,债权人可请求撤销债务人的行为。 (2)不可撤销的行为——不以财产为直接标的:【2016年】 ①基于身份关系而为的行为,如结婚、收养或解除收养,继承的承认或抛弃;②以不作为债务的发生为标的法律行为;③以提供劳务为标的的行为;④财产上利益的拒绝行为;⑤以不得扣押的财产权为标的的行为。 3. 债务人的行为须有害于债权人的债权。【2017年】【2019年主观题】
行使方式	起诉	债权人起诉的,应以债务人和债务人的相对人为共同被告。【2017年】【2019年主观题】
	管辖	由债务人或者相对人的住所地人民法院管辖,但是依法应当适用专属管辖规定的除外。
	合并审理	1. 两个以上债权人就债务人的同一行为提起撤销权诉讼的,人民法院可以合并审理。 2. 债权人请求受理撤销权诉讼的人民法院一并审理其与债务人之间的债权债务关系,属于该人民法院管辖的,可以合并审理。不属于该人民法院管辖的,应当告知其向有管辖权的人民法院另行起诉。
	权利范围	行使范围以债权人的债权为限: 1. 在债权人撤销权诉讼中,被撤销行为的标的可分,当事人主张在受影响的债权范围内撤销债务人的行为的,人民法院应予支持; 2. 被撤销行为的标的不可分,债权人主张将债务人的行为全部撤销的,人民法院应予支持。
	时间限制	知道或者应当知道撤销事由之日起1年,权利消灭;行为发生之日起5年,权利消灭。
法律效果	对债务人和受益人	1. 债务人的行为被依法撤销后,自始失去法律效力。 2. 受益人已受领债务人财产,应返还;不能返还的,折价赔偿。 3. 受益人向债务人支付对价的,对债务人享有不当得利返还请求权。
	对债权人	1. 有权请求受益人向自己返还所受利益,并有义务将所受利益加入债务人的一般财产,作为全体一般债权人的共同担保(无优先受偿权)。 2. 所支付的律师代理费、差旅费等必要费用,由债务人负担;第三人有过错的,应当适当分担。【2017年】

续表

法律效果	债务人与第三人恶意串通	1. 既符合无效的要件，也符合债权人撤销的要件。 2. 债权人可以主张债务人与第三人合同无效，也可以主张撤销债务人与第三人的合同。 3. 主张无效没有时间限制；主张债权人撤销权则受到 1 年或 5 年除斥期间的限制。
	行使撤销权与主张债务人的相对人返还财产的并用及判决执行问题	1. 债权人在撤销权诉讼中同时请求债务人的相对人向债务人承担返还财产、折价补偿、履行到期债务等法律后果的，人民法院依法予以支持。 2. 债权人依据其与债务人的诉讼、撤销权诉讼产生的生效法律文书申请强制执行的，人民法院可以就债务人对相对人享有的权利采取强制执行措施以实现债权人的债权。债权人在撤销权诉讼中，申请对相对人的财产采取保全措施的，人民法院依法予以准许。

第五节　合同的移转与变更

一、债权让与（图表99）

构成要件 【2015 年（2 次），2013 年，2012 年，2011 年，2004 年】	1. 债权有效且具有可让与性。不具有让与性的债权包括： （1）根据合同性质不得转让。 ①因个人信任关系而发生的债权。 ②专为特定债权人利益而存在的债权。 ③不作为债权。 ④属于从权利的债权。但从权利可与主权利分离而单独存在的，可以转让。如，利息债权可以与本金债权相分离而单独让与。 （2）按照当事人约定不得转让。 ①当事人约定非金钱债权不得转让的，不得对抗善意第三人。 ②当事人约定金钱债权不得转让的，不得对抗第三人。 （3）依照法律规定不得转让。 2. 让与人与受让人就债权的转让达成协议，且不得违反法律的有关规定。 3. 债权的让与须通知债务人，不通知对债务人不发生效力。 （1）通知的效力——债权让与合同"对债务人发生效力"的条件，非合同生效的要件。 ①让与人未通知债务人，受让人直接起诉债务人请求履行债务，人民法院经审理确认债权转让事实的，应当认定债权转让自起诉状副本送达时对债务人发生效力。 ②债务人主张因未通知而给其增加的费用或者造成的损失从认定的债权数额中扣除的，人民法院依法予以支持。 （2）通知与否，债务人履行的对象及法律效果不同。 ①债务人在接到债权转让通知前已向让与人履行，受让人请求债务人履行的，人民法院不予支持。

续表

构成要件 【2015 年（2 次），2013 年，2012 年，2011 年，2004 年】		②债务人接到债权转让通知后仍然向让与人履行，受让人请求债务人履行的，人民法院应予支持。 （3）通知后让与人（原债权人）的权利限制。 债务人接到债权转让通知后，让与人以债权转让合同不成立、无效、被撤销或者确定不发生效力为由请求债务人向其履行的，人民法院不予支持。但是，该债权转让通知被依法撤销的除外。
法律效果	对内效力	受让人成为新债权人。
		从权利随之转移；债权证明交给受让人并告知必要情况。
		让与人对于债权的真实、合法、有效承担瑕疵担保责任。
	对外效力 【2014 年，2013 年，2010 年，2004 年】	1. 抗辩权延续：债务人对让与人的抗辩，可以向受让人主张。 2. 债权转让后，债务人向受让人主张其对让与人的抗辩的，人民法院可以追加让与人为第三人。
		抵销权延续的两种情形： 1. 接到让与通知时，债务人对让与人享有债权，且债务人的债权先于转让的债权到期或者同时到期，债务人可以向受让人主张抵销。 2. 债务人的债权与转让的债权是基于同一合同产生。
		债务人确认债权真实性的约束力： 受让人基于债务人对债权真实存在的确认受让债权后，债务人又以该债权不存在为由拒绝向受让人履行的，人民法院不予支持。但是，受让人知道或者应当知道该债权不存在的除外。
		债权多重让与的效果： 1. 让与人将同一债权转让给两个以上受让人，债务人以已经向最先通知的受让人履行为由主张其不再履行债务的，人民法院应予支持。 2. 债务人明知接受履行的受让人不是最先通知的受让人，最先通知的受让人请求债务人继续履行债务或者依据债权转让协议请求让与人承担违约责任的，人民法院应予支持。 3. 最先通知的受让人请求接受履行的受让人返还其接受的财产的，人民法院不予支持，但是接受履行的受让人明知该债权在其受让前已经转让给其他受让人的除外。 [特别提醒] 最先通知的受让人如何确定？ 最先通知的受让人，是指最先到达债务人的转让通知中载明的受让人。当事人之间对通知到达时间有争议的，人民法院应当结合通知的方式等因素综合判断，而不能仅根据债务人认可的通知时间或者通知记载的时间予以认定。当事人采用邮寄、通讯电子系统等方式发出通知的，人民法院应当以邮戳时间或者通讯电子系统记载的时间等作为认定通知到达时间的依据。

二、债务承担（图表100）

并存的 【2017年，2014年】【2012年主观题】	第三人加入原债务人一方成为新债务人，与原债务人共同承担清偿责任。 通知债权人后，债权人在合理期限内未明确拒绝的，即成立。具体如下： 1. 第三人与债务人约定加入债务并通知债权人。 2. 第三人向债权人表示愿意加入债务。 债权人可请求第三人在其愿意承担的债务范围内和债务人承担连带债务。 3. 债务加入后，若第三人承担了责任后，可否向债务人追偿？ （1）第三人加入债务并与债务人约定了追偿权，其履行债务后主张向债务人追偿的，人民法院应予支持； （2）没有约定追偿权，第三人依照《民法典》关于不当得利等的规定，在其已经向债权人履行债务的范围内请求债务人向其履行的，人民法院应予支持，但是第三人知道或者应当知道加入债务会损害债务人利益的除外； （3）债务人就其对债权人享有的抗辩向加入债务的第三人主张的，人民法院应予支持。	
免责的 【2014年，2013年（2次），2012年，2011年（2次）】	构成要件	1. 债务有效且具有可转移性。 2. 达成债务转让的协议。 3. 经过债权人同意。 [注意] 债权人不同意的，债务不能转让，但转让合同依然有效成立。
	法律效果	1. 第三人取得债务人的法律地位，从债务也随之转移。 2. 新债务人可以主张原债务人对债权人的抗辩权，不得主张原债务人向债权人的抵销权。 [注意] 债务转移后，新债务人主张原债务人对债权人的抗辩的，人民法院可以追加原债务人为第三人。 3. 由第三人为债权设定的担保，除担保人书面同意继续担保外，因债务承担而消灭。 4. 如果只转让债务的，债权不变。

三、债权债务的概括移转（图表101）

债的一方主体将债权债务一并移转给第三人，第三人代替出让人的地位，成为新的当事人。	
法定承受 【2013年】	法人合并或分立；财产继承；买卖不破租赁。
合同承受	1. 合同一方当事人与第三人达成移转协议，并取得对方当事人同意。 2. 被移转的合同须为双务合同。 3. 法律、行政法规规定必须采取特定形式的，应遵循法律、行政法规的规定。

四、合同的变更（图表102）

约定变更	1. 当事人协商一致，可以变更合同。【2011年】【2014年主观题】 2. 因一方违约而协商变更合同的，不影响非违约方主张赔偿的权利。【2014年主观题】	
情势变更 【2023年， 2022年， 2012年】	构成要件	1. 合同成立时所赖以存在的客观情况发生了重大变化。 [注意] 何谓"重大变化"：合同成立后，因政策调整或者市场供求关系异常变动等原因导致价格发生当事人在订立合同时无法预见的、不属于商业风险的涨跌，继续履行合同对于当事人一方明显不公平的，人民法院应当认定合同的基础条件发生了《民法典》第533条第1款规定的"重大变化"。但是，合同涉及市场属性活跃、长期以来价格波动较大的大宗商品以及股票、期货等风险投资型金融产品的除外。 2. 情势变更发生在合同成立之后，履行完毕之前。 3. 该情势变更，不属于商业风险。 4. 当事人在订立合同时无法预见到该情势变更。 5. 情势发生变更后，继续履行原合同对一方当事人明显不公。 6. 受不利影响一方与对方协商不成。 [注意] 与对方重新协商，是受不利影响当事人的权利，对方应积极回应，参与协商。但并不能由此认为，重新协商是强制前置程序，由此将重新协商认定为受不利影响当事人的义务。
	典型情形	物价飞涨、汇率大幅度变化、国家政策出现重大调整等。 [难点] 如何区分情势变更与不可抗力的界限，是个难点问题。简单概括，不可抗力造成的往往是合同不能履行的结果；情势变更虽然对合同履行有重大影响，但合同仍然有履行的可能，只是对于一方明显不公，成本显著上升，等价关系显著失衡。
	法律效果	重新协商不成的，当事人可请求法院变更或者解除合同，法院应根据公平原则，并结合案件的实际情况确定是否变更或者解除。 变更与解除的关系： 1. 当事人请求变更合同的，人民法院不得解除合同； 2. 当事人一方请求变更合同，对方请求解除合同的，或者当事人一方请求解除合同，对方请求变更合同的，人民法院应当结合案件的实际情况，根据公平原则判决变更或者解除合同。
	合同变更或解除时间	应当综合考虑合同基础条件发生重大变化的时间、当事人重新协商的情况以及因合同变更或者解除给当事人造成的损失等因素，在判项中明确合同变更或者解除的时间。
	事先约定排除之效力	当事人事先约定排除《民法典》第533条适用的，人民法院应当认定该约定无效。

第六节　合同的消灭

一、解除

（一）解除权的类型、行使及效力（图表103）

协议解除及其扩张适用	1. 当事人协商一致，可以解除合同。 2. 达成合同解除协议的，虽对解除后责任未达成一致，若无特别约定的，认定合同已解除。 3. 一方行使解除权，但不符合解除权的条件，若另一方同意解除的，认定合同解除。 4. 双方均不享有可行使的解除权，但双方均主张解除的，认定合同解除。	
约定解除权	当事人以合同形式约定为一方或双方设定解除权的情形。【2014年】	
法定解除权	双方可解除	不可抗力。【2023年，2012年】
	非违约方解除 【2018年主观题】	1. 迟延履行主要债务，经催告后在合理期限内仍未履行。【2014年】 ［注意］此情形若不解除并约定了迟延违约金的，可在主张继续履行的同时向违约方主张支付违约金。 2. 预期违约。【2009年】 ［注意］此种情形不选择解除合同，也可以直接请求对方承担违约责任。 3. 一方迟延履行债务或者有其他违约行为致使不能实现合同目的的，非根本违约，不可解除合同。【2017年，2016年，2015年，2014年，2008年】【2018年主观题】
解除权的行使 【2023年，2014年，2011年】	1. 合同自通知到达对方时解除；通知载明对方在一定期限内不履行即解除的，对方依然不履行，通知载明的期限届满时解除。 ［注意］享有解除权的一方，方可单方通知解除合同。 2. 对方对解除合同有异议的，任何一方当事人均可以请求人民法院或者仲裁机构确认解除行为的效力。 3. 未通知对方，直接以提起诉讼或者申请仲裁的方式依法主张解除合同，人民法院或者仲裁机构确认该主张的，合同自起诉状副本或者仲裁申请书副本送达对方时解除。 ［注意］当事人一方未通知对方，直接以提起诉讼的方式主张解除合同，撤诉后再次起诉主张解除合同，人民法院经审理支持该主张的，合同自再次起诉的起诉状副本送达对方时解除。但是，当事人一方撤诉后又通知对方解除合同且该通知已经到达对方的除外。 4. 除斥期间。 (1) 法律规定或者当事人约定解除权行使期限，期限届满当事人不行使的，该权利消灭。 (2) 法律没有规定或者当事人没有约定解除权行使期限，自解除权人知道或者应当知道解除事由之日起1年内不行使，或者经对方催告后在合理期限内不行使的，该权利消灭。	

合同解除的效力	溯及力问题	一时性合同，有恢复原状的可能性，有溯及力。
		继续性合同，通常没有溯及力，面向未来终止。
	解除与违约责任【2011年，2007年】	1. 解除合同与违约责任可以并用，但不能主张继续履行。 2. 除非另有约定，主合同解除后，担保人对债务人应当承担的民事责任仍应当承担担保责任。 3. 解除合同不影响结算与清理条款的效力。

（二）特别法定解除权（图表104）

任意解除权	信任关系	1. 承揽合同的定作人； 2. 货运合同的托运人； 3. 委托合同的双方； 4. 保管合同中的寄存人和没有约定保管期限或者约定不明时的保管人。
	无期限合同	不定期租赁、不定期仓储、不定期合伙、不定期物业服务合同。
	行使任意解除权给对方造成损失的，除不可归责于当事人的事由以外，均需要赔偿损失。	
违约解除权	1. 不安抗辩权人有解除权； 2. 分期付款买受人未付款达总额1/5以上时，经催告仍然不履行的，出卖人有解除权； 3. 借款人违反贷款用途时，贷款人有解除权； 4. 承租人擅自转租时，出租人有解除权； 5. 租赁物危及安全、健康时，承租人有解除权； 6. 承揽人擅自转包时，定作人有解除权。	

二、提存（图表105）

提存的情形	1. 债权人无正当理由拒绝受领； 2. 债权人下落不明； 3. 债权人死亡未确定继承人、遗产管理人或者丧失民事行为能力未确定监护人； 4. 法律规定的其他情形。	
提存的效力【2012年】	债权人与债务人之间	视为清偿；孳息、风险、费用、领取权归债权人享有、承担。
	提存人与提存部门	保管关系；提存后另行履行的，提存人可取回提存物。

续表

提存的效力 【2012 年】	债权人与提存部门	1. 保管不善，提存部门应当赔偿。 2. 不交提存费用，提存部门可留置提存物。 3. 5 年不领取，扣除费用，收归国有。 [注意] 债权人未履行对债务人的到期债务，或者债权人向提存部门书面表示放弃领取提存物权利的，债务人负担提存费用后有权取回提存物。

三、抵销（图表 106）

法定抵销 【2005 年】	要件	1. 须双方当事人互负债务、互享债权； 2. 须主动债权即提出抵销的债权已届清偿期； 3. 须双方债务的标的物种类、品质相同； 4. 须不存在按照合同性质或者依照法律规定不得抵销的情形。 [注意] 因侵害自然人人身权益，或者故意、重大过失侵害他人财产权益产生的损害赔偿债务，侵权人主张抵销的，人民法院不予支持。
	行使	1. 作为形成权，单方通知即可行使； 2. 抵销不得附条件或附期限； 3. 主动债权未过诉讼时效；若过时效，抵销则须经对方同意，若对方提出抗辩，则不能抵销。过了时效的债权可被抵销。
	参照适用	1. 行使抵销权的一方负担的数项债务种类相同，但是享有的债权不足以抵销全部债务，当事人因抵销的顺序发生争议的，人民法院可以参照《民法典》第 560 条的规定处理。 [顺序] 约定—债务人指定—先到期—缺乏担保或担保不足的—负担较重的—到期的先后顺序—顺序相同按比例。 2. 行使抵销权的一方享有的债权不足以抵销其负担的包括主债务、利息、实现债权的有关费用在内的全部债务，当事人因抵销的顺序发生争议的，人民法院可以参照《民法典》第 561 条的规定处理。 [顺序] 约定—费用—利息—主债务。
	效力	1. 抵销权成立的，应当认定通知到达对方时双方互负的主债务、利息、违约金或者损害赔偿金等债务在同等数额内消灭。 2. 一旦抵销不得反悔。

续表

合意抵销	前提	1. 当事人互负债务； 2. 种类、品质不相同； 3. 当事人订立抵销协议。
	效力	面向未来发生效力。

四、混同与免除（图表107）

混同	1. 债权债务的混同，由债权或债务的承受而产生，债权债务的概括承受是发生混同的主要原因。 2. 合同关系及其他债之关系，因混同而绝对的消灭，也使从权利如利息债权、违约金债权、担保权等归于消灭。 3. 债权系他人权利的标的时，从保护第三人的合法权益的角度出发，债权不消灭。
免除 【2008年】	1. 免除为无因行为。 2. 免除应由债权人向债务人以意思表示为之，债务人合理期限内不拒绝即为消灭（体现对于债务人的尊重）。 3. 免除的意思表示构成民事法律行为；免除可以由债权人的代理人为之，也可以附条件或期限。 4. 免除为单独行为，自向债务人或其代理人表示后，即产生债务消灭的效果。一旦作出，不得撤回。 5. 免除发生债务绝对消灭的效力，债权的从权利，如利息债权、担保权等也同时归于消灭。 6. 仅免除部分债务的，债的关系仅部分终止。 7. 免除不得损害第三人的合法权益。

第七节 违约责任（图表108）

归责原则	原则上不问过错，适用无过错原则。
	分则中有特别规定时，考虑过错，如赠与合同等。
责任构成	违约行为（不履行或不完全履行）；损害后果；不存在免责事由。【2021年，2017年（2次），2016年，2015年，2014年（5次），2010年，2008年】【2021年主观题】【2015年主观题】【2013年主观题】【2012年主观题】

续表

责任方式	继续履行 【2017年（2次），2014年，2012年】	合同有效且履行有可能时，原则上应继续履行。
		金钱债务不存在履行不能；非金钱债务，继续履行的例外： 1. 法律上或者事实上不能履行（履行不能）。【2014年主观题】 2. 债务的标的不适用强制履行或者强制履行费用过高。 3. 债权人在合理期限内未请求履行。 有上述情形之一，致使不能实现合同目的的，人民法院或者仲裁机构可以根据当事人的请求终止合同权利义务关系，但是不影响违约责任的承担。【2023年】 [注意] 人民法院一般应当以起诉状副本送达对方的时间作为合同权利义务关系终止的时间。根据案件的具体情况，以其他时间作为合同权利义务关系终止的时间更加符合公平原则和诚信原则的，人民法院可以该时间作为合同权利义务关系终止的时间，但是应当在裁判文书中充分说明理由。
	补救措施	1. 合同对质量不合格的违约责任无约定或约定不明确。 2. 具体方式：恢复原状、修理、重作、更换、退货、减少价款或者报酬。 3. 受害方对补救措施享有选择权。
	损害赔偿 【2023年，2020年】	1. 完全赔偿：违约方对于因违约造成的全部损失承担赔偿责任。【2013年主观题】 （1）一般算法：在扣除非违约方为订立、履行合同支出的费用等合理成本后，按照非违约方能够获得的生产利润、经营利润或者转售利润等计算。 （2）非违约方依法行使合同解除权并实施了替代交易时的算法：按照替代交易价格与合同价格的差额确定合同履行后可以获得的利益。替代交易价格明显偏离替代交易发生时当地的市场价格，按照市场价格与合同价格的差额确定合同履行后可以获得的利益。 （3）非违约方依法行使合同解除权但是未实施替代交易时的算法：按照违约行为发生后合理期间内合同履行地的市场价格与合同价格的差额确定合同履行后可以获得的利益。 （4）以持续履行的债务为内容的定期合同（如租赁）可得利益的算法： ①一方不履行支付价款、租金等金钱债务，对方请求解除合同，法院认定合同解除的，可以根据当事人的主张，参考合同主体、交易类型、市场价格变化、剩余履行期限等因素确定非违约方寻找替代交易的合理期限，并按照该期限对应的价款、租金等扣除非违约方应当支付的相应履约成本确定合同履行后可以获得的利益。 ②非违约方主张按照合同解除后剩余履行期限相应的价款、租金等扣除履约成本确定合同履行后可以获得的利益的，人民法院不予支持。但是，剩余履行期限少于寻找替代交易的合理期限的除外。 （5）按照上述方法难以确定的由法院裁量：法院可以综合考虑违约方因违约获得的利益、违约方的过错程度、其他违约情节等因素，遵循公平原则和诚信原则确定。

续表

责任方式	损害赔偿【2023年，2020年】	2. 合理预见：以一般人的预见为标准计算。 （1）应当根据当事人订立合同的目的，综合考虑合同主体、合同内容、交易类型、交易习惯、磋商过程等因素，按照与违约方处于相同或者类似情况的民事主体在订立合同时预见到或者应当预见到的损失予以确定。 （2）可能预见到的非违约方对第三人赔偿。除合同履行后可以获得的利益外，非违约方主张还有其向第三人承担违约责任应当支出的额外费用等其他因违约所造成的损失，并请求违约方赔偿，经审理认为该损失系违约一方订立合同时预见到或者应当预见到的，人民法院应予支持。 （3）违约方可主张扣除的部分： 第一，非违约方未采取适当措施导致的扩大损失； 第二，非违约方也有过错造成的相应损失； 第三，非违约方因违约获得的额外利益或者减少的必要支出。	
	违约金	约定方式	直接约定数额或计算违约金的方法。
		数额限制	1. 约定过高，可请求法院予以降低。【2011年主观题】 [注意] 超出损失30%，为过高。恶意违约的当事人一方请求减少违约金的，人民法院一般不予支持。 2. 约定过低，可请求法院予以增加。 [注意] 不足以弥补损失为过低。
		与其他责任的关系	1. 解除合同的同时可主张赔偿。【2014年】 2. 违约金与定金不得并用，只能择一而用。【2010年】【2010年主观题】 3. 迟延履行的违约金与继续履行可以并用。【2010年】 4. 损害赔偿金与违约金原则上不能并用，有违约金时，优先适用违约金。【2013年】
责任竞合【2021年，2015年，2014年】	1. 加害给付，既违约又侵权，包括侵权性违约与违约性侵权，受害人得择一主张权利。 2. 主张精神损害赔偿，通过违约与侵权均可以。		
免责事由【2021年，2012年，2010年，2007年】	1. 法定事由。 （1）一般的：不可抗力均可。但当事人迟延履行后发生不可抗力的，不能免除；金钱债务的迟延责任不得因不可抗力而免除。 （2）特殊的：分则中具体合同有规定的从其规定。如客运合同中旅客自身健康原因、旅客故意、重大过失免责就属于特殊的免责事由。 2. 约定免责事由，但不得违反法律强制性规定。 3. 第三人导致违约，先承担违约责任，再向第三人追偿。【2010年主观题】		

第八节　买卖合同

一、关于买卖预约合同的效力（图表109）

含义	当事人达成的，将来订立买卖合同的合同。 举例：认购书、订购书、预订书、意向书、备忘录等。
功能	当事人应当按照预约的时间、地点等履行签订买卖合同的义务。
法律效果	一方违反预约，守约方可以： 1. 解除合同，主张赔偿损失； 2. 主张违约责任，但通常不能主张继续履行（劳务性质）。【2015年主观题】

二、一物多卖中买受人的保护（图表110）

一般动产 【2016年，2013年】	原则上出卖人就同一标的物签订的所有买卖合同均为有效。【2011年主观题】	1. 先交付受领的最优先； 2. 均未受领，先付款的优先； 3. 无人受领也无人付款，合同成立在先的优先。	1. 未获得标的物权利的买受人，均可基于有效的买卖合同向出卖人主张违约责任；有履行的可能，就应继续履行。 2. 违约责任方式根据情形选择，若为特定物买卖不能主张继续履行。
特殊动产		1. 先交付受领的最优先； 2. 均未受领，登记在先的优先； 3. 无人受领也无人登记，合同成立在先的优先； 4. 如果先交付给其中一个，又登记给其他人，先保护被交付的买受人。	
不动产 【2012年，2008年，2007年】		先办理过户登记的优先获得物权。	

三、瑕疵担保、合同解除与检验期（图表111）

瑕疵担保	物的瑕疵担保	交付标的物不合质量标准，违反物的瑕疵担保义务，出卖人应承担违约责任（合理选择请求修理、更换、重作、减价或者退货，造成其他损失的，受损人可以请求赔偿损失）。
	权利瑕疵担保	除法律特别规定，出卖人负有保证第三人不得向买受人主张任何权利的义务。【2015年主观题】

续表

解除问题	1. 因标的物的主物不符合约定而解除合同的，解除合同的效力及于从物。因标的物的从物不符合约定而解除合同的，解除的效力不及于主物。 2. 标的物为数物，其中一物不符合约定的，买受人可以就该物解除合同，但该物与他物分离使标的物的价值显受损害的，当事人可以就数物解除合同。 3. 出卖人分批交付标的物的，出卖人对其中一批标的物不交付或者交付不符合约定，致使该批标的物不能实现合同目的的，买受人可以就该批标的物解除合同。 出卖人不交付其中一批标的物或者交付不符合约定，致使今后其他各批标的物的交付不能实现合同目的的，买受人可以就该批以及今后其他各批标的物解除合同。 买受人如果就其中一批标的物解除合同，该批标的物与其他各批标的物相互依存的，可以就已经交付和未交付的各批标的物解除合同。
检验期与检验标准	1. 没有约定的，及时检验，出卖人知道或应知不合格的，不受以下通知时间的限制。 2. 约定检验期内，买受人应将检验不合格结果及时通知出卖人，怠于通知视为合格。 3. 没有约定检验期，合理期限内未通知或收到标的物起2年内未通知买受人不合约定的，视为合格（产品有质保期的，不适用2年的规定）。 4. 约定期间过短，按交易习惯和标的物性质难以完成检验，视为对外观瑕疵的异议期。 5. 法律、行政法规若有规定检验期，约定检验期或产品质保期不得短于法定期间。 6. 未约定检验期，买受人签收的送货单、确认单载明数量、型号、规格的，可作为买受人已经对外观瑕疵及数量进行检验的初步证据，有证据推翻的除外。 7. 出卖人按照买受人要求向第三人履行的，若买卖双方与买受人和第三人约定的检验标准不一致的，以买卖双方的约定为准（合同相对性）。

四、标的物的风险负担与孳息归属

(一) 风险负担规则（图表112）

无论是动产还是不动产，只要没有特别约定，均以交付为标志转移风险。【2016年】【2017年主观题】	
不动产交付	在不动产所在地完成交付，风险在不动产所在地自交付时转移。
动产交付	如果约定交付地点的，风险在约定地点完成交付时转移。如果没有约定地点，则据运输方式判断： 1. 如果买受人上门取货，则在出卖人提供货物的地点转移； 2. 如果出卖人送货上门，则买受人指定的收货地点为风险转移的地点；【2013年】 3. 如果约定由出卖人代办托运，则自货交第一承运人时风险转移给买受人。【2022年】【2010年主观题】
所有权保留	交付给买受人之时风险转移。

续表

试用买卖	尽管试用人实际占有试用物，但风险依然由所有权人承担。
在途货物	自买卖双方合同成立生效时，风险由买受人承担，除非订约时出卖人知道货物已经受损。【2010年主观题】
一方严重违约	因标的物不符合质量要求，致使不能实现合同目的的，买受人可以拒绝接受标的物或者解除合同。买受人拒绝接受标的物或者解除合同的，标的物毁损、灭失的风险由出卖人承担。【2019年】
未交付单证资料	不影响风险的转移。【2013年】
种类物风险转移的特殊之处	当事人对风险负担没有约定，标的物为种类物，出卖人未以装运单据、加盖标记、通知买受人等可识别的方式清楚地将标的物特定于买卖合同，标的物毁损、灭失的风险不转移，由出卖人承担。
风险转移与违约责任	标的物毁损、灭失的风险由买受人承担的，不影响因出卖人履行义务不符合约定，买受人请求其承担违约责任的权利。

[总结] 在常态下（即没有出现违约时），所有权的享有者与风险的承担者一般是一致的，只有在两种情况下，会出现常态下的分离：其一，所有权保留的买卖；其二，不动产的买卖。

（二）孳息归属规则（图表113）

收取规则	无论是动产还是不动产，交付后孳息均归买受人，有约定除外。【2017年主观题】
所有权与风险分离	不动产交付后，若未办理过户登记，孳息归买受人。
	动产所有权保留的买卖，交付后孳息归买受人。

五、特种买卖

（一）试用买卖与样品买卖（图表114）

	本质	附条件的买卖。
试用买卖	推定购买	1. 试用期间届满，买受人保持沉默，视为购买； 2. 买受人在试用期内已支付部分价款，推定购买； 3. 买受人对标的物实施了出卖、出租、设定担保物权等非试用行为的，应当认定买受人同意购买。

续表

试用买卖	貌似却不是试用买卖的情形	1. 约定标的物经过试用或者检验符合一定要求时，买受人应当购买标的物的； 2. 约定第三人经试验对标的物认可时，买受人应当购买标的物的； 3. 约定买受人在一定期间内可以调换标的物的； 4. 约定买受人在一定期间内可以退还标的物的。
	费用问题	没有约定使用费或者约定不明，出卖人无权要求支付使用费。
样品买卖	买受人不知样品有隐蔽瑕疵，即使标的物与样品相同，出卖人依然要承担责任。	

（二）分期付款与所有权保留买卖（图表115）

分期付款 （一定期限内至少分三次支付） 【2020年，2016年，2009年，2007年】	风险所有权转移	\multicolumn{2}{l}{无特别约定，交付时风险与所有权均转移给买受人。}
	法定解除	前提	买受人未支付到期价款金额达到全部价款的1/5，经催告在合理期限内不履行。
		后果	1. 可解除合同，返还标的物，并主张支付使用费； 2. 要求买受人一次性支付剩余全部价款。
所有权保留 【2020年，2016年（2次），2012年】	效力	\multicolumn{2}{l}{1. 出卖人保留的所有权，未经登记不得对抗善意第三人。 2. 出卖人可取回的情形： （1）未按照约定支付价款，经催告后在合理期限内仍未支付； （2）未按照约定完成特定条件； （3）将标的物出卖、出质或者作出其他不当处分。 取回的标的物价值明显减少的，出卖人有权请求买受人赔偿损失。 [注意] 买受人已经支付标的物总价款的75%以上，出卖人不得主张取回标的物的；在上述三种可以取回的情形下，第三人依据《民法典》规定的善意取得制度已经善意取得标的物所有权或者其他物权，出卖人不得主张取回标的物。 3. 买受人的回赎权。 （1）买受人在双方约定或者出卖人指定的合理回赎期限内，消除出卖人取回标的物的事由的，可以请求回赎标的物。 （2）买受人在回赎期限内没有回赎标的物，出卖人可以以合理价格出卖标的物。出卖所得价款扣除原买受人未支付的价款及必要费用后仍有剩余的，应当返还原买受人；不足部分由原买受人清偿。}
	风险所有权转移	\multicolumn{2}{l}{只能适用于动产；交付时风险转移给买受人，但付清价款之前所有权不转移。}

六、商品房买卖合同（图表116）

成立与效力	宣传资料	1. 一般是要约邀请； 2. 构成要约：对房屋及相关设施所作的说明和允诺具体确定，并对商品房买卖合同的订立以及房屋价格的确定存在重大影响。【2020年主观题】
	认购协议	1. 一般是预约； 2. 视为商品房买卖合同：具备商品房买卖合同的主要内容，并且出卖人已经按照约定收受购房款。【2012年】
	预售许可证	1. 未取得预售许可证，订立的商品房预售合同，认定无效； 2. 起诉前取得的，可以认定有效。
	预售备案	1. 预售合同未按规定办理登记备案，不因此确认合同无效； 2. 当事人约定登记备案为预售合同生效条件的，从约定；当事人一方已经履行主要义务、对方接受的，合同依然有效。
违约责任		出卖人自行销售已经约定由包销人包销的房屋，应承担违约责任。【2012年】
无效的规定		出卖人与第三人恶意串通，另行订立合同并将房屋交付使用致使买受人不能获得房屋。
合同解除		1. 出卖人恶意违约。 2. 出卖人根本违约。【2017年，2016年】 或因房屋质量，或因房屋面积误差比超过3%，或因履行迟延，或因不能如约办理登记等原因出卖人构成根本违约的，买受人可以解除合同。 3. 买受人根本违约。 4. 涉及担保贷款的解除。 （1）因担保贷款合同未订立，导致商品房买卖合同不能履行的。第一，商品房买卖合同约定，买受人以担保贷款方式付款，因当事人一方原因未订立商品房担保贷款合同并导致商品房买卖合同不能继续履行的，对方当事人可以请求解除合同和赔偿损失。第二，因不可归责于当事人双方的事由未能订立商品房担保贷款合同并导致商品房买卖合同不能继续履行的，当事人可以请求解除合同，出卖人应当将收受的购房款本金及其利息或者定金返还买受人。【2014年主观题】 （2）因商品房买卖合同被确认无效或者被撤销、解除，致使商品房担保贷款合同的目的无法实现，当事人有权请求解除商品房担保贷款合同。 5. 诉讼当事人。 （1）买受人未按照商品房担保贷款合同的约定偿还贷款，亦未与担保权人办理不动产抵押登记手续，担保权人起诉买受人，请求处分商品房买卖合同项下买受人合同权利的，应当通知出卖人参加诉讼；担保权人同时起诉出卖人时，如果出卖人为商品房担保贷款合同提供保证的，应当列为共同被告。 （2）买受人未按照商品房担保贷款合同的约定偿还贷款，但是已经取得不动产权属证书并与担保权人办理了不动产抵押登记手续，抵押权人请求买受人偿还贷款或者就抵押的房屋优先受偿的，不应当追加出卖人为当事人，但出卖人提供保证的除外。

七、供电、热、水、气合同（特殊商品的买卖）（图表 117）

履行地点	当事人没有约定或者约定不明确的，供电设施的产权分界处为履行地点。
强制性缔约	供方具有强制缔约的义务，并不得解除合同。【2014 年】
提前通知	由于某种原因，中断供电、热、水、气的，应提前通知，否则造成损失应赔偿。【2007 年】
抢修义务	由于自然灾害等原因导致中断的，供方应及时抢修。【2007 年】
中止	使用方若不按照约定缴纳费用，可以中止提供服务，并主张使用方承担违约责任。【2014 年】

第九节　赠与合同

一、赠与合同中的权利（图表 118）

任意撤销权 【2021 年，2020 年， 2019 年，2014 年， 2012 年】	前提	赠与的标的物在权利转移之前。
	例外	公益性赠与、道德性赠与和经过公证的赠与不得任意撤销。【2022 年】【2020 年主观题】
法定撤销权	赠与人撤销	1. 受赠人严重侵害赠与人或者赠与人近亲属的合法权益； 2. 受赠人对赠与人有扶养义务而不履行； 3. 受赠人不履行赠与合同约定的义务。【2020 年，2014 年，2009 年，2007 年】 此撤销权，自赠与人知道或应当知道撤销事由之日起 1 年内可以行使。
	赠与人的继承人或代理人撤销	因受赠人的违法行为致使赠与人死亡或者丧失民事行为能力的，可自知道或者应当知道撤销原因之日起 6 个月内撤销赠与。
穷困抗辩权	赠与人在经济状况显著恶化时享有的拒绝履行的抗辩权。 [注意] 穷困抗辩的效果是面向未来终止，而法定撤销的效果是不但面向未来终止履行，而且已经履行的还可以请求返还。
债权人撤销权	如果赠与人逃避法定义务而赠与的，无论受赠人是谁，利害关系人均可以撤销赠与。

续表	
特别提醒	赠与是双方行为，受赠人不接受则赠与不成立。【2020 年，2006 年】

二、两个责任（图表119）

违约责任	在不能任意撤销时，赠与人因故意或重大过失致赠与财产毁损、灭失时负损害赔偿责任。
瑕疵担保责任 【2007 年】	1. 原则：赠与的财产有瑕疵的，赠与人不承担责任。 2. 例外： （1）在附义务赠与中，赠与人在附义务限度内承担瑕疵担保责任； （2）赠与人故意不告知瑕疵或者保证无瑕疵，造成受赠人损失时应当承担损害赔偿责任。

第十节 借贷合同

一、金融机构借款合同（图表120）

禁止提前扣除	借款的利息不得预先在本金中扣除，利息预先在本金中扣除的，应当按照实际借款数额返还借款并计算利息。
解除合同 【2017 年】	借款人擅自改变借款用途的，将增加贷款人的经营风险，故借款人未按照约定的借款用途使用借款的，贷款人可以停止发放借款、提前收回借款或者解除合同。
利息支付	对支付利息的期限没有约定或者约定不明确，借款期间不满 1 年的，应当在返还借款时一并支付；借款期间 1 年以上的，应当在每届满 1 年时支付，剩余期间不满 1 年的，应当在返还借款时一并支付。
提前还债	借款人提前偿还借款的，除当事人另有约定的以外，应当按照实际借款的期间计算利息。对借款期限没有约定或者约定不明确，又不能协商一致的，借款人可以随时返还；贷款人可以催告借款人在合理期限内返还。

二、民间借贷合同（图表121）

合同性质	1. 自然人之间的借贷为实践合同；【2015 年（2 次）】【2012 年主观题】 2. 其他为诺成合同（包括法人之间等）。

续表

合同效力	无效情形	1. 套取金融机构信贷资金转贷的； 2. 以向其他营利法人借贷、向本单位职工集资，或者以向公众非法吸收存款等方式取得的资金转贷的； 3. 出借人事先知道或应当知道借款人借款用于违法犯罪活动仍提供借款的； 4. 违背社会公序良俗的； 5. 其他违反法律、行政法规效力性强制性规定的； 6. 未依法取得放贷资格的出借人，以营利为目的向社会不特定对象提供借款的。
	有效情形	1. 法人之间、非法人组织之间以及它们相互之间为生产、经营需要订立的民间借贷合同； 2. 法人或者非法人组织在本单位内部通过借款形式向职工筹集资金，用于本单位生产、经营且不存在无效情形； 3. 借贷行为涉嫌犯罪不必然导致民间借贷无效； 4. 借贷行为涉嫌犯罪不必然导致担保人免除责任。
合同担保	保证	1. 仅签名未表明其保证人身份或者承担保证责任的，不认定； 2. 认定网络贷款平台提供者做保证人的需其明示或有其他证据，仅提供媒介的，不认定。
	以买卖作担保【2015年】【2018年主观题】【2017年主观题】	1. 当事人以签订买卖合同作为民间借贷合同的担保，借款到期后借款人不能还款，出借人请求履行买卖合同的，人民法院按照民间借贷法律关系审理； 2. 作出的判决生效后，借款人不履行生效判决确定的金钱债务，出借人可以申请拍卖买卖合同标的物，以偿还债务； 3. 就拍卖所得的价款与应偿还借款本息之间的差额，借款人或者出借人有权主张返还或补偿。
借款利息		1. 没有约定利息，不可主张。 2. 利息约定不明，自然人之间借款不予支持，其他由法院裁量。 3. 利率：出借人请求借款人按照合同约定利率支付利息的，人民法院应予支持，但是双方约定的利率超过合同成立时一年期贷款市场报价利率（LPR）四倍的除外。【2017年，2015年】 4. 没有约定利息，但自愿支付后又主张对方构成不当得利的，不予支持；超过LPR四倍的除外。 5. 借款合同提前扣除利息者，以实际借款金额为准计算本息。 6. 逾期利率有约定的，从约定（年利率不超过LPR四倍）。没有约定或约定不明的： （1）既未约定借款利率，也未约定逾期利率，出借人可主张借款人自逾期还款之日起承担逾期还款违约责任； （2）约定了借款利率的，对于逾期期间按照借期内利率主张借款人支付资金占用期间利息；

续表

借款利息	（3）同时约定逾期利率、违约金和其他费用的，可单独或一并主张，但是总计不得超过合同成立时一年期贷款市场报价利率（LPR）的四倍。 7. 除非特别约定，可以提前还款，并主张以实际借款期间计算利息。

不论以企业名义借钱给个人用，还是以个人名义借钱给企业用，均可能共同承担责任。

第十一节　租赁合同（含融资租赁）

一、适用于所有租赁物的规则（图表122）

租赁期限 【2014年， 2004年】	最长期限	不得超过20年，超过的部分无效。
	不定期租赁	1. 租赁期限6个月以上的应当采用书面形式； 2. 当事人未采用书面形式，无法确定租赁期限的，视为不定期租赁； 3. 作为不定期租赁，双方都可以随时解除合同。
转租	经同意 【2016年， 2011年， 2004年】	1. 承租人可与第三人约定高于出租人与承租人之间的租金； 2. 严守相对性，出租人不能直接向次承租人主张支付租金或违约责任； 3. 转租期间超过承租人剩余期限的，超过的部分无效； 4. 第三人造成租赁物损失的，承租人应负赔偿责任。
	未经同意 【2020年， 2011年， 2009年】 【2021年 主观题】 【2013年 主观题】	1. 未经同意的转租，承租人违约，出租人可解除合同。 2. 一旦解除，出租人可基于所有权从第三人处取回租赁物；若承租人收取的租金高于其向出租人支付的租金，多出的部分认定构成不当得利。 3. 承租人与第三人之间的转租合同有效，第三人可基于转租合同向承租人主张违约责任。 [注意] （1）转租合同超过剩余期限的部分无效，另有约定的除外。 （2）同意转租的推定：出租人知道或者应当知道承租人转租，但是在6个月内未提出异议的，视为出租人同意转租。 （3）次承租人的保护。 ①承租人拖欠租金的，次承租人可以代承租人支付其欠付的租金和违约金，但是转租合同对出租人不具有法律约束力的除外。 ②次承租人代为支付的租金和违约金，可以折抵次承租人应当向承租人支付的租金；超出其应付的租金数额的，可以向承租人追偿。
承租权 物权化		1. "买卖不破租赁"适用于所有的租赁关系，无论是动产还是不动产。【2022年，2020年，2019年，2007年】【2021年主观题】 2. 例外：租赁前已设抵押的，实现抵押权可打破租赁。

续表

维修义务	1. 出租人对租赁物进行维修，但当事人另有约定的除外。 2. 出租人拒绝维修，承租人可自行维修，费用由出租人负担，但承租人不当行为导致需要维修的除外。【2013 年主观题】
备案与 合同效力 【2020 年】	1. 当事人未依照法律、行政法规规定办理租赁合同登记备案手续的，不影响合同的效力。 2. 约定以办理备案手续为租赁合同生效条件的，从其约定；但当一方已经履行主要义务的，即使有约定也不影响合同效力。
合同解除 【2023 年】	1. 出租人解除： （1）承租人未经同意转租的； （2）承租人未按照约定方法或租赁物的性质使用的； （3）承租人无正当理由未支付或者迟延支付租金，经请求在合理期限内不支付的。 2. 承租人解除： （1）出租人原因导致租赁物被司法机关或者行政机关依法查封的； （2）租赁物权属有争议的； （3）租赁物具有违反法律、行政法规关于使用条件强制性规定的； （4）因不可归责于承租人的事由，致使租赁物部分或者全部毁损、灭失，且因租赁物部分或者全部毁损、灭失，致使不能实现合同目的的； （5）租赁物危及承租人的安全或者健康的，即使承租人订立合同时明知该租赁物质量不合格，承租人仍然可以随时解除合同。

二、房屋租赁合同（图表 123）

房屋的改良	装修装潢 【2016 年】	经同意 （合同无效、解除和期满时的处理）	1. 出租人同意继续利用，折价归出租人； 2. 不同意继续利用，未形成附合的，承租人拆除； 3. 形成附合的：合同无效时，双方按过错分担损失；合同解除时，谁的过错谁承担；合同期满时，承租人不得请求装饰费用。
		未经同意	费用承租人自负+恢复原状+赔偿损失。
	改造扩建 【2015 年】	经同意	1. 办理合法建设手续的，扩建费用由出租人负担； 2. 未办理合法手续的，扩建费用由双方按过错分担。
		未经同意	费用承租人自负+恢复原状+赔偿损失。

续表

合同的效力	无效与补正：【2017 年，2015 年】 1. 出租人就违法建设的房屋与承租人订立的租赁合同无效； 2. 但一审法庭辩论终结前取得许可证或经批准建设，合同有效； 3. 合同无效后，出租人可请求房屋的占有使用费。
一房数租 【2021 年， 2019 年， 2014 年】	1. 已经合法占有租赁房屋的最优先；均未占有，已经办理登记备案手续的优先；没有占有和备案的，合同成立在先的优先。 2. 不能取得租赁房屋的承租人可请求解除合同、赔偿损失。

优先购买权 【2022 年， 2020 年， 2015 年， 2013 年】 【2021 年 主观题】	行使	1. 出租人未在合理期限内（拍卖提前 5 天通知）通知承租人或有其他侵害承租人优先购买权情形的，承租人可请求出租人承担赔偿责任； 2. 但不可请求确认出租人与第三人签订的房屋买卖合同无效。
	排除	1. 房屋共有人行使优先购买权的； 2. 出租人将房屋出卖给近亲属的（包括配偶、父母、子女、兄弟姐妹、祖父母、外祖父母、孙子女、外孙子女）； 3. 出租人履行通知义务后，承租人在 15 日内未明确表示购买的； 4. 第三人善意购买租赁房屋并已经办理登记手续的（此时可主张出租人进行损害赔偿）。

继续 承租权	承租人在房屋租赁期间死亡的，和房屋承租人共同居住者、共同经营人或其他合伙人可按照原租赁合同继续承租该房屋。
优先承租权 【2022 年】	租赁期间届满，房屋承租人享有以同等条件优先承租的权利。

三、融资租赁合同（应当书面）（图表 124）

效力认定		1. 名为融资租赁合同，实际不构成融资租赁的，按其实际法律关系处理； 2. 承租人和出卖人系同一人仍然可能构成融资租赁法律关系；【2017 年】 3. 承租人对于租赁物的经营使用应当取得行政许可，出租人未取得许可不影响融资租赁合同效力； 4. 当事人以虚构租赁物等方式订立融资租赁合同的，合同无效。【新内容】
当事人义务	出租人	1. 购买租赁物，交给承租人使用，有质量问题协助承租人索赔； 2. 承租人依赖出租人的技能确定租赁物或者出租人干预选择租赁物时，出租人对租赁物的瑕疵承担担保责任；【2016 年】 3. 享有所有权；未经登记，不得对抗善意第三人。

续表

当事人义务	承租人	1. 按照约定向出租人支付租金，妥善保管、使用与维修标的物；【2016年】 2. 承担占有期间毁损、灭失的风险； 3. 对租赁物致人损害承担赔偿责任。
合同解除	双方均可解除	1. 出租人与出卖人订立的买卖合同解除、被确认无效或者被撤销，且双方未能重新订立买卖合同的。 [注意] 解除后果： (1) 融资租赁合同因买卖合同解除、被确认无效或者被撤销而解除，出卖人及租赁物系由承租人选择的，出租人有权请求承租人赔偿相应损失。 (2) 出租人的损失已经在买卖合同解除、被确认无效或者被撤销时获得赔偿的，承租人不再承担相应的赔偿责任。 2. 租赁物因不可归责于双方的原因意外毁损灭失，且不能修复或者确定替代物的。 [注意] 此时，出租人可以请求承租人按照租赁物折旧情况给予补偿。 3. 因出卖人的原因致使融资租赁合同的目的不能实现的。
	出租人可解除	1. 承租人未经出租人同意，将租赁物转让、转租、抵押、质押、投资入股或者以其他方式处分租赁物的。 2. 承租人未按照合同约定的期限和数额支付租金，符合合同约定的解除条件，经出租人催告后在合理期限内仍不支付的。 3. 合同对于欠付租金解除合同的情形没有明确约定，但承租人欠付租金达到 2 期以上，或者数额达到全部租金 15% 以上，经出租人催告后在合理期限内仍不支付的。 4. 承租人违反合同约定，致使合同目的不能实现的其他情形。
	承租人可解除	因出租人的原因致使承租人无法占有、使用租赁物的，承租人可请求解除融资租赁合同。
租赁物归属	合同期满	1. 租赁期满，没有约定又达不成补充协议的，租赁物的所有权归出租人所有。 2. 当事人约定租赁期间届满，承租人仅需向出租人支付象征性价款的，视为约定的租金义务履行完毕后租赁物的所有权归承租人。
	合同无效	租赁合同无效时，协商不成的，租赁物返还出租人。 例外：出租人不要求返还租赁物，或者租赁物正在使用，返还出租人后会显著降低租赁物价值和效用的，法院可以判决租赁物所有权归承租人，并根据合同履行情况和租金支付情况，由承租人就租赁物进行折价补偿。

第十二节　承揽与建设工程合同

一、承揽合同（图表125）

合同目的	承揽人向定作人交付工作成果。【2017年，2008年】		
合同效力	承揽人	1. 亲自完成事务，若转给第三人完成，应对工作成果负责； 2. 妥善处理定作人的材料，不得擅自更换； 3. 完成事项后，定作人不支付费用的，符合法定条件时享有留置权或者拒绝交付工作成果的权利。【2006年】	
	定作人	1. 定作人逾期不履行协助义务，承揽人可以解除合同； 2. 承揽人发现定作人提供的图纸或者技术要求不合理，通知定作人后，由于定作人怠于答复等原因造成承揽人损失的，应当赔偿。	
合同终止	任意解除权【2022年，2004年】	1. 承揽人完成工作之前，可任意解除； 2. 因为任意解除给承揽人造成损失，应赔偿。	
	违约解除权【2006年】	1. 未依约按时完成工作成果且逾期对定作人已无意义的； 2. 未经定作人同意将承揽的主要工作转由第三人完成的； 3. 发现承揽人有问题，向承揽人提出而承揽人不更改的； 4. 定作人未尽到协助义务，经承揽人通知仍不履行的。	

二、建设工程合同（应当书面）（图表126）

合法分包	1. 经发包人同意。 2. 承包人将部分非主体工作交由第三人完成。 3. 第三人就其完成的工作成果与总承包人向发包人承担连带责任。	
合同无效	无效情形	1. 承包人将其承包的工程全部转包给第三人，无效。【2023年】 [重点提示] 将主体结构的施工分包的，也视为全部转包。 2. 承包人将全部工程支解以后分别包给不同的人，无效。 3. 转包给不具有相应资质条件的单位，无效。【2015年】 4. 分包单位再分包，无效。【2010年】 5. 中标合同签订后，另行订立其他合同变相降低工程价款的，无效。 6. 承包人未取得建筑业企业资质或者超越资质等级的，合同无效。【2020年，2017年】 7. 没有资质的实际施工人借用有资质的建筑施工企业名义的，合同无效。

续表

合同无效	无效情形	8. 建设工程必须进行招标而未招标或者中标无效的，合同无效。 9. 发包人未取得建设工程规划许可证等规划审批手续的，建设工程施工合同无效。 10. 非必须招标的合同招标后，客观原因导致变更的，不导致无效。 11. 具有劳务作业法定资质的承包人与总承包人、分包人签订的劳务分包合同，当事人请求确认无效的，人民法院依法不予支持。
	无效后果	1. 建设工程施工合同无效，但经过验收合格，承包人可请求支付约定的工程款。不合格，则不能主张。【2020年，2017年】 [重点提示] 签订数份合同均无效，依据实际履行的合同确定工程款；实际履行的合同难以确定的，依据最后签订的合同确定工程款。 2. 借用资质承包工程的，若工程质量出现问题需要承担责任，发包方可请求出借人与借用人承担连带责任。 3. 超越资质承包工程，竣工前获得相应资质的，主张合同无效者，不予支持。 4. 无效后，有过错的一方应当向无过错的一方承担损害赔偿责任。
责任追究方式		1. 发包人的保护：因建设工程质量发生争议的，发包人可以以总承包人、分包人和实际施工人为共同被告提起诉讼。【2010年】 2. 实际施工人的保护：【2023年，2015年】 （1）实际施工人可以转包人、违法分包人为被告起诉； （2）以发包人为被告主张权利的，法院应当追加转包人或违法分包人为第三人； （3）发包人只在欠付工程价款范围内对实际施工人承担责任； （4）转包人或者违法分包人怠于向发包人行使到期债权或者与该债权有关的从权利，对实际施工人造成损害的，实际施工人可提起代位权诉讼，起诉发包人。
价款问题	付款日	1. 一般以工程交付日为应付工程款的日期； 2. 上述日期不确定的，自提交竣工结算文件日为应付款日； 3. 提交竣工文件日期不确定，则自当事人起诉之日为应付工程款日。
	垫资问题 【2012年】	1. 垫资利息有约定可主张，无约定利息，不可主张返还利息。 [重点提示] 即便约定了是垫资的，自应付工程款之日，也视为工程欠款，应当支付利息。 2. 垫资没有约定的，视为工程欠款。利息有约定的，按约定；无约定的，按同类贷款利率或者同期贷款市场报价利率计息。 3. 利息起算日为应付工程款之日。
	阴阳合同	1. 当事人就同一工程另行订立建设工程施工合同； 2. 新合同与经过备案的中标合同实质性内容不一致； 3. 以备案的中标合同作为结算工程价款的根据。

价款问题	工程款优先权 【2020年，2017年】 【2018年主观题】	1. 优先受偿的情形： （1）经催告的合理期间内，发包人未向承包人支付价款，承包人可以与发包人协议将该工程折价，也可申请法院将工程依法拍卖，就该工程折价或拍卖的价款，承包人可优先受偿。 [重点提示] 建筑工程的承包人的优先受偿权优于抵押权和其他债权。 （2）装饰装修工程具备折价拍卖条件的，承包人可就其装饰装修工程价款，向发包人主张就该装饰装修工程折价或者拍卖的价款优先受偿。 （3）未竣工的建设工程质量合格，承包人可就其承建工程的价款，对其承建工程部分主张折价或者拍卖的价款优先受偿。 2. 权利限制： （1）消费者交付购买商品房的全部或者大部分款项后，承包人就该商品房享有的工程价款优先受偿权不得对抗买受人。 （2）建设工程价款包括承包人为建设工程应当支付的工作人员报酬、材料款等实际支出的费用，不包括逾期支付建设工程价款的利息、违约金、损害赔偿金等。 （3）承包人行使优先权的期限不超过18个月，自应付工程款之日起算。 （4）发包人与承包人约定放弃或限制工程款优先权，损害建筑工人利益的，无效。

第十三节 运输合同（图表127）

客运合同	1. 交付客票时成立，客票只是乘车凭证，故合同性质为诺成。 2. 承运人对乘车旅客的人身安全负无过错责任。【2020年】 [注意] （1）包括持正常客票的旅客，还有按规定免票、持优待票或经承运人许可搭乘的无票旅客； （2）由于旅客自身健康原因造成的或者承运人证明伤亡是旅客故意、重大过失造成的，可免责。【2004年】 3. 旅客自带行李毁损、灭失，承运人有过错的，应当承担赔偿责任。【2020年】 4. 承运人降低服务标准的，旅客有权要求退票或者减收票款；提高服务标准的，无权向旅客加收票款。 5. 旅客无票乘车、越席乘车的后果与补票。 （1）旅客无票乘坐、超程乘坐、越席乘坐或者持不符合减价条件的优惠客票乘坐的，应当补交票款，承运人可以按照规定加收票款；旅客不支付票款的，承运人可以拒绝运输。 （2）实名制客运合同的旅客丢失客票的，可以请求承运人挂失补办，承运人不得再次收取票款和其他不合理费用。

续表

货运合同	一般货运合同	1. 托运人或者收货人不支付运费、保管费以及其他运费用的，承运人对相应的运输货物享有留置权。 2. 货物在运输过程中因不可抗力灭失，未收取运费的，承运人不得要求支付运费；已收取运费的，托运人可以要求返还。 3. 在承运人将货物交付收货人之前，托运人有任意解除权，但应当赔偿承运人因此受到的损失。 4. 承运人对运输过程中的货物毁损、灭失承担赔偿责任，但有如下免责事由： （1）因不可抗力； （2）货物自身的自然性质或者合理损耗； （3）因托运人、收货人的过错造成。
联运合同	单式联运合同	1. 与托运人订立合同的承运人应当对全程运输承担责任； 2. 损失发生在某一运输区段的，与托运人订立合同的承运人和该区段的承运人承担连带责任。
	多式联运合同	多式联运经营人负责履行或者组织履行多式联运合同，各实际承运人在运送中造成损害时，由经营人负责赔偿。

第十四节　保管与仓储合同（图表128）

保管合同	性质	1. 原则上是实践性合同，除另有约定，合同自保管物交付时成立； 2. 原则上是无偿合同，无约定也无交易习惯，认定为无偿。
	效力	1. 保管不善造成保管物毁损、灭失的，保管人应赔偿，但保管是无偿的，保管人证明自己没有重大过失的，不承担赔偿责任；【2004年】 2. 寄存人和没有约定保管期限时的保管人均享有任意解除权，因此造成对方损失的应当赔偿； 3. 寄存人未按照约定支付保管费以及其他费用的，保管人对保管物享有留置权。
仓储合同	性质	1. 有偿、诺成合同； 2. 仓单是表示一定数量的货物已交付的法律文书，属于有价证券的一种，其性质为记名的物权证券。
	效力	1. 因保管人保管不善而非因不可抗力、自然因素或货物（包括包装）本身的性质而发生损失的，保管人均应承担损害赔偿责任。【2022年】 2. 因仓储物的性质、包装不符合约定或者超过有效存储期造成仓储物变质、损坏的，保管人不承担损害赔偿责任。

第十五节　技术合同

一、职务技术成果的归属与技术合同无效（图表129）

职务技术成果归属	1. 职务技术成果的使用权、转让权和专利申请权原则上归属于单位，单位可根据情况给予个人奖励； 2. 单位转让时，在同等条件下，技术成果的完成人可以优先受让。	
技术合同无效	无效情形 【2012年，2008年】	非法垄断技术。具体情形： 1. 限制当事人一方在合同标的技术基础上进行新的研究开发或者限制其使用所改进的技术，或者双方交换改进技术的条件不对等，包括要求一方将其自行改进的技术无偿提供给对方、非互惠性转让给对方、无偿独占或者共享该改进技术的知识产权； 2. 限制当事人一方从其他来源获得与技术提供方类似技术或者与其竞争的技术； 3. 阻碍当事人一方根据市场需求，按照合理方式充分实施合同标的技术，包括明显不合理地限制技术接受方实施合同标的技术生产产品或者提供服务的数量、品种、价格、销售渠道和出口市场； 4. 要求技术接受方接受并非实施技术必不可少的附带条件，包括购买非必需的技术、原材料、产品、设备、服务以及接收非必需的人员等； 5. 不合理地限制技术接受方购买原材料、零部件、产品或者设备等的渠道或者来源； 6. 禁止技术接受方对合同标的技术知识产权的有效性提出异议或者对提出异议附加条件。
		侵害他人技术成果（典型：窃取技术后转让技术的合同）。【2013年，2009年】
	无效后果 【2009年】	善意受让人：可在取得的范围内继续使用，但应向权利人支付使用费并保密。
		恶意受让人：构成共同侵权，受让人应停止使用，侵权人承担连带赔偿责任。

二、技术开发合同（图表130）

发明创造	委托开发 【2022年，2011年】	1. 未约定，专利申请权属于研发人； 2. 委托人可以免费使用该专利技术； 3. 研发人转让专利申请权，委托人同等条件下可优先受让。

续表

发明创造	合作开发 【2010年】	1. 除另有约定，申请专利的权利属于合作开发的各方共有； 2. 一方转让专利申请权，其他各方可优先受让； 3. 一方声明放弃其专利申请权，可由另一方单独或其他各方共同申请； 4. 申请人取得专利权的，放弃专利权的一方可免费实施该项专利； 5. 合作开发的一方不同意申请专利的，另一方或其他各方不得申请专利。
对完成技术的使用权 【2011年，2006年】		1. 未约定的，当事人均有使用和转让的权利； 2. 许可他人使用的，只可普通许可他人使用； 3. 如果一方将技术秘密成果的转让权让与他人，或排他、独占许可他人使用，未经另一方同意或追认的，无效。

三、技术转让与许可合同（图表131）

包括：专利权转让合同；专利申请权转让合同；技术秘密转让合同；专利实施许可合同；技术秘密使用许可合同。

专利权和 专利申请权转让	转让合同自成立时生效，专利权和专利申请权自登记时变动。
专利实施许可	1. 普通实施许可，可以许可多人使用，而且许可人也可以使用； 2. 排他实施许可，只能许可特定的主体使用，不得再许可他人使用，但许可人本人可以用； 3. 独占实施许可，只能许可特定主体使用，一旦许可，包括许可人在内的所有人均不得在许可期间使用。
改进技术成果归属 【2012年】	无约定或交易习惯的，一方后续改进的技术成果，其他各方无权分享，而由后续改进方享有。

四、技术咨询与服务合同（图表132）

技术咨询合同	当事人一方以技术知识为对方就特定技术项目提供可行性论证、技术预测、专题技术调查、分析评价报告等所订立的合同。
技术服务合同 【2021年】	1. 当事人一方以技术知识为对方解决特定技术问题所订立的合同，不包括承揽合同和建设工程合同。 2. 技术服务合同的受托人应当按照约定完成服务项目，解决技术问题，保证工作质量，并传授解决技术问题的知识。

第十六节　委托与行纪合同

一、委托合同

（一）委托合同的效力（图表133）

含义与性质	委托人和受托人约定，由受托人处理委托人事务的合同。【2015年，2008年】 1. 可以有偿，此时受托人有过错的，承担责任；也可以无偿，此时受托人有故意或重大过失的，承担责任。【2013年】 2. 标的是提供劳务。
共同委托	1. 连带责任：共同委托两人以上，共同处理委托事务。分别委托的无连带。 2. 共同受托人，一人未与其他人协商，擅自行动造成损失的，行为人承担责任。
合同效力	1. 双方均有任意解除权。因解除合同造成对方损失的，除不可归责于该当事人的事由外，应予以赔偿，区分无偿与有偿，如下：【2013年】【2018年主观题】 （1）无偿委托合同的解除方应当赔偿因解除时间不当造成的直接损失； （2）有偿委托合同的解除方应当赔偿对方的直接损失和合同履行后可以获得的利益。 2. 受托人怠于报告给委托人造成损失的，受托人应负赔偿责任。 3. 委托人应支付费用，受托人若垫付费用，可请求委托人偿还，包括利息。 4. 有偿委托中委托人应支付报酬。 （1）对于因不可归责于受托人的事由，致委托合同解除或委托事务不能完成的，系属委托合同中的风险负担问题，委托人应当向受托人支付相应的报酬。 （2）对于因可归责于受托人的事由而致委托合同终止或委托事务不能完成时，受托人无报酬请求权。 5. 委托人赔偿受托人损失的义务。 （1）在处理委托事务中对非因受托人自己过错所造成的损失应负赔偿义务。 （2）因再委托第三人处理委托事务给受托人造成损失时的赔偿义务。 6. 受托人处理委托事务取得的财产，应当转交给委托人。【2015年】
转委托	经同意：1. 委托人同意的，委托人可以就委托事务直接指示转委托的次受托人。 2. 受托人也可以向次受托人发布指示。 3. 受托人仅对次受托人的选任及其对次受托人的指示承担责任。
	未同意：1. 受托人应对未经同意的转委托的第三人的行为承担责任。 2. 但在紧急情况下，受托人为了委托人的利益而进行的转委托，应当视其为委托人同意的转委托。

（二）委托合同中的间接代理制度（图表134）

含义			代理人以自己的名义从事代理活动，代理活动的法律效果间接归属于本人。
效力	自动介入权		第三人订立合同时知道受托人与委托人之间的代理关系，直接约束委托人和第三人。
	介入权【2011年，2008年】	条件	1. 第三人与受托人订立合同时，不知受托人和委托人之间存在代理关系； 2. 受托人因第三人的原因对委托人不履行义务； 3. 受托人在因第三人的原因对委托人不履行义务时，向委托人披露了第三人。
		限制	第三人与受托人订立合同时若知道该委托人就不会订立合同的，委托人不得介入。
		效果	第三人可以向委托人主张其对受托人的抗辩权。
	选择权【2008年】	条件	1. 第三人与受托人订立合同时，不知受托人和委托人有代理关系； 2. 受托人因委托人的原因对第三人不履行义务； 3. 受托人在因委托人的原因对第三人不履行义务时，向第三人披露了委托人。
		限制	1. 只能在受托人和委托人中选择一方作为相对人主张权利； 2. 第三人在作出选择后不得变更选定的相对人。
		效果	1. 委托人可以向第三人主张其对受托人的抗辩权； 2. 委托人可以向第三人主张受托人对第三人的抗辩权。

二、行纪合同

（一）行纪合同与委托合同之比较（图表135）

	行纪合同	委托合同
受托人处理事项	买卖、贸易等法律行为	法律行为或事实行为
行为时的名义	只能以自己名义	以自己名义或委托人名义
是否有偿	有偿	有偿、无偿均可

（二）行纪合同的效力（图表136）

行纪人法律地位	以自己名义订立合同，独立享有权利、履行义务、承担合同责任。【2010年，2009年】

续表

费用承担		无特别约定，费用由行纪人自负。【2010年，2009年】
行纪人交易价格	高卖或低买	无约定或交易习惯的，多出的利益归委托人。【2010年，2009年】
	低卖或高买	经委托人同意或未经同意但行纪人补偿其差额的，该买卖对委托人发生效力。
行纪人留置权		行纪人完成委托事务，委托人应当支付报酬却逾期不支付。
行纪人介入权		1. 行纪人接受委托买卖有市场定价的证券或其他商品时，行纪人自己可以作为出卖人或买受人。 2. 委托人有相反的意思表示的，不得介入。

第十七节 中介与旅游服务合同（图表137）

中介	促成合同成立	可请求委托人支付报酬，费用自负。【2015年】
	未促成合同成立	不可请求报酬，但可按约定请求费用。【2015年】
	行为不当时的责任	中介人故意隐瞒与订立合同有关的重要事实或者提供虚假情况，损害委托人利益的，不得请求支付报酬并应当承担赔偿责任。【2015年】
	绕开中介应支付费用	委托人在接受中介人的服务后，利用中介人提供的交易机会或者媒介服务，绕开中介人直接订立合同的，应当向中介人支付报酬。
旅游	两个连带责任	1. 转让业务，提供服务者和转让者对旅客损失承担连带责任。【2014年，2011年】 2. 经营者允许他人挂靠，挂靠人和经营者对旅客损失承担连带责任。
	一个补充责任	第三人造成损害的，第三人承担责任；经营者、辅助服务者未尽安保义务的，承担补充责任。

第十八节 合伙、保理与物业服务合同

一、合伙合同（图表138）【2009年】

含义	二人以上为了共同的事业目的，订立的共享利益、共担风险的协议。【2010年，2009年】

续表

任意解除	两种不定期的情形： 1. 未约定合伙期限或约定不明； 2. 合伙期限届满，执行合伙人继续合伙业务，其他人未提出异议； 合伙人可以随时解除不定期合伙合同，但应当在合理期限之前通知其他合伙人。
合伙财产	包括：合伙人的出资、因合伙事务依法取得的收益和其他财产。 1. 出资：合伙人应当按照约定的出资方式、数额和缴付期限，履行出资义务。 2. 财产共有，合伙合同终止前，合伙人不得请求分割合伙财产。
事务执行 【2009年】	1. 决定作出：除合伙合同另有约定外，应当经全体合伙人一致同意。 2. 事务执行： （1）合伙事务由全体合伙人共同执行。 （2）委托部分人执行：根据合伙合同的约定或者全体合伙人的决定，可以委托一个或者数个合伙人执行合伙事务；其他合伙人不再执行，但是有权监督执行情况。 （3）合伙人分别执行：合伙人分别执行合伙事务的，执行事务合伙人可以对其他合伙人执行的事务提出异议；提出异议后，其他合伙人应当暂停该项事务的执行。 3. 除合伙合同另有约定外，合伙人不得因执行合伙事务而请求支付报酬。
利润与亏损	约定优先→无约定的，协商→协商不成的，实缴出资比例→无法确定出资比例的，平均。
债务清偿 【2016年， 2009年， 2008年】	1. 合伙人对合伙债务承担连带责任，退出合伙对于退出之前的债务仍为连带责任。 2. 清偿合伙债务超过自己应当承担份额的合伙人，有权向其他合伙人追偿。 3. 合伙人的债权人不得代位行使合伙人依照法律规定和合伙合同享有的权利。 4. 合伙人的债权人可以代位行使合伙人享有的利益分配请求权。
份额转让	除合伙合同另有约定外，向合伙人以外的人转让全部或部分财产份额，须经其他合伙人一致同意。
终止	1. 合伙人死亡、丧失民事行为能力或者终止的，合伙合同终止。 2. 例外：合伙合同另有约定或者根据合伙事务的性质不宜终止的除外。 3. 终止产生的费用与剩余财产分配：约定优先→无约定的，协商→协商不成的，实缴出资比例→无法确定出资比例的，平均。

二、保理合同（应当书面）（图表139）

含义	应收账款债权人将现有的或者将有的应收账款转让给保理人，保理人提供资金融通、应收账款管理或者催收、应收账款债务人付款担保等服务的合同。

续表

结构与效力	1. 基本结构： （1）债权人存在现有的或将有的应收账款债权。 （2）债权人与保理人之间签订应收账款转让合同。 （3）应通知债务人应收账款债权转让的事实（若签订三方协议的，不需要通知）。 [注意] 保理人通知的，应当表明保理人身份并附有必要凭证。 （4）债务人对于债权人享有的抗辩权、抵销权可向保理人主张。 2. 两种特殊的效力问题： （1）除非保理人明知，虚构应收账款债权不得对抗保理人。 （2）基础交易合同的无正当理由变更或终止不得对保理人产生不利影响。
类型	1. 有追索权的保理。 （1）保理人享有选择权： ①可以向应收账款债权人主张返还保理融资款本息或者回购应收账款债权； ②可以向应收账款债务人主张应收账款债权。 （2）保理人退还义务：保理人向应收账款债务人主张债权，在扣除保理融资款本息和相关费用后有剩余的，应当返还应收账款债权人。 2. 无追索权的保理。 （1）保理人没有选择权：只能向应收账款债务人主张债权。 （2）保理人没有退还义务：取得超过保理融资款本息和相关费用的部分，无需向应收账款债权人返还。
一权多保	应收账款债权人就同一应收账款订立多个保理合同的，按如下处理： 1. 登记的优先于没登记的； 2. 都登记的，按照登记的顺序； 3. 均未登记的，最先到达债务人的通知中载明的优先； 4. 既未登记也未通知的，按照保理融资款或者服务报酬的比例取得应收账款。

三、物业服务合同（应当书面）（图表140）

含义	物业服务人在物业服务区域内，为业主提供建筑物及其附属设施的维修养护、环境卫生和相关秩序的管理维护等物业服务，业主支付物业费的合同。
内容	内容一般包括服务事项、服务质量、服务费用的标准和收取办法、维修资金的使用、服务用房的管理和使用、服务期限、服务交接等条款。 注意以下特殊情况： 1. 物业服务人公开作出的有利于业主的服务承诺，为物业服务合同的组成部分。 2. 业主委员会与业主大会依法选聘物业服务人订立的物业服务合同，对业主具有法律约束力。 3. 建设单位依法与物业服务人订立的前期物业服务合同，对业主具有法律约束力。

续表

内容	4. 新合同生效，旧合同终止：建设单位依法与物业服务人订立的前期物业服务合同约定的服务期限届满前，业主委员会或者业主与新物业服务人订立的物业服务合同生效的，前期物业服务合同终止。【2022年】
效力	1. 业主义务。 （1）支付报酬：物业服务人已经按照约定和有关规定提供服务的，业主不得以未接受或者无需接受相关物业服务为由拒绝支付报酬。业主违反约定逾期不支付报酬的，物业服务人可以催告其在合理期限内支付；逾期仍不支付的，物业服务人可以提起诉讼或者申请仲裁。 （2）告知信息：业主装饰装修房屋、业主转让出租物业专有部分、设立居住权或者依法改变共有部分用途等。 2. 物业服务人义务。 定期将服务的事项、负责人员、质量要求、收费项目、收费计算标准、履行情况，以及维修资金使用情况、业主共有部分的经营与收益情况等以合理方式向业主公开或者向业主大会、业主委员会报告。
转托	1. 可以部分转托。 物业服务人将物业服务区域内的部分专项服务事项委托给专业性服务组织或者其他第三人的，应当就该部分专项服务事项向业主负责。 2. 不得全部转托。 物业服务人不得将其应提供的全部物业服务转委托给第三人，或者将全部物业服务支解后分别转委托给第三人。
解聘与续聘	1. 解聘。 （1）业主依照法定程序共同决定解聘物业服务人的，若无约定，解除物业合同应当提前60日书面通知物业服务人。 （2）因解除合同造成物业服务人损失的，除不可归责于业主的事由外，业主应当赔偿损失。 2. 续聘。 （1）业主依法共同决定续聘的，应当与原物业服务人在合同期限届满前续订合同。 （2）物业服务人不同意续聘的，若无约定，应当在物业服务合同期限届满前90日内书面通知业主或者业主委员会。 3. 不定期物业服务合同。 （1）物业服务期限届满后，业主没有依法作出续聘或者另聘物业服务人的决定，物业服务人按照原合同继续提供物业服务的，原物业服务合同继续有效，但是服务期限为不定期。 （2）任意解除权：当事人可以随时解除不定期物业服务合同，但是应当提前60日书面通知对方。

续表

终止	1. 新物业接管前原物业服务人继续服务，且可主张服务期间的报酬。 2. 终止时物业服务人的义务： （1）原物业服务人应当在约定期限或者合理期限内退出物业服务区域，将物业服务用房、相关设施、物业服务所必需的相关资料等交还业主委员会、决定自行管理的业主或者其指定的人，配合新的物业服务人做好交接工作，并如实告知物业的使用和管理状况。 （2）违反交接义务的责任： ①原物业服务人不得请求业主支付物业服务合同终止后的报酬； ②给业主造成损失的，应当赔偿损失。

03 第三章 侵权责任

第一节 概　述

一、归责原则及相关问题（图表141）

过错责任【2022年，2021年（3次），2019年，2013年】【2013年主观题】	追究责任必须考虑过错	一般过错责任	受害人举证证明加害人有过错。
		过错推定责任	加害人举证证明自己没有过错。
无过错责任	在法律有特别规定时，追究加害人责任，不考虑加害人过错，有无过错没有意义。		
双方分担损失	都无过错又不是法定无过错	1. 根据法律（不包括法规、规章等）规定由当事人分担损失。 2. 常见情形： （1）见义勇为中受益人适当补偿：【2020年，2008年】 因保护他人民事权益使自己受到损害的，由侵权人承担民事责任，受益人可以给予适当补偿。没有侵权人、侵权人逃逸或者无力承担民事责任，受害人请求补偿的，受益人应当给予适当补偿。 [补充] 根据受害人所受损失和已获赔偿的情况、受益人受益的多少及其经济条件等因素确定受益人承担的补偿数额。 （2）正常人对暂时没有意识或失去控制无过错时，对他人造成侵害。 （3）高空抛物侵权经公安机关立案调查找不到侵权人时，由可能加害的建筑物使用人分担损失。	

二、侵权责任的构成要件（图表 142）

【2022 年，2021 年（3 次），2019 年，2013 年】【2013 年主观题】

过错	看行为时是否尽到了正常人的注意。
损害事实	1. 损害包括：财产损害、非财产损害，非财产损害又包括人身损害、精神损害。 2. 侵害他人合法权益造成损害后果，计算时既包括直接损失，也包括间接损失。 [注意] 第三人故意侵害债权的，也应承担侵权责任；若无故意，因第三人原因导致合同债权不能实现或缔约未成，第三人不承担侵权责任。【2021 年主观题】 3. 因同一侵权行为造成多人死亡的，可以以相同数额确定死亡赔偿金。 4. 损害事实是侵害合法权益的结果，具有可补救性与可确定性。
违法行为	"法"作广义理解，既包括法律、法规等，也包括公序良俗。
因果关系	没有该行为就没有该结果，有了该行为通常会有该结果。

三、侵权责任的基本类型

（一）常见责任类型（图表 143）

区分标准	责任类型
是否一方承担责任	单方责任与双方责任【2013 年】
责任主体是否为一人	单独责任与共同责任
共同责任中责任人关系	按份责任、连带责任、不真正连带责任与补充责任 [注意] 法定或约定产生，约定需要明确，没有约定或约定不明视为按份责任。【2011 年主观题】
是否行为人自己承担	自己责任和替代责任

（二）连带责任与不真正连带责任之比较（图表 144）

相同		均有两个以上的责任人。
差异	连带责任	1. 多个债务人承担责任的原因相同； 2. 最终责任由多个债务人一起分担；未约定内部份额的，平均分担。
	不真正连带责任	1. 多个债务人承担责任的原因不同； 2. 最终责任由一个人承担。

四、免责事由（图表 145）

过错相抵 【2021 年， 2020 年， 2007 年】	对于因受害人的过错而导致的侵权行为发生或者损害结果扩大不承担民事责任或者减轻民事责任。 [注意] 1. 加害人与受害人的过错程度要均衡方可相抵。 2. 法律有特别规定的，依规定相抵。具体情形如下： （1）有的不能相抵。例如，民用核设施损害责任不适用过失相抵。 （2）有的法律明确规定只有在受害人有重大过失时才适用过失相抵。例如，一般饲养动物的损害责任，只有在受害人有重大过失时才适用过失相抵。
受害人 故意	损害是因受害人故意造成的，行为人不承担责任。 [注意] 1. 受害人故意的行为是损害发生的唯一原因之时，行为人方可免责； 2. 如果行为人也有过错的，仍然需要承担相应责任。
第三人 原因 【2020 年， 2007 年】	损害是因第三人造成的，第三人应当承担侵权责任。 [注意] 法律有特别规定的，从其规定，重点掌握第三人原因侵权时的不真正连带责任，如《民法典》第 1250 条规定的第三人过错导致的饲养动物侵权。
正当防卫	1. 正当防卫造成损害的，不承担责任； 2. 正当防卫超过必要的限度，造成不应有的损害的，正当防卫人应当承担适当的责任； 3. 是否超过必要限度，由实施侵害行为的人举证；举证成功，可主张防卫人承担部分责任，不可主张全部责任。
紧急避险 【2020 年， 2011 年】	1. 紧急避险造成损害的，由引起险情发生的人承担责任； 2. 如果危险是由自然原因引起的，紧急避险人不承担责任或者给予适当补偿； 3. 紧急避险采取措施不当或者超过必要的限度，紧急避险人应当承担适当的责任； 4. 不当或超过限度的，根据紧急避险人的过错程度、避险措施造成不应有的损害的原因力大小、紧急避险人是否为受益人等因素认定紧急避险人在造成的不应有的损害范围内承担相应的责任。
不可抗力 【2013 年， 2009 年】	1. 不可抗力造成他人损害的，通常都不承担责任； 2. 法律另有规定的，依照其规定，如核事故责任不能以此免责。
自助行为	1. 为保护自己的权利； 2. 情势紧迫来不及通过法院或者其他国家机关解决； 3. 采取的方法适当，不能超过必要的限度； 4. 尽快纳入公力救济。

续表

紧急救助	因自愿实施紧急救助行为造成受助人损害的，救助人不承担民事责任。
自甘风险 【2021年，2019年】	1. 自愿参加具有一定风险的文体活动，因其他参加者的行为受到损害的，受害人不得请求其他参加者承担侵权责任，但是其他参加者对损害的发生有故意或者重大过失的除外。 2. 活动组织者的责任适用《民法典》关于安保义务侵权和教育机构侵权的规定。
其他事由	包括意外事件【2017年】、依法执行职务、受害人同意等。

五、侵权责任的赔偿范围

（一）责任方式（图表146）

责任方式 【2007年】	1. 停止侵害；排除妨碍；消除危险；返还财产；恢复原状；修理、重作、更换；继续履行；赔偿损失；支付违约金；消除影响、恢复名誉；赔礼道歉。 2. 可以单独适用，也可以合并适用。
惩罚性赔偿	惩罚性赔偿的适用，需要法律明确规定。
防患于未然的责任方式【2021年】	侵权行为危及他人人身、财产安全的，被侵权人有权请求侵权人承担停止侵害、排除妨碍、消除危险等侵权责任。

（二）赔偿责任的范围（图表147）

财产损害赔偿	侵害人身	赔偿范围	1. 一般包括医疗费、护理费、交通费和因误工减少的收入； 2. 残疾的，残疾生活辅助具费和残疾赔偿金； 3. 死亡的，还包括丧葬费和死亡赔偿金。
		计算方法	1. 按照被侵权人因人身权被侵害受到的损失计算； 2. 损失难以确定，侵权人因此获得利益的，按其获利赔偿； 3. 侵权人获得的利益也难以确定，协商赔偿数额；协商不成的，由人民法院根据实际情况确定赔偿数额。
	侵害财产		1. 财产损失按损失发生时的市场价格或其他方式计算，包括直接与间接损失。【2017年】 2. 故意侵害他人知识产权，情节严重的，被侵权人可请求相应惩罚性赔偿。

续表

精神损害赔偿	适用情形	各种侵害他人人身权益造成严重精神损害后果的。 [注意] 因故意或重大过失侵害自然人具有人身意义的特定物造成严重精神损害的，被侵权人有权请求精神损害赔偿。
	数额计算	根据侵权人的过错程度，侵害的手段、场合、行为方式等具体情节，侵权行为所造成的后果，侵权人的获利情况，侵权人承担责任的经济能力，以及受诉法院所在地平均生活水平来进行综合考量后确定。
责任竞合规则		1. 承担行政、刑事责任的，不影响民事责任的承担。 2. 财产不足以支付的，优先承担民事责任。

第二节　多数人侵权

一、多数人侵权要点汇总（图表148）

共同加害行为 【2021年，2020年（2次），2014年，2010年】	1. 主观共同故意+共同行为； 2. 主观共同过失+共同行为； 3. 分别过失行为+行为发生事实上的联系（客观关联共同）。		均为连带责任。
教唆帮助侵权	1. 教唆行为或帮助行为系出于故意方为共同侵权，行为人与教唆者承担连带责任； 2. 教唆、帮助非完全行为能力人实施侵权行为的，教唆者、帮助者承担责任； 3. 非完全行为能力人的监护人未尽到监护责任的，应当承担相应的责任。		
共同危险行为	1. 共同危险行为人承担连带责任； 2. 能够确定具体侵权人的，由侵权人承担责任； 3. 不能确定具体侵权人的，行为人承担连带责任。		
分别行为结合侵权	因果关系聚合型（直接结合）	每个人的行为都足以造成全部损害结果；连带责任。	
	因果关系竞合型（间接结合）	每个人的行为均不足以造成全部后果，且两人以上的行为没有发生任何事实上联系；按份责任。【2023年，2017年】	
难点说明	分别过失行为且每人的行为均不足以造成全部损害时，连带与按份责任的辨析标准：看两个行为造成损害时是否发生了事实上的联系。 举例：甲开车逆行，迫使骑自行车的乙右拐，跌入施工单位（未采取保护措施）所挖坑中。开车逆行，修路挖坑，两者之间没有任何事实上的联系，此时为按份责任。如果改为：甲开车逆行，为了躲坑，将乙撞伤，则甲与施工单位即为连带责任，因为在行为目的上，两者发生了事实上的联系。		

二、和共同危险相似的行为——不明抛掷物、坠落物责任（图表149）

两者区别比较如下：

	共同危险	不明抛掷物、坠落物责任（1254条）
责任人行为性质	每个人都进行了相同危险的行为	只有一个人实施了侵权行为
承担责任方式	所有人连带	可能加害的建筑物使用人分担损失
责任定性	赔偿	补偿
免责事由	找到具体侵权人	找到侵权人或证明非己所为

第三节 侵权责任编规定的各种侵权责任

一、网络侵权责任（图表150）

归责原则	一般过错责任。
责任主体	网络用户和网络服务提供者。
连带责任	1. 网络服务提供者接到通知未及时采取措施，就扩大的损失与网络用户承担连带责任。【2011年】 （1）通知应当包括构成侵权的初步证据及权利人的真实身份信息。 [注意] 因错误通知造成网络用户或网络服务提供者损害，应当承担侵权责任。 （2）网络服务提供者接到通知后，应当及时将该通知转送相关网络用户，并根据构成侵权的初步证据和服务类型采取必要措施。 （3）接到转送的通知后的网络用户，可以向网络服务提供者提交不存在侵权行为的声明。声明应当包括不存在侵权行为的初步证据。 （4）网络服务提供者接到声明后，应当将该声明转送发出通知的权利人，并告知其可以向有关部门投诉或者向人民法院提起诉讼。 （5）网络服务提供者在转送声明到达权利人后的合理期限内，未收到权利人已经投诉或者提起诉讼通知的，应当及时终止所采取的措施。 （6）特别提醒： 关于接到通知未及时采取措施时责任的两种考法： 其一，网络服务者接到通知后没有及时删除的，只是对于扩大的损失承担连带责任，而不是对于全部损失承担连带责任； 其二，如果网络服务者接到通知就立即进行了删除的，不构成侵权。 2. 网络服务提供者知道或应当知道侵权行为，未采取必要措施的，与网络用户承担连带责任。【2022年】

续表

司法解释中的重点	网络纠纷管辖	原告、被告住所地法院和计算机网络终端设备所在地法院均可。
	有效通知要求	1. 通知人的姓名（名称）和联系方式； 2. 要求采取必要措施的网络地址或者足以准确定位侵权内容的相关信息； 3. 通知人要求删除相关信息的理由。
	一个无效协议	被侵权人与构成侵权的网络用户或者网络服务提供者达成支付报酬删除、屏蔽侵权信息或断开链接等服务的协议，无效。
	一个连带责任	接受他人委托篡改、删除、屏蔽特定网络信息或者以断开链接的方式阻止他人获取网络信息的，委托人与受托人承担连带责任。

二、公共场所的管理人、群众性活动的组织者违反安全保障义务的侵权责任（图表151）

归责原则	一般过错责任。
责任主体	宾馆等公共场所的管理人和公共活动的组织者。【2021年（2次），2020年，2015年】【2021年主观题】
补充责任	第三人侵权的情况下，管理人或组织者有过错的，承担补充责任。【2021年，2020年，2012年】 [注意]（1）补充责任意味着第二顺位责任；（2）补充的多少决定于其过错程度；（3）经营者、管理者或者组织者承担补充责任后，可以向第三人追偿。
受保护主体	不以与义务人有交易关系为限。

三、教育机构的侵权责任（图表152）

无行为能力人受到学校侵权	学校承担过错推定责任。
限制能力人受到学校侵权	学校承担一般过错责任。
无或限制能力人受到第三人侵权【2009年】	首先由第三人承担；第三人不能全部承担的，学校有过错的承担过错范围内的补充责任。 [注意]（1）第三人是指教师、学生和其他工作人员以外的人；（2）幼儿园、学校或者其他教育机构承担补充责任后，可以向第三人追偿。
学生对学生侵权	侵权责任监护人承担，学校有过错的承担与过错相应的责任，责任无先后。【2004年】

四、医疗损害赔偿责任（图表 153）

过错责任原则【2016 年】	一般过错责任	通常情况下适用。
	过错推定责任	1. 违反法律、行政法规、规章以及其他有关诊疗规范的规定； 2. 隐匿或者拒绝提供与纠纷有关的病历资料； 3. 伪造、篡改或者销毁病历资料。
责任主体		医疗机构，药品上市许可持有人、缺陷医疗产品的生产者、销售者或者血液提供机构。
不真正连带责任【2016 年】		因药品、消毒药剂、医疗器械的缺陷，或者输入不合格的血液造成患者损害时： 1. 患者的选择权：可以向药品上市许可持有人、生产者、血液提供机构请求赔偿，也可以向医疗机构请求赔偿。 2. 医疗机构的追偿权：患者向医疗机构请求赔偿的，医疗机构赔偿后，有权向负有责任的药品上市许可持有人、生产者、血液提供机构追偿。
特殊免责事由（医疗机构举证）		1. 患者或者其近亲属不配合医疗机构进行符合诊疗规范的诊疗。 [重点提示] 若医疗机构及其医务人员也有过错的，应当承担相应的赔偿责任。 2. 医务人员在抢救生命垂危的患者等紧急情况下已经尽到合理诊疗义务。【2016 年】 [重点提示] 因抢救生命垂危的患者等紧急情况，不能取得患者或者其近亲属意见的，经医疗机构负责人或者授权的负责人批准，可以立即实施相应的医疗措施。此时，医疗机构可免责。若怠于采取相应医疗措施造成患者损失的，医疗机构应当承担赔偿责任。 3. 限于当时的医疗水平难以诊疗。

五、物件致人损害责任（图表 154）

原则上适用过错推定责任的情形	建筑物、构筑物等设施及其搁置物、悬挂物脱落、坠落损害责任：所有人、管理人或使用人承担责任；有其他责任人的，可以追偿。【2022 年，2021 年（2 次），2009 年】
	建筑物、构筑物或其他设施倒塌损害责任： 1. 建设单位与施工单位承担连带责任。 [注意] 免责事由：建设单位与施工单位能够证明不存在质量缺陷的。 2. 建设单位、施工单位赔偿后，有其他责任人的，有权向其他责任人追偿。 3. 与建设单位、施工单位无关的倒塌：因所有人、管理人、使用人或者第三人的原因，建筑物、构筑物或者其他设施倒塌造成他人损害的，由所有人、管理人、使用人或者第三人承担侵权责任。
	堆放物倒塌、滚落、滑落损害责任。
	林木折断、倾倒或者果实坠落造成他人损害责任。【2021 年主观题】

续表

原则上适用过错推定责任的情形	公共场所、道路施工和窨井等地下设施造成他人损害责任。【2016 年，2007 年】
	公共道路上堆放、倾倒、遗撒妨碍通行物损害责任：管理人适用过错推定责任——公共道路管理人不能证明已经尽到清理、防护、警示等义务的，应当承担相应的责任。
无过错责任	公共道路上堆放、倾倒、遗撒妨碍通行的物品造成他人损害时的行为人责任。
公平分担损失	高空抛物、从建筑物上坠落物品的损害责任：【2020 年，2016 年】 1. 侵权人依法承担侵权责任。 2. 经调查难以确定具体侵权人的，除能够证明自己不是侵权人的外，由可能加害的建筑物使用人给予补偿。 [注意] 发生此种情形的，公安等机关应当依法及时调查，查清责任人。 3. 可能加害的建筑物使用人补偿后，有权向侵权人追偿。 4. 物业服务企业等建筑物管理人应当采取必要的安全保障措施防止前述情形的发生；未采取必要的安全保障措施的，应当依法承担未履行安全保障义务的侵权责任。

六、侵权责任法中的替代责任（图表 155）

监护人责任 【2021 年，2020 年，2015 年，2014 年，2008 年，2007 年，2004 年】	1. 替代责任：被监护人侵权，由监护人承担侵权责任。 2. 无过错责任：监护人尽到监护责任的，可以减轻其侵权责任。 3. 赔偿的财产：有财产的被监护人造成他人损害的，从本人财产中支付赔偿费用；不足部分，由监护人赔偿。 4. 将监护职责委托给他人，原则上被监护人发生了侵权，仍由监护人承担责任；受托人有过错的，承担与过错相应的责任。
用人单位责任 【2023 年，2021 年（4 次），2020 年，2015 年，2014 年（2 次），2013 年，2011 年，2008 年（2 次）】	1. 用人单位的工作人员因执行工作任务造成他人损害的，由单位承担责任。【2016 年主观题】【2014 年主观题】【2013 年主观题】 [注意] 是否执行职务的判断主要看外观，单位内部规定不影响职务行为认定。 2. 用人单位承担侵权责任后，可以向有故意或者重大过失的工作人员追偿。 3. 劳务派遣中被派遣的工作人员执行工作任务造成他人损害： （1）由接受劳务派遣的用工单位承担侵权责任； （2）劳务派遣单位有过错的，承担相应的责任。 4. 依法应当参加工伤保险统筹的用人单位的劳动者，因工伤事故遭受人身损害，按《工伤保险条例》的规定处理。同时，因用人单位以外的第三人侵权造成劳动者人身损害，赔偿权利人请求第三人承担民事赔偿责任的，人民法院应予支持。

接受劳务一方责任 【2012年，2009年】	1. 提供劳务一方因劳务造成第三人损害，责任由接受劳务一方承担。 2. 接受劳务一方承担侵权责任后，可以向有故意或者重大过失的提供劳务一方追偿。 3. 提供劳务一方因劳务自身受到损害，根据双方各自的过错来分配责任。 4. 第三人侵权时受害人的选择权与雇主的追偿权： （1）提供劳务期间，因第三人的行为造成提供劳务一方损害的，提供劳务一方有权请求第三人承担侵权责任，也有权请求接受劳务一方给予补偿； （2）接受劳务一方补偿后，可以向第三人追偿。 [注意] 与承揽关系的区别：【2022年，2005年】【2014年主观题】 1. 承揽人工作中对第三人造成损害或造成自身损害，定作人一般不承担责任； 2. 但是，定作人存在定作、指示或选任过失的，承担相应的赔偿责任。
被帮工人责任 【2014年，2010年，2005年】	1. 帮工过程中造成他人损害，由被帮工人承担责任，拒绝帮工者不承担；帮工人有故意或重大过失的，被帮工人承担赔偿责任后可向帮工人追偿。 2. 帮工过程中造成自己损害，根据帮工人和被帮工人各自的过错承担相应责任；被帮工人明确拒绝帮工的，被帮工人不承担赔偿责任，可以在受益范围内予以适当补偿。 3. 帮工过程中受到第三人损害，有权请求第三人承担赔偿责任，也有权请求被帮工人予以适当补偿。被帮工人补偿后，可以向第三人追偿。

七、产品责任（图表156）

二元归责原则	无过错责任 【2022年，2015年，2013年，2011年，2010年】【2020年主观题】	1. 生产者和销售者直接对受害人承担责任，此时均不考虑过错；【2013年主观题】 2. 无过错的销售者承担直接责任后，可向生产者追偿，由生产者承担最终责任； 3. 销售者不能指明生产者和产品的供货者的，由销售者承担最终责任。
	过错责任	1. 销售者的过错使产品存在缺陷，销售者应承担最终责任； 2. 生产者或销售者在向受害人承担无过错的直接责任后，可向有过错的运输者、仓储者及中间供货人追偿。
特殊责任方式		1. 赔偿损失。 2. 排除妨碍、消除危险等。 3. 投入流通领域后，缺陷产品的警示和召回。 （1）未及时采取补救措施或者补救措施不力造成损害扩大，对扩大损害应当承担责任。 （2）采取召回措施的，生产者、销售者应当负担被侵权人因此支出的必要费用。

续表

特殊责任方式	4. 惩罚性赔偿。【2011年】 （1）明知产品存在缺陷仍然生产、销售，造成他人死亡或者健康严重损害的。 （2）未及时停止销售、对缺陷产品的警示和召回，造成他人死亡或者健康严重损害的。
特殊免责事由	1. 生产者能够证明未将产品投入流通的； 2. 产品投入流通时，引起损害的缺陷尚不存在的； 3. 将产品投入流通时的科学技术水平尚不能发现缺陷的存在的。

八、机动车交通事故责任（图表157）

二元归责	过错责任	机动车之间侵权的；机动车对非机动车或行人侵权的一般情形。
	无过错责任	机动车对非机动车或行人侵权，非机动车行人有过错，机动车一方也要承担不超过10%的责任。
实际控制人责任 【2013年，2011年，2010年】	租赁、借用机动车等情形	1. 交强险不足部分，由使用人承担赔偿责任； 2. 机动车所有人对损害的发生有过错的，承担相应的赔偿责任。
	未经允许驾驶他人机动车侵权的情形	1. 由机动车使用人承担赔偿责任； 2. 机动车所有人、管理人对损害的发生有过错的，承担相应的赔偿责任，但是法律另有规定的除外。
	转让时交付但未过户	1. 交强险不足部分，由受让人承担赔偿责任； 2. 被多次转让均未登记，最后一次转让并交付的受让人承担赔偿责任。
	转让拼装车、报废车或其他禁行车	1. 由转让人和受让人承担连带责任； 2. 被多次转让，并发生交通事故造成损害，当事人可请求所有的转让人和受让人承担连带责任。
	盗抢人侵权 【2016年主观题】	1. 由盗窃人、抢劫人或者抢夺人承担赔偿责任； 2. 保险公司交强险限额范围内垫付抢救费用的，有权向交通事故责任人追偿； 3. 盗窃人、抢劫人或者抢夺人与机动车使用人并非同一人，发生交通事故后属于该机动车一方责任的，由盗窃人、抢劫人或者抢夺人与机动车使用人承担连带责任。
	肇事者逃逸	1. 保险公司在交强险责任限额范围内予以赔偿； 2. 机动车不明或者该机动车未参加强制保险，道路交通事故社会救助基金垫付； 3. 道路交通事故社会救助基金垫付后，其管理机构有权向交通事故责任人追偿。

续表

实际控制人责任【2013年，2011年，2010年】	挂靠经营车辆	挂靠人和被挂靠人承担连带责任。
	套牌机动车	1. 套牌机动车所有人或管理人承担责任； 2. 如果被套牌的人同意套牌的，套牌者与被套牌者承担连带责任。
	驾校学员侵权	驾驶培训单位承担赔偿责任。
	试乘服务侵权	1. 提供试乘服务者承担赔偿责任； 2. 试乘人有过错的，应当减轻提供试乘服务者的赔偿责任。
	非营运机动车对于无偿搭车乘客的责任	非营运机动车发生交通事故造成无偿搭乘人损害，属于该机动车一方责任的，应当减轻其赔偿责任，但是机动车使用人有故意或者重大过失的除外。
交强险问题		1. 投保人允许的驾驶人驾驶机动车致使投保人遭受损害，交强险的保险公司在责任限额范围内予以赔偿，但投保人为本车上人员的除外。 2. 特殊情形下的交强险保险公司责任。 （1）情形：驾驶人未取得驾驶资格或者未取得相应驾驶资格的；醉酒、服用国家管制的精神药品或者麻醉药品后驾驶机动车发生交通事故的；驾驶人故意制造交通事故的。 （2）承保交强险的保险公司的追偿权及其时效：保险公司在赔偿范围内可向侵权人主张追偿权；追偿权时效自保险公司实际赔偿之日起计算。 3. 未投交强险时，投保义务人应当在交强险的范围内承担赔偿责任；如果投保义务人与侵权人不是同一人时，投保义务人应当在交强险的范围内承担相应责任。 4. 交强险人身伤亡保险金请求权不得转让或设定担保，若转让或设定担保的，无效。

九、饲养动物致人损害责任（图表158）

无过错责任【2020年，2019年，2017年（2次），2007年，2005年】	一般饲养动物侵权的，饲养人或管理人承担责任。 [注意] 遗弃、逃逸的动物在遗弃、逃逸期间造成他人损害的，依然由原动物饲养人或者管理人承担侵权责任。 免责事由：受害人故意（免除）或重大过失（减轻），但适用绝对责任的两种情形除外。
绝对责任	1. 违反管理规定，未对动物采取安全措施造成他人损害的。 [注意] 根据《民法典》，此情形，能够证明损害是因被侵权人故意造成的，可以减轻责任。 2. 禁止饲养的烈性犬等危险动物造成他人损害的。【2015年】
过错推定责任【2015年】	动物园饲养的动物侵权。

续表

不真正 连带责任 【2015 年，2008 年】	1. 第三人过错导致饲养的动物侵权； 2. 受害人享有选择权，可选择饲养人、管理人或第三人承担责任； 3. 饲养人、管理人承担责任后，可以向第三人追偿。

十、环境污染、生态破坏侵权责任（图表159）

构成要件	1. 污染环境、生态破坏的行为。 [注意] 行为人不得以排污符合国家规定的标准或者行为不具有违法性主张免责。 2. 受害人遭受损害。主张损害赔偿的时效是3年。 3. 污染环境、生态破坏行为与损害之间存在因果关系。【2021 年】 （1）被侵权人需要证明：污染者排放了污染物；被侵权人的损害；污染者排放的污染物或其次生污染物与损害之间具有关联性。 （2）然后，由污染者举证证明法律上的因果关系是否存在。
两个以上污染、破坏者的责任承担	1. 若有共同排污、破坏行为，造成损害的，两个以上的主体应承担连带责任。 2. 当分别排污、破坏时区分不同情形： （1）如果任何一方的排污、破坏均足以造成损害的，则数人之间应承担连带责任。 （2）如果任何一方排污、破坏均不足以造成全部损害的，则是根据污染物的种类、排放量等因素确定责任之大小，为按份责任。【2021 年，2015 年】 （3）如果有的足以、有的不足以造成全部损害的，足以造成全部损害的应承担全部责任；同时，足以造成全部损害的一方，对于不足以造成全部损害的一方造成的损害部分应承担连带责任。
不真正 连带责任	1. 第三人的过错污染环境、破坏生态造成损害。 2. 被侵权人可以向污染者、破坏者请求赔偿，也可以向第三人请求赔偿。 3. 污染者、破坏者赔偿后，有权向第三人追偿。
免责事由	1. 受害人故意。 2. 不可抗力。 3. 证明排污或破坏生态行为与损害之间无因果关系，如下： （1）排放的污染物没有造成该损害可能的； （2）排放的可造成该损害的污染物未到达该损害发生地的； （3）该损害于排放污染物之前已发生的； （4）其他可以认定污染行为与损害之间不存在因果关系的情形。
惩罚性赔偿	1. 侵权人故意违反国家规定污染环境、破坏生态。 2. 造成严重后果。

续表

生态环境修复	1. 生态环境能够修复的，国家规定的机关或者法律规定的组织有权请求侵权人在合理期限内承担修复责任。 2. 侵权人在期限内未修复的，国家规定的机关或者法律规定的组织可以自行或者委托他人进行修复，所需费用由侵权人负担。
赔偿损害与费用的范围	1. 生态环境修复期间服务功能丧失导致的损失； 2. 生态环境功能永久性损害造成的损失； 3. 生态环境损害调查、鉴定评估等费用； 4. 清除污染、修复生态环境费用； 5. 防止损害的发生和扩大所支出的合理费用。

十一、高度危险责任（图表160）

高度危险作业致人损害——受害人故意均是完全免责的事由	1. 民用核设施或者运入运出核设施的核材料发生核事故造成他人损害的，民用核设施的营运单位应当承担侵权责任；但是，能够证明损害是因战争、武装冲突、暴乱等情形或者受害人故意造成的，不承担责任。 2. 民用航空器致人损害责任：民用航空器造成他人损害的，民用航空器的经营者应当承担侵权责任，但能够证明损害是因受害人故意造成的，不承担责任。 3. 从事高空、高压、地下挖掘活动或者使用高速轨道运输工具致人损害责任：从事高空、高压、地下挖掘活动或者使用高速轨道运输工具造成他人损害的，经营者应当承担侵权责任，但能够证明损害是因受害人故意或者不可抗力造成的，不承担责任。被侵权人对损害的发生有重大过失的，可以减轻经营者的责任。 [小结] 受害人故意均是完全免责的事由。
高度危险物品致人损害责任	1. 占有或者使用高度危险物致人损害责任。 占有或者使用易燃、易爆、剧毒、放射性等高度危险物造成他人损害的，占有人或者使用人应当承担侵权责任，但能够证明损害是因受害人故意或者不可抗力造成的，不承担责任。被侵权人对损害的发生有重大过失的，可以减轻占有人或者使用人的责任。 2. 遗失、抛弃高度危险物致人损害责任。【无免责事由】 遗失、抛弃高度危险物造成他人损害的，由所有人承担侵权责任。所有人将高度危险物交由他人管理的，由管理人承担侵权责任；所有人有过错的，与管理人承担连带责任。 3. 非法占有高度危险物致人损害责任。【无免责事由】 非法占有高度危险物造成他人损害的，由非法占有人承担侵权责任。所有人、管理人不能证明对防止他人非法占有尽到高度注意义务的，与非法占有人承担连带责任。 4. 未经许可非法进入高度危险区域损害责任。 未经许可进入高度危险活动区域或者高度危险物存放区域受到损害，管理人已经采取安全措施并尽到警示义务的，可以减轻或者不承担责任。

第四部分
婚姻家庭

PART IV

第一节 结 婚（图表161）

有效婚姻 【2022年】	形式要件	办理结婚登记。 例外：1994年2月1日之前的事实婚姻不需登记。 [注意] 对于1994年2月1日后形成的同居关系，需注意如下问题： 1. 可通过补办婚姻登记确立婚姻关系；补办登记后，其婚姻关系的效力从双方均符合法定的结婚的实质要件时起算。 2. 如未补办结婚登记，性质上属于同居关系。当事人起诉要求解除同居关系的，人民法院不予受理。但因同居引起财产分割与子女抚养纠纷而起诉的，人民法院应当受理。同居期间因共同生活而形成的财产关系，按照共同共有关系处理。同居期间一方死亡的，另一方不能以配偶身份继承其遗产；当事人在同居期间所生子女属于非婚生子女，但法律地位与婚生子女相同。	
	实质要件	积极条件	双方自愿；达到法定婚龄；一夫一妻。
		消极条件	非直系血亲和三代以内旁系血亲。
无效婚姻 【2022年， 2020年， 2018年， 2017年， 2011年】	法定情形	1. 重婚的（有配偶又结婚或明知他人有配偶与之结婚）；【2020年】 2. 有禁止结婚的亲属关系的； 3. 未达到法定婚龄的。	
	申请人	当事人及利害关系人；重婚的，基层组织也可以申请。向法院申请。	
	无效的补正	1. 有禁止结婚的亲属关系的无效，不能补正； 2. 未达到法定婚龄的，达到后，可以补正； 3. 重婚的，若能够与前任离婚，婚姻效力可补正，但不影响重婚罪的构成。 [注意] 重婚导致的无效婚姻案件涉及财产处理的，应当准许合法婚姻当事人作为有独立请求权的第三人参加诉讼。	
	处理程序	1. 如果条件已经符合，再请求宣告婚姻无效者，法院不予支持； 2. 婚姻无效问题，不得调解，不得撤诉； 3. 涉及财产分割和子女抚养的可调解，另行制定调解书； 4. 离婚案件和无效诉讼并存，无效优先，涉及财产分割和子女抚养的，继续审理； 5. 夫妻一方或者双方死亡后1年内，生存一方或者利害关系人可申请宣告婚姻无效。	

续表

可撤销婚姻 【2022年， 2020年， 2018年， 2017年， 2015年， 2011年】	原因	1. 胁迫； 2. 隐瞒重大疾病的欺诈。
	权利主体	婚姻关系中受胁迫的当事人一方；被欺诈一方。
	撤销机关	法院。
	时间限制	1. 胁迫： （1）自胁迫行为终止之日起1年； （2）被非法限制人身自由的当事人请求撤销婚姻的，自恢复人身自由之日起1年。 2. 隐瞒重大疾病的欺诈：自知道或者应当知道撤销事由之日起1年内提出。
无效与被撤销婚姻的后果		1. 无效的或者被撤销的婚姻自始没有法律约束力，当事人不具有夫妻的权利和义务。 2. 同居期间所得的财产，由当事人协议处理；协议不成的，由人民法院根据照顾无过错方的原则判决。 3. 对重婚导致的无效婚姻的财产处理，不得侵害合法婚姻当事人的财产权益。 4. 当事人所生的子女，适用本法关于父母子女的规定。 5. 婚姻无效或者被撤销的，无过错方有权请求损害赔偿。【新增】 6. 法院依法确认婚姻无效或者撤销婚姻的，应当收缴双方的结婚证书并将生效的判决书寄送当地婚姻登记管理机关。
彩礼返还 【2017年】		根据2024年1月发布的有关彩礼纠纷的司法解释，关于彩礼返还问题，应注意如下问题： 1. 一方以彩礼为名借婚姻索取财物，另一方要求返还的，人民法院应予支持。 2. 下列情形给付的财物，不属于彩礼： （1）一方在节日、生日等有特殊纪念意义时点给付的价值不大的礼物、礼金； （2）一方为表达或者增进感情的日常消费性支出； （3）其他价值不大的财物。 3. 诉讼中的当事人（可考性强）： （1）婚约财产纠纷中，婚约一方及其实际给付彩礼的父母可以作为共同原告；婚约另一方及其实际接收彩礼的父母可以作为共同被告。 （2）离婚纠纷中，一方提出返还彩礼诉讼请求的，当事人仍为夫妻双方。 4. 双方已办理结婚登记且共同生活（办理登记但未共同生活的，原则上应返还）：离婚时一方请求返还按照习俗给付的彩礼的，人民法院一般不予支持。 [注意] 如果共同生活时间较短且彩礼数额过高的，人民法院可以根据彩礼实际使用及嫁妆情况，综合考虑彩礼数额、共同生活及孕育情况、双方过错等事实，结合当地习俗，确定是否返还以及返还的具体比例。人民法院认定彩礼数额是否过高，应当综合考虑彩礼给付方所在地居民人均可支配收入、给付方家庭经济情况以及当地习俗等因素。 5. 双方未办理结婚登记但已共同生活：一方请求返还按照习俗给付的彩礼的，人民法院应当根据彩礼实际使用及嫁妆情况，综合考虑共同生活及孕育情况、双方过错等事实，结合当地习俗，确定是否返还以及返还的具体比例。

第二节 婚后家庭关系

一、夫妻关系（图表162）

约定财产制	1. 男女双方可以约定婚姻关系存续期间所得的财产以及婚前财产归各自所有、共同所有或者部分各自所有、部分共同所有。 2. 约定应当采用书面形式。 3. 没有约定或者约定不明确的，适用法定财产制。 4. 夫妻对婚姻关系存续期间所得的财产以及婚前财产的约定，对双方具有法律约束力。 5. 夫妻对婚姻关系存续期间所得的财产约定归各自所有，相对人知道该约定的，夫或者妻一方对外所负的债务，以夫或者妻一方的个人财产清偿。 [注意]"相对人知道该约定的"，夫妻一方对此负有举证责任。	
法定财产制	共同共有的财产【2022年，2019年，2016年，2015年，2013年，2011年，2009年，2007年（2次）】	婚后的工资、奖金、劳务报酬、投资收益等收入原则上为共同共有。 值得特别注意的问题： 1. 知识产权的收益，包括实际取得或者已经明确可以取得的财产性收益； 2. 继承或赠与所得的财产，但遗嘱或赠与中确定归夫或妻一方的财产除外； 3. 一方个人财产婚后产生的收益，属共同财产，但不包括孳息和自然增值； 4. 发放到军人名下的复员费、自主择业费等一次性费用，以夫妻婚姻关系存续年限乘以年平均值[发放总额/（70岁-入伍时年龄）]，所得数额为夫妻共同财产。 5. 一方婚前承租、婚后用共同财产购买的房屋，房屋权属证书登记在一方名下的，应当认定为夫妻共同财产。
	专属个人的财产【2014年，2007年】	1. 一方的婚前财产及其孳息和自然增值。 [注意]婚前财产只要没有约定转化为共同财产，共同生活本身不能使之转化。 2. 一方因身体受到伤害获得的医疗费、残疾人生活补助费等费用。 3. 遗嘱或赠与合同中确定只归夫或妻一方的财产。 4. 一方专用的生活用品。 5. 婚后父母为子女购置房屋，没有约定或约定不明，视为共有财产，除非赠与合同确定只归一方。 6. 夫妻一方婚前按揭购房登记在一方名下，婚后共同还款的，不能达成协议，房屋属于登记的一方，共同还款和增值部分由登记方进行补偿。

续表

夫妻共有财产权的行使	1. 原则上，双方有平等的处理权。 2. 如果夫妻双方对于共同财产处理有约定的，依据其约定。 夫妻之间订立借款协议，以夫妻共同财产出借给一方从事个人经营活动或用于其他个人事务的，应视为双方约定处分夫妻共同财产的行为，离婚时可按照借款协议的约定处理。【2014年】 3. 遇到重大理由，婚内也可以请求分割共有财产。重大理由如下：【2014年，2012年】 （1）一方有隐藏、转移、变卖、毁损、挥霍夫妻共同财产或者伪造夫妻共同债务等严重损害夫妻共同财产利益行为的。 （2）一方负有法定扶养义务的人患重大疾病需要医治，另一方不同意支付相关医疗费用的。
人身关系及其延伸	夫妻在家庭中地位平等，具体内容是：夫妻的姓名权、夫妻的人身自由权、夫妻相互忠实义务。 [注意] 基于人身关系产生家事代理权：【2016年】 1. 除夫妻一方与相对人另有约定，夫妻一方因家庭日常生活需要而实施的民事法律行为，对夫妻双方发生效力。 2. 夫妻之间对一方可以实施的民事法律行为范围的限制，不得对抗善意相对人。

二、父母子女关系

（一）自然血亲中亲子关系的确认与否定制度（图表163）

否定	父或者母向人民法院起诉请求否认亲子关系，并已提供必要证据予以证明，另一方没有相反证据又拒绝做亲子鉴定的，人民法院可以认定否认亲子关系一方的主张成立。
确认	父或者母以及成年子女起诉请求确认亲子关系，并提供必要证据予以证明，另一方没有相反证据又拒绝做亲子鉴定的，人民法院可以认定确认亲子关系一方的主张成立。

（二）收养（图表164）

收养的条件 【2022年，2017年，2008年】	1. 没有子女或有一名子女——收养孤残儿童的除外。 [注意] 孤残儿童，是指孤儿或者残疾儿童，不是要求两者同时具备。 2. 有抚养教育被收养人的能力。 3. 没有患在医学上认为不应当收养子女的疾病。 4. 无不利于被收养人健康成长的违法犯罪记录。 5. 年满30周岁。 [注意] 没有配偶收养异性的，年龄应相差40周岁。此种要求，是为了规避道德风险。 6. 一方死亡的，另一方决定送养未成年子女，死亡一方的父母有优先抚养权。

条件的例外 【2022年， 2017年， 2008年】	1. 收养三代以内同辈旁系血亲的子女，有两项例外： （1）不要求生父母有特殊困难无力抚养子女； （2）无配偶收养异性，不受相差40周岁的限制。 2. 华侨收养三代以内同辈旁系血亲的子女，有三项例外： （1）不要求生父母有特殊困难无力抚养的子女； （2）无配偶收养异性，不受相差40周岁的限制； （3）可以有两名以上子女。 3. 收养孤残儿童的，有两项例外： （1）可以有两名子女； （2）不限于收养一名或两名子女。 4. 继父或继母经继子女的生父母同意收养继子女的：可以有两名子女；可以不满30周岁，不要求抚养能力等；不受收养一般条件的限制。 5. 收养8周岁以上未成年人的，应当征得被收养人的同意。
特别提醒	1. 被收养人一定是未成年人； 2. 收养自办理登记起生效。【2014年】
收养解除及效力	方式：1. 达成协议，去民政部门办理解除收养登记。 2. 主张解除达不成协议，诉讼。
	后果：1. 人身关系上的效力：因收养而拟制的权利义务关系因此消除；收养前的权利义务关系自行恢复；成年的是否恢复，协商确定。 2. 财产关系上的效力： （1）经养父母抚养的成年养子女，对缺乏劳动能力又缺乏生活来源的养父母，应当给付生活费；因养子女成年后虐待、遗弃养父母而解除收养关系的，养父母可以要求养子女补偿收养期间支出的生活费和教育费。 （2）生父母要求解除收养关系的，养父母可以要求生父母适当补偿收养期间支出的生活费和教育费，但因养父母虐待、遗弃养子女而解除收养关系的除外。

第三节 离 婚

一、离婚的类型（图表165）

协议离婚	1. 双方当事人适格：一是当事人双方均为完全民事行为能力人；二是双方当事人必须是在中国登记的合法夫妻关系； 2. 双方当事人必须有真实的离婚合意； 3. 双方当事人对子女的抚养和财产问题已达成协议； 4. 离婚协议的内容必须合法。

续表

协议离婚的冷静期【2022年】	1. 自婚姻登记机关收到离婚登记申请之日起30日内，任何一方不愿意离婚的，可以向婚姻登记机关撤回离婚登记申请。 2. 上述期间届满后30日内，双方应当亲自到婚姻登记机关申请发给离婚证；未申请的，视为撤回离婚登记申请。
诉讼离婚 — 法定事由【2021年，2015年】	1. 重婚或与他人同居的。 2. 实施家庭暴力或虐待、遗弃家庭成员的。 3. 有赌博、吸毒等恶习屡教不改的。 4. 因感情不和分居满2年的。 5. 一方被宣告失踪，另一方提出离婚诉讼的。 6. 经人民法院判决不准离婚后，双方又分居满1年，一方再次提起离婚诉讼的。 7. 其他导致夫妻感情破裂的。主要表现如下： （1）一方患有法定禁止结婚疾病的，或一方有生理缺陷或其他原因不能发生性行为，且难以治愈的； （2）婚前缺乏了解，草率结婚，婚后未建立起夫妻感情，难以共同生活的； （3）婚前隐瞒了精神病，婚后久治不愈，或者婚前知道对方患有精神病而与其结婚，或一方在夫妻共同生活期间患精神病，久治不愈的； （4）双方办理结婚登记后，未同居生活，无和好可能的； （5）一方被依法判处长期徒刑，或其违法、犯罪行为严重伤害夫妻感情的； （6）夫妻双方因是否生育发生纠纷，致使感情破裂的。【2017年】 [注意] 任何一方不得以生育权被侵害为由主张损害赔偿。
诉讼离婚 — 特殊规定	1. 一方陷入无行为能力的，需要先变更监护，再进行离婚诉讼。 2. 现役军人的配偶要求离婚，须征得军人的同意，军人有重大过错的除外。 3. 女方在怀孕期间、分娩后1年内或终止妊娠后6个月内，男方不得提出离婚，但有两种例外：【2015年】 （1）女方提出离婚的； （2）确有必要受理男方请求的。 4. 法院审理离婚案件，应当进行调解。【2021年】

二、离婚的效果（图表166）

夫妻人身关系	配偶身份的丧失，忠实义务的终止，双方均有再婚的自由。

第四部分　婚姻家庭

续表

父母子女关系	1. 父母与子女关系不因父母离婚而消除，父母对子女仍有抚养教育的权利和义务。子女侵权，依然由父母承担责任，首先由与孩子共同生活的人承担，没有能力的，另一方应共同承担。【2021年】 2. 子女抚养权归属：【2021年】 （1）不满两周岁的子女，以由母亲直接抚养为原则。母亲有下列情形之一，父亲请求直接抚养的，人民法院应予支持： ①患有久治不愈的传染性疾病或者其他严重疾病，子女不宜与其共同生活； ②有抚养条件不尽抚养义务，而父亲要求子女随其生活； ③因其他原因，子女确不宜随母亲生活。 父母双方协议不满两周岁子女由父亲直接抚养，并对子女健康成长无不利影响的，人民法院应予支持。 （2）已满两周岁的子女，父母双方对抚养问题协议不成的，由人民法院根据双方的具体情况，按照最有利于未成年子女的原则判决。父母均要求直接抚养，一方有下列情形之一的，可予优先考虑： ①已做绝育手术或者因其他原因丧失生育能力； ②子女随其生活时间较长，改变生活环境对子女健康成长明显不利； ③无其他子女，而另一方有其他子女； ④子女随其生活，对子女成长有利，而另一方患有久治不愈的传染性疾病或者其他严重疾病，或者有其他不利于子女身心健康的情形，不宜与子女共同生活。 （3）父母抚养子女的条件基本相同，双方均要求直接抚养子女，但子女单独随祖父母或者外祖父母共同生活多年，且祖父母或者外祖父母要求并且有能力帮助子女照顾孙子女或者外孙子女的，可以作为父或者母直接抚养子女的优先条件予以考虑。 （4）在有利于保护子女利益的前提下，父母双方协议轮流直接抚养子女的，人民法院应予支持。 （5）在离婚诉讼期间，双方均拒绝抚养子女的，可以先行裁定暂由一方抚养。 3. 离婚后，不直接抚养子女的父或母，有探望子女的权利，另一方有协助的义务。人民法院作出的生效的离婚判决中未涉及探望权，当事人就探望权问题单独提起诉讼的，人民法院应予受理。【2021年（2次），2016年】 [注意] 人民法院可对拒不履行协助另一方行使探望权的有关个人和单位采取拘留、罚款等强制措施，但不能对子女的人身、探望行为进行强制执行。 4. 探望权是法定的权利，任何人都不得非法干预，出现不适合探望情形，由人民法院依法中止探望的权利。中止的事由消失后，法院应当根据当事人的请求书面通知其恢复探望。 5. 抚养费。【2021年】 抚养费的数额，可以根据子女的实际需要、父母双方的负担能力和当地的实际生活水平确定。抚养费应当定期给付，有条件的可以一次性给付。 父母双方可以协议由一方直接抚养子女并由直接抚养方负担子女全部抚养费。但是，直接抚养方的抚养能力明显不能保障子女所需费用，影响子女健康成长的，人民法院不予支持。 抚养费的给付期限，一般至子女18周岁为止。16周岁以上不满18周岁，以其劳动收入为主要生活来源，并能维持当地一般生活水平的，父母可以停止给付抚养费。

父母子女关系		6. 抚养费与抚养关系的变更。【2021年】 （1）父母双方可协议变更子女抚养关系。 父母一方要求变更子女抚养关系的，或者子女要求增加抚养费的，应当另行提起诉讼。由于旨在变更已经存在的法律关系，故为形成之诉。具有下列情形之一，父母一方要求变更子女抚养关系的，人民法院应予支持： ①与子女共同生活的一方因患严重疾病或者因伤残无力继续抚养子女； ②与子女共同生活的一方不尽抚养义务或有虐待子女行为，或者其与子女共同生活对子女身心健康确有不利影响； ③已满8周岁的子女，愿随另一方生活，该方又有抚养能力； ④有其他正当理由需要变更。 （2）生父与继母离婚或者生母与继父离婚时，对曾受其抚养教育的继子女，继父或者继母不同意继续抚养的，仍应由生父或者生母抚养。 （3）抚养费与姓氏变更。【2021年（2次）】 ①父母不得因子女变更姓氏而拒付子女抚养费。 ②父或者母擅自将子女姓氏改为继母或继父姓氏而引起纠纷的，应当责令恢复原姓氏。
夫妻财产关系	财产分割	1. 分割原则：协议不成时，由人民法院根据财产的具体情况，依据照顾子女和女方权益的原则作出判决。 ［注意］关于分割协议的效力： （1）当事人达成的以协议离婚或者到人民法院调解离婚为条件的财产以及债务处理协议，如果双方离婚未成，一方在离婚诉讼中反悔的，人民法院应当认定该财产以及债务处理协议未生效。 （2）当事人签订的离婚协议中关于财产以及债务处理的条款，对男女双方具有法律约束力。登记离婚后当事人因履行上述协议发生纠纷可向法院提起诉讼。 （3）达成协议后的反悔及处理：夫妻双方协议离婚后就财产分割问题反悔，请求撤销财产分割协议的，人民法院应当受理。人民法院审理后，未发现订立财产分割协议时存在欺诈、胁迫等情形的，应当依法驳回当事人的诉讼请求。 2. 可以不分或少分的情形：【2016年，2008年】 （1）一方隐藏、转移、变卖、毁损夫妻共同财产的； （2）伪造债务企图侵占另一方财产的。 3. 离婚后尚有夫妻共同财产未分割的可请求再次分割，从发现之日起算时效。【2008年】 4. 在承包期内离婚的妇女，仍在原居住地生活或者不在原居住地生活但在新居住地未取得承包地的，发包方不得收回其原承包地。 5. 投资性财产分割，要符合《公司法》等法律的规定，具体规则如下： （1）夫妻双方分割共同财产中的股票、债券、投资基金份额等有价证券以及未上市股份有限公司股份时，协商不成或者按市价分配有困难的，人民

续表

夫妻财产关系	财产分割	法院可以根据数量按比例分配。 (2) 共同财产以一方名义作为有限公司的出资额： 双方协商向配偶转让出资，通知其他股东，其他股东明确表示放弃优先购买权的，配偶可成为股东； 其他股东愿意以同等价格购买，则分割转让出资所得； 过半数不同意转让也不同意购买的，视为同意转让——配偶成为股东。 (3) 共同财产以一方名义作为合伙企业的出资额： 其他合伙人一致同意的，该配偶依法取得合伙人地位； 其他合伙人不同意转让，在同等条件下行使优先受让权的，可以对转让所得的财产进行分割； 其他合伙人不同意转让，也不行使优先受让权，但同意该合伙人退伙或者退还部分财产份额的，可以对退还的财产进行分割； 其他合伙人既不同意转让，也不行使优先受让权，又不同意该合伙人退伙或者退还部分财产份额的，视为全体合伙人同意转让，该配偶依法取得合伙人地位。 (4) 夫妻以一方名义投资设立独资企业的： 一方主张经营该企业的，对资产进行评估后，由取得企业一方给予另一方相应的补偿； 双方均主张经营该企业的，在双方竞价基础上，由取得的一方给予另一方相应的补偿； 双方均不愿意经营该企业的，依据《个人独资企业法》清算，分割企业财产。 6. 房屋的分割。 (1) 双方对夫妻共同财产中的房屋价值及归属无法达成协议时，人民法院按以下情形处理： 双方均主张房屋所有权并且同意竞价取得的，应予准许； 一方主张房屋所有权的，由评估机构按市场价格对房屋作出评估，取得房屋所有权的一方应当给予另一方相应的补偿； 双方均不主张房屋所有权的，根据当事人的申请拍卖、变卖房屋，就所得价款进行分割。 (2) 离婚时双方对尚未取得所有权或者尚未取得完全所有权的房屋有争议且协商不成的，人民法院不宜判决房屋所有权的归属，应当根据实际情况判决由当事人使用。当事人就房屋取得完全所有权后，有争议的，可以另行向人民法院提起诉讼。 (3) 以一方父母名义购买房改房的处理： 婚姻关系存续期间，双方用夫妻共同财产出资购买以一方父母名义参加房改的房屋，登记在一方父母名下，离婚时另一方主张按照夫妻共同财产对该房屋进行分割的，人民法院不予支持。购买该房屋时的出资，可以作为

续表

夫妻财产关系	财产分割	债权处理。 7. 一方继承遗产的分割。 婚姻关系存续期间，夫妻一方作为继承人依法可以继承的遗产，在继承人之间尚未实际分割，起诉离婚时另一方请求分割的，人民法院应当告知当事人在继承人之间实际分割遗产后另行起诉。
	债务清偿 【2021年，2015年，2012年，2007年】	1. 原则上个人债务个人清偿，共同债务共同清偿，共同债务一方清偿后可向另一方追偿其应承担的份额。 2. 共同债务认定问题。【2019主观题】 （1）一方若婚前举债，则原则上是个人债务；但是，如果能证明用于婚后共同生活的视为共同债务。 （2）一方若婚后举债，原则上为个人债务，除非有如下情形： ①另一方共同签字或事后追认的，视为共同债务；[签字追认] ②夫妻一方借债为满足家庭日常需要的，视为共同债务；[日常生活] ③夫妻一方借债超出日常生活需要，原则上不是共同债务，但是若债权人能举证证明用于共同生活、从事共同生产经营活动或者是夫妻共同意思的，认定为共同债务。[被证共同]

三、离婚时的救济（图表167）

补偿请求权 【2009年】		1. 须一方在共同生活中对家庭承担了较多的义务； 2. 必须于离婚之时提出请求。 [注意] 根据《民法典》，不再以约定财产分别所有为前提。
帮助请求权		指夫妻离婚时，生活确有困难的一方，请求有条件的另一方给予适当帮助的权利。 1. 请求帮助的一方确实有生活困难，如一方离婚后没有住处等； 2. 请求帮助的一方的生活困难存在于离婚时； 3. 另一方有经济负担能力。
赔偿请求权	请求人	无过错方。
	法定过错 【2017年，2016年，2015年，2012年，2009年】	1. 重婚的； 2. 与他人同居的； 3. 实施家庭暴力的； 4. 虐待、遗弃家庭成员的； 5. 其他重大过错。

续表

赔偿请求权	限制规定【2016年】	1. 不离婚，无赔偿。 2. 双方均有过错，不赔偿。 3. 一审不提二审提，调解不成另起诉。双方当事人同意由第二审人民法院一并审理的，第二审人民法院可以一并裁判。 4. 登记离婚后，当事人向人民法院提起损害赔偿请求的，人民法院应当受理。但当事人在协议离婚时已经明确表示放弃该项请求的除外。

第五部分

继 承

第一节 继承概述

一、继承的开始：死亡（图表168）

自然死亡	作为法律事实，性质上是事件。
宣告死亡	判决作出之日；意外事件下落不明的，判决后以意外事件发生之日为死亡日期。
推定死亡 【2022年， 2013年】	1. 前提：相互有继承关系的数人在同一事件中死亡，不能确定时间的先后。 2. 推定规则如下： （1）首先，推定没有其他继承人的人先死； （2）辈分不同，推定长辈先死亡； （3）几个死亡人辈分相同，推定同时死亡，彼此不继承，由他们各自的继承人分别继承。

二、遗产分割与债务清偿（图表169）

遗产分割 【2022年，2013年， 2012年（2次）， 2011年，2009年】	遗产	死亡时留下的合法财产均可继承，但要注意如下问题： 1. 承包经营权原则上不能作为遗产继承，但林地的承包人死亡的，继承人可以在承包期内继续承包； 2. 死亡赔偿金不是遗产。
	遗产确定	1. 夫妻在婚姻关系存续期间所得的共同所有的财产，应当先将共同所有的财产的一半分出为配偶所有，其余的为被继承人的遗产； 2. 遗产在家庭共有财产或其他共有财产之中的，遗产分割时，应当先分出他人的财产。
	遗嘱继承分割	1. 原则上尊重被继承人意思；有遗嘱按照遗嘱，没有遗嘱、遗嘱继承人放弃继承或遗嘱无效的按法定继承，遗赠扶养协议最优先。 2. 遗嘱人未保留缺乏劳动能力又没有生活来源的继承人的遗产份额，遗产处理时，应当为该继承人留下必要的遗产，剩余部分，才可参照遗嘱确定的分配原则处理。
	法定继承分割	一般情况下应当适用均等原则。 [注意] 同一顺位继承人继承遗产的份额，一般应当均等；只有在第一顺位继承人均没有的情况下，才由第二顺位继承人继承。

续表

遗产分割 【2022年，2013年，2012年（2次），2011年，2009年】	无人继承遗产分割	1. 一般情况下，无人继承又无人受遗赠的遗产应收归国有，用于公益事业；若死者生前是集体所有制组织的成员，则该遗产归集体所有制组织所有。 2. 遗产因无人继承又无人受遗赠归国家或者集体所有制组织所有时，按照《民法典》规定可以分给适当遗产的人提出取得遗产的诉讼请求，人民法院应当视情况适当分给遗产。
遗产管理人 【2012年】	产生	1. 继承开始后，遗嘱执行人为遗产管理人； 2. 没有遗嘱执行人的，继承人应当及时推选遗产管理人； 3. 继承人未推选的，由继承人共同担任遗产管理人； 4. 没有继承人或者继承人均放弃继承的，由被继承人生前住所地的民政部门或者村民委员会担任遗产管理人； 5. 对遗产管理人的确定有争议的，利害关系人可以向人民法院申请指定遗产管理人。
	职责	1. 清理遗产并制作遗产清单； 2. 向继承人报告遗产情况； 3. 采取必要措施防止遗产毁损； 4. 处理被继承人的债权债务； 5. 按照遗嘱或者依照法律规定分割遗产； 6. 实施与管理遗产有关的其他必要行为。 [注意] 不得擅自处分遗产。
	权利与责任	1. 遗产管理人可以依照法律规定或者按照约定获得报酬。 2. 遗产管理人应当依法履行职责，因故意或者重大过失造成继承人、受遗赠人、债权人损害的，应当承担民事责任。
债务清偿 【2012年，2009年】	清偿原则	1. 前提：继承人接受遗产的继承； 2. 所有遗产若不能满足债权人需要，继承人没有进一步还债的法律义务； 3. 继承人中有缺乏劳动能力又没有生活来源的人，即使遗产不足，也应为其保留适当遗产，然后再清偿债务； 4. 共同继承人对遗产债务应当承担连带责任。
	清偿顺序	1. 如有法定继承又有遗嘱继承和遗赠的，首先由法定继承人用其所得遗产清偿债务； 2. 法定继承不足时，由遗嘱继承人和受遗赠人按比例用所得遗产偿还； 3. 如果只有遗嘱继承和遗赠的，由遗嘱继承人和受遗赠人按比例用所得遗产偿还； 4. 遗赠扶养协议的受赠人原则上没有还债义务。

三、继承权的取得、行使、放弃、丧失与保护（图表 170）

取得	法定继承权	基于婚姻、血缘、抚养或赡养关系等取得。
	遗嘱继承权	基于遗嘱而取得。
行使	行使的方式	可以明示或默示；法定继承人保持沉默，视为接受。
	具体内容	1. 对遗产进行管理、清偿债务、收取债权、执行遗赠以及请求分割遗产； 2. 没有完全行为能力则由其法定代理人代为行使，或征得法定代理人同意后行使。
放弃 【2011 年】	放弃的时间	继承发生后，遗产处理前。
	放弃的方式	1. 书面形式明确表示放弃。 2. 诉讼中，继承人向人民法院以口头方式表示放弃继承的，要制作笔录，由放弃继承的人签名。
	放弃的限制	1. 必须由本人作出。 [注意] 当继承人为无行为能力人或者限制行为能力人时，其法定监护人（或法定代理人）不能代替他们作出放弃继承的意思表示。 2. 继承人因放弃继承权，致其不能履行法定义务的，放弃继承权的行为无效。 3. 继承放弃的反悔：（1）遗产处理前或者在诉讼进行中，继承人对放弃继承反悔的，由人民法院根据其提出的具体理由，决定是否承认。（2）遗产处理后，继承人对放弃继承反悔的，不予承认。
丧失 【2021 年】		1. 故意杀害被继承人的； 2. 为争夺遗产而杀害其他继承人的； 3. 遗弃被继承人的，或者虐待被继承人情节严重的； 4. 伪造、篡改或者销毁遗嘱，情节严重的； 5. 以欺诈、胁迫手段迫使或者妨碍被继承人设立、变更或者撤回遗嘱，情节严重的。 [注意] 1. 继承人有上述第 3 至 5 项行为，确有悔改表现，被继承人表示宽恕或者事后在遗嘱中将其列为继承人的，该继承人不丧失继承权。 2. 继承人有上述第 1、2 两项行为的，被继承人以遗嘱将遗产指定由该继承人继承的，可以确认遗嘱无效，并确认该继承人丧失继承权。
保护		1. 当继承权受到侵犯时，继承人有权提起诉讼。适用普通时效 3 年，最长保护期 20 年。 2. 当事人：必要共同诉讼及例外。 继承诉讼开始后，如继承人、受遗赠人中有既不愿参加诉讼，又不表示放弃实体权利的，应当追加为共同原告；继承人已书面表示放弃继承、受遗赠人在知道受遗赠后 60 日内表示放弃受遗赠或者到期没有表示的，不再列为当事人。

第二节 法定继承

一、法定继承人的范围与继承顺序（图表171）

情形	1. 没有遗嘱、遗赠扶养协议； 2. 虽有遗嘱、遗赠扶养协议，但是继承人先死或放弃或还有未处分的遗产。
继承人顺位 【2021年，2018年，2016年，2015年，2014年，2013年，2012年，2010年，2009年，2007年】	第一顺序：配偶、子女、父母； 第二顺序：兄弟姐妹、祖父母、外祖父母。 [注意] 1. 直接的继承人中不包括孙子女、外孙子女。 2. 继承开始后，由第一顺序继承人继承，第二顺序继承人不继承。没有第一顺序继承人的，才由第二顺序继承人继承。 3. 继兄弟姐妹之间的继承权，因继兄弟姐妹之间的扶养关系而发生。没有扶养关系的，不能互为第二顺序继承人。
值得注意的重点问题	1. 子女、父母、兄弟姐妹均包括"亲""养""有扶养关系的继"三种情况。 2. 丧偶女婿、丧偶儿媳对被继承人尽了主要赡养义务的，为第一顺序继承人。 3. 继承人以外的人靠被继承人抚养、缺乏劳动能力又没有生活来源的，或者继承人以外的人对被继承人抚养较多的，分给适当财产。【2018年】 所谓"适当"，按具体情况可以多于或者少于继承人。在其依法取得继承人遗产的权利受到侵犯时，有权以独立的诉讼主体资格向人民法院提起诉讼。 4. 有扶养能力和有扶养条件的继承人，不尽扶养义务的，分配遗产时，应当不分或者少分。【2006年】 [注意] 有扶养能力和扶养条件的继承人虽然与被继承人共同生活，但对需要扶养的被继承人不尽扶养义务，分配遗产时，可以少分或者不分。 5. 对生活有特殊困难又缺乏劳动能力的继承人，分配遗产时，应当予以照顾。【2006年】 6. 对被继承人尽了主要扶养义务或者与被继承人共同生活的继承人，分配遗产时，可以多分。【2006年】 7. 继承人有扶养能力和扶养条件，愿意尽扶养义务，但被继承人因有固定收入和劳动能力，明确表示不要求其扶养的，分配遗产时，一般不应因此而影响其继承份额。 8. 人民法院对故意隐匿、侵吞或者争抢遗产的继承人，可以酌情减少其应继承的遗产。 9. 胎儿有继承权，若娩出时为死体，其应当获得的份额由其他继承人分割。 10. 遗嘱继承中：法定继承人中缺乏劳动能力又没有生活来源的特留份，未保留的，遗嘱无效。是否缺乏劳动能力又没有生活来源，应按遗嘱生效时继承人的情况确定。【2013年】

二、代位继承与转继承（图表172）

	代位继承 【2022年，2021年（2次），2018年，2016年，2013年，2012年，2011年，2010年，2007年】	转继承 【2022年，2018年，2016年，2013年，2007年】
本质	继承权的转移	两次继承
发生时间	继承人先于被继承人死亡	继承开始后遗产分割前继承人死亡且被继承人没有通过遗嘱另行安排
适用范围	法定继承	法定继承、遗嘱继承、遗赠
权利主体	1. 被继承人子女的直系晚辈血亲（直系血亲无辈数限制，不包括子女的继子女）或被继承人兄弟姐妹的子女。 2. 特殊情形下分配： （1）代位继承人缺乏劳动能力又没有生活来源，或者对被继承人尽过主要赡养义务的，分配遗产时，可以多分。 （2）继承人丧失继承权的，其晚辈直系血亲不得代位继承。如该代位继承人缺乏劳动能力又没有生活来源，或者对被继承人尽赡养义务较多的，可以适当分给遗产。	1. 继承人的法定继承人（无限制）。 2. 继承开始后，受遗赠人表示接受遗赠，并于遗产分割前死亡的，其接受遗赠的权利转移给他的继承人。

第三节 遗嘱继承（图表173）

遗嘱形式 【2023年，2021年，2019年，2016年，2014年】	公证遗嘱	1. 将所立遗嘱办理公证手续； 2. 按照《民法典》，公证遗嘱不再具有优先效力。
	自书遗嘱	1. 自书遗嘱是指遗嘱人亲笔书写的遗嘱； 2. 自书遗嘱必须由遗嘱人亲笔书写，签名并注明年、月、日； 3. 自然人在遗书中涉及死后个人财产处分的内容，确为死者的真实意思表示，有本人签名并注明了年、月、日，又无相反证据的，可以按自书遗嘱对待。
	代书遗嘱	1. 遗嘱人委托他人代为书写的遗嘱； 2. 代书遗嘱应当有两个以上见证人在场见证，由一人代书，注明年、月、日； 3. 代书人、其他见证人和遗嘱人签名。

续表

遗嘱形式【2023年,2021年,2019年,2016年,2014年】	录音录像遗嘱	1. 以录音录像设备录下口述遗嘱； 2. 应当有两个以上的见证人在场见证； 3. 遗嘱人和见证人应当在录音录像中记录其姓名（或肖像）及年、月、日。
	打印遗嘱	1. 应当有两个以上见证人在场见证； 2. 遗嘱人和见证人应当在遗嘱每一页签名，注明年、月、日。
	口头遗嘱	1. 以口头方式设立的遗嘱。设立口头遗嘱须具备两个条件： （1）遗嘱人处于危急情况下，不能以其他方式设立遗嘱； （2）有两个以上见证人在场见证。 2. 危急情况解除后，遗嘱人能够用书面或者录音录像形式设立遗嘱的，所立的口头遗嘱无效。
见证人范围【2014年】		下列人员不能作为遗嘱见证人： 1. 无行为能力人、限制行为能力人； 2. 继承人、受遗赠人； 3. 与继承人、受遗赠人有利害关系的人，如债权人、债务人、合伙人以及继承人、受遗赠人的近亲属等。
效力	有效要件	内容和形式合法；立遗嘱人要有完全行为能力且意思表示真实。
	无效情形【2018年】	1. 无行为能力人或者限制行为能力人所立的遗嘱无效； 2. 受胁迫、欺骗所立的遗嘱无效； 3. 伪造的遗嘱无效； 4. 遗嘱被篡改的，篡改的内容无效； 5. 继承人先于被继承人死亡的，所立遗嘱无效；【2013年,2012年】 6. 处分了属于国家、集体或他人所有的财产的遗嘱无效； 7. 遗嘱违背公序良俗的，无效。
变更和撤回【2023年,2019年,2017年,2016年,2015年】	明示	另立新遗嘱，在新遗嘱中声明变更或者撤回原先所立的遗嘱。
	默示	1. 数份内容相抵触的遗嘱，执行最新的。 2. 遗嘱人生前的行为与遗嘱的意思表示相反，而使遗嘱处分的财产在继承开始前灭失、部分灭失或所有权转移、部分转移的，遗嘱视为被撤回或部分被撤回。 3. 遗嘱人销毁原来所立遗嘱的，视为撤回遗嘱。
执行【2020年,2008年】		1. 附义务的遗嘱继承或遗赠，如义务能够履行，而继承人、受遗赠人无正当理由不履行； 2. 经受益人或其他继承人请求，人民法院可以取消其接受附义务那部分遗产的权利； 3. 然后，由提出请示的继承人或受益人负责按遗嘱人的意愿履行义务，接受遗产。

第四节　遗赠与遗赠扶养协议

一、遗赠（图表174）

	遗嘱	遗赠
法律地位	是继承人，有继承权	不是继承人，没有继承权
主体范围	只能是自然人	可以是自然人、集体或国家
权利行使方式	默示视为接受	默示视为拒绝
权利标的	在遗产范围内负责偿债	只能赠与权利

二、遗赠扶养协议（图表175）

特征	自然人可以与继承人以外的组织或者个人签订遗赠扶养协议。按照协议，该组织或者个人承担该自然人生养死葬的义务，享有受遗赠的权利。【2012年】 [注意] 未订立遗赠扶养协议，由国家或者集体组织供给生活费用的烈属和享受社会救济的自然人，其遗产仍应准许合法继承人继承。 1. 遗赠扶养协议是双方、双务、诺成、有偿、要式民事法律行为。 2. 扶养人既可以是自然人，也可以是集体所有制组织。 [注意] 对被继承人有法定扶养、赡养义务的人和国家机关、国有企事业单位不能作为扶养人。 3. 生前生效与死后生效相结合的法律行为。 4. 遗赠扶养协议在适用上具有最优先性，且遗赠扶养协议的受赠人无还债义务。
效力	1. 扶养人或集体组织无正当理由不履行扶养义务致协议解除的，不能享有受遗赠的权利，其支付的供养费用一般不予补偿。 2. 遗赠人无正当理由不履行致协议解除的，应偿还扶养人或集体组织已支付的供养费用。
与遗赠比较	<table><tr><th>遗赠</th><th>遗赠扶养协议</th></tr><tr><td>单方行为</td><td>双方行为</td></tr><tr><td>本质是遗嘱</td><td>本质是合同</td></tr><tr><td>无偿</td><td>双务、有偿</td></tr><tr><td>死后生效</td><td>生前生效与死后生效结合</td></tr></table>
与附义务赠与比较	1. 附义务赠与是赠与人在世时就将财产给予受赠人； 2. 遗赠扶养协议是在遗赠人死后才将财产给予受遗赠人。

第六部分 人格权

PART VI

第六部分　人格权

一、人格权的内容及保护（图表176）

人格权	生命权 【2019年，2016年，2010年】	必须造成死亡的结果才构成对生命权的侵犯。
	身体权 【2019年，2016年，2017年，2010年】	1. 破坏身体完整性，即使不影响健康也构成侵犯身体权。 2. 内容：（1）保护自然人的身体完整性和完全性；（2）支配自己的肢体、器官和其他组织等身体组成部分。 3. 处分问题： （1）完全民事行为能力人依法自主决定捐献其人体细胞、组织、器官、遗体。 （2）应当采用书面形式或者有效的遗嘱形式捐献。 （3）生前未表示不捐献，死后，其配偶、成年子女、父母可共同决定捐献；决定捐献应当采用书面形式。 （4）买卖人体细胞、组织、器官、遗体，无效。 4. 非法拘禁限制他人自由或非法搜查他人身体的，构成对身体权的侵犯。
	健康权 【2019年，2016年，2010年】	损害他人身体或精神健康。 【性骚扰侵害健康】违背他人意愿，以言语、文字、图像、肢体行为等方式对他人实施性骚扰的，受害人有权依法请求行为人承担民事责任。
	姓名权 【2020年，2017年，2013年，2011年，2010年】	1. 盗用：未经许可而使用他人姓名。 举例：如擅自用某明星名义做广告。 2. 冒用：冒名顶替，不但擅自使用姓名，而且有人冒充。 举例：张某长相酷似明星薛某，故以薛某名义参加商演。 3. 不当使用：使用被侵权人的姓名贬损他人人格。 举例：同村的王一与张二素来不和，张二买驴一头，常当众呼之为王一。 4. 干涉变更姓名自由： （1）未成年时，监护人可变更；成年后，自己改名； （2）变更前实施的法律行为，变更姓名后依然有效。 5. 命名、变更姓名自由，选择姓氏有限度： （1）原则上随父姓或母姓； （2）选取其他直系长辈血亲的姓氏； （3）由法定扶养人以外的人扶养而选取扶养人的姓氏； （4）不违背公序良俗的其他正当理由。

续表

人格权	名称权	1. 是法人及其他社会组织依法享有的对名称决定、使用、变更、转让的人格权。 2. 与自然人姓名权相比，多了一项转让权，因为法人或其他组织可以通过转让名称传递已经累积的市场信誉等价值。
	同等保护：具有一定社会知名度的笔名、艺名、网名、字号、姓名和名称的简称等，被他人使用足以造成公众混淆的，与姓名和名称受同等保护。	
	肖像权 【2020年，2017年，2011年（2次），2010年（2次），2008年】	内容：有权依法制作、使用、公开或者许可他人使用自己的肖像。 1. 侵权情形： （1）丑化、污损他人肖像； （2）利用信息技术手段伪造等方式侵害他人的肖像权； （3）除法律另有规定，未经肖像权人同意，不得制作、使用、公开肖像权人的肖像； （4）未经肖像权人同意，肖像作品权利人不得以发表、复制、发行、出租、展览等方式使用或者公开肖像权人的肖像。 2. 合理使用的情形： （1）为个人学习、艺术欣赏、课堂教学或者科学研究，在必要范围内使用肖像权人已经公开的肖像； （2）为实施新闻报道，不可避免地制作、使用、公开肖像权人的肖像； （3）为依法履行职责，国家机关在必要范围内制作、使用、公开肖像权人的肖像； （4）为展示特定公共环境，不可避免地制作、使用、公开肖像权人的肖像； （5）为维护公共利益或者肖像权人合法权益，制作、使用、公开肖像权人的肖像的其他行为。 3. 许可使用问题。 （1）争议条款的解释：应当作出有利于肖像权人的解释。 （2）解除权： ①不定期合同的任意解除权：任何一方当事人可以随时解除合同，但应在合理期限之前通知对方。 ②定期合同：正当理由+赔偿损害。 肖像权人有正当理由的，可以解除合同，但应在合理期限之前通知对方。解除合同造成对方损失，除不可归责于肖像权人的事由外，应赔偿。 ③姓名许可与声音保护：对姓名等的许可使用，参照适用肖像许可使用的有关规定。对自然人声音的保护，参照适用肖像权保护的有关规定。
	名誉权 【2017年，2014年，2013年，2011年，2010年（2次），2008年，2006年】	1. 内容：名誉利益支配权、名誉维护权、名誉保有权。 2. 侵权情形： （1）新闻报道、舆论监督中的侵权： ①捏造事实、歪曲事实； ②对他人提供的失实内容未尽到合理审查义务；

第六部分　人格权

续表

人格权	名誉权 【2017年，2014年，2013年，2011年，2010年（2次），2008年，2006年】	③使用侮辱性言辞等贬损他人名誉。 （2）文学艺术创作中的侵权： ①对象特定的创作。行为人发表的文学、艺术作品以真人真事或者特定人为描述对象，含有侮辱、诽谤内容，侵害他人名誉权的。 ②对象不特定的创作。行为人发表的文学、艺术作品不以特定人为描述对象，仅其中的情节与该特定人的情况相似的，不承担民事责任。 （3）报刊、网络报道侵权： ①报刊、网络等媒体报道的内容失实，侵害他人名誉权的，受害人有权请求该媒体及时采取更正或者删除等必要措施。 ②媒体不及时采取措施的，受害人有权请求人民法院责令该媒体在一定期限内履行。 （4）信用评价不当侵权： ①可以依法查询自己的信用评价；发现评价错误，有权提出异议并请求采取更正、删除等必要措施。 ②信用评价人应当及时核查，经核查属实的，应当及时采取必要措施。
	隐私权 【2022年，2010年，2008年】	1. 披露他人真实信息造成精神痛苦。 举例：偷看他人日记、披露他人恋爱史、偷窥他人卧室等。 2. 隐私支配权、隐私保护权、隐私保密权。 3. 侵权方式： （1）以短信、电话、即时通讯工具、电子邮件、传单等方式侵扰他人的私人生活安宁； （2）进入、窥视、拍摄他人的住宅、宾馆房间等私密空间； （3）拍摄、录制、公开、窥视、窃听他人的私密活动； （4）拍摄、窥视他人身体的私密部位； （5）收集、处理他人的私密信息； （6）以其他方式侵害他人的隐私权。
	荣誉权 【2008年】	1. 内容：获得、维护荣誉及利用荣誉获得正当利益的人格权。 2. 与名誉比较：来源不同、内容不同、涉及的范围不同、是否可依一定的程序剥夺或者撤销不同。 3. 侵权情形： （1）非法剥夺他人的荣誉称号；诋毁、贬损他人的荣誉。 （2）获得的荣誉称号应当记载而没有记载的，民事主体可以请求记载。 （3）获得的荣誉称号记载错误的，民事主体可以请求更正。
	婚姻自主权	婚姻关系建立、解除时的自我决定权。

179

续表

人格权	个人信息权 【2019年，2017年】	1. 个人信息是以电子或者其他方式记录的能够单独或者与其他信息结合识别特定自然人的各种信息，包括自然人的姓名、出生日期、身份证件号码、生物识别信息、住址、电话号码、电子邮箱地址、行踪信息等。 2. 侵犯的方式：非法收集、使用、加工、传输他人个人信息，不得非法买卖、提供或者公开他人个人信息。 [注意] 侵犯个人信息，信息处理者不能证明自己没有过错，承担侵权责任，归责原则为过错责任原则中的过错推定责任。 3. 信息控制者的义务： （1）信息收集者、控制者不得泄露、篡改其收集、存储的个人信息； （2）未经被收集者同意，不得向他人非法提供个人信息，但是经过加工无法识别特定个人且不能复原的除外； （3）信息收集者、控制者应当采取技术措施和其他必要措施，确保其收集、存储的个人信息安全，防止信息泄露、篡改、丢失； （4）发生或者可能发生个人信息泄露、篡改、丢失的，应当及时采取补救措施，依照规定告知被收集者并向有关主管部门报告； （5）国家机关及其工作人员对于履行职责过程中知悉的自然人的隐私和个人信息，应当予以保密，不得泄露或者向他人非法提供。 4. 权利人的权利： （1）自然人可以向信息控制者依法查阅、抄录或者复制其个人信息； （2）发现信息错误，可提出异议并请求及时更正； （3）发现控制者违反法律或约定收集处理个人信息，请求及时删除。
	一般人格权	是基于人格平等、人格独立、人格自由以及人格尊严等根本人格利益而享有的人格权，是难以找到具体人格权时的兜底救济。
身份权	参照适用	对自然人因婚姻家庭关系等产生的身份权利的保护，适用《民法典》总则编、婚姻家庭编和其他法律的相关规定；没有规定的，可以根据其性质参照适用人格权编人格权保护的有关规定。
	配偶权	夫妻之间互享的一种具有对偶性的身份权。 举例：宋某与王某之妻通奸，宋某侵犯了王某的配偶权。
	亲权	父母基于其身份对于未成年子女人身、财产进行管理和保护的权利。 举例：医院失误导致甲、乙抱错孩子，几年后发现真相。医院侵犯了甲、乙的亲权。
	亲属权	父母与成年子女、祖父母与孙子女、外祖父母与外孙子女以及兄弟姐妹之间的身份权。 举例：张某驾车将甲撞伤成了植物人，张某既侵犯了甲的健康权，也侵犯了甲近亲属的亲属权。

二、人格权的其他问题（图表177）

人身性体现	不得放弃、转让、继承。
间接商业利益	1. 民事主体可以将自己的姓名、名称、肖像等许可他人使用； 2. 依照法律规定或者根据其性质不得许可的，不得许可。
人格权保护	1. 人格权受到侵害的，根据侵权法主张损害赔偿。 [注意] 当事人一方违约，损害对方人格权并造成严重精神损害，受损害方选择请求其承担违约责任的，不影响受损害方请求精神损害赔偿。 2. 主张停止侵害、排除妨碍、消除危险、赔礼道歉、消除影响、恢复名誉，不适用诉讼时效的规定。【2022年】 3. 诉前禁令：有证据证明行为人正在实施或者即将实施侵害其人格权的行为，不及时制止将使其合法权益受到难以弥补的损害的，有权向法院申请责令行为人停止有关行为。 4. 消除影响、恢复名誉、赔礼道歉等责任的实现： （1）行为人因侵害人格权承担消除影响、恢复名誉、赔礼道歉等民事责任的，应当与行为的具体方式和造成的影响范围相当。 （2）行为人拒不承担前述民事责任的，法院可以采取在报刊、网络等媒体上发布公告或者公布生效裁判文书等方式执行，产生的费用由行为人负担。
合理使用	1. 实施新闻报道、舆论监督，可合理使用姓名、名称、肖像、个人信息等； 2. 使用不合理的，应当依法承担民事责任。
死者利益保护【2019年，2014年，2010年】	1. 死者的姓名、肖像、名誉、荣誉、隐私、遗体等受到侵害的，其配偶、子女、父母有权依法请求行为人承担民事责任； 2. 死者没有配偶、子女并且父母已经死亡的，其他近亲属有权依法请求行为人承担民事责任。